ANDERS REISEN

HERAUSGEGEBEN VON
LUDWIG MOOS

Im Reisen steckt die Sehnsucht nach der besseren Welt. Wir suchen nach unverdorbener Natur, geselligen Lebensformen, gewachsener Kultur. Nichts davon ist falsch, falsch ist nur, wie wir suchen. Entweder reisen wir touristisch, konsumieren das Angebot einer Industrie, die das Ursprüngliche längst zur Ware verfälscht hat. Oder wir gehen auf den alternativen Trip, jagen voller Sozialromantik dem Unberührten, Unverbrauchten nach – und bilden doch nur die Vorhut des organisierten Tourismus.

Anders Reisen beschreibt andere Wege. Oft nur einen Schritt abseits der üblichen Routen, erschließen sie den anderen Alltag. Anders reisen heißt, sich einzulassen auf das tägliche Leben anderswo, zu lernen, welche historischen Wurzeln und gegenwärtigen Bedingungen es hat. Die soziale Isolation und politische Enthaltsamkeit des Touristen aufzuheben, die fremde Wirklichkeit unverstellt und mit Lust zu erleben, hat verändernde Kraft über die Reise hinaus.

Frankreich

EIN
REISEBUCH
IN
DEN
ALLTAG

VON
GÜNTER LIEHR

rororo

ROWOHLT

INHALT

ALLTAG UND POLITIK

Tour de France – Annäherung an einen unbekannten Nachbarn 10

Ein Gemisch vieler Völker – Die Franzosen 18

Blick zurück – Von der Französischen Revolution zur Fünften Republik 37

Parti pris – Ein Blick aufs Parteienspektrum 70

Kämpferisch, aber schwach – Die Gewerkschaften 80

Der schläfrige Maulwurf – Zum Stand der Bewegungen 84

Von der Rebellion zum Ministerium – Die Frauenbewegung 93

Vive la différence – Die Schwulenbewegung 100

KULTUR UND KONSUM

Beglückung von oben – Kultur von Staats wegen 108

Chantons français! – Die Musikszene 114

Im Kino-Schlaraffenland – Frankreichs Filmkultur 124

Wellensalat – Vom Staatsfunk zur Medienexplosion 138

Täuschende Vielfalt – Die französische Presse 147

Tintin und seine Erben – Comics als Volkskunst 154

La Bouffe – Vom Essen und Trinken 161

UNTERWEGS

L'Alsace, das Elsaß – Ein guter Platz zwischen den Stühlen 176

Le Nord – Entdeckungen in einer abgeschriebenen Region 190

Normandie – Land der fünf Millionen Kühe 208

Bretagne – Zwischen Tradition und Revolte 222

Von der Vendée ins Baskenland – Die Atlantikküste entlang 243

Von Höhlenmenschen und Trüffelschweinen – Das Perigord 268

Zwischen Spanien und Frankreich – Das Roussillon 278

Toulouse – Eigenwillige Kapitale des Südens 288

Languedoc – Die Mitte Okzitaniens 297

Marseille – Explosiver Schmelztiegel am Mittelmeer 327

Zypressen, Lavendel und Beton – Widersprüchliche Provence 339

Lyon – Hauptstadt der Gastronomie 360

Rummel und Verödung – Die Alpen 372

Abseits im Zentralmassiv – Die Auvergne 385

Burgund – Eine Kulturlandschaft nach menschlichem Maß 398

Im Land der Querdenker – Die Franche-Comté 413

Paris – Nabel der Welt 425

Service

Praktisches für unterwegs 447

Vivre et Survivre von A–Z 463

Regionale Tips 468

Bildnachweis 489

Register 490

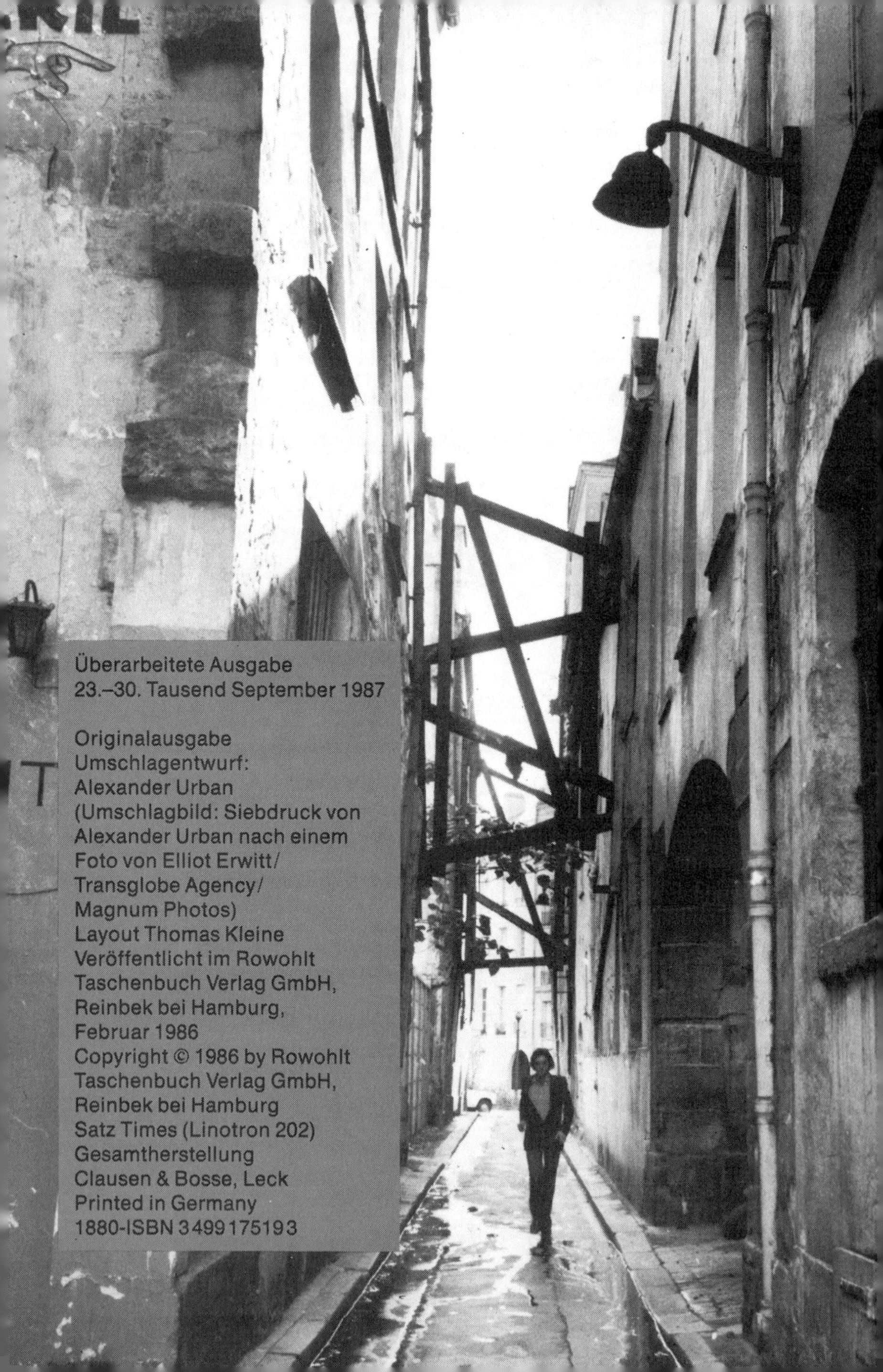

Überarbeitete Ausgabe
23.–30. Tausend September 1987

Originalausgabe
Umschlagentwurf:
Alexander Urban
(Umschlagbild: Siebdruck von
Alexander Urban nach einem
Foto von Elliot Erwitt/
Transglobe Agency/
Magnum Photos)
Layout Thomas Kleine
Veröffentlicht im Rowohlt
Taschenbuch Verlag GmbH,
Reinbek bei Hamburg,
Februar 1986

Satz Times (Linotron 202)
Gesamtherstellung
Clausen & Bosse, Leck
Printed in Germany
1880-ISBN 3 499 17519 3

Bevor es losgeht

Aus der Sicht der Hauptstadtbewohner sind die Verhältnisse klar: Paris ist eben Paris und der Rest des Landes ist die «Provinz», meist ohne nähere Unterscheidung. Das ist nicht mal gezielte Arroganz, sondern eine Art zu reden und zu denken, wie sie der französische Zentralismus hervorgebracht hat. Unmerklich färbt so was auch auf Zugereiste ab, zum Beispiel auf mich, der ich nun seit neun Jahren in Paris lebe. Beim ausgiebigen Herumreisen für dieses Buch wurde freilich die Pariser Optik sehr bald korrigiert: Da hatte ich geglaubt, Frankreich ganz gut zu kennen und erlebte doch immer wieder Überraschungen – aus wie vielen Welten, Landschaften, Geschichten, wirtschaftlichen und sozialen Realitäten diese Provinz besteht! Fast schon ein kleiner Kontinent, dieses Land. Ich habe versucht, möglichst viel davon im Tourenteil zu beschreiben und im Leseteil den Zugang zur Geschichte, zu den sozialen, politischen und gesellschaftlichen Realitäten Frankreichs zu erschließen. Um Vollständigkeit kann es dabei nicht gehen, eher um Anregungen für eigene Entdeckungen.

Noch kurz zu mir: Ich lebe seit 1977 in Paris, anfangs als Deutschlehrer, seit einiger Zeit als Journalist, und habe 1982 «Anders Reisen Paris» geschrieben. Am Frankreich-Buch haben mehrere Freunde und Bekannte mitgeschrieben:

Ria Lussi (Provence) ist Kunststudentin, in Mailand geboren, pendelt zwischen Italien und Frankreich und hat eine heiße Vorliebe fürs Mittelmeer.

Claude Magliulo (Alpen) stammt aus Nizza, hat in Grenoble studiert und lebt in Paris als freier Journalist.

Margaret Manale (Frauen) hat ihre Kindheit in Kalifornien verbracht, ist aber schon seit längerem Französin; sie arbeitet in einem Pariser Institut für soziologische Forschungen.

Thomas Reschke (Elsaß) ist Lehrer in Bonn und unterhält eine Dauerliebschaft mit dem Elsaß, wo seine Vorfahren herkommen.

Jan-Philipp Sendker (Normandie) arbeitet als Journalist in Hamburg, mit seinem Spielbein in Frankreich.

Angela Schwarz (praktische Tips) ist in der Jugendbildung tätig, verfügt über langjährige Frankreich-Reiseerfahrungen und lebt derzeit zu Zwecken der Weiterbildung in Paris.

Claus Tulatz (Parteien / Gewerkschaften) arbeitet als Journalist bei der französischen Presseagentur AFP und schreibt außerdem für verschiedene deutsche und französische Zeitschriften.

Bedanken möchte ich mich schließlich auch bei Beatrix von Conta, Jacques Cros, Prisca Geissler, Reinhard Lohmann, Kathrin Rousseau, Beate Schlanstein und Isabelle Vellay, die zum Gelingen dieses Buches auf verschiedene Weise beigetragen haben.

Bon voyage!

Günter Liehr   Paris, im Oktober 1985

ALLTAG UND

POLITIK

Tour de France –
Annäherung an einen
unbekannten
Nachbarn

Hartnäckig hält sich die Meinung, Frankreich sei ein Reiseland für Individualisten, unbeschadet der Tatsache, daß allein aus der Bundesrepublik jährlich rund 7,5 Millionen Individualisten anrollen und Frankreich mit 30 Millionen ausländischer Urlauber pro Jahr das drittgrößte Touristenland der Welt ist.

Allerdings fehlen hier gewisse Erscheinungsformen des Massentourismus, wie sie aus anderen Mittelmeerländern geläufig sind. Vergebens wird man Schilder mit «Hier deutsche Küche wie zu Hause!» suchen, auch «Wurstl con Krauti» werden nicht angeboten. Der Tanz um die harte D-Mark hält sich in Grenzen, man biedert sich nicht an, fällt dem ausländischen Gast nicht um den Hals. Das liegt vielleicht daran, daß die devisenbringenden Fremden nicht im gleichen Maße wie anderswo die Hauptpersonen im Urlaubsgeschäft sind. Das sind zunächst die Franzosen selbst, von denen 85 Prozent die Ferien im eigenen Land verbringen.

«Frankreich stellt sich nicht hin und ruft: Seht! Wie schön ist es bei mir! Kommt einmal alle hierher! Nein, wenn du die Schönheit des Landes aufsuchen willst, dann mußt du sie suchen – findest du sie, ist es gut; findest du sie nicht, ist's den Franzosen auch gleich», erkannte schon Kurt Tucholsky. Das verleiht den Hauch des Besonderen, des Anspruchsvollen, erhebt den Frankreichreisenden in den Rang eines Kenners. Nach Mallorca fährt doch jeder Kleckermann, aber ins Périgord! Alles eine Frage des Lebensstils, des «savoir vivre», nicht wahr. Aufgegriffen und verfestigt wird dieses Image von der Werbung für französische Produkte. Döschwo-Fahrer und Gauloises-Raucher werden zu nonkonformistischen Philosophen, und auch der verschmitzte Alte, der genüßlich Kräuter häckselt für einen Fabrik-Schmierkäse, ist mit der Aura des Lebenskünstlers umgeben. Französisches, so die unterschwellige Botschaft, hebt den Status, läßt teilhaben an einem Kreis von Auserwählten. Kulthafte Verehrung genießt das «Leben wie Gott in Frankreich» bei der verschworenen Gemeinde von Frankophilen, für die jenseits des Rheins das Gelobte Land beginnt. In ihrer penetranten Dauerentzückung neigen sie dazu, alles auszublenden, was das Idealbild ankratzen könnte. Ihr Verhältnis zum Nachbarland ließe sich als schwärmerisch-kulinarisch bezeichnen.

Daneben gibt es eine andere Kategorie, die sich eher aus politischen Gründen für Frankreich erwärmt. Das hat eine lange Tradition. Schon die Französische Revolution zog deutsche Reisende an – Revolutionstouristen der ersten Stunde. Im 19. Jahrhundert dann unternahmen Generationen deutscher Republikaner Wallfahrten in die Heimat der Menschenrechte. Das Nachbarland wurde zum Inbegriff für Fortschritt und Demokratie, zum Gegenbild für die politisch und kulturell beengten deutschen Verhältnisse. Heine und Börne gehörten zu jenen, die sich hier, teils freiwillig, teils gezwungenermaßen, exilierten, zeitweilig auch Karl Marx, der auf das erneute «Schmettern des gallischen Hahns» wartete. Und auch in jüngerer Zeit blickte man gebannt über den Rhein in das Land der lebendigen linken Traditionen, der kämpferischen Arbeiter und engagierten Denker, wo es keine Berufsverbote gab, sondern Lenin-Alleen, ein Land, in dem Lip, Larzac oder Plogoff zu Symbolen wurden für politische Phantasie und Militanz. Dort fand sich das Gegenmittel zur heimischen Dumpfheit und Misere. An der französischen Sonne konnte man sich wärmen im kalten «deutschen Herbst».

Vor einiger Zeit indessen hat die innige Beziehung einen Knacks bekommen, hat Frankreich begonnen, seine politischen Liebhaber herb zu enttäuschen. Ganz und gar verflogen ist, wie es scheint, der revolutionäre Elan, verwelkt sind die Utopien, eingeschlafen die sozialen Bewegungen. Einstmals kritische Köpfe haben sich verwandelt in Kommunisten- und Pazifistenfresser. Und während die Linke den Löffel abgibt, blüht der Rechtsextremismus in nie gekannter Weise auf. Faschistische Rattenfänger werden salonfähig, ein Klima von Gewalt und Rassenhaß breitet sich aus – das darf doch nicht wahr sein!

Doch doch, genauso ist es. Schmerzlich muß man zur Kenntnis nehmen: Dieses Land gibt zur Zeit nicht viel her für die Wunschprojektionen frustrierter deutscher Linker. Nicht viel ist zu hören vom Schmettern des gallischen Hahns. Irritiert wird man einsehen müssen: In Frankreich gehen die Uhren anders. Offenbar vollzieht sich die politische Entwicklung dort und bei uns nicht

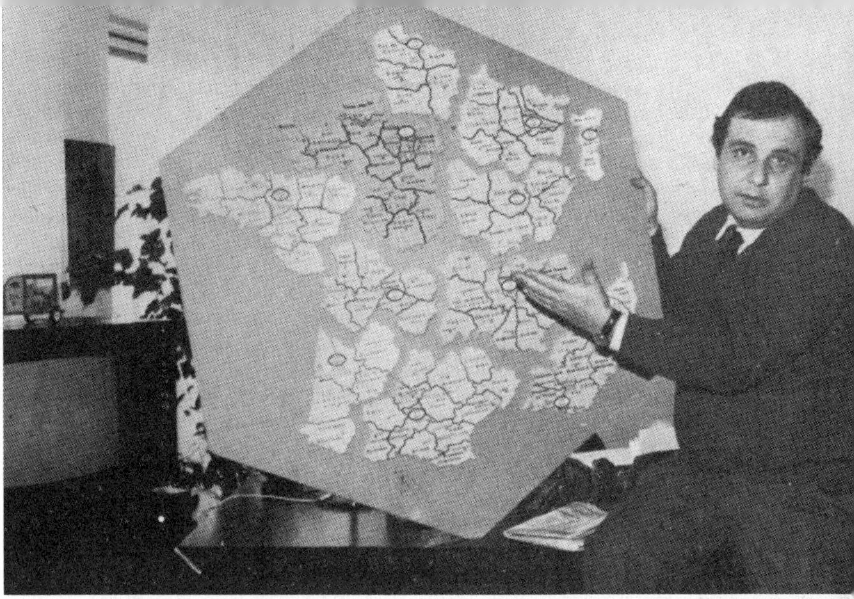

Mein Land, das hat sechs Ecken

im selben Rhythmus. Das Nachbarland ist einem weit unbekannter geblieben, als man vielleicht dachte. Oft hat wohl das Bedürfnis nach einem Modell, wo alles besser sein sollte, die Wahrnehmung gefiltert und zu einer etwas eindimensionalen Sehweise geführt. Dabei wird Frankreich, finde ich, erst richtig faszinierend, wenn man es nicht nur auf seine Schokoladenseiten reduziert, sondern sich auf seine komplexe, widersprüchliche Realität einläßt. Versuchen wir uns also möglichst unvoreingenommen ranzutasten – weder verklärend, noch herablassend, sondern neugierig.

Im Sechseck

«Hexagonal» ist keine Zahnpasta. Es heißt soviel wie «französisch», denn die Franzosen nennen ihr Land gern «l'Hexagon», das Sechseck. Während bei «la France» leicht was Patriotisch-Feierliches mitschwingt, verbindet sich mit dem Begriff Hexagon eher ein geographisch-ästhetischer Aspekt.

Er bezieht sich auf die geometrisch fast perfekten Umrisse des Landes; überall taucht im französischen Alltag das stilisierte Sechseck auf: als Markenzeichen, Autosteuer-Aufkleber, Parteisymbol oder Signet der Fernsehanstalt FR3. Den Franzosen suggeriert es das Gefühl der Zugehörigkeit und Geborgenheit. Das Hexagon ist eine klare Form, die sie schützend umschließt, und als harmonisches, einheitliches Ganzes präsentiert es sich auch auf der Landkarte.

Ein täuschender Eindruck, denn der scheinbar so kompakte Brocken ist alles andere als homogen, vielmehr verbirgt er eine verwirrende Vielgestaltigkeit. Kaum ein anderes

Land weist eine so große Bandbreite von Landschaftsformen auf: Schneeberge und Gletscher, weite Ebenen, endlose Getreidefelder, Vulkangebirge und Sumpfgebiete, die wüstenartigen Hochplateaus der Causses und die riesigen Wälder des Landes, durchkanalisierte Ströme wie die Rhône und ungezügelte wie die Loire, die Granitfelsenküste der Bretagne und der sonnenverbrannte Midi – fast alle Landschaftsarten Europas sind hier versammelt. Dazu kommen die verschiedenen Klimatypen: atlantisch im Westen, kontinental im Osten, mediterran im Süden. Was man leicht vergißt: Dieses Land ist vergleichsweise riesig. Mit 550 000 Quadratkilometern ist es mehr als doppelt so groß wie die Bundesrepublik, hat aber bloß 54 Millionen Einwohner, das heißt, auf den Quadratkilometer kommen 95 Menschen, in der Bundesrepublik Deutschland sind es 241. Reisenden aus zersiedelten und einbetonierten Gefilden bietet sich der ungewohnte Eindruck von Weite und Geräumigkeit.

Stadt und Land

Zu den klassischen Stereotypen über Frankreich gehört das Bild von «la douce France», eine nostalgisch-behagliche Bilderbuchwelt – lieblich-ländlich-lebensfroh. Die ist auch tatsächlich vielerorts zu finden. Was hingegen weniger ins Spektrum der landläufigen Vorstellungen paßt: Frankreich ist auch und vor allem ein modernes Industrieland, mit großen urbanen Ballungsräumen, unwirtlichen Vorstädten aus Sozialwohnungstürmen, bunkerförmigen Einkaufszentren, den Hypermarchés, an den Peripherien; stolz vorgezeigt werden Atomkraftwerke und Hochgeschwindigkeitszüge. Städte werden verkabelt, mit Privatfunk und -TV dauerberieselt. Und von industriellem Zuschnitt ist vielfach auch das Urlaubsglück: An den südlichen Küsten sind aus dem Nichts gigantische Ferienpyramiden und Marinas entstanden, in den Alpen klotzige Retortenstädte für Wintersportler.

Die französische Gesellschaft ist kaum weniger verstädtert und amerikanisiert als die bundesdeutsche. Allerdings hat sich die Industrialisierung Frankreichs relativ spät und ungleichmäßig vollzogen. Die Gebiete des Nordens und Ostens wurden zum Schauplatz der klassischen industriellen Revolution, der Rest aber blieb davon lange unbehelligt. Das unterindustrialisierte, arme Land westlich einer gedachten Linie von Le Havre bis Marseille wurde noch nach dem letzten Krieg als «désert français», als französische Wüste bezeichnet. Zwar hat der Staat seit den sechziger Jahren einiges getan, um eine gleichmäßigere Entwicklung zu fördern, aber Spuren von Ungleichzeitigkeit sind zurückgeblieben. In manchen Kleinstädten und Dörfern herrscht tief-provinzielle Behäbigkeit, die Zeit scheint stehengeblieben zu sein.

Mit der aktuellen Wirtschaftskrise freilich sind die sozialgeographischen Verhältnisse merklich in Bewegung geraten. Die traditionellen Industriegebiete mit ihren Kohlegruben, Stahlschmelzen, Werften und Autofabriken befinden sich im Niedergang, die Schwerpunkte verschieben sich, innerhalb des Hexagons hat eine Wanderbewegung in Richtung Süden eingesetzt. Die Betriebe der neuen Spitzentechnologie siedeln sich nicht mehr in den tristen Fabriklandschaften des vergangenen Jahrhunderts an, Städte wie Lens, Béthune und Longwy verlie-

ren an Einwohnern. Die neuen Magnete heißen Toulouse, Montpellier oder Nizza – der Mikrochip vermählt sich mit der Mittelmeersonne.

Andererseits ist Frankreich immer noch das größte Agrarland Europas. Aber nur noch acht Prozent der arbeitenden Bevölkerung sind in der Landwirtschaft tätig, nach dem Krieg waren es noch knapp 50 Prozent. Das Landleben hat in wenigen Jahrzehnten eine tiefgreifende Umwandlung erfahren, hervorgerufen durch den Übergang zur modernen, technisierten Landwirtschaft, die sich den Normen des EG-Produktivismus unterwarf. Nach den USA ist Frankreich heute weltweit der zweitgrößte Exporteur von Agrarprodukten. Dieser gewaltige Modernisierungsschub ging einher mit dem großen Exodus der Landbevölkerung. Weite Gebiete entleerten sich, viele Höfe, die unter den neuen Bedingungen nicht mehr konkurrenzfähig waren, wurden aufgegeben, vor allem in gebirgigen Zonen verfielen die Dörfer, Felder versteppten, Plantagen verwilderten. Ganze Landstriche im Midi und im Zentralmassiv bluteten aus. Inzwischen ist aber schon wieder – zumindest stellenweise – ein gegenläufiger Prozeß in Gang gekommen: Die «campagne» erlebt eine gewisse Wiederbelebung, neue Arten von Siedlern sind auf den Plan getreten. In den landschaftlich attraktiveren Gegenden werden verlassene Bauernhöfe von Stadtmenschen zu Zweitwohnsitzen hergerichtet – einstiges Bauernland mutiert zum Ferienpark. Ein anderer Umstand, der eigentlich der Krise geschuldet ist, trägt entscheidend zum Überleben der verbliebenen kleinen Landwirte bei: Immer mehr Franzosen verbringen ihren Urlaub aus finanziellen Gründen nicht mehr in teuren Ferienorten, sondern «im Grünen». Überall wandeln Bauern Teile ihrer Anwesen in «gîtes ruraux» um, in ländliche Ferienwohnungen, unterhalten einen Mittagstisch («table d'hôte») oder installieren einen «camping à la ferme». Stadt und Land treten in neuartige Beziehungen.

Randkulturen

Neben geographischen und wirtschaftlichen Verschiedenheiten verbergen sich in der hexagonalen Einheit auch kulturelle und sprachliche Differenzen: außer Französisch werden noch andere eigenständige Sprachen in Frankreich gesprochen. Eine davon, die baskische, gehört nicht einmal zum indoeuropäischen Sprachbereich. Rund 400 000 Menschen in der westlichen Bretagne sprechen Bretonisch, zwischen 50 000 und 100 000 in der nordöstlichen Ecke, dem «Westhoek», sprechen Flämisch, etwa 1,5 Millionen im Elsaß und in Lothringen Alemannisch und Moselfränkisch, 200 000 Katalanisch im Roussillon. Dazu kommt das riesige Gebiet der okzitanischen Dialekte, das sich über den gesamten Süden erstreckt, von Bordeaux bis in die Provence. 1920 noch wurden sie von sechs Millionen Menschen gesprochen; heute allerdings beschränkt sich die Praxis der «langue d'oc» auf einige Sprachpflegezirkel, übriggeblieben ist ansonsten kaum mehr als eine Reihe von Namen und der spezielle Akzent des Midi. Auch die anderen Regionalsprachen sind vom Verschwinden bedroht – Folge des von Paris gesteuerten Zentralismus, der den nicht-französischen Kulturen an den Rändern des Sechsecks weder

Frankreichs Erste Dame: die Republik

sprachliche noch politische Eigenständigkeit zubilligte.

Gegenläufige Tendenzen machten sich nach '68 bemerkbar: Neue regionalistische Bewegungen begannen, gegen zentralistische Bevormundung und Mißachtung der kulturellen Besonderheit aufzubegehren, und machten gegenüber dem allmächtigen Zentralstaat die Interessen des «pays» geltend. «Viure e trabalhar al pais!» – in diesem okzitanischen Slogan verbindet sich die Kritik an wirtschaftlicher Benachteiligung mit einer Wiederbesinnung auf die regionale Identität. Sieht man vom Sonderfall der Insel Korsika ab, so ist der militante Regionalismus in den letzten Jahren merklich zurückgegangen. Insgesamt aber dürften die Bewegungen einen gewissen Einfluß auf die inzwischen eingeleitete Dezentralisierungspolitik gehabt haben.

Ein Gemisch vieler Völker – **Die Franzosen**

Wie Herr und Frau Dupont aus Paris sind sie also allesamt Franzosen/Französinnen, die Messieurs-dames Vandenberghe aus Hondschoote, Puech aus Prats-de-Mollo, Kiefer aus Kaysersberg, Rossi aus Ajaccio, Le Guennec aus Plougastel oder Etcheverry aus Ustaritz. Aber nicht nur die regionalen Minderheiten bringen Akzente und Farben in die französische Bevölkerung. Werfen wir einen Blick ins Pariser Telefonbuch, da finden wir unter D wie Dupont beispielsweise auch: Dang-Van, Davidoff, Demirdjian, De Swarte, Deutsch, Diallo, Djordjevic, Dominguez und Dos Santos. Kaum ein «alteingesessener» Franzose spielt in den Reihen der französischen Fußballnationalmannschaft. Auch entpuppen sich bei näherem Hinschauen viele als «typisch französisch» empfundene Prominente als Zugereiste: Yves Montand? Italiener. Der platinblonde Showstar Sylvie Vartan? Kommt aus Bulgarien. Charles Aznavour? Armenier. Tennis-Crack Yannick Noah? Aus Kamerun. Die Schlagersängerin Dalida? Aus Kairo. Der Maler Victor Vasarely? Ungar. Der Dramatiker Ionesco? Rumäne. Die Liste ließe sich beliebig fortsetzen.
Auch wenn es zur Zeit keine sehr populäre Wahrheit ist: Die Bevölkerung Frankreichs ist durchmischt wie die keines anderen europäischen Landes. Ein gutes Drittel der derzeitigen Franzosen stammt von Einwanderern der ersten, zweiten oder dritten Generation ab. Die Formel «Unsere Vorfahren, die Gallier», die die Schulkinder bis vor kurzem

noch eingebleut bekamen, stellt somit gelinde gesagt eine arge Vereinfachung dar. In grauer Vorzeit schon haben sich auf dem Territorium des Hexagons Völker und Kulturen bekämpft, überlagert, verschmolzen – Griechen, Kelten, Römer, Germanen, Hunnen, Sarazenen –, zahllose Einwanderungen und Invasionen sind über dieses Land gegangen. Mit der Französischen Revolution wurde Frankreich überdies zum Asylland par excellence. «Das französische Volk gewährt Ausländern Asyl, die für die Sache der Freiheit aus ihrer Heimat vertrieben wurden», so steht es in der Verfassung von 1793. Das brachte immer neue

Wellen von Flüchtlingen ins Land. Im 19. Jahrhundert waren es aufständische Polen und deutsche Demokraten, später folgten aufeinander rote und weiße Russen, dann kamen Emigranten aus Nazideutschland und geschlagene Republikaner aus Franco-Spanien. In jüngerer Zeit wurden politische Flüchtlinge aus Lateinamerika und den Staaten Osteuropas aufgenommen, aus dem Iran des Schahs wie aus Khomeinis Gottesstaat sowie Zigtausende von Boat-people aus Südostasien. Manche der Exilierten kehrten nach Änderung der politischen Lage wieder nach Hause zurück, viele aber blieben und ließen sich einbürgern. Hitler hat Frankreich mal ein unfreiwilliges Kompliment gemacht, indem er es als den größten Mülleimer der Welt bezeichnete.
Gewiß ging es in der Praxis manchmal weniger ideal zu; das Gesetz wurde nicht immer mit gleicher Konsequenz angewandt. So wurde etwa seinerzeit Herr Karl Marx auf Betreiben der preußischen Regierung aus Frankreich rausgeschmissen, und als 1939 die linken Spanier vor Francos Schergen über die Pyrenäen flohen, wurden sie auch nicht gerade mit offenen Armen aufgenommen, sondern in stacheldrahtumzäunten Massenlagern geparkt; auch hat vor kurzem noch die «sozialistische» Regierung einige ETA-Basken der Staatsräson geopfert und sie nach Spanien ausgeliefert.

Dennoch ist der Grundsatz der Asylgewährung bis heute im wesentlichen beibehalten worden.

Juden und Armenier

Aus dieser politischen Tradition erklärt sich zum Beispiel, daß Frankreich das Land mit dem größten jüdischen Bevölkerungsanteil in Westeuropa ist. Die Aussicht auf Gleichberechtigung im Land der Menschenrechte veranlaßte im 19. Jahrhundert viele russische und polnische Juden zur Einwanderung. Heimischer Antisemitismus und miserable Lebensbedingungen sorgten dafür, daß sich auch in der Zeit zwischen den Weltkriegen der Zustrom aus den osteuropäischen Ländern fortsetzte. Bis in die fünfziger Jahre bestand die jüdische Bevölkerung Frankreichs in der Mehrzahl aus Ashkenazim, europäischen Juden. Das änderte sich, als die Länder des Maghreb – Tunesien, Marokko, Algerien – unabhängig wurden. Die dort ansässigen Juden optierten in großer Zahl für die französische Staatsbürgerschaft und wechselten auf die andere Seite des Mittelmeers, sofern sie nicht nach Israel auswanderten. Seither bilden die Sephardim die Mehrheit unter den 700 000 Juden Frankreichs. Sie unterscheiden sich stark von ihren europäischen Glaubensgenossen und ähneln in Lebensweise und Aussehen eher den nordafrikanischen Arabern.

Bis zum letzten Krieg war allgemein das Bestreben nach Assimilation vorherrschend. Danach aber ist es vor allem bei den Jüngeren zur Neubesinnung auf eine spezifisch jüdische Identität gekommen, eine Wendung, die nicht zuletzt wohl der Erfahrung während der Okkupationszeit geschuldet ist, als unter deutschen Besatzern und dem antisemitischen Vichy-Regime die französische «citoyenneté» nichts mehr wert war. Außerdem spielt natürlich inzwischen die Existenz des Staates Israel eine wichtige Rolle. Vor allem seit dem Sechs-Tage-Krieg haben sich diverse politische und kulturelle

Völkervielfalt in den Großstädten

Vereine gebildet, werden Kinder wieder verstärkt auf jüdische Schulen geschickt. Kulturzentren entstanden, in Paris wurde ein jüdisches Filmfestival ins Leben gerufen, jüdische Radios libres mischen im Äther mit, zum Beispiel «Radio Judaica» (Lille) oder «Radio Shalom» (Paris). Die größte politische Vereinigung heißt bezeichnenderweise Renouveau Juif – jüdische Erneuerung.

Ein ähnliches Phänomen zeigt sich auch bei vielen jungen Leuten armenischer Abstammung. Auch dort wird neuerdings stolz die Zugehörigkeit zu einer besonderen ethnischen Gruppe reklamiert. Rund 350 000 Armenier gibt es in Frankreich. Sie sind die Kinder und Kindeskinder derer, die 1915 durch die türkischen Massaker aus ihrer Heimat vertrieben wurden, Nachkommen der Überlebenden des ersten Völkermords im 20. Jahrhundert, dem eineinhalb Millionen Menschen zum Opfer fielen.

Die meisten leben in den drei großen städtischen Ballungsräumen Paris–Lyon–Marseille, wobei Marseille mit 80 000 Armeniern den ersten Platz einnimmt. In der überwiegenden Mehrheit betrachten sie das Hexagon als ihr Zuhause, sie sind zu Franzosen geworden und allenfalls durch ihre Familiennamen, die meist auf -ian enden (Manoukian, Sarafian), noch als Armenier zu erkennen. Sie haben auch jahrzehntelang alles daran gesetzt, sich zu integrieren, und wollten nicht weiter auffallen. Dennoch haben sie stets die Erinnerung an den Genozid und die Zerstreuung ihres Volkes über mehrere Kontinente aufrechterhalten. Armenische Organisationen haben immer wieder bei den internationalen Gremien auf Anerkennung des begangenen Unrechts gepocht.

Aber das Millionenmassaker und die Vertreibung waren wie weggewischt aus dem Bewußtsein der Welt, niemandem paßten diese Geschichten ins politische Kalkül, und so blieben die Armenier mit ihrer Tragödie allein. Jedes Jahr am 24. April, dem Gedenktag an die türkische Vernichtungsaktion, hielten sie ihre Geschäfte geschlossen, auch wenn es sonst niemanden weiter interessierte.

Mittlerweile hat sich da etwas geändert: Seit ein paar Jahren kümmern sich Medien und Politiker ein bißchen mehr um die armenische Sache. Mahnmäler werden eingeweiht, Kulturhäuser besucht, Straßen umbenannt in «rue du 24 Avril 1915». Solche Beachtung finden die Armenier, seit es mehrfach gekracht hat, seit die «Geheimarmee für die Befreiung Armeniens» (ASALA) eine Serie von Anschlägen gegen türkische Diplomaten und Einrichtungen verübt hat, wodurch Paris für eine Weile zum Hauptschauplatz des anti-türkischen Untergrundkriegs wurde. Die Haltung der armenischen Franzosen zu solchen Terrorakten ist zwiespältig: Zwar zeigen sie wenig Sympathien für die von Beirut aus operierende ASALA und verurteilen deren Attentate, besonders wenn ihnen Nicht-Türken zum Opfer fallen, andererseits verdanken sie ihnen, daß man sie erstmals wieder öffentlich zur Kenntnis nimmt. Die französische Regierung sah sich genötigt, zum Fürsprecher der Armenier zu werden, sogar auf Kosten der guten Beziehungen zur Türkei. Viele Jugendliche haben begonnen, ein neues ethnisches Selbstbewußtsein zu entwickeln und besuchen Armenisch-Kurse oder engagieren sich politisch im Mouvement national arménien.

Schwarze und Schwarzfüße

Nicht alle von «auswärts» stammenden Bevölkerungsteile sind aufgrund von Menschenrechtspflege und humaner Asylpraxis im Lande; viele stammen auch aus den Gebieten des ehemaligen französischen Kolonialreichs. So etwa die Pieds-noirs, die Algerienfranzosen, die 1962, nach den Unabhängigkeitsverträgen von Evian, Hals über Kopf ihre nordafrikanische Heimat verließen, über eine Million auf einen Schlag. Nachdem sich die Franzosen 1830 in Algerien festgesetzt hatten, ließen sich dort viele Siedler aus Spanien oder Italien nieder, die eine Möglichkeit sahen, der heimischen Misere zu entkommen. Nach 1871 kamen auch zahlreiche Elsässer, die mit dem deutschen Kaiser wenig im Sinn hatten. Als die Araber die ersten europäischen Einwanderer sahen, wunderten sie sich über deren ungewohnte Fußbekleidung und nannten sie wegen der schwarzen Lederschuhe «pieds noirs», Schwarzfüße, ein Name, der an ihnen bis heute haften geblieben ist.

Für die hexagonal-französische Bevölkerung waren diese Schwarzfüße Franzosen zweiter Klasse. Das waren Hergelaufene, die hießen Ramirez, Benelli oder Wagner, die sah man nicht als seinesgleichen an. Diese Verachtung kompensierten die Pieds-noirs durch die Herrenrolle, die sie gegenüber den «Eingeborenen» spielten. Während des Algerienkriegs wehrten sie sich mit Klauen und Zähnen gegen jeden Gedanken von algerischer Unabhängigkeit. Wild reagierten sie auf die leisesten Kompromißvorschläge. Sie klammerten sich an das Konstrukt «Algérie française», setzten schließlich auf den Retter de Gaulle und wurden von ihm übertölpelt. Mit Wut im Bauch und dem Gefühl, im Stich gelassen worden zu sein, kamen sie 1962 rüber und durften erstmals die naserümpfende Zurückweisung durch die Alt-Franzosen erleben. Man war mißtrauisch ihnen

Flics aus der Karibik: Franzosen zweiter Klasse

gegenüber, machte sich obendrein lustig über ihren Akzent und ihre Lebensweise, kurz, der Empfang im «Mutterland» war nicht gerade herzlich.

Alle kamen sie über Marseille, und viele blieben dort gleich hängen. Die übrigen verteilten sich auf die anderen Mittelmeerstädte und Korsika, dort kam das Klima den gewohnten Verhältnissen am nächsten, Nordfrankreich hingegen wäre für sie Sibirien. Die meisten wollten schnell aus der Paria-Rolle der armen Vettern rauskommen und setzten alles daran, möglichst rasch wieder was zu werden. So wurden die geschäftigen Schwarzfüße zu einem wirtschaftlichen Ferment in Städten wie Marseille, Aix, Nizza oder Montpellier, deren Atmosphäre sie nun deutlich mitbestimmen. Ihre anti-algerischen Ressentiments sind viele noch längst nicht losgeworden. Davon profitiert die rechtsextremistische Partei Front National, die mit ihren Anti-Araber-Parolen in den von Pieds-noirs bewohnten Stadtteilen überdurchschnittlich hohe Wahlergebnisse erzielt.

Ein paar Splitter sind noch immer übrig vom einstmals großen französischen Kolonialreich, wie Konfetti sind sie über den Globus verteilt. Sie werden natürlich nicht mehr «Kolonien» genannt, sondern als überseeische Departements und Territorien bezeichnet, als «DOM-TOM» in der geläufigen Abkürzung. Viele Menschen aus diesen Gebieten hat es ins «Mutterland» verschlagen, das größte Kontingent stellen dabei die Schwarzen von den Antilleninseln Martinique und Guadeloupe. Von ihnen leben 500 000 in Frankreich, mehr als auf den Inseln selbst, die überwiegende Mehrheit in der Pariser Region. In den karibischen Überseedepartements leben die kolonialen Wirtschaftsstrukturen fort – Zuckerrohrplantagen, Bananenanbau, bis auf die Rum-Destillerien so gut wie keine Industrie, all das ist in der Hand von hundert weißen Familien, ansonsten sind die Antillen Ferienparadiese für Franzosen und Amerikaner.

Bei den schwarzen Antillais, den Nachfahren afrikanischer Sklaven, sind sowohl Geburtenrate als auch Arbeitslosenquote besonders hoch. In den sechziger Jahren hatte man die Inseln als willkommenes Arbeitskräfte-Reservoir entdeckt. Anwerbebüros organisierten die massenhafte Übersiedlung, die schwarzen Karibik-Franzosen wurden vorzugsweise in den niederen Rängen des öffentlichen Dienstes untergebracht, durften der Nation als Briefträger, Krankenpfleger, Busfahrer oder Polizisten dienen. Obwohl inzwischen von Arbeitskräftemangel keine Rede mehr sein kann, hält der

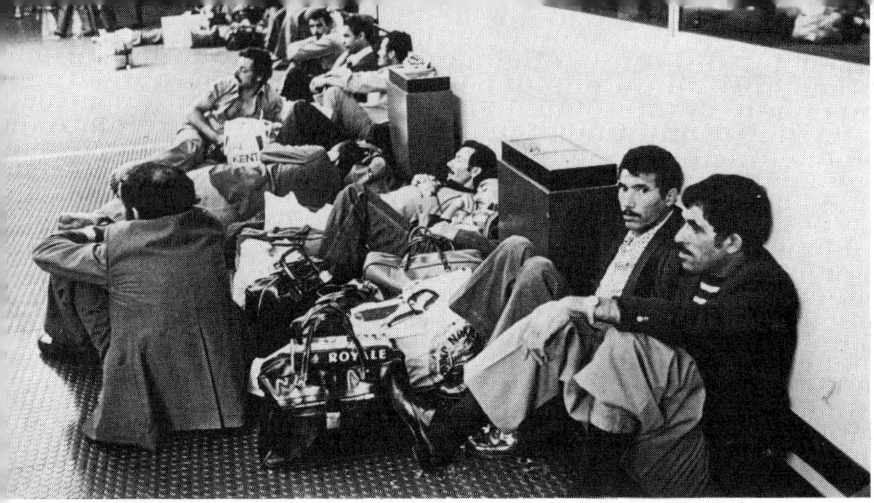

Auf gepackten Koffern zwischen den Welten

Zuwanderungsstrom an. Zehntausend Antillais pro Jahr vertauschen den subtropischen Dauersommer mit den Verheißungen der Île de France, wo sie sich dann in die Schlangen der Arbeitsämter einreihen. Das ist nicht die einzige Desillusionierung, die sie im gelobten Mutterland erwartet. Andauernd müssen sie die Erfahrung machen, wie wenig sie als gleichwertige Franzosen akzeptiert werden. Bei der Arbeit (wenn sie welche haben), bei der Wohnungssuche, beim Einkaufen: Stets bekommen sie eine unterschwellige Abgrenzung und Zurückweisung zu spüren. Oft sehen sie sich auf dieselbe Stufe gestellt wie ausländische Gastarbeiter. In vielen Sozialwohnungsanlagen gibt es Toleranzquoten für «Übersee-Franzosen».

Da ist es kaum verwunderlich, wenn sich die Leute aus Guadeloupe und Martinique abschotten, unter sich bleiben, eine Subkultur bilden mit eigenen Riten, Festen, Bällen, Eß-Sitten und nicht zuletzt einem eigenen Dialekt, dem Créole, den sie innerhalb der weißen Umwelt wie einen Geheimcode benutzen können. Berührungspunkte gibt es noch am ehesten durch die Musik, die sie aus der Karibik mitgebracht haben und die für sie gerade im frostigen Europa von vitaler Bedeutung ist. Eine größer werdende Menge von jungen Franzosen begeistert sich inzwischen für die karibischen Rhythmen – eine Vorliebe, die nicht von allen geteilt wird: In vielen dünnwandigen Sozialwohnungsblocks gibt es Ärger, weil die schwarzen Nachbarn zuviel Krach machen.

Gewalt gegen Araber

Bei aller Enttäuschung bestehen die Antillais jedoch nachdrücklich auf ihrem Franzosentum, grenzen sich geradezu ängstlich von den «immigrés» ab. Auch wenn sie oft so behandelt werden, sie sind keine «Ausländer», denn die rangieren natürlich vom Status her noch weiter unten.

Rund 4,5 Millionen Ausländer leben zur Zeit im Lande, überwiegend Arbeitsimmigranten und ihre Familien. Der Einsatz von Gastarbeitern hat in Frankreich eine längere Tradition als in anderen «Gastländern». Millionen wurden schon nach dem Ersten Weltkrieg ins Land geholt, um den Arbeitskräftemangel auszugleichen, der nach der Massenschlächterei entstanden war: Belgier, Italiener, Spanier, Polen kamen damals in großen Wellen und haben sich seither in die französische Gesellschaft eingeschmolzen. Seit den sechziger Jahren kommen die Immigranten vorwiegend aus Portugal und aus dem Maghreb, in geringerem Maße auch aus den frankophonen Ländern Schwarzafrikas (Senegal, Mali, Kamerun ...). Das Gros stellen indessen die Araber aus den nordafrikanischen Ländern – Marokko, Tunesien und vor allem Algerien. Ihre Gesamtzahl wird auf 2,6 Millionen geschätzt. Durch sie ist der Islam in Frankreich zur zweitgrößten Religionsgemeinschaft nach den Katholiken geworden. In den großen Städten prägen sie das Bild ganzer Stadtteile, leben zusammengepfercht in den Sanierungsgebieten der Zentren oder draußen in den «Cités», den tristen Sozialbau-Siedlungen der Industriegürtel.

«Araber raus!» – «Frankreich den Franzosen!»: solche und ähnliche Slogans häufen sich auf Mauern und an Brückenpfeilern. Wie keine andere Bevölkerungsgruppe werden die Araber mit Aggressivität und Ablehnung konfrontiert. Sie sind die Sündenböcke für Krisenphänomene wie Arbeitslosigkeit und soziale Unsicherheit, werden beschimpft als «bicots», «bougnoules» oder «ratons». An ihnen tobt sich der alltägliche Rassismus der «France profonde» aus. Auch frühere Immigranten waren zunächst auf Distanz und Verachtung gestoßen – die Polen wurden als «polacks», die Italiener als «ritals» diffamiert. Aber nach einer Generation waren sie in der Regel integriert und französisiert. Bei den Arabern ist das anders. In ihrem Fall geht die Ablehnung über das übliche Maß hinaus: Zusätzlich zur «normalen» Fremdenverachtung gibt es da einen tiefen Haß, der auf den Algerienkrieg zurückgeht. Eine Entkolonialisierung der Köpfe hat nie so recht stattgefunden. Auf dem Nährboden unausgeräumter Ressentiments konnte sich ein Rassismus entwickeln, dessen Gewalttätigkeit in den achtziger Jahren schokkierende Ausmaße erreicht hat: Er ist so banal wie mörderisch geworden, kaum eine Woche vergeht, ohne daß irgendwo ein Araber umgebracht oder tätlich angegriffen wird.

Oft sind es Jugendliche, manchmal sogar Kinder, die dran glauben müssen: In La Courneuve bei Paris wird der neunjährige Toufik von einem Franzosen erschossen, weil er beim Spielen zuviel Lärm macht. Der halbwüchsige Ahmed wird in einer Wohnsiedlung in Grenoble umgelegt. Begründung des schießwütigen Nachbarn: Er hat sein Moped aufheulen lassen. Im Schnellzug Bordeaux-Ventimiglia schlagen zwei Typen den sechzehnjährigen Habib zusammen und schmeißen seinen leblosen Körper aus dem Fenster. «Ich war betrunken, er war ein Araber, und ich hasse Araber», so die Erklärung eines der Täter. In Menton bei Nizza wird Aziz abgeknallt, weil er es wagte, sich mit einem «weißen» Mädchen zu zeigen. Und so weiter und so weiter.

Es ist schwer zu fassen, wie dergleichen im Land der Menschenrechte geschehen kann. «Ich habe Angst, mich für mein Vaterland schämen zu müssen. Ich fühle, daß der Respekt vor den anderen zu schwinden beginnt», klagte der Pariser Kardinal Lustiger im Fernsehen. Mit der Rassismus-Welle geht der Erfolg des politischen Rechtsextremismus einher. Die faschistische Front National mit ihrem Führer Jean-Marie Le Pen, bis vor kurzem eine unbedeutende Splittergruppe im rechtsradikalen Abseits, erlebt einen unglaublichen Aufschwung. Ihre rassistischen Weisheiten werden diskussionswürdig und färben auf die entferntere politische Nachbarschaft ab. Frankreich erlebe eine Invasion fremder, kulturell tiefstehender Horden aus der Dritten Welt, eine heimtückische, schleichende «Afrikanisierung», so tönt es. Es drohe der genetische Verfall und also der Untergang des Abendlandes. In abgedämpfter Form findet Le Pens «Gedankengut» inzwischen auch Eingang in die Kreise der liberalen Rechten. Ein Hauch von Rassismus ist zur Würze so manchen konservativen Diskurses geworden.

Generation Zéro

Erste deutliche Reaktionen auf diese Entwicklung kamen nicht von seiten der Intellektuellen- und Meinungsmacher-Kaste, sondern von denen, die direkt und hautnah betroffen sind: den Jugendlichen, die der sogenannten Zweiten Generation, beziehungsweise «Generation Zéro» angehören – in Frankreich aufgewachsene Kinder nordafrikanischer, das heißt mohammedanischer Eltern. Aus ihren Kreisen kamen zum Beispiel die Initiativen zu wochenlangen Märschen durchs ganze Land, die die Öffentlichkeit wachrütteln und auf die Gefahr der rassistischen Gewalteskalation hin-

weisen sollten. Zugleich erhoben diese Jugendlichen den Anspruch, die vielbesungene Égalité habe auch für sie zu gelten; mit den friedlichen Mitteln der Demonstration begannen sie, ihren Platz in der französischen Gesellschaft einzufordern. «Les beurs», so heißen sie im Jugendjargon, eine Bezeichnung, die aus der Umkehrung von «arabe» gebildet wurde, wie zum Beispiel «meuf» aus «femme».
Mit den «Beurs» ist eine neue Bevölkerungskategorie entstanden: Sie wachsen auf zwischen traditionell arabischer Familie und französischer Schule, zwischen Koran und Disco, Couscous und Fastfood. Von der Sprache der Eltern beherrschen sie höchstens ein paar Brocken, Algerien liegt für sie in weiter Ferne. Sie sind eine Weder-noch-Generation, sitzen zwischen den Stühlen. Ihre Probleme sind gleich mehrfacher Art: Da ist einmal der Konflikt mit den Eltern und ihrem oft strengen Traditionalismus, zum anderen erleben sie die Zurückweisung durch die französische Umgebung, machen die Erfahrung, diffamiert und an den Rand gedrängt zu werden, in ein arbeits- und chancenloses Dasein, in die Misere der trostlosen Vorstadt-

zonen mit Jugendbanden, Delinquenz und Drogensucht. Sie stehen mit dem Rücken zur Wand. Dennoch, oder gerade deshalb, entwikkelt sich aus ihrem Milieu ein offensives neues Selbstbewußtsein, das seine eigenen speziellen Ausdrucksformen hervorbringt. Eine lebendige Subkultur breitet sich aus, in der arabische und französische Elemente originelle Verbindungen eingehen, eine «Culture Beur», die sich oft sehr kreativ mit der eigenen Erfahrungswelt auseinandersetzt. Dazu gehören die vielen Musikgruppen, die in den Sozialgettos entstehen, zum Beispiel «Carte de Séjour» (Aufenthaltsgenehmigung), «Bossa Nova Kabyle» oder «Rockin' Babouches», die ein eigenartiges Gemisch aus Französisch und Kabylisch singen und neben der elektrischen Gitarre auch die nordafrikanische Laute zupfen. Auch auf der Radio-Szene macht sich die Generation Zéro bemerkbar, mit Stationen wie «Radio Gazelle» in Marseille, «Radio Trait-d'Union» in Lyon oder «Radio Beur» in Paris. In dem ehemaligen Fließbandarbeiter Mehdi Charef haben die Beurs ihren ersten Star-Literaten, der sich obendrein mit der Verfilmung seines autobiographischen Romans «Le thé au harem d'Archimède» als hochtalentierter Filmemacher erwiesen hat.

Die großen Märsche der Jahre '83 und '84 gaben den Anstoß zur Entstehung von SOS-Racisme, einer antirassistischen Initiative mit beachtlicher Breitenwirkung. Vor allem unter den Schülern gelang eine erstaunliche Mobilisierung. Über eine Million SOS-Racisme-Anstecker mit der Aufschrift «touche pas à mon pote» (Rühr meinen Kumpel nicht an) konnten verkauft werden. Hunderttausende nahmen an Demonstrationen teil. Als Reaktion auf den grassierenden Fremdenhaß scheint so etwas wie eine neue Jugendbewegung aufzukeimen. Der Erfolg der antirassistischen Initiative, die anfangs von einer kleinen Handvoll von Leuten ausging, erklärt sich aus ihrem betont «unpolitischen» Ansatz: Gerade wegen der Unabhängigkeit von Parteien und traditionellen Organisationen ist es gelungen, Massen von politikverdrossenen Jugendlichen aus der Reserve zu locken. Was aus diesem Phänomen wird, ist schwer abzusehen. Möglich, daß sich hier ein nachhaltiger Bewußtseinsschub ankündigt, der endlich wieder für frischen Wind sorgt in der beklemmenden französischen Flaute. Zunächst geht es darum, massiv Einspruch zu erheben gegen eine unzumutbare und bedrohliche Entwicklung, sich zu einer multi-ethnischen Gesellschaft zu bekennen, die in Frankreich de facto längst existiert, und die ethnische und kulturelle Vielfalt als Chance und Bereicherung aufzufassen statt als Bedrohung.

Wie wird man Franzose?

Bei allen Verschiedenheiten gibt es eine Klammer, mit deren Hilfe die Nation bisher zusammengehalten wurde: die Sprache. Sie ist, wie der englische Historiker Theodore Zeldin sagt, der wichtigste gemeinsame Besitz des französischen Volkes. Auf ihre große Bedeutung verweist schon die Sprachkultur des Alltags. Es gibt eine Lust an der Sprache, nicht nur bei Intellektuellen: Sie wird mit Genuß praktiziert, das Reden um des Redens willen genossen. Man läßt sich Formulierungen auf der Zunge zergehen, erfreut sich an Wortspielen und Doppelbedeutungen. Sprachliche Ausdrucksfähigkeit wird hoch geschätzt, geschickte Wortwahl und elegante Wendungen bringen Achtung ein. Aufmerksam begutachtet man die rhetorischen Leistungen öffentlicher Figuren, die ihrerseits einigen Ehrgeiz daran setzen, als besonders wortmächtig zu erscheinen und möglichst noch als «hommes de lettres» zu gelten. Dabei kann schon mal der Rede- und Schreibaufwand zu Lasten der klaren Mitteilung gehen, aber was dem Nichtfranzosen gelegentlich wie blumiges Geschwafel vorkommen mag, wird möglicherweise gerade als besonders brillanter Diskurs empfunden.

Aus Zeiten, in denen das Französische *die* internationale Sprache der Gebildeten und der besseren Kreise war, hat sich den Franzosen eine gewisse Überheblichkeit vererbt, die unbescheidene Ansicht, ihre Sprache sei die einzig wahre – eine herausragende Insel in einem Meer unzivilisierter Guttural-Laute. Wer wirklich näher mit Franzosen zu tun haben will, sollte daher ihre Sprache möglichst gut beherrschen. Auf Nachsicht und aufmunternden Zuspruch, auf die der radebrechende Ausländer in anderen Ländern häufig trifft, darf er in Frankreich nicht zählen: Hier gibt es für ihn keinen Bonus. Vielmehr gilt es als selbstverständlich, die Sprache der Sprachen demütig und beflissen zu erlernen. Max Frisch klagte einmal, er fühle sich in Frankreich immer wie in einer Prüfungssituation, sogar der Kellner im Café strafe ihn mit seinem Blick für eine falsche Subjonctif-Form ... Bei anderen Sprachen hingegen nimmt man's nicht so genau. Fremde Namen werden hartnäckig falsch geschrieben. So geistert etwa ein bekannter deutscher Politiker immer wieder als «Khol» durch die Presse, es kommt nicht so drauf an. Oder schon mal was von «Anna Shygulah» gehört? Egal. Man weiß ja ungefähr, wer gemeint ist. Bei der Aussprache gibt man sich erst recht keine Mühe, ausländische Namen werden rigoros nach französischer Manier betont. Andererseits lacht man sich aber gern kaputt über die ulkigen Akzente der Ausländer. Das Nachahmen französisch sprechender Araber, Neger oder Deutscher ist eine unerschöpfliche Quelle der Heiterkeit.

Sprache als Politikum

Die Sprache ist in Frankreich weit mehr als nur ein Verständigungsmittel, sie ist ein Politikum, eine Staatsangelegenheit seit dem 1539 erlassenen Edikt von Villers-Cotterêts, das den alleinigen Gebrauch des Französischen als Amtssprache vorschrieb. Das Zusammenfügen des hexagona-

Schüler der Dritten Republik

len Staatsgebildes zur Nation vollzog sich nicht zuletzt mit Hilfe der französischen Sprache, die vom königlichen Kernland der Île de France ausging und nach und nach die übrigen Provinzen eroberte. Als Mittel zur Ausdehnung und Absicherung des Machtbereichs, als einheitsstiftendes Element war die Sprache von hohem politischen Interesse, im Ancien Régime ebenso wie in der Republik. 1635 wurde auf Betreiben Richelieus die Académie Française gegründet. Ihre Aufgabe war es, die Vereinheitlichung des Französischen durchzusetzen, seine Formen und Regeln verbindlich festzulegen. Noch heute arbeiten die Akademiemitglieder unter der ehrwürdigen Kuppel des Pariser Instituts an der nationalen Aufgabe der Sprachpflege, wenn sie auch inzwischen einen reichlich verzopften Club illustrer Kulturgreise bilden.

Die staatliche Sorge ums richtige Französisch ist gleichwohl aktuell geblieben. Neben verschiedenen anderen Kontrollorganisationen wacht ein «Hohes Komitee für die französische Sprache» über deren korrekten Gebrauch. Ein Motiv dabei ist, sich auf internationaler Ebene nicht von der anglo-amerikanischen Konkurrenz verdrängen zu lassen – ein ungleicher Wettstreit der Kulturimperialismen. Besonders geht es um die Verteidigung der «Francophonie», der französischen Sprach-Domäne in den ehemaligen Kolonien, vor allem in Afrika. Dort geht die sprachlich-kulturelle Bindung an die alte Kolonialmacht einher mit politischer und wirtschaftlicher Abhängigkeit, und das soll nach Möglichkeit so bleiben. Deshalb auch ist mit der Sprache nicht zu scherzen; es gilt, ihre Qualitäten gegenüber dem Englischen hochzuhalten, sie nicht der schleichenden Zersetzung zu überlassen. So wird ein stetiger Kampf geführt gegen das Einfließen parasitärer englischer Bestandteile in die Sprache Molières und Voltaires.

Der hochoffizielle Kreuzzug gegen das «Franglais» nimmt gelegentlich etwas lächerliche Formen an. Man wettert gegen Weekend und

Sportswear, Drugstores und Rent-a-car. Die staatliche Zigarettenfirma SEITA wird dafür gegeißelt, daß sie Marken wie «News» oder «Blue Ways» auf den Markt wirft, und es gibt tatsächlich schon Gesetze, die den öffentlichen Gebrauch unfranzösischer Ausdrücke unter Strafe stellen. Wer in der Werbung oder auf Warenpackungen die Pflicht zur Muttersprache mißachtet, wird vor den Kadi geschleppt. Ministerielle Kommissionen arbeiten eifrig daran, als Ersatz für geläufige englische Ausdrücke eigene Alternativen zu entwickeln und zu propagieren. Für «Walkman» haben sie zum Beispiel «baladeur» ausgeheckt (soviel wie «Wandersmann»), und «fastfood» hätten sie gern ersetzt durch «restauration rapide».

In Wirklichkeit bringt so was natürlich nicht viel. Wie überall befindet sich auch in Frankreich die Umgangssprache in einem andauernden Wandel, sie verändert sich, nimmt auf, was sie braucht, und stößt ab, was altmodisch wird. Gerade die Jugendlichen zeichnen sich dabei durch Phantasie und Sprachkreativität aus, sie sind es, die die Trends bestimmen. Für sie ist die Anti-Franglais-Korinthenkackerei einfach too much. Sie lachen sich ins Fäustchen und bleiben cool.

Staatsgläubige Anarchisten

Die Sprache ist also ein wichtiger Faktor der französischen Identität. Wie steht es darüber hinaus mit «typisch französischen» Eigenschaften? Klar, daß Aussagen zum Nationalcharakter immer höchst problematisch sind. Schnell verliert man sich dabei in einem Wust von Klischees und Vorurteilen. Die Frage «Wie sind die Franzosen und warum sind sie so?» klären zu wollen, wäre anmaßend. Zumal sie sich selbst unablässig damit beschäftigen und zu keinem Ergebnis kommen. Kaum eine andere Nation bespiegelt und durchforscht sich so sehr wie die französische. Laufend erscheinen Untersuchungen, Umfragen und Bücher zum Thema «Français, qui êtes-vous?» – Woher kommen wir? Wohin gehen wir? Wer sind wir? Sind wir noch wer? Wie steht's mit unserem Liebesleben? Wovon träumen wir? Herden von Psychologen und Journalisten leben davon, den kollektiven Puls zu fühlen, Betrachtungen des hexagonalen Bauchnabels sind Dauerbrenner. Schon dies darf also als ein sehr französisches Phänomen gewertet werden ...

Trotz aller Vorbehalte gegenüber Verallgemeinerungen – es gibt natürlich ein paar wiederkehrende Verhaltensweisen und Eigenarten. Manches fällt gerade dem deutschen Beobachter besonders auf: Ungeniert gehen die Leute bei Rot über die Straße, fahren in teilweise wild zerbeulten Autos, überholen rechts, schimpfen über die Flics, scheinen überhaupt ein anderes Verhältnis zur Obrigkeit zu haben. Nicht nur im Straßenverkehr ist die Mißachtung von Regeln gang und gäbe, man macht sich auch sonst einen Spaß daraus, dem Staat ein Schnippchen zu schlagen. Steuerbetrug gilt als eine Art Volkssport. Auch der ehrenwerte Bürger gibt sich aufmüpfig und zeigt gern eine «anarchistische» Attitüde. So was wie preußische Untertanenmentalität ist kaum zu finden, auch nicht der Hang zu dauernder gegenseitiger Kontrolle, vielmehr hat sich als Ausdruck eines gewachsenen bürgerlichen Bewußtseins ein spezifischer Individualismus, verbunden mit einem ausge-

Probleme mit der Sprachpflege: die Académie française

prägten Freiheitsbedürfnis herausgebildet. Gelegentlich kann sich das allerdings auch in einer weniger erfreulichen Spielart bemerkbar machen, einem merkwürdigen Mangel an sozialer Gesinnung, «je-m'en-foutisme» genannt, zu deutsch etwa «Leck-mich-am-Arsch-Haltung». Da wird dann rücksichtslos der Dreck auf die Straße geschmissen, seelenruhig läßt man seinen Hund mitten auf den Bürgersteig scheißen, dreht nachts um drei das Radio voll auf, ohne sich um die Nachbarn zu scheren, und selten wird älteren Leuten in Bahn und Bus ein Sitzplatz angeboten. Dieses eingefleischte Jeder-für-sich beziehungsweise Jeder-gegen-jeden (besonders extrem in Paris) dürfte mit ein Grund dafür sein, daß sich soziale Initiativen kollektiver Art nur sehr schwer entwickeln.

Der freiheitsliebende Individualismus ist im übrigen nur die halbe Wahrheit, denn er wird ergänzt durch eine scheinbar paradoxe Staatsgläubigkeit. Vom Staat, dem man gern eine Nase dreht, wird gleichwohl alles erwartet. In ihrem klugen, etwas bissigen Frankreichbuch «Der französische Maulwurf» spricht Maria Antonietta Macciocchi von der französischen Gewohnheit, «auf Institutionen und Autoritäten zu pfeifen und ihnen gleichzeitig bis zum Tode ergeben zu bleiben». Der Staat, das zentralistische Monstrum, ist seit langem unangreifbar und allgegenwärtig, das stramm hierarchische Prinzip, von dem die Gesellschaft durchdrungen ist, wird als normal und selbstverständlich empfunden.

Dem entspricht das Gebaren der Amtsinhaber. Jeder Beamte, und sei er das kleinste Licht, fühlt sich in erster Linie als Staatsvertreter, als verlängerter Arm einer anonymen Machtzentrale und keineswegs als

«Dienstleistender». Ein unwirscher, herrischer Ton ist in den Amtsstuben die Regel, der Bürger wird häufig als lästiger Bittsteller abgekanzelt. Was Arroganz, Kompliziertheit und Langsamkeit betrifft, sucht die französische Bürokratie in den westlichen Ländern ihresgleichen. Wer immer sich durch das unübersichtliche Gewirr ihrer Instanzen zu kämpfen hatte, weiß ein Lied davon zu singen; so manchem mag schon bei der einfachen Beantragung einer Aufenthaltsgenehmigung Kafkas «Prozeß» in den Sinn gekommen sein.

Zwischen Wettbewerb und Animation

Auf besondere Weise ist das gesellschaftliche Leben vom Geist hierarchischer Ordnungssysteme bestimmt. Auffällig ist ein Hang zur Kategorisierung und Statistik: Für alles und jedes gibt es Zensuren und Rangfolgen, man denke nur an das alljährliche Ritual der Literaturpreise, an die Ordensverleihungen für die besten Handwerker des Jahres oder auch an die stetig erneuerte Klassifizierung der Restaurants und Hotels. Dauernd wird hingewiesen auf irgendwas Höchstes, Tiefstes, Kleinstes, Ältestes – ein paar Gemeinden haben sich sogar über die Frage gestritten, welche von ihnen am meisten in der Mitte von Frankreich liegt.

Von permanenter Klassifizierung betroffen sind auch die Franzosen selbst. Ihr schulischer und oft auch ihr beruflicher Werdegang sind mit «concours» gepflastert, mit ständig wiederholten Wettbewerben. Stellenausschreibungen, Positionsverbesserungen, Zulassungen zu höheren Bildungsinstituten – all das setzt immer wieder neue Concours voraus, an denen gewöhnlich Massen von Bewerbern teilnehmen. Über Posten und Gehalt entscheidet die Note; meist bestehen nur so viele, wie gebraucht werden, die Mehrzahl fällt durch und versucht es im folgenden Jahr noch mal. Immer wieder richten sich Hoffnungen und Ängste auf einen der unzähligen Wettbewerbe; durch sie wird das laufende Beurteilt- und Eingestuftwerden zu einem wesentlichen Erfahrungsbestandteil.

Eine Zuflucht vor der stressigen Außenwelt bietet die Welt des Privaten. Fremde haben dort so ohne weiteres keinen Zutritt, Franzosen zögern gewöhnlich sehr lange, bevor sie jemanden zu sich nach Hause einladen. Das Reich der Familie ist heilig, das Heim ein unantastbarer Besitz, und das im wahrsten Sinne, denn fast fünfzig Prozent der Familien sind Eigentümer ihrer Wohnung. Allgemein geht es innerhalb der hermetisch abgeschotteten Intimsphäre weitaus traditioneller zu als bei den östlichen Nachbarn. Die klassische Rollenverteilung zwischen den Geschlechtern zeigt weniger Aufweichungserscheinungen, auch haben sich moderne Erziehungsmethoden noch nicht so stark durchgesetzt. Wie in guten alten Zeiten kriegen Kinder öfter mal eine Ohrfeige (une gifle) oder eins auf den Hintern (une fessée). Ein beliebtes Disziplinierungsmittel ist es auch, die lieben Kleinen bei Aufsässigkeit ein Weilchen in den Wandschrank (le placard) zu sperren. Das scheint aber die nachwachsende Generation nicht daran zu hindern. der heimischen Schlupf-Zelle recht lange die Treue zu halten. Noch die erwachsenen Söhne und Töchter bleiben erstaunlich lange bei Papa und Maman wohnen, statt Rebellion ist friedliche Koexistenz zwischen den Generationen die Regel. Wohngemeinschaften sind quasi unbekannt, die Kinder imitieren gewöhnlich sehr bald das althergebrachte elterliche Modell. Der relativ starke Familienzusammenhalt dehnt sich oft auch auf Onkel, Tanten, Cousins und Cousinen aus; bezeichnend für die fortbestehende Bedeutung familiärer Beziehung ist, daß über vierzig Prozent der französischen Urlauber ihre Ferien mit und bei Verwandten verbringen.

Ein Ferien-Phänomen anderer Art bilden die Colonies de vacances, die seit langem für viele Franzosen ein wichtiger Teil ihrer Sozialisation sind. Gemeinden, Firmen, Kirchen und sonstige Organisationen betreiben Tausende von Feriencamps, in die jährlich eineinhalb Millionen Kinder aus der Mittel- und Unterschicht verschickt werden. In großen Gruppen sieht man sie in den Sommermonaten durch die Ferienorte marschieren, begleitet von Animateuren, die zugleich als Aufpasser und Programmgestalter fungieren. Im Grunde findet sich das Prinzip der Ferienkolonie im Club Méditerranée wieder, dieser so außerordentlich französischen Erfindung: Was ist der «Club Med» anderes als eine luxuriöse Kinderkolonie für sogenannte Erwachsene? Wie in der Colonie ist dort für alles gesorgt, die Urlauber werden von Animateuren bedient, die ihnen lustige Spiele zeigen. Der Club kommt dem Bedürfnis entgegen, an die Hand genommen zu werden. Dort kann man sich wieder in eine infantile Gemeinschaft zurücksinken lassen, nur ist das Essen besser als in den Kinderlagern, und es gibt auch sonst keine Beschränkungen.

Es ist sicher kein Zufall, daß der «animateur» eine ursprünglich französische Einrichtung ist. Animations- und Belehrungsversuche von oben sind gang und gäbe. Da ist zum Beispiel die «journée de la musique» jedes Jahr im Juni. An diesem Tag, so beschloß das Kulturministerium, sollen die lieben Mitbürger bitte alle mit ihren Instrumenten auf die Straße kommen und eifrig musizieren, und viele tun's auch brav. An allen anderen Tagen würde die Polizei gegen so was einschreiten. Animation gibt's auch auf der Eisenbahn: In manchen Zügen werden während der Ferienzeit die Fahrgäste mit landeskundlichen Informationen und ortsüblicher Folklore versorgt. Und selbst die Autobahnen tragen zur Volksbildung bei: Mittels großer Schilder werden die Benutzer laufend über geographische, kulturelle und wirtschaftliche Aspekte der durchrasten Landschaften belehrt.

Schule in der Krise

Tatsächlich sind Erziehung und Bildung aufs engste mit der Republik und ihrer Geschichte verbunden. «Frankreich wird das sein, was seine Schullehrer aus ihm machen!» hatte Émile Zola verkündet, als vor hundert Jahren die Dritte Republik mit ihrem damaligen Bildungsminister Jules Ferry die allgemeine, laizistische und obligatorische Schule einführte. Sie sollte allen zu gleichen Bildungschancen verhelfen, den Einfluß der Kirche zurückdrängen, zur Identifikation der jungen Staatsbürger mit der einen, unteilbaren Republik beitragen und den Patriotismus stärken, auch im Hinblick auf den Erbfeind im Osten, der sich soeben Elsaß-Lothringen einverleibt hatte. Der Aufbau des republikanischen Schulwesens vollzog sich in Form einer großangelegten «Gleichschaltung» nach straff zentralistischer Manier. Lernmittel, Lerninhalte und Lernmethoden wurden radikal vereinheitlicht, überall im Land schrieben Zehntausende von Schülern zur gleichen Zeit über dieselben Themen ihre Prüfungsarbeiten.

Heute geht es nicht mehr ganz so kraß zu, dennoch hat sich vieles vererbt von den zentralistischen Grundstrukturen. Die Schule erfaßt das Leben der jungen Franzosen um einiges intensiver als das ihrer deutschen Altersgenossen, sie ist durchgehend ganztägig auf allen Stufen, am Mittwoch ist frei. Schon mit zwei Jahren kann man die Kinder in die École maternelle, die staatliche Vorschule schicken, eine Möglichkeit, die von den meisten Eltern wahrgenommen wird. Und ganztägig geht es danach auch weiter mit der École primaire, das heißt der Grundschule, dem Premier cycle (Sekundarstufe 1) und dem Second cycle – der höheren Berufsschule oder dem Lycée, das mit dem «bac» (Abitur) abgeschlossen wird.

Lange Zeit galt das Erziehungssystem als Stolz und Aushängeschild der Republik. Heute ist es in eine Krise geraten und wird heftig kritisiert wegen seiner Starrheit und Unzulänglichkeit. Die Éducation nationale, das staatliche Schulsystem, ist mit 903 000 Angestellten, worauf gern hingewiesen wird, das zweitgrößte Unternehmen der Welt, nach der Roten Armee und vor General Motors. Aber es ist ein verwitterter Koloß. Durch den Schüler-Boom in den Fünfzigern, der einherging mit der Schulpflichtverlängerung auf sechzehn Jahre, waren die Einrichtungen völlig überlastet. Massenhaft wurden Lehrer und Hilfslehrer eingestellt, allzuoft ohne ausreichende Qualifikation. Trotz vieler neugebauter Schulen platzen die Klassen auch heute noch aus den Nähten. Überhaupt bieten französische Schulgebäude oft ein trauriges Bild, mit deutschen sind sie kaum zu vergleichen. Sie wirken verrottet, und in vielen Fällen sind sie es auch. Ein Indiz dafür sind die Werbekampagnen für Sprays gegen Läuse und Flöhe, die jedes Jahr zur «rentrée», zum Wiederbeginn des Schuljahrs im September, gestartet werden.

Häufig entspricht der Unterrichtsstil den Rahmenbedingungen. Frontalunterricht ist die Regel, der Pauker, der oft noch auf einem erhöhten Podest sitzt, doziert, die Schüler schreiben mit. Auch in den Lycées geht es recht autoritär-kasernenmäßig zu. Michael, ein fünfzehn Jahre alter deutscher Schüler, der von einer westdeutschen Gesamtschule auf ein Pariser Lycée kam: «Was mir am meisten aufgefallen ist als Unterschied, das ist das Verhältnis zwischen Schülern und Lehrern. Hier fühlt man sich viel kleiner, jünger, nicht so ernst genommen. Bei uns kam es zum Beispiel öfter vor, daß ein Schüler dem Lehrer mal widersprochen hat. Das ist hier fast undenkbar. Irgendwie hat hier der Lehrer noch die Rolle des gestrengen Erziehers, den man zu respektieren hat, nicht weil er ein guter Lehrer ist, sondern weil er eben der ‹prof› ist.»

Zunehmend wird Kritik geübt am extrem selektiven Charakter des Schulsystems. Der Weg zum «bac» etwa ist ein Hindernisrennen, bei dem die meisten auf der Strecke bleiben. Noch in der Sekundarstufe 2 wirft jeder dritte das Handtuch. Von

Passe ton bac d'abord!

insgesamt 600000 jährlichen Schulanfängern verlassen 200000 das Erziehungssystem ohne jeglichen Abschluß. Nur elf Prozent schaffen es, in der normalen Zeit in die Abiturklasse zu kommen. Nicht zuletzt aus der Perspektive des schulischen Scheiterns erklärt sich die wachsende Bedeutung des Privatschulsektors. Es sind überwiegend katholisch geführte Einrichtungen, aber bis auf Gegenden wie Bretagne oder Vendée, wo die Kirche noch fest im Sattel sitzt, spielt bei der Entscheidung für die Privatschule das religiöse Moment kaum eine Rolle. Vornehmlich die besseren Kreise schicken ihren Nachwuchs dorthin, damit ihm der Weg nach oben gebahnt werde. In diesen sogenannten «freien» Schulen sind die Klassen kleiner, ist die Disziplin besser, gibt es fast keine Ausländerkinder. Die katholischen Privatschulen sind also die Schulen der Reichen. Allerdings haben sie aufgrund der Mängel des staatlichen Schulsystems etwas von ihrem elitären Charakter verloren. Mittlerweile werden sie von 18 Prozent der Schüler, das heißt von mehr als zwei Millionen besucht.

Zuchtanstalten für die Staatselite

Das Prinzip wiederholten Aussiebens beherrscht auch die «höhere Bildung». An den Universitäten kommt ein Drittel der Studenten nicht über das erste Jahr hinaus. Über die Hälfte hat ihr Studium dann nach spätestens zwei Jahren abgebrochen. Durch die rigiden Prüfungen am Ende jedes Jahres, durch das Prinzip des stufenweisen Scheiterns, kann auf den Numerus clausus verzichtet werden. Wer französische

Unis betritt, hat meist einen ähnlichen Eindruck wie bei den Schulen. Sie wirken oft schäbig, sind kümmerlich ausgestattet und überfüllt. Sie haben denn auch, mit einigen Ausnahmen, kein besonderes Renommee. Nennenswerte Forschung wird vor allem in den großen staatlichen Forschungszentren betrieben, dorthin werden die besten Wissenschaftler abgeworben.

Was die Funktion der Universität als Bildungsstätte betrifft, so laufen ihr die «Grandes Écoles» den Rang ab. Sie bilden ein zweites, paralleles Hochschulsystem mit weitaus höherem Prestige. Die Berufsaussichten, die sie eröffnen, sind ungleich sicherer und attraktiver. In ihnen zieht sich – beispiellos in der westlichen Welt – der Staat seine eigene Elite heran. Seitdem sie existieren, entziehen sie den Universitäten die begabtesten Studenten. Die erste dieser «Großen Schulen», die École des Ponts et Chaussées, stammt noch aus der Zeit des Absolutismus. Entscheidend für den Ausbau dieses Sektors war dann aber der Kaiser aus Korsika: «Ich will eine Korporation bilden, nicht von Jesuiten, die ihren Souverän in Rom haben, sondern von Jesuiten, die nur einen Ehrgeiz kennen, nämlich nützlich zu sein, nur ein Interesse, nämlich das öffentliche Wohl.» Seither arbeitet, ganz nach Napoleons Vorstellungen, eine wachsende Zahl staatlicher Spezialhochschulen an der Aufzucht zuverlässiger Staatsjesuiten. Unter anderen gehören dazu die École Normale Supérieure, die École Polytechnique und die nach dem Zweiten Weltkrieg gegründete École Nationale d'Administration, kurz ENA genannt. Das Ausleseverfahren für diese Anstalten ist äußerst streng, eine mehrjährige vorangegangene Ausbildung ist meist Vorbedingung, um überhaupt an den Eintrittswettbewerben teilnehmen zu können. Im Unterschied zur Uni bleibt die Anzahl der Studenten stets gleich beziehungsweise bedarfsorientiert. Die allerelitärste dieser Elite-Zuchtanstalten ist die ENA. Rund 1500 Kandidaten melden sich dort pro Jahr zur Aufnahmeprüfung; 150 schaffen den Eintritt und haben damit bereits eine Jobgarantie. Im Verlauf des Studiums folgen dann permanent weitere Concours, aus denen sich eine Rangfolge herauskristallisiert. Wer beim Abschluß auf den vordersten Plätzen liegt, kommt an die begehrtesten, höchstdotierten Stellen ran: die Schlüsselposten in Ministerien, Präfekturen oder im Rechnungshof.

Aus den Grandes Écoles rekrutieren sich die Führungskader des Staates und immer mehr auch die der Industrie. Die Hälfte der 500 wichtigsten Generaldirektoren sind Abgänger der École Polytechnique. Absolventen solcher Hochschulen sind sprachmächtig, verfügen über geschliffene Formen und haben eine Allround-Ausbildung erhalten, die sie vielseitig einsetzbar macht – in der Staatsführung ebenso wie in den Chefetagen der Wirtschaft. Sie bilden eine Kaste für sich, sind in der gleichen Weise geformt, sprechen die gleiche Sprache, haben das gleiche Elitebewußtsein. Der Korpsgeist ihrer Schule begleitet sie ein Leben lang. Über die Parteigrenzen hinweg erkennen sie sich wieder, sie treffen sich überall dort, wo die Entscheidungen getroffen werden. Für Normalbürger bleibt diese Kameraderie der Elite unsichtbar, und damit ein wesentlicher Bereich, in dem über Karrieren und politische Weichenstellungen entschieden wird.

Blick zurück –

Von der Französischen Revolution zur Fünften Republik

«Noch komplizierter werden die Beziehungen mit Frankreich heute dadurch, daß die Ausländer sich stets vor Augen halten müssen, daß sie es nicht nur mit einem Land zu tun haben, das es wirklich gibt, einem Land, das viele von ihnen mit seiner bewundernswerten Vergangenheit und seinen achtunggebietenden Leistungen, Möglichkeiten und Fähigkeiten der Gegenwart lieben, sondern mit einem Land, von dem die meisten Franzosen träumen, daß es immer noch existiert. Die Kluft zwischen Wirklichkeit und Traum ist beträchtlich, aber die Franzosen sind unablässig bemüht, dies zu übersehen oder zu vergessen» – so schreibt mit mildem Spott der italienische Journalist Luigi Barzini in einem seiner Bücher. Tatsächlich: Leicht kann ungläubiges Staunen aufkommen über das Festhalten an so manchen überkommenen Traditionen, so etwa über den seltsam anachronistischen Stil der politischen Selbstdarstellung. Imperiales Gehabe des Präsidenten, militärischer Pomp vor erhabenem Dekor, bebend-pathetische Beschwörungen nationaler Größe – ein Großmachtsgebaren, das unangemessen bis grotesk wirkt angesichts der realen Bedeutung des Landes. Aber da gibt es halt «eine gewisse Idee von Frankreich» (de Gaulle), der die Realitäten nichts anhaben können. Für den General war Frankreich schlicht und einfach «das Licht der Welt». Er hatte nämlich erkannt: «Unser Handeln ist auf Ziele gerichtet, die eben, weil sie französisch sind, dem Interesse aller Menschen entsprechen.» Alles klar. Auch François Mitterrand, Staatsmann der Linken, hat ganz ähnliche Erkenntnisse, er preist «jenes undefinierbare Genie, das es Frankreich ermöglicht, die tiefen Bedürfnisse des menschlichen Geistes zu erfassen und auszudrücken». Deshalb ist es dazu auserkoren, «den Pfad der Menschheit zu erhellen».

Anmaßend? Chauvinistisch? Nur wenige Franzosen empfinden das so. Festzustellen ist zunächst ein für Deutsche ungewohnt positives Verhältnis zur Vergangenheit des eigenen Landes. Man hat eine Geschichte, «die sich sehen lassen kann», die anderen zum Vorbild dient, die den Nationalstolz rechtfertigt. Nur geht es dabei weniger um die reale Vergangenheit als um einen Mythos, bei dem alles Störende ausgeblendet bleibt; Vichy-Regime, Kolonialgreuel, Algerienkrieg – so was würde den nationalen Konsens verletzen. «Sie sind fähig, ihre Geschichte völlig aus dem Gedächtnis zu verlieren» (Macciocchi), dann nämlich, wenn sie ihnen nicht in den Kram paßt. Nun speisen sich Ideologien ja immer aus irgendwelchen Quellen: Was heute nur noch als überhebliches Geschwafel erscheint, daran war tatsächlich mal was dran. Mit der großen bürgerlichen Revolution hat Frankreich einst wirklich «den Pfad der Menschheit» erhellt, und auf dieses Ereignis beruft sich der derzeitige Staat mit seinen Symbolen immer noch. Die Fahne der Republik: die Tricolore, ihre Hymne: die Marseillaise, die Inschrift über öffentlichen Gebäuden: liberté–égalité–fraternité – alle stammen sie von der Französischen Revolution, vor allem aber natürlich der Nationalfeiertag am 14. Juli, dem Datum ihres Ausbruchs.

Das Glück: eine neue Idee in Europa

Am 13. Juli 1789 beginnt der Aufruhr in Paris. Eine aufgebrachte

Der Dritte Stand wacht auf

Menschenmenge aus den Arme-Leute-Vierteln plündert die Getreidespeicher, setzt Zollgebäude in Brand. Am 14. morgens dringt sie in die Invalidenkaserne ein, um sich mit Gewehren und Kanonen zu versorgen. Damit zieht dann alles zur Bastille, dem alten Staatsgefängnis, das wie eine wuchtige Zwingburg den unruhigen Faubourg Saint-Antoine überragt. Nach kurzem Widerstand gelingt es der unorganisierten Masse, die Festung zu stürmen. Es sitzen zwar nur sieben Gefangene drin, die man befreien kann, aber darauf kommt's gar nicht so sehr an. Wichtig ist, daß mit der Bastille das verhaßte Symbol des Ancien Régime fällt. Im Triumphzug geht es von dort zum Rathausplatz, vorneweg als Trophäe auf eine Pike gespießt der Kopf des Festungskommandanten.

König Ludwig der Sechzehnte, abgeschirmt in Versailles, hat gerade zuvor noch in sein Tagebuch geschrieben: «Juli 1789. 13. nichts. 14. nichts.» In der Nacht wird er geweckt, man berichtet ihm von den Pariser Ereignissen. «Das ist eine Revolte!» meint Ludwig erstaunt. «Nein, Sire, das ist eine Revolution!»

Das konnte man wohl sagen. Ein Umsturz von gewaltigen Ausmaßen hatte da begonnen, nach dem in der französischen Gesellschaft nichts mehr so sein sollte wie vorher. Was sich da vollzog, war die Geburt einer Welt nach bürgerlichen Maßstäben. Und die Französische Revolution beschränkte sich nicht auf Frankreich, sie wurde zu einem Fanal für ganz Europa. Natürlich kam der 14. Juli nicht aus heiterem Himmel. Seit längerem schon befand sich die französische Gesellschaft in einem Gärungsprozeß. Das Gebäude des Ancien Régime zeigte Risse, die feudalen Strukturen waren zum Hemmnis für die wirtschaftliche und soziale Weiterentwicklung geworden, was seinen Ausdruck fand in wiederkehrenden Ernährungskrisen und Hungerrevolten. Das System erwies sich als reformunfähig, gerade im Niedergang verhärtete sich ein großer Teil des Adels in der Verteidigung seiner Privilegien. Der König, kein großes Licht, entschlußschwach und schwankend, hatte die Situation nicht im Griff. Die wirtschaftliche Krise wurde begleitet von einer ideologischen. Die katholische Kirche mit ihrer Absegnung der «natürlichen» Herrschaftsverhältnisse verlor an Einfluß in den Köpfen, dagegen ging die Saat der Aufklärung auf. Im Gefolge von Voltaire, Diderot und Rousseau hatten sich neue Ideen verbreitet und – vereinfacht – als Forderungen durchgesetzt: Freiheit, Gleichheit, repräsentative Regierungsform.

Um einen Ausweg aus der zerrütteten finanziellen Situation zu finden, sieht sich der König genötigt, erstmals seit 1615 wieder die États généraux, die Vertretungen der drei Stände, nach Versailles einzuberufen, im Mai 1789. Nach kurzer Zeit werden sie vom dritten Stand zur verfassungsgebenden Nationalversammlung umfunktioniert, und damit beginnt eigentlich schon die Revolution. Die Machtfrage ist gestellt, aber die Lage bleibt heikel, der König läßt Truppen zusammenziehen. Erst der Volksaufstand in Paris, gipfelnd in der Erstürmung der Bastille, schafft vollendete Tatsachen. Und der «Pöbel» von Paris ist es dann auch, der den König samt Familie zur Übersiedlung in die Hauptstadt zwingt. Die vorangegangene parlamentarische Revolution wird vollendet und abgesichert durch die Revolution der Straße. Parallel dazu läuft auf dem Land, nach eigenem Rhythmus, die Revolution der Bauern. Die Schlösser der Grundherren werden geplündert, Besitzdokumente und verbriefte Vorrechte verbrannt, panisch machen sich die adligen Herrschaften ins Ausland davon. Am 4. August werden offiziell die Privilegien der bislang herrschenden Klasse abgeschafft, Rechtsgleichheit und Unternehmensfreiheit eingeführt. Wenig später wird die Enteignung der Kirchengüter beschlossen.

Das Ancien Régime ist damit beseitigt. Als neue Werte werden in der feierlichen Erklärung der Menschen- und Bürgerrechte Freiheit, Gleichheit und Eigentum gepriesen. «Das Glück ist eine neue Idee in Europa» deklamiert Saint-Just, nach der Erlösung von den alten Mächten soll alles anders, alles besser werden. Erstmals läßt sich jetzt die Welt nach den Maßstäben der Vernunft einrichten. Das moderne Frankreich nimmt Gestalt an; Justiz- und Finanzwesen werden reorganisiert, das metrische System wird eingeführt, später sogar ein revolutionärer Kalender nach dem Dezimalsystem, der aber die Revolution nicht überlebt. Was sich indessen sofort durchgesetzt und bis heute gehalten hat, ist die Aufteilung des Landes in ungefähr gleichgroße Verwaltungseinheiten: Anstelle der alten Provinzen entstehen die Départements, 83 an der Zahl, die meisten nach Flüssen oder Bergen benannt (Creuse, Yonne, Cantal ...). Inzwischen sind es 97 geworden, jedes mit einer Nummer versehen, die zugleich Autokennzeichen und Postleitzahl ist. Wenn es aber weniger um die administrativ-politische Einheit geht, sondern allgemein um eine Gegend unter ihren landschaftlichen und kulturellen Aspekten, dann benutzt man auch heute weiterhin die Namen der alten Provinzen (Normandie, Bourgogne, Auvergne ...). Zudem hat man sich bei der jüngst entstandenen Einteilung in Regionen teilweise wieder an ihnen orientiert.

Jakobinerherrschaft

Die vernünftige Einrichtung der Gesellschaft stößt allerdings auf gewisse Schwierigkeiten. Da ist zum Beispiel der König: Er tut zunächst so, als würde er das neue Spiel mitspielen, und den gemäßigten Bürgern, die auf eine konstitutionelle Monarchie setzen, ist daran auch sehr viel gelegen. Aber auf den König ist kein Verlaß, er konspiriert heimlich mit den konterrevolutionären Emigranten, die sich in Koblenz und Turin sammeln. Ganz offenkundig wird sein Verrat, als er mit der ganzen Familie einen nächtlichen Fluchtversuch unternimmt, bei dem er prompt erwischt wird. Mit der gemäßigten Kompromißlösung ist endgültig Schluß, als im Frühjahr 1792 der Krieg gegen die antirevolutionäre Koalition der europäischen Staaten ausbricht und der Herzog von Braunschweig ein Manifest erscheinen läßt, in dem er schlimmste Vergeltung androht, falls dem König ein Haar gekrümmt werde. Aus allen Landesteilen strömen die Mitglieder der aus Bürgermilizen hervorgegangenen Nationalgarde in Paris zusammen. Die aus Marseille singen auf den Straßen ein neues Kampflied, das unter dem Namen «Marseillaise» bekannt wird. Zusammen mit den Sansculotten, dem radikalsten Teil des Pariser Kleinbürgertums, stürmen die Nationalgardisten das Tuilerienschloß. Der König wird mit seiner Familie gefangengenommen und wenig später abgesetzt, ein neuer, verfassunggebender Nationalkonvent wird gewählt: Er verkündet das Ende der Monarchie, den Beginn der Ersten Republik. Am 21. Januar wird Ludwig der Sechzehnte, jetzt «Bürger Capet», mittels der kurz zuvor erfundenen Guillotine hingerichtet. «Wir sind endlich auf der Insel der Freiheit gelandet und haben das Schiff verbrannt, das uns hinfuhr», ruft danach der Abgeordnete Cambon begeistert aus.

Im neuen Konvent konkurrieren die Girondisten als Vertreter des gemäßigten Handelsbürgertums und die nach der Sitzordnung so genannte «Bergpartei» (sie sitzt oben), deren Mitglieder (Robespierre, Danton, Marat, Saint-Just ...) aus den Revolutionsclubs der Jacobins und Cordeliers kommen und häufig pauschal als Jakobiner bezeichnet werden. Beide Fraktionen sind «bürgerlich», dennoch bricht zwischen ihnen eine unüberbrückbare Kluft auf. Für die Girondins (benannt nach dem Département Gironde mit der Hafenstadt Bordeaux) ist die Rückkehr zu Ruhe und Ordnung eine vordringliche Aufgabe, der Aufruhr der rabiaten Elemente soll eingedämmt werden. Die jakobinische Linke hingegen sieht es als notwendig an, zur Verteidigung der Revolution ein Bündnis mit eben jener radikalen Volksbewegung der Sansculotten einzugehen, die sich als außerparlamentarische dritte Kraft in städtischen Sektionen organisiert hat und über große Mobilisierungskraft verfügt. Durch gewaltsame Intervention der Sansculotten werden die Girondisten ausgeschaltet, und es hebt jene Phase an, die als «terreur» beziehungsweise Schreckensherrschaft in die Geschichte eingegangen ist.

Die Republik gleicht einer belagerten Festung. Österreicher, Preußen und Spanier rücken bedrohlich von außen vor, während im Westen des Landes die konterrevolutionäre «königlich-katholische Armee» eine zusätzliche Front eröffnet hat. Unter diesen Umständen wird die soeben erarbeitete demokratische Verfassung der Republik ausgesetzt und nach dem Dekret regiert: «Die Regierung Frankreichs ist revolutionär bis zum Frieden», was auf eine Diktatur des Wohlfahrtsausschusses unter Robespierre hinausläuft. Daneben dienen Revolutionstribunal und lokale Wachsamkeitskomitees dazu, die Gewalt gegen die Feinde der Revolution zu institutionalisieren. Die Sansculotten als treibendes Element üben Druck von unten aus. Sie setzen Preiskontrollen für Lebensmittel durch und schränken damit die bürgerliche Freiheit zugunsten der Armen ein. Außerdem bestehen sie auf scharfer Repression gegen Aristokraten, zaudernde Militärs, unbotmäßige Geschäftsleute und sonstige Revolutionsfeinde. Unter diese Kategorie zu fallen ist nicht schwer, es gibt reichlich Denunzianten und Willkürurteile. Im ganzen Land rollen während des Terreur ungefähr 50000 Köpfe. Tatsächlich gelingt es aber auch, nationale Energien zu mobilisieren und die äußeren und inneren Gegner zurückzudrängen.

Ein weiteres Merkmal dieser spektakulären Revolutionsphase ist die antikirchliche Kampagne der Sansculotten. An die Stelle der Religion tritt vielerorts ein Kult um die Revolutionsmärtyrer; an den Kirchen werden die Köpfe der Heiligenfiguren abgeschlagen, Beichtstühle und fromme Bilder zu Scheiterhaufen aufgeschichtet. Bei Spottprozessionen werden Maulesel in Meßgewändern und mit Bischofshüten herumgeführt. Dieses antireligiöse Treiben, das auf ziemlichen Widerstand in der Bevölkerung stößt, geht schließlich auch der Regierung um Robespierre zu weit. Überhaupt wird das Verhältnis zu den Sansculotten immer problematischer. Die Jakobiner bleiben letztlich dem Bürgertum verpflichtet – das Privateigentum ernsthaft anzutasten steht für sie nicht zur Debatte. So kommt es schließlich zum Bruch mit der Volksbewegung. Deren Hochburg, die «Commune de Paris», wird der Regierungskontrolle unterstellt, ihre Anführer enden unter dem Fallbeil. Wenig später setzt sich Robespierre auch gegen die Fraktion der «Indulgents» (der Nachsichtigen) um Danton durch, die sich gegen die Fortsetzung der Schreckensherrschaft ausgesprochen haben. Damit sind die Aufwiegler von links wie von rechts liquidiert, Robespierre hat die Macht allein inne. Aber er ist isoliert, und als sich im Konvent eine Opposition gegen ihn vorwagt, bleibt er ohne Unterstützung von unten. Im Revolutionsmonat Thermidor des Jahres II, das heißt im Juli 1794, wird er verhaftet und mit seinen Anhängern hingerichtet.

Die Jakobinerherrschaft ist vorbei, es beginnen die fünf Jahre des «directoire». Die Bourgeoisie möchte die für sie profitablen Errungenschaften absichern und die Revolution beenden, aber sie muß weiter an zwei Fronten kämpfen. Links gibt es Aufstandsversuche, rechts bleiben die konterrevolutionären Kräfte weiter aggressiv. Das Regime ist äußerst instabil, es hangelt sich von Staatsstreich zu Staatsstreich. Eine immer größere Rolle spielt die Ar-

Treibende Kraft der Revolution: Die Sansculotten

mee, zumal der Krieg gegen die Koalition weitergeht. Korruption und Autoritätsverlust des Staates, die Bedrohungen von rechts und links lassen die Bourgeoisie nach einem Retter Ausschau halten. Sie findet ihn in dem aufstrebenden korsischen General Bonaparte. Mit einem erneuten Staatsstreich, am 18. Brumaire 1799, wird der ersehnte Schlußstrich unter die Revolution gezogen, die Zeit des neuen Cäsaren beginnt.

Ein Kaiser von eigenen Gnaden

Nach seinem Staatsstreich baut Bonaparte ein antiparlamentarisch und technokratisch geprägtes Regime auf. Anstelle von Fraktionskämpfen wird das Ideal einer um die Führerperson geeinten Nation propagiert. Unter dem Diktator, der sich fünf Jahre später zum Kaiser krönt, wird die französische Verwaltung straff zentralisiert, Präfekten werden eingesetzt, die in den Départements den Willen des Herrschers verkörpern, ein Prinzip, das sich bis in die Fünfte Republik gehalten hat. Zu den besonderen Leistungen Napoleons gehört die Befriedung der Nation: die Versöhnung des alten mit dem neuen Frankreich. Das Konkordat mit der katholischen Kirche beschwichtigt Klerus und Gläubige, die Religion als ideologischer Ordnungsfaktor bekommt wieder eine offizielle Daseinsberechtigung. Auch greift Napoleon auf aristokratische Traditionen zurück, etabliert seine eigene Monarchie und schafft einen neuen Adel, der allerdings nicht durch Geburt, sondern durch Funktionen und Verdienste um den Staat definiert ist. Bei alledem werden jedoch die grundlegenden Ergebnisse der Revolution respektiert: die Abschaffung der feudalen Privilegien wie das heilige Eigentumsrecht.

Weil ihm nach innen diese Befriedung gelingt, kann Napoleon nach außen um so besser Krieg führen. Pariser Straßennamen künden von den glanzvollen Erfolgen (Ulm, Austerlitz, Jena, Friedland, Wagram . . .), die er bei der Errichtung seiner Hegemonie über den europäischen Kontinent erringt. Für die betroffenen Völker bedeutet das nicht nur militärische Unterwerfung, sondern auch Ausbreitung liberaler Ideen und fortschrittliche Rechtsprechung. Aber dann geht einiges schief, die Eroberungspolitik erleidet Rückschläge. Die Katastrophe des Rußlandfeldzugs und die Völkerschlacht bei Leipzig sind Vorboten der endgültigen Niederlage, die den dicklichen kleinen Feldherrn 1815 bei Waterloo ereilt.

Mit seiner persönlichen Machtgeilheit ist Napoleon weit über die außenpolitischen Bedürfnisse des Landes hinausgeschossen. Die Bürger atmen deshalb erst mal auf, als sie ihren Retter wieder los sind. 1821 stirbt er auf seiner Verbannungsinsel St. Helena. Der Kult um ihn indessen lebt bis heute fort, was nicht nur seinen realen Leistungen geschuldet ist, sondern auch der Tatsache, daß er schon zu Lebzeiten seine eigene Legende konstruierte und sich als erster Großmeister der modernen Propaganda erwies. Systematisch hat er sich von willfährigen Künstlern und Meinungsmachern verherrlichen lassen. Mit der Glorifizierung der militärischen Erfolge seiner Grande Armée wußte er geschickt der nationalen Eitelkeit zu schmeicheln. Mit ihrer speziellen Mischung aus bürgerlichen und monarchischen Elementen, ihrer Verherrlichung persönlicher Autorität hat die napoleonische Ära nachhaltige Spuren in der politischen Mentalität zurückgelassen. Auch die Verklärung des französischen Imperialismus zur Beglükkung durch das Licht aus Frankreich ist ein Beitrag des Korsen zur ideologischen Ausstattung der Nation.

Bereichert euch!

Napoleons Herrschaftszeit ist eine Übergangsphase, in der das Erbe der bürgerlichen Revolution abgesichert und dem Ancien Régime die Rückkehr verbaut wird. Auch die nun folgende Restauration kann das Rad der Geschichte nicht mehr sehr weit zurückdrehen, der soziale Veränderungsprozeß nimmt seinen Lauf. Das 19. Jahrhundert erlebt den unaufhaltsamen Aufstieg der Bourgeoisie, ihre ökonomische und schließlich auch politische Machtübernahme. Allerdings hat das Bürgertum keineswegs eine natürliche Vorliebe für die parlamentarische Demokratie. Es hat sich eher lange davor gehütet und andere Herrschaftsformen vorgezogen. Die Demokratisierung der französischen Gesellschaft, die Durchsetzung der Republik, ist ein langwieriger Prozeß, wiederholt unterbrochen durch die Rückkehr unter die Fittiche autoritärer Vaterfiguren wie durch erneute Revolten und Revolutionen.

Auf das Kaiserreich des Korsen folgte zunächst die Restaurationsphase: Mit Ludwig dem Achtzehnten kommen die Bourbonenkönige zurück. Der Adel besetzt die wichtigen Verwaltungsposten, die Schulen geraten wieder unter die Fuchtel des Klerus. Dennoch findet keine Rückkehr zu vorrevolutionären Verhältnissen statt; die unternehmerische Freiheit zum Beispiel bleibt erhalten, auch die bürgerliche Presse wird nicht völlig mundtot gemacht. Entschieden reaktionärer ist dann Ludwigs Nachfolger Karl der Zehnte. Erheblich verstärkt sich bei ihm der Einfluß von Kirche und aristokratischen Ultras. Mangel an diplomatischem Geschick und bornierte Fehleinschätzung der realen Kräfteverhältnisse führen sein Ende herbei. Zensurmaßnahmen gegen die liberale Presse provozieren im Juli 1830 Straßentumulte in Paris, die sich zur Revolution ausweiten.

«Napoleon» von Abel Gance

König Karl verschwindet von der Bildfläche, aber die Revolution wird nicht von denen gewonnen, die sie gemacht haben. Das «gemäßigte» Bürgertum ist nicht scharf auf die Republik, und so wird im Kreis um den Journalisten und Historiker Thiers eine andere Lösung ausgeheckt: die konstitutionelle Monarchie mit Philippe von Orléans als «Bürgerkönig». Eine behäbige Gestalt ist das, die da auf den Thron kommt, ein Lieblingsobjekt für Chansonniers und Karikaturisten, die ihn als «Birne» verspotten, was 150 Jahre später wieder Kollegen in Deutschland inspirieren wird. Die Julimonarchie ist die große Zeit des Liberalismus, der aufkommenden Finanz- und Industriebourgeoisie. Kennzeichnend für den Geist der Zeit ist die Parole des Ministers Guizot: «Bereichert euch!» Durch das Zensuswahlrecht sichern sich die oberen Zehntausend die politische Kontrolle und tragen Sorge, daß nicht an den «Freiheiten» gerührt wird, beispielsweise an der, Frauen und Kinder zu Niedrigstlöhnen in die Bergwerke schicken zu dürfen.

Neue Kräfte manifestieren sich, die solcherlei Freiheiten in Frage stellen. Die Schere beginnt sich zu öffnen zwischen den Nutznießern des industriellen Fortschritts und den fortschreitend verelendenden Arbeitern. In Lyon kommt es zum großen Aufstand der Weber. Das Mißtrauen gegenüber den arbeitenden Klassen nimmt zu. «Die Barbaren, die die Gesellschaft bedrohen, sind nicht mehr im Kaukasus oder in den tartarischen Steppen; sie sind in den Vorstädten unserer Manufakturstädte!» ereifert sich ein Zeitungsschreiber. Opposition zum Regime entwickeln auch die bürgerlichen Republikaner. Die Regierung verhärtet sich in der Frage der Wahlrechtsreform. Auf dem Hintergrund einer schweren Wirtschaftskrise wird die Wahlrechtsfrage zum Auslöser der Revolution von 1848. Louis Philippe wird in die Wüste beziehungsweise nach England geschickt, eine provisorische Regierung verkündet die Republik. Die zweite.

In der Anfangsphase geht es sehr harmonisch zu, man redet viel von Sozialismus und einer künftigen Republik sozialer Reformen, an der Regierung sind Vertreter der Linken beteiligt, darunter sogar ein echter Arbeiter. Überall im Land werden Freiheitsbäume gepflanzt. Aber der Schleier der Brüderlichkeit verbirgt den grundlegenden Widerspruch zwischen bürgerlichen und proletarischen Interessen. Der bricht dann nach den Wahlen auf, deren Ergebnisse von der konservativen Provinz bestimmt werden. Urplötzlich ist es vorbei mit der Verbrüderungseuphorie. Jetzt hält man sich die Linken vom Leib, vergessen ist das Gerede vom «Sozialismus». Die Schließung der Nationalwerkstätten, zuvor als Maßnahme gegen die Arbeitslosigkeit eingerichtet, wirkt auf die notleidenden Arbeiter wie eine unerträgliche Provokation. Im Juni werden in den Pariser Arbeitervierteln wieder Barrikaden errichtet, der zweite, häßlichere Teil der '48er Revolution beginnt. Der Aufstand wird brutal zusammengeschossen, sozialistische Agitatoren und Denker finden sich im Gefängnis wieder.

Die Zweite Republik ist nur von kurzer Dauer. Bei den Präsidentschaftswahlen siegt der Kandidat der «Ordnungspartei», Louis Bonaparte, Neffe des Empereur, windiger Geschäftsmann und notorischer Anti-Republikaner. Nach seinem Staatsstreich von 1851 schwingt er sich zum Diktator auf und schließlich, nach dem Muster seines großen Vorbilds, zum Kaiser Napoleon dem Dritten. Es gehört zur Ideologie des Bonapartismus, scheinbar über den Klassen und Parteien zu stehen. Dennoch stützt sich Louis zunächst deutlich auf die Rechte, beseitigt die letzten Reste von Presse- und Versammlungsfreiheit und beschwört die «rote Gefahr». Trotzdem ist der Mann zeitweilig recht populär, er weiß auf dem Propaganda-Klavier zu spielen, bietet dem Volk viel Glanz und imperiale Prachtentfaltung. Überdies treibt das Regime die Industrialisierung voran und wird deshalb mit Fortschritt und Wohlstand in Verbindung gebracht. Große Fabrikstädte wachsen, ein neues Bankwesen entsteht, das Eisenbahnnetz wird mächtig ausgebaut, die ersten Kaufhäuser kommen auf; das Pariser Kaufhaus «Au bon marché» dient Émile Zola als Modell für seinen Roman «Au bonheur des dames» (Paradies der Damen). Mit den Weltausstellungen feiert sich der Industriekapitalismus aufwendig selbst.

Die zweite Hälfte des Second Empire gilt als liberale Phase, der Kaiser macht der Arbeiterbewegung schöne Augen und einige Konzessionen. Die nutzt die neuen Spielräume zur Schaffung von Gewerkschaften und zur Gründung der Ersten Internationale. Innenpolitisch baut Louis Napoléon jetzt immer mehr ab, seine Machtposition wird brüchig. Zu Fall bringt ihn aber eines seiner kriegerischen Unternehmen. Die glaubt er seinem Namen und der Glorie seines Reiches schuldig zu sein. Algerien hat er bereits befriedet und sich zum Kaiser der Araber erklärt. Im Fernen Osten haben sich die Franzosen in Cochinchina festge-

Birne will König werden: Louis Philippe

setzt, in Afrika haben sie den Senegal eingenommen. Gegen die Russen gelingen ein paar Siege im Krimkrieg, und für die Unterstützung der italienischen Einigung gibt es als Lohn die Provinz Savoyen und die Grafschaft Nizza. Aber dann scheitert der Empereur an einem letzten Feldzug, dem Krieg gegen die Preußen. Bei Sedan wird er höchstselbst gefangengenommen, das Second Empire bricht zusammen.

Ein Traum und sein Ende

Gleich nach dem Debakel von Sedan bildet sich im Pariser Rathaus eine provisorische, aus Republikanern bestehende Regierung der nationalen Verteidigung. In Clubs und Stadtteil-Komitees sammeln sich die politisch radikalsten Kräfte unter Beteiligung der Internationale und bilden ein Zentralkomitee, in dem alsbald revolutionäre Töne laut werden. Aber erst mal geht der Krieg weiter. Fünf Monate dauert die Belagerung von Paris; um die Stadt zu halten, müssen auch die Arbeiter zur Nationalgarde zugelassen werden. Das Proletariat unter Waffen – eine heikle Situation. Der Chef der provisorischen Regierung, General Trochu, zieht es unter solchen Umständen vor, möglichst bald zu kapitulieren. Kurz darauf werden Wahlen zur Nationalversammlung abgehalten. Das Ergebnis ist für alle Republikaner ein Schock: Mit den Stimmen der konservativen Provinz hat sich wieder mal eine royalistische, antirepublikanische Mehrheit durchgesetzt. Regierungschef wird der alte Orleanist Thiers. Der will mit Hilfe von Regierungstruppen die Nationalgarde entwaffnen, ihr die Kanonen wegnehmen. Das schlägt fehl, der gefürchtete Pöbel leistet Widerstand. Die Regierung zieht es vor, sich nach Versailles davonzumachen, wo sich allmählich das gesamte rechte Spektrum zusammenfindet.

Das Machtvakuum in der Hauptstadt ermöglicht die zuvor schon geforderten Wahlen zur «Commune de Paris», einer Mischung aus autonomem Stadtrat und Gegenregierung. In ihrer politischen Zielsetzung ist sie keineswegs einheitlich, Jakobiner, Blanquisten, Proudhon- und Bakunin-Anhänger liefern sich Fraktionskämpfe, ein zusammenhängendes Programm zu entwickeln haben sie nicht genügend Zeit. Dennoch zeichnet sich vage der Entwurf einer neuen sozialen Republik ab, das Modell einer dezentralen Föderation selbständiger Gemeinden. Aber die Pariser bleiben dabei isoliert, Nachahmungsversuche in anderen Städten wie Lyon, Marseille oder Toulouse werden rasch niedergeschlagen. Die von der Commune getroffenen Maßnahmen zielen vor allem auf Linderung der unmittelbaren Not in der Stadt, nur einige sind revolutionär gefärbt wie die Übernahme der von den Besitzern verlassenen Betriebe durch Arbeiterkollektive.

Mit Hilfe Bismarcks, der die französischen Kriegsgefangenen entläßt, gelingt es Thiers schließlich, Truppen aufzustellen, die er gegen die aufständische Stadt schicken kann. Im Mai beginnt die «blutige Woche», während derer Paris zurückerobert wird. Die Kommunarden sind auf hoffnungslosem Posten, gnadenlos werden sie niedergemacht. Die letzten Gemetzel finden auf dem Friedhof Père Lachaise statt, gefolgt von Massenerschießungen an einer Mauer, die später als «mur des fédérés» zu einem Denkmal der Arbeiterbewegung wird. Die andere Seite kennt kein Pardon: «Wahnsinnige dieser Art und in solcher Zahl zusammengerottet, bilden für die Gesellschaft eine derartige Gefahr, daß es keine andere Strafe geben kann als die radikale Vernichtung», schreibt die Zeitung «Le Gaulois». Die nicht erschossen werden, kommen in die Strafkolonien. Das Proletariat erhält eine blutige Lektion: Ein für allemal soll ihm der Geschmack an der Revolution ausgetrieben werden.

Die gottlose Republik

Nun sieht's erst mal gar nicht so gut aus für die Republik, eher scheint eine Rückkehr zur Monarchie bevorzustehen. Die Regierung macht sich an die Wiederherstellung der «moralischen Ordnung», die Klerikalen haben eine große Zeit. Auf dem Montmartre beginnen die Arbeiten an der Zuckerbäckerkirche Sacré-Cœur – ein Sühnemal für all die teuflischen Verfehlungen gegen die gottgegebene Ordnung der Dinge. Aber die in Fraktionen gespaltenen Monarchisten schaffen es nicht rechtzeitig, ihre internen Querelen zu überwinden, und so setzen sich 1879 bei den Senatswahlen schließlich doch die Republikaner durch. Nun findet ein deutlicher Richtungswechsel statt: Es beginnt die Phase der Konsolidierung der Dritten Republik, mit der Festschreibung von Presse- und Versammlungsfreiheit, der Zulassung von Gewerkschaften, der Amnestie für die eingesperrten oder exilierten Kommunarden. Die Kräfte der Finsternis, Monarchisten und Klerikale, werden mit Macht zurückgedrängt. Ein Schwerpunkt der republikanischen Offensive ist die Reform des Bildungswesens, die Einführung der «école laïque», der laizistischen Schule: Es gilt, die Kinder der Kirche zu entreißen, sie für die Republik zu erziehen. Auch Krankenhäuser werden laizisiert, und von den öffentlichen Gebäuden verschwinden die Kruzifixe. Große Anstrengungen werden unternommen, die Nation im Geiste der bürgerlichen Republik zusammenzuschweißen. Das geht freilich auf Kosten der Regionalkulturen, die als einheitsbedrohend angesehen werden und als Hort von Rückschrittlichkeit und Pfaffenherrschaft gelten.

Schon bald kommt es zu Bewährungsproben, bei denen die Republik ihre Stabilität unter Beweis stellen muß. Da ist zunächst der Boulangismus, eine antiparlamentarische Sammlungsbewegung um den ehemaligen Kriegsminister General Boulanger. «Général Revanche» nennen ihn seine Anhänger, die sich für besondere Patrioten halten. Die Regierung ist ihnen zu schlaff, was Elsaß-Lothringen betrifft, das die Deutschen 1871 annektiert haben. Von dem General versprechen sie sich eine strammere Haltung gegenüber den «boches». Darüber hinaus ist der Boulangismus ein Sammelbecken für all jene, die von der bürgerlichen Republik enttäuscht sind: reaktionäre Monarchisten und Ultranationalisten ebenso wie Teile der radikalen Arbeiterbewegung. Die Ideologie des Boulangismus weist merkwürdige Verbindungen von sozialistischen und nationalistischen Bestandteilen auf – manche Historiker werten ihn als eine Vorform des Faschismus. Die Bewegung breitet sich rasch aus, Boulanger eilt von einem Wahlerfolg zum nächsten und hat enormen Zulauf. Die Möglichkeit einer Diktatur zeichnet sich ab, aber der neue starke Mann

Cinq Centimes

L'AURORE

Littéraire, Artistique, Sociale

J'Accuse...!

LETTRE AU PRÉSIDENT DE LA RÉPUBLIQUE

Par ÉMILE ZOLA

LETTRE A M. FÉLIX FAURE

Émile Zola klagt an

scheut vor einem Putsch zurück. Die Regierung kann ihn schließlich durch die Inszenierung eines gerichtlichen Verfahrens ausmanövrieren, das ihn zur Flucht und später zum Selbstmord treibt.

Wenig später folgt die Dreyfus-Affäre, eine der tiefsten Krisen der französischen Gesellschaft. Anlaß ist der Fall des jüdischen Hauptmanns Dreyfus, der der Spionage für schuldig befunden und auf die Teufelsinsel deportiert wird. Die «Affäre» beginnt, als sich die Anzeichen eines Justizirrtums häufen und die Forderung nach Revision des Urteils aufkommt, besonders nach dem Erscheinen von «J'accuse», dem berühmten Pamphlet von Émile Zola in der Zeitung «L'Aurore». Zwischen Befürwortern und Gegnern der Revision, zwischen «dreyfusards» und «anti-dreyfusards» bricht ein Graben auf, das ganze Land spaltet sich in zwei Lager. Demonstrationen und Straßenschlachten häufen sich. Es geht dabei um weit mehr als um die Frage eines banalen Justizirrtums. Die Affäre läßt zwei Wertgefüge, zwei entgegengesetzte Vorstellungen von Frankreich aufeinanderprallen.

Für die Anti-Dreyfusards ist es ein Sakrileg, an der Autorität des Militärs zu rütteln; für sie verkörpert die Armee die Nation, das ewige Frankreich, und ist über alle Kritik erhaben. Ihnen geht es nicht um Gerechtigkeit und Wahrheit, sondern ums Große und Ganze, das nicht wegen irgendeines jüdischen Hauptmanns aufs Spiel gesetzt werden darf. Der Antisemitismus erlebt seine große Blütezeit, Hetzkampagnen in der nationalistischen Presse münden in Attacken auf jüdische Geschäfte, eine «antisemitische Liga» macht viel von sich reden.

Auch der anderen Seite, den Dreyfusards, geht es ums nationale Ideal. Sie ergreifen für das Frankreich der Menschenrechte, der großen Revolution, der Aufklärung Partei – für das demokratische Frankreich auf dem Weg zu größerer sozialer Gerechtigkeit und Mündigkeit. Am Ende lohnt sich ihr Einsatz: Der Prozeß wird wieder aufgenommen, Dreyfus zunächst begnadigt und 1906 schließlich voll rehabilitiert.

Die «Affäre» hat einiges zur Klärung der politischen Verhältnisse beigetragen. Sie endet mit einem Sieg der parlamentarischen Demokratie. Die sozialistische Linke schlägt sich eindeutig auf die Seite der Republik und zieht einen deutlichen Trennstrich zum Nationalismus. Durch die Dreyfus-Affäre kommt es zu einer zeitweiligen Allianz von bürgerlichen Republikanern und Sozialisten. Verschärft wird in der Folgezeit die Konfrontation mit der Kirche, die ihre Republikfeindlichkeit durch Parteinahme für die Anti-Dreyfusards mal wieder unter Beweis gestellt hat. Für die eingefleischten Antiklerikalen wird nun der Pfaffe zum Hauptfeind. Überall finden Kleinkriege statt zwischen dem «curé», dem Priester, und seinem Erz-Widersacher, dem Lehrer, der als Vermittler des aufklärerisch-patriotischen Geistes zu einer republikanischen Zentralgestalt geworden ist. In den «roten», das heißt republikanischen Hochburgen, zum Beispiel im Limousin, versammeln sich die fortschrittsbewußten Bürger am Karfreitag demonstrativ vor der Kirche, um ein Fleischgelage abzuhalten. Dieselben Kreise sind es auch, die regelmäßig zum 21. Januar, dem Tag der Enthauptung Ludwigs des Sechzehnten ein traditionelles Kalbskopfessen veranstalten. Auch auf Regierungsebene wird der Kampf gegen kirchliche Einflüsse nun wieder verschärft. Von den religiösen Orden werden einige zwangsgeschlossen, anderen verbietet man das Unterrichten. Mit der Aufkündigung des Konkordats wird 1905 die Trennung von Staat und Kirche vollzogen. Zu einer Explosion von Gewalt kommt es, als der Kirchenbesitz inventarisiert werden soll. In traditionell streng katholischen Gegenden – Vendée, Bretagne, Flandern, Velay – verbarrikadieren sich die Gläubigen bei Erscheinen der Regierungsbeamten in der Kirche, singen fromme Lieder und beschützen das Allerheiligste mit Heugabeln und Mistforken. Pius der Zehnte ermutigt den Widerstand, die Gendarmerie antwortet mit rabiaten Einsätzen, es gibt Tote, der Kirchenkrieg nimmt mitunter bürgerkriegsähnliche Formen an.

Für lange Zeit erstarren nun die Fronten. Gegen den gottlosen repu-

Pfaffen im Gänsemarsch: antiklerikaler Spott

blikanischen Staat entsteht eine Art Gegengesellschaft aus katholischen Parallel-Organisationen. Die staatliche Gewalttätigkeit verschafft ihnen einigen Zulauf; die Feindbilder verfestigen sich. Bis heute finden sich Spuren davon: Auf der einen Seite sind da die fortbestehenden Reste einer antiklerikalen Folklore, eine verbreitete Vorliebe für blasphemische Scherze und Pfaffen-Verspottung. Auf der anderen Seite hat zwar die allgemeine religiöse Praxis merklich abgenommen, aber an den obskuren Randzonen des Katholizismus, in den Winkeln der France profonde, halten sich inbrünstige Formen von Religiosität – Marienerscheinungen, Wunderglauben und Exorzismus inklusive. In den Zirkeln und Seminaren der Integristen sammelt sich die Nachhut des christlichen Abendlandes und beschwört die Gefahren, die von Protestanten, Freimaurern, Juden und Roten ausgehen. Am Tag der Königs-Enthauptung werden weiterhin Bußgottesdienste abgehalten.

Im Rückblick wirkt der radikale Antiklerikalismus der Dritten Republik reichlich borniert. Er stiftete zeitweilig einen Konsens zwischen bürgerlichen Republikanern und Sozialisten, schob sich aber unangemessen in den Vordergrund, so als sei die Kirche das Hauptproblem der Gesellschaft; dadurch lenkte er ab von den entscheidenden sozialen Widersprüchen.

Die Internationale scheitert

Die Arbeiterbewegung, erstickt und abgetötet nach der Commune, rappelt sich seit der Amnestie von 1880 wieder auf, leidet aber für längere Zeit unter Zersplitterung und Partei-Rivalitäten. Eine der herausragenden Gestalten ist Jules Guesde, der Begründer der POF (Parti ouvrier français). Mit ihm faßt der Marxismus Fuß in Frankreich, allerdings in einer versimpelten, dogmatischen Version, als starrer Partei-Katechismus. Die andere große Integrationsfigur ist Jean Jaurès, der zunächst der Gruppe der «unabhängigen Sozialisten» angehört. Er vor allem ist es, der die Annäherung der einzelnen Parteien betreibt, der die Arbeiterbewegung voranbringt zur «leuchtenden Sonne der sozialistischen Einheit». 1905 formieren sich die verschiedenen Strömungen zu einer Einheitspartei namens SFIO (Section française de l'internationale ouvrière = französische Sektion der Arbeiterinternationale) – einem Sammelbecken mit einer buntscheckigen Vielfalt von Fraktionen.

Parallel zu den Parteien, aber unabhängig von ihnen, entstehen die Gewerkschaften, seit 1895 vereinigt in der CGT (Confédération générale du travail), die dominiert wird von den Anarchosyndikalisten. Die Anarchisten spielen zu jener Zeit eine bedeutende Rolle in der französischen Arbeiterbewegung, die Gewerkschaften sind ihr Hauptbetätigungsfeld. Die CGT betrachtet sich als die eigentliche revolutionäre Kraft, mit den sozialistischen Parteien hat sie nicht viel im Sinn – die machen in ihren Augen mit beim staatlichen Betrugsmanöver der Wahlen und des Parlamentarismus. Eines der Hauptprobleme der SFIO besteht deshalb darin, das Mißtrauen der Syndikalisten abzubauen und sie zu gemeinsamem Handeln zu bewegen.

Ein Schwerpunktthema sozialistischer Politik ist die Haltung angesichts der ansteigenden Kriegsgefahr. Zunächst gilt als völlig unzwei-

Verbrannte Erde: Schlachtfeld in Nordfrankreich

felhaft, daß das Proletariat den Krieg verhindern kann und muß. Wozu schließlich soll sonst die Internationale gut sein? «Wenn wir nicht äußerste Anstrengungen unternehmen, um den Krieg zu verhindern, werden wir unsere Ehre verlieren», weiß Jean Jaurès. Ein Generalstreik der Arbeiterklasse in den betroffenen Ländern wird dem Schrecken sofort Einhalt gebieten, heißt es auf dem Parteitag der SFIO im Juli 1914. Aber nicht mal einen Monat später kommt die große Kehrtwendung: Nachdem die deutschen Genossen den Kriegskrediten zugestimmt haben, bricht der patriotische Eifer auch bei den französischen Sozialisten durch. Mit den anderen Parteien gemeinsam bilden sie die «Union sacrée», den heiligen Bund, im nationalistischen Taumel umarmen sich Ex-Kommunarden und Erzreaktionäre. Die Integration der Arbeiterschaft in die «nationale Gemeinschaft» ist vollzogen, die Katastrophe nimmt ihren Lauf.

Vier Jahre später: 1,3 Millionen Tote, dazu noch mal so viele Invaliden – Verstümmelte, Entstellte, Blinde. Das beste Bauernland ist verwüstet, Industrieanlagen sind zerstört, Bergwerke überflutet, Dörfer und Städte liegen in Schutt und Asche. Aber immerhin hat man gesiegt. Es ist die Zeit der stolzgeschwellten, ordensgeschmückten Brüste, der pathetischen Einweihungen von Kriegerdenkmälern. Jedes noch so abgelegene Dörfchen bekommt eins dafür, daß sich die Bauernjugend hat abschlachten lassen. Meist sind es verlogene, heroisierende Machwerke. Rare Ausnahmen sind Mahnmale wie das in Gentioux, einem Dorf im Département Creuse, auf dem zu lesen ist: «Maudit soit la guerre» – verflucht sei der Krieg ...

Kurzer Volksfront-Frühling

Dank der ausländischen Arbeiter, die nun ins Land geholt werden, erholt sich die Industrie ziemlich schnell. Die Ära der Kapitalkonzentration beginnt, der großen Trusts und Kartelle, der Verflechtung von Firmen und Banken. Der clevere André Citroën stellt seine Fabrik um von Munition auf die Produktion von Volksautos; in den zwanziger Jahren ist die französische Autoindustrie die Nummer eins in der Welt. Im Konsumbereich entstehen die «Kaufhäuser der Armen», die großen Einheits-Ladenketten wie Monoprix oder Prisunic.

Politisch bleibt die Situation nach dem Krieg, anders als beim Kriegsverlierer Deutschland, weitgehend ruhig; der republikanische Staatsapparat ist stabil, die Bourgeoisie sitzt fest im Sattel. Die von der Linken erhofften Umwälzungen durch Wahlen beziehungsweise Großstreiks bleiben aus, SFIO und CGT erleiden empfindliche Schlappen, der Weg in den Sozialismus scheint verbarrikadiert. 1920 kommt es beim Parteitag der SFIO in Tours zur entscheidenden Spaltung: Die Mehrheit der Delegierten beschließt den Beitritt zur Dritten Internationale, das heißt die Gründung der Kommunistischen Partei, wenig später spaltet sich auch von der CGT die kommunistisch geführte CGTU ab. Nun beginnt eine Zeit der Polemik und gegenseitigen Zerfleischung. Erst in den dreißiger Jahren kommt man sich wieder etwas näher.

Anlaß ist die Zuspitzung der Gefahr von rechts. In Deutschland ist Hitler an die Macht gekommen; wie in all den Ländern, die von der großen Wirtschaftskrise heimgesucht werden, bekommt auch in Frankreich die extreme Rechte neuen Zulauf. Erstaunlich viele Intellektuelle begeistern sich für den Faschismus. Seit längerem schon haben sich die Frontkämpferbünde zu antidemokratischen Keimzellen entwickelt. Daneben bekämpfen Gruppen wie die «Patriotische Jugend», die Action française oder die Croix de Feu das verhaßte System, und auf dem Land breitet sich der faschistische Bauernbund der «Grünhemden» aus – insgesamt ein schillerndes Spektrum, das von der alten royalistischen bis zur neuen faschistischen Rechten reicht. Am 6. Februar 1934 sammeln sich zigtausend Anhänger dieser Gruppierungen zu einem Marsch auf das Parlament. Auf der Place de la Concorde entbrennt eine wilde Schlacht mit der Polizei, die nationalistische Revolte kann gerade noch mal gestoppt werden.

Für die verfeindeten linken Parteien ist dies das Signal für eine Annäherung, die schließlich zur Front populaire und zum Wahlsieg im Mai 1936 führt. Sofort bringen die Arbeiter ihre Freude und ihre Hoffnungen in einer spontanen Streikwelle zum Ausdruck. Dem Unternehmertum und den braven Bürgersleuten kommt das Grauen: Die Revolution steht vor der Tür! Ihre Furcht ist indessen unbegründet, die allzu optimistischen und allzu aktiven Militanten werden bald schon von der KPF an die Arbeit zurückgepfiffen. «Man muß einen Streik auch beenden können!» ruft ihnen KP-Chef Thorez zu. Sie müssen sich mit einer Reihe von Reformen begnügen, nach deren Durchsetzung die «Humanité» bereits tönt: «Der Sieg ist errungen!» Immerhin ist der Reformenkatalog beachtlich: Tarifverträge, Gewerkschaftsdelegierte im Betrieb, Vierzig-Stunden-Woche, Anrecht auf bezahlten Urlaub – die Lebensbedingungen der Arbeiter werden erheblich verbessert.

Aber die Reformfreude dauert nicht lange. Der Klassenfeind schläft nicht und tut alles, um die Front populaire zu sabotieren: Das Patronat geht in die Offensive, Investitionsstopp und Kapitalflucht schaffen der Linksregierung unter Léon Blum arge Schwierigkeiten. Dazu kommen die internen Zerwürfnisse der Volksfrontpartner; schon nach zwei Jahren geht sang- und klanglos unter, was so euphorisch und vielversprechend begonnen hat. Den bürgerlichen Kreisen aber hat es zu einem schweren Trauma gereicht, die Volksfront ist ihnen zum Hauptschrecken geworden. Viel weniger ernst genommen wird die Gefahr, die von Hitler ausgeht. Kaum zu glauben, wie sehr er in den französischen Vorkriegszeitungen verharmlost wird – im Vergleich zu den Roten werden ihm sogar gewisse Sympathien entgegengebracht. Die deutschen Emigranten, die sich vor den Nazis nach Frankreich in Sicherheit bringen, bekommen das oft genug empfindlich zu spüren.

Travail – Famille – Patrie

Möglich, daß dieses politische Klima das halbherzige Engagement mitbedingt, mit dem der Krieg gegen Hitlers Truppen vorbereitet und geführt wird. In nur sechs Wochen ist die Niederlage perfekt, in der Ausweichhauptstadt Bordeaux beauftragt die letzte Regierung der Dritten Republik den greisen Marschall Pétain mit dem Abschluß des Waffenstillstandes. Nur wenige Abgeordnete sind dagegen und wollen den Krieg von Nordafrika aus weiterführen, die überwiegende Mehrheit der Volksvertreter will so schnell wie möglich ein Ende machen. Gemäß den Waffenstillstandsbedingungen wird Frankreich nun zerteilt in eine besetzte Zone, zu der die nördlichen und westlichen Landesteile mit Kanal- und Atlantikküste gehören, und in die unbesetzte «zone libre» als Hoheitsgebiet der französischen Regierung, beide getrennt durch eine militärisch bewachte Demarkationslinie. Das Industrie- und Küstengebiet Nordfrankreichs wird zur «verbotenen Zone» erklärt, dem Wehrbereichskommando Brüssel unterstellt und damit praktisch abgetrennt, ebenso wie Elsaß-Lothringen, das die Nazis umstandslos annektieren und mit einem Gauleiter beglücken.

Paris verliert für die nächsten vier Jahre seine Funktion als politische Hauptstadt, nicht jedoch seine Rolle als Unterhaltungsmetropole. Der Vergnügungsbetrieb wird rasch wieder angekurbelt, für die Deutschen ist die Stadt unter anderem auch ein begehrtes Amüsier- und Erholungszentrum voller Kabaretts, Kinos und Puffs. Im Umfeld der deutschen Polizei- und Verwaltungsstellen wieselt das Heer der Opportunisten und Kollaborateure herum.

Währenddessen wird der kleine Kurort Vichy in der nördlichen Auvergne zur Operettenhauptstadt des nach ihm benannten Regimes. Dieses Vichy-Regime ist nun keineswegs auf Betreiben der Nazis zustande gekommen, es ist auch nicht einem Komplott oder Putsch geschuldet, sondern sozusagen ordnungsgemäß entstanden: aus der Selbstabschaffung der Dritten Republik, vollzogen von der überwältigenden Mehrheit der gewählten Nationalversammlung im Spielkasino der umfunktionierten Badestadt. Sie überträgt dem Marschall Pétain die uneingeschränkten Vollmachten, dem Land eine neue Verfassung zu geben. Groß ist die Bereitschaft, sich vom Parlamentarismus zu verabschieden. Die Republik ist zum Inbegriff der Dekadenz geworden, verantwortlich für all die Übel, die zum nationalen Debakel geführt haben: moralischer Verfall, Verweichlichung, Jazz, Alkoholismus. Mit der verheerenden Niederlage hat die Geschichte ein deutliches Urteil gesprochen. Nun ist viel von «Reinigung» die Rede, eine große Zahl von Franzosen verlangt es nach Autorität und Disziplin. Bis auf eine kleine Handvoll Abgeordneter gibt es keine ernsthafte Opposition gegen die Errichtung eines autoritären Regimes. Es entsteht nach den parlamentarischen Spielregeln und ist – wenigstens am Anfang – wahrhaft repräsentativ, denn es hat das Gros der Bevölkerung hinter sich. Pétain genießt allerhöchstes Prestige: Als Nationalheros und Sieger von Verdun, als der alte, wackere Soldat, der sich in düsterer Stunde als Retter zur Verfügung stellt, entspricht er optimal dem Bedürfnis nach einer sowohl gütigen wie strengen Vaterfigur. Seine Auftritte in der Öffentlichkeit sind triumphal, die Massen jubeln ihm zu. Kaum jemand nimmt damals die Radiobotschaften eines nach London geflohenen Offiziers namens de Gaulle zur Kenntnis, der die Franzosen zum Weiterkämpfen auffordert.

Die neuen Werte, die Pétain verkündet: Arbeit – Familie – Vaterland, ersetzen bis auf weiteres die alte Revolutionslosung Freiheit – Gleichheit – Brüderlichkeit. Unter seinem Regime, das sich bald als stramme Diktatur entpuppt, ist nun endlich wieder das «andere» Frankreich dran – es schlägt die Stunde der Antirepublikaner. Ein sehr spezieller Cocktail kommt da zustande: ein Mischmasch aus stockkatholischen Uralt-Rechten, heidnisch-nationalistischen Kräften, Anciens combattants und faschistischen Ligen sammelt sich um den würdevollen Marschall zur «nationalen Revolution». Schluß ist nun mit dem leidigen Klassenkampf, die Gewerkschaften werden zerschlagen, Streiks verboten, das Wirtschaftsleben wird korporatistisch gegliedert, was de facto auf eine totale Kontrolle durch die Unternehmer hinausläuft.

Die nationalrevolutionäre Erneuerung ist dem Geist von vorgestern verpflichtet. Propagandistisch verherrlicht wird die Rückkehr zu ländlichen Werten. Die bäuerliche Familie – fruchtbar, hierarchisch und fromm – wird als moralisches Modell gepriesen, als Keimzelle einer biologisch-natürlichen Gesellschaftsordnung. Der Jugend beschert die «révolution nationale» einen paramilitärischen Arbeitsdienst. Gegen das verweichlichende Gift des Stadtlebens wird Waldarbeit verordnet und kaltes Duschen gegen den Geschlechtstrieb. Eine große Zeit ist «Vichy» für die konservativen Katholiken. Nachdem sie durch sechzig Jahre Antiklerikalismus gebeutelt worden sind, haben sie jetzt wieder Oberwasser. Das neue Regime ist gläubig, der Marschall läßt große, feierliche Messen zelebrieren. Die Kirche ist eine tragende Säule der nationalen Erneuerung. Dementsprechend verfolgt werden die Freimaurer, als Inkarnation des republikanisch-antiklerikalen Bürgertums. Außerdem ist die Vichy-Politik antisemitisch eingefärbt, jetzt sind die Anti-Dreyfusards am Drücker. Ein Generalkommissar für Judenfragen wird ernannt, die Juden werden aus vielen Berufen gedrängt, und als die Nazis mit der Endlösung beginnen, finden sie in Vichy-Beamten willige Zuarbeiter.

Armee der Schatten

Ebenso wie das Pétain-Regime ist auch die Révolution nationale auf französischem Mist gewachsen. Die Nazis haben darauf keinen Einfluß genommen. Was sie primär interessiert, ist nicht die Ideologie des Regimes, sondern die Ausplünderung

Vichy-Miliz: Handlanger der Nazis

des Landes. Frankreich hat zu zahlen und kriegsnotwendige Rohstoffe zu liefern, wird als Melkkuh betrachtet. Nein, man kommt dem État français nicht gerade entgegen. Dabei wäre Vichy doch so gerne anerkannt als echter Partner des Dritten Reiches, als autonome Nation in Hitlers Neuem Europa! Heftig buhlen die Abgesandten Pétains um die Gunst der Nazis, hoffen auf Verringerung der enormen Besatzungskosten, auf Heimkehr der zwei Millionen Kriegsgefangenen. Die Lebensbedingungen in Frankreich werden immer mieser, und die Regierung braucht Erfolge, um die Bevölkerung bei der Stange zu halten. Aber daraus wird nichts, die Kollaboration bleibt recht einseitig, die Deutschen zeigen die kalte Schulter. Und es kommt noch schlimmer: Die Nazis behalten nicht nur die meisten in Deutschland arbeitenden Kriegsgefangenen, sondern verlangen zusätzlich noch weitere Arbeitskräfte für die Kriegsindustrie.

Die rapide Verschlechterung der Versorgungslage und die Zwangsaushebungen von jungen Männern zur Arbeit in Deutschland lassen die Beliebtheit der Regierung merklich schrumpfen. Als nach der alliierten Landung in Nordafrika die Deutschen im Frühjahr 1943 auch die Südzone besetzen, wird das Regime in den Augen der Bevölkerung immer mehr zum Komplizen und Wachhund der Besatzer. Jetzt erst bekommt auch die Résistance größeren Zulauf. Ganz zu Anfang war der Widerstand die Sache von ein paar zerstreuten Gruppen oder Einzelkämpfern. Die Formen, die er annahm, waren sehr verschieden: Flugblätter, Fluchthilfe, Verstecken von Verfolgten oder schließlich Sabotageakte und direkte Attacken gegen die Besatzer. Auf jeden Fall waren es zunächst mal Außenseiter, die sich erst allmählich zu Organisationen formierten.

Ein wichtiger Schritt war das Hinzustoßen der Kommunisten, die Untergrunderfahrung und effiziente Organisationsformen mitbrachten.

Ruinen von Oradour-sur-Glâne

Die KPF, die sich gern als *die* Partei der Résistance schlechthin ausgibt, hatte es allerdings gar nicht eilig gehabt mit dem Widerstand. Nach dem Hitler-Stalin-Pakt war die zuvor entschieden antifaschistische Partei umgeschwenkt auf die neue Linie und wurde bei Kriegsausbruch prompt verboten. Die im Untergrund erscheinende «Humanité» zog vehement gegen die imperialistische Londoner City und ihren Kriegskurs gegen das Deutsche Reich her. Und kaum waren die Besatzer in Paris, meinten wohl manche Genossen, nun begänne eine fruchtbare Kooperation mit Stalins Verbündeten: Eine Parteiabordnung sprach bei der Kommandantur vor und beantragte allen Ernstes die Wiederzulassung der Parteizeitung. Zwar klappte das nicht, doch waren die Untergrundnummern des Sommers 1940 von bemerkenswerter fraternité durchtränkt. Kostprobe vom 7. Juli: «In diesen unglücklichen Zeiten ist es besonders erfreulich zu sehen, welch freundschaftliches Verhältnis zahlreiche Pariser Arbeiter zu den deutschen Soldaten haben, sei es auf der Straße, sei es im Bistrot an der Ecke. Bravo Genossen, macht weiter so! Auch wenn es gewissen ebenso dummen wie bösartigen Bourgeois nicht gefällt.» Gewiß kein Ruhmesblatt für die Partei, diese Phase, während der sie viele Anhänger verlor.

Mit Hitlers Überfall auf die Sowjetunion schwenkt die KP zur Résistance um, nun freilich mit vollem Einsatz, schon um das Vorangegangene möglichst rasch vergessen zu machen. Zwischen den einzelnen Résistance-Organisationen, die sich nach und nach herausgebildet haben, gibt es teilweise starke Differenzen. Sie gehören politisch unterschiedlichen Lagern an und haben sehr verschiedene Vorstellungen davon, wie das Frankreich nach Pétain aussehen soll. So gibt es zunächst auch keine gemeinsame Strategie, jede Gruppe kämpft isoliert für sich, ohne Verbindung mit den anderen.

Auftritt General de Gaulle. Hartnäckig davon überzeugt, das wahre, unbesiegte Frankreich zu verkörpern, hat er es in seinem Londoner Exil geschafft, eine immer größer werdende Zahl von Franzosen um sich zu scharen und die Unterstützung der Churchill-Regierung zu gewinnen. Bald gelingt es ihm, mit Einheiten aus den Kolonien eine Streitmacht zusammenzustellen, die Forces françaises libres, die in Nordafrika an der Seite der Engländer kämpfen. Auch für de Gaulle geht es um die Rolle, die er nach dem Krieg zu spielen gedenkt. Um von den Alliierten als legitimer Chef des «freien Frankreich» anerkannt zu werden, braucht er die interne Résistance: Frankreich darf nicht allein militärisch von außen befreit werden, sondern muß sich auch von innen selbst befreien – unter seiner Leitung. Nur so läßt sich sein Machtanspruch hinreichend untermauern. Dazu ist es nötig, die verschiedenen Widerstandsgruppen zu vereinen und auf den General einzuschwören. Dieses schwierige Geschäft besorgt der frühere Präfekt Jean Moulin: Es gelingt ihm, 1943 die wichtigsten Résistance-Organisationen unter seinem Vorsitz zum Conseil national de la Résistance (CNR) zusammenzufassen, Kommunisten inklusive, und trotz aller unterschwellig fortlebenden Rivalitäten de Gaulles Führungsanspruch durchzusetzen.

Mit der alliierten Invasion in der Normandie im Juni 1944 wird Frankreich wieder zum Schlachtfeld. Die Résistance hat Zulauf bekommen von vielen, die sich der Zwangsarbeit in Deutschland entziehen wollten. Mit einigermaßen zusammenhängenden Strukturen hat sie sich zu

General de Gaulle, Chef der «France libre»

einer «Armee des Schattens» entwickelt, die ihre Weisungen und ihre Waffen (per Fallschirmabwurf) aus London bekommt. Sie verübt Sabotageakte gegen Eisenbahnlinien, Stromleitungen und Telefonnetze, attackiert deutsche Militäreinrichtungen und läßt Wehrmachtseinheiten in Hinterhalte laufen. Die Repressionsmaßnahmen sind extrem hart: Die «Terroristen» müssen mit Folter und Erschießung rechnen, wenn sie den Deutschen oder der Vichy-Miliz in die Hände fallen.

Besonderes Grauen verbreitet die Zweite SS-Panzerdivision «Das Reich», die auf ihrem Weg vom Süden in die Normandie eine Blutspur durch Frankreich zieht. Eine ihrer Abteilungen kommt auf der Jagd nach «Terror-Banden» in die Kleinstadt Tulle, wo sie 99 Menschen an Bäumen, Balkongittern und Laternenpfählen aufknüpft. Eine andere Kompanie schlachtet grundlos die gesamte Bevölkerung des Dorfes

Oradour-sur-Glane unweit Limoges ab, 642 Menschen. Danach jagen sie das Dorf in die Luft. Die Ruinen von Oradour stehen noch heute; als Mahnmal hat man sie im damaligen Zustand belassen. Ein paar Kilometer weiter ist ein neues Dorf gebaut worden.

Überall, wo die Deutschen abziehen, werden flugs die Vichy-Bürgermeister von der Résistance abgesetzt. So entstehen viele kleine befreite Republiken, noch vor dem Eintreffen der Alliierten ist die Verwaltung in den Händen der France libre. Das ist wichtig, denn die Amerikaner, denen dieser de Gaulle suspekt ist, tragen sich mit dem Gedanken, das Land erst mal militärisch zu besetzen, das Besatzungsgeld ist schon gedruckt.

Zwischen den Résistance-Fraktionen findet ein verbissener Wettlauf um künftige Machtpositionen statt. Gaullisten und Kommunisten sind zwar Bündnispartner, zugleich aber auch politische Gegner, die sich gegenseitig auszustechen versuchen. In den meisten Fällen gelingt es den Gaullisten, die wichtigen Stellen mit ihren Leuten zu besetzen. Besonders brenzlig aber wird es in Paris. Dort lancieren die Kommunisten einen Aufstand, der den Gaullisten überhaupt nicht in den Kram paßt. Vergeblich haben sie ihn zu verhindern versucht. Sie fürchten nämlich, daß sich die KP durch eine kommunistisch gesteuerte Volkserhebung wichtige Positionen in der Hauptstadt erobern und damit de Gaulles Strategie unterlaufen könnte. Außerdem besteht die Gefahr, daß die Deutschen im Gegenschlag die Hauptstadt in Schutt und Asche legen, wozu bereits Befehle vom Führer vorliegen. De Gaulle muß also die Alliierten, in deren Strategie die Befreiung von Paris nicht vorrangig ist, dazu drängen, ihre Pläne zu ändern, bevor es zu spät ist. Schließlich kann er im Gefolge der zweiten französischen Panzerdivision, die den Amerikanern unterstellt ist, triumphal in Paris einziehen und huldigt in einer seiner legendären Ansprachen mit bebender Stimme dem kämpferischen Volk von Paris, das sich selbst befreit habe. Das heimliche Wettrennen um die Macht wird zugedeckt von der allgemeinen Euphorie der «libération».

Die Vierte Republik

Nach der Befreiung wird der Staat schnell wieder funktionstüchtig gemacht, de Gaulle bildet eine provisorische Regierung der «nationalen Einheit», der praktisch alle Komponenten der Résistance angehören. Nach einer kurzen Säuberungsphase, in der die ärgsten Kollaborateure abgeurteilt werden, soll rasch alles vergessen werden: Vichy war nur ein unschönes Intermezzo. Die Résistance wird zum neuen Markenzeichen Frankreichs, alle waren nun eigentlich irgendwie dabei. Die Erinnerung daran, wie viele begeistert dem «Maréchal» gefolgt waren, wird weggewischt; der Mythos vom Widerstand leistenden Volk der Franzosen bildet den ideologischen Zement der Nachkriegsrepublik.

1971 versucht Marcel Ophüls mit seinem Film «Le Chagrin et la pitié» (Das Haus nebenan) die Verhältnisse kritisch zurechtzurücken. In diesem aus Gesprächen, Beobachtungen und historischem Material zusammengesetzten Dokumentarfilm, in dem Widerstandsleute, «collabos» und Normalbürger zu Wort kommen, wird ein differenziertes Bild der Kriegsjahre vermittelt. Ob-

Nach der «Libération» von Paris

wohl er vom Fernsehen mitfinanziert worden ist, darf er dort jahrelang nicht gezeigt werden: Er vergeht sich gegen die offizielle Legende, was als skandalös und unzumutbar gilt.

Von denjenigen, die tatsächlich ihren Kopf hingehalten, die als Maquisards und Mitglieder der Armee der Schatten oft genug ihr Leben riskiert haben, erhoffen sich viele nach der Libération einen wirklichen Neubeginn mit revolutionären Veränderungen. Die Voraussetzungen scheinen günstig, zumal die Linke in der Regierung dominiert und die noch immer für revolutionär gehaltene KPF gestärkt aus der Widerstandszeit herausgekommen ist. Aber die KP strebt keinen Bruch mit der alten Gesellschaftsordnung an, sondern eine möglichst gut untermauerte Position für die Folgezeit. Ansonsten profiliert sie sich als verläßlicher Regierungspartner, als Partei der Ordnung, mit deutlich «patriotischer» Ausrichtung.

Die Revolutionshoffnungen werden also enttäuscht, die alten Machtstrukturen bleiben erhalten, abgesehen von der Verstaatlichung einiger großer Unternehmen: der Kohlengruben des Nordens, der Strom- und Gasversorgung, der größten Banken und Versicherungen und – als Strafe für Kollaboration – der Autofabrik Renault. Auch das politische Leben organisiert sich wieder nach den alten Regeln. Allerdings soll es kein Zurück zur Dritten Republik geben, deshalb wird eine neue verfassunggebende Versammlung gewählt, wobei nun erstmals auch die Frauen das Stimmrecht erhalten. Die Züge der neuen Republik, die sich abzeichnen – Verhältniswahl, starker Einfluß der Parteien – sind unvereinbar mit den Vorstellungen de Gaulles von seiner historischen Rolle. Anfang 1946 tritt der General grollend ab und verzieht sich bis auf weiteres in sein Anwesen in Colombey-les-deux-églises.

Instabilität und häufige Regierungswechsel sind kennzeichnend für die Vierte Republik. Das Mißtrauen gegen allzu große Vollmachten der Exekutive schlägt sich nach der Erfahrung von Vichy in der Verfassung nieder. Zunächst herrscht eine Dreiparteien-Koalition aus KPF, SFIO und der bürgerlichen MRP. Die zerbricht, als 1947 die Kommunisten ausgebootet werden: Der Kalte Krieg beginnt, von nun an sind sie in der Opposition. Jenseits von Kommunismus und Gaullismus versucht sich nun eine «dritte Kraft» durchzusetzen, das breite Spektrum der zwischen diesen beiden Polen angesiedelten Parteien. Davon gibt es eine Menge, sie sind allerdings oft kaum mehr als Wahlvereine ohne klare Konturen und Programme. Kleinkariertes Interessengerangel beherrscht das parlamentarische Leben, die Mehrheiten wechseln bei jeder Gelegenheit, entsprechend kurzlebig sind die Regierungen. In den zwölf Jahren ihrer Existenz bringt es die Vierte Republik auf die stattliche Zahl von 25 Regierungen.

Dennoch gelingt zunächst die wirtschaftliche Wiederaufrichtung des Landes. Durch staatliche Maßnahmen begünstigt, wird die Modernisierung des französischen Kapitalismus eingeleitet, was vor allem mit dem Namen von Pierre Mendès-France verbunden ist. Ein knappes Jahr kann er sich als Regierungschef halten und gewinnt von allen Politikern der Vierten Republik am meisten Profil: ein republikanischer Technokrat, der gegen archaisch-provinzielle Strukturen ankämpft und Frankreich ein gutes Stück voranbringt auf dem Weg in Richtung Elektrifizierung, Supermärkte und sozialen Wohnungsbau. Seine Politik stößt auf heftige Kritik bei der KPF («Neo-Kapitalismus!»), außerdem formiert sich gegen sie eine rückwärtsorientierte Bewegung kleiner Ladenbesitzer, die bald zum Sammelbecken der antiparlamentarischen Rechten wird: der Poujadismus (nach seinem Anführer Pierre Poujade), mit dem auch wieder antisemitische Töne (Mendès-France ist Jude) in der Nationalversammlung zu hören sind. Als jüngster Abgeordneter zieht für Poujades faschistoiden Verein ein rechtsextremer Studentenführer namens Le Pen ins Parlament, von dem man später noch einiges hören wird.

Folterknechte und Kofferträger: der Algerienkrieg

In die Zeit der Vierten Republik fällt auch der Beginn der Dekolonialisierung, ein Prozeß, an dem sie schließlich zugrunde geht. Indochina, Madagaskar, der Maghreb, große Teile Schwarzafrikas, Inselarchipele in der Karibik, im Indischen und Pazifischen Ozean – das französische Kolonialreich war nach dem britischen das zweitgrößte der Welt. In ihm manifestierte sich die französische Weltgeltung, es war der Stolz der Nation, Gegenstand patriotischer Erbauung für den Staatsbürger. Schulkinder bekamen die kolonialen Heldentaten der Grande Nation eingebleut. Im Unterschied zu den anderen Mächten, so lernten die Kleinen während der Dritten Republik, waren die Franzosen bei ihrem Kolonialwerk vom Geist der Aufklärung und Humanität geleitet, sahen es als ihre Pflicht an, die Fackel der Zivilisation zu den niederen Rassen zu tragen.

Über die Brutalität der Eroberungszüge fand sich natürlich in den Schulbüchern kein Wort, nichts über Landraub, Ausplünderung, Zwangsarbeit und den Widerstand der einheimischen Bevölkerungen; statt dessen die Weltkarte mit dem eingezeichneten «empire» und der

Aufforderung: «Schau dir dies alles an, kleiner Franzose, und heb den Kopf hoch. Sag dir, daß du der Sohn einer großen, tapferen Nation bist, und laß es dir eine Verpflichtung sein.» Kolonialausstellungen erfreuten sich großer Beliebtheit. Die größte fand 1931 im Pariser Bois de Vincennes statt, dort, wo immer noch das Kolonialmuseum (heute: Völkerkundemuseum) steht. Es war die Selbstfeier eines rundum guten Gewissens, eine Reise durchs französische Weltreich in einem Tag, mit asiatischen Pagoden, arabischen Minaretten, afrikanischen Lehmbauten und echten Eingeborenen in Originaltracht. Daß im selben Jahr, 1931, in Annam ein gewisser Nguyen Ai Quoc wegen Subversion festgenommen wurde, nahm kaum jemand zur Kenntnis. Später wurde dieser Störer des Kolonialfriedens ziemlich bekannt unter dem Namen Ho Tschi Minh.

Nach der Libération denkt offiziell niemand daran, auf die Kolonien zu verzichten, vielmehr wird die Schimäre einer «Union française» aus der Taufe gehoben, ungeachtet der nationalen Unabhängigkeitsbestrebungen und zunehmenden Unruhen. Wie realitätsfremd das Konstrukt der «französischen Union» ist, zeigt der Indochina-Schlamassel: Der Kampf der Franzosen gegen die kommunistischen Viet-Minh von «Onkel Ho» endet mit der bitteren Niederlage von Dien Bien Phu, was nun doch manchem die Augen öffnet. Pierre Mendès-France bereitet dem französischen «Engagement» in Südostasien ein Ende; auch in dem von Unruhen geschüttelten Tunesien leitet er den französischen Abgang ein, weshalb er von der Rechten als «Ausverkäufer des Empire» beschimpft wird.

Anders ist die Situation im Fall von Algerien. Für keine der tonangebenden politischen Gruppen steht hier die Unabhängigkeit zur Debatte, das gilt zunächst auch für die KPF. Algerien wird stärker als die anderen Kolonien als Teil Frankreichs empfunden. Außer acht Millionen Algeriern leben da auch anderthalb Millionen Weiße, die Pieds-noirs. Während des Krieges war Algier zeitweilig die Hauptstadt der France libre. Als sich am 1. November 1954 die Unabhängigkeitsbewegung massiv durch eine Attentatsserie bemerkbar macht, stellt Innenminister Mitterrand nachdrücklich klar: «Algerien ist Frankreich. Von Flandern bis zum Kongo gibt es ein Gesetz, eine einzige Nation, ein einziges Parlament.» Also ist es selbstverständlich, scharf gegen die Terroristen vorzugehen. Zugleich werden in aller Eile Reformprojekte gemacht, um die Integration voranzutreiben: Durch die annähernde rechtliche Gleichstellung der Moslembevölkerung soll die Revolte im Keim erstickt werden.

Aber solche Pläne kommen zu spät, die Bombenattentate werden zahlreicher, die Auseinandersetzungen eskalieren zum Krieg, auch wenn es offiziell nicht so genannt wird. Die Logik einer militärischen Lösung setzt sich durch. Der Wehrdienst wird verlängert, bald sind 450000 Soldaten in Algerien. Von beiden Seiten wird der Krieg mit gnadenloser Härte geführt. Im Kampf gegen die algerische Befreiungsfront FLN werden Dörfer dem Erdboden gleichgemacht, die Einwohner, wenn sie dabei nicht umgekommen sind, in Sammellager umgesiedelt. Noch heute entdeckt man in Algerien Massengräber aus dieser Zeit. In der «Schlacht um Algier» greift die Armee zum Mittel der systematischen Folter, ungerührt von internationalen Protesten. Elektroschock und «Wasserbehandlung» werden alltäglich. Der Historiker Pierre Vidal-Naquet schätzt, daß während des Krieges mindestens eine Million Menschen gefoltert wurden.

All dies findet statt unter einer linken Regierung. Mit Guy Mollet, der der SFIO angehört, schlittert Frankreich immer tiefer in diesen schmutzigen Krieg rein. Mollet ist unschlüssig, hat kein Lösungskonzept, erweist sich als unfähig, Verhandlungen einzuleiten. Der Konflikt schwappt ins Mutterland. «Algérie française!» wird zum Schlachtruf der extremen Rechten, die einen beträchtlichen Aufschwung erlebt. Auf der anderen Seite kommt es zur Rebellion von Wehrpflichtigen, die sich weigern einzurücken. Frauen legen sich auf die Gleise, um die Züge zu stoppen, Beton wird in die Weichen gegossen. Die Öffentlichkeit erfährt von alledem nichts. Radio und Fernsehen verbreiten Harmlosigkeiten, die Presse unterliegt strenger Zensur, Zeitungen erscheinen oft mit weißen Seiten.

Die KPF, die zunächst den Kampf der FLN verurteilt hat, vollzieht 1956 eine Umorientierung und vertritt nun politisch die Sache der algerischen Unabhängigkeit, hütet sich aber vor jeder direkten Unterstützung der FLN. Ihre Schwankungen und ihre Haltung zum gleichzeitig stattfindenden Ungarn-Aufstand machten die Partei für viele unglaubwürdig. Am entschiedensten ist der Widerstand bei einigen kleinen Gruppen und einzelnen Intellektuellen, die empört den Skandal einer Republik anprangern, die aus der Résistance entstanden ist und nun ihre Grundsätze so schändlich verrät. Aber viele sind es nicht, die den Mund aufmachen: abgesprungene Kommunisten, Dissidenten von der SFIO, Trotzkisten, Protestanten und eine Reihe von Linkskatholiken aus dem Umkreis der Zeitschrift «Témoignage chrétien».

Am weitesten im antikolonialen Engagement geht die kleine Handvoll der sogenannten Kofferträger, die sich auf konkrete Hilfeleistungen für die FLN einlassen, deren Kämpfer beherbergen, rumfahren, außer Landes bringen, Geld auftreiben. Die Kofferträger bilden ein Untergrundnetz, das sich bis in die Bundesrepublik hinein erstreckt. Städte wie Saarbrücken, Köln, Frankfurt oder Düsseldorf sind Rückzugsposten der in Frankreich operierenden FLN-Kader. In Deutschland finden sie Helfer unter linken SPD-Leuten, Gewerkschaftern, Mitgliedern der Naturfreundejugend. Andererseits gibt es viele Deutsche in der Fremdenlegion, die es in Algerien besonders übel treibt. Somit sind also auch Deutsche auf beiden Seiten dieses Krieges beteiligt.

Eine neue Republik für de Gaulle

Der Algerienkrieg ist auch wirtschaftlich ruinös. Die Währung geht den Bach runter. Die Regierung verliert immer mehr an Ansehen, ihre Unfähigkeit tritt deutlich zutage, die Autorität des Staates zerbröckelt und damit die Vierte Republik insgesamt. Unter der Hand wird de Gaulle als Retter gehandelt. Umsturzparolen werden laut bei der aufgebrachten Pied-noir-Bevölkerung, in Algier findet eine Art Volksaufstand statt, bei dem gerufen wird: «Die Armee an die Macht!» Der rechte Aufruhr erhofft einen Militärputsch und danach ein stramm nationales Regime, das den Krieg gegen die algerischen «fellaghas» gewinnt. Die Mehrheit der Franzosen hingegen hat den Krieg gründlich satt. Die Gaullisten wittern ihre Stunde und bereiten sich auf den Untergang der Republik vor. Der Militärputsch findet statt: Von Algier aus kommandiert, nehmen Armee-Einheiten zunächst die Insel Korsika ein. Danach soll es weitergehen Richtung Paris. Die Vierte Republik wirft das Handtuch und liefert sich – was bleibt ihr übrig – an de Gaulle aus, der sich bereithält. So kommt der General durch einen Putsch an die Macht zurück, ohne sich selbst die Finger dreckig gemacht zu haben.

Innerhalb weniger Monate läßt de Gaulle per Volksentscheid eine neue, ihm auf den Leib geschneiderte Verfassung verabschieden: die der Fünften Republik. Die Autorität des Staatschefs wird extrem verstärkt, Regierung und Parlament sind zur Zweitrangigkeit degradiert. Ab 1962 wird der Präsident unabhängig von der Nationalversammlung direkt gewählt für eine Amtszeit von sieben Jahren – ein Präsidialsystem, das deutlich an bonapartistische Traditionen anknüpft und den Präsidenten hoch über den Streit der Parteien erhebt. Scheinbar weder rechts noch links spielt er die Rolle eines hart durchgreifenden Schiedsrichters. Vier weitere Jahre dauert es, bis mit den Verträgen von Evian das Algerienproblem gelöst ist. Noch monatelang danach bomben und morden Mitglieder der Algérie française-Geheimorganisation OAS im Untergrund weiter, bis der Alptraum schließlich vorbei ist.

Nach dem schmählichen Ende der Kolonialära gilt es, die Nation zu der ihr gemäßen Grandeur zurückzuführen. In der von den zwei Supermächten beherrschten Welt, so de Gaulles Vision, soll sich Frankreich als dritte Kraft neben den beiden Machtblökken etablieren und damit seinerseits die Rolle einer Weltmacht spielen. Diese Orientierung führt zum Rückzug aus der NATO und zur Schaffung einer eigenen Atomstreitmacht, der Force de frappe, als Mittel und Ausdruck einer Politik der nationalen Unabhängigkeit. Zum Entsetzen der Amerikaner wird sogar vorübergehend eine französische Rundumverteidigungsstrategie verkündet. Die Wunschvorstellung von der blockfreien Großmacht Frankreich erweist sich zwar bald als illusionär, etwas davon bleibt aber im Selbstverständnis und im Diskurs rechter wie linker Politiker zurück.

Ein weiteres Kennzeichen von de Gaulles Regierungszeit ist die dynamisch vorangetriebene wirtschaftliche Modernisierung. Die sechziger Jahre sind eine Epoche rapiden Wachstums; nach dem Verlust des Kolonialreichs sucht Frankreich Anschluß an die anderen Industrieländer. Das Land soll sich, nach den Worten seines Staatspräsidenten, «mit seinem Jahrhundert vermählen». Unter der Herrschaft gaullistischer Technokraten werden weitreichende Strukturreformen durchgezogen. Durch Fusionen entstehen Großkonzerne, brandneue Industriekomplexe werden aus dem Boden gestampft. Rings um alte urbane Zentren wachsen Satellitenstädte von beklemmender Monotonie empor, mit Unterbringungskasernen für den gesteigerten Arbeiterbedarf, schnell auf den Acker gestellt dank des Wunderbaustoffs Beton. Lebensstil und Konsumverhalten wandeln sich rapide. Auto, Kühlschrank, Fernseher werden selbstverständlich, an den Peripherien entstehen Hypermärkte, am Himmel fliegen Concorde-Prototypen, neue Urlaubszentren werden am Reißbrett entworfen. Gründlich verändert das Land in zehn Jahren sein Gesicht: Alles wird größer, schöner, höher. Manche sprechen vom «miracle français».

Von der Studentenrevolte zum Generalstreik

Was für ein herber Schock sind dann aber die «Ereignisse» des Mai '68! Kurz vor der Explosion hat der Leitartikler von «Le Monde» noch eine dumpfe Ruhe im Land festgestellt und die allgemeine Stimmung in die Worte gefaßt: «Frankreich langweilt sich.»

Die Mai-Ereignisse beginnen als Studentenrevolte; deren Ausgangspunkt ist die Pariser Vorstadt-Uni Nanterre, von dort greift sie auf die Sorbonne und weiter auf die Städte der Provinz über. Eigentlich ist sie ein Nachzügler der internationalen Studenten-Protestbewegung. Aber was seinen Ausgang von einigen studentischen Forderungen und Protesten genommen hat, weitet sich in Frankreich überraschend schnell zu einer Infragestellung der wirtschaftlichen und politischen Machtverhältnisse aus. Die Bewegung ergreift die Arbeiter, jene also, auf deren Ausbeutung das Miracle français beruht, für die aber der neue französische Wohlstand wenig mehr bedeutet als schlauchende Akkordarbeit, miese Löhne und Karnickelstall-Wohnungen in den neuen Betonwüsten. Wilde Streiks und spontane Fabrikbesetzungen häufen sich, viele vorwiegend jüngere Arbeiter greifen auf Aktionsformen zurück, die lange verschüttet waren. Die Gewerkschaften, die dabei nicht gefragt werden, haben alle Mühe, auf den fahrenden Zug aufzuspringen. Mitte Mai hat die Revolte ganz Frankreich ergriffen. Der größte Streik in der französischen Geschichte paralysiert das Land. Nichts geht mehr, die Autorität des gaullistischen Staates löst sich auf.

Dann aber gelingt es den traditionellen Partei- und Gewerkschaftsbürokratien, sich die Führung der Streikbewegung zu sichern und die Revolte in geordnete Bahnen zu lenken. Im Sozialministerium in der Pariser rue de Grenelle treffen sich Regierungsvertreter, Unternehmer und Gewerkschafter, um über die Beendigung des Generalstreiks zu verhandeln. Das Ergebnis ist dürftig: Erhöhung des Mindestlohns (SMIG) und allgemeine Lohnerhöhung, geringerer Selbstkostenanteil bei der medizinischen Versorgung, ein bißchen mehr gewerkschaftliche Rechte im Betrieb. Ansonsten bestehen die Vereinbarungen weitgehend aus unverbindlichen Willensbekundungen. Die CGT versucht, das Abkommen von Grenelle als Sieg zu verkaufen, für viele Arbeiter ist es ein trüber Kompromiß, mit dem sie nicht einverstanden sind. Sie fühlen sich betrogen, in den Betrieben werden die CGT-Bosse ausgepfiffen. Es dauert weit in den Juli hinein, bis die Streikbewegung abebbt. Dadurch, daß es die klassischen Verwalter der angeblichen Arbeiterinteressen geschafft haben, sich an die Spitze einer ohne sie, wenn nicht gar gegen sie zustande gekommenen Bewegung zu manövrieren, ist es der konservativen Propaganda möglich, die Mairevolte mit dem Parteikommunismus in einen

Solidarität mit Fabrikbesetzern: Plakate der Pariser Kunstakademie

Topf zu werfen und die Angst vor der roten Gefahr zu mobilisieren. Die Regierung bekommt allmählich Aufwind und kann die Staatsmaschine wieder in Gang setzen. Die folgenden Parlamentswahlen stehen im Zeichen der Auseinandersetzung mit dem «totalitären Kommunismus» und werden prompt von der Rechten haushoch gewonnen.

Die Erben des Generals

De Gaulle allerdings hat einiges von seinem Nimbus eingebüßt, «'68» hat ihn vom Denkmalssockel geholt. Ein beträchtlicher Teil der Bevölkerung hat ihm die Gefolgschaft verweigert, hat nein gesagt zu seiner «gewissen Idee von Frankreich». Die Rolle des weisen, unparteilichen Tribunen ist ausgespielt. Als er ein Jahr später ein Referendum über die Reform des Senats und den Regionalstatus gleichzeitig zur Abstimmung über seine Person macht, erlebt er eine Niederlage. Umgehend zieht er sich aus dem politischen Leben zurück und überläßt das Feld seinem Nachfolger Georges Pompidou. Dem fehlt als Staatspräsident das Charisma des Generals, er wirkt eher bodenständig-konkret, kümmert sich mehr um französische Exportsteigerungen als um weitreichende Visionen. Als Gaullist fühlt er sich zwar zu den gewohnten Distanzierungs-Ritualen gegenüber den USA verpflichtet, aber in Wirklichkeit kommt es wieder zu einer Annäherung an die Amerikaner. Die Konfrontationslinie wird aufgegeben, die Unabhängigkeit von den beiden Lagern erweist sich als Fiktion.

Noch deutlicher vollzieht sich der

Abschied von der Illusion nationaler Unabhängigkeit und die Hinwendung zum US-dominierten westlichen Lager dann unter Giscard d'Estaing. Mit ihm, dem Nicht-Gaullisten, dem smarten ENA-Absolventen und früheren Finanzminister, scheint frischer Wind ins höchste Amt zu kommen. Er gibt sich jung, modern, liberal und versucht's mit einem neuen Stil. Wohl von seinen Image-Beratern dazu gedrängt, zeigt der Herrscher ein paar nette Gesten: Er lädt einige Leute von der Müllabfuhr zum Frühstück in den Élysée-Palast ein, schüttelt Hände im Knast, diniert reihum bei einfachen Normalbürgern. Auch gibt es zunächst ein paar sozialpolitische Reformen. Aber dann verschlechtert sich zusehends die wirtschaftliche Situation im Zusammenhang mit der sogenannten Ölkrise – ansteigende Arbeitslosigkeit, Inflation, Kaufkraftverluste ... Und obendrein bringt sich Giscard durch eine Reihe von Skandalen in Mißkredit: Vetternwirtschaft und Ämterpatronage, Mord- und Selbstmordaffären, in die seine Minister verwickelt sind, und dann diese Geschichte mit den verleugneten Diamantengeschenken des blutrünstigen Afro-Kaisers Bokassa – Frankreich sackt «von einer Affäre zur anderen immer tiefer in den Morast», klagt das konservative Wochenmagazin «Le Point». Dazu kommen die Feudalherren-Allüren und das selbstgerechte, eitle Gehabe des Präsidenten.

Das alles macht ihn schließlich vielen Franzosen zutiefst unsympathisch – nach sieben Jahren haben sie ihn gründlich satt. So bedeutet der Machtwechsel im Mai 1981 zunächst mal eine Abwahl Giscards. Diesem Wechsel ist keine nennenswerte politische Mobilisierung vorausgegangen, die Ausgangslage für die Linken ist eher mäßig, nachdem die KPF 1977 das gemeinsame Programm aufgekündigt hat. So kommt die Wahl Mitterrands ziemlich überraschend. Um so begeisterter wird der Sieg gefeiert. Menschenmassen strömen noch am Abend des 10. Mai auf dem Platz der Bastille zusammen, man tanzt, die Euphorie ist groß. Der Kulturminister spricht später von dem Tag, «an dem sich die Nacht und das Licht trennten». Bei den sofort danach abgehaltenen Parlamentswahlen erringt die PS die absolute Mehrheit, die weit abgeschlagenen Kommunisten nehmen das Angebot wahr, sich mit vier Ministern an der Regierung zu beteiligen.

Die frisch an die Macht gekommene Linke entfaltet nun erst mal allerlei Aktivitäten, die manche Beobachter an ein wirkliches «changement», einen gesellschaftlichen Wandel glauben lassen. Eine großzügige Amnestie wird erlassen, die Todesstrafe abgeschafft, die Sozialabgaben werden erhöht. Es gibt mehr Mitbestimmung in den Betrieben, eine größere Zahl von Konzernen und Banken wird verstaatlicht. Freiheitsbewegungen der Dritten Welt erhalten – zumindest verbale – Unterstützung. Ernsthaft wird nun die jahrzehntelang beschworene Dezentralisierung in Gang gebracht: Wesentliche Kompetenzen werden von der bisher alles bestimmenden Hauptstadt in die Regionen, Départements und Gemeinden verlagert. Direkt gewählte Regionalräte entscheiden jetzt über regionale Belange, und Korsika bekommt sogar einen Sonderstatus mit begrenzter politischer Autonomie.

Aber nach den Flitterwochen des

Mitterrand-Regimes kehrt bald Ernüchterung ein. 1982 kommt der Kurswechsel zur Austerity-Politik, die Linke gibt sich nun nach ihrem anfänglichen Feuerwerk «realistisch» und schwenkt um auf eine Wirtschaftspolitik, wie sie auch von den Rechten betrieben werden könnte. Die sozialreformerische Ausrichtung wird aufgegeben zugunsten einer Stabilisierung und Modernisierung des französischen Kapitalismus. Der Chor der Minister singt das Hohelied der Spitzentechnologie, während in Krisenbranchen wie der Stahlindustrie Massenentlassungen geduldet werden. Was soll daran noch links sein? Es sind technokratische «Lösungen» statt gesellschaftlicher Veränderungen.

Ab 1984, nach dem Rausschmiß der Kommunisten aus der Regierung, wird der Schein einer antikapitalistischen Orientierung vollends aufgegeben. Leistung, Profit und Unternehmergeist werden beschworen. Auch mit dem moralischen Anspruch dieser Linken ist es nicht mehr weit her: Trotz aller einstigen Absichtsbekundungen gibt es zum Beispiel keine Einschränkung des Waffenhandels. Frankreich bleibt unter Mitterrand drittgrößter Waffenlieferant der Welt, auch Rüstungsexporte in die Dritte Welt erscheinen den Sozialisten legitim, wenn sie nur die leeren Kassen füllen. Derweil lassen sie zu Hause an einer französischen Neutronenbombe basteln. Und bei aller oft und gern erhobenen Anklage gegen die Menschenrechtsverletzungen durch lateinamerikanische oder östliche Regimes: Das frankophone Afrika ist von solcher Kritik ausgenommen, es wird als postkoloniale Jagdreserve betrachtet. Dort werden die finstersten Diktatoren umhegt und

Schönheitsideal '68

hofiert, sofern sie den französischen Interessen nützen.

Unter der Herrschaft der Linken hat ein ideologischer Abgesang der Linken stattgefunden. Die kritische Öffentlichkeit ist weiter zusammengeschrumpft, dafür haben sich Resignation und Desinteresse ausgebreitet. Zugleich sind in Frankreich wie nirgendwo sonst rechtsradikale Kräfte erstarkt und bestimmen seither das politische Klima des Landes mit. Die Wachheit gegenüber faschistischen Rattenfängern ist abgestumpft – auch dies ein Zeichen für den Niedergang der politischen Kultur und für das Scheitern des französischen «Sozialismus». Die traditionelle Linke, so scheint es, hat nicht mehr viel zu bieten. Aber Alternativen sind noch keine in Sicht.

Parti pris – Ein Blick aufs Parteienspektrum

De Gaulles Erbe ist bei allen etablierten Parteien heute immer noch spürbar. Am deutlichsten wird das in der Frage der französischen Atomwaffen, in der es einen breiten nationalen Konsensus gibt, dem sich auch die Linksparteien noch rechtzeitig vor ihrem Machtantritt 1981 angeschlossen haben. Innerhalb der französischen Linken gibt es ein geradezu schockierend unkritisches Verhältnis zu Fragen wie Atombewaffnung, Militarismus, Armee. Erklären läßt sich das zum Teil mit dem vergleichsweise ungebrochenen Umgang der Franzosen mit ihrer Vergangenheit, mit Patriotismus und ausgeprägtem Nationalgefühl, das immerhin selbst Konservative dazu bringt, sich auf die Französische Revolution von 1789 zu berufen. Als Hauptargument für die Stärkung der Force de Frappe muß das typisch gaullistische Schlagwort der «Wahrung der nationalen Unabhängigkeit» herhalten. Die Auseinandersetzungen in der französischen Politik verlaufen denn auch beständig zwischen jenen, die Frankreich in internationale Zusammenhänge (NATO, EG) stärker integrieren wollen, und jenen, die sich über den «Ausverkauf der nationalen Interessen» aufregen. Selbst die verteidigungspolitische Diskussion innerhalb der Sozialistischen Partei wird durch diesen Frontverlauf bestimmt. Alternative friedenspolitische Ansätze sind bei den französischen Sozialisten bislang unbekannt.

Die Rechte

Nach dem fünfjährigen Intermezzo der Linksregierung ist die Rechte 1986 wieder an die Macht gelangt.

Doch der neogaullistische Premierminister Chirac muß gemeinsam mit dem linken Präsidenten Mitterrand regieren – ein schwieriges politisches Zusammenleben, diese «Cohabitation». Denn der sozialistische Präsident kann den neo-konservativen Schub bremsen, sich davon distanzieren und so seine Ausgangsposition für die nächste Präsidentschaftswahl 1988 verbessern. Chirac wiederum muß innerhalb kurzer Zeit klare Erfolge nachweisen, um sich als aussichtsreichster Bewerber der Rechten profilieren zu können. Seine Regierungszeit war denn von Anfang an darauf angelegt, neue Akzente zu setzen. Es ging darum, Frankreich zu «entsozialisieren», möglichst alle Maßnahmen der Linksregierung wieder rückgängig zu machen. Besondere Bedeutung kam bei dieser Art Rachefeldzug der Privatisierung von Staatsunternehmen und -banken zu. Chirac brach dabei auch so manches gaullistische Tabu, denn traditionell war die Politik des Generals – ähnlich wie die der Linken – auf Staatsinterventionismus ausgerichtet. Jetzt heißt die Parole: «Möglichst wenig Staat». Chiracs liberal-konservative Politik stieß jedoch schnell auf starke Widerstände, teilweise im eigenen politischen Lager, zum Teil auch auf Grund von Massenmobilisierungen, wie das bei der Hochschulreform der Fall war. Ab Ende 1986 mußte ein Projekt nach dem anderen fallengelassen oder verwässert werden, beispielsweise das Vorhaben, nach US-Vorbild private Gefängnisse zu errichten.

Chiracs gaullistische Partei RPR (Rassemblement pour la République) kann in mancherlei Hinsicht als rechtes Spiegelbild der KPF gelten. Sie ist eine straff organisierte Kampfpartei mit einer mobilisierungsfreudigen Massenbasis. Und Chirac ist ein alerter Politiker mit großer Ausstrahlungskraft, der sich geschickt zu ihrem Führer aufgebaut hat. In der Regierung sitzt die RPR gemeinsam mit Vertretern der giscardistischen UDF (Union pour la Démocratie Française). Die UDF ist ein Wahlbündnis. Neben einigen Splittergruppen und Debattierclubs gehören ihr die Republikanische Partei (PR), das Demokratisch-Soziale Zentrum (CDS) und die Radikale Partei an. Ihre Politik wird ganz von einigen Persönlichkeiten bestimmt: dem «Ex» Giscard, dem karrieresüchtigen Kulturminister und PR-Chef Leotard, dem Wirtschaftsprofessor Barre und einigen anderen. Barre, der «beste Ökonom Frankreichs», hält sich aber geschickt aus dem Gerangel um die «politique politicienne» (Politik für Politiker) heraus und setzt darauf, vom erwarteten Scheitern der Chirac-Regierung profitieren zu können.

In Wirklichkeit gehen die politischen Fronten quer durch UDF und RPR. Dem Führer der rechtsradikalen Nationalen Front (FN), Le Pen, ist es gelungen, die Regierung unter starken Druck zu setzen. Während einige Minister jegliche Zusammenarbeit mit der FN ablehnen und notfalls auch Wahlniederlagen in Kauf nehmen wollen, sind andere Regierungsmitglieder bei der Wahl ihrer Bündnispartner nicht so zimperlich. Besonders Innenminister Pasqua (RPR) hat sich als Rechtsaußen hervorgetan, der versucht, die FN von rechts zu überholen, um ihr Stimmen abzunehmen. 1986 setzte er 101 Malier in ein Charterflugzeug und schob sie in ihre afrikanische Heimat ab. Bücher und Zeitschriften von

Ausländern, die den «diplomatischen Interessen» Frankreichs zuwiderliefen, ließ er einfach verbieten. Und im Frühjahr 1987 lud er Journalisten in eine Art Gruselkabinett: Da waren kunterbunt allerlei illegal eingeführte Sodomie- und Kindersex-Druckerzeugnisse zusammen mit legalen Sex- und Pornoblättern ausgestellt, die er verbieten lassen wollte. Diese Initiative fand nur Verständnis bei einigen rechten Saubermännern und -frauen und erntete ansonsten viel Spott. Auf das Zeitschriftenverbot mußte Pasqua daraufhin verzichten.

«Neue Kräfte» von vorgestern

Mit zunehmender Verschärfung der wirtschaftlichen Krise hat die extreme Rechte eine aggressive Kampagne gegen Araber und Schwarze begonnen. «Ausländer raus!» – Diese primitive und gefährliche Parole hat ihr bei den Kommunalwahlen 1983 zu spektakulären Wahlerfolgen verholfen: zwölf Prozent im 20. Pariser Arrondissement, siebzehn in der Industriestadt Dreux. Daß sich die Parteien der bürgerlichen Rechten nicht zu schade waren, im zweiten Wahlgang in Dreux – trotz der Warnungen einiger Aufrechter – mit den Rassisten von Le Pens «Front National» eine Listenverbindung einzugehen, die diesen den Einzug in das zuvor rote Rathaus erleichterte, zeigt, wie gleitend die Übergänge zwischen der gemäßigten und der extremen Rechten sein können.

e Pen, ein ehemaliger Fallschirmjäger, der im Algerienkrieg als Folterknecht tätig gewesen sein soll, war noch bei den Präsidentschaftswahlen von 1974 unter einem Prozent geblieben. Zehn Jahre später gelang ihm mit elf Prozent (gleich 2,2 Millionen Stimmen) ein spektakulärer Einzug ins Europaparlament. Inzwischen sitzt er mit über dreißig Parteifreunden in der Nationalversammlung. Nachdem er Jahrzehnte chancenlos im Abseits der faschistischen Grüppchen vegetierte, findet er nun, bei anhaltender Massenarbeitslosigkeit, mit seinen simplen Parolen massenhaften Anklang. «Le Pen sagt ganz laut, was die Franzosen ganz leise denken», heißt das in der Propaganda der Nationalen Front.

In der Tat hat es erst Le Pen möglich gemacht, daß all die eingefleischten oder unbewußten Rasssisten, die früher den Mund hielten, jetzt in der Metro, im Café, auf der Straße oder am Arbeitsplatz lauthals ihr Mißfallen über die Anwesenheit so vieler Schwarzer und Araber äußern. War die extreme Rechte in den siebziger Jahren vor allem durch Militanz und Gewalt gegen linke Gruppen geprägt, so achtet Le Pen jetzt darauf, seine Truppen etwas zu bremsen, um sich und seine «Ideen» salonfähig zu machen. Dabei stützt er sich vor allem auf jene Wähler, denen die Regierungsparteien zu lasch sind, sowie auf ehemalige Algerienfranzosen und auf immer mehr perspektivlose Jugendliche. Die Hochburgen der Nationalen Front sind in den Städten, wo der «Ausländeranteil» besonders hoch ist und die Kriminalität ansteigt. Unter Le Pens Anhängern befinden sich jene, die meinen, durch den Rausschmiß der Ausländer könne die Arbeitslosigkeit beseitigt werden, aber auch jene, denen während des Urlaubs die Wohnungen ausgeräumt wurden und die sich als Täter nur einen Araber vorstellen können. Le Pen nutzt die Angst der Leute. Angst vor Arbeitslosigkeit, Angst

Schürt den Ausländerhaß: Le Pens «Front National»

vor Kriminalität, «Überfremdung» und AIDS. Angst ist irrational und daher nur schwer bekämpfbar.
Die Linksregierung hat sich als unfähig erwiesen, den Aufstieg Le Pens zu verhindern. Sie hat es insbesondere versäumt, den Immigranten Wahlrecht einzuräumen, zumindest auf kommunaler Ebene. Wäre dies geschehen, so hätten alle gemäßigten Parteien diese neue Klientel umwerben müssen. Da es ausblieb, geriet auch die traditionelle Rechte immer mehr ins Fahrwasser der Ausländerhetze. Die Nationale Front ist ein wichtiger politischer Faktor geworden, dessen Gefährlichkeit gar nicht genug betont werden kann.

PS – Partei des Nuklearsozialismus

Nur eine Legislaturperiode konnten sich die Sozialisten an der Regierung halten. Dann waren sie verbraucht, von ihrem glänzenden Wahlerfolg im Mai '81 blieben nur noch nostalgische Erinnerungen zurück. Dieser Sieg wäre zehn, fünfzehn Jahre zuvor noch undenkbar gewesen. Ein Jahr nach dem Mai '68 hatten sie einen historischen Tiefstand erreicht, als ihr Präsidentschaftskandidat Defferre nur auf fünf Prozent kam, gegen 21,5 Prozent für den Kommunisten Duclos. Doch das 1972 geschlossene Linksbündnis auf der Grundlage des «Gemeinsamen Programms» hat nur der PS genützt. Die Linksunion war eine reformistische Antwort auf die Mairevolte von 1968. Je mehr die Bevölkerung an die Möglichkeit eines Wahlsieges der Linken glaubte, desto mehr ließen die Klassenkämpfe nach, und das Kräfteverhältnis innerhalb der Linken verschob sich zugunsten der gemäßigteren PS. Als Mitterrand die nach jahrelangen Mitte-Links-Koalitionen diskreditierten Sozialisten auf das Bündnis mit den Kommunisten trimmte, begründete er dies damit, daß man die Sozialistische Partei auf dem von der KPF besetzten Terrain aufbauen müsse. Eben dies ist geschehen, obwohl die KPF permanent dagegen ansteuerte. 1977 kündigte sie sogar das Linksbündnis auf, verließ den Boden des Eurokommunismus und startete wilde Attacken auf die PS. Seitdem marschierten beide Linksparteien getrennt und stützen sich auch nicht mehr auf ein gemeinsames Programm. Mitterrands Wahl erfolgte trotz dieser Spaltung im linken Lager – oder gerade deshalb, denn er konnte den gemäßigten Wählern glaubhaft machen, daß er nicht mehr länger ein «Gefangener» der KPF war.

Das Bündnis mit der KPF hatte der PS den Ruf eingebracht, eine der marxistischen Parteien der Sozialistischen Internationale zu sein. Ihre programmatischen Aussagen sind jedoch immer «realistischer» geworden. Ihr Dilemma bestand sehr bald darin, die Politik eines Präsidenten abdecken zu müssen, der sich vor dem Hintergrund der Wirtschaftskrise und der verschärften internationalen Spannungen immer mehr von den ursprünglichen Zielsetzungen der Partei und den Erwartungen seiner Wähler entfernte. Der anfängliche Reformeifer der Regierung Mauroy wurde schnell durch das Krisenmanagment von Fabius abgelöst und bereitete die Regierungsübernahme des Neogaullisten Chirac vor. Der politische Niedergang der PS wurde besonders deutlich am Beispiel der Greenpeace-Affäre. Zwar mußte Verteidigungsminister Hernu wegen der Versenkung des Greenpeace-Schiffs «Rainbow Warrior» durch Agenten des französischen Geheimdienstes seinen Hut nehmen. Dies geschah aber nicht, weil diese Aktion als verwerflich galt, sondern nur, weil sie «stümperhaft» ausgeführt und von der Presse aufgedeckt wurde. Kritik an den französischen Atomtests im Pazifik, gegen die die Greenpeace-Aktion gerichtet war, wurde nicht laut. Im Gegenteil: Die Atomkraft und die «Force de Frappe» wurden unter Mitterrand zügig ausgebaut.

Die PS muß es sich heute gefallen lassen, als Partei des «Nuklearsozialismus» betrachtet zu werden. Inzwischen gewinnt der Gedanke an die Notwendigkeit eines «französischen Bad Godesberg» (Abschied vom Marxismus) in der PS stark an Boden. Viele meinen sogar, die PS habe diesen Schritt schon längst getan. Besonders die «rechte» Strömung um den quirligen Rocard hat offen sozialdemokratische Thesen formuliert, die auf «Abschied vom Klassenkampf» und eine modernistische Reformpolitik unter demokratischer Beteiligung der Werktätigen hinauslaufen. Außenpolitisch sind die «rocardiens» eher pro-amerikanisch. Dagegen hält die gewöhnlich als «links» bezeichnete Strömung «Socialisme et République» (ex-CERES) um Chevènement orthodox an der marxistischen Terminologie fest. Ihr Hauptmerkmal ist allerdings der ausgeprägte Nationalismus, der sie gaullistischer als De Gaulle erscheinen läßt. Chevènement ist ein begeisterter Wachstumsbefürworter, der mit technizistischen Mitteln die Wirtschaft lenken will. Er fordert protektionistische Maßnahmen, eine auf die nationalisierten Unternehmen gestützte dirigistische Wirtschaftspolitik sowie die nationale Unabhängigkeit durch Stärkung der Force de Frappe, Abgrenzung gegenüber der NATO und Ausbau der Nuklearindustrie.

Eine echte linke Strömung, die neue Fragestellungen in den Mittelpunkt ihres Interesses rückt und eine politische Erneuerung sozialistischen Gedankenguts anstrebt, gibt es in der PS nicht. Wohl sind aber etliche ehemalige Anhänger der extremen Linken der Partei beigetreten und sie versuchen, teilweise erfolgreich, eine Brücke zu den autonomen Massenbewegungen (Jugend, Frauen, SDS-Racisme) zu schlagen. Die Mehrheitsströmung in der Partei zeichnet sich eigentlich nur durch ihre kritiklose Unterstützung der Politik Mitterrands aus. Mit 31 Prozent der abgegebenen Stimmen war sie 1986 die stärkste Partei des Landes, organisatorisch ist sie aber weiterhin ziemlich unterentwickelt. Ihre besondere Schwäche liegt in ihrer geringen betrieblichen Verankerung, wenn auch ihr politischer Einfluß auf die Gewerkschaften relativ groß ist.

Auf dem absteigenden Ast: Die KPF

Eine echte Seiltänzerpartei ist die Parti Communiste Français. Nach dem Sieg Mitterrands brachte sie es fertig, gleichzeitig treuer Vertreter der außenpolitischen Interessen Moskaus und fester Bestandteil der prowestlichen Pariser Regierung zu sein, sich als konsequenter Verfechter der Arbeiterinteressen zu präsentieren und eine Regierung mitzutragen, deren Sparpolitik Steuergeschenke für Unternehmer und Kaufkraftverlust für Lohnabhängige einschloß.
Doch blieb der KPF zunächst gar keine andere Wahl, denn seit Jahren war sie auf dem absteigenden Ast. Nach einer kurzen eurokommunistischen Phase hat sie sich mit prosowjetischen Stellungnahmen zu Afghanistan und Polen ins Abseits manövriert und dem primitivsten Antikommunismus Vorschub geleistet. Auch haben ihr viele die Spaltung der Linksunion im Jahre 1977 nicht verziehen, die von ihr provoziert worden war. Ihre Wählerschaft ist innerhalb von acht Jahren von 20,6 auf 9,8 Prozent zusammengeschmolzen. Auch der Mitgliederstand geht ständig zurück. Genosse Trend ist Antikommunist.
Durch Festklammern an der Regierung, Ausnutzung der Machtpositionen und Wahlbündnisse mit der PS hat die KP zunächst versucht, von der «rosa Welle» zu profitieren und noch zu retten, was zu retten war. Als auch das nichts half, verstärkte sie ihre Zweizüngigkeit, indem sie einzelne Maßnahmen der Regierung kritisierte, und ging schließlich 1984 endgültig in Opposition. Den Beschuldigungen, die «Fünfte Kolonne Moskaus» zu sein, begegnet sie stets mit um so stärkerem Nationalismus. «Produisons français!» ist ihre Hauptantwort auf die Krise. In Konfliktfällen werden Lastwagen und Eisenbahnwaggons mit Importgütern umgestürzt, im Ausland gedruckte Zeitungen boykottiert oder vernichtet. Auch durch Demonstrationen für den Bau von Atomkraftwerken verleihen die KPF und die ihr nahestehende Gewerkschaft CGT dem Kampf um nationale Unabhängigkeit Nachdruck. Vom «französisch produzieren!» zur Fremdenfeindlichkeit ist es nur ein kleiner Schritt. So waren es kommunistische Stadtverwaltungen, die als erste davon sprachen, der Ausländeranteil ihrer Gemeinden habe die «Toleranzschwelle» überschritten. Der KP-Bürgermeister im Pariser Vorort Vitry setzte im Winter 1980/81 sogar Bulldozer gegen ein Wohnheim ein, in das 300 Afrikaner eingezogen waren. Gemeindearbeiter de-

molierten den Eingang und sperrten Wasser, Heizung und Licht ab. Damit sollten die Emigranten gezwungen werden, in einen anderen, nichtkommunistischen Vorort umzuziehen. Diese zum Sprichtwort gewordene «Bulldozer-Politik» hat zweifellos neofaschistischen Gruppen ideologisch den Weg bereitet.
Der Rassismus hat bei den französischen Kommunisten durchaus Tradition. Bereits in der Résistance war der Kampf der KPF im Gegensatz zu dem anderer Gruppen weniger gegen den Faschismus als gegen die Deutschen gerichtet, und jahrelang wurde verschwiegen, daß einer der aktivsten kommunistischen Widerstandsgruppen hauptsächlich ausländische Juden angehörten. Bei der Befreiung von Paris machte die Parteizeitung «L'Humanité» ihrem Herzen Luft – die Schlagzeile vom 24. August 1944 lautete: «A chaque Parisien son Boche». Jeder Pariser sollte das Recht haben, persönlich mit einem Deutschen abzurechnen. Der Gerechtigkeit halber muß hinzugefügt werden, daß die KPF seit dem Aufstieg Le Pens ihre Position

geändert hat und sich aktiv an Anti-Rassismus-Kampagnen beteiligt, allerdings verbunden mit Sektierertum gegenüber der PS, das an die Sozialfaschismus-These der KPD vor der Machtergreifung Hitlers erinnert.
Neben Ausländern sind auch Jugendliche häufiges Ziel der KPF-Angriffe. Im Mai '68 gehörte die «Partei» zu den blindwütigsten Kritikern der wildgewordenen Studenten. Auch vor und während ihrer Regierungszeit galt ihr alles Marginale oder Alternative als kleinbürgerlich dekadent. Dieses konservative Saubermann-Gebaren war natürlich nicht gerade geeignet, den Niedergang der zweitgrößten westeuropäischen KP aufzuhalten. Zwar ist sie weiterhin die im Arbeiterbereich am besten verankerte Partei und wird allgemein als konsequenteste Vertreterin von Arbeiterinteressen angesehen, doch ist ihr Einfluß gerade auf die «Bündnisschichten» dramatisch zurückgegangen. Künstler und Intellektuelle sind ihr scharenweise davongelaufen, und den Sozialisten ist ein spektakulärer Einbruch in die KP-Wählerschaft auch der Arbeitervororte, der Pariser «banlieue rouge», gelungen.
Selbst jahrzehntealte Bastionen gehen der KPF nun verloren. Dabei war gerade die kommunale Verankerung ihre organisatorische Hauptstütze und nicht zuletzt auch eine beträchtliche Geldquelle: Die Partei verfügt über ein Imperium von Firmen der verschiedensten Art und schanzt ihnen dort die öffentlichen Aufträge zu, wo sie selbst im Sattel sitzt – um so schmerzlicher der Verlust solcher Goldadern. In den Industriestädten und Vororten sorgte sie bislang für kulturelle Identität und Geborgenheit. Hier wurde man als

Kommunist geboren und aufgezogen, ging mit seinem Kollegen / Genossen ins Schwimmbad und ins Kino und verkaufte ebenso selbstverständlich sonntags auf dem Markt die «Humanité-Dimanche». Hier las man das Kinderblatt «Pif le Chien» (eine Art Micky-Maus-Ersatz) und die KP-Jugendzeitung, bevor man Abonnent der «Huma» wurde. Man sammelte alte Klamotten für den «Secours Populaire» und besuchte Veranstaltungen russischer Ballette. Auch Fahrten in die kommunistischen Partnerstädte in Italien oder im Ostblock gehörten dazu. Vom Pariser Vorort Montreuil ging es beispielsweise ins italienische Grosseto, nach Cottbus (DDR) oder Mytichtchi bei Moskau. Und am zweiten Septemberwochenende jedes Jahres pilgerte die ganze Familie nach La Courneuve im Norden von Paris, zum Fest der Parteizeitung «L'Humanité» – einem riesigen Rummelplatz mit Musik, Losverkäufern, Karussels, Würstchenbuden und politischen Ständen.
Die Integration in diese «Arbeiterkultur» machte einen Austritt aus der KPF fast unmöglich. Ein Bruch mit der Partei führte gleichzeitig zum Abschied von Freunden und vom sozialen Umfeld. Inzwischen hat sich dieser totale Einfluß der KP auf ihre Anhängerschaft gelockert. Seit der Studentenbewegung haben ihr Tausende einzeln oder in ganzen Gruppen den Rücken gekehrt.

La gauche de la gauche

In den letzten Jahren hat es immer wieder Widerstand innerhalb der KPF gegen den «Selbstmord» der Partei unter der Führung Marchais' gegeben. Zuletzt hat sich eine neue Oppositionsbewegung, die «rénovateurs» (Erneuerer) um das ehemalige Politbüromitglied Juquin, formiert. Juquin, früher tief in die Machenschaften des stalinistischen Apparates verstrickt, hat einen bemerkenswerten Lernprozeß durchgemacht und offen Selbstkritik geübt. Sein Ziel ist es, eine Erneuerung der «revolutionären» Bewegung einzuleiten, wobei er in Pluralismus und teilweise auch Programmatik der deutschen Grünen ein Vorbild sieht, gleichzeitig aber an der marxistischen Identität festhalten will. Erneuerung des Marxismus, Selbstverwaltungssozialismus und das Aufgreifen neuer Fragestellungen (Ökologie, Kritik an der «force de frappe») sind Angelpunkte seiner Anschauung. Auch hat er sich eindeutig für die Unterstützung der kanakischen Unabhängigkeitsbewegung FLNKS auf Neukaledonien ausgesprochen. Damit haben sich die «rénovateurs» stark an Reste der «extrême gauche» angenähert. Anders als etwa in Westdeutschland hat im Hexagon die radikale Linke eine jahrzehntelange Tradition und damit eine wesentlich größere Kontinuität. Die Studentenbewegung gab ihr zwar einen enormen Aufschwung, aber Organisationen links von der KPF existierten bereits seit den dreißiger Jahren. Widerstand gegen den deutschen Faschismus und gegen die französische Kolonialpolitik in Indochina und Nordafrika, Beteiligung an Arbeiterkämpfen wie dem großen Renaultstreik von 1947 oder der Besetzung der Uhrenfabrik Lip 1973 waren neben dem Mai '68 die großen Marksteine.
Von den zahlreichen nach 1968 entstandenen Gruppen sind inzwischen viele wieder verschwunden, besonders die maoistischen. Der Niedergang der 68er Bewegung hat jedoch

nicht zu einer so radikalen Umstrukturierung wie in der BRD geführt, wo parallel zum Zerfall der linken Organisationen die Alternativbewegung und die Partei der Grünen entstand. Diese Regruppierung kommt erst langsam in Gang, nicht zuletzt durch die KP-Erneuerer. Neben den Verts (Grüne) und den Libertären haben sich zwei Strömungen links von KP und PS behauptet: die für Selbstverwaltungssozialismus (autogestion) eintretenden Gruppen wie die PSU, die FGA und die rénovateurs und die orthodox-trotzkistischen Parteien LCR, PCI und LO. Der Gedanke der Autogestion hat in der theoretischen Diskussion der französischen Linken und der Gewerkschaftsbewegung, insbesondere der CFDT, nach '68 eine hervorragende Rolle gespielt. Der Begriff ist nicht einfach übersetzbar. Er meint nicht nur Selbstverwaltung, sondern auch Selbstherrschaft, Selbstverwirklichung. In seiner radikalen Form enthält der Gedanke der Autogestion die basisdemokratische Selbstorganisation sozialer Gruppen, die ihr Schicksal in die eigene Hand nehmen und im Rahmen einer gesamtgesellschaftlichen Konzeption für den Übergang zum Sozialismus kämpfen. Mit den zunehmenden Erfolgen der Linksparteien, dem Nachlassen der Klassenkämpfe und schließlich dem Regierungsantritt der Linken gerieten im Konzept der Autogestion die Komponenten der Basisdemokratie und des Bruches mit dem Kapitalismus immer weiter in den Hintergrund. Die daran weiter festhalten, sind Gruppen wie die Parti Socialiste Unifié (PSU), die Fédération pour une Gauche alternative (FGA) und die KP-Erneuerer. Die PSU war 1960 aus dem Zusammenschluß mehrerer Gruppen von kritischen Kommunisten, linken Christen und enttäuschten SFIO-Mitgliedern entstanden. Gemeinsam war ihnen die Ablehnung der französischen Algerienpolitik und der Fünften Republik, später die Berufung auf den Selbstverwaltungssozialismus und die Orientierung auf ein Bündnis zwischen Arbeiterbewegung und neuen sozialen Bewegungen. Nach '68 schlossen sich ihr auch zahlreiche Gewerkschafter der CFDT an. Unter dem Druck der Linksunion hat sich die PSU jedoch nach rechts entwikkelt. Immer wieder wechselten Führungsmitglieder in die PS über. Das bekannteste davon ist Rocard, heute Leitfigur des rechten PS-Flügels. Inzwischen ist die PSU zu einer ziemlich kleinen Partei zusammengeschmolzen. Ähnlich wie die FGA, ein Zusammenschluß von Mitgliedern noch bestehender oder ehemaliger linker Gruppen auf der Grundlage alternativer sozialistischer Positionen, beteiligt sie sich am «Arc-en-Ciel», dem Regenbogen. Das ist ein Netzwerk lokaler Komitees, das nach den Jugendprotesten und dem Eisenbahnerstreik vom Winter 1986/87 entstanden ist und mit den Grünen in der BRD sympathisiert.

Wie steht es nun mit den französischen Grünen? Bereits bei den Präsidentschaftswahlen von 1974 präsentierte sich der bekannte Umweltschützer René Dumont als Kandidat und bekam 1,3 Prozent. Einen ersten Durchbruch erzielten die «écologistes» bei den Kommunalwahlen von 1977, als sie in Paris auf einen Stimmenanteil von zehn Prozent kamen. Doch die Beteiligung an Wahlen war bei den Umweltschützern stets umstritten. Nach der Großdemonstration gegen den Schnellen Brüter «Superphénix» von Creys-Malville 1977 ging die Ökologiebewegung schnell zurück. Die relativ guten Wahlergebnisse standen in keinem Verhältnis zur allgemeinen Mobilisierung. Außerdem reichten sie nicht aus, um die «écolos» zu einem stabilen politischen Faktor zu machen, der in der Nationalversammlung vertreten wäre. Inzwischen hat sich ein Teil von ihnen zur Partei Les Verts formiert, die sich als «weder rechts noch links» definiert. Nur eine Minderheit der Grünen ist zur Zusammenarbeit mit linken Gruppen bereit und macht beim «Arc-en-Ciel» mit. Während sich bei den deutschen Grünen Umweltschützer, Alternative und Linke in einer Organisation vereinten, marschieren sie in Frankreich getrennt.

Um einiges sektiererischer als diese Gruppen sind die Trotzkisten, die in Frankreich seit der Entstehung ihrer Bewegung Ende der zwanziger Jahre immer eine gewisse Bedeutung gehabt haben. Die dynamischste und politisch offenste Gruppe ist die Ligue Communiste Révolutionnaire (LCR), französische Sektion der 4. Internationale. Sie konnte sich im Mai '68 durch den Zustrom der aus der KPF-Studentenorganisation kommenden Jeunesse Communiste Révolutionnaire (JCR) entscheidend stärken. Ihr Einfluß ist inzwischen zurückgegangen, aber weiterhin nicht unwesentlich.

Die Parti Communiste Internationaliste (PCI) ist die sektiererischste und dogmatischste der drei großen trotzkistischen Gruppen. Die «Lambertisten» (nach ihrem Begründer Lambert) haben einen ziemlich großen Einfluß in der Gewerkschaft FO, wo sie mit Sozialdemokraten und Rechten auf striktem Anti-KP-Kurs zusammenarbeiten. Trotz ihres verbalen Antistalinismus wenden sie Methoden an, die denen des schnauzbärtigen sowjetischen Diktators kaum nachstehen. Im übrigen verstecken sie sich immer wieder hinter neuen «Massenorganisationen». Ihre letzte Erfindung heißt «Mouvement pour un Parti des Travailleurs» (MPTT).

Die Organisation Lutte Ouvrière (LO) hat gelegentlich durch ganz beachtliche Wahlergebnisse die Aufmerksamkeit auf sich gezogen. Bei den Präsidentschaftswahlen von 1974 erhielt ihre Kandidatin Arlette Laguiller als erste weibliche Bewerberin in der Geschichte Frankreichs 2,3 Prozent der Stimmen. Ansonsten beschränkt sich LO völlig auf Betriebsarbeit. Nur einmal jährlich präsentiert sie sich relativ offen: beim traditionellen Pfingstfest, das im Grünen (in Presle, nordwestlich von Paris) stattfindet.

Claus Tulatz

Kämpferisch, aber schwach – **Die Gewerkschaften**

Im Hexagon ist der allgemeine Lebensstandard um einiges niedriger als in Deutschland; hingegen war das «Niveau der Klassenkämpfe» in den letzten Jahrzehnten wesentlich höher. Generalstreiks, Betriebsbesetzungen, Gefangennahme von Managern, Erstürmung von Geschäftsleitungen zwecks Offenlegung der Bücher, handgreifliche Auseinandersetzungen mit der Polizei zählten und zählen zum Repertoire militanter Arbeiter. Aber dieser entwickelte Kampfgeist hat eine negative Kehrseite: die trotz allem erstaunliche Schwäche der Arbeiterorganisationen. Nur rund 20 Prozent der französischen Lohnabhängigen sind gewerkschaftlich organisiert, gegenüber 41 Prozent in der BRD, 50 Prozent in Großbritannien und 80 Prozent in Schweden. Dazu kommt noch die Zersplitterung in mehrere miteinander konkurrierende Richtungsgewerkschaften: Da ist die kommunistische CGT, die sozialistische CFDT, die «unpolitische» FO (Force Ouvrière), die christliche CFTC, die Lehrergewerkschaft FEN, die rechte Gewerkschaft der leitenden Angestellten (cadres) CGC und etliche andere.
Frankreichs Gewerkschaften sind kämpferisch, aber ineffizient und arm. Sie besitzen keine Banken und verwalten keine Wohnungsbau-Unternehmen. Ihre Zeitungen ähneln eher den Blättern kleiner linker Gruppen als den Hochglanzprodukten der DGB-Gewerkschaften, und ihre Hauptamtlichen verdienen meist nur den durchschnittlichen Facharbeiterlohn. Entsprechend unattraktiv ist es auch, einfaches Gewerkschaftsmitglied zu sein. Denn die Mitgliedsbeiträge sind weder von der Steuer absetzbar noch garantieren sie ausreichende Streikgelder. Gewerkschafter wird man daher nicht wegen unmittelbarer sozialer Vorteile, sondern auf Grund von Überzeugung. In manchen Betrieben ist es sogar gefährlich, sich gewerkschaftlich zu organisieren. In den Automobilwerken von Peugeot und Citroën treibt die «gelbe» Gewerkschaft CSL ihr Unwesen. Die Arbeiterorganisationen werden infiltriert, schwarze Listen aufgestellt, Streiks gewaltsam gebrochen, Streikende verprügelt. Der betriebliche Leiter der CSL ist bisweilen mit dem Personalchef identisch, und wer Vorarbeiter werden will, muß der CSL beitreten.
Erst unter Mitterrand gelang es in einigen Betrieben, die absolute Vorherrschaft dieser «Gewerkschaft» durch harte Kämpfe zu brechen. «Sozialpartnerschaft» war selbst für Frankreichs Unternehmer lange ein Fremdwort. Vorherrschende Tendenz war beiderseits Klassenkampf; vom Kuchen, der eh nie so groß wie im Wirtschaftswunder-Deutschland war, freiwillig etwas abzugeben, sa-

CG

hen die «patrons» keinen Anlaß. Unter der Linksregierung wurde versucht, die Unterstützung der Gewerkschaften für die Sparpolitik durch den Ausbau der Sozialpartnerschaft zu erkaufen. Doch auch weiterhin sind die Möglichkeiten der Arbeiterorganisationen sehr begrenzt. Den Sozialisten in der Regierung ist es gelungen, die klassenkämpferische Komponente immer weiter zurückzudrängen und das Krisenbewußtsein bei den Lohnabhängigen zu verankern. Besonders die CFDT hat in dieser Hinsicht einen echten Rechtsruck erlebt.

Hauptübel: der Spaltpilz

So mancher linke Gewerkschafter in der Bundesrepublik Deutschland, der mit seinem Verband in Konflikt geraten ist, mag sich in der Vergangenheit französische Zustände herbeigewünscht haben – eine kämpferische Organisation wie die CGT oder die CFDT. Umgekehrt träumen viele in Frankreich von den deutschen Gewerkschaften, die meistens in einem Atemzug mit dem Adjektiv «puissant» (machtvoll, stark) genannt werden. In Wirklichkeit gibt es Konflikte zwischen Basis und Führung auch in Frankreich, und selbst die kämpferischste Gewerkschaft kann kaum etwas erreichen, wenn sie keine Aktionseinheit mit den anderen herstellt.
Die Spaltung in Richtungsverbände ist sicherlich ein Hauptübel der französischen Gewerkschaftsbewegung. Denn sie erfordert immer wieder Kompromisse zwischen den miteinander konkurrierenden Apparaten und ermöglicht zudem den Unternehmern und der Regierung, die Kampffront zu spalten. Das fängt auf Betriebsebene an, wo ein geschickter Abteilungsleiter oder Personalchef leicht die Mitglieder verschiedener Organisationen gegeneinander ausspielen kann, und hört bei Tarifverträgen oder Gesetzen auf.
Die ideologische Beeinflussung der CGT durch die KPF und der militante Antikommunismus der FO verstärken diese Spaltung noch weiter. Viele kämpferische Arbeiter sehen daher in den Gewerkschaften eher ein notwendiges Übel als Organisationen, mit denen sie sich voll identifizieren würden. Deutlich wurde das wieder bei den Eisenbahnerstreiks im Winter 1986/87, als sich Streikkomitees bildeten, um den Kampf unabhängig von den Gewerkschaftsapparaten (aber nicht gegen sie) zu führen.
Die französische Gewerkschaftsbewegung war praktisch vereint aus der Résistance hervorgegangen. Neben der beherrschenden CGT gab es damals nur die wesentlich kleinere CFTC, und beide marschierten gemeinsam in Aktionseinheit. Doch bereits 1946 wurde die Gewerkschaft der «cadres», die CGC, gegründet. Ein Jahr später spaltete sich die CGT. Eine strikt antikommunistische Minderheit um den ehemaligen CGT-Chef Léon Jouhaux, der 1951 mit dem Friedensnobelpreis ausgezeichnet wurde, bildete die Force Ouvrière. So führte der Kalte Krieg auch zur Spaltung der französischen Gewerkschaftsbewegung.
Größte Organisation ist auch heute noch mit Abstand die CGT. In vielen Industriebetrieben hat sie noch die absolute Mehrheit, ohne sie ist eine gewerkschaftliche Aktion nicht möglich. Obwohl politisch von der KPF kontrolliert, gehören ihr auch zahlreiche Nichtkommunisten an,

Seltene Einheit: Gewerkschaftsdemo in Lothringen

die sie einfach für die wirksamste Kraft halten, weil sie sich gerade für quantitative Forderungen oft sehr radikal einsetzt. Dennoch hat auch die CGT den Niedergang der KPF zu spüren bekommen und leidet zudem unter den Veränderungen der Sozialstruktur: der relativen Abnahme der Arbeiterschaft zugunsten der neuen Lohnabhängigen-Schichten und der schwindenden Rolle der industriellen Großbetriebe. Wiederholt hat sich in den letzten Jahren Widerstand in den Reihen der CGT gegen eine zu starke Abhängigkeit von der Kommunistischen Partei geregt. Als die stramm KP-konforme Gewerkschaftsführung nach dem Militärputsch in Polen den General Jaruzelski unterstützte, nahm dieser Widerstand sogar Massencharakter an.

Hinter der CGT liegen etwa gleichstark die CFDT und FO. In ihrer heutigen Form ist die CFDT 1964 aus der christlichen CFTC entstanden, die damals, bis auf eine kleine Minderheit, ihre konfessionelle Orientierung aufgab. Die CFDT ist eine typische Organisation der neuen Lohnabhängigen-Schichten, die sich ständig bemüht, das Bündnis mit der Intelligenz und mit neuen sozialen Bewegungen herzustellen. So beteiligte sie sich an den Mobilisierungen gegen Atomkraftwerke ebenso wie an Demonstrationen der unabhängigen Friedensbewegung. Ähnlich wie die PSU hatte sich die CFDT nach 1968 den programmatischen Grundgedanken des Selbstverwaltungssozialismus (autogestion) zu eigen gemacht. Davon ist bei ihr inzwischen aber nicht mehr viel übrig geblieben, und in den letzten Jahren hat sie immer «realistischere» Positionen angenommen. Die beiden großen Linksgewerkschaften hatten 1981 zur Wahl Mitterrands aufgerufen und sich auch danach auf die Seite der Linksregierung gestellt. Dagegen gibt sich Force Ouvrière betont «unpolitisch», das heißt de facto eher rechts. Inhaltlich tritt sie vor allem für quantitative und korporatistische Forderungen ein und betreibt eine klassische Stellvertreterpolitik. Obwohl sie wie der DGB dem Internationalen Bund Freier Gewerkschaften angehört, arbeiten die westdeutschen Gewerkschaften eher mit der CFDT im Rahmen des Europäischen Gewerkschaftsbundes (EGB) zusammen. Aufnahmeanträge der CGT in den EGB scheiterten bisher am Widerstand der Deutschen. So bildet die Zerrissenheit der französischen Gewerkschaftsbewegung ein wesentliches Hindernis für wirksame gesamteuropäische Aktionen im Interesse der Lohnabhängigen.

Claus Tulatz

Der schläfrige Maulwurf – **Zum Stand der Bewegungen**

Verwirrt und mit ungläubigem Kopfschütteln schauen die Gallier nach Osten. Man begreift nicht mehr so recht, was sich beim deutschen Nachbarn abspielt: Friedensbewegung, Umweltschützer, Hausbesetzer- und Alternativszene – all das wirkt ziemlich exotisch. Fast scheint es, als lebe man «outre-Rhin», jenseits des Rheins, auf einem fremden Planeten. Und umgekehrt: Was manchem deutschen Besucher von zu Hause her als Selbstverständlichkeit erscheinen mag, er wird es in Hexagonien vergebens suchen. Es fehlt all das, was man so als «scene» bezeichnen könnte. Wer seine alternative Infrastruktur gewohnt ist, in der er sich behaglich geborgen fühlt – mit Biobäcker, Selbsterfahrungs- oder Frauengruppe –, wird herb enttäuscht feststellen müssen, daß diese seine Welt bei den Franzosen nicht existiert.

Aber auch abgesehen von Äußerlichkeiten sind die Unterschiede groß: Themen wie Nuklearenergie, Atombewaffnung, Landschafts- und

DES 2 COTES
POLLUTION INTERDITE
ARRÊTÉ DU 10 JUILLET 1974
BADOIT
CRD

Stadtzerstörung – sie locken hier offenbar keinen Hund hinter dem Ofen hervor. Demnach herrscht also Ruhe im Lande? Das kann man so auch nicht sagen. Da hatte man die französische Jugend schon als konformistisch und konsumorientiert abgehakt, als eine Generation, für die außer Pop-Musik, Klamotten und Karriere wenig zählt, als sich zur allgemeinen Überraschung die Explosion vom Dezember 1986 ereignete. Was als braver Protest gegen ein neues Hochschulgesetz der Chirac-Regierung begonnen hatte, schwoll rasch zu einer in ihren Dimensionen beispiellosen Massenbewegung an, in der sich ein allgemeines Unbehagen an der konservativen Wende Luft machte. Die Demos wurden zur Absage an die neurechte Mixtur aus Ultra-Liberalismus und Law-and-Order-Philosophie. Die Demonstranten bezeichneten sich dabei selbst als «a-politisch». In Frankreich bedeutet dies zunächst, nicht parteipolitisch engagiert zu sein. Die Studenten und Schüler zeigten gegenüber Vereinnahmungsversuchen durch traditionelle Gruppierungen ein gesundes Mißtrauen und entfalteten ungeahnte Fähigkeiten bei der Selbstorganisation.
Dafür, daß sich trotz apolitischer Grundhaltung für hunderttausende junger Leute ein politischer Lernprozeß vollzog, sorgten schon die entfesselten «Ordnungskräfte»: Der Dialog mit der Jugend lief auf vollen Touren, es gab mehrere Schwerverletzte, einem wurde zum Beispiel ein Auge ausgeschossen, einem anderen eine Hand abgerissen, und der Student Malik Oussekine wurde gar von mobilen Einsatzkommandos totgeprügelt. Das machte das Maß voll: In der Bevölkerung wuchs die Empörung, es drohte ein Generalstreik. Die Regierung hatte sich in eine Sackgasse manövriert und sah sich gezwungen, gleich mehrere umstrittene Gesetzesvorhaben zurückzuziehen. «Moralische Generation» hat man die Studenten und Schüler getauft. In der Tat engagieren sie sich nicht wie einst im Mai für utopische Entwürfe, sondern reagieren «moralisch» auf konkrete Unzumutbarkeiten. Mit linker Theorie haben sie wenig am Hut, weshalb fraglich ist, ob sich etwas Nachhaltiges aus diesem Protest entwickelt.

Abschied von den Siebzigern

Die vormals linken Schwerintellektuellen, die doch einst die Avantgarde bildeten, hatten an dieser Bewegung keinen Anteil, sie schauten staunend zu. Seit Sartres Tod sind das «Politische» und das «Soziale» aus ihren Theoriebaukästen verschwunden. Kaum einer aus der Denker-Szene hat etwas zum Rüstungswahnsinn oder auch bloß zur verkabelten Zukunft zu sagen. Auf dieser Ebene scheint mit der politischen Kultur nicht viel los zu sein. Dabei sah vor einigen Jahren alles noch ganz anders aus: Die '68er Revolte schien einen entscheidenden Anstoß gegeben zu haben. Frankreich war in den siebziger Jahren geradezu eine Pilgerstätte für europäische Linke. Da war die landesweite Euphorie über die selbstbewußten Arbeiter der Uhrenfabrik Lip in Besançon, die die Utopie einer Produktionsstätte in Arbeiterhand zu realisieren schienen, da war der Aufbruch der Umweltschützer, mit großen Fahrrad-Demos in Paris und Märschen zur Baustelle des Schnellen Brüters in Malville, der hartnäckige Widerstand gegen das Kernkraftwerk von Plogoff in der Bretagne, wo sich der aufsässigen Landbevölkerung Scharen einer bunten, in- und ausländischen Protestgemeinde anschlossen. Ein regelrechter Alternativtourismus entwickelte sich auf dem Larzac, jenem weltabgeschiedenen Hochplateau am Rande der Cevennen, wo sich Schafzüchter und Bauern gegen Vergrößerungspläne eines Militärgeländes zur Wehr setzten. Ebenfalls in den Siebzigern erhoben die neuen Regionalisten – Okzitanier, Bretonen, Katalanen, Basken – ihre Stimmen gegen den jakobinischen Zentralismus. Soldatengruppen probten den Aufstand in den Kasernen, Feministinnen forderten das Verfügungsrecht über ihre Bäuche und verunsicherten den französischen Gockel.

Dann aber kam gegen Ende des Jahrzehnts das große Erschlaffen. Auf allen Ebenen starben die Bewegungen ab, die «militants» schlüpften resigniert in den normalen französischen Alltag zurück, gaben ihre «utopische» Orientierung auf und begannen dafür lieber, ihren kleinen Privatgarten zu beackern. Nach Jahren des Wetterns gegen die Bourgeoisie und deren verrottete Gesellschaft lernten sie wieder fröhlich «ja» sagen zu Profit, Familie und modischer Kleidung. Man verstand sich zwar weiterhin irgendwie als «links», aber das war nun bloß noch ein unverbindliches Etikett. Die versprengten Reste marginalisierten sich; immer noch gibt es eine Menge von «Neo-Ruralen», von Aussteigern auf dem Lande, die auf den Höhen der Cevennen oder im Massiv des Luberon alternativen Ziegenkäse, biologische Tomaten oder verbotene Gräser produzieren. Im dünnbesiedelten Frankreich ist viel Platz für solche Experimente; von einer zusammenhängenden Alternativkultur, gar von einer Bewegung, kann indessen dabei keine Rede sein.

Wie erklärt sich dieses Abdanken einer zuvor so protestfreudigen Generation? Zunächst ist zu berücksichtigen, daß bei den meisten der außerparlamentarischen Linken der Nach-'68er-Ära ein Wahlsieg der traditionellen Linksparteien als notwendige Voraussetzung für weitergehende politische Veränderungen empfunden wurde, auch wenn es sonst mit diesen Parteien wenig Übereinstimmung gab. Eben diese Hoffnung aber wurde zweimal hintereinander – bei den Wahlen von 1974 und 1978 – herb enttäuscht. Nach der zweiten Niederlage war dann bei vielen die Luft raus. Überdies agieren die Linken oder Alternativen in Frankreich in einem anderen Umfeld als etwa in der Bundesrepublik Deutschland: Die Existenz großer linker Institutionen (Parteien, Gewerkschaften) bedeutet, daß neue Initiativen sehr schnell aufgesaugt und kanalisiert werden können, wobei dann natürlich auch manche der Forderungen wenigstens ein Stück weit politisches Gewicht erlangen. Die große Gewerkschaft CFDT hat verschiedene, in der Folge der '68er Revolte aufgekommene Themen aufgegriffen und zum Teil ihrer Programmatik gemacht (Selbstverwaltung und Ablehnung von Atomenergie beispielsweise). Andere Forderungen sind über die Parteien in die offizielle Politik eingegangen; man denke zum Beispiel an die Legalisierung des Schwangerschaftsabbruchs, wodurch eines der zentralen Themen der Frauenbewegung seiner Mobilisationskraft beraubt wurde.

Was außerdem der Herausbildung alternativer Strukturen entgegensteht, ist die deutlich größere Integrationsfähigkeit der französischen Gesellschaft: Auch extreme Positionen werden weitgehend toleriert, ihre Vertreter werden weniger ausgegrenzt, mit Berufsverboten belegt oder gar kriminalisiert – sicherlich Ausdruck einer lebendigen republikanischen Tradition. Auch der Anarchist kann in Frankreich wie ein ganz normaler Bürger, vielleicht sogar wie ein Spießbürger, leben, er wird nicht exkommuniziert und zum Außenseiter gestempelt. Somit ist jener abgesonderte Bereich nicht entstanden, in dem sich in Westdeutschland und Berlin die alternative Subkultur mit ihren eigenen sozialen Formen, Riten und Moden gebildet hat.

Im übrigen ist auch der Familienzusammenhang in Frankreich stabiler geblieben. Der Graben zwischen den Generationen ist längst nicht so tief wie in der Bundesrepublik, wo die Studentenbewegung der sechziger und siebziger Jahre auch geprägt war von der Auseinandersetzung mit der Nazivergangenheit und dem Glaubwürdigkeitsverlust der «belasteten» Elterngeneration. Das äußerte sich oftmals in schroffen Absagen an die Welt und Lebensweise der Älteren, in einem Brüchigwerden des familiären Zusammenhalts und begünstigte die Ausbreitung neuer Lebensformen wie etwa Wohngemeinschaften. In Frankreich fehlt dieser radikale Bruch mit der Tradition. Die «communauté»-Experimente der siebziger Jahre blieben oberflächlich und wurden rasch wieder aufgegeben.

Atomsozialismus

Als die Sozialistische Partei 1981 mit überwältigender Mehrheit die Wahlen gewann, da war sie nicht in der Folge einer weitreichenden politischen Mobilisierung an die Macht gekommen. Es war weniger die Wahl Mitterrands als vielmehr die Abwahl seines Vorgängers, Ausdruck des allgemeinen Überdrusses, nicht aber der strahlenden Hoffnung auf eine «sozialistische» Zukunft. Der Machtwechsel ereignete sich in einer Phase tiefer Entpolitisierung. An diesem Zustand hat sich auch seither nicht viel geändert. Da sich die einstmals so ansehnliche Umweltbewegung zerkrümelt hat, gibt es nur schwache Reaktionen auf den plötzlich von der Linksregierung entgegen allen Ankündigungen massiv betriebenen Ausbau der Kernenergie. Und auch die zügig fortgeführte Atombewaffnung der französischen Streitkräfte vollzieht sich ungestört. Beunruhigende Begeisterung wird bei der Indienststellung neuer Atom-U-Boote zur Schau getragen. Präsident Mitterrand scheint eine besondere Vorliebe für Truppen- und Flottenparaden zu haben. Die früher von den Sozialisten geäußerten antimilitaristischen Töne sind völlig verstummt, die vor der Wahl angekündigte Verkürzung des Wehrdienstes wurde rasch «vergessen», dafür propagierte der Verteidigungsminister eine engere Kooperation zwischen Schule und Militär. Unterscheidungen in «rechts» und «links» haben hier in mancher Beziehung ihren Sinn verloren. Ein seltsamer intellektueller Konformismus hat sich breit gemacht. Von namhaften Denkern und Publizisten wird bis zum Erbrechen das Theorie-Surrogat der sogenannten «Neuen Philosophen» nachgebetet. Das kritische Potential ist da zusammengeschnurrt auf den «Antitotalitarismus», Hauptgegner ist der institutio-

Militärspektakel am 14. Juli

nalisierte Kommunismus in Ost und West. Besonders bedrohlich erscheint den derzeitigen Meinungsmachern das in Europa umgehende Gespenst des Pazifismus. Die Friedensbewegten gelten im besten Fall noch als wohlmeinende, aber blauäugige Naivlinge, ansonsten aber als nützliche Idioten der Sowjetregierung. Dem Begriff des Pazifismus haftet wenig Positives an: Er wird meist mit dem Stichwort «Munich» verknüpft – Hinweis auf das Münchner Abkommen von 1938, bei dem die Vertreter Frankreichs und Englands Hitlers Expansionspolitik tolerierten, um einen unmittelbaren Kriegsausbruch zu verhindern. Was damals der Faschismus war, verkörpert für sie heute die Sowjetunion: den totalitären, aggressiven Gegner, das Reich des Gulag. Die ebenso geschichtsklitternde wie handliche Beschwörungsformel «München» erübrigt weitere Auseinandersetzungen. Der Friedensbewegung wird «Feigheit vor dem Feind» angekreidet, gerne wird auch die Phrase «lieber rot als tot!» aufgetischt, die den Friedensfreunden pauschal als Credo unterstellt wird. Zur dumpfen Leck-mich-am-Arsch-Haltung im eigenen Land oder zum amerikanischen, gar zum französischen Imperialismus fällt diesen «linken» Beschützern der freien Welt dagegen so gut wie nichts ein.

Nun haben freilich die Friedensaktivitäten, zumal beim östlichen Nachbarn, Ausmaße angenommen, die nach einer Deutung des Phänomens verlangen. Daher haben in den französischen Medien die Deutschland-Erklärer Hochkonjunktur. Leicht kommt es dabei zur Wiederbelebung antideutscher Ressentiments; das Mißtrauen den Deutschen gegenüber ist nie ganz verschwunden, und wenn früher die Kriegslüsternheit des Nachbarn als bedrohlich empfunden wurde, dann ist es heute seine rätselhafte Friedenslüsternheit, die ungute Gefühle verursacht. Allerlei krauses Zeug kommt da mitunter zum Vorschein: wenn etwa von der insgeheimen Seelenverwandtschaft zwischen Deutschen und Russen geraunt wird, die aus dem Nachbarland fast schon ein osteuropäisches Land macht – eine Lesart, die einer verbreiteten Mode der Deutschland-Mystifizierung entspricht, deren Anhänger sich für Lodenmäntel, Wagnermusik und Syberbergfilme begeistern. Sehr häufig sind die Kassandrarufe derer, die als eigentliche Triebkraft hinter dem ganzen Friedensbetrieb das heimliche Wiedervereinigungsstreben der Deutschen ausgemacht haben – eine Lieblings-Schimäre der französischen Publizistik.

Das Gulag-Syndrom

Wie werden aus strammen Marxisten Kalte Krieger? Wie werden radikale Linke zu säbelrasselnden Russenfressern? Das ist kaum begreifbar, wenn man nicht berücksichtigt, wie intensiv sich dereinst die Crème der französischen Intellektuellen als Weggefährten der ruhmreichen Sowjetunion und der kommunistischen Partei des eigenen Landes verbunden fühlte. Ihre Faszination durch die «Partei» erlitt zwar erste Erschütterungen durch den Ungarnaufstand von 1956, aber für viele war die Identifizierung stark genug, daß sie noch so manche Kröte schluckten und so manche geistige Abtötungsübung vorführten, um sich die politische Geborgenheit im Schoße oder wenigstens am Rockzipfel der stalinistischen Parteimutter zu bewahren.

Um so traumatischer wurde dann der reichlich spät vollzogene Bruch erfahren. Plötzlich ging man mit dem missionarischen Eifer von Konvertiten an die geistige Selbstreinigung und warf die bisherigen Idole, die Meisterdenker, zum alten Eisen. Einer der Auslöser für diese hektische Kehrtwendung war Solschenizyns Bestseller «Archipel Gulag»: Das Quartier Latin machte die sensationelle Entdeckung, daß das System da drüben im Osten eigentlich inhuman, totalitär und unerfreulich ist. KP-Sympathisanten, Maoisten und Trittbrettfahrer setzten zum Salto mortale an. Alles Bisherige war ein einziger großer Irrtum. Marx? Arbeiterbewegung? Revolution? Utopie? Weg mit dem alten Plunder!

Damit freilich wurde das Kind mit dem Bade ausgeschüttet. Das Ergebnis war Orientierungslosigkeit und Konfusion – die starre Verengung der Perspektive auf den antitotalitären Kreuzzug; die Verdrängung der eigenen Vergangenheit statt ihrer Bewältigung haben dazu geführt, daß man zu sonstigen sozialen und politischen Fragen nicht mehr viel zu sagen hatte. Unterschriften für amnesty international sind ebenso ehrenwert wie risikolos, jedenfalls aber ein etwas dürftiger Ersatz für gesellschaftliches Engagement.

Wiederbelebungsversuche

Dennoch gibt es seit vielen Jahren auch eine Friedensbewegung, Le Mouvement de la paix, und gelegentlich hat diese Organisation schon beachtlich große Demonstrationen auf die Beine gestellt, mit bis zu 200 000 Teilnehmern. Allerdings wurden die meisten auf Betreiben der KPF herangekarrt, die diesen Mouvement in den fünfziger Jahren im Auftrag der Kominform ins Leben gerufen hatte, als Filiale des von

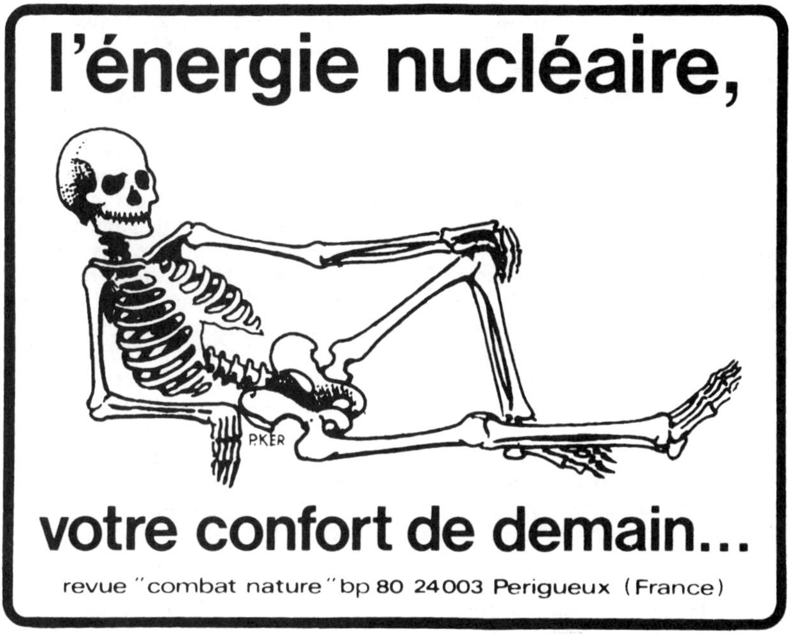

Mit Atomenergie komfortabel in die Zukunft

der Sowjetunion finanzierten und gesteuerten Weltfriedensrats. Seither war der Bereich «Pazifismus» durch die KPF monopolisiert, und diese Monopolisierung hat lange Zeit die Entstehung einer autonomen Friedensbewegung in Frankreich verhindert. Nun aber, im Zuge des rapiden Niedergangs der französischen Parteikommunisten und des Aufkommens einer vom Ostblock unabhängigen europäischen Friedensbewegung, macht sich auch hier allmählich ein neues Phänomen bemerkbar: die bislang versprengten Kräfte jenseits der großen Parteien beginnen sich zu sammeln.

1981 entstand das CODENE (Comité pour le désarmement nucléaire en Europe), in dem rund 30 Organisationen zusammengefaßt sind. Zu ihnen gehören die PSU, diverse linke Splittergruppen, Ex-Parteien, Gewaltfreie, Umweltschützer, die christliche Landjugend, und nach einigem Zögern hat sich auch die Gewerkschaft CFDT hinzugesellt. Symbolträchtige Hochburg für alle, die nach einem anderen Weg suchen, ist nach wie vor das Larzac-Plateau, wo heute Veranstaltungen zu Fragen der Friedenserziehung, zu Problemen der Dritten Welt oder zur Situation der Frauen stattfinden. Dort war es auch, wo sich bei einem Großtreffen im August 1983 die neue Friedensbewegung konstituierte. Zu ihren Grundlagen gehört es, die Logik der Blocksysteme in Frage zu stellen, die französischen

Atomwaffen in die Diskussion einzubeziehen und das Friedenskonzept mit einem Freiheitsbegriff zu verbinden, wodurch die Blauäugigkeit eines auf weitergehende politische Aussagen verzichtenden Pazifismus vermieden wird – bezeichnend hierfür die Anwesenheit von Vertretern der polnischen Gewerkschaft Solidarność, der Prager «Charta 77» und Abgesandter aus El Salvador auf dem Larzac-Treffen. Trotz dieses euphorischen Neubeginns und etlicher Demonstrationen ist allerdings die vom CODENE erhoffte Mobilisierung bisher ausgeblieben.

Etwas mehr Zulauf haben dagegen seit der Tschernobyl-Katastrophe wieder die Atomkraftgegner. Bis dahin vollzog sich der Ausbau des französischen Nuklearparks nahezu reibungslos. Bei den großen Parteien war und ist der Konsens über die Kernenergie ungebrochen. Wie kein anderes Land auf der Welt wurde Frankreich mit Atomanlagen bestückt. Fast achtzig Prozent des Energiebedarfs werden inzwischen aus Kernkraftwerken gedeckt. Die Bevölkerung hatte bis vor kurzem die AKWs weithin achselzuckend hingenommen. Manche von Verarmung bedrohte Gemeinde mit mieser Infrastruktur war sogar froh und dankbar, wenn sie als Standort auserkoren wurde. Die staatliche Elektrizitätsgesellschaft EDF, Herrin über sämtliche Atommeiler, zerstreute etwaige Zweifel mit der Aussicht auf Arbeitsplätze, Schwimmbad und Mehrzweckhalle. Das Ja zur Kernenergie war gleichbedeutend mit einer positiven Haltung zu Fortschritt und Modernität. Atomkomplexe wurden zu Zielen für Wochenendausflüge. Bei Chinon an der Loire rüstete die EDF einen ausgedienten Reaktor gar zum Museum um, ein Riesenspaß für groß und klein.

Aber dann passierte eben diese dumme Tschernobyl-Geschichte. Zunächst amüsierte man sich noch über Hysterie und Panik bei den europäischen Nachbarn, die auf einmal von Becquerel und Rem herumfaselten und das leckere Frischgemüse verschmähten. «Le Monde» freute sich, daß Frankreich in einem «Ozean der Furcht» eine Insel der Ruhe darstelle. Dann aber war, mit einiger Verspätung, in der Presse von der «nuklearen Lüge» die Rede. Zehn Tage lang, so wurde empört festgestellt, hatten die zuständigen Behörden die Bevölkerung für dumm verkauft, sie im Glauben gelassen, Frankreich sei von der nuklearen Wolke nicht betroffen. Vielleicht war es eher der Desinformationsskandal als der GAU selbst, wodurch die allgemeine nukleare Harmonie einen Sprung bekommen hat. Jedenfalls funktioniert seither die Beschwichtigungsstrategie nicht mehr so gut wie vorher. In Südfrankreich hat sich eine autonome Kommission zur Information über Strahlenbelastung (CRIIRAD) gebildet, die vielerorts mehr Vertrauen genießt als die offiziellen Instanzen. Neuere Meinungsumfragen zeigen, daß einer Mehrheit von Franzosen unbehaglich geworden ist angesichts ihres nuklearisierten Landes. Beunruhigung rufen inzwischen die vielen Störfälle in französischen AKWs hervor, und ganze Landstriche wehren sich furios gegen Atom-Müll-Endlager. Verspätet scheint also auch in Frankreich ein Sensibilisierungsprozeß in Gang zu kommen. Bleibt abzuwarten, wie sich dieser Wandel politisch niederschlagen wird.

Von der Rebellion zum Ministerium – **Die Frauenbewegung**

Das erste, was gewöhnlich bei fremden Menschen auffällt, ist die äußere Erscheinung: So sticht ins Auge, daß die französischen Frauen im allgemeinen betont modisch, schick und gewählt angezogen sind; weit und breit ist kein alternativer Pumphosen-Schlabberlook oder ähnliches auszumachen. Meinungs-Buttons werden ebenfalls nicht getragen. Es ist somit kaum möglich, vom Aussehen her auf Gesinnungen zu schließen. Ob das ein Vor- oder ein Nachteil ist, sei dahingestellt. Sicher ist jedenfalls, daß es insgesamt noch recht traditionell zugeht, was die Rollenverteilung bei den Geschlechtern betrifft. Wenig ist von jenen Aufweichungserscheinungen zu merken, wie sie sich allmählich in den nordeuropäischen Ländern zeigen: Männer mit Einkaufstüten oder gar Kinderwagen – beim französischen Gockel kaum vorstellbar. In dieser Hinsicht ist Frankreich ein «lateinisches» Macholand.

Wem es gelingt, Einblicke in das Familien-Innenleben zu bekommen, wird dort weitere Beobachtungen machen können, die in dieselbe Richtung gehen. Meist herrschen klare Verhältnisse: Von den Frauen wird erwartet, daß sie nach den Regeln der gutbürgerlichen Speiseordnung ihrem Gatten das Diner bereiten, und wenn Besuch kommt, dann sind Höchstleistungen zu erbringen – perfektes Ritualverhalten, selbstverständlich begleitet von strahlendem Lächeln und amüsantem Geplauder, und natürlich hat sie danach auch noch den Dreck abzuräumen. 70 Prozent der Männer, so stellte jüngst eine Meinungsumfrage fest, machen überhaupt nichts im Haushalt, die anderen ein bißchen.

Artig-adrette Französinnen mit Stöckelschuh und BH scheint es viele zu geben, «bewegte» Frauen hingegen verschwindend wenige. Andererseits aber existiert in Frankreich – einzig in seiner Art – ein Ministerium für Frauenrechte, das in einem prächtigen Gebäude im vornehmen 16. Arrondissement residiert. Wenn auch die elegant gekleideten Bürokratinnen, die dort Dienst tun, manchen Vorstellungen davon widersprechen, wie Feministinnen auszusehen haben: daß es dieses Ministerium überhaupt gibt, ist erst mal als ein Erfolg der französischen Frauenbewegung anzusehen, auch wenn sie zur Zeit ziemlich wenig von sich hören läßt.

Entmündigung trotz Revolution

Hauptfunktion des Ministeriums ist es, Frauenrechte durchzusetzen und abzusichern und mit absurden Benachteiligungen aufzuräumen, die in diesem Land trotz all der Revolutionen ein zähes Leben haben. Es gab eben bei allen Ausbrüchen stets auch Kräfte, die die patriarchalische Basis schützten und dafür sorgten, daß es mit der Befreiung nicht zu weit ging. Während der Französischen Revolution, diesem «Kind der Aufklärung» und «Quell der Menschenrechte», hatten auch die Frauen so manche Initiative ergriffen und sich an vielen Auseinandersetzungen aktiv beteiligt.

Zunächst sah es auch ganz so aus, als würde sich an ihrer Situation einiges ändern; aber kaum war dann Napoleon an der Macht, da zementierte er mit seinem berühmten Gesetzeswerk, dem Code Napoléon, für lange Zeit die Abhängigkeit des weiblichen Menschen: «Frauen, minderjährige Kinder und Bedienstete können kein Eigentum besitzen, da sie selber Eigentum sind»,

Ganz vorne mit dabei: Arbeiterfrauen beim Streik

heißt es da zum Beispiel. Bis in die jüngste Zeit blieb damit die Entmündigung der Frau kodifiziert. Erst nach dem Zweiten Weltkrieg wird der Französin das Wahlrecht zugestanden, erst 1965 erlangt sie Gleichwertigkeit als juristische Rechtsperson mit dem Mann (wodurch sie endlich ohne ehemännliche Zustimmung eigenen Besitz erwerben darf), erst 1970 bekommt sie dieselben Rechtsbefugnisse über ihre Kinder wie der Vater, und seit 1975 schließlich darf sie unabhängig vom Mann ein eigenes Bankkonto eröffnen.

Recht trübe hat es auch lange mit der Ausbildung von Frauen ausgesehen. Während der großen Revolution war zwar erstmals die Errichtung von Mädchenschulen vorgesehen, aber unter der Herrschaft des kleinen dicken Korsen war daran nicht mehr zu denken. Erst 1850 entstanden öffentliche Schulen für Mädchen, 1863 durften Frauen auch die Hochschulen betreten.
Allerdings bedeutete das Recht auf Bildung noch lange keine soziale Gleichberechtigung. So erhielt zum Beispiel Marie Curie im Jahre 1911 den Nobelpreis für Chemie, doch wurde ihr im selben Jahr die Mitgliedschaft in der Académie des Sciences verweigert – die gelehrten Herren blieben lieber unter sich.
Und die Arbeiterbewegung? Für deren Wegbereiter, die «utopischen Sozialisten», war die Emanzipation der Frauen noch ein zentraler Bestandteil ihrer Lehren. Für Fourier zum Beispiel war die Befreiung der Frau Gradmesser der Befreiung der Menschen. Von ihm stammt übrigens auch der Begriff «Feminismus». Später wurde dann aber die französische Arbeiterbewegung stark durch die frauenfeindlichen Positionen von Pierre-Joseph Proudhon geprägt. Proudhon hatte den Frauen schlechtweg die Fähigkeit abgesprochen, jemals verantwortungsbewußte Mitglieder der Gesellschaft zu werden. Sie waren für ihn hoffnungslos in Religion verstrickt und vom reaktionären Klerus beeinflußt, und das hielt er offenbar für naturgegeben. Diese

misogyne Tradition machte es nicht gerade leicht, sich in sozialistischen Organisationen und in Gewerkschaften für die Rechte der Frauen einzusetzen. Bezeichnenderweise bekamen die Frauen noch nicht mal unter der linken Volksfrontregierung von 1936 das Wahlrecht, auch wenn es damals ein paar rechtliche Verbesserungen gab.

«Féminité» contra «féminisme»

Der Nach-'68er-Feminismus entstand im Gefolge der amerikanischen Frauenbewegung. Die erste autonome Frauendemonstration ereignete sich am 26. August 1970: Damals kam es aus Solidarität mit einem Streik amerikanischer Frauen zu einer Kranzniederlegung unter dem Pariser Arc de Triomphe. Dort befindet sich das Grabmal des Unbekannten Soldaten, die offizielle Kriegerverherrlichungsstätte mit «ewiger Flamme»; Kränze werden dort also häufig niedergelegt. Aber diesmal war auf der Kranzschleife zu lesen: «Jemand ist noch unbekannter als dieser Soldat: seine Frau». Skandalös! Es dauerte nur wenige Minuten, bis die Schänderinnen in Polizeiwagen fortgeschafft waren, aber ihre Aktion machte Furore. Kurz darauf (1971) veröffentlichten 343 Französinnen in der linken Wochenzeitschrift «Le Nouvel Observateur» ein inzwischen legendäres Manifest, in dem sie sich selbst bezichtigten, gegen das Abtreibungsverbot verstoßen zu haben, unter ihnen viele Prominente wie Simone de Beauvoir, die populäre Schriftstellerin Françoise Sagan oder die Schauspielerin Jeanne Moreau. Vier Jahre später wurde dann unter Giscards Familienministerin Simone Veil die Fristenlösung eingeführt.

Das Frauenministerium, das es seit dem Amtsantritt François Mitterrands gibt, befindet sich nur wenige hundert Meter vom Étoile entfernt, der Stätte jener denkwürdigen und spektakulären Demonstration. Der Ministerin ist es gelungen, sich die Mitarbeit einiger profilierter Vertreterinnen aus der Frauenbewegung zu sichern, und sogar Simone de Beauvoir konnte dafür gewonnen werden, als Präsidentin der Kommission «Frauen und Kultur» zu fungieren. Die Tätigkeit des Ministeriums besteht vor allem in der Ausarbeitung von Gesetzesvorlagen, die auf eine Verwirklichung des Gleichheitsgrundsatzes zwischen den Geschlechtern zielen, sowie in der Verbreitung von Informationen über Rechte und berufliche wie soziale Möglichkeiten. Aus einer Reihe von Aktionen der Frauenbewegung der siebziger Jahre sind dadurch offizielle Kampagnen auf Regierungsebene geworden, und manche frühere Forderung nimmt nun die Gestalt von gesetzlichen Verordnungen an. Bisher betrifft dies vor allem drei zentrale Bereiche: die Rückerstattung der Kosten eines Schwangerschaftsabbruchs durch die Sozialversicherung, den Kampf um die berufliche Gleichstellung von Männern und Frauen sowie ein Gesetz gegen die sexistische Diskriminierung in der Öffentlichkeit, etwa bei herabwürdigender Darstellung von Frauen zu Zwecken der Werbung.

Auf ihr hochentwickeltes Raffinement beim Einsatz von Sexsymbolen halten sich die französischen Werbestrategen besonders viel zugute. Dergleichen zieht durchaus auch bei einer Menge von Frauen. Zugleich ist bei einer Mehrzahl von Französinnen der Begriff «feministisch» ne-

Die Würde des Mannes ist unantastbar

gativ besetzt, ihm haftet eine Aura des Unweiblichen, Unattraktiven an, und er gilt als das Gegenteil von «féminité». Da lebt eine traditionelle Idee von der «Französin», eigentlich der Pariserin fort, ein Bild, das sich von der höfischen Gesellschaft auf die bürgerliche

Frau vererbt hat: «La française» ist anziehend, charmant, verführerisch, keineswegs aber unterwürfig, sondern selbstbewußt bis arrogant. Kaum eine der Frauen, die sich – wie unbewußt auch immer – mit diesem Modell identifizieren, kann sich vorstellen, sie müsse sich «emanzipieren». Angesichts solcher Mythen haben Feministinnen einen schweren Stand, ganz besonders in den letzten Jahren, wo sich deutlich eine allgemeine Rückkehr zu überlieferten Weiblichkeitsvorstellungen (gepaart nun allerdings vielfach mit der Idee beruflichen Erfolgs) bemerkbar macht: Eine Meinungsumfrage des Jahres 1980 ergab, daß dreiviertel der Französinnen «den Feminismus satt haben».

Für die Frauenbewegung gilt also das gleiche wie für die anderen sozialen Bewegungen: Sie war bereits vor dem Machtwechsel 1981 halbwegs verkümmert. Es gab dann zwar die Hoffnung, daß das neue Ministerium eine stimulierende Wirkung haben könnte, und tatsächlich wurden auch mancherlei Initiativen der verbliebenen Frauenorganisationen finanziell und moralisch unterstützt, aber zu einer Wiederbelebung der Frauenbewegung ist es bisher nicht gekommen. Vielleicht auch gerade deshalb nicht, weil nun alles von oben organisiert wird, was früher von der Basis kam: So ist der 8. März, internationaler Tag der Frau, inzwischen zu einer wahrhaften Staatsangelegenheit geworden, zu der die Regierung Werbespots, Sonderbriefmarken und Galakonzerte aufbietet.

Einschneidendes Datum für den Niedergang der autonomen Frauenbewegung ist das Jahr 1979, als sie durch eine Spaltung in zwei gegensätzliche Lager zerfiel: die geschäftstüchtigen und stramm organisierten Mitglieder der Gruppe «Psychanalyse et politique» reservierten sich die Bezeichnung «MLF» (Mouvement de Libération des Femmes) als eingetragenes Warenzeichen und stellten sich in einen unversöhnlichen Gegensatz zur Mehrheit der eher locker organisierten Frauengruppen, denen es nicht primär darum ging, wirtschaftliche Ziele zu verfolgen.

Der Feminismus der achtziger Jahre steht also, soweit er außerhalb des Staatsapparates fortlebt, unter dem Zeichen von Isolation und Frust. Der allgemeine Interessenverlust spiegelt sich deutlich im Untergang fast der gesamten feministischen Presse wider, mit Ausnahme einiger kleinerer, unregelmäßig erscheinender Blätter (zum Beispiel die sehr akademische «Pénélope» oder die «Nouvelles Questions Féministes»). Die kostspielig aufgemachte Zeitschrift «Femmes en mouvement» von der MLF ist kurz nach dem sozialistischen Wahlerfolg eingegangen. 1982 verschwand auch «Antoinette» von der Gewerkschaft CGT. Das PS-nahe «F-Magazine» erlitt im April 1983 ein noch schlimmeres Schicksal: Nach anhaltendem Umsatzverlust und hartnäckiger Boykottierung durch die Werbeagenturen wurde «F-Magazine» an die Herausgeber von «Playboy» verkauft und unter deren Leitung in eine «normale» Frauenzeitschrift à la «Brigitte» verwandelt.

Unkraut vergeht nicht

Trotzdem, immer noch existieren erstaunlich viele, wenn auch zersplitterte Frauenaktivitäten: Buchläden, Frauenradios, Info-Zentren, Beratungsbüros für arbeitssuchende

Frauen, Selbsthilfegruppen, workshops und auch viele Gruppen ausländischer, zum Beispiel afrikanischer oder arabischer Frauen. Die meisten Initiativen finden sich in den größeren Städten – außer in Paris in Lyon, Grenoble, Reims, Toulouse, Rouen, Marseille oder Aix-en-Provence. Neue Anstöße kommen oftmals zunächst aus der Hauptstadt und werden dann in der Provinz verbreitet, so etwa die Beschäftigung mit Videotechnik.

Die Idee hierzu kam von einer sehr dynamischen und einfallsreichen Frauengruppe, die vor wenigen Jahren in Paris das Centre Audiovisuel Simone de Beauvoir eröffnet hat. Dort kann Videomaterial von und über Frauen ausgeliehen werden, zu Themen wie Geburtsmethoden, Vergewaltigung oder Prostitution. Einmal pro Monat werden von diesem Zentrum Wochenendkurse für Videoamateure veranstaltet, die sich großer Beliebtheit erfreuen. In Grenoble haben einige Frauen diese Anregung aufgegriffen und bereiten die Eröffnung eines ähnlichen Zentrums vor. In Marseille kann man bei Video'scaff – einer gemischten Assoziation – schon Frauenfilme ausleihen.

Apropos Filme: Jedes Jahr im März findet im Pariser Vorort Créteil ein internationales Frauenfilm-Festival statt, wohl das einzige regelmäßige Großereignis der französischen Frauenszene; allerdings treten dabei die primär cineastischen Aspekte immer mehr in den Vordergrund.

Was die übrigen verstreuten Aktivitäten betrifft, so ist es am besten, sich in einem örtlichen Frauenlokal (maison des femmes, Frauencafé, Buchladen) nach den laufenden Initiativen zu erkundigen, denn viele der Unternehmungen sind äußerst kurzlebig. Einige «radios libres» werden von Frauengruppen mitgetragen, die einen Teil des Programms bestreiten. Zu Dokumentationszwecken steht die Assoziation Agence Femmes Information mit reichhaltigem Material über aktuelle Frauenthemen zur Verfügung. Dort werden auch Tonkassetten verkauft, die wie die Videokassetten des Centre Simone de Beauvoir vornehmlich zu Bildungs- und Aufklärungszwecken benutzt werden. Nach dem Modell des deutschen «Netzwerks» bemüht sich in Paris die Gruppe «Fémin 'autres» seit ein paar Jahren, Initiativen zur Schaffung eigener Betriebe zu unterstützen: Einmal werden dort Informationen über Frauenprojekte im In- und Ausland gesammelt, zum anderen wird versucht, solchen Vorhaben in Frankreich auf die Beine zu helfen. Eine Reihe von Kleinbetrieben (Bio-Restaurant, Teesalon, Video-Laden, Baby-Sitting-Agentur ...) ist bisher schon mit Hilfe zinsloser Kredite von «Fémin 'autres» entstanden.

Margaret Manale

Vive la différence –
Die Schwulenbewegung

Man mag von Mitterrand und den Seinen halten, was man will, für die Schwulen haben sie jedenfalls einiges getan. Die überwältigende Mehrheit der schätzungsweise vier Millionen Homosexuellen in Frankreich dürfte wohl 1981 «Tonton François» gewählt haben, denn als Kandidat hatte er ihnen einiges versprochen, und das hat seine Regierung dann, im Unterschied zu vielen anderen Versprechungen, auch gehalten. Zum erstenmal kam es in der französischen Nationalversammlung zu einer wirklichen Debatte über Fragen der Homosexualität. Justizminister Badinter forderte, unter erbostem Gezeter der Rechten, daß die Schwulen wie alle anderen Bürger des Landes zu behandeln und zu respektieren seien. Es ging um die Änderung des Gesetzes über die «sexuelle Mündigkeit». Die war nämlich bisher beim schwulen Mitbürger erst mit achtzehn Jahren erreicht, weshalb «schamlose und widernatürliche Akte» mit Minderjährigen (das heißt mit Personen über fünfzehn) unter Strafe gestellt waren. Dergleichen ist nun also kein Delikt mehr, die rechtliche Gleichstellung mit den Heteros ist weitgehend erreicht. Diese gesetzliche Diskriminierung war eine Erfindung des Vichy-Regimes, und Pétains Anti-Homo-Paragraph wurde dann 1945 von den koalierenden Kommunisten, Sozialisten und Gaullisten kurzerhand übernommen.

Neben dieser Schikane wurde jetzt auch eine Vorschrift für den öffentlichen Dienst abgeschafft, die von den Beamten «Sittlichkeit und Moralität» verlangte. Im Klartext: Sie sollten weder schwul sein noch sonst irgendwelchen abartigen Neigungen nachgehen. Mit der Abschaffung repressiver Gesetze ist es natürlich noch nicht getan, es gab aber außerdem auch ein paar bemerkenswerte Gesten seitens der linksgefärbten Obrigkeit: So forderte der

La manif' des pédés: eine Minderheit wird selbstbewußt

Justizminister in einem Rundschreiben sämtliche Dienststellen dazu auf, das Verbot der Diskriminierung von Schwulen und Lesben auch wirklich in der alltäglichen Praxis zu respektieren – das waren weiß gott recht ungewohnte Töne. Der Innenminister seinerseits verbot der Polizei, ihre Schwulenkartei weiter zu führen, und löste die Anti-Homo-Brigaden auf, die abends in den öffentlichen Parkanlagen rumschnüffelten. Die «gais» haben jetzt extra für sich einen Ansprechpartner im Innenministerium. Das Gesundheitsministerium hat sich geweigert, die Norm der Weltgesundheitsorganisation (WHO) zu akzeptieren, die Homosexualität als Geisteskrankheit einstuft. Als1982 der Straßburger Erzbischof Monsignore Elchinger den Schwulen einen Saal für eine Tagung verweigerte, da sprangen die Ministerien für Inneres und für Verteidigung (!) hilfreich ein ...

Während die KPF gegenüber den Schwulen weiterhin eine gewisse Berührungsangst zeigt – immerhin hatte man diese Leute bis vor kurzem als Verkörperung bourgeoiser Dekadenz verurteilt –, gibt's bei der PS inzwischen die Gruppe «Homosexualité et Socialisme». Ähnlich verhält es sich bei den entsprechenden Gewerkschaften: Die CGT zieht es vor, der Frage aus dem Weg zu gehen, bei der CFDT hingegen existiert in der Sektion «öffentlicher Dienst» eine Homo-Kommission.

Von der Revolte zum Business

Da ist nun tatsächlich ein gutes Stück Wegs zurückgelegt worden, seit im Kielwasser des Mai '68 die ersten politisierten Formen der Schwulenbewegung entstanden. Damals hatte sich zunächst eine kleine Avantgarde gebildet, die FHAR, Front homosexuel d'action révolutionnaire, die ihre Zusammenkünfte in der Pariser Kunstakademie abhielt. Man verstand sich als linksradikal, begriff sich als Teil der gesamten revolutionären Bewegung und nahm 1971 erstmals an der Demonstration zum 1. Mai teil – einigermaßen verkniffene Mienen machten da die militanten Heteros angesichts dieser bunten Vögel; man wollte doch bittesehr das Proletariat nicht unnötig vergraulen ...

Die nächste Stufe waren dann die GLH (Groupes de libération homosexuelles). Bei denen ging es schon weniger verbalradikal zu, dafür wurde der Zulauf größer. Eine nüchtern-pragmatische Strategie wurde verfolgt: Man betrieb den Aufbau lokaler Gruppen überall in Frankreich sowie deren Koordinierung. Während die meisten anderen Bewegungen einschliefen, machten die Schwulen unverdrossen weiter. Die Infrastruktur weitete sich aus, und schließlich entstand, quasi als Dachorganisation, der CUARH (Comité d'urgence antirépression homosexuelle), ein pragmatisch ausgerichteter Verband, der sich als Interessenvertretung begreift, auf Diskriminierungen aufmerksam macht und versucht, Einfluß auf die liberalen Medien auszuüben.

Wie nie zuvor blüht die homosexuelle Subkultur: Grüppchen und Vereine schießen aus dem Boden, Architekten, Ärzte, Krankenpfleger, Beamte, Studenten, Rentner, Christen, Juden, Freimaurer – alle haben sie inzwischen ihre eigenen Schwulengruppen. Gai-PTT etwa, die Gemeinde der schwulen Postler, veranstaltet große Bälle und kämpft für das Recht, paarweise in posteigenen Wohnungen leben zu dürfen. Ein Ausbruch aus der Randexistenz scheint sich abzuzeichnen, für die Hetero-Mitbürger wird schwule Präsenz im Alltag zunehmend selbstverständlicher, auch am Arbeitsplatz gewöhnt man sich allmählich an die Kollegen vom «anderen Ufer».

Bunt und vielfältig sieht es bei den einschlägigen Presseerzeugnissen aus. Das erfolgreichste und größte Organ ist die Wochenzeitschrift «Gai Pied – Hebdo». Der Titel ist ein Wortspiel: «gai pied» ist gleichlautend mit «guêpier» (Wespennest). «C'est le pied» heißt außerdem soviel wie: Das ist Klasse, stark, geil. Der «schwule Fuß» verkauft sich über 30 000mal in der Woche; neben allgemeinen Szene-Informationen enthält er aktuelle Reportagen, einen Kulturteil, reichlich Kleinanzeigen und viele animierende Fotos. Jedes Jahr bringt der «Gai Pied» zudem einen sehr nützlichen Frankreichführer mit allen erdenklichen Treffpunkten raus und unterhält die Reiseagentur «Gai Pied Voyages» sowie die Rechtsberatung «Gai Pied Conseil».
Der «Gai Pied» ist allerdings das einzige Blatt, das von der einstmals blühenden und halbwegs anspruchsvollen Schwulenpresse übriggeblieben ist. Der Rest gehört in die Kategorie der Glamour- und Porno-Magazine. So etwa das Hochglanzprodukt

«G. I.», das der geschäftstüchtige Besitzer eines Sauna- und Disko-Imperiums herausgibt, oder die drei im Wechsel erscheinenden Aufgeil-Hefte «Off», «Jean-Paul» und «Hommes». Als 1987 der strammrechte Innenminister Pasqua versuchte, gegen die schwule Presse eine Anti-Porno-Kampagne zu lancieren, wurde es ein Flop: Die Bevölkerung zeigte für solche Saubermann-Allüren wenig Verständnis.

Eine neue Institution, die kennzeichnend ist für die veränderte Lage, ist die homosexuelle Sommeruniversität in Marseille, die im Abstand von zwei Jahren eine Woche lang im Monat Juli stattfindet, 1983 etwa unter dem Motto «Vivre gai en Méditerranée». Die ursprüngliche Initiative war ausgegangen von der örtlichen GLH-Gruppe, der ältesten in Frankreich. Veranstalter ist der CUARH, bezuschußt wird diese Mischung aus Kolloquium, Festival und Feriencamp vom Kulturamt der Stadt Marseille und vom Pariser Kulturministerium. Die geben zwar nicht sehr viel, aber immerhin! Natürlich sind da auch Kräfte, denen solch skandalöses Treiben gegen den Strich geht. «Marseille, Hauptstadt der Schwulen!» empörte sich beim erstenmal die rechte Lokalzeitung «Le Meridional», die ansonsten auch gern zur Araberhatz bläst. Aber diese Leute haben die ersten Sommertreffen nicht verhindern können. Die bisher stattgefunden haben, sind als voller Erfolg zu werten. Das sehr weit gespannte Programm ging von Musik-, Theater- und Kinovorführungen über Chorgesang, Pantomime- und Foto-Workshops bis hin zu Gruppentherapie und Massage. Manche der Vorträge wurden gar von Original-Sorbonne-Professoren gehalten.

Das Ganze spielte sich ab in einer sehr entspannten Mittelmeeratmosphäre mit viel Sonne, Bräunung, Baden, Fêten und so weiter, also ein sehr unakademischer Universitätsbetrieb.

Im Sumpf der Metropole

In Paris hat sich die Szene merklich über das traditionelle Nachtgetto der rue Sainte-Anne mit seinen Backroom-Diskos und Strichern hinaus ausgeweitet. Kreuz und quer über die ganze Stadt verteilt sind jetzt die Anlaufpunkte der Gai-Gemeinde. Um die 50 Bars und Diskotheken, 60 Restaurants und 15 Saunen gibt's inzwischen für die rund 200 000 homosexuellen Einwohner der glitzernden Hauptstadt, jeden Monat kommt irgendwo was Neues dazu. Aus dem Pariser Äther erklingen dazu die fröhlichen Wellen von «Fréquence Gaie», dem ebenso nützlichen wie phantasievollen

Schwulensender, der auch von vielen Heteros gehört wird, weil er zu den besseren der «radios libres» gehört.

In einer Stadt wie Paris findet vieles draußen statt. Klassiker der Freiluftanmache sind die Tuilerien auf der Seite der Orangerie mit dem Seine-Kai («Tata-Beach») davor sowie die Parkanlagen des Trocadéro im Angesicht des sehr virilen Eiffelturms. Düsterer, rauher, gefährlicher spielt sich «la drague» am quai de la Gare ab, entlang der schaurigen alten Lagerschuppen des Austerlitz-Güterbahnhofs – es gibt ja Leute, die auf so was stehen. Ein spezifisch großstädtisches Terrain für Bekanntschaften ist aber auch die Métro. Eine geheimnisvolle Gruppe namens CHUT (Comité homosexuel underground des transports) hat die Parole ausgegeben: Rendezvous im zweiten Wagen! Die beliebteste Strecke: zwischen den Stationen Strasbourg – St. Denis und Gare du Nord.

Zu einem wahren Mekka des Gai-Paris hat sich das Marais-Viertel entwickelt, ohne Zweifel eines der schönsten Quartiers von Paris. Wie Pilze sind hier in den letzten Jahren die Bars und Cafés aus dem Boden geschossen, und sie schotten sich nicht mehr ab, sondern haben die Türen weit geöffnet, auch für Nicht-Homos: so Le Swing mit seiner stilvollen Fünfziger-Jahre-Dekoration oder Le Piano-Zinc, eine sehr stimmungsvolle Bar, wo abends schmalzige Glamour-Chansons gesungen werden. In der rue Sainte-Croix-de-la-Bretonnerie, im Herzen des Marais, gleich neben dem stets rammelvollen Café Hotel Continental, liegt die freundliche Buchhandlung Les Mots à la bouche – eine empfehlenswerte Anlaufstelle: Man spricht Deutsch, das Bücher- und Zeitschriftenangebot ist erstaunlich reichhaltig, regelmäßig finden Ausstellungen statt.

Licht und Schatten

Freilich: Paris ist nicht Frankreich. Zwischen dem schillernden Sündenbabel und der Provinz liegen Abgründe. Wenn man mal von der Handvoll größerer Städte wie Lyon, Marseille, Toulouse oder Bordeaux absieht, dann geht es oft noch sehr althergebracht zu im Hexagon. Die Ressentiments sind vielerorts solide verankert, die alten Tabus noch kaum angekratzt. Schwule sind Gegenstand bodenständig-kerniger Scherze und liefern dem «gesunden» gallischen Volksempfinden das Schimpfwort-Arsenal. Trotzdem werden auch in den Regionen die Homos allmählich mutiger und dynamischer. Überall machen Gai-Treffpunkte auf, die lokalen Szenen beschränken sich nicht mehr nur auf solche traditionellen Begegnungsstätten wie Parkanlagen und Klappen (französisch: «tasse»).

Große Bedeutung für dieses Erwachen hat sicherlich die Schwulenpresse mit ihren Regionalartikeln und dem Anzeigenservice. Eine unschätzbare Informationsquelle über alles, was sich in den Provinzen tut, ist für den Frankreichreisenden der schon erwähnte «Guide France», der von der Zeitschrift «Gai Pied» herausgegeben wird. Nach Regionen und einzelnen Städten aufgeschlüsselt finden sich dort die Adressen der einschlägigen Organisationen, Bars, Restaurants, Clubs sowie Hinweise auf die jeweiligen «drague»-Szenen. Eine neue Rolle spielen nun auch in entlegeneren Städten die Radios libres: Eine 24 Stunden lang sendende Schwulenstation gibt es zwar nur in Paris, aber es existieren fast überall Radios, an denen die Gais zumindest mit einigen Stunden beteiligt sind. Diese Programme heißen dann «Framboise et Citron», «Fleurs Bleues et Ondes Roses», «Cuir et Dentelles», «Chapeaux bretons et slips de cuir», «Dérive nocturne» ... Während bis dato geschlechtliche Andersartigkeiten höchstens bei Schriftstellern und Kunstmenschen (Gide, Genet, Cocteau, Jean Marais) akzeptiert wurden – «Na ja, diese Künstler, sind halt ein bizarres Völkchen!» –, werden sie heute peu à peu zu Alltagsphänomenen.

Demnach läuft also alles wunschgemäß? Nicht so ganz. Für allzu große Euphorie besteht kein Grund, denn kaum hatte sich die Einstellung gegenüber den Homosexuellen mal etwas zum Positiven hin gewandelt, da wurden 1982 in Frankreich die ersten Fälle von AIDS (französisch SIDA: Syndrome immuno-déficitaire acquis) bekannt. Die Schwulenorganisationen und ihre Presse nahmen zunächst eine blauäugige und rein defensive Haltung ein, das Ganze wurde als inszenierte öffentliche Aufregung, als gezielter Anti-Homo-Feldzug gegeißelt, die Sache selbst wurde minimalisiert. Inzwischen hat man eine Kehrtwendung vollzogen und mit einiger Verspätung die Position der amerikanischen Gay-Gruppen übernommen. Unter dem erschreckenden Eindruck der Statistik haben viele kapiert, daß es ernst ist. Frankreich steht in Europa an der Spitze, was die Zahl der bekannten Fälle von SIDA/AIDS sowie die Ausbreitungsgeschwindigkeit betrifft. Pro Woche werden fünf neue Fälle gemeldet, von den Erkrankten sind insgesamt 90 Prozent schwul, 90 Prozent wohnen in der Pariser Gegend, 65 Prozent sind zwischen 30 und 40 Jahre alt.

Die Association des Médecins Gais ruft mittlerweile selbst dazu auf, die Zahl der Sexualpartner zu begrenzen und vom Blutspenden Abstand zu nehmen. Eine neue Vereinigung mit dem bezeichnenden Namen AIDES wurde gegründet, die auf Spendenbasis funktioniert und sich zur Aufgabe gemacht hat, unter Mitarbeit eines Ärztekomitees der alljährlich sich verdoppelnden Menge von AIDS-Kranken medizinisch, moralisch und finanziell beizustehen.

Auch von anderer Seite droht neuerdings wieder Gefahr: Mag es auch in den letzten Jahren Indizien geben, die auf einen Wandel der öffentlichen Meinung gegenüber schwulen Mitbürgern hinzudeuten scheinen, so machen sich doch auch wieder gegenläufige Tendenzen bemerkbar. Rassismus und Fremdenfeindlichkeit breiten sich aus, und «fremd» sind die Schwulen allemal. Jean-Marie Le Pen zum Beispiel, der Führer der rechtsextremen Front National, hat neben Linken und Arbeitsemigranten auch den Homosexuellen den Kampf angesagt. Nichts Geringeres als das Abendland steht auf dem Spiel. So bezichtigt der Herr von Rechtsaußen die schwulen Finsterlinge, sie würden die Fortpflanzung der hochwertigen indoeuropäischen Spezies infrage stellen und damit der Dominanz fremdrassischer Elemente (Neger, Araber) Vorschub leisten. Der Mann ist populär. Vielleicht wird es bald Zeit für die französischen Schwulen, sich wieder etwas stärker zu politisieren.

KULTUR UND

Konsum

Beglückung von oben – **Kultur von Staats wegen**

Von «Culture» ist in Frankreich seit dem Regierungsantritt der Sozialisten die Rede wie schon lange nicht mehr. Der Begriff hat Hochkonjunktur; die gesamte Politik sei, so heißt es offiziell, einem «kulturellen Imperativ» untergeordnet. Das Budget des Kulturministeriums wurde auf satte acht Milliarden Francs angehoben, was in Krisenzeiten ungewöhnlich erscheinen mag. Der alerte Kulturminister wirbelte im rosa Jackett von Theaterpremiere zu Museumseröffnung, nahm auf dem Weg noch eine Zirkusgala mit und weihte vielleicht noch en passant ein neues Provinzkino ein. Initiativen überall im Lande wurden mit Zuwendungen oder zumindest ermunternden Sprüchen bedacht, die Hauptstadt wurde mit ebenso prestigeträchtigen wie teuren Kulturbauten verschönert. Das muß schon sein, denn Paris, so verkündete stolzgeschwellt Minister Lang, ist schließlich «die intellektuelle Hauptstadt der Welt».

Kaum einem Franzosen kommen solche Sprüche überheblich vor. Daß Frankreich die Kulturnation schlechthin ist (und wer Frankreich sagt, der meint Paris), gehört zum allgemeinen ideologischen Marschgepäck. Dem Ausländer kann es schon seltsam vorkommen, wenn da heute noch pathetisch getönt wird, «La France» sei dazu prädestiniert, «den Pfad der Menschheit zu erhellen» (François Mitterrand). Aber darüber besteht beim Allgemeinfranzosen (Herrn Dupont) gar kein Zweifel: Die größten Geister, ob Politiker, Philosophen oder Schriftsteller – alle waren sie Franzosen. Gewiß, kaum jemand hat sie gelesen, aber es gehört zur gutbürgerlichen Wohnungseinrichtung, daß man die einschlägigen Klassiker (Balzac, Zola, Hugo ...) als Lederrücken-

Kulturbunker in Grenoble

und-Goldrand-Meterware in der Bücherwand stehen hat; nur keine falsche Bescheidenheit! «Frankreich ist das Licht der Welt», hat de Gaulle gesagt, aber diese Erkenntnis könnte ebensogut von Mitterrand stammen. Auch die Kommunistische Partei dieses Landes, so schreibt die kritische Italienerin Maria-Antonietta Macciocchi treffend, «fällt tief vor der KULTUR in die Knie, die keine Klassen, sondern nur ein Vaterland kennt: Frankreich.»

Nun war da ja mal wirklich was dran. Im 18. Jahrhundert strahlte von Frankreich aus das Licht der Aufklärung in die Welt, Französisch war die Sprache der internationalen Kultureliten, alle fortschrittlichen Köpfe orientierten sich an Frankreich, dem Land der Großen Revolution, der Menschenrechte, der brillanten Denker, der hochentwikkelten Geschmacks- und Genußkultur ... Entsprechend entwickelte sich bei den Franzosen ein spezifisches Sendungsbewußtsein, aus dem Gefühl heraus, sich im strahlenden Zentrum der Weltbeglückung zu befinden. Eifrig gefördert wurden solche Empfindungen durch die staatliche Ideologieproduktion, wodurch sie sich zu einem zählebigen Mythos verselbständigten, der bis heute das Bewußtsein auch von sonst eigentlich kritischen Menschen vernebeln kann. Seit jene Ideologie einer realen Grundlage weitgehend entbehrt, hat sie sich zu chauvinistischer Folklore verfestigt, die gerade dem Frankreich-Fan gelegentlich sehr auf den Wecker geht. Manchmal wird der nationale Traum unsanft gestört, wenn zum Beispiel publik wird, daß es im Kulturland Frankreich an die fünf Millionen Analphabeten gibt.

Bis der eingefleischte Dünkel verschwindet, wird es zwar noch ein Weilchen dauern, aber allmählich ändert sich doch manches. Die Kulturmenschen achten in letzter Zeit schon etwas mehr auf das, was sich außerhalb des Hexagons abspielt. Mit arger Verspätung werden ausländische Autoren übersetzt, in den siebziger Jahren entdeckte man in Pariser Kulturkreisen die deutsche Romantik, zusammen mit dem Lodenmantel, der auf einmal zum bevorzugten Kleidungsstück der Insider wurde, und kurz darauf staunte man über den bis dato ignorierten Expressionismus. Zu Beginn der achtziger Jahre wurden Joseph Roth und Arthur Schnitzler als brandheiße Entdeckungen verkauft, einige Wagemutige begannen in den Schriften der Frankfurter Schule zu blättern, und die Theatersaison 1984 begann mit dem exotischen Knüller «Minna von Barnhelm» eines neuen teutonischen Talents namens Gotthold Ephraim Lessing. Also, es tut sich was. Dennoch werden weiterhin ausländische Namen hartnäckig falsch geschrieben, ganz so, als sei es eigentlich eine Zumutung, sich auf die Wunderlichkeiten barbarischer Sprachen einzulassen.

Über mancherlei Borniertheit mag man sich ärgern, aber es muß auch auf einen anderen Aspekt des speziellen französischen Kulturverständnisses hingewiesen werden: Während in gewissen Ländern Kunstschaffende und Intellektuelle von offizieller Seite wie vom «gesunden Volksempfinden» gern als Schädlinge oder Spinner behandelt werden, wird dem Kulturmenschen in Frankreich eine erstaunliche Hochachtung entgegengebracht. «Mon cher Maître ...» begann Charles de Gaulle mal einen Brief an seinen politischen Gegner Jean-Paul Sartre. Bundesrepublikanische Politiker indessen titulierten ihre intellektuellen Zeitgenossen gelegentlich als «Pinscher und Uhus» oder auch als «Ratten und Schmeißfliegen». Das Verhältnis zwischen Staatsmacht und Kultur ist offenbar in Frankreich von besonderer Art: Der Staat zeigt ein Interesse daran, den Kulturmythos zu pflegen. Ganz deutlich traf dies auf den General de Gaulle zu. Als er 1958 an die Macht kam und mit ihm die Fünfte Republik begann, da fand seine Vision von der französischen Großmacht ihren spektakulärsten Ausdruck in der Schaffung einer eigenen Atomstreitmacht, der «force de frappe». Parallel dazu gründete er aber auch ein Kulturministerium, das die Renaissance der kulturellen Weltgeltung Frankreichs einleiten sollte. Zwar waren die Mittel dieser neuen Institution etwas knapp, dafür aber leistete man sich einen außerordentlich renommierten Minister: den Schriftsteller André Malraux, einstmals militanter Linker, Spanienkämpfer und Antifaschist, der sich, vielen unerklärlich, zum Bewunderer des Generals gewandelt hatte.

Im Pariser Kunst-Supermarkt Beaubourg

Kathedralen des 20. Jahrhunderts

Groß waren Malraux' Ansprüche: den Massen zur Kultur verhelfen wollte er, so wie die Dritte Republik ihnen zur Schulbildung verholfen hatte, und zwar mit Hilfe kultureller Dezentralisierungsmaßnahmen, die die Verödung der Provinz aufbrechen sollten. Kernstück der Malrauxschen Politik waren die Maisons de la Culture, die Kulturhäuser, die er über das ganze Land verteilen wollte: großzügige Mehrzweckzentren für Theater-, Musik- und Filmvorführungen, Ausstellungen und Vorträge, jedes mit einem Team von Animateuren versehen. Finanziert werden sollten diese «Kathedralen des 20. Jahrhunderts» je zur Hälfte vom Staat und von den betreffenden Gemeinden. Das Konzept geht auf die dreißiger Jahre zurück. Entstanden war es in den Kreisen revolutionärer Schriftsteller und Künstler, denen auch Malraux angehört hatte. Es wurde dann in der Zeit der Volksfrontregierung aufgegriffen, kam aber über Ansätze nicht hinaus. Damals ging es darum, den Arbeitern das Tor zur Kultur zu öffnen; sie sollte allen gehören, nicht mehr bloß ein Privileg der herrschenden Klasse sein. Freilich war das in jenen Tagen eng mit revolutionärem politischen Engagement verbunden. Als dann Malraux aber als Kulturminister de Gaulles die Kulturhaus-Idee wieder aufgriff, war von den einstigen politischen Ansprüchen nur wenig übriggeblieben. Sie hatten sich verdünnt zu einer Art Kunstreligion im Dienst der nationalen Größe.

Des Ministers Haltung gegenüber Kunst und Kultur war kontemplativ: andächtiges Erschauern vor musealen Kostbarkeiten. Er orientierte sich meist an sicheren Werten und betrieb einen Kult um Meisterwerke. Auch setzte er sich besonders für die Pflege von Baudenkmälern ein, ließ die von ihm so genannten «sieben großen Meisterwerke» restaurieren, zu denen die Schlösser Versailles, Fontainebleau und Chambord sowie die Kathedrale von Reims gehörten. Er sorgte dafür, daß die Fassaden der Hauptstadt mit Sandstrahlgebläsen gereinigt wurden und ließ den von ihm hochverehrten Marc Chagall die Decke der Pariser Oper ausmalen. Auch stellte er historische Viertel überall im Land unter Denkmalschutz, wodurch ihm zweifellos das Verdienst zukommt, den Charakter so mancher Innenstadt vor dem Zugriff von Bauspekulanten und banausischen Renovierern gerettet zu haben. Malraux war eine widersprüchliche Gestalt: ein zum Pathetischen neigender Visionär mit grandiosen Träumen, deren Realisierung einmal an zu geringen Mitteln scheiterte, zum andern aber auch an der Unausgegorenheit seiner Projekte.

Als Fehlschlag erwies sich letztlich auch das ehrgeizige Konzept der Maisons de la Culture. Zwanzig davon waren zunächst geplant, aber in den zehn Ministerjahren Malraux' wurden mit Ach und Krach gerade acht eröffnet. Gleich die ersten wurden zu Steinen des Anstoßes. In den oftmals archaisch-konservativ gesonnenen Provinzgemeinden machte sich rasch eine heftige Opposition gegen den subversiven Schweinkram bemerkbar, mit dem man da auf einmal behelligt wurde. Absurdes Theater, Brecht und andere Formen von Kulturbolschewismus erregten die Gemüter und ließen die Honoritäten gegen diese neuen Fremdkörper Sturm laufen; es kam zu Dauerkonflikten zwischen Animateuren und Gemeinden. Die erhoffte Kommunion des Volkes vor dem Altar der Kunst fand nicht statt, im Gegenteil: Die Kulturhäuser wurden zu lokalen Krisenherden erster Ordnung. Bei der ministeriellen Beglückung von oben war man sich darüber nicht im klaren gewesen, wie vermieft und provinziell die Verhältnisse in der Provinz tatsächlich waren, das heißt, man hatte die Realitäten souverän ignoriert, im festen missionarischen Glauben, solche tollen Pariser Exportartikel wie Xenakis, Arrabal, Stockhausen oder Robbe-Grillet seien genau das richtige für die kulturell ausgehungerten Regionen. Bald begannen die Gemeinden damit, die unerwünschten «Kathedralen» zu sabotieren, man verweigerte die Beiträge und setzte in einigen Fällen rasch wieder das altgewohnte, bewährte Kulturangebot durch: Boulevardtheater-Klamotten und debiles Schlager-Tralala anstelle der anrüchigen Avantgarde aus Paris.

Malraux' Kulturutopie ging endgültig mit dem Mai '68 zu Bruch: Da fand sich der alte Visionär auf seiten der infrage gestellten Macht, Künstler und andere Kulturproduzenten aber waren auf der Straße und nahmen teil an der Revolte. Die Zwiespältigkeit war aufgebrochen, der einstige Revolutionär zu einer bespöttelten, fast tragischen Figur geworden, den auf beiden Seiten kaum jemand mehr ernst nahm. Seine Amtsnachfolger sprachen von ihm zwar noch mit pflichtschuldigem Respekt, entfernten sich aber mehr und mehr von seinen Konzepten. Ehrgeiz und Sendungsbewußtsein waren verflogen, auch hielt man nun die Idee der kulturellen Dezentralisierung für überholt. Schritt für Schritt schlich sich der Staat aus dem kulturellen Engagement heraus. Der Kulturminister wurde zum Staatssekretär zurückgestuft, das Gros kultureller Initiativen überließ man Gemeinden und Privatleuten. Zumal in Giscards Politik spielte das Kulturelle eine sehr untergeordnete Rolle. Die Mittel wurden arg zusammengestrichen, man war ja «liberal», also sollte sich auch das Kulturgeschehen nach dem Prinzip von Angebot und Nachfrage regeln. Gewiß, ein paar Prestigeobjekte mußten schon sein. Pompidou bekam sein Centre Pompidou, Giscard veranstaltete mit großem Getöse ein Jahr des Historischen Erbes und dekretierte für Paris ein Museum des 19. Jahrhunderts, vor dessen Fertigstellung er leider abgewählt wurde, ansonsten aber ließ der Staat den Kultursektor auf sehr kleiner Flamme köcheln.

Rosa Software-Kultur

Seit 1981 aber wurde das Kulturelle erneut zum Gegenstand staatlicher Aufmerksamkeit und Sorge. Sicherlich ist bei Mitterrand und seinen «Sozialisten» die Neigung zum nationalen Brimborium nicht zu übersehen. Eine erstaunliche Anzahl pompöser Repräsentationsbauten wird – trotz Dezentralisierungsbekundungen – in der Hauptstadt gebaut. Dennoch geht es nicht nur um Herrscher-Selbstdarstellung oder darum, dem krisengebeutelten Volk eine geballte Ladung «Culture» als Kompensation vorzusetzen. Die großen Pariser Prestigebauten sind nur ein Aspekt: Sie tragen der Tatsache Rechnung, daß Paris nach wie vor Aushängeschild und Vitrine Frankreichs ist. Darüber hinaus aber ist ein verheerender Rückstand auf vielen Gebieten kultureller Produktion festgestellt worden, der nun energisch aufgeholt werden muß – nicht bloß, weil die Regierenden nationalstolze Schöngeister wären. Vielmehr gilt inzwischen der Kultursektor als wirtschaftlich ernst zu nehmender Bereich.

Zumal bei allem, was unter den Sammelbegriff «audiovisuell» fällt, zeigt sich der Staat besonders förderfreudig. «Die Kulturindustrien sind die Industrien der Zukunft. In die Kultur investieren heißt, in die Wirtschaft investieren» verkündete François Mitterrand, und er meinte das ernst. Kommt eben nur drauf an, was man unter Kultur versteht. Massiv wird zum Beispiel in die Glasfaserverkabelung investiert. Bis 1995 sollen alle Haushalte ans Netz angeschlossen sein. Bis dahin aber werden bereits Unmengen von Programmen gebraucht werden. Hier wird sich neben dem nationalen auch ein internationaler Markt öffnen, «und wenn sich Frankreich gut organisiert, dann kann es sich den Löwenanteil sichern», sprach der Kulturminister. Den neuen Medien wird in den Strategien der Kulturpolitik erstaunlich große Bedeutung beigemessen. Gewiß: Eine Vielzahl unterschiedlichster «kreativer» Aktivitäten wird stimuliert und unterstützt – Autoren werden gefördert, Theatertruppen und Filmprojekte subventioniert –, aber all diese Kräfte werden langfristig auch als potentielle Software-Lieferanten betrachtet. Ohne Komplexe werden Überlegungen angestellt, wie die luxuriösen und bisher kaum «rentablen» klassischen Kulturinstitutionen (Oper, Theater, Museen) den «Kulturindustrien» nutzbar zu machen seien, wie also bisherige Elitekultur in künftige Kabelkultur verwandelt werden kann.

Im übrigen wird daran gearbeitet, «niedere», weniger ernst genommene Ausdrucksformen (zum Beispiel Comics oder Trickfilme) aufzuwerten, zumal wenn sie sich besonders gut fürs Programmgewerbe eignen. Ein Beispiel: in der südwestfranzösischen Provinzstadt Angoulême wurde ein auf Privatinitiative entstandenes Comic strip-Festival zur Keimzelle des ersten europäischen Zentrums der Comics- und Trickfilmproduktion, und Mitterrand und Lang machten sich dafür stark, Angoulême auch gleich zur Kapitale der elektronischen Bildherstellung auszubauen. Damit wird deutlich: Der Begriff «Kultur» bekommt umfassendere Bedeutung. Es geht um weit mehr als die Pflege der sogenannten Schönen Künste. Als «kulturelle Transformation» (Mitterrand) wird der gesamte Übergangsprozeß in die Ära der neuen Technologien verstanden; das Hineinführen in die «post-industrielle» Zivilisation wird als Kulturaufgabe definiert. Das verlangt nicht zuletzt eine erzieherische Anstrengung: Es gilt, das Interesse der Bevölkerung auf neue Technologien und Medien hinzulenken und die Mentalitäten dahingehend zu verändern, daß nun auch technische Leistungen als «kulturell» akzeptiert werden. Dazu sollen unter anderem einige neu konzipierte Museen für Technik und Wissenschaft beitragen, die in mehreren Städten eingerichtet werden. Die vielbejubelte kulturelle Offensive hat also eine ganze Menge zu tun mit den wirtschaftlichen Perspektiven und Zielen Frankreichs; hinter der auf den ersten Blick erstaunlichen Großzügigkeit des Budgets verbirgt sich auch ziemlich nüchternes ökonomisches Kalkül.

Chantons français!

Die Musikszene

In Bourges, der Kapitale der ländlichen Provinz Berry, wo George Sand, die Dichterin und Frauenrechtlerin, ihre Bauernromane angesiedelt hat, installierte de Gaulles Kulturminister Malraux sein erstes Maison de la Culture. 1977 tat sich dort ein «progressiver» Kulturhaus-Animateur mit dem Leiter einer etwas alternativ angehauchten Konzertagentur zusammen, um ein kleines Festival auf die Beine zu stellen, weitab von der schicken Pariser Szene und dem Glamour der Music-Halls. Hier wurden solche Chansonniers vorgestellt, die wenig Zugang zu den Medien hatten. Der Akzent lag auf engagierten, realistischen Chansons; die Sänger, die man anfangs zusammenbrachte, traten sonst bei den Festen linker Parteien und Organisationen (wie PSU, LCR, LO oder FA), bei Solidaritätsveranstaltungen oder bei Unterstützungsgalas für bedrohte Zeitschriften auf.

Aus dieser Einzelinitiative ist in wenigen Jahren eines der größten und wichtigsten Ereignisse für das französische Chanson geworden: «Le Printemps de Bourges», ein Woodstock der frankophonen Musik, Gradmesser für aktuelle Trends, Sprungbrett für neue Kräfte. Mit jedem Jahr wuchs bisher das Publikum um rund 10 000 Menschen an. Inzwi-

schen sind es gut 80 000, die sich Anfang April nach Bourges aufmachen und zehn Tage lang für ungewöhnliche Belebung der altehrwürdigen Provinzstadt sorgen. Einiges hat sich seit 1977 verändert: Viele der anfangs kaum bekannten Interpreten sind große Stars geworden, was Avignon und Nancy fürs Theater, das ist der «Frühling von Bourges» inzwischen fürs Chanson. Dabei hat sich das Programmangebot längst auch ausgedehnt auf andere musikalische Bereiche: Jazz und Rock, Reggae und Salsa werden einbezogen, Gruppen von den Antillen und aus Afrika treten auf. Über 250 Leute nehmen aktiv an den Veranstaltungen teil – eine Mischung aus anerkannten Stars und unbekannten Talenten, die sich hier erstmals vor einem Riesenpublikum präsentieren können.

Bourges ist ein professionell organisiertes Großspektakel geworden, aber immer noch herrscht eine lokker-entspannte Gesamtstimmung; über allem liegt eben ein Hauch von Woodstock, der «Printemps» ist nicht schick, wird nicht dominiert vom blasierten Pariser Insider-Publikum; hier kommen Leute her, die sich in Zelten unterbringen lassen. Grelle Punkvögel mischen sich mit ökologischen Rucksacktypen. Das ganze Festivalgeschehen ist eingebettet in einen von Würstchen- und Frittenqualm durchzogenen Basar, wo fliegende Kleinhändler marginalen Krimskrams anbieten, wo immense Geschäfte mit Sandwiches und Dosenbier gemacht werden.

Der Staat läßt singen

Was sich bis dahin außerhalb oder am linken Rand des französischen Musik-Business abgespielt hat, wird seit 1981 vom Staat unterstützt und demonstrativ gefördert. Das Kulturministerium entdeckte die populäre Musik als subventionswürdigen Kulturbereich und half mit, den Printemps de Bourges zum Schaufenster des «Neuen französischen Chansons» auszubauen. Man hat gemerkt, daß im U-Musik-Bereich zuviel Anglophones aus den Lautsprechern quillt, was den Willen bestärkte, die hexagonal-blau-weiß-rote Musikproduktion anzukurbeln. Außer für Filme und Comics wittert man nun auch für die französische Konsum-Musik größere Marktchancen. Dazu bedarf es neben den Promotionskampagnen im staatlichen Rundfunk auch besserer Produktions- und Verbreitungsbedingungen: So wurden zunächst vier regionale Chanson-Zentren geschaffen, weitere sollen folgen. Dort finden die Musiker Übungsräume sowie organisatorische und finanzielle Hilfe beim Durchführen von Provinztourneen. Dann ist auch noch gleich ein Centre national des variétés in Paris gegründet worden, eine Art nationale Schule für Unterhaltungskünstler – unter den Begriff «variétés» fällt praktisch sämtliche musikalische Unterhaltung diesseits von Rock 'n' Roll. Die Einmischungen von oben hatten am Anfang einige peinlich-chauvinistische Züge und wurden entsprechend bespöttelt. Man bemühte sich dann aber rasch um einen pluralistischeren Anstrich, und trotz unfranzösischer Herkunft soll nun auch der Rock gefördert werden. Mit staatlichen Mitteln werden mehrere über das Land verteilte Rockkonzertsäle gebaut.

Welch große Bedeutung diesem Bereich der Kulturindustrie beigemessen wird, sieht man daran, daß sich höchste staatliche Kreise für den

Ausbau des U-Musik-Sektors stark machen. Der Präsident der Republik bezeichnet sich plötzlich als großer Freund des Rock und gibt sich die Ehre bei der Eröffnung des Pariser Konzertsaals Zenith. Da möchten auch die anderen Herren nicht hintanstehen: Glaubt man den Bekundungen, dann steckt die ganze Regierung voller Rock-, Pop und Jazzfreaks. Einer von ihnen ist der Verteidigungsminister, der ja einen beträchtlichen Teil der französischen Jugend unter seiner Fuchtel hat. Jüngst erklärte er, er wolle sich für mehr Jazz in der Kaserne einsetzen. Swinging Force de frappe! Mit Be-bop ins letzte Gefecht...

Chansons gegen die Obrigkeit

Ein bißchen paradox mutet das schon an, denn eigentlich hat das französische Chanson mit dem Staat, überhaupt mit der Obrigkeit in ihren verschiedenen Formen, nie sehr viel im Sinn gehabt. Schon in den Liedern des verluderten Magisters François Villon meldete sich ein extrem aufsässiger, spöttischer Geist. Tatsächlich geht das Chanson zurück auf die Tradition satirischer Straßenlieder, in denen sich das niedere Volk über seine Beherrscher lustig machte, was natürlich die Staatsgewalt immer wieder zum Einschreiten veranlaßte. Schon im Mittelalter waren auf den Plätzen, wo sich Gaukler und Sänger hervortaten, Wachposten aufgestellt, um dem Volke aufs Maul zu schauen. Aber das blieb letztlich ein hoffnungsloses Unterfangen, die Flut der frechen Verse war dadurch nicht einzudämmen. Besonders schmerzlich hatte zu seiner Zeit der extrem unbeliebte Kardinal und Regierungschef Mazarin unter den respektlosen Gesängen seiner Untertanen zu leiden: Mehrere tausend Lieder waren über ihn im Umlauf, in denen auch die Intimsphäre dieses gar nicht so frommen Mannes verarbeitet wurde.

Der populärste und berühmteste Vertreter der politisch-kritischen Liedtradition des letzten Jahrhunderts war Pierre-Jean Béranger. Neben politischen Satiren widmete er sich auch sozialen Themen. Schon unter Napoleon I. fiel der Mann unangenehm auf. In der Restaurationszeit mußte er ins Gefängnis, denn die Staatsgewalt hielt seine Gesänge für aufrührerisch und unsittlich. Während des darauffolgenden Bürgerkönigtums richtete Béranger seinen satirischen Spott gegen die Börsianer und Bankiers, also gegen die Herren einer heraufdämmernden neuen Ära. Wie groß seine Beliebtheit in der Bevölkerung war, kann man sich heute kaum mehr vorstellen. Alle Welt kannte die «Nachtigall mit Adlerklauen», wie ihn der deutsche Wahlpariser Ludwig Börne nannte; als er starb, folgten 50 000 Menschen seinem Sarg.

Auch später war das Verhältnis zwischen Herrschenden und Singenden oft reichlich gespannt. Immer wieder wurden Chansonschreiber und -sänger verfolgt und eingelocht. Um sich der Nachstellung zu entziehen, trafen sie sich mit ihrem verschworenen Publikum in verborgenen Kellergewölben, den Caveaux, häufig unterhalb von Kneipen gelegen – eine Vorsichtsmaßnahme, die sich zur Tradition des Chanson-Kellers verharmlost hat. Die empfindlichen Reaktionen von oben weisen indirekt auf die Beliebtheit und Verbreitung des Chansons hin. Seit jeher ist es eine populäre Kommunikationsform, bei der der Text, die Sprache, im Vordergrund steht. Das heißt keineswegs, daß es dabei nur um die Verkündigung politischer oder sozialer Botschaften ginge; Chansons können die verschiedensten Inhalte haben ebenso wie Gedichte, mit denen sie ohnehin eng verwandt sind. So haben denn auch viele Dichter Chansons geschrieben, und viele Gedichte wurden als Chansons vertont – das Chanson ist auch eine literarische Gattung.

Dennoch ist es nicht primär eine Domäne der Intellektuellen. Viele Chansonsänger, unter ihnen einige der größten, kamen aus dem sogenannten Volk, das heißt von unten. Zu ihnen zählt Aristide Bruant (1851–1925), der viele nachfolgende Liedermacher inspiriert hat und dessen Chansons auch heute noch gesungen werden. Bruant, ehemals Kutscher am Pariser Nordbahnhof, sang in seiner Montmartre-Kneipe, dem Chat Noir, derbe Loblieder auf Rechtsbrecher und Straßenmädchen, anarchische Hymnen an das Lumpenproletariat der Vorstädte. Ein rauhbeiniger Bürgerschreck war er, eine Art Charles Bukowski der Jahrhundertwende, und gerne kamen damals die feinen Bourgeois-Schnösel mit ihren modischen Freundinnen herauf auf den Montmartre, um sich unter die Canaille zu mischen und von Meister Bruant höchstpersönlich – ah, das tat gut! – als Idioten und Hohlköpfe beschimpfen zu lassen.

In der Belle Époque begannen dann überall die Chanson-Cafés (Caf'-Conc' genannt) zu florieren. Man ging dorthin so, wie man heute ins Kino geht. Höchstes Ziel der Caf'-Conc'-Sänger waren die ebenfalls zu jener Zeit entstehenden großen Music-Halls. Das Show-Business erlebte seine erste Blüte und setzte seine Normen durch: Eingängige, schlagerähnliche Liedchen, Herz, Schmerz und Schmalz waren gefragt, umrahmt wurden die Vorträge mit Witzchen und Variété-Einlagen. Es war die große Zeit der Mistinguett, die sich als Ersatz für eher bescheidene Gesangsleistungen reichlich mit Federn und Glitzerkram garnierte und fleißig ihre Beine schwang. Ein besonders erfolgreicher Music-Hall-Star war auch Jahrzehnte hindurch der fröhliche Simplex Maurice Chevalier: Über zwei Weltkriege hinweg tänzelte er mit seinem ewigen Strohhut und seinem Spazierstöckchen durch die französische Bühnenwelt.

Dann aber kam Charles Trenet, der «fou chantant», der singende Verrückte, wie ihn Jean Cocteau nannte: Mit seinen ungewohnten Texten, die oft einen Stich ins Surrealistische hatten, ragte er weit heraus aus den Nettigkeiten des pariserischen Unterhaltungsbetriebs. Dennoch (oder deshalb?) wurde er in kurzer Zeit zum Publikumsliebling. Durch ihn bekam das Chanson auch auf der Ebene der Music-Hall neue Qualitäten. Viele der bedeutenderen Chansonniers der Nachkriegszeit bezeichneten Trenet als ihr großes Vorbild. «Ohne ihn wären wir alle Buchhalter geworden», meinte Jacques Brel.

Nachkriegsgrößen

Nach dem Ende des Zweiten Weltkrieges, nach Vichy- und Besatzungszeit erlebte das Chanson seine Auferstehung in den rauchigen Kellern des Pariser Viertels St. Germain-des-Prés – hier waren damals die Brutstätten einer neuen Generation von Intellektuellen, von Schriftstellern, Filmemachern und Musikern. Nonkonformistische Klei-

Chanson-Klassiker Jacques Brel

dung, Boogie-Woogie und existentialistisches Gebaren bestimmten die Szenerie. Juliette Greco, Mouloudji, Boris Vian, so hießen einige der neuen Kräfte. Vor allem der letztere wurde zu einer zentralen Institution des Viertels. Vian war eine Art Alleskönner, er konnte alles ein bißchen – er spielte Trompete, sang, schrieb Musik und Texte, Kurzgeschichten und auch Romane, die dann später durch die '68er Generation zu Kultbüchern gemacht wurden. 1959 starb er, im Alter von 39 Jahren. Wohl seine bekannteste Hinterlassenschaft ist das – während des Algerienkriegs entstandene – pazifistische Lied vom «Deserteur» (so was gab's also auch mal in Frankreich).

Einige andere Jungtalente gediehen in diesem Milieu, die noch heute, als ältere Herren, zu den ganz großen Nummern zählen: Léo Ferré zum Beispiel, der poetische Anarchist mit der wilden, inzwischen weißen Mähne. Zu seinem Repertoire gehören sowohl reportagenhaft aneinandergereihte Impressionen des Pariser Lebens («Paris-Canaille») als auch gefühlvoll-lyrische oder donnernd pathetische Chansons über die Wechselhaftigkeit der Liebe oder die Misere des verkannten Poeten. Eine Zeitlang haben sich linksbewegte Menschen darüber aufgeregt, daß Ferré mit seinem Anarcho-Image hausieren ging, dabei aber dicke Sportwagen fuhr und in den besten Hotels abstieg. Aber wem soll eigentlich damit gedient sein, wenn so jemand wie ein Puritaner lebt? Im übrigen gilt es festzuhalten, daß Ferré so manche Gratis-Gala für seine politischen Freunde von der Fédération Anarchiste gegeben hat.

Ebenfalls zur Tradition des französischen Anarchismus bekannte sich Georges Brassens, einstiger Kaminkehrer aus dem mediterranen Hafenstädtchen Sète, der nach Paris gekommen war, um für die Zeitung «Le Monde libertaire» zu schreiben. Mit seinen ruhigen Liedern, die vom Akzent des Midi gefärbt sind, wurde der 1981 verstorbene Brassens bereits eine Legende zu Lebzeiten. Er verkörperte die spezifisch französische Variante eines antiasketischen Individualismus, bei dem sich die Freude am genußvollen Leben paart mit einer eingefleischten Abneigung gegen Obrigkeiten, personifiziert durch Militärs, Flics oder Pfaffen. Bei alldem blieb er stets gleichmütig sanft, nie gab es aufbrausende Töne in seinem gitarrebegleiteten Sprechgesang. Dennoch hat er auf seine etwas altmodisch-verschmitzte Art gelegentlich ein paar Unsittlichkeiten einfließen lassen, so daß einige seiner Lieder für die staatlichen Rundfunkstationen tabu waren. Inzwischen haben sich die Moralvorstellungen etwas gewandelt, Brassens ist zum unumstrittenen Klassiker aufgerückt, und Klassiker dürfen auch schweinigeln, man denke nur an Goethe.

Ebenfalls schon tot ist ein anderer großer Vertreter des Nachkriegschansons: Jacques Brel, Sohn eines belgischen Fabrikanten, der seine vorgestanzte Karriere hinschmiß und als singender Hungerkünstler nach Paris zog. Vom Temperament und von der Art her, wie er seine Lieder interpretierte, war er grundverschieden von Brassens: ein explosives Energiebündel. Manche seiner Chansons sind voll von aggressivem Hohn, nehmen Heuchelei und geistige Enge der (vorzugsweise flämischen) Spießer aufs Korn, andere stellen Verlierertypen und schrullige Vögel in den Mittelpunkt. Häufig sind Brels Lieder durchsetzt von melancholischen und existentiellen Betrachtungen, oft ist von Verlassenwerden und Tod die Rede.

Zur selben Generation wie Vian, Brassens und Brel gehört Yves Montand. Er ist bei bester Gesundheit und weiter voll im Geschäft. Montand ist italienischer Herkunft und heißt eigentlich Ivo Livi. Schon in Marseille, wohin seine Eltern ausgewandert waren, hatte er erste kleine Auftritte. 1944 floh er nach Paris, um nicht von den Deutschen zur Zwangsarbeit rekrutiert zu werden. Er jobbte als Friseur und Barmann und versuchte es abends als Entertainer in den Clubs der frisch befreiten Hauptstadt. Er war «einer jener kleinen Künstler ohne Zukunft, die in Paris 1944 auftauchten, schlecht sangen, schlecht tanzten und keinen Rhythmus hatten», befand die damals längst erfolgreiche Edith Piaf, die gleichwohl etwas für den jungen Spund übrighatte, ihn unter ihre Fittiche nahm und nach Kräften förderte. Montand wurde populär mit seinen fröhlich-optimistischen oder auch gefühlsseligen Chansons aus der Welt der kleinen Leute, Loblieder auf die «duften Kumpels» aus dem Arbeitermilieu. Seine politische Heimat fand Montand in der KPF: Zusätzlich zu seinem «neutralen» Repertoire wurde er zum Standardinterpreten für militantes Liedgut aus Arbeiterbewegung und Résistance. Als Vorzeige-Chansonnier der Partei, der er rund zwanzig Jahre lang die Treue hielt, reiste er unter anderem auch zu Auftritten nach Moskau. Inzwischen hat er sich allerdings vom blind ergebenen Parteimitläufer zum entschiedenen Antikommunisten und Aufrüstungsbefürworter gewandelt, das heißt «gewandelt» hat er sich gar nicht so sehr, denn die schwarzweißen Denkschablonen sind im Grunde die gleichen geblieben, nur die ideologischen Inhalte sind vertauscht. Abgesehen von seiner peinlich wirkenden neuen Rolle als politisierender Volksheld ist er allerdings immer noch ein großer charismatischer Show-Star.

Ein Nachkriegs-Chansonsänger, der sich selbst stets treu blieb, ist Serge Gainsbourg. Mit politischem Engagement hatte er freilich nie sonderlich viel im Sinn, dieser Nachtvogel aus dem Zigarettenqualm Pariser Bars, der bewußt seine unrasiert-abstoßende Erscheinung pflegt. Seine Spezialität: subtiler Spott mit einem Hauch von Zynismus. Mit ironischem Einverständnis besingt er die Oberflächlichkeit und den Schwachsinn der modischen Schickeria (der er selbst angehört) und stilisiert sich dabei zum ewigen Provokateur. Was immer das «gesunde Volksempfinden» schockiert, ihm ist es gerade recht – Jane Birkins laszives Gestöhne in «Je t'aime – moi non plus» oder eine Reggae-Verballhornung der Marseillaise (für die er dann prompt von Fallschirmjägern verprügelt wurde, die sich in ihrer patriotischen Ehre getroffen fühlten).

Retour à la terre

Während zu Beginn der sechziger Jahre die erste Rock 'n' Roll-Welle, die sogenannte Yé-Yé-Musik, über Frankreich schwappte, bei der etwas unbeholfen, aber verbissen die amerikanischen Originale imitiert wurden (ein Herr Smet aus Nordfrankreich legte sich damals den flotten Namen «Johnny Halliday» zu, unter dem er auch heute noch sein Unwesen treibt), geriet nach '68 die jugendorientierte Musikproduktion eine Weile unter den Einfluß der sogenannten Folk-Musik; deren Säulenheilige waren Leute wie Pete Seeger, Joan Baez und natürlich Bob Dylan. Nach deren Muster machte man sich auch hierzulande eifrig daran, zu irgendwie rebellisch-engagierten Texten die akustische Gitarre zu zupfen. Französischer Großmeister in dieser Disziplin wurde Maxime le Forestier.

Über diese aus Amerika importierte «Folk»-Mode entdeckten dann viele ihr Herz für die Folklore im eigenen Land: Man begab sich auf die Suche nach dem Authentischen, dem Unverfälscht-Bodenständigen, begann sich für Dulcimer und Drehleier, Holzschuh und Bauerntanz zu begeistern. Das war mitunter nicht frei von alberner Bauerntümelei, andererseits aber geriet nun auch wieder die Kultur der regionalen Minderheiten ins Blickfeld, die der französische Zentralismus bisher immer systematisch unterdrückt hatte. Okzitanier wie der Dorfschullehrer Marti, der Elsässer Roger Siffer oder der Bretone Alan Stivell fanden auf einmal ein landesweites Publikum. Es war zugleich die große Zeit der Öko-Bewegung, der Massendemonstrationen von Malville, Fessenheim, Larzac oder Plogoff, bei denen politisierte Folk-Barden stets mit von der Partie waren. In dieser Zeit blühten mancherlei Festivals auf, bei denen Musikanten aus den verschiedenen französischen Regionen auftraten und erstmals voneinander Kenntnis nahmen. Mit einbezogen wurden aber auch zunehmend ausländische Gruppen und Liedermacher, vorzugsweise Lateinamerikaner, von denen sich viele im französischen Exil aufhielten, so die Chilenen Isabel und Angel Parra oder die Gruppe Quilapayun.

Von der damaligen Folk-Begeisterung ist heute nicht mehr viel zu spüren. Das allgemeine Interesse ist erloschen, bei den Plattenfirmen, die noch vor einigen Jahren kräftig absahnten, stehen Regionalmusiker jetzt vor verschlossenen Türen. Der langhaarig-bärtige Folkmensch, wo er sich noch zeigt, wirkt wie ein Fossil, wie einer, der die Kurve nicht gekriegt hat: Sein Look und seine Musik sind von gestern. In Paris, wo die musikalischen Moden gemacht werden, regieren Walkman, Techno-Kult und blasierte Dandytypen. Das heißt nicht, daß es die regionalen Musiker nicht mehr gäbe. Nur füllen sie halt derzeit keine großen Pariser Säle mehr, sondern treten irgendwo auf dem Lande bei Dorffesten auf. Dort, in der Bretagne, im Midi oder im Baskenland, ist allerdings seit jenen Tagen eine eigenständige Musikszene entstanden, wie es sie vorher so nicht gab. Und noch eine weitere Folge hatte die Folk-Welle der siebziger Jahre: Sie hat eine generelle Neugier für ethnische Musik geweckt, hat die Bereitschaft gefördert, sich auf Fremdes, Ungewohntes einzulassen, hat das Augenmerk, beziehungsweise das Gehör, auch auf andere Kulturen gelenkt und viele Franzosen auf einen neuen Geschmack kommen lassen.

Importe aus Übersee

Wer in den größeren Städten sein Radio anschaltet und auf der UKW-Skala herumwandert, wo sich die lokalen Sender drängeln, dem wird auffallen, daß dort tropische Klänge aus der Karibik einen großen Raum einnehmen. Rund eine halbe Million Menschen, die von den Antilleninseln Guadeloupe und Martinique stammen, leben im Hexagon, und gerade in der europäischen Diaspora spielt ihre Musik für sie eine sehr wichtige Rolle, eine Musik, bei der sich afrikanische Rhythmen mit den Tänzen der europäischen Kolonialherren – Quadrille, Mazurka, Polka – gemischt haben zu einem mitreißenden karibischen Amalgam.

Hinzu kommt seit einigen Jahren die afrokubanische Welle, die nach einem Umweg über die New Yorker Latino-Viertel über die gesamte karibische Inselwelt zurückgeschwappt ist mit ihren unzähligen rhythmischen Formen, die allgemein mit dem Sammelbegriff «Salsa» versehen werden. Anhänger dieser Musik finden sich längst nicht mehr nur in der schwarzen Bevölkerung: Immer mehr weiße Franzosen fahren auf Malavoi, Kassav oder Dédé Saint Prix ab. Einigen Anteil an der immer kosmopolitischer werdenden französischen Musikszene haben auch jene, die als politische Exilanten ins Land kamen und sich hier niederließen. Dazu zählen außer den erwähnten Chilenen auch Leute wie der aus Uruguay stammende Daniel Viglietti oder der legendäre argentinische Poet Atahualpa Yupanqui. Die Argentinier haben außerdem den Tango Nuevo nach Frankreich gebracht; einige seiner bekanntesten Vertreter (Juan José Mosalini oder das Cuarteto Cedron) sind in Paris ansässig geworden, wo sich der Tango mit dem Lokal Les Trottoirs de Buenos Aires seinen europäischen Tempel geschaffen hat.

Deutliche Spuren haben aber auch die Brasilianer zurückgelassen. Einige tausend hatten sich bis zur Amnestie von 1980 im französischen Exil aufgehalten, und sie sind während der Zeit ihres Asyls nicht in Sack und Asche rumgelaufen, haben sich nicht verkrochen, sondern auch in Frankreich brasilianische Gewohnheiten und vor allem ihre Musik beibehalten. Die meisten sind dann wieder in ihre Heimat zurückgekehrt, haben aber bei den Franzosen eine erstaunliche Vorliebe für Samba und überhaupt alles Brasilianische zurückgelassen. Auch dies macht sich deutlich im Musikangebot der Rundfunkstationen bemerkbar. Außerdem gibt es immer wieder Gastspiele von brasilianischen Stars wie Gal Costa, Gilberto Gil oder Milton Nascimento.

Pluralistisch in die Achtziger

Und der Rock in Frankreich? Hier finden, wie anderswo auch, sämtliche angelsächsischen Trends ihr Echo. Aber das Ergebnis ist oft wenig mehr als ein blutleeres Imitat, so wie das schon in den Anfangsjahren, der Yé-Yé-Phase der Sixties war, mit dem erwähnten Johnny Halliday und Konsorten, als alles penibel nachgespielt wurde, was über den Teich kam. Auch heute: wenig Originalität, einfallsloser Robotersound für die Kids, selbst hochgejubelte Formationen wie «Téléphone» bieten allenfalls laut auftrumpfende Mittelmäßigkeit.

Ein Grund dafür dürfte sein, daß es bisher etwaigen Talenten schwer bis unmöglich gemacht wurde, sich zu entfalten. Übungsräume oder Auftrittsmöglichkeiten sind extrem knapp. Die jugendfeindlich-konservative Gesinnung, die in vielen Provinzgemeinden noch weit verbreitet ist, hat dafür gesorgt, daß einschlägige Initiativen rasch abgewürgt wurden: In vielen Jugendkulturhäusern waren und sind solche Ausdrucksformen unerwünscht. Nach wie vor ist es selbst in einer Reihe von größeren Städten kaum möglich, so etwas wie einen Rock-Club aufzumachen; bürokratischer Geist und spießige Ordnungsvorstellungen sperren sich dagegen. Weil die Rockszene derart marginalisiert wird, kommen die Gruppen auf keinen grünen Zweig, lösen sich rasch wieder auf oder verbleiben auf unterem Amateur-Niveau. Trotz alledem war nicht zu verhindern, daß der Rock bei Jugendlichen eine immer größere Rolle spielt. In einigen wenigen Orten hat man dem inzwischen kulturamtlicherseits Rechnung getragen und entsprechende Veranstaltungen gefördert oder sogar selbst initiiert. In Rennes zum Beispiel organisiert das Maison de la Culture regelmäßige Rockfestivals, die großen Zulauf haben. In Städten wie Rennes haben sich denn auch – kein Zufall – einige der interessanteren Gruppen herangebildet.

Nun hat also auch der Staat angefangen, förderlich einzugreifen: Wie alle kulturindustriell dynamischen Bereiche beginnt man auch diesen ernst zu nehmen. Und einige Lichtblicke unter den neu aufschießenden Gruppen (Kas Product, Angel Maimone, Rita Mitsouko, Carte de Séjour) lassen erwarten, daß sich der Franzosenrock doch noch zu einem soliden Bestandteil der populären Musikszene entwickeln wird. Allerdings wird er sie sicher nie so eindeutig dominieren wie in manchen anderen Ländern, dafür ist sie wohl schon zu vielgestaltig: Rock, Latino-Einflüsse und die eigene textorientiert-literarische Chansontradition existieren hier nebeneinander. In vielen Fällen vermischen sie sich auch: Unter den populären Musikern scheinen sich gerade diejenigen durchzusetzen, die solche verschiedenen Formen miteinander verbinden.

Einer, der seine ironischen Texte gekonnt mit Blues- und Rockelementen verschmolzen und damit einen intelligent-rockigen Chansonstil entwickelt hat, ist Charlélie Couture, ehemaliger Kunststudent aus Nancy, eine der Lokomotiven der neueren Chanson-Szene, ebenso wie Bernard Lavilliers, ein früherer Fernfahrer und Boxer mit Kraftprotz- und Abenteurer-Image, der in seine Chansons außer Rock auch gern Salsa-, Samba- oder Reggae-Elemente einbringt. Wieder andere rühren so urfranzösische Zutaten wie Akkordeonklänge in ihr musikalisches Gebräu: So der Alt-Neu-Rocker Jacques Higelin oder auch Renaud, der sich in kurzer Zeit vom herumstreifenden Straßensänger zum Superstar gemausert hat. Renaud ist groß rausgekommen mit dem Look des «loubard», des Vorstadttypen mit schwarzer Lederjacke, der aber trotz des herben Erscheinungsbildes und seines vulgären Argots auch mit zarten Gefühlen ausgestattet ist. In seinen Liedern ist viel von Außenseitern und Banlieue-Schicksalen die Rede. Das sind Themen, die sich mit Rockmusik gut verbinden lassen, aber Renaud schlägt dabei eine Brücke zu den Bällen der Arbeiterviertel, den «Javas», den «Bals Musettes», und bezieht sich außerdem bewußt auf das Vorbild Aristide Bruant, den anarchistischen Volkssänger der Jahrhundertwende.

Im Kino-Schlaraffenland – **Frankreichs Filmkultur**

Dem französischen Kino geht es gut. Verglichen mit anderen Ländern strotzt es geradezu vor Gesundheit. Rund 200 Millionen Eintrittskarten werden pro Jahr verkauft, mehr als die Hälfte davon für französische Filme. Lange Schlangen vor den Lichtspielhäusern sind nichts Außergewöhnliches, trotz der gesalzenen Preise. Sehr viel mehr als anderswo gehört hier der Kinobesuch noch zu den populären Vergnügungen. Die Kinokultur ist lebendig, das zeigen nicht zuletzt die beliebten Filmsendungen im Fernsehen und die Unzahl von Filmzeitschriften. Groß ist auch die Gemeinde der besessenen Filmfreaks, der «cinéphiles» (Cinéastes heißen in Frankreich die Filmemacher!). Hoch im Kurs steht bei ihnen unter anderem der deutsche Film, in Paris hat man sicher mehr Auswahl an westdeutschen Streifen als in irgendeiner deutschen Großstadt. Mit rund 150 Filmproduktionen im Jahr liegt Frankreich nach den USA an zweiter Stelle: eine kinematographische Großmacht. Das Festival von Cannes ist das wichtigste Großereignis der Branche, der größte Filmmarkt und Filmrummel der Welt. Daneben gibt es eine Menge weiterer Festivals, die auf bestimmte Genres spezialisiert sind.

Trotz gelegentlicher Krisenphasen hat es die französische Filmwirtschaft als einzige in Europa geschafft, den amerikanischen Konkurrenten die Stirn zu bieten. Eine Voraussetzung dafür ist, daß der französische Film recht gut über den Zweiten Weltkrieg und die deutsche Besatzungszeit gekommen war. Was verblüffen mag: Während dieser Periode ging es ihm sogar glänzend. Aber so paradox, wie es scheint, ist das gar nicht. Denn da waren dank den Besatzern urplötzlich die bis dahin beim Publikum sehr beliebten amerikanischen Filme vom Markt gefegt. Mit der plumpen UFA-Unterhaltungsware, die anstelle dessen in einige Säle kam, waren die Franzosen kaum zu begeistern; sie wandten sich den französischen Filmen zu, die sich nun quasi konkurrenzlos ausbreiten konnten. Das Bedürfnis nach Zerstreuung war groß, die Studios produzierten, was das Zeug hielt, 220 Filme wurden während der Besatzungszeit gedreht. Was die meisten Kinobesucher nicht wußten: Von diesem Boom profitierten auch die Deutschen. Über ihre Firma Continental mischten sie mit bei der Produktion französischer Filme und machten fette Geschäfte. Natürlich wachte die Zensur darüber, daß keine mißliebigen Themen berührt wurden, ansonsten aber blieben die Filme weitgehend unbeeinflußt von Nazi- und Pétain-Ideologie. Auf dieser Basis konnte eine Reihe namhafter Regisseure relativ unbehelligt weiterarbeiten, so etwa Marcel Carné: «Die Nacht mit dem Teufel» und «Kinder des Olymp» entstanden während der Besatzungszeit. Ebenso konnten in diesen Jahren etliche neue Talente auf sich aufmerksam machen, darunter Henri-Georges Clouzot, Jacques Becker, Claude Autant-Lara oder Robert Bresson.

Bei Kriegsende gab es daher für den französischen Film keine Stunde Null. Freilich tauchten nach der Boom-Phase nun wieder die Konkurrenten von früher auf: Die Kinosäle erlebten eine Invasion von ausländischen, vor allem von amerikanischen Filmen, die die Vorrangstellung des französischen Films bedrohten. Deshalb wurde 1948 ein raffiniertes Förderungssystem ersonnen, das bis heute fortbesteht: Auf die Einnahmen sämtlicher in Frankreich gezeigten Filme wird eine Steuer erhoben, die den erfolgreichsten französischen Filmen zugute kommt und die nächste Produktion subventioniert. So werden «E. T.» und «Krieg der Sterne» zwangsweise zu Förderern der französischen Filmwirtschaft. Gleichzeitig mit dieser Regelung wurden damals auch Einfuhrbeschränkungen für amerikanische Filme erlassen.

Dieser Protektionismus führte allerdings bald zu einer gewissen Erstarrung: Die Regisseure der Kriegs- und Nachkriegszeit, allen voran Clément, Clouzot, Carné, Becker, Clair, waren zu etablierten Routi-

Erfolgsfilm aus der Besatzungszeit

niers geworden, wiederholten ihre Erfolgsrezepte und monopolisierten die Produktion. Es war die Phase der «Qualité française». Typisch waren handwerklich saubere Verfilmungen von literarischen Meisterwerken – glatt, professionell, geschmackvoll, aber nichts, was aufrütteln oder stören würde. Rebellen und talentierte Außenseiter hatten bei Produktionsfirmen und Studio-Bossen keine Chance, auch die Kritik war größtenteils auf «Qualité française» eingeschworen. Für ein herausragendes, vom formalen Standard abweichendes Werk wie Max Ophüls' «Lola Montez» gab es damals nur borniertes Unverständnis.

«Nouvelle Vague» contra «Qualité française»

Widerstand gegen den Muff der Qualitätsfilme regte sich allmählich in den Kreisen der weitverbreiteten Filmclubs, vor allem aber erhob die Redaktion der Filmzeitschrift «Les Cahiers du Cinéma» ihre Stimme gegen die ausgepowerten, flach und unkreativ gewordenen Altmeister. Die kinobesessenen Journalisten der «Cahiers» hießen Chabrol, Truffaut, Godard und Rohmer. Als Alternative propagierten sie das Autorenkino. Der Regisseur sollte nicht mehr bloß als routinierter Handwerker ein Faktor unter anderen sein bei der arbeitsteiligen Filmherstellung, sondern seine persönliche Schöpfung hervorbringen, sein Drehbuch selbst schreiben, seinen eigenen Gesichtspunkt vermitteln.

Unbelastet von technischem Know-how machten die rebellischen Filmkritiker, die ihre Kenntnisse als Zuschauer in der Cinémathèque erworben hatten, schließlich selbst den Sprung in die Praxis. Ihr Hauptproblem war, daß sie kein Geld hatten. Niemand aus dem Film-Business hätte ihre Projekte finanziert. Glücklicherweise machte Chabrols Frau eine Erbschaft, und damit konnte ihr Gatte einen ersten, sehr billigen Film, «Le Beau Serge», drehen. Mit den Einnahmen konnten dann die Projekte der Freunde unterstützt werden. Dies war die Initialzündung für eine tiefgreifende Erneuerung des französischen Films: Es entstand, was rasch mit dem Markenzeichen «Nouvelle Vague» versehen wurde. Auf einmal war da ein völlig ungewohnter, neuer Stil: Die Filmemacher gingen mit der Kamera ins Freie, als Dekor benutzten sie die Wirklichkeit, die Straße; Dialoge wurden in einer alltäglichen Sprache geführt, von weithin unbekannten Schaupielern. Filme wie Jean-Luc Godards «Außer Atem» markierten eine ästhetische Revolution. Die traditionelle filmische Erzählweise war über den Haufen geworfen. Frankreich erlebte die Offensive eines neuen filmischen Realismus.

Der Durchbruch der «Nouvelle Vague» vollzog sich plötzlich und spektakulär. Nach einer langen Stagnationsphase schien die Zeit dafür reif gewesen zu sein; hier kam etwas Neues, es setzte sich durch mit dem typischen Wirbel eines Pariser Trends und wurde begleitet von den Lobeshymnen einer wohlwollenden Presse. Die Produzenten witterten rasch den Wind der Veränderung und stiegen in die neue Mode ein. Auf einmal war für viele der Jungfilmer Geld da; das «Neue» war gut und vielversprechend, für eine kurze Weile kam es zu einem Ausbruch von Kreativität. Mengen von Erstlingsfilmen entstanden, und der Boom kam auch Regisseuren zugute, die mit dem Neue-Welle-Kreis um die «Cahiers» gar nichts zu tun hatten, wie etwa Alain Resnais. Der Aufbruch von 1958/59 war eine deutliche Zäsur: Das französische Kino legte seine alten Kleider ab, es erneuerte, modernisierte seine ästhetischen Grundlagen. Die Vertreter der «französischen Qualität» waren von nun an aufs Altenteil geschoben.

Die «Revolution» der neuen Welle hatte allerdings ihre Grenzen: Über die Prinzipien des Autorenfilms hinaus hatte sie wenig inhaltliche Ambitionen. Gern lehnte man sich an große amerikanische Vorbilder an, gab sich formal realistisch, hatte aber über die gesellschaftliche Realität wenig zu sagen. Die Drehbücher blieben oft herkömmlichen Modellen verhaftet, enthielten Krimi-Elemente, Liebeshändel, Dreiecksverhältnisse, das Ganze spielerisch-locker in Szene gesetzt. Der gesellschaftliche Kontext wurde meist souverän ignoriert, fast nichts ist zu spüren vom Algerienkrieg, der immerhin von 1954 bis 1962 stattfand (Ausnahme: Godards «Le petit soldat»). Um Politisches ging's ihnen nicht, den neuen Talenten; sie waren meist kinobesessene Pariser Bourgeois, und das bestimmte auch das Ambiente ihrer Filme: «Untereinander durch Freundschaft, Verpflichtungen und gemeinsamen literarischen Geschmack verbunden, drehen diese Regisseure ihre Filme weniger, um ihre Ideen dem Publikum zu vermitteln, sondern um sich gegenseitig augenzwinkerndes Einverständnis zu signalisieren. Überladen mit Anspielungen, Hinweisen und Zitaten, die nur Eingeweihte verstehen können, sind diese Filme Bälle, die man sich von der einen Seite der Champs-Élysées zur anderen zuspielt», schrieb damals der Kritiker Jacques Siclier.

Nachdem die Neue Welle in ihrer Blüte- und Experimentierzeit den Film aus der Erstarrung der «französischen Qualität» herausgeführt hatte, ebbte sie rasch wieder ab. Was blieb, waren einige Einzelgrößen und ein neues Image des französischen Films; unter dem Zugriff der großen Produzenten schwenkten die meisten Filmautoren auf die breite Straße des gutverkäuflichen Mittelmaßes ein. Mitte der sechziger Jahre war von der Aufbruchstimmung nicht mehr viel zu merken. Bezeichnend ist, wie zu jener Zeit der ehemalige Werbefilmer Claude Lelouch die Versatzstücke der Neuen Welle (Jugend, Liebe, Luxus, Geschwindigkeit) erfolgreich in seinem Mode-Schmalz-Produkt «Ein Mann und eine Frau» verwurstet.

Marx und Coca-Cola

Hervorzuheben ist jedoch die Sonderrolle von Jean-Luc Godard. Von all den neuen Filmemachern seiner Generation ist er am weitesten gegangen, hat wie kein anderer die traditionellen Formen aufgebrochen, das Erzählkino radikal in Frage gestellt. In seiner fortschreitenden Auseinandersetzung mit dem Medium entwickelte er einen sehr eigenen Collagestil. Immer weniger gleichen seine Filme Geschichten, immer mehr ähneln sie reflektierenden Essays. Im Verlauf dieses Prozesses ändern sich auch Godards Themen: Von der Vorliebe für Kinomythen und filmische Zitate, von der spielerischen Dekomposition kommerzieller Genres wie des Gangsterfilms in «Pierrot le Fou» (Elf Uhr nachts) bewegt er sich immer deutlicher hin zu politischen Sujets. So geht es in «Masculin-feminin» (Die Kinder von Marx und Coca-Cola, 1966) unter anderem um die aktuelle Bewußtseinslage französischer Jugendlicher. In «Zwei oder drei Dinge, die ich von ihr weiß» (1967) verbinden sich Reflexionen über das Leben in den anonymen Neubauvierteln der Pariser Vorstadt mit der für Godard typischen Problematisierung der filmischen Kommunikation. Deutlicher noch wird die gesellschaftskritische Position in «Weekend», wo ein bitterböses Schreckbild der bürgerlichen Wohlstands- und Autogesellschaft entworfen wird. Motto: «Die Scheußlichkeit der Bourgeoisie ist nur noch mit größerer Scheußlichkeit zu überbieten.» Im selben Jahr (1967) erscheint auch «La Chinoise», ein Film, in dessen Mittelpunkt die Diskussion um revolutionäre Positionen steht – Godard erweist sich damit als Seismograph für die kommenden Erschütterungen.

Einer der Großen der Nouvelle Vague: François Truffaut

Die Ereignisse von '68 hatten dann weitreichende Auswirkungen für den französischen Film. Es begann damit, daß die Festspiele von Cannes abgebrochen wurden. Eine große Zahl von Filmemachern wurde vom revolutionären Elan ergriffen und blies zum Kampf gegen die «reaktionären Strukturen» des Kommerzkinos. Die nach dem Modell der Französischen Revolution einberufenen «Generalstände» des Films forderten eine völlige Umorganisierung des gesamten Filmwesens, die Zerstörung der Monopole, die Schaffung selbstverwalteter Produktionskollektive und vieles mehr; der Enthusiasmus war groß, man wollte das Kino quasi neu erfinden. Aber letztlich wurde keine der Forderungen realisiert. Die Strukturen der Filmwirtschaft überstanden die revolutionäre Phase der Filmschaffenden, ohne Schaden zu nehmen.

Dennoch hatte die Mairevolte Folgen für den französischen Film. Da war zunächst die militante Filmarbeit: Filmkooperativen entstanden und ein Netz alternativer Spielstätten. Filme über Fabrikalltag oder Streiks wurden gedreht, auf der Suche nach geeigneten neuen Filmsprachen orientierte man sich an Dokumentarfilmern wie Joris Ivens oder Jean Rouch, dem Ahnvater des «Cinéma-vérité». Jean-Luc Godard verabschiedete sich für einige Jahre vom Kinofilm und gründete die «Groupe Dziga Vertov», und um den Dokumentaristen Chris Marker entstand die Kooperative SLON, die heute unter dem Namen «Iskra» als linke Produktions- und Vertriebsvereinigung weiterexistiert. Militante Initiativen gab es auch in den Regionen, so in Okzitanien mit Ciné-Oc oder in der Bretagne mit der Unité de Production Cinéma Bretagne des kämpferischen Filmemachers René Vautier. Eine Zeitlang gab es tatsächlich eine lebendige Gegeninformationsszene jenseits des kommerziellen Kinobetriebs. Die Themen weiteten sich bald von den Fabrikkämpfen auf regionale Auseinandersetzungen (Larzac, Plogoff), Frauenbewegung oder Minderheitenprobleme aus. Inzwischen ist das Interesse an solchen Sujets stark geschrumpft; die großen Zeiten der filmischen Militanz sind vorüber. Zwar sind nicht alle Filmgruppen und Verleihkooperativen verschwunden, aber die übriggebliebenen fristen eine Randexistenz.

Altmeister und neue Trends

Nachhaltiger waren die indirekten Folgen, die sich aus der sozialen Eruption von '68 ergaben: Das französische Autorenkino wandelte sich, neue Themen sind ins Blickfeld geraten, ein verändertes Geschichtsverständnis macht sich bemerkbar. Nicht mehr die Helden der Schulfibeln stehen im Mittelpunkt, sondern «alltägliche» Menschen – so in René Allios «Les Camisards», einem Film über den Kampf protestantischer Rebellen aus den Cevennen gegen das absolutistische Regime Ludwigs XIV. Auch die jüngere Geschichte wurde nun zum Filmgegenstand. Sehr viel Aufsehen erregte «Le Chagrin et la Pitié» (1970) von Marcel Ophüls, der sich mit dokumentarischer Sorgfalt am Beispiel der Stadt Clermont-Ferrand mit Kollaboration und Résistance während der Vichy- und Besatzungszeit auseinandersetzt. Dabei kam ein ungewohntes, vielen auch unbehagliches Bild dieser Epoche zustande: Ophüls rührte an Tabus, zerrte Verdrängtes hervor und zerpflückte die offiziellen Legenden.

Auch das dunkle Kapitel des Algerienkriegs wurde mit René Vautiers «Avoir vingt ans dans les Aurès», am Beispiel eines jungen Wehrpflichtigen, erstmals Gegenstand einer kritischen filmischen Auseinandersetzung.

Außer der Beschäftigung mit der eigenen Geschichte ist auch eine neuartige Hinwendung zu den Regionen festzustellen. So tauchen allmählich immer mehr Filme auf, die nicht mehr in Paris spielen: so sind die meisten Filme von René Allio («Retour à Marseille», «L'Heure exquise») in Marseille angesiedelt, ohne daß diese Stadt, wie bislang üblich, als Dekor für Gangsterumtriebe benutzt würde. Um Menschen in Lyon geht es in Bertrand Taverniers «L'Horloger de Saint-Paul» und «Une semaine de vacances», wo

Jean-Luc Godard bei Dreharbeiten

die spezielle Atmosphäre dieser bürgerlich-konservativen, für Außenstehende schwer zugänglichen Stadt eingefangen wird.

Auch das Land wurde seither stärker für den Film entdeckt, ohne süßliche Idyllisierung und ohne daß seine Bewohner als unzivilisierte Tröpfe karikiert werden und als Witzfiguren herhalten müssen. Im Périgord spielen zum Beispiel Jean-Pierre Denis' «Histoire d'Adrien» und «La Palombière»; mit «La Part des Choses», der Chronik einer Bauernfamilie aus den Landes, schafft Bernard Dartigues eine Art Anti-Dallas aus dem französischen Südwesten. Besondere Beachtung verdient auch der Filmemacher Georges Rouquier mit seinen beiden komplementären Werken «Farrebique» und «Biquefarre»: Im Abstand von 28 Jahren hat er zweimal, 1955 und 1983, die Bauern einer kleinen Gemeinde im südlichen Zentralmassiv ihren eigenen Alltag spielen lassen; beide Filme zusammen bilden ein eindrucksvolles Dokument über die Transformation von Lebensweise und Landschaft in einer relativ kurzen Zeitspanne. Ebenfalls in diesen Zusammenhang gehört Euzhan Palcy, Filmemacherin von der Antilleninsel Martinique, die in «Rue Cases-Nègres» eindringlich das Milieu der schwarzen Arbeiter auf den Zuckerrohrplantagen beschreibt.

Neue Wege wurden im Autorenkino der siebziger Jahre freigelegt, viele begannen, sich an die gesellschaftlichen Realitäten Frankreichs heranzutasten oder auch die selbsterlebten Prozesse zu resümieren. Radikale, das heißt schonungslose Verarbeitung eigener Erfahrungen kennzeichnen das Werk von Jean Eustache. Sein bekanntester Film ist «La maman et la putain» (1973): eine bittere Analyse der orientierungslosen Kinder von '68, mit ihrem modischen Gerede und zynischem Getue – selbstkritisch, ironisch und pessimistisch. Auch in «Mes Petites Amoureuses» (ein nüchtern-beklemmendes Bild einer Kindheit in der Provinz) oder «Une sale histoire» (das Porträt eines Voyeurs) zeigt sich Eustache kompromißlos. Seine Filme sind – auch in ihrer formalen Rigorosität – gespeist vom eigenen Leiden an der Wirklichkeit. 1981 brachte sich Eustache um. Mit dem wenigen, was er hinterlassen hat, gehört er zu den größten unter den französischen Autorenfilmern.

Jean-Luc Godard, der große Guru, war, wie gesagt, nach '68 erst mal für längere Zeit von der großen Filmbühne verschwunden, um sich in die militante Filmarbeit zu stürzen. Nach seiner revolutionären Dziga-Vertov-Phase zog er sich nach Grenoble zurück, betrieb dort eine Video-Produktionsfirma und beschäftigte sich in mehreren experimentellen Streifen mit dem Funktionieren der Meinungsmache mittels Bildmedien. «Comment ça va» und «Ici et ailleurs» waren Arbeiten, die nur ein sehr kleines Publikum erreichten. Seit 1980 ist er wieder in die Kinos zurückgekehrt. «Sauve qui peut, la vie», «Passion» und «Prénom Carmen» sind weitere Schritte auf Godards unermüdlicher Suche nach dem Verhältnis von Abbild und Realität, essayistische Reflektionen über das Problem des Filmemachens. Viele mögen ihn nicht, diesen aggressiven Nörgler, der sich nie mit dem Erreichten zufriedengibt, vielen ist seine eigenwillige Filmsprache zu verwirrend und auch zu anstrengend. Aber ihm kommt das Verdienst zu, wie kein anderer die formalen Grundlagen des Films ins Bewußtsein gerückt und das Element von Konstruktion deutlich gemacht zu haben, anstatt es zugunsten einer illusionären Kintopp-Wirklichkeit zu verbergen.

Auch einer von den «schwierigen» Filmern ist Jacques Rivette. Er sprengt die traditionellen Erzählformen, indem er ohne Drehbuch arbeitet, bloß ein vages Handlungsgerüst vorgibt (Aufhänger ist meist irgendeine geheimnisvolle Verschwörung) und ansonsten die Schauspieler improvisieren läßt. Dabei kommen extrem lange Filme heraus, in denen sich spielerische, komödienhafte Elemente mit Geheimnisvollem und Bedrohlichem vermischen und den gutwilligen (das heißt geduldigen) Zuschauer in eine labyrinthische Fiktionswelt hineinziehen. Rivettes bisher verdaulichster Film war wohl «Céline und Julie fahren Boot»; sein längster, «Out One», bringt es auf zwölf Stunden und ist bisher bloß einmal in Gänze aufgeführt worden.

Gefälliger als diese beiden «Cahiers du Cinéma»-Veteranen verkaufen sich einige ihrer alten Kollegen. Claude Chabrol gerät manchmal arg in die Nähe des oberflächlichen Konsumkinos, aber mit einigen Streifen sind ihm sarkastische Porträts des französischen Provinzbürgertums («Das Biest muß sterben», «Der Schlachter», «Die Phantome des Hutmachers») gelungen, bei denen er hinter einer Fassade von Wohlanständigkeit Abgründe von Heuchelei, Haß und Gewalt sichtbar werden läßt. Immer für (positive wie negative) Überraschungen gut war der 1985 gestorbene François Truffaut. Abgesehen von einer gelegentlichen Vorliebe für Fragen, die um Kinder und das Erwachsenwerden kreisen, legte er sich weder auf bestimmte Themen fest, noch hatte er irgendwelche Botschaften zu verkünden. Mit seiner am großen Vorbild Hitchcock geschulten Detailbesessenheit und einer manchmal etwas penetranten Zitierwut (Kinofreaks können hier Zitate-Erkennen spielen) fabrizierte er intelligentes Unterhaltungskino – Beispiele: «Le Dernier Métro» (1980) oder «Vivement Dimanche» (1983).

Wieder ganz anders geht's bei Eric Rohmer zu. Sein Kino ist ein Kino der Worte und Gedanken; die Handlung wird dabei eher vernachlässigt. Seine Filme sind allesamt «moralische Erzählungen» – so der Titel eines Zyklus, den er von 1962 bis 1972 drehte und zu dem unter anderem «Meine Nacht bei Maud», «Claires Knie» und «Liebe am Nachmittag» gehören: distanzierte Studien, die eine kleine Gruppe von Menschen beobachten bei ihrem Gesellschaftsspiel aus sozialen Konventionen, Kalkül und heimlichen Wünschen. Auch in späteren Filmen («Die Frau des Fliegers» oder «Pauline am Strand») setzt er diese Analysen fort und gibt damit faszinierende Aufschlüsse über Spielregeln und Redeweisen der französischen Gesellschaft.

Auch Alain Resnais setzt den Weg fort, den er 1959 mit «Hiroshima mon amour» begonnen hat: seine Filme sind komplex-verschachtelte Puzzle-Spiele, die die eingefahrenen Vorstellungen von Realität unterlaufen. Auch in neueren Werken wie «Mon Oncle d'Amérique» oder «La vie est un roman» werden die scheinbar gesicherten Orientierungsmuster von Raum und Zeit, von Kausalzusammenhängen und Erkenntnismodellen in Frage gestellt.

Zur ganz alten Garde schließlich gehört Robert Bresson, der unabhängig von Gruppen und Modeerscheinungen seinen strengen mönchischen Stil pflegt, sich in seinen Filmen radikal aufs Wesentliche beschränkt und dabei auf alles Pittoreske und Zerstreuende verzichtet. In großen Abständen, aber regelmäßig – «Der Teufel wahrscheinlich» (1977), «Das Geld» (1983) – macht der alte Eremit immer wieder von sich reden.

Neben diesen Altmeistern eines intellektuellen Autorenfilms, die ihr sehr individuelles Werk über Jahrzehnte weiterführen, haben letzthin auch einige Regisseure auf sich aufmerksam gemacht, die sich den aktuellen Zuständen auf weniger gefilterte Weise nähern. Maurice Pialat ist einer der wichtigsten von ihnen. Seine Filme sind höchst ungemütlich: sei es, daß es um die Beziehungsschlachten eines aneinanderklebenden Ehepaares geht («Nous ne vieillirons pas ensemble»), um die blockierten Zukunftsaussichten von Jugendlichen im nordfranzösischen Industriegebiet («Passe ton bac d'abord») oder um neurotisierende Familienverhältnisse («A nos amours») – stets wird man mit Schrecken Zeuge von alltäglichem Unglück, wie es gewöhnlich im Kino nie vorkommt, sondern höchstens im wirklichen Leben.

Eine große Anzahl jüngerer Filmautoren hat mit einem oder zwei Filmen Beachtung gefunden. Yannick Bellon etwa, mit «L'Amour violé», einem Frauenfilm über Männer und über Vergewaltigung, oder Claude Faraldo, dem nach seinem kannibalischen Grunz-Film «Themroc» (in dem Michel Piccoli einen Polizisten verspeist) 1980 eine subtilere Provokation mit «Deux lions au soleil» gelang. Die beiden «Löwen in der Sonne», das sind zwei Arbeiter, die aus den Ferien nicht mehr ins Arbeitsleben zurückkehren wollen, sondern auf der Suche nach Glück marodierend durchs Land ziehen.

Zu den neuen Namen, die einiges versprechen, gehört auch Jacques Bral, der nach seinem atmosphärischen Nachtfilm «Extérieur nuit» («Die Taxifahrerin») nun mit «Polar» einen gelungenen Krimi nach Art der Schwarzen Serie gedreht hat, sowie Aline Issermann, die in «Le Destin de Juliette» (1983) zwanzig Jahre aus dem tristen Leben einer Arbeiterfrau nachzeichnet – ein Thema, wie es im französischen Film wahrlich nicht sehr häufig vorkommt.

Starsystem und Seelenkino

Nun mögen zwar Leute wie Godard, Bresson oder Pialat allgemein als die zur Zeit wichtigsten französischen Filmemacher gelten, die kommerziell erfolgreichen Regisseure hingegen heißen: Oury, Zidi, Verneuil, Girault – sie spielen ein Vielfaches jener hochgelobten Autorenfilme ein. Was die intellektuelle Filmkritik über ihre Streifen schreibt, spielt fürs Ergebnis in der Kasse keine Rolle. Viel wichtiger ist, daß sie einen zugkräftigen Star anbieten können, denn das Starsystem beherrscht das französische Publikumskino: Den meisten Zuschauern sind die Namen der Regisseure egal, es kommt ihnen primär darauf an, welche ihrer Lieblinge mitspielen.

Manche bekannt gewordenen Schauspieler haben kapiert, welche tollen finanziellen Möglichkeiten für sie in diesem System stecken, vorausgesetzt, sie lassen sich nicht von künstlerischem Ehrgeiz behindern. Die Cleversten unter ihnen haben die Dinge selbst in die Hand genommen und lassen sich ihre Filme auf den Leib schneidern – Alain Delon beispielsweise, der mal mit Regisseuren wie Visconti angefangen hatte, ist schließlich Produzent, Regisseur und Hauptdarsteller in einem geworden, in Filmen, deren einziger Sinn darin besteht, Delon in Szene zu setzen. Noch extremer ist das Beispiel von Jean-Paul Belmondo, dem einstigen Kultschauspieler der «Nouvelle Vague». Mittlerweile hat er sich in das Produkt «Belmondo» verwandelt, zeigt seine Muskeln, verteilt Prügel und glänzt durch akrobatische Einlagen. Die Regisseure seiner Filme betreiben willfährig (sehr gut bezahlte) Prostitution und basteln dem alternden Springinsfeld irgendwelche Vorwände für seine Bravourstückchen zusammen. Mag auch Belmondo der Extremfall sein, so hat doch im allgemeinen das Starsystem großen Einfluß darauf, welche Filme gemacht werden: Oft werden sie von vornherein auf bestimmte populäre Schauspieler hin konzipiert, man denke an Annie Girardot, Isabelle Adjani, Lino Ventura oder Romy Schneider selig.

Apropos Romy Schneider. Sie war das Aushängeschild eines Genres, das typisch ist für den gehobenen Kommerzfilm: das Seelen-Drama. Darin geht's um die bittersüßen Tragödien, die das Leben schrieb. Angesiedelt sind sie meist in den besseren Kreisen, die Protagonisten haben attraktive Berufe, schicke Wohnungen und hübsche Kinder, aber leider haben sie auch Probleme. Genau wie unsereins! Die demagogische Botschaft: Auch die da oben haben im Grunde die gleichen allgemeinmenschlichen Sorgen – Ärger mit dem Nachwuchs, Ehezwist, Herzinfarkt, Krebs – wie beruhigend. Über alle Klassenschranken hinweg sind wir doch alle erst mal Mütter, Väter, Liebhaber, Betrogene, Betrüger und Franzosen. «Nouvelle Qualité

Kasse statt Klasse: Kino fürs breite Publikum

Française» (NQF) wird dieses aalglatt gefilmte Samstag-Abend-Ausgeh-Kino für die Mittelschicht spöttisch genannt. Unbestrittener Großmeister der NQF ist Claude Sautet. Sein Image etablierte er 1969 mit «Die Dinge des Lebens», ein Titel, der über seinem gesamten Œuvre stehen könnte. Immer wieder nimmt er dieselben Stars; seine Lieblingsschauspielerin war Romy, aber mit Vorliebe kommt auch Yves Montand in Sautets hochkarätigen Fotoromanen vor. Das Rezept ist immer wieder dasselbe, eine Mayonnaise, in die wohldosiert und exakt kalkuliert die bewährten Zutaten hineingerührt werden: sehr viel Schönes, Gepflegtes und Sensibles, aber auch ein bißchen was Beunruhigendes, Düsteres, Schicksalhaftes – Liebe, Krankheit, Tod. Man hat's nicht leicht, so ist das Leben, aber Kopf hoch! Man kommt drüber weg. Schließlich sind wir alle eine große Familie.

Kaum weniger schrecklich als das Seelenkino ist das Humorkino. Seine Inkarnation war der 1981 verstorbene Louis de Funès, aber auch nach dem Ableben dieses penetrant grimassenschneidenden Männchens geht das Geblödel unverdrossen weiter. Weit und breit ist kein Talent vom Kaliber eines Jacques Tati zu sehen, der in den fünfziger und sechziger Jahren die hektische Modernisierung des französischen Alltags mit seinen intelligenten Grotesken kommentierte. Bezeichnenderweise konnte er in den letzten fünfzehn Jahren seines Lebens nur einen einzigen Film drehen: Er suchte das Komische in der eigenen Realität, so was kommt nicht besonders gut an beim breiten französischen Publikum. In den erfolgreichen Groß-Spaß-Produktionen wird hingegen meist auf Kosten von Außenseitern gelacht. Unerschöpfliches Reservoir für Heiterkeit sind Minderheiten und Ausländer jeglicher Art. Rasend komisch, wenn sie versuchen, französisch zu sprechen mit ihrem ulkigen Akzent. Sehr beliebt ist auch die Gestalt des Debilen, des unbeholfenen Trottels, wie ihn der Schauspieler Pierre Richard verkörpert. Auf jeden Fall werden zum Amüsement ausgegrenzte Figuren benötigt; über sich selbst zu lachen gehört nicht gerade zu den Tugenden des französischen Filmhumors.

Ein relativ neues Erfolgsgenre ist die Teenager-Schmonzette (zum Beispiel «La Boum» von Claude Pinoteau) mit viel Party-Getanze und Gefummel und erstem Herzeleid, womit die Kinokartenkaufkraft der jüngeren Mitbürger abgeschöpft wird, während die Elterngeneration regelmäßig mit neuen Folgen von «Emanuelle» (oder vergleichbarem) bedient wird, keimfreien Softpornos, die es verdrucksten Bürgern gestatten, sich ohne Kompromittierung aufzugeilen.

Die ansehnlichsten Produkte des Kommerzkinos sind meist noch die Krimis. Da gibt es eine gepflegte französische Tradition, und die großen Produktionsfirmen lassen zuweilen wirklich fähige Filmemacher ran, denn dies ist ein Genre, in dem sich auch anspruchsvollere Filme oft als finanziell rentabel erweisen. Als eine Unter- oder Nebenform des Kriminalfilms hat sich der Polit-Thriller herausgebildet. Hauptvertreter dieser Richtung ist der naturalisierte Grieche Konstantin Costa-Gavras. Er machte sie 1969 mit «Z» populär und liefert seither regelmäßig teuer produzierte Actionfilme mit eingemischter linker Gesinnung. Ein anderer Vertreter dieser Spezies, wenn auch vielleicht eine Nummer kleiner, ist Yves Boisset, mit Filmen wie «Dupont-Lajoie» oder «Le Juge Fayard». Gelegentlich wird diese Art Kino als kritisch-politische Filmkunst mißverstanden. Indessen liegt wohl ein unüberwindlicher Widerspruch darin, anti-imperialistische Positionen mit den Faustschlag-Effekten der Hollywood-Dramaturgie verkaufen zu wollen. Was dabei bestenfalls rauskommt, ist spannende Unterhaltung, Thriller-Genuß mit dem Extra-Bonbon eines guten politischen Gewissens.

Großmachtträume

Kommerzkino in Frankreich: Das ist ein umfassendes System, zu dem Produktion, Verleih und Filmtheater gehören und das von vier großen Firmen – UGC, Gaumont, Pathé und Parafrance – kontrolliert wird. Diese Struktur, in der alle Bereiche der Kinoindustrie erfaßt sind, hat sich in dieser Geschlossenheit Mitte der siebziger Jahre herausgebildet. Damals steckte das Kino in einer akuten Krise, die Zuschauerzahlen verringerten sich ständig, Lichtspielhäuser machten dicht. Da trat ein Kinobesitzer namens Jean-Charles Edeline auf den Plan mit der originellen Idee, die großen Säle, die halbleer blieben, in viele kleine aufzuteilen und statt einem einzigen Film gleich vier oder sechs Filme zugleich anzubieten. So entstanden die Schuhkarton-Kinos, ein Rezept, das sich rasch auch in anderen Ländern durchsetzte. Mit Hilfe staatlicher Subventionen wurden die großen Kinos zerstückelt, und tatsächlich konnte der Zuschauerschwund gestoppt werden; so gesehen war Monsieur Edelines Idee also erfolgreich. Aber nun wurde im Zuge der Durchrationalisierung die Programm-Gestaltung der neuen «multi-salles»-Komplexe ebenfalls von den großen Produktions- und Verleihfirmen übernommen. Von der Filmkamera bis zur Kinoleinwand hatten sie damit alle Elemente unter ihrer Fuchtel. Bis auf die Cinémas d'Art et Essai (sie entsprechen den deutschen Programmkinos), die in den großen Städten, vor allem in Paris, die Intellektuellen mit Filmkunst versorgen, war nun die Kette geschlossen, das Diktat der Kinokonzerne darüber, was gedreht wird und wo, wann, wie lange es gezeigt wird, hatte sich durchgesetzt.

Daß dennoch außerhalb dieses dominierenden Systems eine große Anzahl von Filmen entsteht, hängt mit der staatlichen Filmförderung zusammen. Als de Gaulles kunstbeflissener Kulturminister Malraux merkte, daß durch die automatische Belohnung erfolgreicher Filme nach dem Gesetz von 1948 der kulturelle Edelfilm zu kurz kam, schuf er eine Förderung in Form von Vorschüssen auf zu erwartende Einnahmen. Damit sollte die Produktion von anspruchsvollen Werken unterstützt werden. Praktisch sämtliche Autorenfilme der letzten zwanzig Jahre sind mit Hilfe dieser Förderung zustande gekommen. Da über die Gewährung dieser Vorschüsse eine staatliche Kommission befindet, hat der Staat einen nicht zu unterschätzenden Einfluß auf die Entwicklung des französischen Films.

Kräftig angehoben wurde das Förderungsbudget unter dem sozialistischen Kulturminister Lang. Die heimische Kultur- und Wirtschaftsdomäne «Film» soll gegen die Hauptkonkurrenten, die Amerikaner, gestärkt werden. Ein Ziel dabei ist auch die Erhöhung der französischen Anteile auf dem internationalen Markt. Financiers und Unternehmer werden umworben und sollen in Filmproduktionen investieren wie in Goldminen. Damit das Angebot möglichst breitgefächert ist, werden unabhängigen Produzenten und Verleiher ermutigt, ohne daß man dabei den großen Konzernen allzusehr auf die Füße tritt. Aber als eine unerläßliche Voraussetzung für die Schaffung der kinematographischen Großmacht der Zukunft wird die Pflege einer lebendigen, populären, vielseitigen Kinokultur in der Gegenwart angesehen.

Dazu gehört auch die Dezentralisierung des Kinos. Denn bisher spielte sich fast alles in Paris ab: Mit all den Verleihfirmen, Filmstudios, Filmzeitschriften, der Filmhochschule «FEMIS» und 600 Sälen ist die Hauptstadt das allergrößte Kinoschlaraffenland der Welt. In den Regionen sieht es dagegen oft trübe aus. Das soll sich ändern: So sind bereits acht regionale Filmzentren geschaffen worden. In einigen abgelegenen Gebieten wurden ambulante Kinos ins Leben gerufen, die von Dorf zu Dorf ziehen. Sehr förderlich für die regionale Filmbegeisterung sind auch die vielen thematischen Festivals, die in allen Ecken des Landes aufgeblüht sind: Krimis in Cognac, Komödien in Chamrousse, «ländliche» Filme in Aurillac, «phantastische» in Avoriaz – und über allem natürlich der Riesentrubel von Cannes. Bleibt nur abzuwarten, wie sich diese erstaunlich lebendige Institution Kino in der anwachsenden Konkurrenz mit den neuen Bildmedien behaupten wird.

Wellensalat – **Vom Staatsfunk zur Medien-explosion**

Für den audiovisuellen Sektor ist der 10. Mai 1981 ein einschneidendes Datum: Dem Amtsantritt François Mitterrands folgte eine tiefgreifende Umwandlung der Medienlandschaft. Sein Vorgänger Giscard hatte sich noch ängstlich vor jeder Veränderung gehütet, er saß wie eine Glucke auf den drei Staatsmonopol-Fernsehkanälen und hatte weder etwas für Kabel noch für «freie Radios» übrig. Mit einem Schlag schien dann aber alles anders zu werden: «Die audiovisuelle Kommunikation ist frei!» jubelte der Chef des neu eingerichteten Kommunikations-Ministeriums. Tatsächlich hob nun gleich ein allseitiges Reformieren an. Die Radiowellen wurden liberalisiert, mit der Haute Autorité wurde eine neue Instanz gegründet, die von nun an über die Unabhängigkeit der öffentlichen Medien wachen sollte. Man leitete die Dezentralisierung des Staatsrundfunks in die Wege und lancierte weitreichende Projekte, die der neuen Kommunikationstechnologie zum Durchbruch verhelfen und Frankreich in die Phase der neuen Medienzivilisation vorantreiben sollen.

In Paris an der Seine, schräg gegenüber vom Eiffelturm, steht – kreisförmig, groß und glatt – die architektonische Verkörperung des französischen Medien-Zentralismus: «La maison de Radio France», gemeinhin «La maison ronde» genannt, der runde Festungsturm, un-

«à vous la parole!»

ter dessen Dach bis vor kurzem alles vereint war, was mit Radio und Fernsehen zu tun hatte. Das fremdkörperhaft-arrogante Gebäude stammt aus der de Gaulle-Ära, es wurde 1963 als Sitz der ORTF in Betrieb genommen, der Zentralinstanz der französischen Funkmedien, die sich völlig unter der Fuchtel der Regierung befand. Der Verwaltungsrat wurde komplett von der Regierung ernannt, und außerdem wachte ein Informationsminister als Aufpasser über die Sendeanstalten und sorgte für ein keimfreies, serviles Programm. Das war denn auch dementsprechend muffig und triste. Jahrzehntelang war das Niveau des französischen Fernsehens konkurrenzlos niedrig. Politische Sendungen verbreiteten die dröge Langeweile von Hofberichterstattung, sie waren dominiert von ausgiebiger Selbstdarstellung der Herrscher. Bezeichnenderweise nannte Pompidou das Fernsehen einmal die «absolute Waffe» – kein Wunder, daß da die Herren beim kleinsten Anzeichen von frischer Luft, von eigenständigem Denken sogleich allergisch reagierten.

Durch die andauernde Erfahrung von Zensur und erstickendem Konformismus hatte sich bei den meisten Journalisten Groll und Frust angesammelt. Als dann die '68er Revolte das Land erschütterte, da verlangten auch die ORTF-Leute grundlegende Reformen und traten in den Ausstand. Die fortgesetzten Interventionen von oben, die vielen Demütigungen hatten das Faß zum Überlaufen gebracht. Drei Wochen wurde gestreikt. Als dann die Ordnung wiederhergestellt war, gab's erst mal reichlich Entlassungen und Abschiebungen, die qualifiziertesten Kräfte wurden kaltgestellt. Ergebnis: Das Fernsehen verödete vollends, die Zuschauer fingen an zu murren. Nach und nach durften zwar einige der Rausgeschmissenen zurückkommen, aber die Dauerkrise war damit nicht behoben. 1974, unter Giscard, wurde die ORTF schließlich aufgelöst: Aus dem konfliktgeschüttelten Monstrum wurden sieben Einzelgesellschaften. Gab es bis dahin im Fernsehen nur verschiedene Programme desselben Senders, so sind aus den Kanälen nun voneinander unabhängige Anstalten geworden. Dann kam 1981 die Linksregierung mit ihrem Anspruch, die audiovisuellen Medien aus dem Zugriff des Staates zu befreien. Dazu wurde die Haute Autorité, ein angeblich unparteiisches Überwachungsorgan geschaffen. Über die Zusammensetzung dieser «Hohen Behörde» entschied freilich die Regierung. Die Einflußnahme vollzog sich von nun an indirekter und eleganter. Dankbar hat die nachfolgende Rechte dieses Modell übernommen. Die Instanz, deren Aufgabe es ist, die Medienlandschaft im Sinne der Regierenden zu gestalten, zu säubern und dabei den Schein der staatlichen Nichteinmischung zu wahren, heißt seither Commission nationale de la communication et des libertés (CNCL).

Vorwärts ins audiovisuelle Paradies

Das dritte TV-Programm, FR 3, war von Anfang an geplant als Keimzelle einer künftigen Mediendezentralisierung (FR 3 = France Regions 3). 1983 ging es dann mit der Regionalisierung tatsächlich ernsthaft los. FR 3 teilte sich in zwölf Stationen auf; jede Region sollte nun, so hieß es, ihre kulturelle Identität auch in den Medien zum Ausdruck bringen können, sich endlich nicht mehr bloß an Paris orientieren. Schwierigkeiten haben die neuen Sender in Rennes, Straßburg, Lille, Lyon usw. vor allem wegen ihres sehr schmalen Budgets; sie müssen sehen, wie sie sich mit billigen Studiogesprächen und Gemeinschaftsproduktionen durchwursteln, und dabei zudem die Beschränkung auf eine lokale Kirchturmperspektive (Zuchtbullen-Preisverleihung und ähnliches) vermeiden. Für ausländische Beobachter nimmt sich das alles recht bescheiden bis kümmerlich aus, aber für das zentralismusgewohnte

«La Maison Ronde»: das Pariser Rundfunkhaus

Frankreich bedeutet es einen ungeheuren Aufbruch.

Alles soll anders werden in den Medien: Die Linksregierung legte sich mächtig ins Zeug und beglückte das Volk mit tollen audiovisuellen Spielsachen, zum Beispiel mit «Canal Plus», einem vierten Fernsehprogramm für Abonnenten, das Filme über Filme zeigt, dazwischen ein bißchen Sport und ein paar Nachrichten. Canal Plus sollte den TV-Hunger so lange stillen, bis die Glasfaser-Verkabelung des Landes durchgezogen ist. Gegen Ende des Jahrzehnts wird es soweit sein; 1989, im Jahre 200 der Französischen Revolution, werden zum Beispiel die Pariser zwischen 60 Programmen wählen dürfen.

Aber bis dahin wollten nicht alle warten: wie zuvor die illegalen «radios libres», so begannen immer mehr «freie Fernsehstationen» mit sporadischem Sendebetrieb, pochten auch für sich auf die «Befreiung der Ätherwellen und argumentierten, es gebe noch reichlich ungenutzte Frequenzen, die der Staat gefälligst zur Verfügung stellen solle, wenn es ihm mit der Liberalisierung ernst sei. Auf eine Kraftprobe ließen sich die gebeutelten Sozialisten nicht mehr ein, sie gaben klein bei und stimmten, ihren vormaligen Bekundungen zum Trotz, 1985 dem Prinzip des Privatfernsehens zu. Zwei neue landesweite Kanäle wurden eingeräumt, das fünfte Programm, «La Cinq», bekam der italienische Kommerz-Hai Berlusconi. Der Spezialist für Glitzershows und debile Spielchen gilt als Totengräber des italienischen Films, ist aber mit Bettino Craxi befreundet und insofern ein Mann der Linken. Der sechste Kanal wandte sich mit Videoclips nonstop an die Jugend. 1986 dann der Regierungswechsel: Die Sozialisten waren in der «Liberalisierung» so weit vorgeprescht, daß der Rechten kaum etwas zu tun übrig blieb. Da sie aber als die wahren Matadore des Liberalismus dastehen wollten, beschlossen sie zusätzlich noch die Privatisierung des ersten Programms TF1. Das Flaggschiff des öffentlichen Fernsehens wurde an den Meistbietenden verscherbelt: Das war Frankreichs größter Bauunternehmer, der Betonkönig Bouygues. Die zuvor bereits geschaffenen Privatkanäle wurden Leuten der eigenen Couleur zugeschanzt, wie dem ultra-rechten Pressezaren Hersant, der nun bei «La Cinq» kräftig mitmischen darf. Seitdem ist das französische TV-Geschehen von hemmungsloser Kommerzialisierung bestimmt. Die Sender versuchen sich gegenseitig mit schwindelerregenden Angeboten ihre Stars abzujagen, die Programme sind dem Diktat der Einschaltquoten unterworfen: Von Werbespots zerhackte Spielfilme, schaurige Unterhaltungsspektakel und Seifenopern beherrschen die Szene. Auch Nachrichten und Wetterbericht haben Show-Charakter bekommen. Zugunsten der Populär-Zerstreuung sind politische Magazine, kritische Reportagen und Kulturell-Schwieriges immer mehr verdrängt worden. Als Kompensation oder Alibi ist nun ein spezielles Kulturprogramm, «La Sept», in Entwicklung. Über Satellit ausgestrahlt, soll es auch andere europäische Länder an französischer Medien-Culture teilhaben lassen.

Stimmung fürs Volk

Im Sommer 1979 hob die Polizei in Paris einen Piratensender namens «Radio Riposte» aus und nahm die Diskjockeys mit auf die Wache. Neben diesen beiden Straftätern, Laurent Fabius und Paul Quilès, wurde als weiterer Komplice ein gewisser Mitterrand, François unter Anklage gestellt. In Erwartung einer empfindlichen Strafe zog es dieser Beschuldigte vor, die Präsidentschaftswahlen zu gewinnen, um rasch in den Genuß einer von ihm selbst erlassenen Amnestie zu gelangen. Die beiden Ko-Piraten machte er zu Ministern.

Seither haben sich im Bereich des Radios beachtliche Änderungen vollzogen, und es ist schwierig, die in Bewegung geratene, mutierende französische Radiolandschaft klar und eindeutig zu skizzieren. Relative Fixpunkte bleiben jedenfalls die herkömmlichen Stationen, von denen es zwei Sorten gibt: die staatlichen unter dem gemeinsamen Dach von Radio France, und die sogenannten «radios périphériques», die von außerhalb nach Frankreich reinsenden: RTL (aus Luxemburg), Europe 1 (aus dem Saarland) und RMC (aus Monte Carlo). Alle konkurrieren sie mit France Inter, dem großen landesweiten Staatssender, und außerdem konkurrieren RTL und Europe 1 untereinander, während Radio Monte Carlo (RMC) nur den südlichen Teil Frankreichs bestreicht.

Der erste dieser Peripherie-Sender war Radio Luxembourg. Schon sehr bald nach dem Krieg wurde diese Station aus dem Großherzogtum zuständig für volkstümliche Unterhaltung und Zerstreuung, denn das offizielle französische Radio war sklerotisch und langweilig. Die bieder-familiären Luxemburger hatten so lange mit ihrem gleichbleibend spießigen Dalli-Dalli-Niveau Erfolg, bis plötzlich ein frecher Neuling auftauchte: Europe 1, lanciert von einem Unternehmer, der vorher ein Kommerzradio in Tanger betrieben hatte. Modern – jung – dynamisch, so lautete die Formel von Europe 1 – viel Musik und Werbung, aber auch «richtiges» Radio mit Nachrichten, Diskussionen, Reportagen. Dieser neue Kommerzsender kam den Luxemburgern empfindlich in die Quere und nahm ihnen die Hörer weg. Es mußte also was geschehen, es galt, das allzu muffige Image zu verbessern. Als erstes modernisierte man den Namen und erfand das Kürzel RTL – das klang doch schon viel zeitgemäßer. Und man begann nun auch, nach dem Vorbild der Konkurrenz eigene Reportagen zu machen. Außerdem wurden beliebte Stars rangekarrt, prominente Journalisten, Entertainer der ersten Garnitur und eine allseits beliebte Plaudertante für Psycho-Wehwehchen namens Ménie Gregoire. Nach diesem Facelifting konnte RTL den Kampf wieder aufnehmen.

Seither liefern sich beide Stationen gigantische Werbeschlachten auf den Plakatwänden Frankreichs und auch auf den Autoheckscheiben ihrer Anhänger. Der härteste Kampf wird um die Morgenhörer geführt. Zwischen 6 Uhr 30 und 9 Uhr gilt es, den entscheidenden Schnitt zu machen, dann ist nämlich die Einschaltquote am höchsten und dementsprechend die Werbung am teuersten. Die Arbeiter und Angestellten in den großen Städten stehen immer früher auf, denn ihre Arbeitsplätze liegen immer weiter von den Wohnungen entfernt, und sie müssen jeden Morgen mit entsetzlichen Staus rechnen. Dabei hören sie in ihren Autos natürlich Radio. Ein pausenloses Gute-Laune-Geschnatter wird ihnen um diese Zeit in die Ohren geblasen, durchsetzt mit Jingles und massenhaft Reklame – die beste Gewähr, um den Tag fröhlich zu beginnen … Zwischen 9 und 12 Uhr muß dann eine andere Gruppe bedient werden: Die Hausfrauen, die jetzt alleine in den Wohnungen herumwerkeln. «Jamais seul avec RTL.» Die gilt es nun sanft zu streicheln und ihnen die passende Reklame einzuhauchen. Eiserne Regel: bis mittags leichte, seichte Kost, was fürs Herz, keine formalen oder inhaltlichen Experimente.

Gegen diese Sender versucht sich France Inter durchzusetzen, das landesweit ausgestrahlte Allerweltsprogramm der öffentlich-staatlichen Rundfunkgesellschaft Radio France. Anlehnungen an die kommerzielle Konkurrenz zeigen sich bei der angestrengt quasseligen Fröhlichkeit der Morgensendungen, aber ansonsten bemüht man sich bei France Inter, die obligate Volkstümlichkeit gelegentlich mit anspruchvolleren Inhalten zu mischen. Ein Vorteil: Die Sendungen werden nicht durch Werbung unterbrochen. Wenig schert man sich um Einschaltquoten bei France Culture, dafür um so mehr um Qualität. Hier wird nicht aufs Tempo gedrückt, man läßt sich Zeit für einzelne Themen, was einen deutlichen Kontrast bietet zur üblichen Drei-Minuten-Hektik. Experimentelle Hörspiele, lange Inter-

views, Features zu Literatur, Kino, Wissenschaft: Mit «France Cu» leistet sich das Radio France ein aufwendiges Rundfunkprogramm für eine kleine, aber dankbare Minderheit.

Recht begrenzt ist auch die Zuhörerschaft von France Musique, dem anspruchsvollen Musikprogramm. Hier wird vorwiegend Klassisches geboten, aber auch Jazz. Neben Konzertmitschnitten gibt es ausführliche Porträts einzelner Komponisten. Die Musik wird ernstgenommen und nicht, wie üblich, zum Klangteppich degradiert. France Musique ist insofern ein altmodisch-unzeitgemäßes Radio. Sehr zeitgemäß ist dafür das jüngste Kind des öffentlichen Rundfunks, das 1987 ins Leben gerufene Programm France Info, das nach amerikanischem Muster den ganzen Tag lang ausschließlich News bringt, aufgelockert durch Mini-Reportagen und Jingles.

In Frankreich selbst nur wenig bekannt ist die französische Station mit dem größten Publikum: Radio France Internationale, die als offizieller Auslandssender mit BBC, Deutscher Welle und Voice of America konkurriert. Besonders erfolgreich ist sie im frankophonen Afrika und in Lateinamerika, wo Frankreich als das «Land der Menschenrechte» immer noch über ein großes Renommé verfügt. RFI sendet täglich auch ein zweistündiges Programm in deutscher Sprache: Nachrichten, Reportagen und Interviews zur politischen und kulturellen Aktualität, reichlich garniert mit französischen Chansons. Neben dieser offiziellen «Stimme Frankreichs» unterhält der Staat im Ausland noch ein paar inoffizielle, über eine Gesellschaft namens Sofirad (Société financière de radiodiffusion). Mit Hilfe dieser Firma profitiert der Staat nicht nur finanziell von lukrativen Sendern, sondern übt auch, quasi incognito, politischen Einfluß aus. Da wäre etwa die Radiostation Somera, die von Zypern aus den Nahen Osten (Libanon, Israel) bestreicht, in Tanger Radio Méditerranée Internationale für die Maghrebländer, starke, vielgehörte Sender Africa 1 in Gabun oder auch Radio Caraïbes Internationale, das von Santa Lucia aus die Inselwelt der Karibik berieselt.

Die neue Kakophonie

Zurück nach Frankreich: Da hat es nun wirklich seit 1981 ein kreatives Wuchern auf dem Radiosektor gegeben. Erst mal hat sich Radio France ostentativ dezentralisiert. Neben den landesweiten Programmen (Inter, Culture, Musique) sind bereits 24 lokale Radiostationen entstanden, 60 sind geplant. Ein neues Kapitel in der französischen Radiogeschichte wurde überdies durch die Zulassung privater Radios eröffnet. Etwa 1000 Sender haben im ganzen Land angefangen zu senden, 300 allein in und um Paris. Die Pioniere hatten schon vor Mitterrands Amtsübernahme mit dem Senden angefangen – es war die romantische Zeit der Illegalität. Dann folgte nach dem Mai '81 eine chaotisch-anarchische Blütephase. Gruppen von Jugendlichen, Minoritäten, Einzelgänger, Möchtegern-Diskjockeys, Oberlehrer, Pornographen – alle meldeten sie sich auf einmal über den Äther zu Wort, experimentierten mit den Möglichkeiten von Hörer-Feedback oder gruben Akkordeon-Raritäten von Anno Tobak aus.

Zwischen 80 und 104 Megahertz

(UKW) kochte auf einmal ein vielstimmig-quasselnder und dudelnder Akustik-Brei. Einzige Bedingungen für Sendungsbeflissene waren zunächst Verzicht auf Werbung und Begrenzung der Senderstärke. Nach einem Jahr folgte dann die Prüfung und Genehmigung der Sender durch eine offizielle Kommission. Wer nunmehr eine amtliche Sendeerlaubnis bekam, der wurde, zumindest in den großen Städten, aufgefordert, sich mit anderen Stationen zusammenzutun und mit ihnen eine zugewiesene Frequenz zu teilen. Das führte zu einem entsetzlichen Hickhack – einige lehnten ihre Zwangspartner aus politischen Gründen ab, andere konnten sich nicht über die Zeitaufteilung einigen, und manche beschwerten sich sogar darüber, daß ihre Frequenz zu weit am Rand der Skala läge. Inzwischen hat man sich zusammengerauft, und die Unbeugsamen, die sich dem Arrangement verweigerten, sind nun wieder in die Illegalität gerutscht.

Unter den Legalisierten haben sich unüberhörbar einige große Musiksender durchgesetzt: knallharte kommerzielle Unternehmen mit gutbezahlten Angestellten und Profi-Journalisten für die Nachrichten. Entgegen der blauäugigen Beteuerung der sozialistischen Wellenbefreier, sie würden das kommerzielle Element ausschließen, wurde schon sehr bald satter Reibach gemacht. Noch im März 1984 hatte Kommunikationsminister Georges Fillioud erklärt, «entgegen sich hartnäckig behauptenden Gerüchten» sei die Legalisierung von Werbung «absolut nicht» geplant, vielmehr gelte es, Stationen, die das Werbeverbot mißachten, rigoros zu belangen. Schon zwei Monate später erklärte derselbe Minister: «Wozu ist die Freiheit, Radio zu machen, gut, wenn man die Nutzung dieser Freiheit nicht ermöglicht?»

Der Regierung blieb nichts übrig, als die bereits existierenden, illegalen Praktiken nachträglich zu legalisieren, womit sie ihre eigene Politik auf den Kopf stellte. Gegen den Strom zu schwimmen, den die Sozialisten entfesselt hatten, ohne es recht zu begreifen, war ihnen nicht mehr möglich. Die Ära des privaten Kommerzfunks war eröffnet, viele Sender entwickelten sich zu professionellen Unternehmen. Die größten, wie etwa der Pariser Sender NRJ (2 Millionen Hörer) haben damit begonnen, in den großen Städten «Networks» aufzubauen. Fast sämtliche großen Provinzzeitungen unterhalten inzwischen ihre eigenen «freien» Stationen. Was angefangen hatte mit der Absicht, lokale Kommunikation zu fördern, ist zu einem riesigen Geschäft geworden.

Kosmopolitischer Radio-Alltag

Dennoch haben sich auch manche neuen Töne bemerkbar machen können: Stadtteilgruppen, Vereine, Minderheiten, deren Stimmen und deren Musik bisher kaum oder gar nicht zu hören waren. Gesellschaftliche Subkulturen sind tatsächlich durch die Radios auf neue Weise wahrnehmbar, Bevölkerungsgruppen, über deren Existenz der rotweiß-blaue Normalfranzose bislang gar nichts wußte oder wissen wollte und die in den offiziellen Medien kaum zur Geltung kamen: Araber, Juden, Portugiesen, Italiener, Schwule, Anarchisten, Kreolen, Okzitanier, Armenier, Frauen, Katalanen, Bretonen, Strafgefangene – alle quellen ihm nun aus dem Lautsprecher entgegen. Die Möglichkeit, auf dem FM-Band herumzureisen, ins «exotische» Alltagsleben der eigenen Stadt einzutauchen, hat eine gewisse Neugier entstehen lassen. Vielleicht ist es das Bemerkenswerteste an der ganzen Radioreform, daß sich nun all die Minoritäten, die Un-Franzosen, die Halb- oder Rand-Franzosen plötzlich radiophonisch artikulieren. Auf der Ultrakurzwelle ist hergestellt, was in der Realität der Ballungszentren nur sehr sporadisch gelingen will: ein kosmopolitisches Miteinander der diversen ethnischen Gruppen. Gerade die Immigrés, die in die gesellschaftliche Randzone abgedrängten Fremdarbeiter, haben sich in fast allen größeren Städten einen FM-Platz erobert. Das geht von sehr traditionellen, religiös geprägten Islam-Sendungen bis hin zu den Stimmen der Nachwuchsgeneration, «la deuxième génération», die allmählich beginnt, aus ihrer besonderen Situation – arabische Herkunft und französische Alltagsumgebung – ein neues Amalgam entstehen zu lassen. Inzwischen gedeiht in diesem Milieu zum Beispiel eine eigenartige franco-arabische Rockmusik...

Solche «ethnischen» Radiostationen werden mit großem Enthusiasmus und meistens ehrenamtlich betrieben; oft finden sich verschiedene Nationalitäten zusammen, teilen sich die Sendezeit und machen manchmal auch gemeinsame Programme. Beispiele: «Radio Gazelle» in Marseille, «Radio Soleil» in Paris, «Radio Rencontre» in Dunkerque oder Radio «Trait-d'Union» in Lyon. Trait-d'Union: das heißt Bindestrich und will dementsprechend eine Verbindung herstellen zwischen den im Exil an Rhône und Saône zusammengewürfelten Kulturen, will ein «Anti-Getto-Radio» sein und tatsächlich haben dort Vietnamesen, Armenier, Chilenen oder Tunesier begonnen, sich gegenseitig zur Kenntnis zu nehmen.

Täuschende Vielfalt – **Die französische Presse**

«Die Presse ist kein Mittel zum kommerziellen Profit. Sie ist frei, wenn sie weder von der Macht der Regierung noch von der Macht des Geldes abhängt, sondern einzig vom Gewissen der Journalisten und der Leser.» Im Geiste dieser Deklaration der Rechte und Pflichten einer freien Presse begann 1944, im Jahre der Befreiung von der Nazi-Besatzung, ein neuer Abschnitt in der Geschichte des französischen Zeitungswesens. Alle Blätter, die während der Besatzungszeit erschienen waren, an denen also der Geruch der Kollaboration haftete, mußten eingestellt werden oder wenigstens doch ihren Namen ändern. Heute noch verweisen Titel wie «Le Parisien libéré», «Midi libre», «Dauphiné libéré» auf diese Gründungsphase. Das Pressegesetz von 1944 untersagt Einzelpersonen, mehr als ein Publikationsorgan zu besitzen, auch Finanzgruppen und politische Parteien sollten von nun an gehindert werden, die Informationsmedien zu dominieren.

Ein frommer Wunsch. Nur wenige Jahre später begann der Ex-Kollaborateur Robert Hersant mit den ersten Aufkäufen von Lokalblättern, in deren Direktion er Strohmänner oder Familienmitglieder setzte. Wegen der Größe seines Zug um Zug aufgebauten Zeitungsimperiums hat man ihn den französischen Springer genannt. Dabei ist Hersants Reich inzwischen nur eines unter vielen, und nicht mal das größte. Die bunte Fülle des Angebots in französischen Zeitungsläden und Kiosken läßt kaum ahnen, wie stark die Konzentration bereits ist. Der alles überragende Gigant unter den Pressekonzernen ist die Gruppe Hachette. Sie kontrolliert unter anderem: «Tele 7 jours» (größte Fernsehzeitschrift, 2,7 Millionen Auflage), «Elle», (Mode, 411 000) (France-Dimanche» (Liebeslust und -leid der Publikumslieblinge, 720 000), «Vital» (Gesundheit, 290 000), «Onze» (Fußball, 424 000), «Première» (Kino, 166 000), zwei Video-Zeitschriften (170 000). Aber Hachette, im übrigen auch der größte Buchverlag Frankreichs, ist selbst bloß eine Unterabteilung des großen Matra-Konzerns, nicht zuletzt einer der größten Waffenproduzenten, mit dem wiederum diverse Zeitschriften und die kommerzielle Radiostation Europe 1 verflochten sind. Obendrein ist die Gruppe Filipacchi, die zum Beispiel die große Illustrierte «Paris-Match» und «Lui» und «Playboy» und «Pariscope» usw. usw. rausbringt, ihrerseits wieder mit Matra-Hachette verquickt ...

Die Konzerne haben ihren Sitz natürlich in Paris, dort schlägt seit jeher das Herz der französischen Presse. Allerdings gibt es da gottlob auch noch eine Reihe von Zeitungen, die nicht zu den großen Konzernfamilien gehören und die eine gewisse Unabhängigkeit bewahren, auch wenn ihre Situation häufig instabil ist. Nach wie vor ist Paris das Zentrum der namhaften Tageszeitungen. Ein knapper Überblick über das Spektrum, von rechts nach links: «Le Figaro» war mal eine angesehene konservative Zeitung und wurde durch Hersant zu einem stockreaktionären Kampfblatt («Welt-Niveau») runtergebracht; der «Quotidien de Paris» hat sich 1981 auf Beschluß seines Besitzers aus Marktkalkül von einer eher linken in eine stramm rechte Zeitung verwandelt. Dann ist da noch das politisch eher maßvolle Massenboulevardblatt «France-Soir» aus dem Hersant-Stall und der miefig-populistische «Parisien libéré». Auf der anderen Seite dann «Le Monde», unverrückbare Bastion des anspruchsvollen Journalismus, der PS-freundliche «Matin» und die zwar linke, aber auch nach links hin gerne respektlose «Libération». Nicht zu vergessen die beiden konfessionellen Tageszeitungen: «La Croix», liberal-katholisch, und «L'Humanité» für die schrumpfende Gemeinde der KPF-Gläubigen. «La Croix» ist sogar recht lesbar.

Seriöses aus Paris

Unter all diesen Blättern kann «Le Monde» wirklich als die führende französische Zeitung gelten: Pflichtlektüre für Intellektuelle, Tribüne für politische wie philosophische Köpfe der ersten Garnitur. «Le Monde» nimmt einen speziellen Platz im politischen Leben Frankreichs ein, einen Platz, wie ihn keine Zeitung in Frankreich, in Großbritannien, in den Vereinigten Staaten oder in der Bundesrepublik hat: «Diese Zeitung dient als Gesprächsforum des politischen Milieus mit sich selbst», sagt der sehr medienbewußte Professor Alfred Grosser, der sich in «Le Monde» gern und häufig zu Wort meldet, um den Franzosen die geheimnisvollen Deutschen zu erklären. Das gepflegte Abendblatt – es kommt gegen 16 Uhr mit dem Datum des nächsten Tages raus – mit seinem puritanischen Layout (keine Fotos) war auf de Gaulles Betreiben nach der Libération gegründet worden. Es sollte eine prestigevolle und der Regierung wohlgesonnene Zeitung werden, fing aber sogleich programmwidrig an querzuschießen, unbequeme eigene Meinungen zu entwickeln und sie mit moralischer Unbestechlichkeit zu

vertreten. Schon früh zum Beispiel äußerte «Le Monde» Kritik an der französischen Kolonialpolitik, zeigte eine unfreundliche Haltung gegenüber der NATO, als das noch nicht erwünscht war, und verurteilte mit gleicher Schärfe die stalinistischen Exzesse 1956 in Ungarn wie die französischen Verbrechen in Algerien.

In den letzten Jahren hat nun die Leserschaft von «Le Monde», ebenso wie die der anderen Pariser Blätter, empfindlich zu schrumpfen begonnen, was sich hauptsächlich aus dem veränderten Leserverhalten in der Provinz erklärt. Eine einzige spektakuläre Ausnahme in der Pariser Zeitungsszene macht «Libération», die Anfang 1981, als damals noch linksradikales Alternativblatt mit einer Auflage von 45 000, ihr Erscheinen einstellte, um ein paar Monate später mit verändertem Konzept und modernisierter Aufmachung neu herauszukommen: als nunmehr zwar immer noch irgendwie linke, aber nicht mehr militante, dafür durch und durch profihafte Tageszeitung mit einem Touch von Respektlosigkeit. Erklärtes Ziel des Neubeginns: «Libération» (auch «Libé» genannt) sollte eine «vollwertige», seriöse Zeitung werden, den Ruch der Marginalität verlieren und sich ein größeres Publikum erschließen. Das hieß nun auch: Sportseiten, Herbstmode und Werbung. Die Rechnung ging auf: Heute liegt die Auflage zwischen 90 000 und 110 000, Tendenz steigend.

«Libé» ist ein vielbeachtetes und weithin geschätztes Blatt, nicht zuletzt wegen seiner ausführlichen Reportagen, mit denen es in der französischen Presse konkurrenzlos dasteht. Von der einstigen nonkonformistischen Alternativ-Zeitung sind noch gewisse Allüren geblieben, die jetzt zum Image gehören: die häufige Verwendung von Umgangssprache, manche respektlosen Anzüglichkeiten, die kostenlosen Anzeigen für Knastinsassen, hie und da auch noch mal ein halbwegs engagierter Artikel ... Dennoch: Trotz ihrer Wandlung zu einem clean-modernen, reichlich pariserischen Blatt ist «Libération» unverzichtbar, und wäre es nur wegen des Veranstaltungskalenders, in den sowohl politische Ereignisse und Initiativen als auch kulturelle Geschehnisse in Paris und der Provinz Eingang finden. Nostalgie ist unangebracht, denn letztlich reflektiert die Transformation von «Libé» nur die Evolution der '68er Generation und das Verkümmern der politischen Kultur in Frankreich.

Langweilige Monster: die Zeitungen der Provinz

Außerhalb von Paris ist in den letzten Jahren der Einfluß der «nationalen», das heißt der Pariser Presse merklich zurückgegangen. Die Provinzzeitungen, einst als arme Vettern draußen im Lande verspottet und verachtet, setzen sich beim Publikum immer stärker auf Kosten der Hauptstadtblätter durch, und sie sind im Unterschied zu diesen wirtschaftlich weitgehend gesund. Lange Zeit waren die regionalen Blätter Inbegriff journalistischer Mediokrität. Vermischtes und Klekkerkram aus dem Lokalbereich nahmen großen Raum ein, das Layout war altbacken, der Stil schwulstig und voller Fehler. Das hat sich inzwischen geändert, nicht zuletzt aufgrund der Pressekonzentration in der Provinz. Die kleinen Titel wurden in den fünfziger und sechziger

Jahren von den größeren aufgekauft und verschwanden bald von der Bildfläche. Nach dieser Phase der Neugruppierung begannen zwischen den übriggebliebenen Großen bald wilde Konkurrenzkämpfe: Es ging um die Aufteilung des Hexagon-Kuchens, um das Abstecken des Claims. Der Zeitungskrieg drohte selbstmörderische Formen anzunehmen, und schließlich setzte man sich dann doch lieber ins Einvernehmen: Es kam zu Absprachen, die jeweils einem Provinzpressehaus die Monopolstellung über einen größeren Landstrich sicherten.

Größte der Regionalzeitungen ist «Ouest-France», die quantitativ größte Tageszeitung in Frankreich überhaupt, ein Gigant mit einer Gesamtauflage von 700000 Exemplaren, der mit 33 Lokalausgaben zehn Departements im französischen Westen (zum Beispiel in der Bretagne) bedient. An zweiter Stelle liegt der in Lyon erscheinende «Progrès», Auflage 400000. Ab 1956 hatte er sich wüste Kämpfe mit dem «Dauphiné libéré» (360000) geliefert, bis man beiderseits einsah, daß man dabei war, sich gegenseitig kaputtzumachen. 1966 wurde daher ein regelrechter Friedensvertrag geschlossen, der die Einflußgrenzen festlegte und eine Ära gedeihlicher Zusammenarbeit beim Abschöpfen des Anzeigenmarktes eröffnete. Inzwischen ist üblich, daß sich die benachbarten Blätter nicht in die Quere kommen; «Midi libre» und «Le Provençal» etwa verstehen sich prächtig, respektieren ihre jeweiligen Pfründe und machen, Höhepunkt der Harmonie, dort, wo sich ihre Zonen berühren, eine gemeinsame Ausgabe. Folgen von Konzentration und Monopolisierung: Umfang und formale Qualität der Zeitungen haben zugenommen. Auch gehen die Inhalte nun häufiger über die Kirchturmperspektive hinaus, die «chiens écrasés» (überfahrene Hunde: Bezeichnung für unerheblichen Kleinkram) sind etwas weniger beherrschend. Die Leser haben jetzt allerdings praktisch überhaupt keine Wahl mehr, sie bekommen ihr regionales Einheitsblatt, das sich im übrigen kaum von dem der Nachbarregion unterscheidet. Da diese Zeitungen jeweils das örtliche Monopol besitzen, sind sie bemüßigt, politisch «neutral» zu bleiben. Sie haben ja die Gesamtbevölkerung zu bedienen, und da geht es nicht an, daß sie Teilen der Leserschaft auf die Füße treten. Daraus ergibt sich eine bemerkenswerte redaktionelle Farblosigkeit, wofür allerdings die reichliche Reklame um so bunter leuchtet und strotzt.

Werbung war bisher das fette Geschäft der Provinzmonopolisten. Jetzt aber erwächst ihnen Bedrohung durch die Regionalisierung von FR 3, dem Dritten Fernsehprogramm. Die neuen Lokalsender zeigen nämlich Reklamespots zur Aufstockung ihres knappen Budgets. Seither ist ein großes Wehklagen zu hören, bei dem vom Angriff auf die Pressefreiheit und Einschränkung der Informationsvielfalt die Rede ist. Aber vielleicht schaffen es auch diesmal die Kontrahenten, sich wieder gütlich zu einigen über die Aufteilung des dicken Provinzgeschäfts.

Woche für Woche

Zurück nach Paris. Von dort kommen alle wichtigen Wochenschriften und Magazine: «Le Point» und «L'Express» teilten sich die konservativ gesonnene Leserschaft unter den höheren Angestellten.

Le Nouvel Obs': Wochenmagazin mit linkem Anstrich

Für den linken Bereich der Wochenpresse ist vorrangig der «Nouvel Observateur» (oder «Nouvel Obs» gemäß der französischen Abkürzungsmanie) zuständig: ein früher mal sehr militantes, in den fünfziger Jahren resolut antikolonialistisches Magazin, das während des Algerienkrieges sechzehnmal beschlagnahmt und von der OAS mehrfach mit Bombenanschlägen bedacht wurde. Heute ist der «Nouvel Obs» etwas gesetzter, manchmal leicht snobistisch, der Sozialistischen Partei freundlich, der Kommunistischen dafür um so unfreundlicher gesonnen. Auf jeden Fall gehört er zum lesbaren Teil der französischen Presse, wie im übrigen auch das Wochenmagazin «L'Évènement du Jeudi», das gleichfalls auf der Linken angesiedelt ist, sich aber kaum mit irgendeiner Parteilinie identifizieren läßt.

Eine Wochenzeitung, die aus dem Rahmen dieser Magazine fällt, sehr französisch ist und sehr viel gelesen wird, ist «Le Canard Enchaîné», ein dünnes, verwirrend altmodisches Blatt aus normalem Zeitungspapier, das von den Skandalen der französischen Republik lebt. Nach sorgfältigen Recherchen werden hier die Zumutungen, Peinlichkeiten und Betrügereien aus der Sphäre der politischen Würdenträger serviert, ohne Rücksichtnahmen und in ironische Wortspiele verpackt.

Die Enthüllungen des «Canard» (was im Volksmund soviel wie «Zeitung» bedeutet) sind für die Regentenkaste der Fünften Republik gelegentlich schon recht unbequem gewesen. Minister und hohe Beamte sind bereits durch Canard-Artikel zu Fall gebracht worden. Besonders gebeutelt wurde Giscard d'Estaing, der die ganze Macht dieser bescheiden daherkommenden Zeitung zu spüren bekam. Es war der «Canard», der die peinlichen Diamantengeschenke des Kinderfressers und Giscard-Duzfreundes Bokassa publik machte und lustvoll breittrat. In jene Zeit fielen auch die Lauschangriffe des französischen Geheimdienstes auf das mißliebige Blatt, die den Wanzenlegern nichts einbrachten außer einer hämischen Titelgeschichte der «gefesselten Ente». Seine Informationen bekommt der «Canard» häufig aus dem Inneren der Macht, von Ministerialbeamten, von Verrätern aus den Parteien und auch von Journalisten anderer Zeitungen, die dort nicht können, wie sie wollen.

Das Satire-Blatt gehört zu den sehr seltenen Zeitungen, die vom Verkaufspreis leben, es hat keine Werbung und ist völlig unabhängig. Trotzdem läuft der Laden prima, die

Journalisten sind sogar überdurchschnittlich gut bezahlt, denn die Auflage ist gewaltig: Sie liegt normalerweise so bei 600 000 und schießt gelegentlich auch mal bis zu einer Million hoch. Daher hat die Zeitung eine Menge zusammengesparter Reserven und kann sich auch größere Prozesse leisten.

Von der Szenezeitschrift zum Yuppie-Magazin

Ruhe sanft

Die «alternative» Presse in Frankreich blüht mittlerweile arg im verborgenen. Wenig ist übriggeblieben von der in den siebziger Jahren so beachtlich florierenden «presse parallèle», die im Gefolge des Mai '68 entstanden war, mit Blättern wie «La Cause du Peuple», «L'Idiot international», «Tout» oder «Actuel» sowie einer unüberschaubaren Masse von wilden Regional- und Stadtteilzeitschriften. All das ist heute bis auf spärliche Reste verschwunden. Allerdings ist 1981 die Szene-Zeitschrift «Actuel» wieder aufgetaucht; dort waren in den Siebzigern alle Themen einer damals noch revoltierenden Jugend ausgebreitet: politischer Protest, Rockmusik, Frauenbewegung, Drogen, Schwule, sexuelle Befreiung – alles war dort bunt aufgemischt und mit anarchischem Comic-Layout angerichtet. Jetzt aber ist «Actuel» eine saubergeleckte Jugendillustrierte für die achtziger Jahre geworden – Leitslogan: «modern und interessant» –, ein mit Reklame vollgestopftes Magazin für modebewußte Jungkonsumenten.

Viele ehrgeizige und aufopferungsvolle Versuche sind gemacht worden, die «andere» Presse wiederzubeleben, aber weder «Politique Hebdo» noch «Partis Pris», «Tumulte» oder «Franc-Tireur» vermochten sich lange zu halten. Nach wie vor existiert allerdings ein breites Spektrum von spezialisierten, marginalen Zeitschriften. Die verschiedenen Anarchistenzirkel etwa sind weiterhin präsent mit «Le Monde Libertaire», «Agora» oder «Courant alternatif», Pazifisten und Antimilitaristen bringen «Non-Violence Actualité» heraus, nach alternativen Wirtschaftsformen wird in «Alternatives économiques» gesucht, bewegte Frauen melden sich unregelmäßig-sporadisch mit «Le Temps des Femmes», um Gesundheit beziehungsweise Krankheit geht es in «L'Impatient», und das Journal «M» wendet sich an alle, die eine an Marx orientierte Theorie- und Praxis-Diskussion noch nicht völlig aus dem Kopf verloren haben.

Tintin und seine Erben – **Comics als Volkskunst**

Nirgendwo blüht die Sprechblasenkultur so prächtig wie im Hexagon. «Les Bandes Dessinées», kurz «les B. D.», haben sich einen festen Platz im visuellen Alltag erobert. In Tageszeitungen und Wochenzeitschriften gibt es laufend Gastspiele renommierter Zeichner. «Libération» bringt in regelmäßigen Abständen Bildergeschichten von Leuten wie Varenne, Liberatore oder Copi, Namen, die Uneingeweihten wenig sagen mögen, die aber hier den Bekanntheitsgrad von Schlagerstars besitzen. Zudem hat der holländische Chaot Willem eine wöchentliche Rubrik in Libé. Der «Nouvel Observateur», dem «Spiegel» vergleichbar, bedient seine Leser mit kurzweiligen Serien von Reiser, Bretécher oder Wolinski, traditionsgemäß mit politischen Karikaturen durchsetzt ist der satirische «Canard Enchainé», und sogar der distinguierte «Monde» leistet sich gelegentlich Zeichenserien zur Auflokkerung dieses ansonsten puritanisch bilderlosen Blattes. Fast sämtliche Buchhandlungen haben gutbestückte B. D.-Abteilungen, dazu gibt es eine Reihe von spezialisierten Nur-Comix-Läden, stark frequentiert von Liebhabern zwischen 16 und 30, die versunken und mit Kennerblick die großformatigen Bände durchblättern. Auch öffentliche Bibliotheken haben längst B. D.-Regale eingerichtet.

Das Phänomen der «Bandes Dessinées» wird ernst genommen. Neuerscheinungen dieses Sektors werden in seriöser Manier auf den Kulturseiten der Presse besprochen. Inzwischen werden sogar die «Originale» der Zeichner in Galerien ausgestellt und wie Gemälde verkauft. Es ist schick, einen echten Tardi, Bilal, Veyron oder Margerin im Salon hängen zu haben. Signierte Blätter von bekannteren Comic-Leuten wie diesen gehen für durchschnittlich 5000 Francs weg, seltenere Exemplare, vor allem solche von verstorbenen Künstlern, sind entsprechend teurer; für einen echten Hergé etwa muß man bis zu 100000 Francs hinblättern! Was noch vor wenig mehr als einem Jahrzehnt als jugendgefährdender Schmutz geschmäht wurde, wird jetzt als zeitgemäße Ausdrucksform akzeptiert. Manchmal wirkt es schon ein bißchen überzogen und albern, wie da der Schund von einst als hehre Kunst verehrt wird. So gab es kürzlich im Beisein der Pariser Kulturprominenz eine B. D.-Vernissage in der Kapelle der altehrwürdigen Sorbonne: Comics am Grab von Richelieu! Arrrgh!

B. D. für Erwachsene

Das B. D.-Fieber brach voll in den siebziger Jahren aus. Davor gab es allerdings schon ein paar Pioniere, die ein vorwiegend kindliches Publikum bedienten. Ein Begriff für fast alle Franzosen sind die Abenteuer von «Tintin», die seit 1929 erscheinen. Mit dieser Serie, die in 33 Spra-

Wolinski zeichnet für die Linke

chen übersetzt wurde – auf deutsch heißt sie «Tim und Struppi» –, sind Generationen von Franzosen aufgewachsen. «Mein einziger internationaler Rivale ist Tintin», sagte General de Gaulle einmal zu seinem Kulturminister Malraux. Als Tintins Schöpfer, der Belgier Hergé, im Jahre 1983 starb, reagierte die Presse, als habe Frankreich einen Nationalhelden verloren. Sämtliche Zeitungen und Rundfunkstationen brachten ausführliche Würdigungen und Nachrufe. «Libération» kam an diesem Tag mit einer Nummer raus, in der alle Pressefotos durch Hergé-Zeichnungen ersetzt waren.

Im Jahre 1959 erblickte ein zweiter Superstar das Licht der Welt: das pfiffige Galliermännchen Astérix, von René Goscinny erfunden als französisches Gegenstück zu den geläufigen amerikanischen Comicstrip-Helden à la Superman oder Tarzan. In den Astérix-Geschichten werden die Gallier gewissermaßen in den Rang von Cowboys gehievt. Die Stories um ihr rebellisches Dörfchen stecken voller Anspielungen auf das Leben gegenwärtiger Durchschnittsfranzosen, und mit einer gewissen augenzwinkernden Koketterie kommen sie den chauvinistischen Bedürfnissen entgegen: Da kriegen im Unterschied zur tatsächlichen Historie die doofen Römer immer wieder einen drauf von den gewitzten Kelten. Seit dem Tod von Goscinny führt sein inzwischen steinreicher Kompagnon Uderzo den Betrieb alleine weiter. Er malt und textet alles selbst, läßt aber dann die Strips von einem Gehilfen bunt ausmalen, weil er farbenblind ist.

Schon Astérix wendete sich, im Unterschied zu Tintin, nicht mehr bloß an ein Kinderpublikum. Aber richtig los ging's mit den sogenannten Erwachsenencomics dann erst nach der «Kulturrevolution» von 1968. Mit der amerikanischen Hippie- und Undergroundkultur schwappten auch neue ästhetische Formen über den Teich. Zu den neuen Vorbildern gehörten Leute wie Robert Crumb mit seinen garstig-genialen Bildergeschichten oder die Drogentruppe der Freak-Brothers von Gilbert Shelton. Gierig wurden all die wilden Provokationen und Tabu-Sprengungen konsumiert und bald auch kopiert. Nach amerikanischem Muster entstanden etliche Comics-Zeitschriften. Die erste war «Pilote», gegründet vom relativ braven Astérix-Vater Goscinny. Einige seiner Mitarbeiter, unter ihnen die später bekannten Zeichner Gotlib, Mandryka und Claire Bretécher, spalteten sich schon 1973 ab wegen der moralisch etwas betulichen Linie und schufen sich mit «L'Écho des Savanes» ihr eigenes Wirkungsfeld. Dem folgte dann eine Menge weiterer B. D.-Magazine für Nicht-mehr-Kinder, teilweise unter Zuhilfenahme starker Dosen von Sex und Gewalt. Viele blieben Eintagsfliegen, manche haben sich über Jahre gehalten und existieren weiterhin: «Fluide Glacial», «Métal Hurlant», «A Suivre», «Zoulou» und wie sie alle heißen mögen.

Vielgestaltig wie die zeichnerischen Stilrichtungen sind die inhaltlichen Genres: Großer Beliebtheit erfreuen sich Fantasy-Geschichten, Science-fiction-Stories oder surreale Visionen von vergangenen Zivilisationen. Einer der bekanntesten Vertreter dieser Richtung ist der Zeichner Moebius. Andere wie Tardi haben sich aufs Großstadt-Ambiente spezialisiert und malen Thriller, die im zwielichtigen und gefährlichen Milieu von Paris oder New York angesiedelt sind. Bevorzugtes Thema von Frank Margerin hingegen ist das muntere Treiben jugendlicher Vorstadtrocker. Seine Lieblingsfigur Lucien, ein leicht chaotischer Typ mit Lederjacke, Sonnenbrille und Ducktailfrisur, ist zu einem populären Comic-Helden geworden.

Nestbeschmutzer

Ein großer Teil der B. D.-Produktion gibt sich formal ziemlich anspruchsvoll, liefert aber meist nicht viel mehr als harmloses Unterhaltungskino zum Durchblättern. Allerdings erschöpft sich darin das Angebot noch nicht. Daneben gibt's nämlich auch die Kaste der Quertreiber und Schmutzfinken, der Bösewichter und Satiriker, die mit den sauberen, klaren Linien und dem Kunsthandwerk ihrer Kollegen wenig im Sinn haben, auf Fantasy-Visionen pfeifen und sich dafür lieber die Schwächen ihrer Zeitgenossen und Landsleute vornehmen. Viele von ihnen stammen aus dem Stall von «Charlie Hebdo» (inzwischen eingegangene Wochenzeitung) und «Harakiri», einer Monatszeitschrift, die sich im Untertitel als «bête et méchant», als dumm und gemein bezeichnet. Nicht jedermanns Sache, was da so alles aus dieser Sudelküche kommt. Aber wenn auch manchmal die Provokationen Selbstzweck zu bleiben scheinen, so ist es doch einigen dieser Kräfte gelungen, mit böser, spitzer Feder französische Alltagsphänomene aufzuspießen.

Einer von ihnen ist der 1983 ver-

Keine Gnade für die Force de Frappe: Cabu

storbene Jean-Marc Reiser; seine mit sparsamem, scheinbar schludrigem Strich gekritzelten Männchen, Frauchen und Tierchen (am liebsten Ratten) bilden ein groteskes Universum aus alltäglichen Dummheiten, Peinlichkeiten und Obsessionen. Als Antriebskraft der knollennasigen Gestalten spielt Sex in jeder Form eine zentrale Rolle, genau wie im wirklichen Leben. Reiser bringt auch das zu Papier, was an infantilem Schmuddel in den Seelen der Normalmenschen schlummert, also auch in seiner eigenen, und das gerät ihm zugegebenermaßen oft recht unappetitlich. Zarteren Seelen mag er bei erster Begegnung als übler Zyniker erscheinen, seine Art von Ironie ist nicht allen immer sofort zugänglich. Der Nihilist, für den er auf den ersten Blick gehalten werden könnte, war er gleichwohl nicht. Neben seinen bösartigen Geschichten zeichnete er auch eifrig für die französische Öko-Bewegung, und in militanten Blättern (als es die noch gab) wurde er fleißig abgekupfert. In Buchform erschienen sind von Reiser unter anderem «Ils sont moches», «On vit une époque formidable» und «Vive les femmes».

Entschieden ökologisch und pazifistisch orientiert ist auch Reisers Kollege Jean Cabut, genannt Cabu, der trotz linksextremer, das heißt in Frankreich mittlerweile als altmodisch empfundener Positionen ganz groß rausgekommen ist. Berühmt geworden ist er durch seine gezeichneten Reportagen aus dem tiefen Frankreich zu Giscards Zeiten. Jean-Luc Godard hat ihn daraufhin zum besten französischen Journalisten ernannt. Eine tiefe Abneigung gegen alles Militärische prägt Cabus Arbeiten. Verlogenes Politikergeschwafel überzieht er ebenso mit seinem ätzenden Spott wie das dumpfreaktionäre Volksempfinden von Monsieur und Madame Dupont. Eine seiner Standardfiguren ist der «beauf», ein Typ, für den sein eigener Schwager (beauf = beaufrère) das Modell abgab. Schnauzbärtig, schmerbäuchig, Pastis-trinkend, rassistisch, Pétanque-spielend ist Cabus «beauf» der Inbegriff des selbstgerechten französischen Spießers. Cabu ist, wenn so was möglich ist, ein aggressiver Pazifist. Er gehört außerdem zur raren Spezies derer, die eine Art französischer Selbstironie hervorgebracht haben. Aus seinen Zeichnungen, wie aus denen einiger seiner Kollegen, läßt sich in kurzer Zeit mehr über die französische Gesellschaft (vor allem über deren trübere Seiten) lernen als aus manchem soziologischen Lehrbuch.

Mag einem auch die allgemeine Comics-Flut als Teil der allgemeinen visuellen Verblödung erscheinen, so sind doch auch am Rande kritische Talente wie diese herangewachsen. Zu ihnen gehört auch die in Deutschland schon ziemlich bekannte Claire Bretécher. 1974 tauchte ihr erster «Les Frustrés» (Die Frustrierten)-Strip im «Nouvel Observateur» auf und lief dann über viele Jahre. Thema ihrer Geschichten sind zumeist die Mitglieder einer sehr pariserischen Fauna: die mehr oder minder arrivierten Ex-Linken mit ihren Eitelkeiten, Schaumschlägereien und Heucheleien, erwachsengewordene '68er, die im Sumpf des Geldverdienens gelandet sind. In diesem Völkchen, seinen Modeallüren, Beziehungsproblemen und heimlichen Sehnsüchten kann sich das Leserpublikum des «Nouvel Obs» zum großen Teil schmunzelnd wiedererkennen, mit dem neckischen Gefühl, ertappt worden zu sein. So authentisch diese Welt auch von Bretécher vermittelt wird, so bleibt doch immer ein verständnisvoller, mild-versöhnlicher Unterton. Auf die «Frustrierten» folgte dann die Serie «Les Mères»: Mutterschaft im intellektuellen Frustriertenmilieu, und danach, hochaktuell die Geschichte «Le Destin de Monique», ein herzzerreißendes Melodram um Liebe, Leihmütter und tiefgefrorene Embryos.

Sprechblasen-Imperialismus

Claire Bretéchers «Frustrés» haben übrigens inzwischen international eine Auflage von zwei Millionen erreicht. Das gibt eine gewisse Idee von der wirtschaftlichen Bedeutung der Comics. Aus der marginalen Handwerkelei von einst ist eine blühende Industrie geworden, einer der wenigen profitablen Zweige des französischen Verlagswesens. Denn außer in Zeitschriften werden Comics vor allem broschiert oder gebunden als «richtige» Bücher vertrieben. Rund 700 neue Titel kommen jährlich raus, 22 Millionen Bände kaufen die Franzosen pro Jahr und geben dafür 225 Millionen Francs aus. Solche Ziffern lassen normale Buchverleger gelb werden vor Neid. Erfolge dieser Art haben natürlich alsbald das Wohlwollen des Kulturministeriums erregt. So was hat Zukunft und muß gefördert werden! «Frankreich ist weltweit führend auf diesem Gebiet», jubelte Minister Lang, «wir liegen sogar noch vor den USA, dem Herkunftsland des Genres. Um diese Position zu halten, ist es nötig, die Ausbildung der Zeichner sicherzustellen, ja, sie zu ermutigen.»

Gesagt, getan: Das Kulturministerium unterstützt B. D.-Kreationen, gibt Stipendien für junge Zeichner und bereitet internationale Ausstellungen französischer Comic-Stars vor. Und die Provinzstadt Angoulême, Balzac-Lesern aus den «Verlorenen Illusionen» als Inbegriff des Provinziellen ein Begriff, schickt sich an, unter tätiger Mithilfe

Linke Eitelkeiten
und Frustrationen: aufgespießt
von Claire Bretécher

Reiser: Bösartiges aus der Welt der Normalbürger

der Regierung zum Babel der B. D. zu werden. Eine Handvoll Comic-Freaks hatte ursprünglich in den siebziger Jahren auf private Initiative mit einer kleinen jährlichen B. D.-Ausstellung angefangen. Ein jungdynamischer Bürgermeister witterte die Möglichkeit, die karge Kulturszene seiner Gemeinde auf originelle Weise zu beleben, und unterstützte die Sache. Nach 1981 wurde dann das Pariser Kulturministerium aufmerksam, und rasch bekam die lokale Initiative unerwartete Dimensionen: Man bestimmte Angoulême zum Zentrum der französischen Comic-Kultur, die Stadt wurde zum Sitz des nationalen Musée de l'Illustration et de la Bande-Dessinée und einer staatlich subventionierten B. D.-Schule. Gefördert wird auch gleich die Herstellung von einheimischen Trickfilmen, gerade im Hinblick auf den gesteigerten Programmbedarf und die Exportierbarkeit solcher Kulturindustrie-Artikel. Dabei wird in Angoulême mit avanciertesten Methoden, wie zum Beispiel computergesteuerter Bildherstellung, experimentiert. Einschlägige Firmen haben sich dort als Partner für die künftige elektronische Cartoon-Produktion bereits angesiedelt; einige Hoffnungen für die industrielle Zukunft von Angoulême werden in diese Branche gesetzt.

Das bescheidene Jahrestreffen einiger Comic-Liebhaber, mit dem alles anfing, hat sich mittlerweile zu einem «Salon international de la B. D.» ausgeweitet, der jedes Jahr im Januar stattfindet. Dann verwandelt sich das sonst so friedliche Angoulême in ein wahrhaftes Cannes für Comics. Im Umkreis von fünfzig Kilometern um die Stadt herum sind sämtliche Hotels ausgebucht, der «Salon» ist ein Festival mit über 200000 Besuchern und Hunderten von Journalisten. Beliebte Zeichner lassen sich von ihren Fan-Gemeinden huldigen, es gibt Vorträge, Trickfilme, Ausstellungen und unzählige Stände, wo Comics verkauft werden. Vor allem aber treffen sich die Vertreter der Verlage, wobei die ausländischen Käufer bei den französischen und belgischen Päpsten demütig um Lizenzen buhlen.

La Bouffe – **Vom Essen und Trinken**

Eine gute Einstimmung auf kulinarische Freuden: auf französischen Märkten herumspazieren. Mit ihrem sinnlichen Spektakel aus Farben und Gerüchen können sie wie ein Aperitif wirken, Vorahnungen wecken auf mögliche Genüsse. Erstaunt und neugierig nimmt man die Vielfalt und Fülle zur Kenntnis: Auberginen, Courgettes, Chicorée, Mangold und Kürbisse, Berge von Melonen, Zwiebeln gleich in fünf verschiedenen Sorten, Knoblauch auf großen Haufen oder in zopfartigen Gebinden, Eimer von Oliven in unbekannten Varianten, aber der Olivenhändler läßt einen vor dem Kauf probieren. Und die Kräuter – Basilikum, Thymian, Minze und Citronelle – büschelweise. Bei den Fischleuten sind mit ästhetischem Gespür auf grünen Blättern Goldbrasse, Thunfisch und Calamar angeordnet, sowie Seezungen, Austern, Krevetten und allerlei obskures Getier ... Daneben der Käsestand mit einer geradezu perversen Vielfalt – da liegen sie, rund, eckig, pyramiden- oder tortenförmig, in Rollen- oder Kugelgestalt, gelb, weiß, braun, nackt oder mit Aschenkruste, blau geädert, bröckelig, fest oder zerfließend, und obendrauf eingespießt die Namenschildchen: Pont l'Évêque, Saint-Nectaire, Roquefort, Cantal, Morbier, Reblochon, Chaource, Époisses, Étorki – zwischen 400 und 700 Sorten soll es insgesamt geben, niemand weiß das so genau.

Man faßt an, vergleicht, beschnuppert, palavert auf dem Markt. Hier finden die Präliminarien statt zum Zivilisationsakt des Speisens. Immer noch gilt, daß in Frankreich das Essen samt Drum und Dran meist mit größerem Elan und Aufwand betrieben wird als anderswo. Über «la Bouffe» wird geredet, geschwärmt, gestritten, gesungen. Und auch geschrieben: Die französische Literatur wimmelt von Gastmählern, bei Balzac, Zola, Maupassant oder Proust wird dejeuniert und diniert, was das Zeug hält. Erstaunlich viele Restaurant- und Bistroszenen finden sich auf den Bildern französischer Maler, und auch in den Filmen der einheimischen Produktion sitzt man gern an gut gedeckten Tischen. Das Essen ist weit mehr als ein bloßer Akt der Nahrungsaufnahme: Es ist eine Kommunikationsform. Wer von Franzosen eingeladen wird, der wird fast immer zum Diner eingeladen. Viele Menschen lernen sich um ein Mahl herum kennen.

Veröffentlichung des Geschmacks

Das Essen ist so etwas wie der traditionelle Kommunionsakt der republikanischen Bürgergesellschaft Frankreichs. Voraussetzung der allgemeinen Eßbegeisterung war die Französische Revolution: Sie machte die aristokratische Genußkultur zum Allgemeingut. Als nämlich die Angehörigen des Hofadels ins Exil gingen beziehungsweise in den Verliesen der Conciergerie verschwanden, da wurden die Köche der großen Häuser plötzlich arbeitslos. Neue Arbeitgeber waren erst mal keine in Sicht, und so kamen sie auf die Idee, ihre Künste einer zahlungskräftigen Öffentlichkeit anzubieten: Sie machten Restaurants auf. So was gab es im Ancien Régime höchstens in Gestalt simpler Suppenküchen, wie es überhaupt mit dem allgemeinen Eßniveau des Durchschnittsfranzosen nicht weit her war. Nun aber wurden viele der bis dahin exklusiven Küchenschöpfungen und verfeinerten Zubereitungsarten einem größeren Publikum zugänglich; eine neue Art von Lustbarkeit entstand.

Natürlich profitierten zunächst ausschließlich die Reichen von der neuen Errungenschaft, aber die Freude am guten Essen erreichte bald weitere Bevölkerungskreise, das «savoir faire» der großen Küche demokratisierte sich im Laufe des 18. Jahrhunderts. Dieser Prozeß ist mit bestimmten Namen verbunden. Da ist zunächst Antonin Carême, der Messias der «Grande Cuisine». Er stammte aus bettelarmen Verhältnissen, schaffte es, sich über eine Konditorlehre zum Küchenchef «erster Häuser» emporzurackern, und war schon mit 35 Jahren der wohl berühmteste und reichste Koch der Welt. Als erster hatte er sich konsequent daran gemacht, Rezepte zu sammeln, verbreiteten Küchenunfug auszumerzen und Regeln festzulegen. Mit auftrumpfend-diktatorischer Allüre hat er die von ihm erlassenen Gesetze veröffentlicht. Seine zahlreichen Bücher wurden zu Standardwerken, die meisten der großen Köche, die ihm nachfolgten, betrachteten sich als seine Schüler. Bis 1912 eine neue Kochbibel erschien: Escoffiers gigantisches Werk, in dem detailliert und penibel die Zubereitung von mehreren tausend Gerichten festgelegt ist. Neben Rezeptsammlungen und Kochanleitungen entstand eine große und antipuritanische Bibliothek von Schriften, die sich gastronomischen Themen widmeten. Kopf und Bauch traten in ein neues Verhältnis, das genüßliche Plaudern und Nachdenken über Essen gewann manchmal sogar philosophische Qualitäten.

Berühmtester Eß-Schreiber beziehungsweise Gastrosoph, war Jean-Anthèlme Brillat-Savarin. 1825 erschien seine «Physiologie du goût» zum erstenmal. Inzwischen sind die Neuauflagen und Übersetzungen kaum mehr zu zählen. Diese «Physiologie des Geschmacks» ist ein Monument zur Glorifizierung der Tafelfreuden, ein ausuferndes Menü, in dem sich Fragen zur Gesundheit, Speiseregeln und Empfehlungen mit Anekdoten und geistreichen Abschweifungen mischen. Längst wird die Großtat dieses Pariser Richters und Feinschmeckers zu den Klassikern der französischen Literaturgeschichte gezählt. Ein Käse, eine Süßspeise und eine Straße im 13. Arrondissement von Paris sind nach ihm benannt. Noch bei der heutigen Zunft der Gastronomie-Journalisten steht Brillat-Savarin in hohem Ansehen und wird immer wieder zitiert.

Von Carême bis Bocuse: Köche als Superstars

Vorgekautes

«Fresser und Säufer dilettieren in der Kunst des Essens und Trinkens», heißt es in der «Physiologie des Geschmacks». Was hätte Brillat-Savarin wohl zu den Schnell-Abfüllstationen unserer Tage gesagt? Denn auch in Frankreich ist die allgemeine Normierung und Beschleunigung auf dem Nahrungsaufnahmesektor deutlich spürbar. Time is money – dieser Maxime wird die traditionelle Küche, nicht nur die elaborierte, sondern auch die einfachere, volkstümliche nicht gerecht, mit ihren lange geschmurgelten Gerichten und ihren zeitaufwendigen Vor- und Nachspielen. Alles was schnell geht, breitet sich rapide aus. Vor allem in jüngeren Mittelschichthaushalten ist die Ära des Mikrowellen-Grills angebrochen. Erstaunlichen Erfolg haben große Tiefkühl-Supermärkte, wo es allerdings nicht nur Banalitäten wie Fischstäbchen, Erbsen und Spinat gibt, sondern auch viele edlere Gerichte der traditionellen französischen Küche. Es sind traurige Läden; klinisch -weiße Truhen stehen herum, aus denen der Kunde graugefrorene Klumpen rausholt, von denen er hofft, daß sie sich zu Hause in Null Komma nichts in Coquilles Saint-Jacques à la crème oder Gigot aux flagolets verwandeln werden. Einkaufen wie im Leichenschauhaus.

Am schnellsten geht der Vormarsch der Fastfood-Ketten in den großen Städten. Auch Hochburgen der Eßkultur haben sich gegen die Börger-Seuche nicht immunisieren können. Im Gefolge der amerikanischen Pioniere entstanden etliche hausgemachte Schöpfungen mit so klingenden Namen wie «Manhattan-Burger», «Dallas-Burger» oder gar «Loveburger». Rasch erweiterte sich das Junkfood-Angebot auch noch um Schnell-Pizzen, gefüllte Baguettes und Croissants, die den US-Vorbildern an Scheußlichkeit und chemischen Zusätzen in nichts nachstehen. Die Kundschaft solcher Etablissements? Mittags sind es vornehmlich eilige Büroangestellte, abends vor allem die herumstreifenden Kids. Die Beliebtheit barbarischer Freßformen gerade bei jungen Menschen erklärt sich sicher auch dadurch, daß viele die althergebrachten, oft reichlich starren Eßrituale am heimischen Tisch als drükkend empfinden und ihnen das messer-und-gabellose Hineinwürgen von Whoppern als befreiend erscheint.

Natürlich gehen auch Erwachsene in die modernen Schnell-Kantinen, aber weitaus zögernder, so, als würden sie mit schlechtem Gewissen eine Porno-Boutique aufsuchen. Manche tun es zwar, aber sie geben es nicht zu. Sie wissen immerhin noch, daß sie etwas verraten. Und so setzt sich die neue Barbarei vielleicht doch nicht so rigoros durch wie anderswo. Eher entsteht eine Art Parallelsystem: auf der einen Seite der durchkapitalisierte Sektor der standardisierten Abfütterung, auf der anderen die weiterhin in Ehren gehaltene «vormoderne» Qualitätsküche. Die gehört schließlich zum «patrimoine national», zum nationalen Kulturerbe, das es zu pflegen gilt. Es besteht ein ökonomisches Interesse daran, den Ruf des Landes als kulinarische Weltmacht zu sichern, denn Frankreich steht als Exportnation für Eß- und Trinkbares nach den USA an zweiter Stelle in der Welt, und es sind vor allem Produkte gehobener Qualität, die da verkauft werden. Auch deswegen

bekommen Spitzenköche das Kreuz der Ehrenlegion verliehen.

Provinzielle Genüsse

Auch unterhalb gekrönter oder besternter Speisehäuser gibt es ehrgeizige oder schlicht honorige Restaurants, wo dem Gast mehr geboten wird als bloß profitable Abspeisung. Gerade in der Provinz findet man so was noch sehr oft, meistens ist es dort im übrigen wesentlich billiger als in Paris. Die französischen Regionalküchen sind immer noch weitgehend intakt und haben im allgemeinen ihre Identität bewahrt. Das Essen und der Wein bestimmen den sinnlichen Gesamteindruck einer Landschaft mit. Für viele Franzosen macht das einen wesentlichen Teil des Vergnügens bei Reisen im eigenen Land aus. Wirft der Gourmand einen Blick auf die Landkarte, so verwandelt sie sich sogleich in eine Speisekarte: Da steht Arcachon für Austern, Le Mans bedeutet Rillettes, Toulouse Cassoulet und Marseille Bouillabaisse; wenn er «Alsace» liest, dann türmen sich vor seinem inneren Auge Würste, Speck und Pökelfleisch zu einem Choucroute-Haufen, und bei «Périgord» denkt er an Foie gras und Gänse-Confit, alles selbstverständlich immer von den ortsüblichen Getränken begleitet.

Nicht selten wird die Reiseroute unter gastronomischen Gesichtspunkten geplant. Viele orientieren sich dabei an den einschlägigen Guides – Michelin, Bottin Gourmand, Gault et Millau –, deren Mitarbeiter ständig das Land nach Qualitätsküchen abgrasen, um ihnen Noten, Kochmützen oder Sterne zu verleihen. Deren Auswahl aber ist begrenzt und beschränkt sich auf die preisliche Oberschicht. Gewiß, so ein Spitzenrestaurant kann schon ein

Erlebnis sein, aber zum einen ist das natürlich teuer, zum anderen geht's da oft ziemlich rituell verkrampft zu. Außerdem ist es sowieso schöner, eigene Entdeckungen zu machen. Empfehlenswert ist immer, sich vor Ort bei Einheimischen zu erkundigen. Mit lokalpatriotischem Stolz werden sie dem Fremdling den Weg zu guten und billigen Speisestätten weisen. Wenn nicht, dann fragen wir eben noch mal.

Es gibt die großen regionalen Spezialitäten, die jedem gleich einfallen und die in allen Büchern stehen, aber wenn man sich intensiver auf eine Gegend einläßt, wird man möglicherweise viele überraschende Gerichte und Zubereitungsarten finden, die anderswo kaum bekannt sind. Ungeahnte, halbvergessene Genüsse lassen sich noch immer auf den Seitenstraßen der französischen Provinz aufspüren. Im Département Drôme beispielsweise, wo um Nyons herum die besten Oliven wachsen, gibt es mit Kräutern in Olivenöl eingelegten Ziegenkäse, und wer Glück hat, bekommt in dieser Gegend noch «la Roustido» serviert: grobe, mit Olivenöl vollgesogene Brotscheiben, mit zerdrückten Knoblauchzehen und Anchovis bestrichen und geröstet, eine der vielen einfachen Köstlichkeiten, die von der Pizza-Welle weggeschwemmt zu werden drohen. In der grünen Weite des Zentralmassivs empfiehlt es sich, auf das Fischangebot zu achten, denn dort gibt es noch immer eine Menge unversauter Flüsse, wo Aal, Hecht und Schleie gefischt werden, neben anderen Fischen, die in deutschen Gewässern längst ausgestorben sind.

Zu entdecken ist vieles, man muß nur bereit sein, sich auf neue Geschmackserfahrungen einzulassen. Oft stehen dem freilich eingefleischte Vorurteile entgegen, zum Beispiel bei Innereien. Kalbsbries, Tripes, Andouillette – Igitt! Von Hirn ganz zu schweigen. Dabei hat's kaum jemand probiert. Pech – wo doch so was gerade besonders delikat sein kann ...

Vom Apéro zum Digestiv

Eine untergeordnete Rolle bei den Franzosen spielt das Frühstück (petit déjeuner). Es besteht aus wenig mehr als einer großen Tasse oder Schale Milchkaffee, zu der rasch ein Croissant oder eine «tartine» reingezogen wird. Eindeutig liegt das Hauptgewicht auf Mittag- und Abendessen (déjeuner und dîner); unüblich sind Zwischenmahlzeiten wie die in Deutschland verbreitete Sitte des Kaffee-und-Kuchen-Verzehrs am Nachmittag. Wer darauf dennoch nicht verzichten will, der sollte dazu nicht in ein Café gehen. Diesen Fehler hatte schon der an k. u. k.-Kaffeehaus-Kultur gewöhnte Franz Kafka gemacht: «Es ist fast die einzige Verbesserung, die mir für Paris eingefallen ist, daß man besseres Gebäck in diesen Cafés anschaffen soll.» Er war aber ganz einfach an der falschen Adresse. Für Strudel und Torten hätte er einen «Salon de thé» aufsuchen müssen.

Wie gestaltet sich nun aber eine reguläre Mahlzeit? Zuallererst wird man sich wohl einen Aperitif genehmigen, nicht unbedingt im Restaurant, dort ist es immer etwas teurer, lieber im Café um die Ecke, an der Theke. Da hängt erst mal eine Batterie von Pastisflaschen der verschiedenen Marken, deren Unterschiede herauszuschmecken dem Nichteingeweihten kaum gelingen dürfte. Wer den Anisgeschmack nicht mag, dem bietet sich eine Unzahl von Apéros auf Weinbasis an – Marken wie Dubonnet, Byrrh, St. Raphael, Noilly-Prat oder südfranzösische Süßweine wie Rivesaltes, Maury und Banyuls. Sehr populär ist auch der aus dem Burgund stammende Kir, ein Gemisch aus Cassis-Likör und trockenem Weißwein.

Das Mahl beginnt: Wenn's nicht vorher ein appetitanstachelndes Hors d'œuvre gibt, kommt als erster Gang ein Entrée. Das kann alles mögliche sein – Rohkostsalat (crudités), Pasteten, Heringsfilets, Schnecken, Russische Eier, Krabben oder Avocados –, der Phantasie sind keine Grenzen gesetzt. Dem folgt der «plat de résistance», das Hauptgericht. Dann kommt in aller Regel der Käse, wobei man sich entweder eine bestimmte Sorte auf der Speisekarte aussucht (einfache Version), oder man bekommt eine große Platte zur Selbstbedienung hingestellt (großzügige Variante). Nach dem Käse die süße Nachspeise. Manche Billigrestaurants und Touristenfallen sind dazu übergegangen, dem Gast abgepackte Eiscreme oder einen Fabrikpudding hinzustellen. Wo man aber nur ein bißchen auf sich hält, da werden «Crème caramel», «Mousse au chocolat» oder «Tarte tatin» selbst gemacht. Dem Dessert schließt sich – klein, schwarz und stark – der «express» an (Café au lait wird nur zum Frühstück getrunken). Wer darüber hinausgehen will und kann, dem bietet sich jetzt ein Digestiv an, ein Cognac, Armagnac, Marc oder Calvados, um die unvermeidliche Präsentation der Rechnung noch ein wenig hinauszuzögern. Sie kommt gewöhnlich auf einem Tellerchen, und es ist üblich, die Gesamtsumme plus Trinkgeld draufzulegen. Der Wunsch, getrennt zu zahlen, würde Verwunderung und Unverständnis hervorrufen – was für ein kleinlicher Abschluß eines gemeinsamen Essens.

Vom Gros Rouge zum Grand Cru

Wein begleitet fast jedes Déjeuner oder Diner. Wein ist zwar auch im Café zu haben oder in einigen speziellen Weinlokalen, vor allem in Paris, aber primär wird er zum Essen getrunken. Unbekannt ist die deutsche Sitte, abends zur Feier des Tages oder des Fernsehprogramms mit Kennermiene ein «gutes Fläschchen» zu entkorken. Dem Weintrinken fehlt das Weihevolle, das Außergewöhnliche. Frankreich ist überzogen mit Anbaugebieten, über drei Millionen Menschen leben auf die eine oder andere Weise vom Wein, weite Landstriche sind von ihm abhängig. Er ist also etwas Alltägliches und zugleich ein bedeutender wirtschaftlicher Faktor, weshalb es auch so schwierig für französische Regierungen ist, konsequent gegen den grassierenden Alkoholismus vorzugehen.

Nun ist Wein natürlich nicht gleich Wein. Himmelweite Unterschiede bestehen zwischen den hochberühmten Großtaten der französischen Weinkultur und dem, was in den Getränkeabteilungen der Supermärkte in den unteren Regalen gestapelt ist: dem «gros rouge», dem Massenwein, der in Literpfandflaschen, Plastikbehältern oder auch als Tetrapack in Erscheinung tritt. Der ist im allgemeinen sehr billig und von höchst fragwürdigem Charakter. Zum größten Teil stammt er von den unendlichen Weinäckern des Midi, wo Reben vielfach angebaut werden, als wären es Rüben. Robuste, extrem ertragreiche Sorten wachsen da, die einen wässrig-flachen Most ergeben, der dann aber in den Kellereien der Großhändler zwecks Abrundung, Farbgebung und Steigerung des Alkoholgrades mit schweren Importen, meist Italienern dubiosen Ursprungs, verschnitten wird. Der Gros Rouge macht weit mehr als die Hälfte der Gesamtproduktion aus. Allerdings sinkt die Nachfrage von Jahr zu Jahr, das Trinkverhalten der Franzosen ändert sich zusehends. Einerseits geht der Trend vom Tischwein weg zum Bier, andererseits zu den Weinen höherer Qualität.

Wie soll man sich nun aber zurechtfinden angesichts endloser Flaschenbatterien, blumiger Namen, vornehmer oder rustikaler Etikette, Symbole und Bildchen? Erste Hinweise kann die Flaschenform geben: Es gibt charakteristische Bordeaux- und Burgunderflaschen, auch für Elsaß und Provence haben sich typische Formen durchgesetzt. Aber auf dieses Merkmal ist nicht immer Verlaß. Die Flaschen sind nicht geschützt, das ermöglicht arglistige Täuschungsmanöver. So kommt manch trauriges Tröpfchen bombastisch in der edlen Bordeauxflasche daher, mit aristokratisch aufgemotztem Etikett. Dennoch: Gerade am Etikett ist der Wein bis zu einem gewissen Grade dingfest zu machen. Denn abgesehen von schmückendem Beiwerk gibt es Auskunft über Herkunft und Qualitätsstufe. Fängt man in der Hierarchie ganz unten an, so ist da zunächst der erwähnte Tischwein, meist mit einem Markennamen versehen; außer einem Hinweis auf den Alkoholgrad ist häufig kleingedruckt die lakonische Mitteilung zu lesen, das Getränk stamme aus Ländern der EG. Es kann aber auch als «Vin de table français» deklariert sein, was auf dieser Ebene nicht viel heißen will. Schon etwas besser als diese Mixturen sind die als «Vin de Pays» (Landwein) eingestuften Tischweine. Sie unterliegen bereits regelmäßigen Analysen und Geschmackskontrollen und stammen aus genau definierten Anbaugebieten des Südens; meist ist auf dem Etikett das Département angegeben, zum Beispiel «Vin de Pays de Drôme» oder «de l'Hérault». Mit etwas Glück lassen sich darunter einfache aber anständige Weine finden. Wieder ein Stück höher auf der Stufenleiter sind die «Vins délimités de qualité supérieure» (VDQS) angesiedelt. Sie haben ein VDQS-Emblem, ein «Label de Garantie», und kommen aus einem eingegrenzten Gebiet, das auf dem Etikett genannt wird (zum Beispiel Minervois, Corbières, Poitou). Festgelegt sind auch Rebsorte, Mindestalkoholgehalt und Anbaumethoden. Zur höchsten der gesetzlich festgelegten Kategorien gehören schließlich die Weine mit einer «Appellation d'origine contrôlée». Diese geschützte Bezeichnung garantiert zunächst wieder die Herkunft aus einer geographisch festgelegten Zone, außerdem müssen verschiedene andere Bedingungen erfüllt sein: edle Rebsorten, begrenzter Ernteertrag, Geschmackstest. Nun wird aber die Sache dadurch kompliziert, daß es innerhalb der AOC-Kategorie weitere Unterteilungen geben kann. Im riesigen Gebiet der Appellation «Bordeaux» beispielsweise gibt es Unterbereiche mit dem Anrecht auf eigene Bezeichnungen, wie etwa «Haut-Medoc», und in denen liegen wiederum einzelne Gemeinden, die ihrerseits unter ihrem Namen auf dem Etikett erscheinen wie «Pauillac» oder «Saint-Estèphe». Dabei ist

Wer die Wahl hat, hat das Vergnügen

jede engere Eingrenzung – zumindest theoretisch – an jeweils strengere Qualitätsanforderungen gebunden. Insgesamt gibt es 251 verschiedene «Appellations» – ein weites Feld mit enormen geschmacklichen und preislichen Unterschieden.

Außer Informationen über die geographische Herkunft und den Rang in der Hierarchie bietet das Etikett auch Aufschluß darüber, ob der Wein von einem Händler (négociant) kommt, oder vom Erzeuger beziehungsweise von einer Winzergenossenschaft (coopérative) selbst abgefüllt wurde. Da steht dann etwa: «mis en bouteille par François Machin, propriétaire (beziehungsweise récoltant) à St. Joseph», oder eben «par Jean-Marie Truc, négociant à Valence». Daraus ist noch kein pauschales Werturteil abzuleiten, denn es gibt honorige Händler, ebenso wie es schlitzohrige «propriétaires» gibt. Gleichwohl ist es beim Winzer, der mit seinem Namen gerade steht, etwas wahrscheinlicher, daß sein Wein mit einem gewissen Ehrgeiz produziert wurde.

Weiterhin kann auf der Flasche der Jahrgang angegeben sein. Allerdings steht er nicht immer drauf. Bei vielen Weinen ist das auch unerheblich, denn sie sind ohnehin zum alsbaldigen Verzehr bestimmt. Nur wenige eignen sich für eine längere Lagerung und werden dadurch besser. Die meisten, die man üblicherweise trinkt, sollten lieber nicht allzu betagt sein. Deshalb ist es doch ganz nützlich, wenn der Jahrgang draufsteht; man kann so vermeiden, einen ungenießbar gewordenen Ladenhüter zu erwerben.

Geschäft und Folklore

Das schönste Klassifizierungs- und Kontrollsystem schließt gelegentliche herbe Enttäuschungen nicht aus. Auch bei den angeblich so streng reglementierten «Appellations» wird gesündigt; Mißbrauch wird besonders da getrieben, wo die Weine einer bestimmten Gegend in Mode geraten sind und die Versuchung groß ist, auf Deubel komm raus zu produzieren, von Qualität auf Quantität umzuschalten. So was ist zum Beispiel mit dem sehr renommierten Chablis passiert, einem Weißwein aus dem nördlichen Burgund. Er wird inzwischen in deutschen Kaufhäusern für fünf Mark verscherbelt, denn die Anbaufläche dieses ursprünglich recht edlen und teuren Weins wurde ohne Rücksicht auf die Bodenbeschaffenheit ausgeweitet: Aus Kohlfeldern und Waldgebieten wurden Weinberge, und die Qualität ging den Bach runter.

Ähnlicher Praktiken befleißigte man sich beim Sancerre, einem Loire-Wein, der zu Beginn der siebziger Jahre vom Konsumenten entdeckt wurde und dessen Menge sich seither auf wundersame Weise verdreifacht hat. Flott entwickelt hat sich auch eine zeitlang der Rosé de Provence. Als Ferienwein der Côte d'Azur, mit hübscher Farbe und in lustigen Flaschen, wurde er den Touristen nähergebracht. Und weil von denen immer mehr kamen, wurde auch immer mehr Rosé gemacht; zur raschen Stabilisierung reichlich geschwefelt, chemisch mumifiziert, verkam er zu einem charakterlosen, limonadeartigen Getränk. Von fröhlichen Urlaubern gegen den Durst runtergekippt, erwies er sich als sehr förderlich für den Umsatz von Alka-Seltzer. Das schadete letzten Endes dem Ruf des Provence-Weins, was sich in Absatzproblemen niederschlug. Nun bemühen sich mehr und mehr Winzer, ihre verlorene Ehre wiederzugewinnen.

Ein besonderer Rummel wird jedes Jahr im Herbst um den «Beaujolais nouveau» veranstaltet. In der Nacht zum 15. November starten Lastwagenkolonnen in alle Teile des Hexagons und ins Ausland. Gruppen von Engländern wetteifern darum, wer als erster mit dem begehrten Stoff die britische Insel erreicht, US-Amerikaner, Japaner und sogar Chinesen lassen sich den «Primeur» sofort per Flugzeug kommen. Von einem Tag auf den anderen hängt in allen Kneipen Frankreichs die frohe Botschaft im Fenster: «Le Beaujolais nouveau est arrivé!» Putzige Holzfäßchen stehen auf den Theken, in den Supermärkten und Kramläden ist er unübersehbar placiert. Berufstrinker fachsimpeln in der Tagespresse, ob er nun besser oder schlechter sei als im Vorjahr.

Jedes Jahr das gleiche folkloristische Ritual: Man könnte meinen, es handle sich um einen alten Volksbrauch mit langer Tradition. Dabei ist der ganze Zirkus nichts anderes, als eine sehr gelungene Marketing-Operation aus den frühen Siebzigern. Für die Beaujolaiswinzer ging es darum, ihre Investitionen schneller zu amortisieren. Normalerweise dauert es wenigstens ein Jahr, bis der Wein zum Verkauf geeignet ist, hier aber kam man auf die geniale Idee, den Konsumenten einen halbfertigen Wein anzupreisen, der gerade eben die Gärung hinter sich hatte, und das ganze mit volksfestartigem Klimbim zu umrahmen. Die Rechnung ging auf, die Leute haben wunschgemäß angebissen. Der neue Wein geht ruckzuck weg, vierzig Prozent der gesamten Beaujolais-Ernte wird auf diese Weise abgestoßen, obendrein zu saftigen Preisen. Dabei kommt der «Nouveau» vorwiegend aus dem Süden des Beaujolais-Gebiets, wo die Weine eher mittelmäßig sind. Die wirklich guten Beaujolais mit der Appellation der Gemeinden (Julienas, Morgon,

Fleurie, Chiroubles usw.) nehmen an dem Spektakel nicht teil, weil sie es nicht nötig haben.

Qualität statt Quantität

All das soll nun aber nicht heißen, daß generell die Tendenz zur Nivellierung und Qualitätsminderung vorherrschen würde – es gibt auch eine Menge Gegenbeispiele. Angesichts zunehmender Absatzschwierigkeiten für den Billigwein des Midi haben es einige Winzergruppen geschafft, durch rigorose Qualitätsverbesserung den Teufelskreis von Überproduktion und subventionierter Destillierung zu durchbrechen. Exemplarisch hierfür sind die Winzer des Roussillon. Bis vor einigen Jahren brachte man dort namenlose Verschnittweine hervor. Dann aber ließen sich die Katalanen von der Initiative einiger heller Köpfe mitreißen, setzten auf Qualität und schafften es, für ihre Weine eine AOC-Regelung zu bekommen. Seither geht es ihnen besser, und sie haben allen Grund, den neuerworbenen Ruf nicht aufs Spiel zu setzen.

Auch im Bordeaux-Gebiet haben sich innerhalb kurzer Zeit erstaunliche Mutationen ereignet. Bis auf einige wenige hochberühmte Lagen war das Bordelais nämlich bis dato ein riesengroßes Weinmeer, gefüllt mit mediokrem Konsumwein, einem «Rouge», wie er im Bistrot ausgeschenkt wird. Nicht zuletzt mit Hilfe der Weinwissenschaftler von der Uni Bordeaux und unter Einsatz modernster Technologie ist es den «vignerons» gelungen, sich hochzuwirtschaften. Im eigenen Interesse haben sie sich selbst strenge Qualitätskontrollen auferlegt und dafür gesorgt, daß auch unter der einfachen «Appellation Bordeaux (beziehungsweise Bordeaux Supérieur) Controlée» ein gediegenes Produkt zu erwarten ist.

Welcher Wein paßt nun aber wozu? Im Grunde sollte man es halten, wie man Lust hat, denn die sklavische Regelbefolgung artet gelegentlich ins Lächerliche aus. Ein paar geschmackliche Gründe gibt es aber, die für oder gegen gewisse Kombinationen sprechen. So empfehlen sich zu Fischgerichten, Austern und anderem Meeresgetier trockene Weißweine (Muscadet, Elsässer, Entre-deux-Mers, Jurançon, weiße Burgunder), zu Geflügel, Kalb und Schwein eher leichte, nicht zu alkoholhaltige Rotweine (Chinon, Bourgeuil, Beaujolais), zu rotem Fleisch (Hammel und Rind) kräftigere, gehaltvolle Rotweine (Bordeaux, Cahors, Bourgogne ...). Zur Foie gras (Gänseleberpastete) und zum Dessert kommen häufig natursüße Weißweine wie Sauternes oder Monbazillac auf den Tisch. Der einzige Wein, der nach vorherrschender Auffassung zu allem paßt, ist der Champagner; ist halt nur ein bißchen teuer.

Und wo kauft man am besten ein? Übersichtlich und billig ist es in den Supermärkten, wenngleich dort die Auswahl meistens ziemlich standardisiert ist und es fast nur Weine von Großhändlern gibt. In den meisten Städten existieren spezielle Weingeschäfte; dort findet man die besseren Sachen und kann sich fachkundig beraten lassen. Am allerbesten ist es natürlich, wenn man unterwegs beim Winzer oder bei einer Genossenschaft einkauft. Da kann man vorher probieren, und außerdem gewinnt man gleich ein anderes Verhältnis zum Wein, wenn man weiß, wo er genau herkommt, zu welcher Landschaft er gehört.

POSTES
HEURES DES LEVÉES
12 H 30
16H00
17H30
BUREAU LE PLUS PROCHE
OC
NE JETER DANS CETTE BOITE
NI JOURNAUX NI IMPRIMES

Unterwegs

RF POSTES RF
AUTRES
DESTINATIONS
NE JETER DANS CETTE BOITE
NI JOURNAUX NI IMPRIMES

L'HEXAGONE

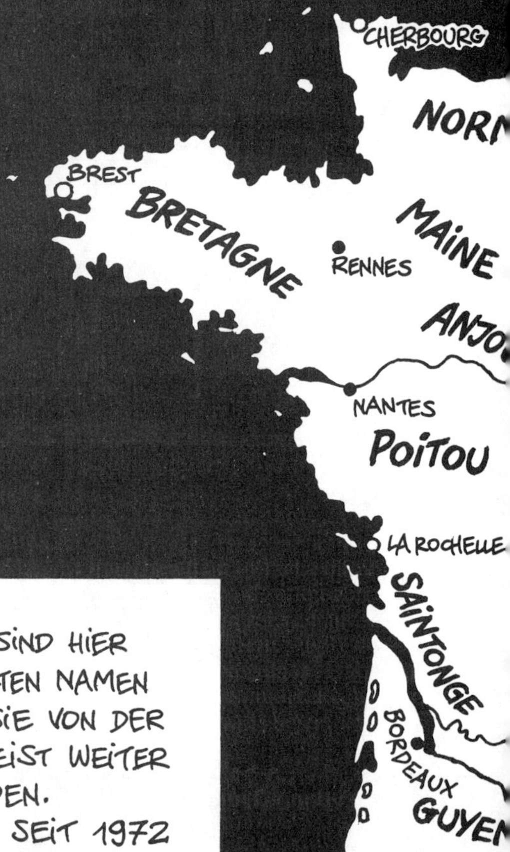

DIE REGIONEN SIND HIER MIT IHREN ALTEN NAMEN BEZEICHNET, DA SIE VON DER BEVÖLKERUNG MEIST WEITER VERWENDET WERDEN.
DIE OFFIZIELLEN, SEIT 1972 GÜLTIGEN BENENNUNGEN DER REGIONEN UND DEPARTEMENTS STEHEN IN DER ÜBERSICHTSKARTE AUF SEITE 446.

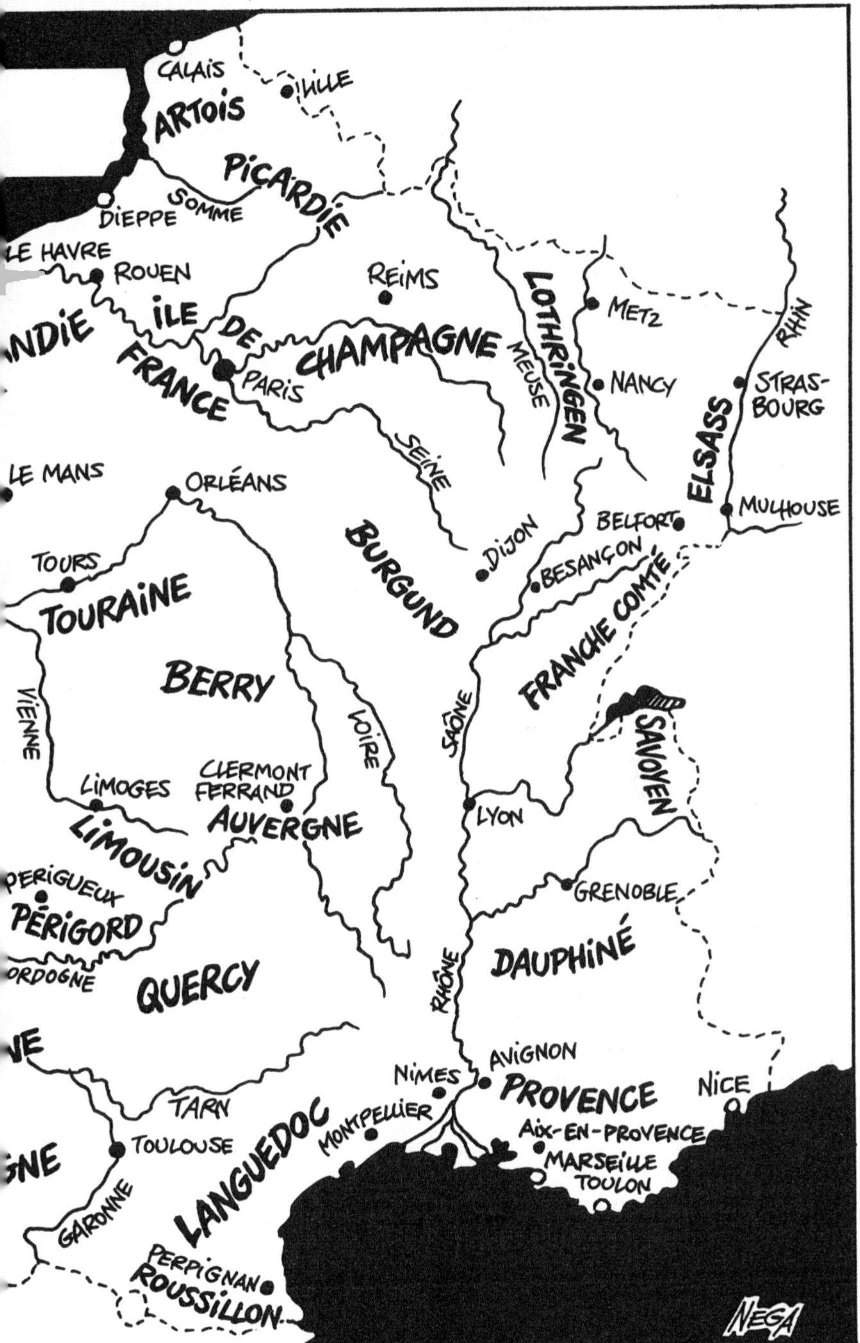

CALAIS
LILLE
ARTOIS
PICARDIE
DIEPPE
SOMME
LE HAVRE
ROUEN
REIMS
LOTHRINGEN
METZ
RHIN
ILE DE FRANCE
NDIE
CHAMPAGNE
MEUSE
NANCY
STRAS-BOURG
ELSASS
PARIS
SEINE
LE MANS
ORLÉANS
MULHOUSE
BELFORT
DIJON
BESANÇON
TOURS
BURGUND
TOURAINE
FRANCHE COMTÉ
BERRY
LOIRE
SAÔNE
VIENNE
SAVOYEN
CLERMONT FERRAND
LIMOGES
AUVERGNE
LYON
LIMOUSIN
PERIGUEUX
GRENOBLE
PÉRIGORD
DAUPHINÉ
ORDOGNE
QUERCY
RHÔNE
NE
AVIGNON
NIMES
PROVENCE
NICE
TARN
MONTPELLIER
AIX-EN-PROVENCE
TOULOUSE
LANGUEDOC
MARSEILLE
GNE
TOULON
GARONNE
PERPIGNAN
ROUSSILLON
NEGA

L'Alsace, das Elsaß –
Ein guter Platz zwischen den Stühlen

Viele Deutsche suchen im Elsaß eine Art konserviertes Brüder-Grimm-Deutschland. Und tatsächlich: Auf der Flucht vor dem Talmi der westdeutschen «Altstädte», wo eh keiner mehr wohnt, scheinen die elsässischen Städtchen lebendiger, intakter – keine Freilichtmuseen, sondern wohnlich und anheimelnd. Mit leicht verklärtem Blick schaukelt man in seinem Auto durch die Dörfer, registriert Details, die eine bessere Art zu leben versprechen: Guglhupf im Schaufenster einer Bäckerei, ein Storch auf einem Wirtshausschild, Fachwerkhäuser mit Geranien davor, schlanke Weinflaschen in einem Schaukasten. Keine fremde Welt, sondern eine vertraute, nur ein wenig verfremdet. Die Bäckerei ist eine Boulangerie, die Wirtshausnamen sind mal französisch («Au Cigogne»), mal elsässerdeutsch («Zuem Schnookeloch»), die Winzer laden zur «dégustation» von «Riesling» und «Sylvaner» ein.

Deutsch sind die Namen der kleineren Orte: Niederschaeffolsheim, Mittelhausen, Oberlauterbach, Illhaeusern – die der größeren Ortschaften scheinen notdürftig und willkürlich französisiert: Hinter Wissembourg verbirgt sich Weißenburg, aus Zabern wurde Saverne, aus Schlettstadt Sélestat, Rappoltswiller hat sich in Ribeauvillé verwandelt, Pfirt wurde zu Ferrette. Viele Menschen haben einen französischen Vornamen und einen deutsch klingenden Nachnamen, der aber meist französisch ausgesprochen wird. In den Vogesen gibt es sogenannte Welschtäler, wie zum Beispiel das Schirmecker Tal, in denen nur Französisch gesprochen wird. Im Weilertal gibt es eine Minderheit von rund tausend Personen, die eine eigenartige Mischung aus Lateinisch, Keltisch und Elsässisch spricht. So gut wie alle Elsässer sprechen fließend Französisch, nur wenige ganz Alte sprechen nichts außer Elsässisch. Insgesamt sollen nach amtlichen Angaben noch siebzig Prozent aller Elsässer den Dialekt beherrschen. Das Hochdeutsche ist zwar die Sprache der Predigten, der Regionalseiten mancher Zeitungen, des deutschen Radios und Fernsehens, die überall empfangen werden, aber sie ist nur für wenige Intellektuelle eine aktive Sprache, die über das reine Verständnis hinaus beherrscht wird.

Auf die Frage, ob sie Deutsch sprechen, antworten manche Elsässer mit «nein», um dann im nächsten Moment mit einem Landsmann in einem Dialekt zu plaudern, der zumindest Badenern vertraut ist. Das Elsässerdeutsch ist eine alemannische Mundart, die auch in Baden, in der Deutschschweiz und im Vorarlberg gesprochen wird. Nördlich der Murg und längs der Linie Seltz–Wis-

sembourg im nördlichen Elsaß verläuft die Sprachgrenze zum Fränkischen; dort spricht man den aus Landau oder Ludwigshafen als «Pfälzisch» bekannten Dialekt. Im übrigen verlaufen die Sprachgrenzen in Ost-West-Richtung, das heißt, die Unterschiede zwischen Straßburg und Colmar sind größer als die zwischen Colmar und Freiburg. Aber «Deutsch» ist für die Elsässer identisch mit Hochdeutsch, und das ist eine Fremdsprache, die man zwar versteht, aber nur mühsam und ungern spricht. Die Gründe: Jeweils nach dem Ersten und nach dem Zweiten Weltkrieg, also nach den deutschen Intermezzi, von denen das eine 47, das andere vier Jahre gedauert hatte, betrieb Frankreich eine rigorose Entgermanisierungspolitik. Die deutsche Sprache wurde aus den Schulen verbannt, alle öffentlichen Berufe, vom Straßenbahnschaffner bis zum Präfekten wurden erst mal mit Innerfranzosen besetzt, so daß einem nichts anderes übrigblieb, als Französisch zu lernen – Hochdeutsch wurde nicht mehr gebraucht. Noch Pompidou ermahnte die elsässischen Politiker, den Empfang von zuviel deutschem Radio und Fernsehen zu verhindern, damit das Deutsche allmählich ausstürbe. Als sich Frankreich dann aber für ein anderes Farbfernsehsystem entschied als die Bundesrepublik, stellten die elsässischen Kneipenwirte zwei Fernseher auf, um auch die deutschen und schweizerischen Programme empfangen zu können. Wer als Schriftsteller im Elsaß heute deutsch schreiben will, merkt bald, daß er die Schriftsprache erst mühsam lernen muß. Abgesehen davon druckt's eh keiner in Frankreich. Die meisten Dialekt-Autoren finden eher in der Bundesrepublik einen Verlag als im Elsaß. Aufgrund der jahrzehntelangen offiziellen Strategien sind inzwischen viele junge Elsässer froh, wenn man ihrem in der Schule gelernten Französisch die Herkunft nicht mehr anhört. Französisch gilt als schick und großstädtisch, der elsässische «patois» dagegen als hinterwäldlerisch.

Heim ins Reich? Nein danke!

Nun darf man aber nicht dem Irrtum verfallen, die in ihrer kulturellen Identität unterdrückten Elsässer verlange es nach der solidarischen Umarmung durch ihre deutschen «Brüder und Schwestern». Sie sind ganz und gar nicht begeistert, wenn sie von einem Touristen hören, er fahre deshalb so gern ins Elsaß, weil hier alles so schön deutsch sei. Auf Taktlosigkeiten und plumpe Annäherungen nach dem Motto «Eigentlich gehört ihr ja zu uns» reagieren sie meist allergisch. Angesichts ihrer leidvollen geschichtlichen Erfahrungen ist das nur zu begreiflich.

Bis ins 17. Jahrhundert gehörte das Gebiet zum «Heiligen Römischen Reich deutscher Nation». Viele Größen der deutschen Kultur- und Geistesgeschichte entpuppen sich bei näherem Hinsehen als elsässisch: Gottfried von Straßburg, Minnesänger und Autor des mittelalterlichen Epos «Tristan und Isolde», Sebastian Brant, Verfasser des Renaissance-Bestsellers «Das Narrenschiff», die Schwankdichter Johannes Pauli und Jörg Wickram («Rollwagenbüchlein»); die Fabel vom Reineke Fuchs stammt ebenso von hier wie das Walthari-Lied – von Volksliedern und Märchen gar nicht zu reden. Im Straßburger Münster wurde um 1540 zum erstenmal ein Weihnachtsbaum aufgestellt. Das

Sauerkraut, das Amerikanern und Briten den Spitznamen für die Deutschen liefert («krauts»), soll eine elsässische Erfindung sein, und sogar von den Leberknödeln sagt man, sie seien von hier aus nach Bayern hinübergewandert. Auch die Tatsache, daß fast das gesamte französische Bier im Elsaß gebraut wird, spricht für sich. Aber die Geschichte des Elsaß von 600 bis 1600 existiert heute im Bewußtsein der Einheimischen so gut wie nicht mehr. Die genannten deutschen Namen werden kaum mehr als Teil der eigenen Tradition empfunden. In den Schulen wird über sie nichts gelehrt, und zum Verständnis fehlt einfach die Sprache. An die Geschichte der elsässischen Bauernkriege erinnerten erst wieder die Regionalisten während der siebziger Jahre.

Elsässische Geschichte scheint offiziell mit dem Westfälischen Frieden 1648 anzufangen, als die gewaltsame Annektierung durch den französischen König begann. Der blutige Überfall auf die Freie Reichsstadt Türckheim im Jahre 1675 durch die Soldaten des Sonnenkönigs, inklusive Vergewaltigung von Frauen und Kindern sowie Plünderungen durch den Maréchal de Turenne, wird noch heute folkloristisch als Befreiung gefeiert. Erst 1975 wagte es die regionalistische Zeitung «La Voix d'Alsace-Lorraine» auf diese Geschichtsfälschung hinzuweisen. Von 1648 bis 1681 fiel das Elsaß nach und nach an Frankreich. Nach einer Phase der Gewalttätigkeiten normalisierten sich die Verhältnisse. Zwar installierte sich eine französische Administration, aber man rührte nicht an die traditionellen Bräuchen und respektierte weitgehend die alteingesessene Kultur; man ging sogar sehr behutsam mit den neuen Untertanen um: So wurde beispielsweise darauf verzichtet, ihnen, wie das anderswo in Frankreich geschah, den Protestantismus mit Feuer und Schwert auszutreiben. Das Elsaß profitierte von seiner besonderen Situation, deutsches Erbe und französische Einflüsse verbanden sich und ließen etwas Neuartiges entstehen. Zu den alten Fachwerkhäusern gesellten sich die neuen, klassizistischen Quartiers, deutsche Sitten und deutsche Sprache vertrugen sich nicht schlecht mit französischem Esprit und Geschmack. Bei aller kulturellen (wie auch wirtschaftlichen) Bindung an die deutschen Lande jenseits des Rheins rief doch niemand nach einer Rückkehr ins «Reich». Solche Gelüste kamen von der anderen Seite: 1815, nach der Niederlage Napoleons, war während des Wiener Kongresses von Annektion die Rede, schließlich wurde aber den Franzosen nur Landau abgenommen.

Ein paar Jahrzehnte später war es dann soweit. 1871 wurde das Elsaß sowie ein Teil Lothringens vom Deutschen Reich annektiert. Die Bevölkerung fragte natürlich niemand. 50000 Elsässer und Lothringer zogen dem Bismarck-Reich die französische Republik vor und verließen ihre Heimat. Das Elsaß war nun «Reichsland», es hatte innerhalb des Deutschen Reichs einen Sonderstatus minderen Rechts. Dagegen kämpften die Autonomisten: Sie forderten rechtliche Gleichstellung innerhalb des deutschen Staatenbundes, ein eigenes Parlament, eine eigene Regierung. Aber die Preußen waren mißtrauisch. Erst 1911 bekam Elsaß-Lothringen eine Teilautonomie zugestanden. Es folgte der Erste Weltkrieg und in seiner Folge die Rückgabe an Frankreich. Ab jetzt wurde wieder französisch gesprochen, die Lehrer wurden umgeschult. Seit 1920 gab es dann wieder autonomistische Regungen, diesmal wegen der rigorosen französischen Assimilationspolitik. Mit dem Erfolg, daß einige Sondertraditionen erhalten blieben: So gibt es zum Beispiel, anders als im übrigen Frankreich, Religionsunterricht in den Schulen, und die Priester werden, wie in Deutschland, vom Staat bezahlt.

1940 marschierten die Nazi-Truppen im Elsaß ein. Alles Französische sollte ausgemerzt werden, 145000 frankophone Einwohner wurden nach Frankreich ausgewiesen, 27000 ins Reich und nach Polen umgesiedelt, 20000 interniert und deportiert, teils in das Sicherheitslager Schirmeck, teils in das 1941 errichtete KZ Struthof, berüchtigt unter anderem wegen der Menschenversuche eines Dr. Hirth – ungefähr 10000 Menschen wurden hier ermordet. Die elsässischen und lothringischen Männer fielen ab 1942 unter die deutsche Wehrpflicht. 140000 wurden zwangseingezogen, 40000 kamen nicht zurück. Für die Elsässer bedeutete das Ende des Krieges keinen «Zusammenbruch», sondern eine Befreiung.

Neue Töne aus dem «Dreyeckland»

Nach diesen Ereignissen versuchte man zunächst von Amts wegen, alles irgendwie «deutsche» weitestgehend zu eliminieren. Der Deutschunterricht in der Grundschule wurde abgeschafft. Wer zaghaft kulturelle Eigenständigkeiten geltend machte, riskierte, als Autonomist beschimpft zu werden, und das war fast gleichbedeutend mit Nazi, auch wenn im Elsaß sehr viel weniger Menschen als in anderen französischen Regionen mit den Besatzern kollaboriert hatten. Nur sehr allmählich änderte sich das Klima. Eine wichtige Voraussetzung für die unbefangenere Beschäftigung mit der eigenen Sprache und Kultur war die Aussöhnung zwischen Deutschland und Frankreich. Nicht zuletzt, weil er die deutsch-französische Annäherung betrieben hatte, war de Gaulle im Elsaß so beliebt. In den sechziger Jahren wurde der Deutschunterricht wieder eingeführt und das Verbot des Dialektsprechens in der Schule aufgehoben.

Vor allem seit dem Mai '68 machen sich regionalistische Bewegungen bemerkbar, zunächst noch sprachpflegerisch, wie der René-Schickele-Kreis, später mit deutlich linken Untertönen. Besonders bekannt wurde der Liedermacher Roger Siffer, zu dessen politischer Bewußtwerdung auch die Entscheidung für seine elsässische Identität gehörte. Er sammelte Volkslieder, bearbeitete sie und schrieb auch eigene Gedichte und Lieder im Dialekt. Er trat zwei Jahre lang im Straßburger Kabarett «Barabli» (elsässisch für «Regenschirm») auf und wurde Mitte der siebziger Jahre zu einer Integrationsfigur der ökologischen Szene. Inzwischen schreibt er auch Theaterstücke und forscht in Archiven nach den verschütteten Traditionen. Viele machen es ihm heute nach. Erwähnt seien die Liedermacher François Brumpt, Jean Dentinger, Roland Engel und die Gruppe «Geranium», das Theater «Babbedeckel», «Die Schelligemer», «D'jung Elsässer Bühn'» und Zeitschriften wie «De Budderflade», «Land un Sproch» oder «La Voix d'Alsace-Lorraine». Es fällt auf, wie sehr die

Äußerungen der Regionalisten von einem Rechtfertigungszwang geprägt sind: bloß nicht in die diskreditierte «deutsche» Ecke gestellt werden! Stets wird betont, man fühle sich als Franzose, und der Dialekt wird zur eigenen Sprache erklärt – politisch verständlich, linguistisch unhaltbar, eine trotzige, exklusive Kommunikationsform, «wu sie in Bariss nit verschtehn, wu sie in Bonn nit verschtehn und wu selle in Münche au nit verschtehn».

Eine wichtige Rolle für das neue Regionalbewußtsein spielte der Kampf gegen die Umweltzerstö-

Trachtenaufzug für Touristen

rung. Den Anfang machte die Aktion gegen das CWM (Chemische Werke München) Marckolsheim, eine Bleiverwertungsfabrik. Bereits daran nahmen auch Leute von jenseits der Grenze teil. Und dann bildete sich im Kampf gegen das geplante AKW in Wyhl, auf der anderen Rheinseite, eine elsässisch-badisch-schweizerische, also alemannische Solidarität gegen die Herren in Paris, Bonn und Stuttgart. Das setzte sich fort in den Auseinandersetzungen um das AKW Fessenheim und das Ausbauvorhaben des Rhein-Rhône-Kanals. Damals, in den Siebzigern, entstand auch der Piratensender «Radio Verte Fessenheim», der sich seit 1981 «Radio Dreyeckland» nennt, eine alternative Station für die gesamte Region: Sie richtet sich nicht nur an Elsässer, sondern auch an Badener und Deutschschweizer.

Anlässe zu Ökologie-Protesten gibt es reichlich: Etliche Industriewerke verlassen wegen der Anti-Smog-Auflagen die Ballungsgebiete Paris, Mannheim/Ludwigshafen oder München, siedeln sich hier an und nutzen gleichzeitig das niedrigere Lohnniveau im Elsaß, die geringeren Umweltschutzauflagen und die französischen Steuervergünstigungen und Investitionshilfen aus. Im Gegenzug wird der Bau von Schulen, Krankenhäusern und Wohnungen angeboten. Seit 1955 dürfen sich auch deutsche Industriebetriebe im Elsaß ansiedeln. Heute arbeiten zehn Prozent aller Elsässer im Berufsalter in deutschen Betrieben; zusätzlich herrscht ein reger Pendelverkehr von elsässischen Arbeitern ins Badische. Daß das Elsaß nicht nur das Land von Wein und Sauerkraut ist, zeigen schon die 18000 Tonnen Salz, die täglich als übel stinkende, braune Lauge mit Schaumkronen garniert bei Fessenheim in den Rhein fließen: das sind 6,6 Millionen Tonnen im Jahr. Insgesamt bringt es der Rhein jährlich auf 18 Millionen Tonnen Salz. Das meiste kommt von den Kaligruben im Oberelsaß nordöstlich von Mühlhausen. Teilweise wird es als Abfall auf Halden geschüttet und dann vom Regen ins Grundwasser gewaschen, das dann zum Gebrauch als Trinkwasser erst wieder kostspielig aufbereitet werden muß. Das meiste Salz jedoch wird in Pipelines bis zu jenem Bach bei Fessenheim geleitet, wo es dann schamlos und für jeden sichtbar in den Rhein sprudelt. Aus dem «Schnokeloch» wird immer mehr ein «Dreckloch».

Straßburger Promenade

Straßburg, Sitz des Europa-Parlaments, um zehn Uhr abends: ausgestorbene Straßen, kaum eine Weinstube geöffnet, alles brav und tot; deplaciert wirkt eine Prostituierte, die sich in der Nähe des Bahnhofs an einer Straßenecke die Füße in den Bauch steht. Dafür ist es tagsüber um so lebendiger. Durch ganze Omnibusladungen kämpft man sich durch, die zwischen Münster und «Petite France» pendeln. Ein albernes Bähnchen auf Gummirädern, wie man es von Gartenschauen kennt, schleust die Laufunwilligen zu den Sehenswürdigkeiten. Die mittelalterliche Kernstadt, die von der Ill im Süden und dem Fossé du Faux Rempart im Norden umrahmt wird, hat man schnell abgeschritten. Zu empfehlen ist ein Spaziergang rings um die Innenstadtinsel auf dem Treidel- und Anglerpfad.

Man beginnt am besten auf dem Marché Sainte-Marguerite, gleich

hinter dem Knast, wo man nicht nur lebende Kleintiere und Trödel bekommt, sondern auch eine Riesenauswahl an deutschen Schlagern auf Kassette und Platte, von der Sorte, die bei uns keiner mehr hören will. Offiziell gibt es das Bedürfnis nach dieser Musik nicht, aber ein Gang über den Markt belehrt eines Besseren. Auch die Nordafrikaner sind hier zahlreich vertreten: An die 30000 Straßburger sind Algerier. In der finsteren Passage der Vauban-Befestigungsanlage befindet sich der Lagerplatz für die Münstersteinmetzen. Von der Aussichtsterrasse hat man den bekannten Postkartenblick auf die ehemals gedeckten Brücken, das Gerberviertel und das Münster. Das Gerberviertel, Petite France, im 17. und 18. Jahrhundert gebaut, war ursprünglich die verrufenste Ecke der Stadt. Bis ins vorige Jahrhundert verbreiteten die Lohgerber den Gestank ihres Gewerbes; den Flocken, die beim Schaben der Felle herumflogen und überall liegenblieben, verdankt das Viertel seinen alten Namen: Faubourg blanc. Im Mittelalter tummelten sich hier in der Nähe des Galgens die Dirnen und die Kriminellen. Im 16. Jahrhundert entstanden hier Spitäler für Syphilskranke. Da es Franzosen waren, die diese Krankheit eingeschleppt hatten und das Gros der Patienten stellten, wurde das Leiden denn auch gleich nach ihnen benannt («Er hat die Franzosen»); daher hat das Viertel auch seinen Namen: «Klein-Frankreich». Heute ist hier jene Fassadenkultur eingezogen, wie sie Touristen aus aller Welt offenbar so sehr schätzen. Von den Reiseführern hat das Quartier das Prädikat «malerisch» erhalten. Ein Abstecher in die Kirche St. Thomas («Kathedrale der Protestanten») lohnt nicht nur wegen der Silbermann-Orgel, auf der Albert Schweitzer Bach gespielt hat, sondern auch wegen des in einer Kirche deplaciert wirkenden Grabmals für den Marschall Moritz von Sachsen, einem Sohn von August dem Starken. König Ludwig XV. hatte die Monstrosität von dem Bildhauer Pigalle errichten und dort aufstellen lassen, wo sonst der Hochaltar steht. Für Nekrophile und Horrorfreunde gibt es rechts neben dem Altar zwei schlecht mumifizierte Leichen nicht ganz zweifelsfreier Herkunft in achtlos hingestellten Kisten mit Glasdeckel zu bestaunen.

Überquert man die Ill auf dem Pont St. Nicolas, kann man einen Besuch im Elsässischen Museum machen (Quai Saint-Nicolas), wo in drei zusammenhängenden Häusern aus dem 16. und 17. Jahrhundert auf mehreren Etagen Möbel, Spielzeug, Küchengerät, Geschirr und Trachten zu bewundern sind. Zwei Räume sind dem Elsässer Pfarrer und Menschenfreund Oberlin gewidmet. Geht man über den Pont du Corbeau zurück über den Fluß, um einen Abstecher zum Münster zu machen, kommt man in der rue du Vieux-Marché aux Poissons an dem Haus vorbei, in dem der Student Johann Wolfgang Goethe dunnemals gewohnt hat. Das Münster hat eine wechselvolle Geschichte hinter sich. Die Bauarbeiten begannen 1015, noch im romanischen Stil. Nach diversen Bränden nahm man 1176 die Arbeit wieder auf. Ab 1284 übernahm der als eigentlicher Dombaumeister geltende Erwin von Steinbach die Leitung der Arbeiten. 1318 war man bis zur Turmplattform gelangt, und die Bürgerschaft wollte es dabei belassen. Aber 81 Jahre später begann man dann doch mit dem Bau des Nordturms, den der Kölner Baumeister Johannes Hültz 1439 vollendete. Zum zweiten Turm kam's, wie man sieht, nicht mehr. An seiner Stelle steht jetzt eine Andenkenbude. Während der Französischen Revolution sollte zunächst der Turm beseitigt werden, da er dem Prinzip der Gleichheit widersprach, doch ein Bürger hatte die rettende Idee, ihn statt dessen mit einer riesigen Jakobinermütze aus Blech zu zieren. Allerdings wurden 300 Heilige zerschlagen oder verstümmelt, und das Gotteshaus verwandelte sich für ein paar Jahre in einen «Tempel der Vernunft». Von der Plattform des Münsters sieht man bei klarem Wetter in die Vogesen und den Schwarzwald. Weitaus eindrucksvoller ist aber der Blick aus 66 Meter Höhe auf die rötlich bemoosten Dächer der Altstadt.

Machen wir einen Abstecher zur place Broglie, dem in einen Paradeplatz umgewandelten ehemaligen Roßmarkt. Dies ist sicherlich der französischste Platz Straßburgs, mit seinen gestutzten Platanen, dem Rathaus und den klassizistischen Fassaden. Im Haus Nr. 5, das heute die Banque de France beherbergt, sang am 26. April 1792 ein junger Offizier namens Rouget de Lisle sein selbstverfaßtes Kriegslied «Chant de l'armée du Rhin», das später von Freiwilligen aus Marseille aufgegriffen wurde und den Namen «Marseillaise» erhielt. Wenn man hinter der klassizistischen Oper über den pont du Théâtre geht, dann tut sich ein weiteres Kapitel der Straßburger Geschichte auf: die Kaiserzeit. Nach zweihundertjähriger Anpassung an französische Lebensart wurde die Stadt 1870 nach siebenwöchiger Beschießung von den Deutschen erobert. In der Kaiserzeit partizipierte Straßburg am Bauboom der Gründerjahre. Die Stadt wurde bis zu den

Bedrohtes Markenzeichen (links)

Kanälen erweitert, pompöses Herzstück der «ville allemande» ist die heutige place de la République. Der ganze Platz ist geprägt vom politischen Geist der Sieger von 70/71: Er war das neue politische Zentrum der Hauptstadt des «Reichslands» Elsaß-Lothringen. Wuchtig-einschüchternd, im wilhelminischen Mischmasch-Stil, stehen da der ehemalige kaiserliche Palast (heute palais du Rhin), die Universitätsbibliothek, das einstige Ministerium und der frühere Landtagspalast von Elsaß-Lothringen, in dem jetzt das Musikkonservatorium und das Straßburger Nationaltheater (TNS) untergebracht sind. «Man fühlt sich wie in Berlin ‹Unter den Linden›. Diese Gebäude waren die Morgengabe Preußens an das ins Reich heimgekehrte Elsaß nach dem Siebzigerkrieg. Delikaterweise drehen ausländische Filmgesellschaften, wenn sie Motive von Alt/Großberlin brauchen, vorzugsweise in diesem Viertel in Straßburg ...» (Michael Schindlbeck). In der Mitte dieses riesigen Carrés steht seit 1936 ein Denkmal: das personifizierte Elsaß hält seine beiden toten Söhne in den Armen: einen für Frankreich, den anderen für Deutschland.

Fachwerk und Störche: die Weinstraße

Das Elsaß erlebt inzwischen seine dritte deutsche Invasion innerhalb von gut hundert Jahren: Jetzt kommen sie vor allem als Touristen, wenn sie nicht Fabriken oder Zweitwohnsitze bauen. «Freßkarawanen ziehen über das Land. Das Kennzeichen D hängt über jedem Restaurant. Nach dem gastronomischen Kult dann das folkloristische Intermezzo: Wir trampeln im roten Gilet und schwarzer Schlupfkappe auf dem Podium herum und täuschen heile Heimat vor» (René Weckmann). Zu den Orten, an denen diese Karawane auf jeden Fall haltmacht, zählt das putzige Riquewihr, in jedem Reiseführer als «schönstes Dorf Europas» verhökert. Zumal an Wochenenden finden dort Reisebustreffen verschärften Ausmaßes statt; ähnlich geht es auch in Kaysersberg zu, der Geburtsstadt Albert Schweitzers. Beide Orte liegen an der «Weinstraße», die von Marlenheim (bei Straßburg) bis Thann (auf der Höhe von Mülhausen) führt; auf dieser Strecke gibt es allerdings Dörfer, die weit weniger heimgesucht sind. Eine Tour entlang dieser Route ist die beste Möglichkeit, das Elsaß von seiner lieblichen Seite kennenzulernen und sich alle Klischees bestätigen zu lassen: Wie an einer Kette aufgereiht finden sich blumengeschmückte Käffer, mit Brunnen, Mauern, Fachwerkhäuschen und Stadttoren, vor denen dann meist gleich der Weinberg anfängt. Viele dieser lauschigen Orte hatten früher mal Stadtrecht; man sieht's an den Befestigungsanlagen. Schwer zu sagen, welches von ihnen der schönste ist: Rosheim, Boersch, Dambach-la-Ville, St. Hippolyte, Bergheim, Ribeauvillé – am besten, jeder sucht sich sein eigenes Lieblingsdorf aus.

Gerade an der Weinstraße fällt auf, wie sehr es die Elsässer mit den Störchen haben: Überall trifft man auf Storchenbilder und Storchen-Nippes, und wenn man drauf achtet, sieht man in jedem Dorf irgendwo ein Wagenrad auf dem Dach. Noch 1960 wurden hier 145 Paare und 365 Junge gezählt, zwanzig Jahre später waren es nurmehr zehn vereinsamte Pärchen. Schlimm, schlimm, wo doch dieses Geflügel so sehr zum Elsaß-Image gehört. Was tun? Ein «Storch-Wiedereinführungszentrum» (Centre de Reintroduction des cigognes) mußte her; bei Hunawihr ist es zu besichtigen. Das Verschwinden der Klapperstörche mag etwas mit Umweltverschmutzung zu tun haben, sicher aber auch mit der Neigung dieser Vögel, sich jährlich in den Süden aufzumachen. Von der langen Reise Richtung Afrika kamen nur wenige zurück, sie war immer gefährlicher geworden. Schon beim Versuch, den Südwesten Frankreichs zu überfliegen, kamen viele ums Leben, denn dort grassiert, besonders im Herbst, die Jagdleidenschaft, und da wird auf alles geballert, was sich bewegt. In Hunawihr bemüht man sich daher, den Störchen ihre Reiselust auszureden und sie seßhaft zu machen. Dazu werden die frischgeschlüpften Vögel erstmal für drei Jahre eingesperrt und mit Hackfleisch gefüttert. Sie verlieren ihren Wandertrieb und wählen sich mit einer Lebensgefährtin zusammen eins jener Nester aus, die ihnen die netten Elsässer hergerichtet haben. Das Verfahren klappt prima, der einzige Haken ist, daß die Prozedur für jede neue Storchengeneration wiederholt werden muß. Aber was tut man nicht alles für die Imagepflege.

Bei aller Tierliebe: Die meisten Weinstraßenbesucher kommen vor allem hierher, um Wein zu probieren und einzukaufen. Die elsässischen Weine kennenzulernen ist relativ leicht. Es gibt insgesamt sieben Qualitätsweine (Appellation Controllée), deren Bezeichnungen sich nach der jeweils verwendeten Traubensorte richtet. Lediglich der bei uns so beliebte Edelzwicker ist ein Verschnitt, wo lediglich eine Qualitätstraube verwendet werden muß; den ordinären Zwicker aus einfachen Tafelweinen gibt es außerhalb des Elsaß kaum. Überall kann man Sylvaner, Riesling, Pinot, Muscat, Tokay, Gewürztraminer und Pinot noir (einen Rosé) probieren, wenn man will, bis man im Weinkeller zu Boden geht. Am besten bringt man sich eine Baguette mit, um zwischen den einzelnen Sorten die Geschmacksnerven zu neutralisieren. Kauft man ein bißchen mehr, als dem deutschen Zoll lieb ist (für mehr als 250 Mark pro Person), wird mancher Winzer gern bereit sein, die Rechnung, die am Zoll präsentiert werden muß, ein wenig zu frisieren. Viele der elsässischen Winzer wirken großzügig und weltoffen; ein Weinbauer ist hier eben nicht nur ein Bauer, sondern auch Repräsentant einer verfeinerten Lebensart. Ein Gespräch über die Qualitäten seines Weins macht einen oft mit einem Menschen bekannt, der zu seinem landwirtschaftlichen Erzeugnis ein fast erotisches Verhältnis hat.

Es wird gegessen, was auf den Tisch kommt

Daß das Elsaß bei Deutschen schick geworden ist, liegt nicht zuletzt auch am Ruf seiner Küche. Hier haben viele zum erstenmal Kontakt mit der französischen Kochkunst gehabt, aber auch mit einer Regionalküche, die man als «typisch deutsch, französisch veredelt» bezeichnen könnte. Sieht man sich die Liste der elsässischen Spezialitäten an, entdeckt man viel Vertrautes: Sauerkraut, überhäuft mit Speck, Wellfleisch, Würsten und Leberknödeln, Zwiebelkuchen, Huhn in Riesling mit Spätzle, Forelle mit Mandeln, Blaubeerkuchen. Wer sich rechts des Rheins auskennt, wird die Verwandtschaft mit der badischen Küche bestätigen. Viele Deutsche stellen beim Essen und Trinken im Elsaß fest, wie gut die deutsche Küche sein könnte, wenn sie ein wenig französische Eigenart annähme. Man kann allerdings auch Reinfälle erleben. 1960 schrieb Wolfgang Koeppen: «Das Sauerkraut ist mäßig, der Schinken ist versalzen, das geschmorte Kaninchen hat sich mit schlechtem Fett vermählt, der rote Wein ist die beizende Rache Algeriens am französischen Mutterland, aber man tafelt mit guten Manieren und betonter Genüßlichkeit, als hätte jeden die Sage von der guten französischen Küche um den Verstand gebracht.»

Gerade die Kritiklosigkeit der deutschen «Freßkarawanen» hat bereits so manche Schlamperei verschuldet: Nirgendwo in Frankreich habe ich so oft Versalzenes, Angebranntes, Fettdurchtränktes vorgesetzt bekommen. Aber das kommt davon, wenn man so bereitwillig ist, alles von vornherin besser zu finden als zu Hause. Am besten dran ist man natürlich, wenn man es sich leisten kann, in einem der vom Michelin-Führer besternten Restaurants zu speisen, etwa in der Auberge de l'Ill in Illhaeusern (zwichen Marckolsheim und Ribeauvillé), einem der meistgerühmten Freßtempel Frankreichs. Hat man vorher etwas kürzer getreten und sich ein Weilchen sparsam von Brot, Käse und Wein ernährt, kann man seinen Elsaßtrip ruhig mal mit einem Besuch bei den Gebrüdern Haeberlein krönen. Keine Schwellenangst, auch wenn draußen keine Speisekarte hängt. In der Kleiderfrage geht es weit weniger konservativ zu als in deutschen Etablissements. Allerdings ist es unbedingt nötig, einen Tisch vorzubestellen. Und was die Preise betrifft: Wer das Menü zum Festpreis bestellt und dazu nicht exzessiv viel Wein trinkt, wird pro Person mit rund hundert Mark auskommen. In entsprechenden deutschen Restaurants zahlt man gut und gerne dreimal soviel.

Wem der Sinn nicht nach Edelfressen steht, findet deftiges und oft gutes Essen in der «Wistub» und in kleineren Restaurants. Auch Lokale, die von außen ein gehobenes Niveau vermuten lassen, sind oft überraschend billig. Man darf sich nur nicht von den weißen Tischdekken und den roten Westen der Kellner abschrecken lassen. Unbedingt probiert werden sollte eine elsässische Spezialität, bei der Fleisch von Lamm, Rind und Schwein eine Nacht lang in Riesling eingelegt und anschließend mit Kartoffeln, Zwiebeln und Kräutern zusammen für einige Stunden in den Backofen geschoben wird – «Baeckeoffe» heißt dieses Gericht; früher wurde es am Waschtag gegessen, erfunden haben es angeblich Mönche, die während des sonntäglichen Hochamts das Essen sich selbst überlassen mußten.

Blaubeeren und Schützengräben

Von Thann aus lohnt sich eine Fahrt über die Paßstraße (route des Crêtes) zum Col de la Schlucht und von dort ins Münstertal. Das ist allerdings nur im Sommer möglich. Von Oktober bis April ist die Straße zugeschneit und wird nicht geräumt. Die route des Crêtes beginnt 15 Kilometer hinter Thann. Plötzlich dichter Nebel, man sieht keinen Meter weit. Es geht immer höher, auf einmal ist der Nebel verschwunden, wir sind über den Wolken, im strahlenden Sonnenschein. Nach 21 Kilometern: der Grand Ballon, 1400 Meter hoch, ein tristes Lokal im Autobahnraststättenstil verspricht Alpenblick und Blaubeerkuchen.

Die route des Crêtes verdankt ihre Existenz dem Ersten Weltkrieg: Die Franzosen haben sie für militärische Zwecke angelegt. Schon im September 1914 hatte sich hier die Front stabilisiert, und um in dieser gebirgigen Gegend die Verbindung zwischen den Frontabschnitten zu erleichtern, wurde die Straße gebaut, ein wenig unterhalb der Gipfellinie nach Westen hin, gerade so, daß die Deutschen sie nicht sehen konnten. Heute ist die 77 Kilometer lange Strecke die wichtigste Touristenader der Vogesen. Nach 51 Kilometern ist man am Paß Col de la Schlucht, von wo aus man einen atemberaubenden Blick ins Münstertal hat. Berühmt ist dieses Tal vor allem für seinen stark riechenden Käse. Im 7. Jahrhundert sollen irische Mönche mit der Produktion angefangen haben. Inzwischen wird er hauptsächlich industriell hergestellt, aber es gibt hier auch noch eine Reihe von bäuerlichen Käseproduzenten. Im Münstertal ist eine «route de fromage» ausgeschildert, die die einzelnen Höfe miteinander verbindet. In einigen dieser «fermes-auberges» kann man essen und auch übernachten, sehr empfehlenswert für alle, die vor einer gewissen Primitivität nicht zurückscheuen. Von Münster aus kann man auch sehr schöne Fußwanderungen durch die Vogesen unternehmen, zur Schwarzenburg, zum Kahlenwasen, Petit Ballon oder Hohneck etwa. Oberhalb 1000 Meter weicht der Wald zurück, dort gibt es Hochweiden, die sich im Winter in Skigebiete verwandeln. Ansonsten kommt man durch unendlich viel Wald, und wer ganz großes Glück

Spuren deutsch-französischer Gemetzel

hat, erspäht sogar einen elsässischen Luchs. Ach, einen schrecklichen Streit hat es um diese schönen Katzentiere gegeben! Heftige Schlachten lieferten sich Luchs-Befürworter und Luchs-Gegner in der Lokalpresse, seit im Jahre 1983 drei Luchse (ein Weibchen, zwei Männchen) vom Zoo des tschechoslowakischen Städtchens Ostrau erworben wurden, um in den Vogesen angesiedelt zu werden. Denn der eigentliche Vogesenluchs war längst ausgestorben, sehr zum Leidwesen der elsässischen Naturfreunde. Teile der Jägerschaft indessen wettern inbrünstig gegen die Wiedereinführung des Raubtiers: Sie fürchten, es könne ihnen bei der Jagd auf Hirsch und Reh Konkurrenz machen.

Von Münster auf der D5 Richtung Orbey kommt man zum Lingekopf. Wo sich 1915 deutsche und französische Soldaten in unwegsamem Gelände einen ganzen Sommer lang extrem verlustreiche Kämpfe um ein paar Meter mehr oder weniger lieferten, ist heute ein beklemmendes Freilichtmuseum. Die deutschen Artilleriebunker, die Schützengräben hinter Stacheldrahtverhau sind zu besichtigen, man kann sozusagen in den Schützengräben spazieren gehen. In einem neuerbauten Museum wird einem der Krieg aus französischer Sicht nahegebracht: Freundlich lächelnde Schaufensterpuppen tragen französische Uniformen, dagegen blickt der bayrische Gebirgsjäger finster drein. Daß hier kein glorreicher Sieg zu feiern ist, erfährt man erst aus der kleinen Broschüre, die es zu kaufen gibt. Ringsum liegen Soldatenfriedhöfe. Selten lassen sie etwas vom Grauen des Krieges spüren.

Thomas Reschke

Le Nord – Entdeckungen in einer abgeschriebenen Region

Weizenfelder bis zum Horizont, ein paar Baumgruppen in den Senken, weit auseinander liegen die großen Höfe – Riesenbetriebe wie in Amerika. In der Ferne ist ein Wasserturm zu sehen, aber kein Mensch weit und breit in der Mittagshitze. Absolut still ist das Land, die einzigen Geräusche kommen von den Grillen – Sommer in der Picardie. Es ist schwer, sich diese gleichförmig-friedlichen Felder als Mondlandschaft aus Schützengräben, Drahtverhauen und Bombentrichtern vorzustellen. Dennoch: Dieses sanft gewellte Land ist reichlich gedüngt mit Soldaten. Seit Attilas Zeiten schwappten immer wieder Invasionen aus dem Norden herein. Dreimal kamen die Deutschen in den letzten 120 Jahren. Am schlimmsten war es im Ersten Weltkrieg, da ging vier Jahre lang die Front wie eine Walze über diese Gegend. Lächerliche «Geländegewinne» von ein paar hundert Metern wurden mit immensen Verlusten erkauft. Wer darauf achtet, sieht überall Zeichen, die auf diesen Krieg verweisen: Die Dörfer sind fast alle aus den zwanziger Jahren, am deutlichsten fällt es bei den Kirchtürmen auf. Am Weg stehen immer wieder Mahnmale und Hinweisschilder auf Soldatenfriedhöfe. Dieser Erste Weltkrieg ist schon so lange her, könnte man meinen, inzwischen hatten wir immerhin schon den Zweiten; hier jedoch wird jeder, der die Augen aufmacht, auf Schritt und Tritt an den halbvergessenen Wahnsinn erinnert. Die sonnige, fruchtbare Landschaft ist ein Leichenacker, ein großer Teil der europäischen Jugend jener Jahre liegt hier begraben.

Südlich von Laon, der schönen Stadt hoch oben auf dem Berg, deren Türme schon von weitem zu sehen sind, liegt der Chemin des Dames, ein Abschnitt der großen Offensive von 1917. Zu Beginn des Krieges waren die Deutschen gleich bis Senlis, fast bis vor die Tore von Paris vorgestoßen, wurden dann aber wieder ein wenig zurückgedrängt, und die Front «stabilisierte» sich quer durch die Picardie, das heißt, man lag sich in Schützengräben gegenüber, und bei ebenso regelmäßigen wie sinnlosen Attacken wurde täglich ein Quantum Menschen im Sperrfeuer verheizt. Dann gab es auch verschiedene Großoffensiven: massive Durchbruchsversuche wie die Erste Somme-Schlacht 1916, wo tatsächlich ein paar Kilometer «gewonnen» wurden – gegen 100000 Tote. Am Chemin des Dames fand dann ein Jahr später das zweite große Gemetzel statt. Zurückgeblieben ist eine von Gräberfeldern gesäumte Landstraße. Kaum ein Mensch auf diesen ländlichen Friedhöfen, bloß der Gärtner, der den Rasen mäht. Von Zeit zu Zeit rollen die Busse des Kriegsgräbertourismus an – groteske Kaffeefahrten mit Stippvisiten auf den Leichen-

Gras wächst über den Schlachtfeldern

feldern von einst. Der Friedhof von Cerny-en-Laonnais ist eine von den kleineren Anlagen: unter der Erde die Gerippe von 7519 deutschen Soldaten. In den endlosen Gräberreihen müssen sie bis in alle Ewigkeit strammstehen, als «Helden», die für irgendwelche höheren Werte gefallen sind. Dabei waren es gar keine Helden, sondern Bauern, Oberlehrer, Bergarbeiter, Friseure, Briefträger und Studenten – an die Front gekarrtes Menschenmaterial. Und «gefallen» sind sie auch nicht, sondern jeder für sich ist elendiglich krepiert – an Bauchschüssen verreckt, im Stacheldraht verblutet, an Giftgas eingegangen. Aber so soll man das wohl nicht sehen; Heldenfriedhöfe sollen erbaulich wirken und keineswegs wehrkraftzersetzend. Deshalb ist alles so schön gleichförmig und würdig-symmetrisch angelegt. An einigen Stellen allerdings stimmt irgendwas nicht so ganz: Da sind die pedantisch gleichmäßigen Abstände nicht eingehalten, da sind Grabsteine störend dazwischengequetscht, die obendrein noch eine abweichende Form haben – anstatt kreuzförmig sind sie halbrund. Verräterische Asymmetrie: Schaut man näher hin, sieht man, daß Davidsterne drauf eingemeißelt sind – Gräber jüdischer Soldaten, totgeschossen für Kaiser Wilhelm. Erst nach 1945 sind ihre Steine dazugekommen, vorher waren sie nicht nur tot, sondern obendrein totgeschwiegen, unerwünschte Helden – Spuren des Nazi-Rassenwahns in der Picardie.

Albert, eine kleine Industriestadt aus rotem Backstein nordöstlich von Amiens, ist schon von weitem am hohen Turm der Basilika zu erkennen, auf dessen goldener Haube eine ebenfalls goldene Maria mit Sohn draufsteht. Das «Lourdes des Nordens» wurde der Ort früher wegen dieses beeindruckend-überladenen Kitschdoms aus dem 19. Jahrhundert genannt, errichtet in einer Zeit des wiedererstarkten Klerikalismus – des gleichen reaktionären Geistes Kind wie Notre-Dame de Fourvières in Lyon, Notre-Dame de la Garde in Marseille oder Sacré-Cœur in Paris. Im Sommer 1918 tobte um Albert herum ein halbes Jahr lang die Zweite Somme-Schlacht. Hundert Dörfer der Umgegend wurden dabei völlig ausradiert, die Felder auf Jahre vernichtet. Jeder Weiler hat hier gleich mehrere Gräberanlagen. In Thiepval sind 74000 Briten verscharrt. «Their name liveth forever more» lügt pathetisch eine Inschrift. Ein unscheinbarer Feldweg in der Nähe führt zu einer versteckten Ruhestätte chinesischer Krieger. «Eine edle Pflicht mutig getan», «Treue bis in den Tod», «Ein guter Ruf dauert ewig» steht in englisch neben den chinesischen Schriftzeichen auf ihren Steinen zu lesen. Nebenan weiden friedlich schwarzweiße Kühe. Hinter der nächsten Hecke hängt eine Bauersfrau Kinderwäsche auf die Leine. Wer besucht sie, wer erinnert sich an diese paar hundert Chinesen, die hier 1918 für ihre britischen Kolonialherren ins Gras der Picardie gebissen haben?

Nördlich von Albert, beim Dorf Hamel, ist eines der Schlachtfelder sozusagen konserviert worden – ein ganzer Berghang mit Schützengräben, Granattrichtern und Resten von Drahtverhau. Nur ist hier im wörtlichen Sinne Gras drüber gewachsen, und es wird so penibel gepflegt und gestutzt, daß das Schlachtfeld aussieht wie ein Golfplatz. Keimfrei versiegelt ist die

Deutscher Soldatenfriedhof am Chemin des Dames

einstmals zerrissene, verschlammte Kraterlandschaft. Weniger würdevoll-gedämpft brachte sich der Krieg von 1914–18 noch mal vor ein paar Jahren in Erinnerung: beim Bau der Autobahn nach Calais. Da wurden täglich von den Baggern Skelette in Uniformresten ausgegraben.

Schlechtes Image

Immer wenn französische Presseschreiber ein Synonym für graue Industriestadt-Tristesse brauchen, fällt ihnen Henin-Liétard ein. Das liegt zwischen Douai und Lens, aber seit einiger Zeit kann man es auf der Landkarte nicht mehr finden. Die Bewohner hatten vom Spott ihrer Mitmenschen die Nase voll, und so haben denn die Stadtväter eine Umbenennung durchgesetzt: Der Ort heißt jetzt Henin-Beaumont. Beau = schön, mont = Berg. Wirkt doch schon ganz anders. Trotzdem gibt's dort keine schönen Berge, sondern allenfalls Abraumhalden sowie abgetakelte Fördertürme, verrottende Zechengebäude und geschwärzte Arbeitersiedlungen.

Wahrlich keine Perle, dieses Henin-Liétard/Beaumont. Und genauso stellen sich die meisten Franzosen den gesamten Norden ihres Landes vor. Zum Stichwort «le Nord» fällt ihnen ein: schwarz, verregnet, traurig, dreckig, neblig, feucht und kalt, Land des verhangenen Himmels und der sozialen Misere. Praktisch niemand käme auf die Idee, in diesem Landesteil seine Ferien zu verbringen. Für Beamte ist der Norden identisch mit Strafversetzung, Lehrer weigern sich, dort ihre Stellen anzutreten.

Die Vorurteile sind eingefleischt, aber sie werden der Vielfalt der Landschaften und Städte Nordfrankreichs keineswegs gerecht. Bezeichnenderweise sind Leute, die solche Stereotypen verkünden, meist noch nie dagewesen, eben weil «man» da nicht hinfährt. Das hat zur positiven Folge, daß den Entdekkungsfreudigen hier eine vom Tourismus weithin unbehelligte Region zur Verfügung steht, die, was häufig vergessen wird, vor allem ländlichen Charakter hat, und wo es oft freundlicher zugeht, als in touristisch verwöhnteren Gegenden. Allerdings gibt es tatsächlich auch jenes dichtbesiedelte Industriegebiet, und obwohl es nur einen kleinen Teil der gesamten Region ausmacht, prägt es nicht nur deren Image, sondern es belastet auch die Statistik, und die sieht nicht gerade rosig aus: Der Norden steht in Frankreich für niedrigste Lebenserwartung, höchste Kindersterblichkeit, geringste Zahl von Krankenhausbetten, überfüllteste Schulklassen, höchste Scheidungsrate, die wenigsten Telefone pro Haushalt, die meisten Kinder pro Frau, die niedrigste Zahl von Innen-WCs, Badewannen, Duschen und Zentralheizungen. Anders gesagt: Das Industriegebiet des Nordens ist die größte proletarische Zusammenballung Frankreichs.

Sicher ist es nicht unbedingt der ideale Rahmen für erholsame Sommerferien, aber wer Industriedenkmälern und sozialgeschichtlichen Zeugnissen etwas abgewinnen kann, dem bietet sich hier ein unschätzbarer Fundus an Anschauungsmaterial.

Im schwarzen Land

Ostricourt liegt im «pays noir», dem Kohlenbecken, das sich zwischen Valenciennes und Béthune erstreckt, dem Land der terrils, der Halden, die sich als Zeugen einer untergehenden Ära aus der Landschaft erheben. Die Halde von Ostricourt ist grün bewachsen, sogar ein paar Bäume haben sich obendrauf festgekrallt. Längst dreht sich hier kein Förderrad mehr. Der Ort besteht aus einem dörflichen Kern und gleichförmigen, im vorigen Jahrhundert von der Bergwerksgesellschaft erstellten Arbeitersiedlungen, langen, niedrigen, rotbraunschmuddeligen Häuserreihen. An den Rändern der «cités» liegen Weiden mit schwarz-weißen Kühen drauf. Im Dorfladen gibt's Bergmannskitsch zu kaufen, Kumpel mit Preßluftbohrer aus Pseudokupfer, daneben goldgerahmte Papstbilder, als Schmuck für den Fernseher. Die Bergwerke sind seit Jahren zu. Über dem Nest lastet die Friedhofsruhe der Arbeitslosigkeit. Die alten mineurs verzehren ihre Rente, bestellen ihre kleinen Gärten und betreiben Bergmannssport: Taubenzucht.

Während des Ersten Weltkrieges, als hier die Truppen des Kaisers das Sagen hatten, konnte der Besitz einer Taube lebensgefährlich sein. Sie hätte ja Geheimbotschaften transportieren können, also wurden die spionageverdächtigen Taubenhalter scharf observiert. Die Kriegsjahre von 1914–18 waren extrem harte Zeiten für das Industriebekken. Die Bevölkerung hatte unter Typhus, Skorbut, Unterernährung und den Repressionen der Besatzer zu leiden. Als die Pickelhauben abzogen, ließen sie das Land in einem heillosen Zustand zurück: Industrieanlagen waren demontiert, Brücken und Schleusen zerstört, Bergwerke unter Wasser gesetzt, die Bevölkerung auf ein Drittel reduziert. Aber diese Region, die die Hauptlast des Krieges trug, war damals noch lebenswichtig für Frankreich. 60 Prozent der französischen Kohle wurden hier gefördert, die Hälfte der Stahlindustrie und fast die gesamte Textilindustrie war im Norden ansässig. Um den Betrieb rasch wieder anzukurbeln, mußten Arbeitskräfte von auswärts angeheuert werden. Viele Belgier kamen über die Grenze, vor allem aber strömten Hunderttausende von Polen ins Kohlenrevier. Zentrale Rekrutierungsstellen wurden in Polen eröffnet, man verlud die angeworbenen Arbeiter in Sonderzüge, polnische Priester und Nonnen wurden gleich mitgeschickt, damit das Seelenheil in der laizistischen, sprich gottlosen Fremde keinen Schaden leide. Die Polen lebten lange Zeit in einer Sonderwelt, Kontakte zu den französischen Mitmenschen wie zu den übrigen Ausländern, den Tschechen, Italienern oder Belgiern, beschränkten sich auf die Arbeit in der Mine. Manche Rabotniks gingen nach einigen Jahren Maloche in französischen Zechen wieder heim. Einer von ihnen war Edward Gierek, später zeitweilig Ministerpräsident von Polen, bis sich 1981 die polnische Arbeiterklasse seiner entledigte. Die geblieben sind, haben sich inzwischen längst integriert, wenngleich es noch immer polnische Folklorevereine und Zeitungen in Nordfrankreich gibt und manche Orte Partnerschaften mit Gemeinden in Polen unterhalten. Außerdem gibt es natürlich eine besondere Vorliebe für den Po-

Leben am Fuß des «terril»

len-Papst. Polnische Grabinschriften finden sich zuhauf auf dem kleinen Friedhof von Ostricourt, wo die Kumpels zu Füßen der Halde ruhen. Viele von ihnen hat die Silikose vor der Zeit dorthin gebracht.

Heute sind im gesamten Kohlengebiet bloß noch ein paar Zechen in Betrieb. Die letzten, die da noch runterfahren, sind fast ausschließlich Marokkaner, und auch für diese letzten Bergwerke wird bald endgültig Feierabend sein. Für 1988 plant die Direktion von Charbonnages de France, die Kohleförderung in der Region Nord/Pas-de-Calais auf Null herunterzubringen.

Les damnés de la terre

Nachhaltig geprägt wurde das Bild, das sich Franzosen vom Norden machen, durch Émile Zolas Roman «Germinal». Er erzählt die Geschichte eines Streiks, der sich 1884 in Anzin bei Valenciennes ereignet hatte. Zola war während des 56tägigen Arbeitskampfes selbst vor Ort erschienen, um gründlich zu recherchieren. Es war dies der erste Streik, der zu einem journalistischen Ereignis wurde. Die Presse machte ihn zur Sensation und lenkte erstmals die Aufmerksamkeit des restlichen Frankreichs auf die schwarzen Kohlenmänner des Nordens. In der Folge von «Germinal» wurde überdies der Bergarbeiter zu einer quasi mythischen Gestalt. In Anzin, Bruay-sur-Escaut und Denain, den Schauplätzen des Buches, sind Schulen nach Zola und Straßen nach den Romanfiguren benannt. Es fällt auch heute nicht schwer, dort die Germinal-Szenerie wiederzufinden; allerdings sind jetzt nach hundert Jahren viele der alten corons, der schäbigen Arbeitersiedlungen, vermauert und warten auf den Abriß.

Das Industrierevier war eine der wichtigsten Keimzellen der französischen Arbeiterbewegung. Im Textil-Dreieck von Lille-Roubaix-Tourcoing hatte die erste sozialistische Partei, die POF (Parti Ouvrier Français) des Marx-Schülers Jules Guesde ihre stärksten Bastionen. Nach und nach eroberte sie die Rathäuser der Industriestädte, Guesde selbst wurde Bürgermeister von Roubaix. (Heute sind in Roubaix die Rechten am Ruder). Die Agitationstätigkeit der Sozialisten spielte sich vorwiegend in den Arbeiterkneipen ab, da man ihnen in den Fabriken das Leben schwermachte. In einer solchen Kneipe, dem Café de la Liberté in Lille, wurde am 18. Juni 1888 zum erstenmal die «Internationale» gesungen. Die von bürgerlichen Reformern getragene, scheinbar so menschenfreundliche Kampagne gegen den Alkoholismus der Arbeiter war denn auch ein verdeckter Kampf gegen diese politischen Zellen (wenngleich natürlich das Saufen ein echtes Problem war). Es war permanent unruhig im Norden, die bürgerliche Ordnung der Dritten Republik schien von dort aus dauernd in Frage gestellt zu werden – auch dies trug bei zum negativen Image der Gegend. Streiks und Demonstrationen, die von der Armee niederkartätscht wurden, Bergwerkskatastrophen wie das legendäre Unglück von Courrières, bei dem 1099 Bergleute umkamen – all das verschaffte den Organisationen der Arbeiterbewegung neuen Zulauf. Neben den Sozialisten, die sich 1905 zur SFIO vereinigten (von der sich fünf Jahre später die KPF abspaltete), formierte sich hier auch eine einflußreiche christliche Sozialbewegung, die sich sowohl von karitativer Betschwe-

Kavallerie gegen streikende Bergarbeiter

stern-Mentalität wie vom Paternalismus der stockkonservativen katholischen Unternehmer löste, eine Bewegung, aus der Organisationen wie die christliche Arbeiterjugend JOC oder die Gewerkschaft CFTC hervorging, Vorläuferin der heutigen CFDT.

Während des Zweiten Weltkriegs war der Norden von den deutschen Besatzern zur «verbotenen Zone» erklärt und vom übrigen Frankreich abgetrennt worden. Unter der Fuchtel der Wehrmacht arbeitete die Industrie mit Volldampf für die deutsche Rüstung. Widerstand kam fast ausschließlich aus den Kreisen der Arbeiterschaft. Hatte die nationalstolze Bourgeoisie noch 1914–18 mit den «boches» nichts zu tun haben wollen, so brachte sie diesmal einige Sympathien für das neue Europa des Führers auf und sah mit Wohlgefallen, wie im Pétain-Frankreich die Gewerkschaften ausgeschaltet wurden. Kein Wunder, daß es nach der Vertreibung der Besatzer zu Gewaltexplosionen und Racheakten gegen die «collabos» kam. Arbeiterräte wurden gebildet, die Situation schien revolutionär, nur mit Mühe schaffte es die linke Nachkriegsregierung, die Erregung einzudämmen. Mit der Revolution war es nichts; Ärmelaufkrempeln, Aufbauen, Produzieren – das war auch die Devise der Kommunistischen Partei, auf die doch so viele ihre Hoffnung gesetzt hatten. Als 1947 die KP aus dem Regierungsbündnis rausflog, brachen spontan bürgerkriegsähnliche Unruhen aus. Unerträglich schien es vielen, daß sie nun unter den selben Chefs weiter malochen sollten, die mit den Nazis kollaboriert hatten, während sie selbst mit Streiks und Sabotage gegen die Okkupanten vorgegangen waren. Der Wutausbruch war so spektakulär wie hoffnungslos: Züge entgleisten, Maschinen wurden zerstört, verhaßte Vorgesetzte und reformistische Gewerkschafter attackiert. Die Regierung antwortete mit Mobilisierung von Reservisten und schickte die Armee, wie schon so oft, wenn es galt, die nordfranzösischen Keimzellen der Subversion zu ersticken. Bald schon bekamen dann die Arbeitskämpfe defensiven Charakter.

In den sechziger Jahren begannen die ersten Zechen zu schließen, die Kohleförderung war unrentabel geworden, bei der Stahlindustrie geht es in letzter Zeit ebenfalls bergab, und auch mit der Textilindustrie sieht es trübe aus – die Billigkonkurrenz aus Singapur, Taiwan und Macao hat vielen der alten Spinnereien von Roubaix und Tourcoing den Todesstoß versetzt. Das Ende der aus dem letzten Jahrhundert stammenden Industriezweige zeichnet sich ab. Es wird viel von Umstrukturierung und von neuen Technologien geredet. Aber die siedeln sich bevorzugt in Südfrankreich an, in Gegenden mit warmem Klima und hohem Freizeitwert. Derweil warten hier die letzten Bergleute auf ihren vorgezogenen Ruhestand. Mit der alten Industrie stirbt eine ganze soziale Welt ab, Teile des Kohlebassins verwandeln sich in eine Art Industriemuseum. Es wird gekämpft um den Erhalt einstmals verrufener Bergwerkssiedlungen, gegen den Verlust sozialgeschichtlichen Anschauungsmaterials. Sogar die Abraumhalden werden nun als historisch wertvoll erachtet. Sie sollen, wenn irgend möglich, bewahrt werden. Es gibt Pläne, sie zu begrünen, Ausflugslokale mit Fernsicht obendrauf zu setzen, und auch Ski-Lifte wurden allen Ernstes schon erwogen.

Versailles für Proleten

Am Oberlauf des Flüßchens Oise, etwas abseits der niedergehenden Fabriklandschaft, liegt die Ortschaft Guise. Dort findet sich als Zeuge einer Epoche, in der das industrielle Zeitalter gerade erst heraufdämmerte, ein Monument des utopischen Sozialismus: der «Sozialpalast» des Unternehmers Jean-Baptiste André Godin. 1860 hatte dieser Ofenfabrikant hier nach den Ideen des Sozialutopisten Charles Fourier seine «Familistère» errichtet. Als Schlossergeselle hatte sich Godin für Fouriers Modell einer assoziativen Arbeits- und Lebensgemeinschaft begeistert. Dann erfand er glücklicherweise den gußeisernen Kanonenofen, gründete einen Betrieb und hatte bald die Mittel, seinen Traum zu realisieren. Gleich in der Nähe gab es schon Vorbilder: Drüben in Belgien, in der Borinage, wo Vincent van Gogh eine Zeitlang als Wanderprediger das Evangelium verkündete, hatte ein philanthropischer Unternehmer die Arbeiter-Idealstadt von Hornu bauen lassen. Die Familistère von Guise war eine Art symmetrisches Proletarier-Versailles, in dem 475 Familien Unterkunft fanden. Godin hatte an alles gedacht: fließendes Wasser, Beleuchtung, sanitäre Anlagen, Müllschlukker – höchster Wohnkomfort für einen symbolischen Mietzins. Es gehörten dazu: Kinderhort und Schulen, Theater, Bibliothek und Museum, Bäcker, Metzger, Kneipen, Restaurants und Bäder, Krankenversicherung und Altersrente. Das Ziel war, den Armen eine Lebensqualität zu ermöglichen, wie sie sonst nur die Reichen haben. Godin ging soweit, den Profit gleichmäßig unter die Mitarbeiter zu verteilen. Er wollte die Demokratie im Betrieb einführen und ließ die Arbeiter ihre Geschäftsführer selber wählen. Auf dem Grabstein des 1888 verstorbenen Unternehmers steht geschrieben: «Erinnert euch, daß ich die Familistère für das Glück der Menschen gegründet habe.»

Ein frommer Wunsch, aber leider herrschten um diese Glücksinsel herum ganz andere Verhältnisse. Die selbstgenügsame Familistère war den örtlichen Geschäftsleuten, Hausbesitzern und Honoritäten zutiefst verhaßt, und auch der marxistischen Linken war sie ein Dorn im Auge. Schritt für Schritt wurde die Arbeits- und Lebensanlage «normalisiert» und als Stadt in der Stadt aufgelöst. Zwar existiert die Firma bis heute weiter, und auch das zentrale Wohngebäude des «Sozialpalastes» ist noch zu bewundern, aber der Geist von damals ist inzwischen völlig verflogen. Immerhin hielt sich bis 1970 ein Überbleibsel des alten Modells: Bis dahin hatten die Godin-Arbeiter noch immer Anteile am Betrieb. Aber der Laden war in Schwierigkeiten, und ein ortsfremder Business-Mann wollte ihn nur unter der Bedingung sanieren, daß mit solchem Unfug endgültig Schluß gemacht würde. Nur das Erfolgsmodell des gußeisernen Godin-Ofens ist immer noch das gleiche wie zur «utopischen» Anfangszeit.

Metropole des Nordens

Die modernste Métro Frankreichs? Die größte Buchhandlung Europas? Der gewaltigste Flohmarkt der Welt? In Lille! O ja, die Metropole des Nordens legt Wert auf solche Superlative. Die neue Métro ist ihre jüngste Errungenschaft im Streben nach Weltniveau und wird besonders stolz vorgezeigt. Eigentlich heißt das Ding nicht Métro, sondern VAL: Véhicule automatique léger. Sie ist klein, fährt vollautomatisch, das heißt ohne Fahrer, und kommt fast geräuschlos auf Gummireifen daher, ist zuverlässig, behindertenfreundlich, nicht streikanfällig. Erst mal gibt's bloß eine Strecke, aber die VAL soll nach und nach die ganze zusammengewachsene Großstadtlandschaft von Lille-Roubaix-Tourcoing bedienen. Das vorbildliche Verkehrsmittel hat einen hohen Symbolwert: Es steht für «Dynamik», «Modernisierung» und «Innovation», für den erhofften Weg aus der Krise, für die Zukunft des Nordens.

Lille-City: ein relativ kleines Zentrum inmitten einer Riesen-Agglomeration. Da ist das übliche plattenbelegte Einkaufsviertel, die große place du Général de Gaulle mit der alten Börse, dem Gebäude der lokalen Zeitung «La Voix du Nord» und dem besagten Buchladen Le Furet du Nord, das Frettchen des Nordens (?!), einem Supermarkt für Gedrucktes auf mehreren Etagen. Um die place aux Oignons, die rue de la Monnaie und die place de l'Arsenal herum liegt das alte, das intime Lille mit seinen krummen Sträßchen, nicht ungeschickt saniert. Dort findet sich das, was üblicherweise in hergerichtete alte Quartiers einzieht, Antiquariate und Kunsthandwerk, aber in der rue Esquermoise ist immer noch die alte Patisserie Meert mit ihrem köstlichen Backwerk. Um die place du Théâtre herum findet ein Großteil des Kultur- und Amüsierbetriebs statt, dort steht das Opernhaus, und in der nahen rue de Béthune konzentriert sich das Kinoangebot, drumherum liegen Kneipen und Restaurants. Besonders hervorzuheben ist die Brasserie Jean (place du Théâtre), eine Institution, die 300 Biersorten sowie eine Reihe von flämischen Spezialitäten anbietet und bis vier Uhr morgens geöffnet hat.

Sonst allerdings ist abends wenig zu vermelden. Viele Jugendliche desertieren nach Belgien rüber, in die Diskotheken On the Beach in Kuurne, Skyline oder La Piscine in Aalbecke, nachdem die heimischen Etablissements wegen Mafia-artiger Umtriebe geschlossen worden sind. In Lille wäre höchstens La Boîte à musique zu nennen, eine Einrichtung, wo sich Rock-, Reggae- und Jazz-Konzerte abwechseln. Früher gab's hier mal eine im Arbeitermilieu verwurzelte Tradition von musikalischen Vereinen mit Chören und Orchestern; 1890 zählte man in Lille und Roubaix 2500 «cabarets», Musikkneipen, wo abends gesungen wurde. Von diesen einstmals sehr typischen Formen musikalischer Arbeiterkultur sind aber nur ein paar wenige Gesangvereine und Spielmannszüge übriggeblieben.

Einmal im Jahr wird's extrem volkstümlich im Zentrum von Lille: regelmäßig am ersten Sonntag im September findet die «Grande Braderie» statt, ein beispielloser Flohmarkt, der sich über weite Bereiche der Innenstadt erstreckt und sie für jede Art von motorisiertem Verkehr lahmlegt. Der Markt geht auf ein flämisches Privileg des 12. Jahrhunderts zurück, das den Bewohnern an diesem einen Tag gestattete, auf den Plätzen und Straßen der Stadt gebührenfrei alles zu verkaufen, was sie wollten. Heute ist da natürlich die Zunft der professionellen Händler stark vertreten, aber es nehmen immer noch sehr viele Normalbürger teil, die Kleiderschränke, Keller und Speicher ausräumen und sich schon in der Nacht auf den Sonntag, in Decken gehüllt und mit wärmenden Getränken versehen, auf den Trottoirs niederlassen, um ihren Platz zu sichern. Am Sonntag früh dann ergießen sich wahre Massen ins Stadtzentrum, mehr als eine Million Menschen sind es gewöhnlich. Neben dem Stöbern und Feilschen gehört zur Braderie von Lille auch das unumgängliche Ritual des Muschel- und Frittenessens, was wiederum mit enormem Bierkonsum verbunden ist. Dabei ist anzumerken, daß es in dieser französisch-belgischen Grenzregion außergewöhnlich gute

Ende einer Epoche: Fabrikstraße in Roubaix

Biere gibt. Sehr zu empfehlen ist zum Beispiel das ziemlich starke «Jenlain» aus dem gleichnamigen Dorf. Während der 48 Stunden, die diese weltgrößte Ramschorgie dauert, werden Hunderte von Hektolitern geschluckt, dazu werden satte 400 Tonnen Muscheln verzehrt. Deren Schalen verzieren, zu übermannshohen Pyramiden aufgetürmt, die Plätze und Straßenkreuzungen, bis dann Montag mittag dem Treiben ein Ende gemacht wird und die Stadt sich wieder reinigt von den breitgetretenen Fritten und anderen Spuren der Braderie.

Das Bild des Zentrums von Lille wird geprägt von etlichen imposanten Gebäuden aus dem letzten Jahrhundert. Der pompöse Bahnhof, die protzigen Universitätsgebäude oder die Basilika Notre-Dame-de-la-Treille: sichtbarer Ausdruck des Industriebooms und damit der neuen bourgeoisen Prachtentfaltung. Südlich davon hingegen, im Stadtteil Wazemmes, ist einiges vom proletarischen Lille des 19. Jahrhunderts übriggeblieben: ein paar geschlossene Arbeitersiedlungen wie die Cité de la Justice (51, rue de la Justice), Cité Camille (164, rue des Postes) oder Cité Philanthropique (zwischen rue Gantois und rue des Meuniers) oder das Maison du Peuple (209, rue d'Arras), einstmals Versammlungsort militanter Arbeiter. Die Fabriken von Wazemmes sind allerdings verschwunden, wobei einige ehemalige Spinnereien gerettet und in Sozialwohnungsanlagen verwandelt wurden: etwa das Entrepot Le Blan (rue Buffon) oder die Usine Wallaert (rue de Douai), deren Umbau als besonders gelungen und beispielhaft gilt. Fährt man aber noch weiter raus aus dem Stadtinneren, vielleicht mit der «Mongy», der alten roten Straßenbahn in Richtung Roubaix, dann werden die Gegenden immer weniger vorzeigbar: zerfallene Straßenzüge, Kopfsteinpflaster, schäbige Eckkneipen, ein paar Alte haben sich Stühle vors Haus gestellt und schauen ins Leere, auf der Schlaglöcherstraße spielen buntgekleidete Araberkinder. Fabriken sind geschlossen und halb abgerissen; einige, im Stil von Ritterburgen mit Zinnen und Türmchen, hat man immerhin unter Denkmalschutz gestellt. Das Rathaus von Roubaix stammt aus der großen Zeit der Textilbarone, jener hermetischen, stockkatholischen Familienclans, wo man stets untereinander heiratete und so das Erbe beider Teile zusammenbrachte – fast alle Textilfirmen hatten daher Doppelnamen. Aber die Zeit der «großen Familien» ist um, und zugleich ist Roubaix auch nicht mehr die «heilige Stadt des Sozialismus», wie Jules Guesde sie einst nannte. Nach hundert Jahren sozialistischer Bürgermeister regiert nun seit kurzem hier die Rechte.

Le plat pays

Wenn man von Belgien her in Richtung Lille fährt, wird die Stadt auf Wegweisern als «Rijssel» angekündigt: So heißt Lille auf Flämisch. Das erinnert daran, daß eine beträchtliche Partie Nordfrankreichs früher zu Flandern gehörte, und zwar zu dessen spanisch regiertem Teil. Erst unter Ludwig XIV. kam sie durch den Pyrenäenfrieden an Frankreich. Trotz der systematischen Französisierung und trotz mehrerer verheerender Kriege haben einige Städte ihr flämisches Gesicht bewahrt. Das pittoreskeste Beispiel ist wohl Arras, die einstige Hauptstadt der Provinz Artois. Noch immer vermitteln die beiden grandiosen, mit Giebelhäusern gesäumten Plätze und der hohe Rathausturm eine Idee vom enormen Reichtum und vom Bürgerstolz dieser alten Händlerstadt. Eine der Spezialitäten von Arras war die Tapisserie. Noch heute werden alte Wandteppiche in Italien «arazzi» genannt. Der quirlige Betrieb, der auf den Plätzen von Arras einmal geherrscht haben muß, ist freilich kaum mehr zu ahnen. Um 20 Uhr beginnt die Geisterstunde der französischen Provinz. Es herrscht gähnende Ödnis, die flämischen Patrizierhäuser träumen von vergangenen Zeiten. Mitten auf dem Rathausplatz steht ein einsamer Frittenkarren. Im einzigen Café, das noch auf hat, läßt einer der vier Kunden Herrn Julio Iglesias aus der Jukebox schmachten. In einer Seitenstraße liegt der Spielsalon «Tout pour la Jeunesse». Ein paar kurzgeschorene Wehrpflichtige lassen ihren Frust an den Flippern aus.

Auf dem Land und in den Kleinstädten des nordöstlichen Winkels zwischen dem Fluß Aa und der belgischen Grenze ist der flämische Charakter noch sehr ausgeprägt: appetitliche rote Backsteinhäuser mit weißen Fensterrahmen, wie Spielzeugschachteln, in den Dörfern wuchtige eckige Kirchtürme, Ortsnamen wie Godewaersfelde, Steenvoorde, Zegerscappel, hier und da der Stumpf einer Windmühle. Auf den Dörfern wird weithin noch Flämisch gesprochen, dort hat sich eine Reihe spezieller Gewohnheiten erhalten. Kaum anderswo gibt es so viele Feste – Kermesse, Ducasse,

Karneval, große Biergelage in Festzelten, für ortsfremde Franzosen sind das sehr exotische Formen von Geselligkeit. Deutschen dürfte so was eher vertraut erscheinen.

Wenig können allerdings die meisten Auswärtigen dem grausigen Vergnügen des Hahnenkampfes abgewinnen, einem brutalen Volkssport, der mit großem Enthusiasmus in Festsälen und Kneipen-Hinterzimmern betrieben wird. 1963 hatten es die Tierschutzverbände geschafft, diese Corridas des Nordens verbieten zu lassen, aber dann kochte die Volksseele: 300000 Anhänger dieser Belustigung drohten mit Wahlboykott, so daß Staatspräsident de Gaulle nachgab und einen Rückzieher machte.

Das flache Land zwischen Watten und Hondschoote erinnert an Jacques Brels Chanson «Le plat pays», dem Wind ausgesetzt, von Kanälen und Gräben durchzogen. Teilweise liegt es unter dem Meeresspiegel. Im Zweiten Weltkrieg wurde es von den deutschen Besatzern überflutet, um die Invasion vom nahen England aus zu verhindern. «Blootland», das bloße Land, wird es genannt, im Gegensatz zum dahinterliegenden hügeligen und leicht bewaldeten «Houtland», dem Holzland. Dort liegt auf einem der Hügel die kleine Stadt Cassel, mit schiefen alten Häusern und einer soliden, untersetzten Kirche in der Mitte. Ganz früher hockte auf dem Berg von Cassel mal ein römischer Vorposten. Im Ersten Weltkrieg dann hatte der Marschall Foch hier sein Hauptquartier aufgeschlagen und beobachtete vom Kirchturm aus die feindlichen Stellungen. Im Zweiten wurde von hier aus den deutschen Invasoren so lange Widerstand geleistet, bis sich die in Dunkerque abgeschnittene Britenarmee über den Kanal davonmachen konnte. Damals ging die nördliche Hälfte der Grande Place in Flammen auf, sonst aber ist Cassel ziemlich unversehrt – ein flämisches Schmuckstück. Von hier aus bietet sich ein Abstecher in das nahegelegene Dorf Herzeele an. Dessen Hauptattraktion ist das Café moderne mit seinem großen Saal: Dort wird jeden Sonntagabend in volkstümlicher Bier- und Frittenatmosphäre quer durch die Generationen hindurch geschwoft. Zum Tanz spielt eine verschnörkelte Riesenorgel aus dem Jahre 1912, die ein zwanzigköpfiges Orchester einspart.

Eine andere merkwürdige Ecke im «Westhoek», dem flämischen Zipfel Frankreichs, ist das Marais Audomarois bei Saint-Omer – eine melancholische, von Wasserläufen («watergangs») durchzogene Sumpf- und Teichlandschaft, Überbleibsel einer einstmaligen Meeresbucht, die vor tausend Jahren fleißige Mönche mühselig entwässert und kanalisiert haben, um das Marais kultivierbar zu machen. Auf kleinen, fruchtbaren Parzellen wird Blumenkohl und Chicoree angebaut, die niedrigen Häuser der Sumpfbauern waren bis vor kurzem nur per Boot zu erreichen. Nordöstlich von Saint-Omer liegt der verwunschene Sumpf von Romelaere, entstanden durch jahrhundertelangen Torfabbau: eine Landschaft von durchdringender Stille, voller Sumpfgewächse und Wasservögel – der Reiher, das Bläßhuhn und auch die Löffelente lieben dieses exquisite Feuchtgebiet. Man kann dort nur zu Fuß oder mit dem Boot hin. Auskunft erteilt das Syndicat d'Initiative in Saint-Omer.

Auf der Höhe dieser Stadt verläuft die Sprachgrenze zwischen Flämisch und Französisch, wobei das Flämische allerdings in den Städten und bei jüngeren Leuten immer mehr zurückgeht. Gegen das Verschwinden ihrer Sprache kämpfen mehrere regionalistische Organisationen an. Pionier der Bewegung war ein Radio libre namens «Uylenspiegel». In Dunkerque bemüht sich der Gesangverein «Het Reuzekoor», alte Lieder vor dem Vergessen zu bewahren, in Hazebrouck sammelt ein Centre culturel de Flandre Bücher, Dokumente und Schallplatten, und die Lehrervereinigung Tegare Togaen propagiert Flämischunterricht in den Schulen. Die Regionalisten haben sich allerdings lange in ihrer Militanz zurückgehalten und sich erst vor kurzem wieder etwas mehr vorgewagt, denn der flämische Regionalismus war durch die Kollaboration mit den deutschen Okkupanten gründlich diskreditiert. Gruppen wie De Vlaamse Leeuw oder der Vlaams National Verbond hatten sich aufs Germanengetümel der Nazis eingelassen und sogar mit einer Angliederung des Westhoek ans Großdeutsche Reich geliebäugelt. Das hat bis heute eine gewisse Malaise zurückgelassen. Die Forderungen der derzeitigen Regionalisten sind vorwiegend kultureller Art. So wird etwa bitter darüber geklagt, daß die Standesämter solche bodenständig-flämische Vornamen wie Marieke oder Jan nicht akzeptieren, dagegen Fremdländisches wie Sue Ellen zum Beispiel durchgehen lassen.

Dünen und Bunker

Vom Cap Blanc Nez aus ist es nur ein Katzensprung nach England, deutlich sind drüben die Klippen von Dover zu erkennen. Dies ist die engste Stelle des Kanals, und seit zweihundert Jahren wird projektiert und getüftelt, wie man eine feste Verbindung zustande bringen könnte. Schon Napoleon wollte sich durch einen Stollen an die Engländer ranpirschen. Gut zwanzig Projekte wurden skizziert und wieder verworfen – mal sollte es eine Brücke werden, dann wieder ein Tunnel. Einige Male hatte man auch schon ein bißchen zu buddeln angefangen. Das Ergebnis der bisher letzten Grabungen, die 1975 eingestellt wurden, ist bei Sangatte, zu Füßen des Kap zu besichtigen, das heißt zu sehen ist eigentlich nicht viel: eine unscheinbare, eingemottete Baustelle mit rostenden Maschinen und 800 Meter Tunnel als Ergebnis von 14 Monaten Bauzeit. Die Briten ihrerseits haben sogar 1200 Meter geschafft. Das hat zusammen rund 380 Millionen Mark gekostet, dann wurde der Geldhahn zugedreht. Jetzt wird auf einmal wieder viel von einer Kanalröhre geredet, es werden ernsthafte Untersuchungen und Kalkulationen angestellt – dies wäre, so heißt es, ein Vorhaben von hohem europäischen Stellenwert, außerdem würde es Arbeitsplätze schaffen ...

Bis sie mit dem großen Wühlen und Baggern anfangen, bleiben aber auf jeden Fall noch ein paar Jährchen, um diese Küstenlandschaft zu durchstreifen, die überraschend attraktiv wird, wenn man einmal Calais und die schaurigen Industrieanlagen von Dunkerque hinter sich gelassen hat. Zwischen den beiden windigen «Nasen» (Blanc Nez und Gris Nez) erstreckt sich kilometerlanger Strand. In der Mitte dieser sogenannten Côte d'Opale liegt Wissant, ein kleiner Badeort in der Vorentwicklung, noch ohne größere Ho-

Großdeutsches Bauwerk am Ärmelkanal

tels, aber mit einem sich ständig ausdehnenden Campingplatz: proletarisch-kleinbürgerliches Ferienmilieu. Es geht nicht gerade mondän zu, auf dem Strand steht ein Bretterbuden-Café, in dem auch gekegelt wird. Erste Pizzerias und Creperien haben im Ort aufgemacht, aber es gibt immer noch die Fischer, die ihre Boote mit Traktoren den Strand hochziehen und dann ins Dorf reinrollen, um den Fang gleich morgens an die Hausfrauen zu verkaufen – ein kurioses Verfahren, das auch in anderen Küsterndörfern wie Audresselle oder Ambleteuse praktiziert wird.

Die Dünen der Côte d'Opale sind voller Bunkerreste, Zeugnisse deutscher Baukunst, die wohl noch in Jahrzehnten zu bestaunen sein werden. Am Cap Gris Nez hinter dem Dorf Audinghen steht ein völlig erhaltenes, gewaltiges Exemplar von «blockhaus» – so der französische Ausdruck für Bunker. Das graue Monstrum beherbergte eine Riesenkanone, die Granaten von einem Meter Länge nach Dover rüberschoß. Jetzt ist ein Museum drin, mit bunt zusammengewürfeltem Weltkriegs-Krimskrams – Waffen, Uniformen, Plakate, auch ein paar Nazisprüche in Frakturschrift stehen noch an den Wänden. Es kann einem leicht schlecht werden in der feucht-stickigen Bunkerluft.

Südlich des großen Fischerei- und Fährhafens Boulogne beginnt eine ausgedehnte Dünenlandschaft mit Pinienhainen, Ferienorte mit Villen und Wohnwagenparks wachsen im Sand hoch, dazwischen aber sind die Dünen weit und wild. Eine der größten Badestationen ist Le Touquet, das sich auch «Paris-Plage» nennt: Riesenparkplätze an der Strandpromenade, Go-Kart-Rennbahn, Pony-

Reiten, Hotels in moderner Wabenbauweise und längs der Durchgangsstraße unter Pinien Verkaufsausstellungen für «mobile homes». Nur ein paar Kilometer landeinwärts, am Ufer der Canche, liegt das Fischernest Étaples. Bis dorthin ist das dicke Touristengeschäft nicht vorgedrungen. Und mit der Fischerei steht es nicht zum besten, das ist schon am Zustand der Boote zu sehen. Sie sind verrottet, verrostet, «à vendre» steht an manchen dran, eins liegt abgesoffen am Kai. Ein Teil des Fangs wird gleich am Hafen verkauft – Aale, Schnecken, Platt- und Tintenfische, viel scheint nicht mehr zu holen für die Küstenfischer, das Meer ist stark abgefischt, der Treibstoff zudem immer teurer. Niedrige Häuschen stehen in der Nähe, ein Kramladen mit verjährter Damenmode nennt sich «Séduction» – Verführung, Cafés heißen beschwörend «l'Avenir» und «l'Espérance». Die Fischer sind fromme Leute. Am Hafen steht ein Riesen-Kruzifix, die Kutter sind nach Heiligen benannt oder nach der Muttergottes; eins heißt «Glorreiche Unbefleckte». Es ist selber ziemlich fleckig. Manche nehmen, um die Kasse aufzubessern, die Badegäste aus dem nahen Le Touquet mit raus auf ihren Booten.

Man kommt ganz und gar raus aus dem Küstenferienbetrieb, wenn man sich ins Hinterland verzieht. Von fast weltabgeschiedenem Charme ist das Tal des Flüßchens Authie, mit schmalen Straßen, von Pappeln gesäumt, Forellenteichen und alten Dorfkirchen – ideal zum Radfahren, ebenso wie etwas weiter im Süden das breitere Tal der Somme mit ihrem gewundenen Flußlauf und den unzähligen Nebengewässern: eine grüne, halbwilde Schneise im monotonen Ackerland. Die Somme fließt träge, auf den Teichen Wildenten und Wasserrosen, am Ufer Trauerweiden und Pappeln – ein Paradies der Angler, zugleich eine Landschaft von großer Ruhe.

Wo die Somme ins Meer fließt, weitet sie sich zu einer breiten Bucht, die bei Ebbe fast völlig ausläuft. Auf den immensen Sand- und Schlickflächen sind Krabben, Muscheln und Aale zu Hause. Zugvögel machen gerne Station hier, denn es gibt viel zu essen. Auf den gelegentlich überspülten Salzwiesen am Rand grasen Schafherden. Am nördlichen Ufer der Baie de la Somme liegt der Ort Le Crotoy mit bescheidenem Tourismus und einem kleinen Fischerhafen, dessen Boote bei Niedrigwasser trocken auf dem Schlick liegen. Im Café am Hafen gibt es billige Muscheln und Krabben, dazu den Blick auf die weite graue Bucht und die Vogelschwärme, die sich über das Watt hermachen. Nördlich von Le Crotoy liegt der ornithologische Park von Marquenterre, wo man die gefiederten Freunde andächtig beobachten darf, am besten während der Brutzeit im Mai und Juni. Von den 470 in Europa bekannten Vogelarten sind hier schon 320 zum Brüten vorbeigekommen.

Der Park liegt am Rand eines ausgedehnten Dünengebiets, das für die umliegenden Siedlungen lange Zeit ein ziemliches Problem darstellte: die Dünen wanderten nämlich. Das Dorf Saint-Quentin-en-Tourmont mußte deshalb dreimal seine Kirche neu bauen, immer wieder war sie vom Sand zugeweht worden, zeitweilig stiegen die Gläubigen durch ein Fenster zum Gottesdienst ein. Andere hingegen wußten von den sandigen Verhältnissen zu profitie-

Le Hourdel an der Somme-Mündung

ren: Früher wurden hier «Wüstenfilme» mit kleinem Budget gedreht, das war billiger, als in die Sahara zu fliegen. Inzwischen hat man aber die Dünen mittels Pinien befestigt und seßhaft gemacht.

An manchen Tagen fährt eine kleine Eisenbahn in eineinviertel Stunden von Le Crotoy rund um die Bucht nach Saint-Valéry, einem behäbigen Sommerfrischler-Nest, wo man stolz darauf ist, daß von hier aus Wilhelm der Eroberer im Jahre 1066 nach England aufbrach, um dort, gleich gegenüber, die Schlacht von Hastings zu gewinnen. Noch ein Stück weiter, auf dem äußersten Ende einer Landzunge, liegt die winzige Siedlung Le Hourdel. Von dort aus wandern viele aufs Watt hinaus, um Meeresfrüchte zu sammeln, einige versuchen sogar, die Bucht zu Fuß zu überqueren, wovon dringend abzuraten ist. Wenn das Meer zurückkommt, gibt der Leuchtturm von Le Hourdel ein akustisches Warnsignal. Dann sollte man schleunigst sehen, daß man Land gewinnt.

Normandie – Land der fünf Millionen Kühe

Paris, Boulevard Périphérique, Richtung Versailles, dann die A 13 Richtung Mantes-la-Jolie, und schon ist man in der Normandie. Zumindest der östliche Teil der alten Provinz, die heute aus den Départements Eure, Seine-Maritime, Orne, Calvados und Manche besteht, ist deutlich auf die Hauptstadt hinorientiert. Ein verbindendes Element ist einmal die Seine, bis zur Mündung ist sie garniert mit Fabriken und Industrieansiedlungen, die ihren Hauptsitz in der «région parisienne» haben (zum Beispiel Renault), Rouen und Le Havre sind die wichtigsten Häfen für die Zehn-Millionen-Agglomeration; dann deckt die Normandie seit jeher einen Großteil des Pariser Bedarfs an Meeresfrüchten wie an Milch, Butter und Käse, und überdies ist sie von Paris aus sowohl die nächstgelegene «grüne» Landschaft wie auch die am schnellsten erreichbare Badeküste, ein Katzensprung für die Hauptstädter, die sich hier Wochenend-Residenzen halten – oft hergerichtete oder nachgebaute «typische» Bauernhäuser mit dekorativ freigelegten Decken- und Stützbalken – super-chouette! Schon 1936, als die Volksfrontregierung den bezahlten Urlaub durchsetzte, dampften von der Gare Saint-Lazare rammelvolle Urlauber-Sonderzüge an die nahe Küste: Die Pariser Arbeiter entdeckten das Meer bei Dieppe. Aber das sollte niemanden abschrekken, denn erstens sammeln sich die «Parigots» in Scharen an einigen wenigen bevorzugten Orten, zweitens ist die touristische Bebauung weit weniger aggressiv als anderswo (man denke bloß an die Languedoc-Küste oder die Côte d'Azur!), und schließlich ist die Küste der Normandie immerhin 600 Kilometer lang.

Wie sehr die Normandie auch teilweise von der Metropole mitgeprägt wird, wie sehr sie von Pariser Ausflüglern heimgesucht werden mag – ihre Einwohner fühlen sich keineswegs besonders eng mit diesen Gästen verwandt. So dicht sie am Moloch Paris dran sind, so stark beharren sie auf ihrer regionalen Eigenheit. Auffallend viele haben sich ein «N» mit stilisiertem Wikingerboot aufs Autoheck geklebt. Ja früher! Da waren sie es, die Normannen mit ihren Drachenbooten, die den Parisern auf den Pelz rückten, vor etwas mehr als tausend Jahren. Zu Beginn des 9. Jahrhunderts waren sie übers Meer gekommen, hatten entlang der Küste ihre Lager aufgeschlagen und unternahmen immer wieder rabiate Raubzüge die Seine aufwärts. Die arme Bevölkerung betete damals jeden Abend, der Herr möge sie vorm «normannischen Terror» verschonen. Voller Panik gingen die Pariser daran, ihre seit der Römerzeit reichlich heruntergekommene Stadt wieder ordentlich zu befestigen. Es kam dann aber zu Verhandlungen zwischen dem Frankenkönig Karl dem Simplen und dem Anführer der Wikinger, einem gewissen Rollo, und das Ergebnis davon war, daß den rauhen Männern aus dem Norden ein breiter Landstrich als Herzogtum zuerkannt wurde (if you can't beat them, join them), und die skandinavischen Eindringlinge besiegelten dieses günstige Geschäft damit, daß sie sich ohne große Ziererei taufen ließen. Somit war die Normandie entstanden; und siehe da, die eben noch plündernden und brandschatzenden Germanen machten sich flink daran, einen für damalige Verhältnisse bestens geordneten Staat aufzubauen, kaum daß man ihnen die Chance gegeben hatte, seßhaft zu werden.

Erfolg und Effizienz in Ackerbau und Seehandel machten das Herzogtum reich und stark, und 1066 setzte der selbstbewußte Herzog Wilhelm (beziehungsweise Guillaume) mit seinen Leuten über den Kanal, denn in England war die Frage der Thronfolge ziemlich unklar, und der Normanne meldete seinerseits Ansprüche auf die Krone an. Am 14. Oktober 1066 konnte die Schlacht von Hastings siegreich beendet werden, und Wilhelm der Bastard wurde König von England, seither heißt er Wilhelm der Eroberer, was ja auch viel schöner klingt. Die Vorgeschichte und die entscheidenden Momente des Kampfes schildert der sehr bemerkenswerte Teppich von Bayeux, ein bestickter Leinenstreifen von gut siebzig Metern Länge. Gleich nach der Schlacht von Hastings hergestellt, wirkt er wie ein früher Ahne des Comic-strips. Der Triumph der Normannen ist auf über siebzig Bildern festgehalten, mit viel Liebe fürs Detail: Spione verstecken sich hinter Säulen, auf dem Schlachtfeld rollen die Köpfe; auch ist auf diesen Bildszenen deutlich zu sehen, welch große Bedeutung schon damals bei den Normannen der Alkohol hatte: Die Schiffe werden für die Überfahrt nicht nur mit Waffen, sondern auch mit unzähligen Weinfässern beladen. Wer sich diese uralte Bildergeschichte ansehen möchte – der Wandteppich ist im ehemaligen bischöflichen Palais von Bayeux zu besichtigen.

Madame Bovarys Heimat

Immer noch gibt es ein paar Spuren von den Wikingern, zumal im Pays de Caux, der Gegend zwischen Dieppe und Le Havre. Im dortigen Dialekt finden sich etliche Wendungen, die skandinavischen Ursprungs sind, das gleiche gilt für viele Ortsnamen: Dalle = Tal, Torp = Dorf, Dieppe = tief, Bec = Bach (so heißt das Städtchen Caudebec eigentlich «der kalte Bach»). Eine sonderbare Ecke mit einem sehr eigenen Cha-

Vorläufer der Comics: der Teppich von Bayeux

rakter ist dieses Pays de Caux: ein gewelltes Plateau mit schweren, fruchtbaren Böden, das Wetter konstant unbeständig, es regnet im Schnitt alle zwei Tage, der Sommer findet in den Intervallen zwischen den Schauern statt, fast permanent pfeifen Winde aus östlichen Richtungen über Felder und Weiden. Die Bauernhöfe sind abgeschlossene kleine Welten für sich, rechtwinklig angelegt mit einer weitläufigen Innenfläche, die Apfelbäume, Gemüsegärten oder Ententeiche umfaßt. An den Rändern der Dörfer gibt es oft Reihen ärmlich-pittoresker, einstöckiger Fachwerkhäuschen – einst lebten da die Tagelöhner, inzwischen sind sie zu begehrten Zweitresidenzen avanciert.

Zum Meer hin bricht diese Bauernwelt abrupt ab, fast das gesamte Ufer wird von einer vertikal abfallenden Steilküste gebildet, die wie eine weiße Mauer die Kieselstrände begrenzt. Nur an einigen Stellen gibt es V-förmige Taleinschnitte, dort ist es weniger windig, die Vegetation wirkt üppig, stellenweise fast tropisch. In diesen Nischen hat sich ein eher diskreter, familiärer Ferienbetrieb angesiedelt – Les Petites Dalles, Les Grandes Dalles, Yport, und das herausragende, spektakuläre Étretat mit seiner von bizarren Felsformationen eingerahmten Strandbucht, ein bekanntes Seebad schon im 19. Jahrhundert, gemalt von Courbet, Matisse und Monet, die diese Küste wegen des besonderen, durch Feuchtigkeit gefilterten grauen Lichts schätzten. Der Tourismus bleibt mäßig und «volkstümlich» an dieser Küste, viele kommen bloß für einen Tag aus Paris, Le Havre oder Rouen. Auch einige Briten sind dabei, zwischen Newhaven und Dieppe besteht eine Fährverbindung, manche bleiben gleich in der kleinen Hafenstadt, um die Supermärkte leerzukaufen und / oder sich mit «cheap french wine» die Birne vollzuknallen. So sieht man gelegentlich in den Straßen von Dieppe Gruppen original Londoner Punks grölend herumwanken.

Außer Dieppe und dem Fischereihafen Fécamp gibt es keine richtigen Städte im Pays de Caux, höchstens dörfliche Zentren mit Arzt, Apotheke, Notar und Kneipe, in der Art des Roman-Ortes Yonville-l'Abbaye, wo Flauberts Madame Bovary versauerte. Als Vorbild für sein «Yonville» hat dem Autor das östlich von Rouen gelegene Dorf Ry gedient, daher ist Ry zu einer Wallfahrtsstätte der Flaubertisten geworden. Ein am Ort existierendes «Comité Bovary» hat die verschiedenen Gebäude mit Tafeln «identifiziert», und der Kneipenwirt freut sich über Flaubert-Freaks aus aller Welt.

In der Fachwerkaltstadt von Rouen

Emma Bovary freilich hatte es in Yonville kaum aushalten können. Um sich auszuleben und um ihren ehebrecherischen Gelüsten zu frönen, fuhr sie mit der Postkutsche nach Rouen; bis Paris hat sie es nie geschafft. Wie für viele Landbewohner war die nahe Großstadt für sie bereits Inbegriff des großen Lebens, und jedesmal, wenn sie sich Rouen näherte, geriet sie in heftige Erregung: «Die alte Normannenstadt weitete sich vor ihren Augen aus, bis sie dalag wie eine riesengroße Weltstadt, wie ein Babylon, in das sie nun einzog.» Weit von der Seinemündung entfernt, 125 Kilometer landeinwärts, liegt Rouen und ist dennoch der viertgrößte Hafen Frankreichs: wo früher in Herzog Rollos Residenz die Drachenboote dümpelten, da liegen jetzt Hochseefrachter im langgestreckten Seinehafen.

Der Fluß teilt die Stadt in zwei Teile. Deutlich sichtbar sind vor allem auf dem linken Ufer die Spuren des letzten Krieges, die Größe des Neubaugebietes weist auf das Ausmaß der Zerstörungen hin. Hoch war die Anzahl der Opfer unter der Zivilbevölkerung, die Evakuierung war untersagt worden, die wenigen Schutzräume hatten sich die deutschen Besatzer reserviert. So waren die Bewohner dem Bombardement der Alliierten hilflos ausgeliefert. Am Ende glichen weite Teile der Stadt einem Trümmerhaufen. Ein zweites Opfer wurde der Bevölkerung nach dem Krieg abverlangt: Sie wurden in die eilig hochgezogenen Neubauviertel einquartiert, Wohnblocks, die in ihrer Häßlichkeit und Monotonie noch vieles in den Schatten stellen, was man aus deutschen Vorstädten kennt.

Ganz anders dagegen das rechte Ufer, die historische Altstadt von Rouen: Dort waren die Zerstörungen geringer, und was kaputt ging, wurde behutsam wiederaufgebaut. Das Ergebnis ist beispielhaft: Weder ist hier eine verkleisterte, kitschige Disney-World noch ein steriles Freilichtmuseum entstanden. Einer der Hauptanziehungspunkte im Zentrum der Stadt ist die place du Vieux-Marché: Dort wurde am 30. Mai 1431 um 8 Uhr früh die Nationalheilige Jeanne d'Arc verbrannt, auf Betreiben der Engländer, die damals hier das Sagen hatten. Ein Kreuz im Straßenpflaster markiert die Stelle, wo ihr Scheiterhaufen stand. Sie war nicht die einzige, die hier gelitten hatte: Über Jahrhunderte wurden an dieser Stelle Menschen zu Tode gequält, gerädert, verbrannt, guillotiniert. Bis auf die berühmte Johanna sind sie freilich alle vergessen. Gleich neben dieser Stelle stehen jetzt Marktfrauen mit Gemüse und Blumen. Die Häuser, die den Platz umgeben, sind restauriert, haben aber dennoch nichts Zuckerbäckerhaftes. Die Restaurants des alten Marktplatzes sind allerdings ziemlich teuer, zum Essen versucht man's besser ein paar Schritte weiter in einer der Altstadtstraßen mit ihren eng aneinandergeklebten Fachwerkhäusern, krumm-gealtert, streng und schmal wie Handtücher. Hauptader der Fußgängeraltstadt ist die rue du Gros Horloge, die von Geschäften und Boutiquen gesäumt von der place du Vieux-Marché zur Kathedrale führt, deren verwirrendbilderreiche Hauptfassade immer wieder von Claude Monet gemalt worden ist, bei jeder Art von Beleuchtung. Die Ergebnisse sind im Pariser Jeu de Paume zu bewundern.

Sinnlos, all die schönen Gebäude, Hinterhöfe und Gassen Rouens aufzuzählen, das beste ist, man nimmt sich einen Tag Zeit, um gemächlich durch diese alte Händlerstadt zu bummeln. Nur ein Hinweis: Besonders beeindruckend finde ich die École des Beaux-Arts. Sie liegt in der rue Damiette, neben der Église St. Maclou. Am Ende einer kleinen Gasse geht es durch einen Torbogen, dann steht man im Innenhof eines alten Palais, eines einstöckigen Fachwerkbaus, in dessen Erdgeschoß die Ateliers untergebracht sind.

Paris-sur-Mer

Westlich von Rouen erstreckt sich der meistbesuchte Küstenstreifen der Normandie, die Côte Fleurie, die Blumenküste, wo sich Badeort an Badeort reiht. Wer es eilig hat, dort hinzukommen, kann die (gebührenpflichtige) Autoroute de Normandie nehmen. Billiger und vor allem reizvoller ist jedoch eine Fahrt auf den kleinen Landstraßen entlang der Seine, wo man sieht, wie an Apfelbäumen und Wiesen vorbei die großen Schiffe durch die Flußwindungen gleiten. Nur Tramper seien gewarnt, der Autoverkehr ist hier nicht sehr rege! Kurz vor Le Havre führt dann eine immense Brücke, der pont de Tancarville, über die Seine.

Fährt man dort gleich nach rechts, die N 178 entlang, kommt man erst mal nach Honfleur. Strand gibt's da keinen, wahrscheinlich sehr zum Glück für dieses Städtchen, denn sonst wäre es dort längst unerträglich geworden. Honfleur war früher mal einer der wichtigsten Häfen an der normannischen Küste, verlor dann aber seine Bedeutung an Le Havre und erinnert heute eher an die Schöpfung eines Modelleisenbahnbauers («malerischer Fischerhafen»). Den Ortskern bildet das alte Hafenbecken, le Vieux Bassin, umrahmt von – fast zu schön – gepflegten alten Häusern, die zusammen mit den Masten der Fischkutter und Segeljachten ein tausendfach reproduziertes Dekor abgeben. Stets hat Honfleur eine seltsam magnetische Wirkung auf schreibende wie malende Künstler gehabt und ist jetzt ein beliebter Sonntagsausflugsort der Leute aus Paris. Sie durchpilgern die paar Gassen und treffen sich dann in den Bistrots rund um den Vieux Port, fein säuberlich getrennt nach sozialer Zugehörigkeit: hier die Motorradfahrer bei Bier oder Cidre, dort, ein paar Terrassen weiter, die sportliche Jung-Schickeria, sich die von Knoblauchbutter triefenden Finger an der Stoffserviette abwischend, auf dem Tisch die zu Bergen getürmten Langustenreste. Kleine Menschenpulks bilden sich vor Originalkünstlern mit Baskenmütze, die eine Staffelei vor sich aufgebaut haben und nun den malerischen Hafen abpinseln. Wer gerne unter Menschen ist und am Beobachten dieser Spezies Spaß hat, kann sich hier gut amüsieren.

Nun aber weiter Richtung Westen! Eine schöne Straße führt die Côte Fleurie entlang, kurvenreich, gut ausgebaut, direkt am Meer, ist sie vor allem für Motorradfahrer ein Genuß. In der Ferne, am anderen Ufer der Seine-Mündungsbucht, ist Le Havre zu sehen. Der Anblick ist nicht gerade einladend: riesige Öltanks, rauchende Schornsteine, nachts fast taghell erleuchtete Industrieanlagen. Über Villerville erreicht man Trouville und Deauville, wohl die beiden bekanntesten Seebäder der Côte. Sie liegen, nur durch den kleinen Fluß Toques getrennt, direkt ncbeneinander. Bis Mitte des letzten Jahrhunderts war da nur das heute etwas gemächlichere Trouville, damals einer der ersten Orte, wo überhaupt im Meer gebadet wurde. Das galt allerdings zunächst gar nicht so sehr als Vergnügen, sondern war eine medizinisch-hygienische Entdeckung, die dazu führte, daß sich eine Art Gesundheitstourismus entwickelte.

Gegen 1860 dann begannen sich die besseren Herrschaften des Zweiten Kaiserreichs für das Meer zu interessieren. Es war der Herzog von Morny, durch Eisenbahnbau und Zuckerrüben-Spekulation reich geworden, der ein Auge auf das Trouville benachbarte Sumpfgelände geworfen hatte. Dort drüben wollte der Gesellschaftslöwe eine Luxus-Station ganz für allerhöchste Ansprüche aus dem Boden stampfen, die dem Aristokraten-Tummelplatz Baden-Baden Konkurrenz machen sollte. An finanzkräftigen Partnern für dieses Projekt mangelte es nicht, und so wurde in wenigen Jahren das Unternehmen «Deauville» ausgeführt: eine am Meer gelegene Dépendance der vornehmen Pariser Boulevards, Treffpunkt einer mondänen französischen wie internationalen Kundschaft, wo plötzlich jeder, der dazugehören wollte, eine Villa besitzen mußte. Das elegante Leben von Deauville spielte sich bei Golf, Pferderennen und Roulette ab, das Meer war dabei bloß eine Art geschmackvolles Hintergrunddekor. Der Zahn der Zeit hat nur wenig an der Attraktivität des Ortes genagt. Immer noch flaniert «tout Paris» auf der berühmten, 1911 errichteten hölzernen Promenade Les Planches, allerdings ist nun neben Pferderennen und Glücksspiel noch etwas zeitgemäße Kurzweil wie Polo, Tennis und Segeln hinzugekommen. Und natürlich wird inzwischen hier auch gebadet – für die Aristokraten des letzten Jahrhunderts eine absurde Idee. «Paris-sur-Mer»: Die Selbstdarstellung der Gemeinde Deauville zeugt von gewachsenem Dünkel. Eine Fotomontage auf dem Umschlag des Werbespropekts zeigt im Vordergrund den Badeort, der dann in die Vororte von Paris übergeht, und im Hintergrund steht bereits der Eiffelturm. Tatsächlich ist die Metropole überall in Deauville präsent: Viele Pariser Gastronomen und Couturiers haben hier ihre Filialen. Dennoch, der mehr oder weniger diskrete Charme von Deauville hat was Reizvolles, gerade im Frühjahr und Herbst macht es Spaß, am leeren und scheinbar endlosen Strand entlangzuspazieren, und auch während der Saison kann es für ein Weilchen unterhaltsam und lehrreich sein, die snobistischen Zootiere auf der Promenade zu betrachten.

Zum Übernachten sollte man allerdings woandershin fahren, denn

Rohstoff für Cidre und Calvados

selbst in der Vor- und Nachsaison bleiben die Preise hochherrschaftlich. Aber einige Kilometer weiter wird es dann schon wieder erschwinglich, sogar in Cabourg, das einst mit Deauville um die Gunst der Aristokraten und Neureichen der Belle Époque konkurrierte, und wo Marcel Proust Jahr für Jahr seinen Sommer verbrachte, um sich in der mondänen Welt für sein Romanwerk inspirieren zu lassen (dort heißt Cabourg «Balbec»). Heute ist die Kundschaft längst nicht mehr so vornehm. Viele der einstigen Luxushotels werden nicht mehr recht voll, etliche Villen haben heruntergelassene Jalousien und warten vergebens auf Käufer ... die Fülle am Wochenende kann leicht täuschen, die Haupttourismuszonen haben sich in Richtung Süden verlagert.

Das normannische Loch

Typisch normannisch – gibt es das? Auch wenn den Normannen in Frankreich bestimmte Eigenschaften nachgesagt werden (bäuerlich-bodenständig, besitzorientiert, mißtrauisch), so ist es doch stets gefährlich, über die Bewohner einer ganzen Region Pauschalurteile zu fällen und damit gar noch unvoreingenommene Reisende zu belasten, nicht wahr? Was nun die normannische Landschaft betrifft, so fällt den Franzosen als «typisch» dabei ein grünes, sattes Weideland ein, mit Büschen und Hecken durchsetzt, mit kleinen, wuchtigen Herrenhäusern sowie unzähligen Apfelbäumen und Kühen.

Kaum eine Gegend entspricht diesem Klischee so sehr, wie das südlich der Côte Fleurie gelegene Pays d'Auge. Es gehört zum Département Calvados, das dem bekannten Apfelschnaps seinen Namen gegeben hat. So heißt dieser Landstrich aber erst, seit im Jahre 1588 ein Schiff der spanischen Armada namens «El Calvador» hier an der Küste strandete. Tatsächlich stehen dort Massen von Apfelbäumen herum. Aus den Früchten wird zunächst mal Cidre hergestellt, der leicht prickelnde Apfelwein, und erst nach wenigstens einem Jahr wird dann aus dem Cidre der Calvados gebrannt. Bis in die fünfziger Jahre wurde hier wild drauflos destilliert, und der Alkoholismus feierte fröhliche Urständ. Dann beschnitt Pierre Mendès-France, Milchtrinker und Regierungschef der Vierten Republik, gegen heftige Widerstände diesen Wildwuchs. Lizenzen und Qualität werden seither durch das Bureau National du Calvados überwacht. Neben den großen Firmen existieren immer noch viele kleine bäuerliche Betriebe, und wenn man durch die Dörfer des Pays d'Auge fährt, dann lohnt es sich, dort mal anzuhalten, nicht nur wegen der günstigeren Preise. Es ist üblich, den Kunden erst einmal in die gute Stube zu bitten, dort kann er die verschiedenen Calva-Jahrgänge probieren, und am Ende der Verhandlungen schließt sich manchmal noch eine Hofbesichtigung an. Aber aufgepaßt! Der Calva wirkt schnell und gründlich. Vorsicht ist auch geboten bei der hiesigen Sitte, bereits den morgendlichen Kaffee von einem kleinen Gläschen begleiten zu lassen (pousse-café). Bei längeren Essen freilich ist der Calvados ein unentbehrlicher Bestandteil: In der normannischen Küche wird viel mit schweren Sahnesaucen gearbeitet (die fünf Millionen normannischen Milchkühe hinterlassen überall ihre Spuren), und da kommt dann der Apfelschnaps zum Einsatz, um zwischen den einzelnen Gängen im Magen wieder Platz zu schaffen – er sorgt für das «trou normand», das normannische Loch.

Noch ein paar Bemerkungen zum Essen: Neben diversen Fleisch- und Fischgerichten (Seezunge! Muscheln!) mit Crême-fraiche-Sauce zählen zu den ganz großen Spezialitäten die Tripes à la mode de Caen, Rinderkaldaunen nach Art von Caen, vor denen wohl so mancher deutsche Esser zurückschrecken wird. Nun ja, es soll niemand zu seinem Glück gezwungen werden. Aber auf den Käse, der hier dem Hauptgang so sicher folgt wie das Amen in der Kirche, wird man sich dann doch wohl wieder einigen können: Livarot, Pont-l'Évêque und, berühmtester von allen, der Camembert, allesamt fett und feucht wie ihre Herkunftsgegend. Seit dem 17. Jahrhundert ist das Pays d'Auge schon berühmt für seine Weichkäse, und dank der Eisenbahn und des großen Absatzmarktes Paris hat sich die bäuerliche Aktivität des Käsemachens zu einer beherrschenden Industrie entwickelt. Übrigens gibt es tatsächlich ein Dörfchen mit Namen Camembert. Ebendort hatte dereinst die Bäuerin Marie Harel das Herstellungsverfahren für besagten Käse erfunden, wofür man ihr inzwischen ein Denkmal errichtet hat. Ansonsten ist dieses Camembert an der D 916, unweit von Livarot, aber ein völlig uninteressantes Nest. Noch etwas für Käsefreunde: Für den Original-Camembert gibt es wie beim Wein eine Appellation Controlée: er muß traditionsgemäß aus «lait cru», roher,

Landung der Alliierten im Juni 1944

nichtpasteurisierter Milch hergestellt sein und hat mit dem in deutschen Supermärkten feilgebotenen Produkt gleichen Namens nur die runde Form gemein. Der echte Camembert darf nämlich in der Bundesrepublik gar nicht verkauft werden, das verbieten die bundesdeutschen Hygienebestimmungen. Es geht doch nichts über Scheibletten und andere keimfrei abgepackte Käseleichen ...

D-Day

Fahren wir nun auf kleinen Landstraßen wieder Richtung Küste. Friedlich-grün wirkt die Landschaft mit ihren kleinen Dörfern und abseits gelegenen Höfen. Die Erwartung, die man beim Studieren der Michelin-Tourismus-Karte hatte, findet sich bestätigt. Da existiert aber noch eine andere Landkarte: Sie zeigt die Normandie als Schlachtfeld. Akribisch genau sind dort alle Monumente, Museen, Denkmäler und Friedhöfe verzeichnet, die an die Landung der Alliierten 1944 erinnern. Zu den wichtigsten Abschnitten dieser Operation gehörte die Küste bei Arromanches. Dort landeten am frühen Morgen des 6. Juni englische Truppen, die sich sofort daran machten, einen künstlichen Riesenhafen mit zwölf Kilometer langen Wellenbrechern und schwimmenden Ponton-Kais zu bauen. In zehn Wochen wurden hier 2,5 Millionen Menschen und Hunderttausende von Fahrzeugen angelandet. Arromanches, vor dem Krieg ein völlig unbekanntes Nest, wurde zum Symbol für den «D-Day», zum Inbegriff der «Libération». Das Dorfzentrum wird heute durch einen großen Parkplatz gebildet, daneben liegt das Museum des 6. Juni. Anhand von Waffen und Munition, Schaukästen und beweglichen Modellen wird der Ablauf der Landung anschaulich beschrieben, zum Schluß gibt's dann noch eine Tonbildschau. Gewiß, alles recht beeindruckend, von den Schrecken des Krieges teilt das Museum allerdings überhaupt nichts mit, vielmehr darf man über den materiellen Aufwand und über die vollbrachte technische Leistung staunen. Vor allem englische Reisegruppen kommen her, viele alte Ehepaare entsteigen den Pullman-Bussen, die Männer reden auf ihre Frauen ein, zeigen mit dem Finger in die Ferne, einige stehen auch bloß schweigend herum. Vielleicht sind sie hier gelandet vor vierzig Jahren, erinnern sich jetzt wieder an die kalte und stürmische Überfahrt, an die ersten Schüsse, die vielen Toten um sie herum. Draußen im Wasser sieht man noch immer einige Überreste des improvisierten Hafens, einige der Pontons liegen im Watt, auf ihnen spielen Kinder, ihr Jauchzen und Schreien wird vom Wind rübergetragen zum Museum. Gegenüber das übliche Kitschangebot in Souvenirläden, nur ein paar Memoirenbücher, die an die Kämpfe erinnern. Anders das Spielwarengeschäft ein Stück weiter: Dort stapeln sich Plastikpanzer, Bomber und Kriegsschiffe. An der nächsten Ecke liegt die Bar «Zum 6. Juni», eine ganz normale Dorfkneipe. In einer Vitrine stehen Siegestrophäen, aber sie gehören der freiwilligen Feuerwehr und der Fußballmannschaft.

Nach Westen hin setzt sich das Schlachtfeld Normandie auf der Halbinsel Cotentin fort. Die Gegend wird immer einsamer, die Dörfer wirken wie ausgestorben, Hunde liegen auf der Straße und schlafen in der Sonne. Die Häßlichkeit vieler Dörfer fällt auf: Fast alle wurden in den wochenlangen Kämpfen des Sommers 1944 völlig zerstört und danach hastig wiederaufgebaut. Wie Rouen und vor allem Le Havre und Caen sind die Orte dieser Gegend deutlich vom Krieg gezeichnet. In Deutschland ist man die kriegsbedingten Verunstaltungen gewohnt, hier dagegen fallen sie besonders auf. Quer durch die Halbinsel, von Carentan bis nach Cherbourg, führt die Route de la Liberté, die Straße der Freiheit. Kurz hinter Carentan geht es rechts ab, eine kleine Stichstraße führt zum Meer. «Utah Beach» heißt dieser Küstenabschnitt, einst Landeplatz amerikanischer Truppen. Die Strecke ist schlecht ausgeschildert, sie gehört nicht mehr zum üblichen Touristenprogramm, die Aufschriften der wenigen Wegweiser sind verblichen. Utah Beach: Fast 25000 Mann und 1700 Fahrzeuge kamen über diesen Strand. Eine kleine Straße, die Route des Alliés, führt direkt am Meer entlang. Sie ist gesäumt von Monumenten, auf den Feldern stehen Reste deutscher Verteidigungsanlagen, furchterregend ragen hier und da alte Bunkerteile aus der Erde. In der Nähe des Dorfes La Madleine liegt wieder ein kleines Museum. Man hat diesen Ort wohl mal mit Mühe hergerichtet, heute sieht er trostlos aus. In den Dünen stehen drei amerikanische Landungsboote, zerfressen vom Rost, halb zugeweht vom Sand, der Parkplatz ist leer, im Museum ist es still – Vorsaison. Einsam sitzt eine alte Frau an der Kasse und strickt. Zu hören sind nur der Wind und die Brandung. Am Strand rostet der vergangene Krieg – Stacheldrahtreste, Eisenstangen, Metallgitter. «Killed in action»: Die Gedenktafeln für die im Kampf Getöteten sind

Am Cap de la Hague

überwuchert von Dünengras, die Inschriften kaum noch lesbar. Vielleicht ist so eine dem langsamen Verfall preisgegebene Gedenkstätte ehrlicher als alle anderen. Hier wird nicht mit großem Aufwand ein glorioser Mythos errichtet, hier will kein Hauch von Abenteuer und Faszination entstehen, im Gegenteil – der Anblick ist traurig und mies wie der Krieg.

Atommüll am Ende der Welt

Die Halbinsel Cotentin ist nun wirklich schon sehr weit weg von Paris, überhaupt sehr weit weg von allem. Sie liegt in einem toten Winkel, abseits der großen Verkehrswege, ein wenig beachteter Zipfel am Hexagon, ein heckendurchzogenes Weideland mit eingesprenkelten Heideflächen als letzten, wild gebliebenen Resten. Lange Zeit war das Cotentin durch einen Gürtel aus Sümpfen und Mooren von der übrigen Welt abgeschnitten und hat zu schaurigen Erzählungen, etwa von Barbey-d'Aurevilly, angeregt. Inzwischen ist das meiste trockengelegt und kultiviert. Der bedeutendste Wirtschaftsfaktor hier: Milch, Milch und noch mal Milch. Früh schon hat sich das Städtchen Isigny zu einem großen Milch- und Buttermark entwickelt. Die dort ansässigen Händler kauften die Butter aus dem weiten Umkreis zusammen, um sie zu salzen und zu vermarkten. Mittlerweile haben sich hier Großfirmen angesiedelt (Nestlé und General Milk sind mit von der Partie) und produzieren alle nur denkbaren Milcherzeugnisse; hinter mancher urig-rustikalen Marke verbirgt sich ein Großbetrieb der Lebensmittelindustrie. Neben solchen kapitalkräftigen Nahrungs-Multis haben sich auch etliche Kooperativen gebildet, Selbsthilfegründungen von Bauern, die mit dem Preisdiktat der Butterhändler nicht einverstanden waren. Eine davon ist zur größten Firma der Region geworden, Elle-et-Vire: Sie beherrscht ein Netz aus Milch-Sammelstellen und Molkereien, das den gesamten Westen der Normandie bedeckt und bis in die Bretagne hineinreicht, und sie besitzt eine große, hochmoderne Zentralmolkerei, beziehungsweise Milchfabrik, in Condé, in der täglich über eine Million Liter Milch verarbeitet werden.

Eine andere Industrie als diese gibt es allerdings kaum. Die westliche Normandie ist unterindustrialisiert, und die ganz auf Milchproduktion spezialisierte Landwirtschaft stagniert. Auch mit der Fischerei, die an der Ostküste der Halbinsel, in so hübschen Hafenstädtchen wie Saint-Vaast-la-Hogue und Barfleur betrieben wird, ist es nicht weit her. Das Cotentin gehört zu jenen ländlichen Gebieten Frankreichs, die langsam ausbluten. Seine bescheidenen Städtchen werden vom Scheppern der Milchkannen und vom Wochenmarkt animiert und liegen ansonsten im Dämmerschlaf. Auch mit dem Tourismus ist nicht viel los, die großen Städte liegen zu weit entfernt. So hat man denn dieser so wenig prosperierenden Ecke ein feines Geschenk gemacht: eine Atommüll-Fabrik. Die Annäherung an dieses Machwerk wirkt wie eine Science-fiction-Filmszene: Stundenlang fährt man an der Nordostküste der Halbinsel entlang, ohne anderen Autos zu begegnen, Dörfer gibt es nicht mehr, nur ein paar einzelne, verfallende Gehöfte, die zum Verkauf angeboten werden; das Felsufer fällt steil zum Meer hin ab; an manchen Stellen muß man einfach anhalten, so überwältigend ist der Ausblick.

Am Cap de la Hague dann nur noch schäumendes Wasser und eine wilde, zerklüftete Landschaft. Plötzlich tauchen in der Ferne Baukräne auf, zehn, zwölf, fünfzehn Stück; näher gekommen wähnt man sich auf einem anderen Planeten: breit ausgebaute Betonpisten, riesige Transporter fahren ununterbrochen hin und her und machen einen ohrenbetäubenden Krach. Die Luft ist staubig, entlang der Straße führt ein Zaun, an den sich kein Vorbeikommender herantraut: Stacheldraht, NATO-Draht, mehrere Zäune hintereinander. Geschützt wird hier die wichtigste Wiederaufarbeitungsanlage für Kernbrennstoffe in Europa. Obschon bereits seit Jahren in Betrieb, gleicht sie noch immer einer Großbaustelle. Die ganze Landschaft ist aufgewühlt, Straßentrassen werden verlegt, Häuserblocks gebaut. Es hat schon eine Reihe von Unfällen hier gegeben, auch atomfreudigen Fachleuten waren ernste Zweifel an der technischen Zuverlässigkeit dieses einzigartigen Atom-Mülleimers gekommen, aber nichtsda, das Ding wird ausgebaut, es bringt Devisen ins Land, sogar aus Japan kommt der Atomdreck und wird über den nahen Hafen Cherbourg, wo überdies die französischen Atom-U-Boote gebaut werden, nach La Hague geschafft.

Anderswo in der Normandie hat die ländliche Bevölkerung AKWs mit dumpfem Gleichmut hingenommen oder sie sogar hoffnungsvoll begrüßt als Garanten für Arbeitsplätze und verbesserte Infrastruktur. Um La Hague herum gab es und gibt es immer wieder Aktionen: Behinde-

Wunder im Watt: der Mont St. Michel

rung des Transports, Besetzung der Ladekräne im Hafen von Cherbourg, Einsätze des Greenpeace-Schiffes «Sirius» gegen die Müll-Frachter und vieles mehr. Bei den letzten Kommunalwahlen konnten die Umweltschützer in den umliegenden Dörfern beachtliche Erfolge (bis zu 18 Prozent) erzielen. Aber da ansonsten in Frankreich die Öko-Bewegung weithin eingeschlafen ist, bleibt das Aufbegehren lokal begrenzt und führt nicht zu landesweiten Solidaritätsaktionen.

Vom La Hague-Fremdkörper abgesehen ist das Cotentin aber auch eine sehr reizvolle Gegend. Auf der Westseite gibt es immense Strände, und nur einige Dörfer beginnen sich allmählich in «gut ausgestattete» Urlauberstationen zu verwandeln. Erst weiter unten, um Granville herum, ballt sich der meist kleinbürgerlich-familiäre Ferienbetrieb zu größeren Einheiten zusammen, denn Granville ist von Paris aus direkt mit der Eisenbahn zu erreichen, und außerdem liegt ganz in der Nähe der Mont St. Michel, das in Frankreich am stärksten von Besuchern frequentierte Monument außerhalb von Paris, jene auf einem Felsen im Watt gelegene Klosteranlage, Pilgerstätte des Mittelalters und Staatsgefängnis bis 1863; 300 Menschen bewohnen dieses «Wunder des Abendlandes». Der Tourismus ernährt sie gut und reichlich.

Jan-Philipp Sendker

Bretagne – Zwischen Tradition und Revolte

Das westlichste Département der Bretagne heißt Finistère, von lateinisch «finis terrae», das Ende der Welt. Und so sieht es tatsächlich stellenweise auch aus, zum Beispiel um den winzigen Flecken Meneham, unweit von Lesneven: Zwischen schützende Felsen gequetscht stehen einzelne graue Häuschen, davor umgekippte, vermodernde Holzboote, an einer Leine hängt Wäsche, die vom Wind herumgewirbelt wird, ein paar kümmerliche Bäume sind vom Sturm gestriegelt und nach Osten gedrückt. Aus dem Gras ragen große Steine mit grünen Algen drauf, Felsbrocken auch am Strand, ins Wasser geworfene Riesenkiesel, zwischen denen das Meer schwappt und gurgelt. Muschelschalen, Sepia, Tangbüschel, weit und breit kein Mensch, und die Brandung rauscht dazu. Bretagne wie aus dem Bilderbuch, Armor – Land am Meer, wildromantisch-windzerzaust und scheinbar zeitlos. So könnte es hier schon vor hundert oder zweihundert Jahren gewesen sein, und so entspricht es verbreiteten Vorstellungen von dieser Region.

Die Bretagne: ein armes, herbes, geheimnisvolles Land, mit unverfälschten Traditionen und archaischen Gebräuchen, voller Mythen und Legenden, mit ungezähmter Natur, bizarren Hinkelsteinen und wundersamen Kalvarienbergen. Gerade beim «kritischen» Touristen vermischen sich solche Klischees gern noch mit der Vorstellung von den Bretonen als einer unterdrückten Minderheit unter der Knute des französischen Zentralstaates, deren «antikoloniales» Aufbegehren prinzipiell Sympathie verdient, weswegen sich viele aus Solidarität mit der bretonischen Sache flugs ein BZH-Abzeichen ans Auto kleben. BZH steht für «Breizh» – so heißt die Bretagne auf bretonisch. Die Wirklichkeit ist vertrackter, so manche von zu Hause mitgebrachten Ideen erweisen sich als vorschnell. Von wegen Armut: In vielen Landesteilen fällt ein gewisser Wohlstand ins Auge. Adrette Neubauhäuser, Autos der gehobenen Kategorie, auf den Feldern moderne Maschinen, in den Städten schicke Boutiquen und modische Kids – nein, ein Armenhaus ist die Bretagne nicht oder nicht mehr. Zumindest in den Küstengegenden wirkt sie wohlhabender und auch dichter besiedelt als manche andere Region Frankreichs. Allerdings ist der Wandel neueren Datums, die Entwicklung setzte sprunghaft und verspätet ein und war von verschiedenen Unruhen und Tumulten begleitet.

Royalisten gegen Republikaner

Die Bretagne ist eine Region mit starker kultureller und ethnischer Eigenheit, die Heimat eines keltischen Volksstammes, eben der Bretonen. Mit denen haben allerdings die mysteriösen Menhire (Hinkelsteine) und Dolmen (tischförmig an-

geordnete Steingebilde) nichts zu tun, die überall in der Küstenzone herumstehen. Sie sind die Hinterlassenschaft eines unbekannten Volkes, das dort vor 7000 Jahren hauste. Lange nach dieser Megalith-Kultur siedelten hier wie im übrigen Hexagon die Gallier, die sich von den Römern erobern und romanisieren ließen, bis auf das bekannte Astérix-Dorf, das hier irgendwo gelegen haben soll. Ab dem 5. Jahrhundert kamen dann Keltenstämme von der britischen Insel, der «Grande Bretagne» rüber. Sie waren von den Angeln und Sachsen verdrängt worden und ließen sich auf der armorikanischen Halbinsel nieder, die später «Bretagne» genannt wurde. Sie brachten ihre Kultur und Sprache mit, die eng verwandt ist mit dem Walisischen und dem (ausgestorbenen) Cornischen, entfernter mit dem Irischen und Schottischen.

Anders als das Französische ist das Bretonische also eine nichtromanische Sprache. Man merkt es gleich an den befremdlichen Ortsnamen: Landévennec, Trébeurden, Ploumanach. Heute wird Bretonisch noch

Nicht romanisch

von rund 400000 Menschen gesprochen. Die Sprachgrenze hat sich über die Jahrhunderte immer weiter nach Westen verschoben und verläuft jetzt ungefähr zwischen Vannes und Paimpol. Östlich davon liegt das «pays gallo», wo ein französischer Dialekt gesprochen wird. Das Bretonische ist primär die Sprache einer bäuerlichen Landbevölkerung, seit die adlige Führungsschicht schon im Mittelalter dazu überging, Französisch zu sprechen.

Bis 1532 war die Bretagne ein dem französischen König nur locker verbundenes, unabhängiges Herzogtum, dann fiel sie durch eine Heiratsmauschelei an Frankreich. Wie anderen Provinzen setzte ihr der Kardinal Richelieu seine Militärkolonien vor die Nase, so ließ er seinen Stararchitekten Vauban den Kriegshafen Brest errichten. Wie anderswo kam es zu Aufständen gegen die drückenden Steuerlasten, waren die Vertreter der Zentralgewalt beim Volke unbeliebt, ohne daß es dabei schon um die«bretonische Sache» gegangen wäre. Unzulässigerweise werden von manchen neueren Nationalisten diese Bauernrevolten im Feudalismus als frühe Formen eines nationalen Befreiungskampfes ausgegeben. Auch als während der Französischen Revolution eine Allianz von Bauern, Priestern und Aristokraten die Armee und die Institutionen der neuen französischen Republik bekämpften, da war dies kein bretonischer «Befreiungskampf», sondern Teil einer großen konterrevolutionären Erhebung im gesamten Westen Frankreichs. Die Bewohner der bretonischen Städte setzten sich währenddessen heftig gegen diesen royalistischen Aufstand zur Wehr. Es handelte sich dabei nicht um eine Konfrontation zwischen Paris und

Menhire bei Camaret

der Provinz, sondern um einen Bürgerkrieg, in dem einem städtisch-republikanischen Block ein agrarisch-feudaler gegenüberstand.

Unter Napoleon wurde schließlich der Bürgerkriegselan gebrochen, durch einen Kompromiß, der in der Bretagne die Vorherrschaft von Grundherren und Klerus fortdauern ließ. Das politische Potential der Städte – liberales Bürgertum, Handwerker, Arbeiter – blieb noch lange in der Defensive. Herrschende Klasse war weiterhin der grundbesitzende Adel; die Landaristokratie hatte die Französische Revolution fast unbeschädigt überstanden und schottete nun ihren Herrschaftsbereich ab gegen alles, was ihre Machtposition untergraben konnte. Für weitere hundert Jahre blieben die bretonischen Landgemeinden Bastionen gegen den Kapitalismus und seine bedrohliche Dynamik. Für den ideologischen Kitt der spätfeudalen Gesellschaft sorgte die Kirche. Sie hatte die ländliche Bevölkerung voll im Griff, war einziger und allgegenwärtiger «Ansprechpartner»; sie kontrollierte die Schulbildung, predigte fromme Demut und verhieß tröstlich Belohnungen für irdische Mühsal im Jenseits. Auch sorgte sie geflissentlich dafür, daß die guten alten Traditionen gepflegt wurden; jene archaische Bauernkultur mit ihren rituellen Formen, eingebettet in eine gottgegebene Ordnung, in der jeder seinen vorbestimmten Platz und jedes Dorf seine Tracht hatte. Dazu gehörte auch, daß die Geistlichen ihre Schäfchen vor den Gefahren der französischen Sprache schützten, sich für den alleinigen Gebrauch des Bretonischen einsetzten, nicht etwa aus regional-kultureller Besorgnis, sondern um die braven Bauern vor den Einflüssen republikanischen Gedankenguts zu bewahren: Die Sprache wurde zum Schutzwall gegen Kritik und Aufklärung.

Auch wenn es heute manchen Regionalisten schwerfällt, dies anzuerkennen: Damals war das Erlernen des Französischen Vorbedingung, um dem ideologischen Würgegriff des Klerus zu entkommen ebenso wie der materiellen Misere. Denn in der archaisch-feudalen Landwirtschaft stagnierte die Produktion, während sich die Bevölkerung gut katholisch vermehrte. Bis spät ins 19. Jahrhundert kam es zu Hungersnöten, und auch sonst lebten die Leute recht jämmerlich von Kartoffeln, Crêpes und Sauermilch. Viele suchten anderswo nach Überlebensmöglichkeiten, in den Kohlenminen des Nordens, in der Armee oder auf See. Die Mädchen verdingten sich als mies bezahlte Kinderfrauen in Paris, und nicht wenige reihten sich ein ins Prostituiertenheer der Hauptstadt. Das Elend fand in der Bretagne einen klassischen Partner: den Alkoholismus. Der wohlfeile Suff betäubte die Not; als ortstypische Folklore verbrämt, trug er seinen Teil zur Blockierung des Bewußtseins bei. Noch heute steht die Bretagne an der Spitze des Pro-Kopf-Alkoholkonsums in der Welt, und Nummer eins innerhalb der Region wiederum ist das Département Morbihan.

Gegen Ende des letzten Jahrhunderts machten sich dann auch in der Bretagne Veränderungen bemerkbar. Städte wie Nantes, St. Brieuc oder Lorient entwickelten sich zu industriellen Zentren, das bedeutete eine Stärkung der Arbeiterbewegung sowie bürgerlich-republikanischer Positionen. Zudem brachten auch die Migranten bei ihrer Rückkehr aus der industrialisierten Welt neuartiges Gedankengut mit ins dumpf-abhängige Milieu im Schatten der Kirchtürme. Und schließlich begann die Dritte Republik mit ihrer großen laizistischen Schuloffensive. Es entstanden also etliche Bedrohungen für die Hegemonie der Krautjunker und Priester.

Auf diesem Hintergrund wurden zum erstenmal regionalistische Töne laut: 1898 wurde die Union régionaliste bretonne gegründet. Es war eine Offensive von rechts, angeleiert von einigen Monarchisten. Vertreten wurde die paternalistische Ideologie des Agrarblocks. Man stimmte Loblieder an auf die überlieferte Ordnung und die traditionellen Werte. Zulauf fand dieser Verein bei romantischen Keltomanen und reaktionären Schriftstellern; häufig waren es frustrierte Pariser Intellektuelle, die schwärmerisch herbeikamen, das Land der Bretonen mit der Seele zu suchen, wohingegen damals die breite Bevölkerung keinerlei Regionalpatriotismus zeigte. Auf der einen Seite waren da also die rückwärtsgewandten Kräfte mit ihrem Bretonenkult, auf der anderen die Holzhammermethoden der Republik: Den Kindern war es verboten, in der Schule bretonisch zu sprechen, wer dabei erwischt wurde, bekam als Zeichen der Schande ein

Hufeisen umgehängt. Die Bretonen zum Französischen «bekehren», das hieß, sie für die Republik gewinnen, die immer noch starken Kräften der Vergangenheit besiegen. Für die regionale Kultur war dies eine verhängnisvolle Polarisierung, aber differenziertere Haltungen hatte es damals kaum gegeben.

Größere Breitenwirkung erlangte der Regionalismus dann nach dem Ersten Weltkrieg. Aus dem Lager rechter Intellektueller ging die Bewegung «Breiz Atao» («Bretagne für immer») hervor, und es entstand eine Reihe weiterer nationalistischer Vereinigungen, so die PAB (Parti Autonomiste Breton), später PNB (Parti Nationaliste Breton) und die mit ihr verbundene Geheimorganisation «Gwenn ha du» – Schwarz und weiß, nach der bretonischen Fahne, die sich als nationalistisches Symbol durchsetzte, ebenso wie das «Triskell», ein sich drehendes Sonnenrad mit drei Armen. Das Spektrum der Gruppen ging von katholisch-monarchistischen bis zu unverbrämt faschistischen Organisationen. Ihre Gegner waren Demokraten, Sozialisten, Kommunisten, Juden – das ganze republikanische Geschmeiß. Die Separatisten blieben zwar eine Minderheit, erregten aber durch ihre Aktivitäten einiges Aufsehen. So machte sich Gwenn-ha-du durch eine Serie von Bombenanschlägen bemerkbar. Deutliche Sympathien brachte man dem deutschen Nazi-Regime entgegen. Schon in den dreißiger Jahren gab es rege Kontakte, Deutschlandreisen und Studienaufenthalte. Unter der deutschen Besatzung schien dann die große Stunde der Nationalisten gekommen. Die Nazis nährten die Hoffnung auf einen eigenen bretonischen Staat, obwohl der in Wirklichkeit in Hitlers Konzept nicht vorgesehen war. Dafür durfte die PNB die bretonische Bevölkerung reichlich mit keltisch-nordischem Ideologie-Mischmasch berieseln, freilich ohne großen Erfolg. Nur wenige ließen sich von den Rattenfängern ködern. Die PNB-Leute waren als Kollaborateure verschrien; sie machten für die Besatzer Jagd auf die Résistance. Als dann die Stunde der Abrechnung zu kommen drohte, setzten sich viele nach Deutschland und Irland ab. Der bretonischen Sache haben sie den denkbar schlechtesten Dienst erwiesen.

Artischockenschlacht und Schweinekrieg

Mitten in Saint-Pol-de-Léon erhebt sich stolze 77 Meter hoch der Kreisker, ein spitzer Glockenturm aus grauem Stein, mit ziselierten Brüstungen und kleinen Nebentürmchen, Urbild vieler typisch bretonischer Kirchtürme. Man kann ihn besteigen; von seiner Höhe herunter fällt der Blick auf ausgedehnte Blumenkohl- und Artischockenfelder. Saint-Pol liegt inmitten einer reichen Gemüsegend, die sich parallel zur Küste von Morlaix bis Lesneven erstreckt. Siebzig Prozent aller französischer Artischocken und über die Hälfte des gesamten Blumenkohls kommen aus diesem vom Golfstrom bestrichenen und mit fruchtbaren Böden gesegneten Land. Saint-Pol ist das große Zentrum des Gemüsehandels; hierher karren die Bauern aus dem umliegenden Pays de Léon ihre Ernte, die dann per Schiff aus dem Fährhafen Roscoff nach England oder per Sattelschlepper in den Pariser Großmarkt Rungis geschafft wird.

Deutlich zeigen sich hier die Folgen des Modernisierungsprozesses, der in den letzten dreißig Jahren das bäuerliche Leben der Bretagne umgekrempelt hat. Sehr verspätet und sehr schnell vollzog sich der Anschluß an die Industriegesellschaft. Eine wichtige Rolle spielte dabei zunächst der CELIB (Comité d'études et de liaison des intérêts bretons), ein Zusammenschluß bretonischer Politiker, Gewerkschafter und lokaler Vereine, der als pressure group die ökonomische Rückständigkeit der Bretagne bekämpfte, sich für Industrieansiedlungen, Verbesserung der Verkehrswege und Ausbau des Tourismus einsetzte. Dem CELIB gelang es, Druck auf die Pariser Regierung auszuüben und neue Raumordnungspläne durchzusetzen. Die Bretagne machte einen beachtlichen Sprung, blieb aber trotz vieler neuentstandener Fabrikbetriebe im wesentlichen Agrarland. Die großen Umwälzungen machten sich vor allem in der Landwirtschaft bemerkbar. Maßgeblichen Einfluß hatte dort seit den fünfziger Jahren die christliche Landjugend (JAC); mit ihren Versammlungen und Lehrgängen brachte sie einen neuen Typ von Landwirt hervor: den dynamischen Jungbauern, der ausbrechen wollte aus der archaischen Landwirtschaft nach Altvätersitte, der sich an höherem, «städtischem» Lebensstandard orientierte und auf einen durchtechnisierten, spezialisierten Betrieb setzte. Rasch änderte sich das Gesicht der Landschaft: Hecken wurden ausgerissen, Felder zwecks besserer maschineller Bearbeitung zusammengelegt. Vielen gelang der Ausbruch aus traditionell ärmlichen Verhältnissen, aber der enorme Modernisierungsschub brachte neue Probleme mit sich, die plötzliche Entwicklung einer durchkapitalisierten Landwirtschaft führte und führt immer wieder zu Anpassungs- und Überproduktionskrisen, die sich in Bauernrevolten äußern. 1960 entbrannte die «Artischockenschlacht», die Preise fielen ins Bodenlose, ganze 20 Centimes sollten die Produzenten von den Großhändlern für ihre Edeldisteln bekommen, während sie in Paris für 1,60 Franc verkauft wurden. Aus Protest verbrannten die Bauern 20 Millionen Artischockenköpfe, später organisierten sie einen Direktverkauf in Paris. Über ein Jahr lang hielten die Unruhen an: Massendemonstrationen, Straßensperren, Unterbrechung von Eisenbahnlinien – das Pays de Léon, besonders die Unterpräfektur Morlaix, befand sich quasi im Bürgerkriegs- und Belagerungszustand. Um die Abhängigkeit von Zwischenhändlern zu überwinden, gründeten die Landwirte des Léon schließlich in Saint-Pol eine eigene Vertriebsgenossenschaft, seither hat sich die Gemüse-Szene beruhigt.

Anders ist die Lage bei den Geflügel- und Schweinezüchtern. Unkoordiniert, jeder für sich, haben viele Bauern vor allem im Binnenland zum Beispiel auf Eierproduktion gesetzt und Legebatterien installiert; 23 Millionen Legehennen arbeiten in der Bretagne, bei einem weitgehend unorganisierten Markt kommt es zu regelmäßigen Preiseinbrüchen. Etwas besser stehen die Brathähnchen-Produzenten da: Sie haben sich – bei einer Schlachtkapazität von 1,5 Millionen Gummiadlern pro Tag – den arabischen Markt erobert. Leider essen die Araber keine Schweine. Wegen Übersättigung des EG-Marktes und ansteigenden Soja-Preisen flackert immer wieder der Schweine-Krieg auf.

Die Romantik täuscht: Fischer in Guilvinec

In kurzer Zeit ist also eine ganz neue Bretagne entstanden. Die Subsistenzwirtschaft betreibenden Kleinbauern mit ihren verwitterten Katen aus grauem Naturstein verschwinden von der Bildfläche, sie machen Platz für eine industrielle Landwirtschaft mit modernem Maschinenpark, funktionellen Baracken für Schweine-Massenhaltung und Geflügelzucht und, etwas abseits davon, neuen Einheitswohnhäusern mit Waschmaschine und Fernseher. Die Lebensweise auf dem Lande verstädtert, den pittoresken Holzschuhbauern sieht man hier bloß noch auf Postkarten.

So wenig Grund es gibt, das Verschwinden trostloser Armut bei Kartoffeln und Milchsuppe zu bejammern, so erschreckt doch die Brutalität, mit der sich das Kapital das Landleben unterworfen hat. Hemmungsloser Produktivismus ist eingekehrt, die Riesenartischocken und der dicke Blumenkohl wachsen auf rabiat mit Kunstdünger vollgepumptem Land. Mancherorts ist das Grundwasser bereits verseucht, wird Babies und Schwangeren vom «Genuß» von Leitungswasser abgeraten. Ein paar von den einstigen JAC-Jungmannen sind zu Bourgeois-Bauern mit Unternehmer-Mentalität geworden. Sie geben in den Organisationen den Ton an, haben die Landwirtschaft in enger Zusammenarbeit mit dem Crédit agricole auf rücksichtslosen Wachstumskurs gebracht. Unterhalb dieser Agrarunternehmerschicht ist die breite Masse der Familienbetriebe: Meist sind sie bis zum Hals verschuldet, stehen bei den Maschinenfirmen in der Kreide; extrem spezialisiert, in oftmals totaler Abhängigkeit von der Agrarindustrie, ohne Finanzreserven, reagieren sie empfindlich und häufig auch gewalttätig auf existenzbedrohende Preisschwankungen.

Eine kleine Fraktion jüngerer Bauern hat begonnen, diese Entwicklung infrage zu stellen: die Travailleurs-Paysans, eine linke Bauerngewerkschaft, die sich vom rechten Bauernverband FNSEA abgesetzt hat. Sie kritisiert den hemmungslosen Produktivismus, der die Bauern in den Teufelskreis von Expansion und Verschuldung zwingt, sie zu Nervenbündeln macht und obendrein ökologische Schäden mitverursacht.

Küste ohne Hotelburgen

Die überwiegende Mehrheit der Bretagne-Besucher zieht es an die Küste. Manche mögen dabei der Erwartung aufsitzen, dort im Juli und August noch herbe, romantische Einsamkeit vorzufinden, aber damit ist es nichts. Mit über zwei Millionen Besuchern ist die Bretagne nach der Côte d'Azur die zweitgrößte Feriengegend Frankreichs, und wer nicht aufpaßt, läuft Gefahr, dem entsprechenden Touristen-Nepp zum Opfer zu fallen. Einst waren da nur ein paar traditionelle, von den besseren Kreisen bevölkerte Badeorte wie St. Malo oder das altehrwürdige Dinard, die mittlerweile etwas faltige Königin der Côte d'Émeraude (Smaragdküste), eine von betuchten englischen Badegästen großgemachte Luxusstation. Auch an der klimatisch milderen Südküste kamen schon um die Jahrhundertwende einige Orte in Mode und wurden von internationaler Prominenz aufgesucht, Pornic etwa, wo sogar Lenin mal zur Sommerfrische weilte. Von solchen Tummelplätzen abgesehen blieb die Küste naturbelassen, die Leute lebten vom Fischfang und sammelten Tang als Dünger für Gemüsegärten und Felder.

Der aktuelle Massentourismus setzte erst in den sechziger Jahren ein. Dadurch wurde die Küstenlandschaft zwar zersiedelt, aber eine brutale Betonierung nach Art der Côte d'Azur blieb aus, die gigantischen Bauvorhaben einiger Spekulanten ließen sich nicht durchsetzen. Es war meist die konservative Landbevölkerung, die sich den Plänen für Hotelburgen und Marinas widersetzte. Statt dessen ist es zu einer schleichenden, unzusammenhängenden Bebauung mit kleinen Zweit-Eigenheimen gekommen, weißen Häuschen im traditionellen Stil, möglichst mit putzigen Miniatur-Menhiren im Vorgarten. Stellenweise sind um Fischerdörfer herum größere touristische Zusammenballungen entstanden, an der Nordküste etwa St. Cast, Erquy, Val-André oder Perros-Guirec, im Süden Bénodet, die Halbinsel Quiberon oder Carnac, Urlauberziel vor allem wegen seiner 1099 Menhire, ganz zu schweigen von der völlig zugeklotzten Gegend um Le Croisic und La Baule. In diesen Orten herrscht ausufernder Feriengroßbetrieb mit hergerichteten Stränden, Service-Einrichtungen wie Badekabinen, Toiletten und Snack-Bars. Allerdings ist die bretonische Küste schier unendlich, und so lassen sich abseits solcher Zentren noch immer fast menschenleere Ekken finden.

Landschaftlich besonders reizvoll, wenngleich weitaus rauher als die Küste der südlichen Départements Morbihan und Loire-Atlantique ist die Nordküste. Sie ist wild zerklüftet, hat tief eingeschnittene, fjordartige Flußmündungen, sehr weit ins

Kampf gegen die Ölpest der Amoco Cadíz

Land hinein reicht die Wirkung der Gezeiten, überall finden sich kleine Häfen, die bei Ebbe leerlaufen, so daß die Boote zur Seite kippen. Die Bretagne ist ein Paradies für Segler, es gibt Unmengen von teilweise recht preisgünstigen Segelschulen. Einige Küstenabschnitte sind besonders spektakulär, etwa zwischen Ploumanach und Trégastel, wo rundgewaschene rosa Granitblöcke über die Strände verstreut liegen; ein beliebtes Postkartenmotiv, daher entsprechend stark besucht. Ein intimes, fast paradiesisches Fleckchen, zumindest außerhalb der Hauptsaison, ist die Île de Bréhat, in zehn Minuten Bootsfahrt das ganze Jahr hindurch von der Pointe de l'Arcouest zu erreichen, eine Insel mit subtropischer Vegetation, wo Feigenbäume, Zedern und Mimosen wachsen und wo es keine Autos, aber zwei Kirchen und eine Dorfkneipe gibt.

Je weiter man nach Westen kommt, das heißt, je weiter man sich von Paris entfernt, desto geringer wird das Touristenaufkommen. Die größeren Badeorte liegen eher im Département Côtes-du-Nord, während sich im Finistère noch viele unzivilisierte Strände finden lassen, zum Beispiel in der Nähe von Brignonan oder, noch einsamer, nördlich von Lampaul-Ploudalmézeau. Ihr müßt es einfach über kleine Nebenstraßen ausprobieren, bis ihr «euren» Platz gefunden habt.

Die schwarze Flut

Ein großes Kruzifix wacht über der Hafenbucht von Portsall, ein paar Boote dümpeln im auslaufenden Wasser; lautstark unterhalten sich in der Fischerkooperative Männer mit roten Gesichtern und blauen Mützen. Im Souvenirladen werden Seemannsköpfe aus Gips und eine Teekanne in Muschelform angeboten, daneben viele Postkarten, bevorzugt mit Felsen-, Dolmen- und Leuchtturm-Motiven. Eine ist aber auch darunter, aus der Reihe Couleurs de Bretagne, die das Wrack der Amoco Cadiz zeigt. Wie ein sterbender Wal ragt der Bug des Tankers aus dem Meer. Der war am 16. März 1978 auf den Klippen vor Portsall auseinandergebrochen. 220000 Tonnen Rohöl liefen aus und legten sich wie ein ekliger Film auf die Küste, 360 Kilometer weit, bis nach Perros-Guirec hinauf. 77 Gemeinden waren von der Schweinerei betroffen, Tausende von Vögeln krepierten, Fischer, Austernzüchter und Gastronomen waren in ihrer Existenz bedroht. Monatelang dauerte es, die Strände wieder sauber zu kriegen. Neben Feuerwehren, Anwohnern und abkommandierten Soldaten war eine große Zahl von freiwilligen Helfern im Einsatz, mit Schaufeln und Eimern kämpften sie gegen die schwarze Schmiere. Eine Journalisten-Lawine war damals in die friedliche Idylle von Portsall hereingebrochen. Das ganze Land sah die Bilder der einbalsamierten Vögel, nahm Kenntnis von dieser Ecke am Ende der Welt und vom Ausbruch bretonischen Zorns. Nachdem in vorangehenden Jahren bereits Torrey Canyon, Olympic Bravery und Böhlen ihre klebrige Bescherung hinterlassen hatten, war das Maß nun voll.

Die Amoco-Cadiz-Katastrophe wurde zum Symbol für Benachteiligung, Herablassung und unzureichende Hilfe durch die Zentralregierung, und sie lenkte die Aufmerksamkeit auch auf den neuen bretonischen Regionalismus. Der hatte sich im Gefolge des Mai '68 entwickelt und kam seither von links. In ihm artikulierte sich der Unmut über den erstarrten Zentralismus, das Fehlen regionaler Entscheidungsmöglichkeiten, die stiefmütterliche Behandlung der eigenen Kultur. Hier wie in anderen französischen Regionen wurde jetzt der Ruf nach Autonomie und Selbstverwaltung laut. Vorausgegangen war 1964 die Gründung der linken Autonomistenpartei UDB (Union Démocratique Bretonne), bald zeigten sich regionalistische Anwandlungen auch bei traditionellen Linksparteien: die PS schuf sich zum Beispiel eine bretonische Arbeitsgruppe namens BREIS, und vor allen griff die PSU-Bretagne regionale Forderungen auf. Ein breites Sprektrum linker und extrem-linker Gruppen verband die Idee regionaler Emanzipation mit sozialistischen Positionen. Damit hatte die bretonische Sache also eine deutliche Wendung genommen, auch wenn sich manche die Auseinandersetzung mit der Vorgeschichte des bretonischen Nationalismus ein bißchen einfach machten, sie nach Bedarf zurechtstutzten und hie und da zu einer penetranten Mythenkrämerei neigten.

Es entstand auch wieder mit der «bretonischen Befreiungsfront» FLB eine Untergrundgruppe, die durch mehrere Bombenanschläge von sich reden machte; das meiste Aufsehen erregte sie durch ihr Attentat auf das Schloß von Versailles, das Symbolgebäude des französischen Zentralismus. Solche Anschläge wurden von fast allen Bretonen abgelehnt, so wie im übrigen die Idee einer unabhängigen Bretagne kaum irgendwo auf Gegenliebe stieß. Teile der FLB sind inzwischen zur Legalität konvertiert, aus ihnen sind Gruppen wie POBL (Parti pour l'organisation d'une Bretagne libre) oder Emgann (Ziel: eine freie, sozialistische und selbstverwaltete Bretagne) hervorgegangen. Besonders rabiat gebärdet sich ein Verein mit Namen Strollad Pobl Vreizh, eine nationalistische Mini-Partei mit dem Schlachtruf «Ar c'hallaouet er maez!» («Franzosen raus!»). Aber solche Organisationen sind eher marginal, größere Bedeutung kommt eigentlich nur der UDB zu, und auch die leidet unter Anhängerschwund und Spaltungserscheinungen.

Beim Regierungsantritt der Linken, 1981, hatten die Aktivisten der bretonischen Bewegung auf einen Sonderstatus mit gewähltem Regionalparlament gehofft. Daraus wurde nichts, so was kriegten nur die Korsen. Unerfüllt blieb auch die Forderung, der 1972 geschaffenen Region Bretagne das Département Loire-Atlantique anzugliedern, das Teil der historischen Provinz war und mit Hafen- und Industriestädten wie Nantes und St. Nazaire von großer wirtschaftlicher Bedeutung ist. Nein, viel war es nicht, was man von Mitterrands Leuten bekam, die anfängliche Euphorie machte bald einer gewissen Desillusionierung Platz. Allenfalls gab es einige Zugeständnisse auf kulturellem Gebiet. Schon unter Giscard wurde eine «Charte culturelle de Bretagne» geschaffen. Sie sollte, wie es hieß, die Bewahrung der bretonischen Kultur in all ihren Formen begünstigen. Die Mittel dazu fielen recht mager aus, aber immerhin, einige Initiativen konnten unterstützt werden.

Überhaupt spielt wohl die Wiederentdeckung der kulturellen Identität eine größere Rolle als die politische Wunschvorstellung der Autonomisten. Eine – inzwischen wieder etwas zurückgegangene – Begeisterung für bretonische Musik brach aus, verbunden mit Namen wie Glenmor, Gilles Servat oder Alan Stivell, erweitert um das Interesse an der Musik aus den keltischen «Bruderländern», vor allem aus Irland. Auch sind die «Festou Noz», abendliche Tanzfeste, sehr in Mode gekommen. Folkloregruppen, Theater und Literaturzeitschriften schossen während der siebziger Jahre wie Pilze aus dem Boden.

Im Mittelpunkt dieser Kultur-Renaissance stand und steht natürlich die Sprache: Das Bretonische hat einen neuen Wert bekommen, es ist nicht mehr gleichbedeutend mit Misere, Unwissenheit und Unterentwicklung. Lange scheint es her, daß Schilder in den Schulen verkündeten: «Es ist verboten, auf den Boden zu spucken und bretonisch zu sprechen!» Stolz gibt man den Kindern wieder bretonische Vornamen wie Annick, Ronan oder Yann, und überall im Lande werden Sprachkurse abgehalten. Ein Jahr vor dem Amoco-Desaster war in Portsall neben der Kirche der erste «Diwan» (das heißt Keim), eine bretonische Vorschule, entstanden. Mittlerweile gibt es davon achtzehn; sie werden von Eltern und Förderern finanziert und kämpfen mit argen Geldschwierigkeiten. Vom Staat bekommen sie lächerlich wenig Unterstützung, wie überhaupt die Rolle, die dem Bretonischen offiziell zugestanden wird, trotz aller frommen Sprüche weiterhin recht kümmerlich ist – kein Vergleich mit der Situation drüben in Wales, von Zweisprachigkeit kann im Land der Bretonen keine Rede sein. Zwischen 1976 und 1981 amtierten ganze zwei Bretonisch-Lehrer in den öffentlichen Schulen, heute sind es immerhin zwanzig. Zögernd hat man der alten Muttersprache ein kleines Plätzchen im Regionalfernsehen eingeräumt. Als nennenswertes Zugeständnis kann am ehesten noch der kürzlich geschaffene staatliche Rundfunksender «Radio Ouest Bretagne» gelten, der von Quimper aus fünf Stunden täglich Programme in bretonisch ausstrahlt. Ansonsten bleibt das meiste eine Sache der Privatinitiative.

Ob überhaupt das Bretonische als lebendige Umgangssprache zu retten ist, scheint fraglich. Zu Beginn des Jahrhunderts wurde es von einer Million Menschen benutzt, heute ist es nicht mal die Hälfte. Die es geläufig sprechen, sind vor allem Ältere oder ganz Alte, denn der traditionelle bäuerliche Lebenszusammenhang, dem das Bretonische angehört, ist dabei zu verschwinden. Die Industrialisierung und hundert Jahre Pariser Französisierungspolitik haben (fast) vollendete Tatsachen geschaffen. Die Sprache wird an der Universität Rennes gelehrt, man kann sie sich in zahlreichen Kursen aneignen, aber eben als Fremdsprache. So wird sie zum liebevoll gepflegten Kulturerbe, praktiziert weitgehend von Intellektuellen, verflüchtigt sich aber aus dem Alltag der kleinen Leute. «Die bretonische Sprache ist im Eimer», sagt denn auch illusionslos, wenngleich mit bitterem Unterton, der populäre Sänger Glenmor.

Zurück nach Portsall: Als nach dem letzten Tankerunglück der erste Schock überwunden und der gröbste Dreck beseitigt war, da taten sich die geschädigten Gemeinden zu einem Syndikat zusammen, machten Nägel mit Köpfen, leisteten sich für die Kleinigkeit von 19 Millionen Francs eines der renommiertesten New Yorker Rechtsanwaltsbüros und prozessierten gegen die Standard Oil of Indiana, in deren Auftrag das Katastrophenschiff fuhr. Im April 1984, sechs Jahre nach dem Schiffbruch, wurde in Chicago das Urteil verkündet: Die Verantwortung für die Ölpest wurde der Standard Oil zugeschrieben, die betroffenen bretonischen Gemeinden hatten Anspruch auf Entschädigung. Über 400 Millionen Dollar müssen bezahlt werden. Bei den Siegern gab es ein großes Fest. Nach dem Urteilsspruch wurden feierliche Bankette veranstaltet, freudestrahlend versammelten sich die Leute von Portsall am Ufer und sangen aus voller Brust die bretonische Hymne «Bro goz ma zadou» – Altes Land meiner Ahnen. Und es wurde sogleich erwogen, nach dem Chicagoer Richter McGarr eine Straße zu benennen. Nach der schwarzen Flut ein warmer Regen: Böse Zungen meinten, etwas Besseres als das Amoco-Unglück hätte denen gar nicht passieren können. Aber das waren wirklich nur böse Zungen.

Insel des Schreckens

Von Portsall die Küste entlang nach Süden, über Landunvez, Porspoder und Plouarzel, erreicht man Le Conquet, dessen Häuser sich am Felshang über einer langgezogenen Bucht festkrallen. Früher war der kleine Fischerhafen mal ein Seeräubernest, heute leben die Leute von Langusten und einem bescheidenen Tourismus. Es sind vorwiegend Camper, die sich am prächtigen Dünenstrand Plage des Sablons vergnügen; im Dorf gibt es ansonsten zwei Hotels, mit guten und erschwinglichen Restaurants. Eine Standard-Attraktion hier ist der nah gelegene Leuchtturm von St. Mathieu, der direkt am Steilufer aus einer alten Klo-

Granitklippen an der Pointe de Van

sterruine herausragt. Dann steht da nordöstlich in Richtung Saint-Renan der zwölf Meter hohe Menhir von Kerloas, mit dem sich früher gewisse Fruchtbarkeitsriten verbanden. Jungverheiratete Paare suchten dieses phallische Gebilde auf, um sich die Bäuche dran zu reiben.

Vor allem aber kann man von Le Conquet aus das Schiff nach Ouessant nehmen. Die dreißig Kilometer lange Überfahrt kann recht happig werden, das Meer ist oft ziemlich unruhig. Es geht vorbei an einer Reihe von Klippen und Inselchen, angelegt wird unterwegs in Molène, einem kahlen Eiland, auf dem 400 Menschen von Krustentieren und winzigen Parzellen leben. Nach einer weiteren halben Stunde passiert das Boot dann den Leuchtturm Men-Korn und biegt in die Baie du Stiff ein, wo der Passagier festen Boden unter den Füßen gewinnt. «Qui voit Ouessant voit son sang», sagten früher die Seeleute. Die «Insel des Schreckens» ist umgeben von tückischen Klippen, gefährlichen Meeresströmungen und einem Kranz von Leuchttürmen.

Rund 1000 Leute leben auf Ouessant, mit stark rostenden Autos fahren sie auf ihrer baumlosen, von Böen heimgesuchten Insel umher. Für die Besucher stehen 200 Fahrräder zur Verfügung, mit denen sie gegen den Wind anstrampeln können. Im Juli und August kommen sie scharenweise zu Tagesausflügen. Danach sind die Ouessantins wieder für zehn Monate unter sich, sogar die drei Gendarmen machen sich aufs Festland davon. Die Männer von Ouessant verdingten sich von alters her bei der Handelsmarine, ein Umstand, der den Frauen auf der Insel eine besondere Bedeutung verlieh: Sie waren die meiste Zeit über allein, versorgten das Haus, hüteten die Schafe und bestellten die kargen Felder, von denen heute nur ein spärlicher Rest übriggeblieben ist. Sie nahmen dadurch eine einzigartige soziale Stellung ein; so herrschte dort zum Beispiel die ungewöhnliche Sitte, daß es die Frauen waren, die den Männern Heiratsanträge machten. Wieweit sich von solchen Verhältnissen etwas erhalten hat, ließ sich durch einen Kurzbesuch kaum herauskriegen. Sicherlich wäre die «Frauengesellschaft von Ouessant» ein schönes feministisches Forschungsobjekt.

Mit dem Fahrrad oder zu Fuß lassen sich wildromantische Ausflüge über das struppige, steinige Heideland machen, etwa zum Leuchtturm von Creac'h und zur Kirchenruine mit dem bezeichnenden Namen Notre-Dame-du-Bon-Voyage am westlichen Zipfel, wo der Ozean mit voller Kraft gegen die Felsen donnert. Die etwas gedrungenen Schafe, die einem dabei begegnen, sind übrigens Nachkommen einer Schiffsladung des 1936 gestrandeten Frachters Mykonos. Die See um Ouessant ist ein riesiger Schiffsfriedhof. Im Hôtel du Fromveur hängt eine große Karte, auf der alle Schiffbrüche der letzten hundert Jahre verzeichnet sind. Für die Inselbewohner, die das Anrecht aufs Strandgut hatten, waren sie stets eine wichtige Versorgungsquelle; in vielen Häusern finden sich noch Möbel aus Wrackholz. In den fünfziger Jahren erwischte es einen mit Textilien beladenen Frachter: Das bedeutete Neueinkleidung für viele Insulaner. Über 20000 Schiffe sind es pro Jahr, die sich vom Atlantik kommend in den Ärmelkanal einfädeln. Zur Überwachung dieser Schiffsautobahn steht seit kurzem eine große Radaranlage auf Ouessant. Trotzdem kann was schiefgehen, wie der Fall Amoco Cadiz beweist.

Bei den Granitköpfen

Kaum ein Bildband über die Bretagne ohne die Pointe du Raz: steilabfallende Felsen mit vorgelagerten Brocken, an denen sich der Atlantik bricht; das Meer brodelt und kocht, hoch schäumt die Gischt um die beiden Leuchttürme draußen im Wasser – grandioses Wirken der Naturgewalten! Was in den Bilderbüchern ausgespart wird: Riesenparkplätze, Frittenbuden, Coca-Cola-Stände und das Heer der Touristen, die wie Lemminge herbeiströmen und Eintritt zahlen müssen für einen Blick aufs Naturwunder am Rande von Europa. Die Pointe du Raz liegt am äußersten Ende des Cap Sizun, das sich bei Douarnenez wie ein Finger in den Ozean hinausschiebt, eine herbe Landschaft mit spärlicher Vegetation und schroffen Kanten zum Meer hin.

Von den kleinen Gemeinden, durch die der Wind pfeift, hat eine besonders von sich reden gemacht: das Dorf Plogoff an der Südküste, wenige Kilometer vom Rummelplatz der Pointe du Raz entfernt. Friedlich liegt es da, mit seinen weißgetünchten Häuschen; nur ein paar ausgewaschene, kaum mehr zu entziffernde Parolen sind noch an einigen Mauern zu erkennen. 1975 war erstmals der dörfliche Frieden gestört worden, als ortsfremde Herrschaften sich anschickten, Bodenproben und Messungen zu machen: Die staatliche Elektrizitätsgesellschaft EDF hatte sich die bei Plogoff gelegene Heide von Feunten-Aod zum Standort für ein Atomkraftwerk erkoren. Das kam nicht gut an bei der Dorfbevölkerung. Mit Ausnahme einiger Notablen wollte niemand so ein Ding vor der Tür haben, man verbat sich also den ungebetenen Landvermesser-Besuch. Die EDF-Leute trollten sich und sagten, sie kämen später wieder. Sie kamen dann aber nicht allein, sondern mit Gendarmen, gepanzerten Fahrzeugen, Wasserwerfern und Bulldozern. An den Schlachten, die nun ausgefochten wurden, nahm das gesamte Dorf teil. «Wir haben Granitköpfe an der Pointe du Raz», sagte der Bürgermeister. Über Monate hinweg dauerten die Scharmützel, bei denen sich die Bevölkerung hinter Barrikaden aus Landwirtschaftsfahrzeugen, umgekippten Autos und brennenden Reifen verschanzte, manchmal gingen solche Kämpfe die ganze Nacht durch. In ganz Frankreich wurde Plogoff zum Symbol des antinuklearen Widerstands und zum Wallfahrtsort für Ökos und Linke, mit Ausnahme der KPF, der Partei des nuklearen Fortschritts. Im Juni 1980 wurde eine gewaltige Plogoff-Fête veranstaltet, 100000 Menschen fanden sich ein, die Botschaft war in alle Landesteile gedrungen. Die KPF hingegen kam ihrerseits ein paar Monate später auf die tolle Idee, hier eine pro-nukleare Demonstration zu organisieren. Sie schuf sich damit wenig Freunde; es kam zu den vorhersehbaren Handgreiflichkeiten, einige Obergenossen wurden zeitweilig eingesperrt, ein paar Autos mußten auch dran glauben.

Nach sechs Jahren, die der Kampf schon gedauert hatte, kamen schließlich die Präsidentschaftswahlen von 1981. Das ehedem konservative Plogoff wählte mehrheitlich Mitterrand, denn der hatte sich gegen das AKW am Cap Sizun ausgesprochen. Tatsächlich wurde das Projekt dann auch gestrichen, die Leute von Plogoff hatten es geschafft und veranstalteten eine große Siegesfeier. Einheimische, irische, aber auch algerische Musiker spielten zum Tanz auf, Bauern vom ebenfalls heiß umkämpften Larzac-Plateau im Midi brachten ein Schaf als Gastgeschenk – Sonnenschein und Fraternité schienen ausgebrochen. Nur freilich: Mitterrands Wahl-Bonbon für Plogoff bedeutete keineswegs ein Abrücken vom staatlichen Atomkurs, zügig ging unter der PS-Herrschaft der Bau von AKWs voran. Wenn auch auf den Standort Plogoff verzichtet wurde, so sucht man doch in der Bretagne nach einem anderen Plätzchen, wo die Leute weniger dickköpfig sind als hier.

Auf jeden Fall lohnt das Cap Sizun einen Besuch, auch ohne politisch-nostalgische Motive. Die Pointe du Raz allerdings sollte man besser meiden. Wen es nach wilder Szenerie verlangt: Gleich daneben liegt die Pointe de Van, auf der anderen Seite der Baie des Trépassés, die für die alten Kelten einer der Zugänge zum Reich der Finsternis war: Von dort wurden die verstorbenen Druiden in Booten auf die vorgelagerte Insel Sein gebracht. Die Pointe de Van ist ähnlich dramatisch umschäumt wie ihre Nachbarin, aber viel weniger heimgesucht, und am Nordrand liegen weitere «pointes», vorgeschobene Kliffs: Pointe de Beuzec, Luguénés, Penharn oder Brézellec – einsam und hautnah umtost von des Meeres Urgewalten.

Kurz vor dem Hafenort Audierne,

von wo aus ihr zur Insel Sein rüberschippern könnt, liegt der Weiler Saint-Tugen. Ein Abstecher lohnt sich wegen seiner schönen Kirche. Im Inneren steht die Statue des Namenspatrons; eine große Spezialität des Heiligen Tugen ist die Heilung der Tollwut. Es befindet sich dort eine Art Verlies, wo früher die Tollwutkranken eingesperrt wurden, so lange, bis sie geheilt, das heißt tot waren. Sein zweites Spezialgebiet sind Zahnprobleme. Am dritten Sonntag im Juni kommen Pilger und bitten um Linderung ihrer Zahnschmerzen. Der nächste profane Zahnarzt findet sich übrigens in Audierne.

Land der weißen Hauben

Nach Süden hin schließt sich die Baie d'Audierne an, ein wahrhaft unendlicher, gerader Strand, von niedrigen Dünen begrenzt, dahinter Wildnis und Sumpfseen. Nacktbader und Wildcamper verlieren sich in der Weite, manche haben Zimmer gemietet in den Dörfern des Hinterlandes oder in dem größeren Marktflecken Plonéour-Lanvern. Nichts, was die heftigen Böen abhalten könnte. Der Ozean wirkt hier mit seinen langen Brandungskämmen besonders gewalttätig, das Baden kann gefährlich werden, es gibt keine Aufpasser, keine Erste-Hilfe-Station. Wer sichergehen will, dem bietet sich weiter unten der geschütztere Strand von Porz Carn an, wo – unsichtbar – das transatlantische Telefonkabel aus den USA ankommt. Dies ist das Pays Bigouden, das Land der weißen Hauben. Plötzlich sieht man sie zum erstenmal und glaubt es kaum: alte Frauen mit röhrenförmigen Spitzenhauben auf dem Kopf. Nein, sie sind nicht von irgendeinem Fremdenverkehrsbüro angeheuert. Das Pays Bigouden ist besonders traditionsverhaftet, zumal in den Orten der Halbinsel Penmarc'h, in St. Guénolé, Kérity oder Guilvinec, schaukeln die «coiffes» wie weiße Menhire durch die Gassen. Es ist eine eigensinnige, lange isolierte Gegend. Den Franzosen wurde sie zur Kenntnis gebracht durch das Buch «Le cheval d'orgueil» (Das Pferd des Stolzes) von Pierre Jakez Hélias, eines von hier stammenden Schriftstellers, in dem eindrucksvoll der harte, oft auch wunderliche Alltag seiner Heimat geschildert wird; so berichtet Hélias von den Händlern, die früher von Dorf zu Dorf zogen, um den Frauen die Haare abzukaufen. Die Armut war groß, und die Hauben versteckten die Kahlheit.

Zwischen St. Guénolé und Tréguennec, auf der zerzausten Heide hinter den Dünen, steht die gotische Kapelle Notre-Dame-de-Tronoen an der Stelle einer uralten druidischen Kultstätte. Daneben erhebt sich der älteste Calvaire der Bretagne, eine steinerne Kreuzigungsgruppe auf einem Sockel, in den biblische Szenen eingemeißelt sind. Die Figuren sind halbverwittert und rundgewaschen, mit grünen und braunen Flekken bedeckt. In vielen Dörfern gibt es solche Kalvarienberge, manche sind bescheiden, andere von üppigem Figurenreichtum. Sie sind Beispiele einer naiven Volkskunst, seit dem 16. Jahrhundert von lokalen Bildhauern geschaffen. Einfach und grob wirken die Gestalten, denn in den harten Granit ließ sich nichts Ziseliertes reinhauen. Meist stehen diese steinernen Bilder inmitten des Enclos paroissial, einem der Kirche angeschlossenen ummauerten Komplex mit Friedhof und Beinhaus.

In Stein gehauene Frömmigkeit

Unklar sind die Ursprünge dieser eingefriedeten Orte. Möglicherweise lebt darin die Tradition heiliger Tempelbereiche aus der keltischen Vergangenheit fort. Überhaupt scheint unter der Oberfläche bretonischer Frömmigkeit allerlei Heidnisches fortzuspuken. Die Bretagne ist eine Fundgrube für religiöse Besonderheiten. Der Glaube an wundertätige Heilige ging hier immer weit übers römisch-katholische Maß hinaus; manche magischen Restbestände hat sich die Kirche einverleibt, von anderen hat sie sich lieber distanziert. Offiziellerseits abgeblasen wurde etwa die nächtliche Prozession zur schwarzen Jungfrau von Guingamp, die an St. Jean, das heißt zur Sonnenwende stattfand. Was als Bußgang deklariert war, verwandelte sich nämlich in ein munteres nächtliches Treiben und erinnerte zu stark an die vorchristlichen Kulte des Landes.

Lokale Besonderheiten machen sich deutlich bei den Pardons, den großen Wallfahrten bemerkbar, die besonders im Finistère inbrünstig begangen werden – Massenversammlungen unter freiem Himmel, deren größte am letzten August-Sonntag in Sainte-Anne-la-Palud, in der Nähe von Douarnenez, stattfindet. Tausende von Menschen, viele in Trachten gekleidet, breiten sich in den Dünen um die kleine Kapelle herum aus, umrahmt von ambulanten Nippesverkäufern und Imbiß-Karren. Das Ganze ist eine seltsame Mischung aus christlicher Demut und kommmerziellem Jahrmarktsrummel. Auch im traditionsverbundenen Pays Bigouden gibt es eine

Menge von Pardons, jede Gemeinde ist stolz auf das ihre. «Kant bro, kant giz; kant parrez, kant illiz» heißt ein bretonisches Sprichwort: Hundert Länder, hundert Bräuche; hundert Gemeinden, hundert Kirchen. In Penhors zum Beispiel werden Anfang September anläßlich einer großen Wallfahrt die Boote und das Meer gesegnet. Was sehr zweckmäßig ist, da der Fischfang gerade an dieser Küste eine große Rolle spielt.

Früher lieferte das Meer auch noch andere Schätze: Gerade an der vorgeschobenen Ecke um die Pointe de Penmarc'h lauern verborgene Riffs unter der Wasseroberfläche. Die Anwohner machten sich das gezielt zunutze und betrieben einen einträglichen Küsten-Banditismus. Sie zeigten den vorbeifahrenden Schiffen des Nachts irreführende Lichter, um hernach die Wracks auszuplündern. Damit ist es vorbei, heute warnt ein großer Leuchtturm, der Phare d'Eckmühl, vor dem heimtückischen Kap. (Das Geld zu seinem Bau stammte von der Adelsfamilie derer von Eckmühl, daher der Name.) Auf den kann man raufsteigen, 367 Stufen sind zu bezwingen, dann aber hat man einen prachtvollen Blick über die Halbinsel mit ihren individualistisch verstreuten Häusern. Von dort aus nach Osten hin schließt sich eine Reihe wenig erschlossener, mäßig besuchter Strände an.

Die Orte, die dazwischen liegen, Guilvinec, Lechiagat, Lesconil, sind in erster Linie Fischerhäfen. Nachmittags ereignet sich dort ein besonderes Schauspiel: die Rückkehr der Sardinen- und Thunfischfänger, die von ihren Familien am Kai erwartet werden. Wenn der Fang in der Fischhalle abgeliefert ist, drängelt sich alles in die Hafenkneipen. Die meisten Fischer sehen älter aus, als sie sind, ihre Gesichter sind frühzeitig verknittert. Ihre Arbeit ist ein Knochenjob, ein bis zwei Wochen bleiben sie auf See; das Meer ist stark abgefischt, da müssen sie weit raus. Viele haben ihr Boot auf Kredit gekauft, der über zehn Jahre oder länger abbezahlt werden muß. Aus dem Zwang zur Rentabilität resultiert ein zerstörerischer Arbeits- und Lebensrhythmus – neunzig Stunden in der Woche wird malocht, auch wenn das Wetter es eigentlich verbietet. Schon wegen der Übermüdung kommt es häufig zu Unfällen. An die fünfzig bretonische Fischer bleiben pro Jahr draußen. Auch deshalb stehen die Familien am Hafen, wenn die Fangflotte zurückkommt.

Der diskrete Charme des Binnenlandes

Nur wenige Touristen verirren sich ins Innere der Bretagne. Es wird im Unterschied zum Armor, dem Küstengebiet, Argoat genannt, das Waldland, auch wenn von den einstmals großen Wäldern nur ein paar Flecken übrig sind. Das Argoat ist ein bäuerliches Universum aus Feldern, Weiden und Hecken, dazwischen weit verstreute, oft winzige Ansiedlungen aus grauen Häusern, hin und wieder ein kleines Zentrum mit Post, Schule, Kneipe und Geschäften. Es ist eine Landschaft mit schwindender Bevölkerung. Um so größeres Gewicht wird den zahlreichen Festen beigemessen, die zum Fortbestand des Soziallebens beitragen. Die «festou-noz», die Dorfbälle im Binnenland, haben mit Sicherheit nichts zu tun mit den touristischen Folklore-Darbietungen in manchen Badeorten, was nicht heißt, daß Besucher nicht willkommen wären.

Die überraschend gebirgigen Landschaften bieten sich für ausgedehnte Entdeckungstouren an. Hervorzuheben sind etwa die Montagnes Noires, die Schwarzen Berge, südlich von Carhaix, das weite Heideland der Landes de Lanvaux nördlich von Vannes, durch das der Fernwanderweg GR 38 führt, oder der Gebirgskamm der Monts d'Arrée, südlich von Morlaix, von dessen Gipfeln man eine weite Sicht auf steppenartige Hochflächen hat. Dieses besonders rauhe und entvölkerte Land ist zum Teil in einen Regionalpark verwandelt worden, wo man mehrere Zeugnisse des früheren wirtschaftlichen und sozialen Lebens konserviert hat, wie die alte Mühle von Kérouat oder die Gemeindeschule von Trévargan. Man braucht aber die museale Aufbereitung der entleerten Landschaft nicht weiter zur Kenntnis zu nehmen, wenn man nicht will – die «Menez Arre», wie die Berge auf bretonisch heißen, sind weitläufig genug, eine einsame Welt aus Heidekraut, Ginster und Steinbrocken, in der man sich fast verlieren kann. Unterhalb des Roc Trévezel liegt ein mooriges Hochplateau: die Heide von Brennilis, wilde Savanne, so weit das Auge reicht, mittendrin der Sumpf von Yeun Elez, für die alten Druiden ein Tor zum Jenseits. Das weißliche Gebilde am Horizont ist – äh – ein Atomkraftwerk. Es gibt eben keine unschuldigen Vergnügen mehr ...

Das größte Überbleibsel vom Waldgebiet des Argoat ist der Forst von Paimpont, östlich von Ploërmel. Es ist der Rest des legendenumwobenen Waldes von Brocéliande, einem Schauplatz der Artus-Sage. Dort hausen der Zauberer Merlin und die Fee Morgane, die untreue Liebhaber in Kröten verwandelt. Man kann sie manchmal quaken hören. Val sans Retour, Tal ohne Wiederkehr, heißt jener gefährliche Teil des Waldes. Tatsächlich ist es leicht möglich, sich zu verirren in diesem Reich aus umgestürzten Bäumen, Farnkräutern und Tümpeln, zumal wenn es ein bißchen dunstig ist ...

So mancher vorwitzige Ritter soll dem Wald zum Opfer gefallen sein. Heute kommen mit Vorliebe Mythen-Pfadfinder und Pseudo-Druiden, um auf gewissen Lichtungen ihre Zeremonien abzuhalten. Besonders beliebt ist die im Gestrüpp verborgene Fontaine de Barenton, eine Quelle, an der schon die alten Kelten ihre Rituale veranstaltet haben sollen. Merkwürdige Orte finden sich an den Rändern dieses Wunder-Waldes; eines der Dörfer heißt Néant, das Nichts! Und in Tréhorenteuc gibt es eine Pfarrkirche, deren Bilder weniger dem Leben und Leiden Jesu als vielmehr der Artus-Sage und der keltischen Vergangenheit gewidmet sind – eine Kuriosität, die einem etwas querköpfigen Priester zu verdanken ist und die viele Poeten, Barden und Graal-Forscher anreisen läßt. Ohnehin wird den Leuten von Tréhorenteuc nachgesagt, sie hätten mit der Rechtgläubigkeit wenig im Sinn. Sie wählen rot, was für die Gegend untypisch ist, und waren, wie es heißt, während der Revolution die ersten, die ihre Kirchenglocken zum Einschmelzen schickten ...

Rock in Rennes

Vom mysteriösen Forêt de Paimpont ein Katzensprung nach Osten liegt Rennes, die Hauptstadt der Verwaltungsregion Bretagne. Rennes ist weißgott kein Touristenmagnet, nichts für Leute, die das Pittoreske suchen. Vom Erscheinungsbild her wirkt die Stadt nüchtern und etwas uniform. Nach einem Großfeuer im Jahre 1720, bei dem die mittelalterlichen Fachwerkhäuser wie Zunder wegbrannten, wurde Rennes nach den Plänen eines Baumeisters namens Gabriel wiederaufgebaut. Von dem stammt unter anderem die Pariser Place de la Concorde, und die gleiche monumentale Strenge ist auch bei dieser rechtwinkligen Stadtanlage zu spüren – Architektur nach dem Geschmack des absolutistischen Sonnenkönigs. Nur um die Kathedrale herum sind ein paar heimelige Gassen übriggeblieben, aber deshalb wird kaum jemand speziell herkommen. Rennes hat andere Reize.

Es ist eine Universitätsstadt, wo sich einiges «bewegt» und wo leicht mit der örtlichen Szene Kontakt aufzunehmen ist. Was gibt es da alles? Beispielsweise das Maison de la nonviolence in der rue St. Malo, ein Anlaufpunkt für Pazifisten und Kriegsdienstverweigerer, das Frauencafé La Marg'elles in derselben Straße, weiter existieren mehrere Dritte-Welt- und Schwulen-Gruppen. Erwähnenswert das Maison de la Culture mit seinen sehr breit gestreuten Aktivitäten sowie auch das Musée de Bretagne, eine Fundgrube für alle, die sich für bretonische Geschichte interessieren, wobei dort ein besonderer Akzent auf die Sozialgeschichte gelegt wird: man erfährt einiges über aktuelle Entwicklungen. Auch vor Ölkatastrophen und Problemen der Schweinezucht scheut das Museum nicht zurück. Schließlich ist da aber auch noch das Nachtleben der Regional-Metropole: Rennes verfügt über eine recht lebendige Kneipenkultur. Brechend voll ist es oft in den diversen Anlaufpunkten der rue St. Michel. Es herrscht hier die unfranzösische Sitte, längere Trinkstrecken zurückzulegen, das heißt von einer Kneipe in die nächste zu ziehen. Das Guiness fließt in Strömen, und in manchen Lokalen, wie im Barbiturix oder im Cap Ouest wird dazu bretonische und/oder irische Musik geboten.

Besondere Beachtung verdient die blühende Rock-Szene von Rennes. In keiner anderen Provinzstadt gibt es so viele Gruppen wie hier. Grund dafür ist die Förderung der Rock-Musik durch das Maison de la Culture. Jeden Dezember findet mit den «Transmusicales» ein weit über die Bretagne hinaus bekanntes Festival statt, aber auch das sonstige Jahr über ist kein Mangel an Veranstaltungen. Eine gute Adresse für Live-Musik ist der Club Ubu, eine Dépendance des Kulturhauses. Und nach dem Konzert treffen sich junge Insider und New-Wave-Nachkommen im Beaux-Arts, einem cleanen, kalten, neonbeleuchteten Szene-Treff – Lichtjahre entfernt von der Cidre-, Crêpes- und Dudelsack-Bretagne.

Von der Vendée ins Baskenland – Die Atlantikküste entlang

Sanft onduliert und wuchernd grün ist die Vendée, von Hecken unterteilt sind die fetten Wiesen. Noch ist hier nicht alles durch Flurbereinigungen vereinheitlicht, die Parzellen sind deutlich abgetrennt, dazwischen liegen von Büschen eingerahmte Hohlwege. Das Klima ist mild atlantisch, es regnet viel. Immer wieder erheben sich an den Wegkreuzungen große Kruzifixe. Le Bocage, so heißt dieser Landschaftstyp des Nordwestens: endloses, mit Baumgruppen durchsetztes Weideland, weit verstreute Bauernhäuser, nur wenige kleine Städte, eher sind es größere Weiler. Auch die Vendée hat einen Autoaufkleber für Lokalpatrioten, ein «V» mit Herz, Krone und Kreuz, Symbol der französischen Konterrevolution, das an die schrecklichen Jahre eines verbissenen Bürgerkriegs erinnert, ein Ereignis, das sich als kollektives Trauma ins Gedächtnis der Bevölkerung eingegraben hat.

Angefangen hatte alles im Jahre 1793, dem Jahr II der revolutionären Zeitrechnung. Soeben war auf Beschluß des Konvents der König guillotiniert worden, die Situation der Republik war brenzlig, Preußen und Österreicher rückten von Osten in Richtung Hauptstadt vor, die Engländer kontrollierten das Meer. Große Massen von Soldaten wurden benötigt, die Nationalgarde schwärmte zwecks Rekrutierung in entlegenere Landesteile aus. Als sie in der Vendée auftauchte, gab es Ärger. Die meisten Bauernburschen entzogen sich dem Kriegsdienst in der republikanischen Armee und rotteten sich in der Bocage zusammen. Eine klar definierte Ideologie hatten sie nicht. Zunächst mal wehrten sie sich gegen die plötzlichen Übergriffe von außen, verteidigten ihre althergebrachte Lebensweise. Dieses Land war bis dahin eine halbvergessene Ecke, weitab vom Schuß, isoliert von den großen politischen und philosophischen Strömungen. Die feudalen Strukturen waren noch kaum angekratzt, demütige Gläubigkeit herrschte vor, adlige Grundherren und Dorfpriester gaben den Ton an: heile Welt des Ancien Régime.

Auf diese Besonderheiten nahm die Nationalgarde wenig Rücksicht; ihre rabiaten Holzhammermethoden schürten die Bauernrevolte. Die Aufständischen rotteten sich um die kleinen Städte der Bocage zusammen, deren republikanische Bürger flohen panisch nach Nantes oder Niort. Der Konvent schickte Militär, aber die gutausgerüsteten republikanischen Truppen, die «Blauen», kannten das Land nicht mit seinen Hohlwegen und Hecken; sie tappten in die Falle, wurden von den «chouans», den mit Knüppeln und Mistforken bewaffneten Ortskundigen, massakriert oder in die Flucht geschlagen. Nach solchen Erfolgen wuchs das Selbstvertrauen der Vendée-Rebellen, sie bekamen massenhaften Zulauf, an ihre Spitze setzten sich nun einheimische Landadelige wie Charette oder La Rochejaquelein. Unter ihrer Führung wuchsen die wilden Haufen zu einem Heer zusammen, das sich stolz «katholisch-königliche Armee» nannte. Als Abzeichen trugen die Kämpfer für König und Glauben das «Sacré Cœur», ein blutrotes Herz mit einem Kreuz drauf. «La Vendée» wurde vom geographischen zum politischen Begriff und umfaßte die gesamte konterrevolutionäre Erhebung im französischen Westen. Der Bürgerkrieg wurde auf beiden Seiten mit äußerster Brutalität geführt:

Hunderte von Dörfern gingen in Flammen auf, die Felder wurden verwüstet, Zigtausende von Bewohnern abgeschlachtet.

Auch nachdem die Vendée-Armee schließlich geschlagen war, flakkerten immer wieder Revolten auf. Erst als Napoleon mit seinem Konkordat Staat und Kirche versöhnte, beruhigte sich die Situation einigermaßen, aber es blieb ein tiefes beiderseitiges Mißtrauen zwischen Zentralgewalt und einheimischer Bevölkerung. Mitten in der unruhigen und gefährlichen Bocage, neben das Dörfchen La Roche-sur-Yon, ließ Napoleon die Garnisonstadt Napoléon-Vendée hochziehen, um sicherzustellen, daß die «chouans» nicht wieder aufmuckten: eine fünfeckige Militärkolonie mit Paradeplatz und breiten Straßen für die Truppenbewegungen. Nach dem Abtreten des Napoleon-Neffen 1871 bekam sie den Namen des einstigen Dorfes, La Roche-sur-Yon, und so heißt sie auch noch heute – ein seltsamer Ort, architektonisch geprägt vom Willen des Kaisers; im Zentrum die große place Napoléon, in deren Mitte die Reiterstatue des herrischen Korsen, drumherum Justizpalast, Gymnasium, Kirche Saint-Louis, alles nobel, streng und klassizistisch – eine Stadt wie ein Fremdkörper, eingepflanzt in feindliches Bauernland.

Spurensuche im Land der Konterrevolution

Auf einem Hügel bei Les Herbiers, vierzig Kilometer nordöstlich von La Roche-sur-Yon, stehen drei guterhaltene spitzhaubige Windmühlen; sie sind herausgeputzt und werden des Nachts angestrahlt. Der Hügel heißt Mont des Alouettes, früher standen mal sieben Mühlen drauf. Sie dienten den «Weißen» von der royalistischen Armee dazu, Nachrichten über die Truppenbewegungen des Gegners zu übermitteln; die hatten dazu eine spezielle Windmühlenflügelsprache entwickelt. Der Mont des Alouettes ist der Heilige Berg der Konterrevolution. Es steht dort eine Kapelle, die von einer Association du Souvenir Vendéen zum Gedenken an den Heerführer Charette errichtet wurde. Wie die übrigen Royalistenchefs wurde und wird er in der Gegend als Held und Märtyrer verehrt. Der Berg war lange Zeit das Symbol eines «anderen» Frankreich: das der alten, «natürlichen» Sozialordnung, des Ständestaates, der Herrschaft von Klerus und Königtum. Er war eine Wallfahrtsstätte der royalistischen Action française und anderer rechtsextremer Kräfte. Noch in den dreißiger Jahren dieses Jahrhunderts trafen sich hier Zehntausende zu demokratiefeindlichen Massenversammlungen.

Auch an vielen anderen Stellen der Vendée finden sich Spuren des großen Aufstandes; zahllose Gedenktafeln, Kapellen und Kreuze halten die Erinnerung wach. Voller Reminiszenzen ist zum Beispiel das Gebiet um die Kleinstadt Pouzauges, die von einer riesigen Wurstfabrik beherrscht wird. Unten am alten Schloß, in dem einst Gilles de Rais seine Schwarzen Messen veranstaltete, steht ein Mahnmal für fünfzig von den «Blauen» füsilierte Kämpfer gegen die Republik. Nahebei liegt das Dörfchen Réaumur, aus dem der Erfinder des Thermometers stammte; dort hat es eine wundertätige Quelle sowie eine hochverehrte Grabstätte der Opfer von 1793.

Demonstrativ wurden schon im

19. Jahrhundert zerstörte Schlösser und Gotteshäuser wiederaufgebaut, meist im Zuckerbäckerstil der katholischen Gegenoffensive. Die Kirche rief neue Orden ins Leben, inszenierte allerlei Wallfahrten und betrieb die Seligsprechung von Opfern der Revolution. Während der antiklerikalen Phase der Dritten Republik errichtete man hier gerade besonders viele Kruzifixe. Um Bressuire herum finden sich sogar Reste einer Dissidenten-Kirche, die dem Papst 1801 die Gefolgschaft aufgekündigt hatte, als der mit Napoleon das Konkordat schloß. Bis heute ist das Kaff La Plainelière Zentrum dieser «La Petite Église» genannten Spaltkirche. Noch immer sammeln sich jedes Jahr zu Fronleichnam ein paar hundert unverdrossene Gläubige auf den Wiesen um das abgeschiedene Dorf.

Ein Überbleibsel, gewiß. Aber irgendwie hat man doch in der Vendée das Gefühl, als sei das alles, die Revolution, der Bürgerkrieg, Napoleon, noch gar nicht so lange her. Hartnäckig wird am Althergebrachten festgehalten, die Leute sind oft ländlich-warmherzig und freundlich, zugleich aber tiefgläubig und stockkonservativ. Die Kirche spielt weiterhin eine gewichtige Rolle, der Dorfpriester wird als Autorität respektiert und darf zu allem seinen Senf dazugeben. Wie weiland gegen die «Blauen» bestehen heftige Aversionen gegen alles Linke, Gewerkschaften sind so was wie die Boten des Antichrist. Der 14. Juli, der ja an den Ausbruch der Revolution erinnert, wird hierzulande nur sehr verhalten begangen. Dafür werden die Stätten der Konterrevolution stolz vorgezeigt, die Chouan-Vergangenheit ist zum Objekt des Souvenirgeschäfts geworden.

Rechter Rummel

Erstaunlich gut verträgt sich erzkonservative Gesinnung mit modernsten Formen des Show-Business und der Medienkultur. Im Herzen der Vendée, gleich neben dem Mont des Alouettes, liegt die Schloßruine Puy-du-Fou, wo im Sommer ein gewaltiges Son-et-Lumiére-Spektakel die Besuchermassen erfreut. 1600 Mitwirkende, unbezahlte Freiwillige aus den umliegenden Dörfern, spielen Szenen aus der Vendée-Geschichte, ein lebendes Wachsfigurenkabinett, hollywoodmäßig durchorganisiert, mit Riesenprojektionen auf der Fassade, Laser-Illuminationen, einem neun Meter hohen weiß leuchtenden Kreuz, das sich aus dem Wasser des Schloßteiches erhebt, und anderem magischen Hokuspokus. Eine Open-Air-Show mit reaktionärer Botschaft, die zu den ganz großen Attraktionen für die Touristen von der nahen Küste gehört.

Die Initiative dazu hatte der Sproß eines alten ortsansässigen Adelsgeschlechts, ein geschäftiger Wirbelwind in der rechten Polit-Szene und schillernder Repräsentant einer ideologischen Offensive, die dem Geist von vorgestern verpflichtet ist, sich aber der allerneuesten Mittel bedient. Wichtig ist dabei der betont-zeitgemäße Look, das Auftreten in jugendlich-lockerem Gewande. Der Rummel vom Puy-du-Fou ist bloß die sichtbarste unter den Machenschaften des neuen rechten Kulturkampfes, der ein ganzes Netz von Aktivitäten umfaßt: Dazu gehören zum Beispiel das sehr erfolgreiche Privatradio «Alouette FM», eine Stiftung der Künste und Wissenschaften, eine Journalistenschule und der frisch geschaffene Li-

Sumpflandschaft westlich von Niort

teraturpreis «Terre de France». Ein ganzes Arsenal zur Verbreitung uralter Neuigkeiten steht bereit und wartet auf das Kabelfernsehen.

Viele Merkwürdigkeiten und Geheimnisse sind zu entdecken in der Vendée. Etwas läßt sich ahnen von den historischen Wunden und unterschwellig fortlebenden Konflikten im verborgenen Inneren der französischen Republik. Die meisten Vendée-Besucher freilich beschränken ihren Aufenthalt auf die Badeküste – eine Strandwelt für Mittelklasse-Urlauber mit dem großen Ferien-Zentrum Les Sables-d'Olonnes und einer Reihe kleinerer Badeorte, von wo aus Campingplätze weit in die Dünenlandschaft ausgreifen. Ginster, Pinien und vereinzelte Palmen deuten auf angenehme klimatische Verhältnisse hin; in den milden Wintern lassen sich hier Zugvögel aus Sibirien und Grönland nieder. Der Küste vorgelagert ist die Insel Noirmoutier; sie ist durch eine Brücke mit dem Festland verbunden und entsprechend überlaufen. Weiter draußen liegt felsig und windzerzaust die Île d'Yeu, von Fromentine mit dem Schiff in einer Stunde zu erreichen. Hauptverkehrsmittel sind Fahrräder, die im Hafenort Port-Joinville vermietet werden. Die Île d'Yeu diente (und dient noch immer) als politischer Verbannungsort. In der Zitadelle saß bis zu seinem Ende der Marschall Pétain, und er liegt auch dort begraben, weshalb man gelegentlich Vichy-Nostalgiker antrifft. Heutzutage werden manchmal für die Zeit eines spanischen Staatsbesuchs militante Basken auf die Insel geschafft.

Pappeln und Entengrütze

Weiter geht es Richtung Süden. Hinter Luçon erreichen wir den Wasserlauf La Ceinture des Hollandais, der Gürtel der Holländer. Woher dieser Name? Auf der Landkarte zeigt sich ein Wirrwarr aus Kanälen und Gräben. Hier beginnt das Marais Poitevin, ein weites, plattes Poldergebiet. Wie Mauern stehen die langgestreckten Behälter für Futtermais im Gelände – Sainte-Radégonde, Chaillé-les-Marais, l'Île-d'Elle: graue Dörfer aus unverputztem Stein, deren Bevölkerung nur aus Männern in blauen Arbeitsklamotten zu bestehen scheint. Das Marais liegt an der Stelle einer bis Niort hineinreichenden Meeresbucht und war lange eine wilde, menschenfeindliche Sumpflandschaft. Das änderte sich erst im 17. Jahrhundert, im Zusammenhang mit dem Ende der grausigen Religionskriege. Das ganze Land befand sich damals in einem katastrophalen Zustand, lag wirtschaftlich darnieder, marodierende Banden sowie hier und da die Beulenpest ergänzten das traurige Bild. Heinrich («Paris-ist-eine-Messe-wert») der Vierte hatte einiges zu tun, sein vergammeltes Reich wieder auf die Beine zu stellen. Der «gute König Henri», wie ihn die Legende später verklärte, nahm dabei besonders gern die Hilfe geschäftstüchtiger und praktisch gesonnener Protestanten in Anspruch. Auch hier machten sie sich nützlich: Es waren holländische Ingenieure, die auf den Riesensumpf angesetzt wurden. Sie deichten ein, koppelten das vollgesogene Land vom Gezeiteneinfluß ab und legten auch den großen Ringkanal an, der nach ihnen benannt ist. Die heutige Landschaft ist das Ergebnis langer und geduldiger Eingriffe, die trotz allem der Natur ihren Teil gelassen haben. Neben den eingepolderten Nutzflächen stehen Pappelreihen, vom dauernden Westwind leicht gebogen; an den Kanälen wächst Schilf, Stockenten treiben sich dort rum und landen, wenn sie Pech haben, als «canard nantais» in den Töpfen umliegender Restaurants.

Westlich von Niort liegt der meistbesuchte Teil des Marais. Als «feuchter Sumpf» wird er von der trockengelegten und urbar gemachten Partie unterschieden und in Bilderbüchern auch gern als «grünes Venedig» verkauft. Beiderseits der träge durchfließende Sèvre Niortaise liegt zwischen Coulon und Maillé eine romantische, strotzend grüne Welt mit treibhausartiger Vegetation. Jeden Winter breitet sich das Hochwasser der vielen zuströmenden Flüßchen in großen Seen unter den Weiden, Ulmen, Pappeln und Erlen aus, ein Eindruck wie im Mississippi-Delta. Im Sommer, wenn es abgelaufen ist, kann man dieses außergewöhnliche Biotop von

Am alten Hafen von La Rochelle

Coulon, La Garette oder Damvix aus stundenlang auf platten Booten befahren. Durch Entengrütze und Wasserrosen gleiten die Kähne, an kleinen, properen Häusern mit bunt gestrichenen Fensterläden vorbei, links und rechts zweigen tote Arme ab, mit vermodernden alten Baumstämmen, Reviere für Marder und Bisamratten. An den Ufern sitzt das zahlreiche Volk der Angler, hofft auf Schleien und Aale.

Hauptstadt der Protestanten

Nach dem «grünen Venedig» erst mal dringend wieder etwas Stadtluft! Nach ein paar Kilometern Richtung Südwesten erreichen wir La Rochelle. Kaum ein Besucher, der nicht zunächst mal zum alten Hafen vordringt. Da liegt er, eingeschlossen von massigen grauen Festungstürmen, wie für Ansichtskarten arrangiert. Und wenn jetzt noch ein Fischkutter durch die befestigte Hafeneinfahrt raustuckert, dann ist der Gipfel des Pittoresken erreicht. Aber schließlich: Schönheit ist keine Schande, und La Rochelle ist wirklich schön, besonders um diesen Hafen herum. Der jetzige Hafenbetrieb hat sich in die nördliche Banlieue, nach La Pallice verlagert, aber das alte Hafenbecken war die Keimzelle der prächtigen Händlerstadt. Homogen, guterhalten, wie aus dem Ei gepellt präsentiert sich das Stadtzentrum. Die würdigen Fassaden der Patrizierhäuser scheinen imprägniert von Stolz und Selbstbewußtsein des Handelsbürgertums. Beeindruckend sind die vielen Arkadengänge, wo die Warenauslagen vor der Witterung geschützt waren. Hier herrschte früher der unabhängige

Geist einer protestantischen Kaufleute-Republik. Das «Genf des Atlantik» wurde La Rochelle einst genannt, es war eine Hochburg des Calvinismus, galt geradezu als Hauptstadt des Protestantismus auf französischem Territorium – eine mächtige, reiche Gemeinde, die aus eigener Kraft lebte und sich einen Dreck um den französischen König scherte. Sie beherbergte sogar protestantische Seeräuber, die von hier aus katholischen Schiffen auflauerten.

In den Glaubenskriegen blieb La Rochelle ein Rückzugsort der Reformierten, auch danach noch zeigten die Bürger dem Königreich die kalte Schulter und paktierten lieber mit den Engländern, um mit deren Hilfe ihre Unabhängigkeit zu verteidigen. Für den regierenden Kardinal Richelieu war La Rochelle ein hartnäckiger Gegner und ein entscheidendes Hindernis beim Zusammenschweißen des absolutistischen Staates. Die Machtprobe gipfelte in einer der schlimmsten Belagerungen der Geschichte. Verbissen hielten die «Rochelais» dem französischen Heer stand, in messianischer Erwartung der englischen Flotte. Die konnte aber nicht durchkommen, denn der Kardinal hatte im Meer einen Absperrdamm aus Felsbrokken und versenkten Schiffen bauen lassen. Als in der Stadt das Essen knapp wurde, kochten die Leute ihre Schuhe. Nach einem Jahr, zwei Monaten und sieben Tagen war es dann soweit: Die Königlichen konnten siegreich in La Rochelle einziehen. Dreiviertel der Bewohner waren tot, der Rest ähnelte wandelnden Leichen. Ein schöner Erfolg für den kriegerischen Gottesmann.

Nach dem Verlust seiner Eigenständigkeit diente der Hafen den französischen Kolonialinteressen, es entstanden enge Beziehungen zu Kanada und Louisiana, durch das Geschäft mit Zucker, Tabak und Negern verbreitete sich neuer Glanz. Heute gibt es ein «Museum der neuen Welt», wo diese Epoche nachgezeichnet wird.

Ökologie von oben

Einschüchternd wirkt die Fassade des Justizpalastes. Sie sollte den königlichen Machtanspruch in dieser widerspenstigen Umgebung architektonisch unterstreichen. Aber während der Revolution hatte man draufgeschrieben «Tempel der Gerechtigkeit unter der Herrschaft von Freiheit und Gleichheit im Jahre II der Französischen Republik», und so steht es da noch heute. Anderswo wurden solche Inschriften bald wieder entfernt, hier aber dachte man offenbar nicht daran, sie auszukratzen. Möglicherweise ein Indiz für die fortbestehende Dickköpfigkeit der Bewohner. Jedenfalls wird den Leuten von La Rochelle immer noch eine besondere Mentalität nachgesagt: ein hohes Maß von Gemeinsinn, Fortschrittsorientierung, soziale Phantasie, als Erbschaft des Protestantismus.

Gerne wird auf die ökologische Pionierrolle der Stadt verwiesen, auf den rührigen Bürgermeister Crépeaux und seine Mannschaft. Mit als erste haben sie Stichworte wie «Lebensqualität» und «Humanisierung der Umwelt» im Mund geführt, haben der Innenstadtzerstörung Einhalt geboten, versucht, Betonklotzvorstädte zu verhindern (was nur bedingt gelang), und diverse ökologische Experimente gestartet. Recycling-Kampagnen wurden angeleiert, als der Begriff noch weithin unbekannt war. Große Mengen von Plastik, Glas und Altpapier wurden schon zu Anfang der siebziger Jahre von der Bevölkerung begeistert zusammengetragen, als Zwischenlager dienten die alten Nazi-Bunker. Sämtliche Neubauten bekamen Sonnenkollektoren aufs Dach, ein neuer Verkehrsplan verdrängte den Autoverkehr aus Teilen des Zentrums – die ersten Fußgängerzonen hielt man damals noch für geradezu revolutionär –, aus ästhetischen Gründen wurden die Parkuhren abgeschafft; es hieß, sie seien unvereinbar mit dem Charme der Altstadt. Auch wurden als «Verkehrsmittel der Vernunft» 250 knallgelbe städtische Fahrräder angeschafft, mit denen die Bürger kostenlos rumfahren sollten. Ihre Indienststellung feierte man mit Tamtam und Fanfarenklängen.

Inzwischen ist allerdings der ökologische Elan etwas abgeschlafft. Die Initiativen kamen meistens von oben, aus dem Rathaus, und waren oft gekennzeichnet durch wohlmeinende, aber naive Betriebsamkeit. Das vielbeachtete Experiment mit den gelben Velos wurde inzwischen wieder eingestellt, allzu viele sind geklaut worden. Das allgemeine Abflauen der Öko-Welle macht sich auch in La Rochelle bemerkbar, die Bevölkerung hat ein bißchen das Interesse an solchen Aktionen verloren. Wenig begeistert über die Schwerpunkte des progressiv-dynamischen Bürgermeisters sind die Gewerkschaften. Sicher, es wurden 12000 Bäume gepflanzt, aber an der Krise von Fischerei und Werftindustrie, an der überdurchschnittlichen Arbeitslosigkeit hat das nichts geändert. Gewiß, sehr hübsch, diese prestigeträchtige Altstadtsanierung, sagen sie, aber das nützt doch vor allem den Ladeninhabern, während sich draußen in den Außenvierteln die sozialen Probleme verschärfen.

Freuen darüber, daß die Stadt so behutsam renoviert wurde, können sich auf jeden Fall die Besucher. Man kann dort ideal herumspazieren, am besten frühmorgens, rund um den alten Hafen, die rue Sur-les-Murs entlang, deren winzige, geduckte Häuser auf einer Mauer parallel zur Hafeneinfahrt stehen und die zur Tour de la Lanterne hinführt, einem ehemaligen Leuchtturm und Gefängnis. Unbedingt einen Besuch wert ist auch das neue Maison de la Culture in der futuristisch umgebauten früheren Fischmarkthalle, jüngstes Zeichen für den kulturellen Ehrgeiz dieser Stadt. Kommt gegen Mittag oder Abend Lust auf zum Verzehr von Fisch oder Meeresfrüchten, finden sich etliche spezialisierte Restaurants im zentralen Viertel neben der Tour de la Chaîne. Wem das aber zu touristisch und teuer sein sollte, dem ist die rue Saint-Nicolas zu empfehlen. Die führt über den Kanal rüber in einen winkligen Faubourg mit verschiedenen preisgünstigen Speiselokalen. Zu beachten sind die einheimischen Spezialitäten: Turbot à la rochelaise, die Fischsuppe «la chaudrée» oder ein Muschelgericht namens «l'éclade». Auf gastronomische und andere Aspekte von La Rochelle kann man sich übrigens durch Georges Simenons Roman «Die Phantome des Hutmachers» einstimmen lassen. Wer lieber baden gehen möchte: Vom westlichen Hafenvorort La Pallice aus setzen Fähren über auf die nahe Ile de Ré. Dieser lange, in den Atlantik vorgestreckte Finger hat (noch) einen recht speziellen insularen Charakter: schnuckelige Dörfer, vor deren weißen Häusern Stockrosen blühen, Fichtenwälder und weitläufige

Strände wie die Conche des Baleines – man sollte schnell noch hinfahren, bevor die geplante Brücke zum Festland gebaut ist.

Phantomstadt im Salzsumpf

Vierzig Kilometer weiter südlich liegt die einstige Rivalin des protestantischen La Rochelle: die katholische Hafenstadt Brouage, einer der wichtigsten Handels- und Militärplätze zur Zeit des Ancien Régime. Auf der Landkarte ist sie nur schwer zu finden, der Weg führt über kleine Nebenstraßen, entlang an Entwässerungsgräben und Kuhweiden. Dann aber erhebt sich plötzlich eine imposante Mauerfront – die Stadtbefestigung von Brouage. Durch eine Bresche führt die Straße ins Innere – in eine Phantomstadt! Denn Brouage ist nichts als ein kümmerliches Dörfchen, mit 200 Seelen wenn's hoch kommt, das sich im Geviert der wuchtigen Stadtmauern verliert. Der Wind pfeift durch das weite Quadrat, versandet und verschwunden ist der Hafen. Vor den Mauern, wo einmal die Kais lagen, auf denen, wie es hieß, «alle Sprachen der Welt» gesprochen wurden, ist nichts zu sehen außer einer weiten Ebene aus Salzwiesen und Rinnsalen.

Dabei war diese Stadt seit der Renaissance einer der großen europäischen Salzmärkte, ein bedeutender internationaler Handelsplatz. Als katholische Hochburg in protestantischer Umgebung wurde Brouage besonders durch Richelieu gefördert, nach der Zerstörung von La Rochelle zum königlichen Kriegshafen am Atlantik bestimmt und den militärischen Zwecken gemäß in eine Bastion verwandelt, mit schachbrettförmig angelegten Straßen im Inneren. Aber bald schon meldete sich das Unglück: Die Hafeneinfahrt begann zu verschlammen, der Hafen mußte zugunsten des nahen Rochefort aufgegeben werden. Brouage wurde zur Totenstadt, zum Verbannungsort. Während der Revolution schaffte man unsichere Kantonisten hierher, königstreue Priester etwa. Die meisten Verbannten gingen jämmerlich an Malaria zugrunde, die im inzwischen abflußlos verschlammten Gebiet einen guten Nährboden fand. Heute liegt an der Stelle ein friedliches, etwas verwunschenes Dorf; außer dem Mauerwerk ist vom alten Brouage nur das rechtwinklige Straßenraster und die alte Kirche übriggeblieben. Sie wird, ebenso wie die gegenüberliegende Dorfkneipe, häufig von kanadischen Touristen besucht. Die suchen in diesem verdämmerten Nest die Wurzeln ihrer Monsterstädte, denn aus Brouage kam der Seefahrer Samuel de Champlain, der einst die französische Kolonie Quebec gründete.

Alles für die Auster

Gleich hinter Brouage beginnt das Reich der Austern im breiten Mündungsgebiet des Flüßchens Seudre – ein weitverzweigtes Adernetz aus Prielen und Bassins, eine seltsam schlammige Welt, wo weit ins Land hinein die Gezeiten regieren. Reiher staksen durch feuchte Wiesen, in einem Gemüsegarten ist eine Leine gespannt, daran baumeln tote Krähen zur Abschreckung im Wind. Zwischen zwei Dörfern auf freiem Feld ein ummauertes Terrain, total von Büschen und Bäumen überwuchert: ein protestantischer Friedhof aus der Zeit vor der Hugenottenvertreibung. An den toten Enden der unzähligen Seudre-Nebenarme liegen winzige Austernhäfen, Ansied-

Mauern der Phantomstadt Brouage

lungen aus Schuppen und Hütten, Boote, die bei Ebbe im Schlick auf die Seite fallen.

Früher wurde an der Seudre Salz gewonnen, wie an so vielen anderen sumpfigen Stellen der Atlantikküste. Dann aber geriet am 14. Mai 1868 ein portugiesischer Austern-Transporter in Seenot und mußte seine Ladung ins Meer kippen. Die Tierchen etablierten sich, vermehrten sich prächtig, und da ließen die Leute ihre ohnehin unrentabel gewordene Salzgewinnung sein und nutzten die dazu angelegten Bassins lieber zur lukrativen Austernzucht.

Seither hat sich die ganze Seudre-Gegend bis hin zur Île d'Oléron dem proteinreichen Muscheltier verschrieben, das in Frankreich zu vielen Festlichkeiten geschlürft wird, vor allem wenn sie in die Monate mit «r» fallen – in der übrigen Zeit sind die Austern mit Fortpflanzung beschäftigt und schmecken schlabbriger. Achtzig Prozent des Verzehrs finden im Rahmen der allgemeinen Prasserei um Weihnachten und Neujahr herum statt. Zweitausend Wanderarbeiter müssen dann zusätzlich zur «Ernte» eingestellt werden. Bis dahin haben die glibbrigen Meeresfrüchte mit der rauhen Schale schon eine längere Karriere hinter sich. Geboren werden sie draußen in den «Parks» vor der Küste, wo unter Wasser Bleche, Röhren oder Gitter ausgelegt werden, damit sich die Larven dran festsetzen. Nach zwei Jahren haben sie sich zu Jungtieren entwickelt, dann tuckert der Austernzüchter mit seinem Bötchen raus, sammelt sie ein und schafft sie in die Zuchtbecken, wo sie fettgemästet und erwachsen werden. Schrecklich sensibel sind diese Muscheln gegenüber Umweltverschmutzungen und mit ihnen der ganze Berufsstand. Die Branche lebt in dauernder Furcht vor Viren und Bakterien. Es kommt gelegentlich vor, daß sich bösartige Algen bilden, die die Austern ungenießbar machen, dann kann der Verkauf von der Regierung für Monate gesperrt

Austernhafen an der Seudre

werden. An Umweltschutz haben diese Leute also ein existentielles Interesse.

Die größten Austernzentren sind La Tremblade und Marennes, mit ihren kilometerlangen Hafenkanälen, die bis zur Mündungsrinne der Seudre reichen, gesäumt von unzähligen Häuschen und Bootsanlegern. Einen schönen Überblick über die Wasserlandschaft bietet der Kirchturm von Marennes, auf den man raufsteigen kann. In der Nähe, auf der Landzunge Pointe du Chapus, liegt das Fort Louvois mit dem Musée de l'Huître, dort können sich Interessenten detalliert über das Austernwesen informieren. Praktische Erfahrungen mit der Auster können in den Restaurants der kleinen Orte zwischen La Tremblade und l'Éguille gemacht werden; der hübscheste von ihnen: Mornac-sur-Seudre.

Winzer als Schloßherren

Parallel zur Seudre liegt zum Meer hin der Forêt de la Coubre, ein Pinienwald, der vom phantastischen, wilden Strand der Côte Sauvage begrenzt wird. Der ist ebenso verlokkend wie gefährlich: Es gibt heimtükkische Strömungen, die schon manchen Badenden haben verschwinden lassen. Südlich vom großen Leuchtturm Phare de la Coubre fressen sich Ferienorte in den Wald vor. Zwischen neueren Wohnanlagen und Campingplätzen stehen unter dem hohen Dach der Pinien einige schöne alte Villen aus der Belle Époque. Eine Perle aus dieser Zeit war noch bis zum Ende des Zweiten Weltkriegs das größte der Seebäder an dieser Küste, die Stadt Royan. Dann aber hatten sich dort durchhaltebesessene Wehrmachtseinheiten eingeigelt, und Royan wurde durch alliierte Bombardements in Schutt und Asche gelegt. Bis auf Ränder wie den Vorort Pontaillac, wo sich noch etwas vom alten Charme spüren läßt, ist hier eine komplett neue Nachkriegsstadt entstanden, die in manchen Architekturbüchern als vorbildlich gepriesen wird. Nun ja ...

Royan liegt unmittelbar an der Mündung der Gironde, dem langen Flußtrichter, der sich aus dem Zusammenfluß von Garonne und Dordogne bildet; von hier aus geht eine Fähre hinüber zur Pointe de Grave, dem äußersten Zipfel der Halbinsel Médoc, fünf Kilometer echte Seefahrt; ganz in der Ferne im offenen Meer läßt sich der Leuchtturm von Cordouan erkennen, der da schon seit dem Mittelalter steht. Drüben, wo das Fährschiff anlegt, ist es erst mal gar nicht schön: Da sind die ausgedehnten Industrieanlagen von Le Verdon, Riesenbaustellen eines Hafens, der demnächst Rotterdam Konkurrenz machen soll. Aber abseits der großen Straße, hinter St. Vivien, wird die Landschaft bald intim und melancholisch. Lange Zeit war das Médoc gottverlassen, unwirtlich, windgebeutelt, der nördliche Teil ist auch heute noch bescheidenes Kleinbauernland, mit sonderbaren niedrigen Häuschen, «les échoppes», drumherum ein bißchen Getreide und Gartenbau, winzige «Häfen», von Schilf umgebene Einschnitte im Schwemmland an der Gironde, die hier mal süß nach links, mal salzig nach rechts fließt – Port de Goulée, Port de By, Port de Lamena: Da liegen die Boote der Girondefischer, deren Netze wie Flügel an beiden Seiten ausgestellt sind. Gefangen werden Aal, Alse und Neunauge (eine lokale Spezialität); ganz selten geht auch mal ein meterlanger Stör ins Netz, der muß dann aber in einem Forschungszentrum abgeliefert werden. Früher waren diese Fische mal recht häufig in der Gironde, jetzt will man die verbliebenen Exemplare durch künstliche Befruchtung vermehren, damit es bald wieder südwestfranzösischen Kaviar gibt.

Ein Kapitel für sich ist die Jagdleidenschaft im Médoc. Hauptopfer ist die wilde Turteltaube, ein Zugvogel, der sich hier arglos im Frühjahr niederläßt, leider aber das Pech hat, in den zwanziger Jahren mal als «Schädling» eingestuft worden zu sein. Diese Diskriminierung ist zwar inzwischen wieder aufgehoben worden, aber für die fanatischen Jägersleut hatte sie ein willkommenes Alibi geliefert und lokale Sitten und Gebräuche entstehen lassen, die nun niemand mehr missen möchte. Jedes Jahr im Mai bricht es wie ein Fieber aus, dann wird geballert auf alles, was sich bewegt. Weil dadurch fast das gesamte tierische Leben von der Halbinsel zu verschwinden droht, wurde gesetzlich verfügt, daß im Médoc nur noch von festen, mindestens drei Meter hohen Standorten aus geschossen werden dürfe. Das trübte die Jagdfreude nicht im geringsten, vielmehr bedeckte sich das Land daraufhin mit Massen von kleinen Hochsitzen. Letzthin mehren sich die Versuche seitens der Pariser Regierung, das alljährliche Frühjahrsmassaker zu unterbinden, was aber bei den Einheimischen extrem unpopulär ist, egal, welcher Partei sie angehören. Denn die Jagd ist zum bedeutenden Wirtschaftsfaktor geworden, es blüht das Geschäft der

Hochsitz-Vermietung, und auch die lokalen Kramläden, Bäcker, Metzger und Gastronomen profitieren von den herbeiströmenden Schießlustigen. So ertönt bei jedem neuen Erlaß zum Turteltaubenproblem ein vielstimmiges Wehgeschrei: Orts- und weltfremde Naturschützer in irgendwelchen Ministerien würden gewachsene Traditionen mißachten und obendrein die einheimische Geschäftswelt ruinieren. Taubenfreundliche Maßnahmen ließen sich hier wohl nur unter Belagerungszustand voll durchsetzen, und so geht vorerst die Jagd weiter, bis der letzte Vogel vom Himmel geholt worden ist. Waidmannsheil!

Manchmal liegen Barbarei und Zivilisation eng beieinander. Wo der Wilde Westen der Taubenschießer endet, beginnt eine Zone der Hochkultur: jenes Weinbaugebiet, durch das der Name Médoc weltberühmt geworden ist. Es ist das vornehmste, wenn auch nicht das schönste Weinland des Bordelais, kein Vergleich etwa mit den freundlichen Hügeln und Dörfern westlich von Libourne oder östlich von Cadillac. Die grauen Médoc-Dörfer wirken würdig verschlossen bis abweisend. In die streng gestaltete Rebstock-Landschaft eingesprenkelt sind die «châteaux», was eigentlich bloß «Weingüter» bedeutet. Ein Château kann ein ganz bescheidenes Winzerhäuschen sein, hier aber sind es häufig kleine Möchtegern-Versailles, Zuckerbäckerschlößchen, protzige Villen mit Türmchen, schmiedeeisernen Gittern und geharkten Kieswegen, dem Geschmack der Neureichen von vor hundert Jahren entsprechend. Mit Landwirtschaft scheint das wenig zu tun zu haben. Weingutbesitzer im Médoc sein, heißt etwas darstellen, mondäne Empfänge geben, möglichst mit weißbehandschuhten Lakaien. Wenn auch die ältesten «Schlösser» noch auf Adelsfamilien des 17. und 18. Jahrhunderts zurückgehen, so waren es dann doch vorwiegend Finanzmagnaten und Großbourgeois, die hier später ausgedehnte Domänen erwarben, Bankiers wie Pereire oder Rothschild zum Beispiel. Anläßlich der ersten Pariser Weltausstellung 1855 wurde der Adelskalender für Bordeauxweine , das sogenannte «classement» festgelegt, eine heilige Liste, die in fünf Abstufungen die sechzig besten Lagen (grands crus) festschreibt. Winzer, denen die Ehre nicht widerfuhr, dort zugelassen zu werden, haben sich eine eigene gehobene Kategorie geschaffen: den «cru bourgeois», eine Bezeichnung, die nur nach besonderen Qualitätskontrollen auf dem Etikett erscheinen darf und den Preis in die Höhe treibt, gewissermaßen das Bürgertum unter den Médocweinen. Einen «cru prolétaire» gibt es bisher noch nicht.

Perlen, Sklaven und Gewürze

Wenn man in Bordeaux auf dem Pont de Pierre, der steinernen Brücke steht, breitet sich das imposante Panorama der Garonne-Kais aus: Da liegt der Börsenpalast, das Hôtel de la Douane, die Gebäude der Reedereien und Überseehandelsgesellschaften – die Repräsentationsfront eines wohlhabenden Handelsbürgertums, und gleich davor stehen den Fluß entlang Kräne und Lagerschuppen. Aber nur selten noch liegt ein Schiff am Kai, die Kräne haben nichts zu tun, die Lagerhäuser sind leer. Geblieben sind die stolzen, gediegenen Fassaden. Sie täuschen über die trüben Ge-

Rotweinaristokratie im Medoc

schäfte hinweg, denen sie ihre Grandiosität verdanken. Denn groß geworden ist Bordeaux im 18. Jahrhundert durch den sogenannten Dreieckshandel: Von hier fuhren die Schiffe erst mal mit billigem Glasperlenschmuck an die afrikanische Westküste, schafften von dort schwarze Sklaven in die Karibik und brachten auf dem Rückweg Zimt, Muskat und Vanille, Baumwolle, Kaffee und Indigo nach Hause.

Vor dieser Blütezeit des Sklavenhandels war Bordeaux 300 Jahre lang unter englischer Herrschaft; immer noch wird den Einwohnern eine «britische» Mentalität nachgesagt, es heißt, sie seien kühl, verschlossen und hochnäsig. Gerade in Kreisen der Bourgeoisie hat sich eine gewisse Anglophilie erhalten, die sich bis in die Kleidungssitten hinein bemerkbar macht. In den gesellschaftlich tonangebenden Familien wird Wert auf wohlerzogen-zurückhaltendes Auftreten gelegt. Ein in Vornehmheit erstarrtes konservatives Bürgertum hat sich da herausgebildet, eine hermetische, in Clans und Clubs organisierte Kaste, die allerdings dabei ist, von der Bühne abzutreten und in das Schattenreich der Bordelaiser Mythologie einzugehen. Während sie sich weiter ihre Rendezvous in den Tennisclubs und eleganten Cafés gaben, dem Cintra, dem Grand Café oder im Les Noailles, hatte Bordeaux den Anschluß verpaßt im kaptialistischen Wettbewerb, hatte der Hafen seine Bedeutung verloren, war die Stadt in wirtschaftliche Lethargie versunken.

Bordeaux aus dem konservativen Dämmerschlaf zu wecken, die Ära der alteingesessenen Händlerkaste abzulösen durch den Geist der Modernisierung, durch das Anlocken von zukunftsträchtiger Hightech-Industrie ist ein Hauptanliegen des langjährigen Bürgermeisters und Edel-Gaullisten Chaban-Delmas und seiner Equipe. Seit einigen Jahren sind deutliche Veränderungen spürbar, auch das Erscheinungsbild der Stadt wandelt sich. Neue Geschäfts- und Bürokomplexe wachsen empor, jahrzehntelang vernachlässigte Innenstadtviertel werden Block für Block sandstrahlgereinigt, wechseln von Grauschwarz zu Goldgelb, ein altes Lagerhaus, das Entrepot Lainé, wurde aufwenig zu einem Kulturzentrum umgerüstet. Ganze Stadtteile werden von den bürgerlichen Schichten zurückerobert, so das Kleine-Leute-Quartier Saint-Pierre; «gereinigt» wurde es auch von seiner angestammten Bevölkerung, nun haben Modefilialen, Galerien, Jazz-Cafés und Aerobic-Studios Einzug gehalten.

Im Weinhändlerviertel

Quai des Chartrons: Die Kräne rosten unbeschäftigt vor sich hin, staubblinde Fenster, kaputte Markisen, geschlossene Bars wie Le Tampico oder Aux Caraïbes, deren Namen an vergangene Hafenromantik erinnern. Aber mit den Seemannskneipen und Puffs ist es vorbei, der Hafen ist jetzt weit weg, draußen an der Girondemündung, da werden die Containerschiffe schnell abgefertigt, die Besatzungen kommen nicht mehr in die Stadt. Les Chartrons, benannt nach einem früheren Kartäuserkloster, war außerdem auch das Viertel der angesehenen Weinhändler, den Chartronnais, die für die Wirtschaft der Stadt so wichtig waren. Viele waren von auswärts gekommen, aus England, Skandinavien, Rußland oder Deutschland. Als Zugereiste blieben sie zunächst von der feinen Bordelaiser Gesellschaft ausgeschlossen, mußten sich hier, abseits des Stadtzentrums, ansiedeln. Die meisten waren Protestanten, brachten mit ihrem sprichwörtlichen Gewerbefleiß den Weinhandel in Schwung und arbeiteten sich aus ihrer Randexistenz an die Spitze der Geschäftswelt empor.

In das Hafenambiente mischten sich die Villen der Weinhändler-Aristokratie, eine Ahnung von ihrer exklusiven Welt vermittelt noch der cours Xavier-Arnozan: gedämpfte Vornehmheit, diskrete Pracht. Am Portal der anglikanischen Kirche weht der Union Jack, aber der protestantische «temple» in der rue Notre-Dame, von vier reichen Chartrons-Familien errichtet, mußte kürzlich schließen, der Unterhalt war zu teuer geworden. In der ehemaligen Synagoge, ein paar Häuser weiter, ist eine Renault-Werkstatt untergekommen. Vorbei sind die Zeiten der legendären Dynastien, der Johnston, Lawton, Barton, Cruse, die von hier aus den gesamten Weinhandel kontrollierten. Soweit die Namen der großen Familien als Firmennamen fortbestehen, sind sie in der Hand von Alkohol-Konzernen, englischen Großbrauereien und Banken. Zurückgeblieben ist ein schläfriges Viertel mit Kopfsteinpflastergassen zur Garonne hinunter und einigen letzten Kellereien, und ganz allmählich, wie es so häufig mit alten Quartiers kommt, die ihre Funktion verlieren, machen sich Antiquitäten- und Ramschläden breit.

Wie das Viertel Les Chartrons wird auch das südlich der Innenstadt gelegene Quartier Saint-Michel durch die Uferstraße begrenzt. Bis hierhin, in die Gassen jenseits des cours Victor-Hugo, zwischen Garonne und Marché des Capucins,

Die Schiffe sind selten geworden: Hafenviertel in Bordeaux

sind die Sandstrahlgebläse der Bordeaux-Verschönerung noch nicht gedrungen. Die Häuser sind schwärzlich, auf den ersten Blick wirkt die Gegend ein wenig düster. Dabei ist es gerade dort besonders lebendig. Vor allem abends ist das festzustellen, wenn sich die Feierabendödnis über gutbürgerlich-propere Stadtteile senkt. Dann sind hier überall noch kleine Läden auf, höhlenartige Werkstätten, Cafés, aus denen Licht auf die ansonsten spärlich beleuchteten Straßen fällt. Im Viertel Saint-Michel hausen die Minoritäten: Araber, Portugiesen, vor allem aber die Spanier, republikanische und anarchistische Flüchtlinge aus dem Bürgerkrieg und ihre Nachkommen oder Arbeitsemigranten aus jüngerer Zeit, und in den lebhaften Kneipen, El Boqueron, Pépé Gallego, duften gegrillte Sardinen, es gibt Tapas zum Apéritif, überall läuft der Fernseher. Logisch, daß sich in einer solchen Gegend auch die örtliche Alternativszene eingenistet hat. Anlaufstelle für Interessenten: das Buchladen-Café Vent debout in der rue Bergeret, mit einschlägigem Buch- und Zeitschriftenangebot – Ökologie, Dritte Welt, Psycho ... – und der Möglichkeit, bis 23 Uhr in Ruhe und umsonst Zeitungen zu lesen, was sonst in französischen Cafés nicht üblich ist.

Mitten drin im Quartier steht die Kirche Saint-Michel, neben der sich, isoliert, der spitze gotische Turm erhebt, ein markantes Element der Skyline von Bordeaux. Früher war der Turm von Saint-Michel die gruselige Attraktion jedes Stadtbesuchs, denn unten in seiner Krypta sind dreißig aus umliegenden Friedhöfen ausgegrabene Mumien gelagert, und die konnte man besichtigen. Leider bekam ihnen das nicht so gut, und sie fingen an zu zerfallen; seither läßt man sie in ihrer Gruft unbehelligt. Sehr lebendig geht es über ihren Köpfen am Sonntagvormittag zu, dann findet auf dem Platz vor der Kirche ein Markt statt, der es in sich hat. Hühner gackern, Ziegen mekkern, Marktschreier schreien, Schund, Ramsch und Wunder sind ausgebreitet, die Spanier-Cafés brechend voll. Geht schnell hin! Denn niemand weiß, wie lange es noch dauert, bis auch in diesem Viertel die gaullistischen Saubermänner tätig werden.

Waldeslust

Raus aus Bordeaux, rein in den Wald! Wer zum Baden an die schönsten Strände der Atlantikküste will, muß die Landes durchqueren – ein immenses grünes Dreieck auf der Landkarte, 14000 Quadratkilometer groß, der größte Wald in Europa. Les Landes: ein monotoner Ozean aus Bäumen, nur wenige Ansiedlungen verlieren sich in der grünen Einsamkeit. Mit vier Bewohnern pro Quadratkilometer ist dieses Gebiet fast menschenleer; wie Inseln wirken die besiedelten Lichtungen, seltsam muß es sein, dort zu leben und nach allen Seiten hin meilenweit von Wald umgeben zu sein. Wer die Landes auf Seitenstraßen durchzuckelt, kann leicht das Gefühl kriegen, nie wieder aus der grünen Einöde rauszukommen. Der unendliche Holzakker ist kein übriggebliebener Urwaldrest, sondern kaum älter als 120 Jahre; er verdankt seine Existenz wirtschaftspolitischen Entscheidungen. «Lande» bedeutet eigentlich «Heide», und ursprünglich war dies ein Sumpf- und Heideland, eine unfruchtbare, gottverlassene Welt aus Sand und verseuchten Brackwassertümpeln, bewohnt nur von ein paar weitverstreuten, für halbwild gehaltenen Menschen mit ungesundem Aussehen. Wer hier durchmußte, sah zu, daß es möglichst schnell ging. Stendhal, der große Reisende, schrieb 1838: «Etwas weiter kommt man dann in diese weite Sandwüste, genannt Les Landes. Dies ist das traurigste Land der Welt, das Wasser hat dort die Farbe von Kaffee, und auf dem Sand wachsen nur hier und da ein paar Kiefern, die man anzapft, um Harz zu gewinnen.»

Systematisch bewaldet wurde die Wüstenei dann im Zweiten Kaiserreich. Das war eine Ära des industriellen Aufbruchs, die Zeit des Eisenbahnbaus, und auch hier wurde eine Strecke durchgeführt, damit Geburts- und Geldadel bequem das neue Modebad Biarritz erreichen konnten. Auf der Fahrt dorthin nahm Napoleon III. das weite Ödland in Augenschein und begeisterte sich für die Idee, es wirtschaftlich nutzbar zu machen. Ein Großunternehmen wurde gestartet, so recht nach dem Geschmack der Spekulanten und Profiteure des frisch angebrochenen Industriezeitalters. Als billigste und profitträchtigste Lösung erschien eine Totalaufforstung mit schnell wachsenden Kiefern. Der Staat übernahm die Entwässerungsarbeiten und finanzierte das Wegenetz, sodann wurden die Domänen an Kapitaleigner versteigert. Binnen kurzer Zeit entstand ein riesiger, gleichförmig bepflanzter Nutzwald, mit dem fette Geschäfte gemacht wurden. Er lieferte Holz für Eisenbahnschwellen, Balken für Bergwerke, Telegrafenmasten, Baugerüste, Kisten, Kästen und Papier. Der zweite bedeutende Wirtschaftsfaktor war die Harzgewinnung; in den zweihundert über den Wald verteilten Destillerien wurde aus Baumharz Terpentin und Kolophonium produziert, eine Substanz, die bei der Herstellung von Firnis, Druckerschwärze, Kaugummi und Lippenstift Verwendung findet. Durch die Ausbreitung des Waldes änderte sich die Arbeits- und Lebensweise der Landes-Bewohner radikal. Aus Hirten und Kleinbauern wurden Holzfäller und Harzsammler. Nach dem Ersten Weltkrieg, als die Kunstharze aufkamen, ging's mit den Destillerien bergab, heute sind sie fast alle geschlossen. Weiterhin aber beherbergt der Wald Sägewerke und Zellulosefabriken; Holz wird geerntet wie auf Feldern.

Auf ungeahnte Schätze stieß man im Jahre 1954, als ESSO unter dem See von Parentis Erdöl entdeckte, das größte europäische Ölfeld bis zur Entdeckung des Nordseeöls. Euphorie brach aus, neue kleine Städte wurden aus dem Waldboden gestampft, die Landes galten auf einmal als das französische Texas. Leider war der Boom von kurzer Dauer, das Öl ist inzwischen fast alle. Weitaus vielversprechender scheint hingegen ein anderer, kürzlich entwikkelter Erwerbszweig: die Aquakultur. Findige Köpfe machen sich die relative Sauberkeit der vielen Bäche und Flüsse zunutze und legen seit ein paar Jahren große Forellenteich-Komplexe an, Aufzuchtbecken für Süßwasserkrebse sollen dazukommen. Und für Frösche! Denn von denen vertilgen die Franzosen gnadenlos an die 8000 Tonnen jährlich, und die werden bisher zum größten Teil aus dem Ostblock und aus Asien importiert.

Der schönste Teil der Landes, die Grande Lande, ist inzwischen als Regionalpark geschützt: ein besonders für Radfahrer ideales Gebiet voller kleiner Wege zum Sich-Verlieren, mit weltabgeschiedenen Dörfern wie Labrit, Sore oder Ygos. In Luxey wird gleich hinter der Kirche eine Harz-Destillerie als Museum in Gang gehalten; im Écomusée von Marquèze sind alte Bauernhäuser zu Anschauungszwecken konserviert. Reizvoll ist dieser Naturpark für Paddler und Kanufahrer. Von Commensacq aus können sie hundert Kilometer weit auf der Grande Leyre in Richung Bassin d'Arcachon schippern, eine tagelange Reise durch Lianen, Farnkräuter und Stechpalmen, eine dichte, dschungelartige Masse, die kaum das Sonnenlicht durchläßt.

Im Westen werden die Landes vom Meer, beziehungsweise von einem fast ununterbrochenen Strand- und Dünenstreifen begrenzt. Er ist 230 Kilometer lang, reicht von der Pointe de Grave im Norden bis zum Adour im Süden. Lange war diese Küste vor der touristischen Invasion bewahrt geblieben, denn auf die Dünen ließ sich nur schwer etwas bauen, Wind, Sandverwehungen und Sturmfluten taten ein übriges. Eine Ausnahme bildete das geschützte Bassin von Arcachon, das fast einem Binnensee gleicht. Schon im vorigen Jahrhundert schufen sich dort die Bürger von Bordeaux ihre Ferien- und Wochenend-Dependancen. Auch entdeckte man die Meeresluft zu Heilzwecken: Zur bourgeoisen Sommerfrische kamen als Erwerbsquelle die Tuberkulosekranken; Arcachon war der «Zauberberg» des französischen Südwestens. Heute herrscht dort ein ziemlicher Massenbetrieb.

Die übrige Küste aber blieb unerschlossen, bis in den sechziger Jahren der große Boom einsetzte. Eine Regierungskommission sollte die

Entwicklung kontrollieren, aus der Atlantikküste sollte ein Produkt gemacht werden, das internationalen Standards genügt, mit Feriendörfern aus der Retorte, Marinas und Wassersporteinrichtungen an den Lagunen im Hinterland. Die Jahr für Jahr zahlreicher Herbeiströmenden durchkreuzten allerdings die harmonischen Nutzungspläne; hinter der Küstenlinie breiten sich überdimensionierte Camping-Areale aus. Nur wenige wirklich große Stationen haben sich bisher entwickelt: Lacanau-Océan, Biscarosse-Plage, Mimizan, Vieux-Boucau – stillos-häßlich zumeist. Der Rest sind kleinere Saisondörfer an den Stichstraßen zum Meer, leicht chaotisch verbaut, kaum große Hotels, dafür Ferienhäuschen, Bade-Utensilien-Verkauf, zusammengezimmerte Bars und Imbißbuden. Ab September verwandeln sie sich in verrammelte Geisterstädte. Wer für solche Familienstrände nichts übrig hat, braucht nur etwas weiter zu laufen. Der Strand ist riesig, zwischen den einzelnen Badeorten liegen bis zu zwanzig Kilometer, da kann man sich fast der Illusion urtümlicher Wildheit hingeben. Am schönsten ist wahrscheinlich der Strand nördlich von Mimizan-Plage, aber da kann man nicht hin, der ist mitsamt seinem Hinterland militärisches Sperrgebiet. Als Ersatz für die gerade verlorengegangene Sahara wurde hier 1962 ein großes Manöver- und Schießgelände eingezäunt.

Die Basken und ihr Geheimnis

Bitter-süßer Duft unter den Arkaden von Bayonne: Da schlürfen die Liebhaber wie ehedem dampfend heiße, dickflüssige Schokolade. Bayonne ist die Keimzelle der französischen Schokoladenkultur, von hier aus hat sie sich übers ganze Land verbreitet. Zunächst hatten die Spanier die schwarze Verlockung aus Mexiko eingeführt; die Maranen, die aus Spanien vertriebenen Juden, brachten sie hierher und machten die Stadt zum Schokoladenzentrum. Bayonne ist ein alter Hafen- und Handelsplatz am Adour: «Ibai-ona», auf baskisch «der gute Fluß». Die Stadt war mal bekannt für ihre Schmiede. Einer von ihnen erfand ein noch heute gebräuchliches Mordinstrument, das Bajonett. Gewalt läßt sich mit Bayonne neuerdings wieder assoziieren: Attentate, Morde, rabiate Demonstrationen, Hunderte politischer Flüchtlinge, die um ihr Leben fürchten. Bayonne – Tor zum Baskenland. Eigentlich ein behäbiger, gutbürgerlicher Ort: eine zweigeteilte Altstadt beiderseits der Nive, die hier in den Adour fließt, enge, betriebsame Straßen, Fachwerkhäuser, Cafés, von denen manche den exilierten ETA-Sympathisanten als Treffpunkt dienen. Drei baskische Provinzen, Labourd, Basse-Navarre, Soule, liegen auf französischem Territorium.

Der bekannteste Ort im französischen Baskenland dürfte wohl Biarritz sein, auch wenn er, abgesehen vom Namen, wenig Baskisches an sich hat: ein einstiges Fischernest, von Kaiserin Eugénie, der Frau von Louis-Napoléon, als Holiday-Idylle auserkoren und sehr rasch zum Aristokratenbad aufgebläht. Damals, als Biarritz mondäner Tummelplatz des europäischen Spät-Adels war, mag das ja noch einen gewissen Stil gehabt haben (die russische Zarenfamilie traf hier im eigenen Eisenbahnzug mit vergoldeter Lokomotive ein), heute aber ist es dort schlichtweg schrecklich – ein

Man kommt sich näher: Strandfreuden in Biarritz

Mischmasch aus alten Hotelkästen, Schickimicki-Boutiquen, Disko-Gehämmer, Rummelplatz und teurem Nepp. Kann man sich also schenken. Eigentlich ist die ganze prächtige Felsenküste bis zur Grenze völlig im Eimer. Sie ist rücksichtslos zugebaut, auf jedem freien Fleckchen gibt's doch wenigstens ein Campingplätzchen. Auch das von deutschen Bildungsreisenden gern als pittoreske Perle gepriesene Saint-Jean-de-Luz (unverfälschte Fischerhafenromantik! Echte Korbstühle!) wartet mit unerfreulich snobistischem Betrieb auf.

Das «baskische» Baskenland liegt weiter landeinwärts. Ein Stück weit ins hügelige Hinterland streckt der Küstentourismus noch seine Tentakeln aus, mit Wohnwagenparks und touristenmäßig hergerichteten Dörfern – so etwa Ainhoa, Espelette, Itxassou. Aber auch viele «normale» Dörfer sehen aus, als seien sie einem Werbeprospekt entsprungen: breite, knallweiß gestrichene Bauernhäuser mit rotgemalten Fachwerkgiebeln und roten Dachziegeln, die Namen der Erbauer über den Eingängen, dazu das hügelig grüne Land mit glücklichen Kühen – das Allgäu könnte einem in den Sinn kommen oder die Schweiz, wenn da nicht in jedem Nest an zentraler Stelle der Fronton stünde, die große, hohe Wand mit dem leicht barock geschwungenen Oberteil, die zum Pelote-Spielen dient. Und diese verwirrenden Ortsnamen: Louhoussa, Herauritz, Alçabéhéty ... Nein, trotz oberflächlicher Ähnlichkeit, dieses Land ist mit keinem anderen vergleichbar – Euzkadi, Land eines der geheimnisvollsten Völker Europas, der Basken, die sich selbst «Euzkaldunak» nennen, die Baskisch Sprechenden.

Die Sprache ist das Element, das sie seit jeher verbindet, denn einen baskischen Staat hat es wahrscheinlich nie gegeben. 200 000 sind sie auf französischem Territorium, über zwei Millionen auf spanischem. Keiner weiß, wo sie herkommen, wann und wie sie dorthin gelangt sind, eingeklemmt zwischen zwei «lateinische» Völker. Ihre Sprache hat weder mit der französischen noch mit der spanischen irgendwas zu tun. Sie ist ein ungelöstes Rätsel für Sprachforscher, die immer wieder zu Feldstudien in entlegene Pyrenäendörfer ausschwärmen. Es gebe, so heißt es, gewisse Parallelen zu halbverschwundenen kaukasischen Idiomen, doch Näheres weiß man nicht. Die tollsten Hypothesen über die Herkunft der Basken geistern herum: Sind sie ein versprengstes Überbleibsel der Hunnen, das sich in den schwer zugänglichen Pyrenäen festgekrallt hat? Die kleinen, kurzbeinigen Pferde der Basken, die Potoks, könnten vielleicht aus den asiatischen Steppen kommen ... Anderen Theorien zufolge sollen sie was mit den Etruskern zu tun haben. An der Harvard-Universität hat sogar mal jemand die These vertreten, sie seien Abkömmlinge von einem der zwölf Stämme Israels und somit Nachfahren der Erzväter.

Voltaire, dem solche Spekulationen fremd waren, nannte sie ganz einfach «das kleine tanzende Volk am Fuß der Pyrenäen», womit er auf die hüpfenden Männertänze anspielte. Die gehören mit zu den Ausdrucksformen des Zusammengehörigkeitsgefühls, ebenso wie die inbrünstigen Chorgesänge und natürlich das Pelote-Spiel, dieses Ur-Squash, bei dem harte Bälle mit schaufelförmigen Korbschlägern eingefangen und an den Fronton geschleudert werden. Die baskische Traditionsverbundenheit drückt sich auch darin aus, daß zumindest auf dem Lande die neuen Häuser weiter im althergebrachten Stil gebaut und immer noch mit heidnischen Sonnenrädern, das heißt Hakenkreuzen, verziert werden. Zur Herkunftsfrage tragen die Einheimischen selber nur wenig Erhellendes bei. Kurt Tucholsky erzählt in seinem «Pyrenäenbuch» folgende Anekdote: «Ein Graf von Montmorency rühmte einst vor einem Basken das Alter seines Namens, seines Adels, seiner Familie, rühmte, von welch großen Männern er abstammte. Der Baske erwiderte: ‹Wir Basken, Herr Graf: wir stammen überhaupt nicht ab!›»

Konfliktherd Euzkadi

Als Tucholsky seinen Reisebericht schrieb, konnte er noch behaupten: «So stolz sie auf sich sind: es ist nichts Aggressives dabei, und eine ‹baskische Frage› gibt es nicht.» Inzwischen gibt es die sehr wohl, und sie läßt sich kaum überhören. Spätestens seit Beginn der achtziger Jahre ist auch das französische Baskenland ein ständig aufflammender Konfliktherd, wenn auch mit anderen Ausmaßen als im Süden, jenseits des Grenzflusses Bidassoa. Wie bei den anderen Minoritäten Frankreichs bekam erst mal im Laufe der sechziger Jahre der neue Regionalismus einigen Auftrieb. Vielen jüngeren Basken begann die wirtschaftliche und kulturelle Tristesse ihrer Heimat aufzustoßen. Das beschauliche Bild des fruchtbaren Pyrenäenvorlands um St. Palais, Iholdy und Irissary verdeckt leicht die vorherrschende Realität – Minibetriebe mit ein paar Hektar und ein paar Schafen, der Zwang zur Abwanderung, früher nach Amerika, heute nach

Les sous, les balles, du fric …

Bordeaux oder Paris. Manchmal kommt ein Alter zurück aus den USA und macht dann auf seine alten Tage im Heimatdorf ein Café auf. Trübe sieht es auch aus bei der lokalen Kleinindustrie. Die Kleinstadt Mauléon-Licharre beispielsweise lebt traditionell von der Sandalenfabrikation, aber die Betriebe machen dicht wegen der Billigkonkurrenz aus Hongkong. Investiert wird anscheinend nur noch in den Tourismus. Dann ist da die kulturelle Benachteiligung: keine Bildungsperspektiven in der eigenen Sprache, Herabwürdigung baskischer Traditionen zur Folkloredarbietung für Urlauber.

Bald kam es zu ersten Aktionen gegen die Touristisierung, erst noch mit Hilfe von Plakaten und Spraydosen – «Wir haben keine Lust, zehn Monate arbeitslos zu sein, um euch zwei Monate im Jahr bedienen zu dürfen!» – dann auch gelegentlich mit Hilfe von Sprengstoff: Ein paar Ferienvillen und Fremdenverkehrsbüros flogen in die Luft. Das Spektrum der politisch aktiven Gruppen geht von der gemäßigten, kulturpflegerischen Hitza-Hitz über die Partei Herri Talde, die sich selbst als sozialistisch und autonomistisch begreift, bis zur illegalen im Untergrund operierenden Iparretarak. Ihre Hochburg ist Saint-Étienne-de-Baigorry, acht Kilometer von der Grenze entfernt im Tal der Nive gelegen. Sie wurde 1973 als eine Art Hilfsorganisation für die ETA gegründet, die im spanischen Süden für ein unabhängiges Euzkadi kämpft. Die ETA brauchte den französischen Norden als Rückzugsgebiet und war deshalb an ruhigen Verhältnissen interessiert, deshalb pfiff sie die Iparretarak häufig zurück, wenn die sich als Touristenschreck aufführte.

Mit der relativen Ruhe, die trotz solcher Aktionen in den drei nördlichen Provinzen des Baskenlandes geherrscht hat, ist es aber vorbei, seit die mörderischen Auseinandersetzungen aus dem Süden nach Frankreich hineingetragen werden, besonders in Gestalt der GAL (Groupe antiterroriste de Libération), eine wahrscheinlich von spanischen Unternehmern finanzierte Truppe von Berufskillern, die ihr Handwerk im Kongo und Libanon gelernt haben. Ihr Job: ETA-Mitglieder und Sympathisanten auf französischem Boden aufspüren und umbringen. Zusätzlich zu dieser Bedrohung besteht nun für Flüchtlinge auch noch die Gefahr, von der Pariser Regierung ausgeliefert zu werden. Denn 1984 ging in Frankreich eine lange Asyltradition für baskische Autonomisten zu Ende. Ein ehernes Prinzip, die Nichtauslieferung politisch Verfolgter, wurde der Staatsräson geopfert, noch dazu von einer linken Regierung. Die Baskenfrage hatte zu empfindlicher Abkühlung zwischen Madrid und Paris geführt, obwohl man doch hüben wie drüben «sozialistisch» war. Früher war es leichter, den baskischen Militanten schützendes Obdach zu gewähren, denn da kämpfte die tapfere ETA gegen das finstere Franco-Regime, aber inzwischen sind doch in Spanien demokratische Verhältnisse eingekehrt ... Freilich ging es der ETA nie um ein demokratisches Spanien, sondern um ein unabhängiges Baskenland, aber wo es um die Harmonie zwischen künftigen EG-Partnern geht, kann man sich mit derlei Haarspaltereien nicht aufhalten.

Unbequem waren die baskischen Flüchtlinge der französischen Regierung schon gleich nach dem Ableben des faschistischen Generalissimus geworden. Bis dahin hatten sie dem guten republikanischen Gewissen genützt, nun aber störten sie, wurden bei Staatsbesuchen vorbeugend eingesammelt und auf bretonische Inseln zwangsexiliert, wenn sie nicht überhaupt weit entfernte Gegenden wie Jura oder Vogesen als Aufenthaltsort zugewiesen bekamen. Aber immerhin wurden sie wenigstens unter Giscard nicht ausgeliefert. Nach der Regierungsübernahme durch die Linken wurden heilige Versicherungen über die Unantastbarkeit des Asylrechts gegeben, aber das zählt nun alles nicht mehr. Die ETA-Leute, deren Partei Herri Batasuna im spanischen Baskenland über 14 Prozent Wählerstimmen bekommt, sind keine politischen Flüchtlinge mehr, sondern nur noch «Terroristen». Auch den «eigenen» Basken gegenüber hat sich das Verhalten geändert. Hatte ihnen der Kandidat Mitterrand 1981 noch die Schaffung eines gesonderten Départements versprochen, so ist davon jetzt keine Rede mehr. Alles, was sie kriegen, sind ein paar Zuschüsse für die Ikastolak, die baskischen Schulen.

Den Autonomisten bläst in Frankreich der Wind ins Gesicht. Die große Mehrheit der Bevölkerung ist konservativ und reagiert allergisch auf jede Art von Militanz. Seitdem die Gegend durch Gewaltausbrüche in die Schlagzeilen gekommen ist und Touristen ausbleiben, ist Gleichgültigkeit in Ablehnung umgeschlagen. Mit dem links eingefärbten Euzkadi-Nationalismus will fast niemand etwas zu tun haben. Auf große Zustimmung treffen hingegen kulturelle Initiativen. Überall entstehen baskische Theater- und Musikgruppen, Kindergärten, Sprach- und Pelote-Schulen, die lokalen Feste haben sich vervielfacht, ein neues Interesse an den eigenen Traditionen ist spürbar. Als erfolgreich erwiesen sich überdies einige Versuche, nach dem Muster von Euzkadi-Süd baskische Kooperativen zu gründen, um vor Ort neue Arbeitsplätze zu schaffen. So hat die Vereinigung Herikoa mit Hilfe von 1200 Aktionären schon 32 neue Betriebe ins Leben gerufen.

Hirten und Schmuggler

Fährt man auf kleinen, gewundenen Straßen hinauf in die Pyrenäen, deren Gipfel hier sonderbare Namen wie Iturrumburru oder Burdinkurutch haben, wird man manchmal mit einer eigentümlichen Verschlossenheit der Leute konfrontiert. Traditionell haben sie wenig übrig für Einmischung von außen, kein Wunder, denn neben der Schafzucht gehört zu ihren Hauptbetätigungen das Schmuggeln. Heute wird das allerdings eher sportmäßig betrieben, es lohnt kaum noch. Jedenfalls hat sich dadurch ein tiefes Mißtrauen herausgebildet gegenüber Abgesandten der Staatsgewalt und anderen verdächtigen Fremdlingen. In einigen hochgelegenen Ansiedlungen haben daher die Männer Feldstecher umhängen, um Neuankömmlinge lange vor ihrem Eintreffen auszumachen. Auch gelten die Basken als cholerisch und leicht reizbar. Prügeleien zwischen Leuten aus verschiedenen Dörfern hatten früher fast rituellen Charakter. Daher rührt die «männliche» Sitte, sich beim Besuch im Nachbardorf den Regenschirm in den Kragen zu hängen, um beide Hände zum Raufen freizuhaben.

Man kann das heute noch überall

sehen, zum Beispiel montags in der Kleinstadt Saint-Jean-Pied-de-Port, dann ist da nämlich Wochemarkt, und es kommen die Bauern aus sämtlichen umliegenden Dörfern. In der Hauptsaison ist dieses baskische Städtchen besser zu meiden, es ist halt sehr «pittoresk», mit Stadtmauer, Fachwerkgassen und altem Fort («herrlicher Blick»), aber schon ab September geht es wieder normalmenschlich zu. Sehr zu empfehlen, dieser Markttag! Überall stehen sie in großen Männerrudeln herum und palavern, sehen irgendwie stolz und würdig aus, auch etwas verschmitzt, weil die Ausländer sie nicht verstehen können. Und alle haben sie Baskenmützen auf, wie sich das gehört. Die kann man auf dem Markt kaufen, genau wie die Regenschirme. Massen von Regenschirmen. Und Glokken für Kühe und Schafe, und Lammfellwesten und Etorki, den baskischen Schafskäse. Die Cafés sind rammelvoll an diesem Tag, der Markttag hat etwas von einem Festtag. «Urinieren verboten» steht an der Außenwand einer Kneipe, auf französisch und baskisch.

Von Höhlenmenschen und Trüffelschweinen – **Das Périgord**

Ein frankensteinartiger Kerl steht in einer Felsnische oberhalb von Les Eyzies, ein steinerner Urmensch mit Plattstirn und Gorilla-Armcn, und blickt ins Weite, gewissermaßen in die vor ihm liegende Menschheitsgeschichte. Er ist das Wahrzeichen der «Hauptstadt der Prähistorie», wie sich das Dörfchen Les Eyzies stolz, aber zu Recht nennt, denn das Tal des Flusses Vézère hat mit seinen Nebentälern die größte Konzentration vorgeschichtlicher Fundstätten. Los ging alles, als 1868 die Eisenbahnlinie Périgueux–Agen gebaut wurde: Unter einem überhängenden Felsen buddelten Arbeiter die Skelette von drei Männern, einer Frau und einem Embryo aus. Damit war ein fehlendes Glied in der Kette zwischen Neandertaler und Normalmensch entdeckt. Die Stelle hieß Cro (= kleine Höhle) Magnon, und so ging der Ortsname auf den ganzen Menschentypus über. Der soll fast schon so ausgesehen haben wie unsereins, ging manierlich aufrecht, war 1 Meter 75 groß und hatte auch nicht mehr diese affenhaft fliehende Stirn. Ab 35000 vor Christus hat er hier gelebt, vorher war da schon, ab 80000, der Moustier-Mensch beziehungsweise Neandertaler, und nachweislich ist das Vézère-Tal seit insgesamt 120000 Jahren von Menschen bewohnt, ein wahres Zentrum der Evolutionsgeschichte also.

Wieso war ausgerechnet das Périgord das gelobte Land des Paläolithikums? «Ich glaube, daß der Cro-Magnon-Mensch sich hier niederließ, weil er äußerst intelligent war und einen hochentwickelten Schönheitssinn besaß», meint Henry Miller, der in seinem «Koloß von Maroussi» ein enthusiastisches Loblied auf die Gegend anstimmt. Vielleicht war dies wirklich schon sehr früh ein solch angenehmes, menschenfreundliches Fleckchen. Sicher war das Klima sehr günstig, und es gab schon beiderseits des Flusses die natürlichen Höhlen, die vor Millionen Jahren aus dem Karst der Berge rausgewaschen wurden. Reichhaltig war das Pflanzen- und Tierangebot: Mammut, Elch und Rentier ästen vor der Tür, außerdem war alles voll von Feuerstein, aus dem sich Werkzeuge und Waffen machen ließen.

Mehr als 150 Behausungen, Kulthöhlen und Unterstände mit Knochenresten, Ritzzeichnungen oder Gemälden sind bisher gefunden worden. Einen Überblick könnt ihr euch im Museum von Les Eyzies verschaffen. Selbstverständlich schwärmen im Sommer gewaltige Horden von Ur-Ur-Ur-Enkeln aus im Tal ihrer Ahnen, um Schlange zu stehen vor den berühmtesten Grotten, und es macht oft einige Mühe, sich das Geplapper, die dämlichen Bemerkungen und das Kindergenörgel wegzudenken. Dennoch lohnt es sich ausnahmsweise, den Touristenauftrieb in Kauf zu nehmen. Man kann ihn auch etwas umgehen, indem man den Ferien-Stoßverkehr meidet oder sich die kleineren, weni-

Prähistorischer Vorfahr in Stein

ger besuchten Höhlen vornimmt, wie den «Abri du Cap Blanc», die «Grotte de Bernifal» oder die Höhle von Bara-Bahau.

Einige der unterirdischen Behausungen wurden noch in jüngerer Zeit benutzt, so die Höhlen im Roc de Tayac, die von den Engländern im Hundertjährigen Krieg zur Festung ausgebaut, später von Straßenräubern bewohnt wurden, oder in La Roque Saint-Christophe, wo im Mittelalter im Inneren des Felsens ein ganzes fünfstöckiges Höhlendorf entstanden ist, als Wohn- und Zufluchtsstätte für Kriegszeiten. Das aufregendste, was das Tal zu bieten hat, sind die Höhlenzeichnungen, jene allerersten Bilder, die sich die Menschen gemacht haben. Als Geburtsstätte der Kunst wird das Périgord bezeichnet, wobei unklar ist, aus welchem Antrieb heraus all diese Mammuts, Wildpferde, Rinder und Rentiere in den Kalkstein geritzt und gemalt worden sind. Vermutlich handelte es sich dabei um magische Zweckhandlungen: Mit der Abbildung sollte Herrschaft über das Abgebildete ausgeübt werden, eine Art Jagdzauber also. Aber ganz sicher ist das nicht. Auf jeden Fall geht eine große Faszination aus von diesen Bildern, die keineswegs plump wirken wie die Zeichnungen von Kindern oder «Primitiven», sondern eher wie virtuose Bewegungsstudien.

Sehr reich bemalt ist die Höhle von Rouffignac, einem Dorf, das 1944 von der SS-Division «Das Reich» in die Luft gejagt worden war, als Rache für Résistance-Akte. Unten, im Höhlenreich von Rouffignac, fahren die Besucher an über hundert eingeritzten Mammuts vorbei mit einem elektrischen Bähnchen – fast so schön wie Geisterbahn auf dem Rummelplatz. Aber anders bekommt man dieses verzweigte, elf Kilometer lange Heiligtum aus den Uranfängen der Zivilisation eben nicht zu sehen. Das größte Wunder aber ist die Höhle von Lascaux, die auch gerne als «Sixtinische Kapelle der Vorgeschichte» bezeichnet wird. 1940 war sie durch Zufall von zwei Jugendlichen entdeckt worden: Bei der Suche nach einem verlorengegangenen Hund im Wald oberhalb von Montignac rutschten sie in ein Erdloch und fanden sich plötzlich in einer saalartigen Grotte wieder. Im Schein ihrer Taschenlampe erschienen ringsherum an den Wänden Bilder von Bären, Pferden, Nashörnern, Bisons, Hirschen und Raubkatzen. Zum erstenmal nach 17000 Jahren wurde diese Pracht wieder von Menschen erblickt; 600 Gemälde, 1500 Zeichnungen – eine wahrhafte Schatzkammer prähistorischer Kunst war gefunden. Acht Jahre darauf kamen die ersten zahlenden Besucher, im Jahre 1962 waren es schon 110000. Das Dorf Montignac verwandelte sich, mit der Schatzkammer hatte sich eine Goldgrube aufgetan. Aber die Besucherströme hatten häßliche Auswirkungen. Temperatur und Feuchtigkeit nahmen zu, grüne Flecken breiteten sich aus, Algen, Bakterien, Pilze begannen, die Gemälde aufzufressen. Dazu bildete sich bald auch noch ein weißlicher Schleier aus Kristallen. Einzige Lösung: Das Klima, das hier Tausende von Jahren herrschte, mußte wiederhergestellt werden. Das aber hieß: Schluß mit dem Publikumsverkehr. Seit 1963 dürfen nur noch auserwählte Forscher rein.

Für Montignac und sein Fremdenverkehrsgewerbe war das eine Katastrophe. Auch das Département Dordogne sah sich herausgefordert.

Schließlich, was nutzt das schönste Weltwunder, wenn's keiner sieht? So kam der Homo sapiens des 20. Jahrhunderts auf die geniale Idee, eine exakte Kopie der Höhle von Lascaux herzustellen. Seit 1983 liegt hundert Meter neben dem Original das Double: Lascaux II. Sehr talentierte Fälscher waren da am Werk. In jahrelanger Fummelarbeit und mit Hilfe von Computern wurde jeder kleine Buckel, jede kleine Unebenheit vermessen und in einem Gehäuse aus Beton reproduziert. Gemalt wurde wie bei den Alten, mit derselben Technik wie vor 17000 Jahren, mit vor Ort gewonnenen mineralischen Farbstoffen. Entstanden ist dabei eine perfekte, dreidimensionale «Fotografie» der Steinzeit-Kathedrale. Die Leute von Montignac sind sehr zufrieden damit. Vorbei sind die mageren Zeiten, Restaurants, Cafés und Andenkenläden machen prima Geschäfte. Das Publikum hat «Lascaux II» wunschgemäß angenommen, es strömt in Massen herbei, manchmal beträgt die Wartezeit drei bis vier Stunden. Die optimale Lösung wäre vielleicht, «Lascaux III» zu bauen ...

Trotz allem ist aber das Tal der Vézère mit den Seitentälern des Moustier und der Beune kaum touristisch verbaut. Die Landschaft gestattet es noch, sich abdriften zu lassen, sich Situationen von vor zigtausend Jahren auszumalen. Ein leichter Schauer kann einen schon dabei überkommen; kaum jemand dürfte sich der eigenartigen Stimmung dieser Gegend entziehen können.

Kolonien im Wald

Wie grobe kleine Klötze, kurz und gedrungen, stehen die Häuser um den viereckigen Zentralplatz von Montpazier. Niedrige, gewölbeartige Arkaden laufen um das Geviert, in dessen Mitte eine alte hölzerne Markthalle steht. Das rechtwinklige, zugleich alterskrumme Städtchen hat sich seit seiner Gründung äußerlich wenig verändert. Montpazier gehört zu den «bastides», den neuen Festungsstädten des 13. und 14. Jahrhunderts, die über den ganzen Südwesten Frankreichs verstreut sind. Gegründet wurden sie gleichermaßen von Franzosen wie von Engländern, die sich diese Region streitig machten, denn hier verlief die Grenze zwischen dem Königreich Frankreich und den englischen Besitzungen. Durch diese Städtegründungswelle wollten beide Seiten ihre Positionen stärken; gleichzeitig ging's darum, dieses noch wilde, kaum besiedelte Land zu erschließen. Um die damaligen Vorposten der Zivilisation zu bevölkern, lockte man die potentiellen Bewohner mit allerlei Vergünstigungen und städtischen Freiheiten.

So wurden die Bastides zu Keimzellen der städtischen Entwicklung des Südwestens. Einige davon entwickelten sich zu größeren Zentren, wie Montauban oder Libourne, andere blieben abseits des Verkehrsnetzes, wuchsen kaum über die alte Anlage hinaus oder schrumpften auf dörfliche Dimensionen zurück. Im südlichen Périgord und im angrenzenden Quercy liegen viele dieser halbvergessenen, geometrisch um einen Platz angelegten Miniaturstädte: Monflanquin, Villeréal, Castillonnes, Molières, Beaumont – man kann schöne Touren auf den Spuren der Bastides machen und dabei eine wenig frequentierte Landschaft entdecken. Zum Teil ist sie von Wald bedeckt; mit dem mußten sich die Leute hier stets auseinandersetzen. Was sie ihm durch Rodungen abgerungen hatten, holte er sich im Verlauf der Geschichte häufig wieder zurück. Der Phantasie und dem Aberglauben gab er reichlich Nahrung: Alte Geschichten wissen von Geistern und Werwölfen zu berichten. Im 17. Jahrhundert hausten im Tal des Dropt die «Croquants», aufständische Bauern, deren Anführer Buffarot an einem Markttag in Montpazier gevierteilt wurde. Schauriges ist auch aus dem Nachbarort Biron zu vermelden: Dort wandert regelmäßig am 30. Juli um Mitternacht eine bleiche Gestalt umher, die ihren Kopf im linken Arm trägt. Das ist der Geist von Charles de Gontaud-Biron, der gegen König Henri IV komplottiert hatte und dafür enthauptet wurde.

In der Waldeinsamkeit des Forêt de la Bessède gab es schon vor den Bastides allerersten Siedlungs-Keimzellen. Sie stammten von den Mönchen von Cadouin. Inmitten von urwaldartigem Buschwerk und Dornengestrüpp hatten sie eine Abtei und viele kleine Unterkolonien gegründet. Der kleine Ort Cadouin mit seinem Zisterzienserkloster wurde dann in der ganzen Christenheit berühmt wegen eines dort verwahrten Leichentuches, das als Schweißtuch Christi galt. Über sieben Jahrhunderte pilgerten die Wallfahrer nach Cadouin, um das heilige Laken zu verehren. Erst 1934 wurde dem ein Ende bereitet: Wissenschaftler hatten mit Hilfe ihrer gottlosen Methoden nachgewiesen, daß der Stofffetzen bloß ein orientalischer Schleier aus dem 10. Jahrhundert war. Cadouin sank ins Abseits der Geschichte zurück, was blieb ist ein kleines Dorf, eine imposante Abteikirche und ein viel zu großer Platz, der an bessere Zeiten erinnert.

Spielball der Geschichte

Poeten haben das Tal der Dordogne wegen seiner großen Schönheit bejubelt. Und wirklich bietet sich an jeder Flußschleife ein neuer, begeisternder Landschaftseindruck. Da ist der Fluß selbst, grünlich sprudelnd und randvoll, oft stehen die Pappeln mit den Füßen im Wasser. Dann zu beiden Seiten die Dörfer und Burgen am Berghang – Beynac, La Roque-Gageac, Domme, Montfort – Häuser, die überm Fluß den Hang hochklettern, alle in diesem hellen Gelb- bis Ockerton, der Farbe des Périgord, manchmal mit lila blühenden Kletterpflanzen bewachsen. Das wirkt harmonisch aufeinander abgestimmt, wie ein freundliches, durchkomponiertes Bild und paßt so recht zum kulinarischen Ruf des Périgord als eines Landes üppigster Schlemmereien. Stolz, prachtvoll, reich – solche Wörter kommen einem in den Sinn.

«Es muß schon vor tausend Jahren ein Paradies gewesen sein», meinte Périgord-Fan Henry Miller. Da irrte er allerdings. Die Geschichte dieser Provinz ist reich an Katastrophen. Was uns heute so besonders malerisch erscheint – daß viele Dörfer hoch oben an den Berghang geklebt sind –, hängt mit den Gefahren zusammen, die vom Fluß herkamen: Dazu zählten unberechenbare Hochwasser ebenso wie Flußpiraten. So zogen etwa im 9. Jahrhundert die Normannen raubend und mordend stromaufwärts bis nach Beaulieu hinauf. Ausgesprochen düster waren die Zeiten im Mittelalter. Das Périgord hatte als Grenzregion extrem unter den englisch-französischen Rivalitäten zu leiden; es war einer der zentralen Schauplätze des Hundertjährigen Krieges. Das 14.

Im Tal der Dordogne

und 15. Jahrhundert hindurch regierte hier der Terror. Die Soldateska beider Seiten verbreitete Angst und Schrecken, wildgewordene Adlige veranstalteten Privat-Plünderzüge, die Kriegsgreuel wurden abgelöst durch Schwarze Pest, Lepra und Hungersnot. Nach der hundertjährigen Horrorzeit war das Périgord eine Elendslandschaft mit verwüsteten Feldern und verlassenen Dörfern, die von vordringendem Buschwerk und Wald zurückgeholt wurden.

Zur Zeit der Renaissance rappelte sich das Land allmählich wieder hoch, bis sich mit den Religionskriegen neues Unheil ausbreitete. Die protestantischen Armeen verwüsteten den Norden, die Katholiken terrorisierten den Süden der Provinz. Später dann, als unter Richelieu und Louis XIV das ganze Land der zentralistischen Verwaltung unterworfen wurde und die königlichen Steuereintreiber ausschwärmten, kam es wiederholt zu bürgerkriegsähnlichen Bauernrevolten. Die Misere war chronisch. Von wegen gastronomische Hochburg: Die Ernährungslage war lange Zeit schlichtweg trostlos. Die Menschen im Land der heute so berühmten Küche waren größtenteils unterernährt; sie konnten noch froh sein, daß die Wälder voller Kastanienbäume standen, für viele waren sie die Überlebensgrundlage. Angesichts solcher Verhältnisse nimmt es nicht wunder, daß die Bauern, als aus Paris die Kunde vom Ausbruch der Revolution kam, mit Begeisterung in die Schlösser eindrangen, das verhaßte Adelspack verjagten, mit Kirchenbänken und den Archiven der Grundherren Freudenfeuer entzündeten.

Vom einstigen Elend ist heute nichts mehr zu verspüren. Die Dörfer sind proper, die Häuser mit Weinlaub und Blumen geschmückt, ideales Ambiente für die Liebhaber der «douce France», des ländlich-gemächlichen, von den Gaben der Natur verwöhnten Frankreich, in dem die Zeit stillzustehen scheint. Und so kommen sie in Scharen, bevölkern im Sommer Hotels, Campingplätze und die beliebten Gästezimmer beim Bauern, machen sich über die legendäre Küche her, drängeln sich in prähistorischen Höhlen, genießen vom hochgelegenen Städtchen Domme herunter den berauschenden Panoramablick (Domme ist ein denkmalgeschütztes Juwel, das im Winter 400 Einwohner, im Sommer aber 2500 hat). Sportsfreunde befahren die Dordogne mit Kanus und Paddelbooten, wozu sie sich bestens eignet mit ihren ständig wechselnden Szenerien und den vielen verborgenen Sandbuchten (am reizvollsten ist sie zwischen Argentat und Siorac).

Fast alle Touristen landen früher oder später auch in Sarlat, dem Zentrum des «Périgord noir», wie der südliche Teil der Provinz wegen seines Waldreichtums genannt wird. Filmdekor für die «Drei Musketiere»! Das war mein erster Eindruck – ein bräunlich-goldgelbes Labyrinth aus Gassen, Höfen, Gewölben, Türmen, fast zu echt, um wahr zu sein. Diese schöne Stadt ist arg überflutet in der Saison, dennoch fehlt ihr der Disneyland-Appeal so mancher «romantischer» Ausflugsziele (am Vater Rhein zum Beispiel). Wer hier außerhalb der beiden bewußten Monate hinfährt, kommt in eine intakte kleine Renaissancestadt mit 10000 Seelen, eine behaglich-bürgerliche Unterpräfektur, wo an Samstagen das große Rendezvous des Schwarzen Périgord stattfindet. Von weither kommen dann die Marktleute, präsentieren ihre Enten und Stopflebergänse, ihre Walnüsse und Pilze. Die ganze Stadt wirkt dann wie ein appetitliches, eßbares Gesamtkunstwerk.

Land der Völlerei

Jacques ist so um die dreißig und arbeitet in Sarlat als Lehrer, nebenbei engagiert er sich für einen Traditionspflege-Verein. Er kennt die Heimat wie seine Westentasche, ist ein Périgourdin aus Leidenschaft. Mit ihm bin ich zum Essen verabredet, wir treffen uns in einem Café der rue de la République. «Wir fahren dazu lieber raus aus Sarlat», sagt er, «die Preise sind unverschämt, denen ist der Tourismus zu Kopf gestiegen!» Auf sein Geheiß fahren wir rüber nach Masclat, einem Dorf auf der anderen Seite der Dordogne. Während der Fahrt stimme ich ein Loblied auf die braven Bürger von Sarlat an, die ihre Stadt so vorbildlich erhalten und gepflegt haben. «Ach was!» ruft Jacques belustigt. «Das haben die alles bloß André Malraux zu verdanken! Sarlat war dabei zu verfallen, war schon ganz schön heruntergekommen. Kein Mensch hatte das Geld für die nötigen Reparaturen, sie hätten fast große Teile abgerissen, wegen Baufälligkeit. Es wurde dann aber die erste Stadt Frankreichs, die de Gaulles Kulturminister unter Denkmalschutz stellte und mit staatlichen Mitteln konservierte. Sonst wäre wahrscheinlich nicht mehr viel übrig davon.» Er zeigt auf einen schönen alten Bauernhof aus unverputztem Naturstein, an dem wir vorbeifahren. «Das gleiche gilt für solche alten

Höfe, von denen du hier eine Menge sehen kannst. Wenn's nach den Besitzern gegangen wäre, dann gäb's wohl kaum mehr welche davon. In den fuffziger Jahren fingen die Leute an, ehrgeizig ihre Häuser zu ‹modernisieren›, zu verschönern, wie sie meinten, mit beschissenen Garagenanbauten, Glasbausteinen und dergleichen. Hatten überhaupt keinen Sinn für die Schönheit, den Wert solcher Gebäude. Da ist dann auch der Denkmalschutz eingeschritten und hat verhindert, daß allzuviel verhunzt wurde.»

Wir sind in Masclat angekommen, das Restaurant heißt «Chez Crouzil». Es ist fast ausschließlich von Einheimischen und Leuten aus den Nachbardörfern bevölkert. Den Auftakt des Mahls bildet – traditionellerweise – eine kräftige Suppe mit eingelegten Brotscheiben. Was er denn von der touristischen Invasion des Périgord halte, von all den Ausländern, zumal Belgier und Holländer, die Bauernhäuser als Ferienwohnsitze aufkaufen und schon ganze Dörfer zweckentfremdet haben, will ich von Jacques wissen; ob das nicht eine problematische Entwicklung sei? «Problematisch», meint er, «ist erst mal die wirtschaftliche und demographische Situation hier. Der schöne Schein trügt ein wenig. Die Leute können diese Dörfer aufkaufen, weil sie leerstehen. Weißt du, die traditionelle Landwirtschaft in der Dordogne ist eine Polykultur, ein bißchen von allem – etwas Tabak, etwas Mais, ein paar Enten und Gänse, ein paar Nußbäume, zwei, drei Schweine – recht bescheiden also. Der großen Agrarrevolution unserer Zeit haben viele solcher Betriebe nicht standgehalten und wurden aufgegeben. Die Dörfer haben sich entleert, die Häuser begannen zu verfallen. Wenn die Ausländer oder die Pariser kommen und für sich die Häuser wieder instand setzen, dann ist das doch eigentlich nicht so schlecht, denn der Verfall wäre sonst unwiderruflich. Ich finde, ein sorgsam wiederhergerichtetes Dorf voller Belgier ist besser als gar kein Dorf mehr! Überhaupt können die Leute hier durch den Tourismus ihre Produkte viel besser verkaufen. Vielleicht sind die Touristen nicht immer ein Segen, aber sie halten das Land am Leben. Der Fremdenverkehr ist gewissermaßen ein Teil der angestammten Polykultur geworden», sagt er grinsend und taucht den Löffel in die Suppe.

Hm, ja, ist wohl was dran. Aber was ist mit diesen Parolen, die ich an einigen Mauern gesehen habe – «NL go home»? So groß kann die Begeisterung über die Fremden wohl doch nicht sein! Aber Jacques macht eine wegwerfende Handbewegung. «Das sind blödsinnige Ressentiments.» Und er erzählt mir, daß es da in der Nähe etliche jüngere Holländer gibt, die nicht bloß als Urlauber gekommen sind, sondern sich erfolgreich als Landwirte versuchen, alte Betriebe wieder flottgemacht haben mittels moderner, rationeller Methoden, und das sei eben hier manchen ein Dorn im Auge, zumal solchen, die nach Altvätersitte vor sich hin wursteln und auf keinen grünen Zweig kommen. «Denen stinkt es, wenn solche Zugereisten ihnen zeigen, wie man's besser macht. Aber die meisten Jüngeren verstehen sich recht gut mit den Holländern, wohl deshalb auch, weil die sich auch für die hiesigen Belange einsetzen, sich zum Beispiel für Umweltfragen engagieren. Nein, wirklich, die sorgen für frischen Wind hier, ich seh das eher positiv!»

Die Suppe haben wir inzwischen fast aufgegessen, Jacques gießt etwas Rotwein in den Rest, meint: «Das ist hier so üblich», und schlürft die Mischung aus dem Teller. Eine lokale Sitte? Unsicher schaue ich um mich, tatsächlich, andere Gäste machen das auch. Na, wenn das so ist! Ländliche Gebräuche wollen natürlich geachtet sein. Nun wird der nächste Gang herbeigetragen: Foie gras, Gänseleberpastete, wie könnte es anders sein, mit schwarzen Trüffelstückchen. Trüffel sind eine der großen Spezialitäten des Périgord. Ein geheimnisvoller Pilz, der in kalkigen Böden mit Vorliebe zu Füßen von Eichen wächst, zehn bis zwanzig Zentimeter unter der Erdoberfläche. Der «schwarze Diamant» wird er genannt und zu astronomischen Preisen gehandelt. Wieso gibt's den gerade hier in solchen Mengen? «Hat mit der Phylloxéra zu tun», antwortet Jacques. Diese ewige Reblaus! Immer wieder stößt man auf die Untaten dieses Insekts, das gegen Ende des letzten Jahrhunderts über die französischen Weinbaugebiete kam. «Nach der Zerstörung der Weinberge haben es hier viele mit Trüffeln versucht, Eichen gepflanzt, Pilzsporen gesät. Aber die Biester kannste nicht einfach anbauen wie irgendein Gemüse; die wachsen, wie und wo sie wollen, man muß sie aufspüren im Herbst, und das ist gar nicht so einfach.» – «Mit Schweinen!» werfe ich ein. «Ja, das gibt's noch. Aber das ist eher eine Art Folklore. Häufig werden jetzt Hunde dazu benutzt, die auf den Trüffelgeruch abgerichtet sind. Meistens gehen die Sucher aber alleine los. Man muß ein geübtes Auge dafür haben. Wo Trüffel wachsen, da ist in einem Umkreis bis zu drei Metern die übrige Vegetation stark verändert, dann muß man sehr vorsichtig graben. Es gibt hier eine Reihe von Wilderern, junge Typen, die durch die Eichenwälder streifen und sich auf diese Weise durchschlagen. Für die Dinger werden schließlich Höchstpreise gezahlt. Tausend Francs das Kilo, und mehr. Aber finde erst mal ein Kilo! Eben weil sie so selten sind und begehrt, sind sie ja so teuer, und wahrscheinlich sind sie auch nur deshalb so begehrt, weil sie so teuer sind.»

Wahrscheinlich. Ist wohl so ähnlich wie bei Kaviar, ein Hauptreiz dabei ist das elitäre Moment. Aber es gibt auch noch einen anderen Aspekt: Der große Geschmacksphilosoph Brillat-Savarin hatte bereits auf die «erotischen Tugenden» dieser «fabelhaften Knolle» hingewiesen. Und nach jüngsten Forschungsergebnissen deutscher Wissenschaftler soll der unansehnliche Pilz tatsächlich aphrodisiakische Wirkung haben, weshalb die Nasen der Trüffelsäue so stark drauf ansprechen. Reiche Aristokraten, Herrschaften wie Casanova, verzehrten sie früher in großen Portionen. Heute werden sie in Mini-Stückchen verabreicht und haben allenfalls Placebo-Wirkung. Meist sind sie als kleine schwarze Kleckse in die Foie gras eingearbeitet, in die Gänsestopfleber. Das ist eine Delikatesse, die durch ein unanständiges Verfahren entsteht: Drei Wochen hindurch kriegen die Gänse einen Trichter in den Hals und werden mit Maisbrei vollgestopft, damit sich die Leber vergrößert und fett wird. Ist so was nicht unmoralisch? «Erzähl das mal den hiesigen Bauern», meint mein Tischgenosse, «für die ist das oft der Haupterwerbszweig. Außerdem: was ist mit Mastkälbern oder Hühnern in Legebatterien, von denen du

Kult-Vögel des Périgord

dein Frühstücksei beziehst? Die Gänse hier, die laufen wenigstens frei rum.» Die Nachfrage nach Foie gras sei übrigens längst so groß, daß die heimische Gans mit der Produktion nicht mehr nachkomme. Das Gros der Gänseleber werde aus Ungarn oder Israel importiert und hier dann bloß noch verarbeitet.

Mit meinem schlechten Gewissen dem zwangsernährten Geflügel gegenüber stehe ich offenbar alleine da. Bei den Essern an den anderen Tischen zeigt sich keinerlei Unrechtsbewußtsein. Eher ein genießerisches Augenverdrehen. «Die Gans – das ist so was wie das Fetisch-Tier unserer Gegend. Früher war sie das Schwein des armen Mannes, inzwischen hat sie sich zu einem gastronomischen Kultobjekt entwickelt. Überall findest du jetzt Gänse-Symbole, und Gänsegerichte stehen auf jeder Speisekarte. Man muß natürlich vorsichtig sein, oft wird mit dem Markenzeichen ‹Périgord› geworben, mit dem guten Ruf unserer Küche, und dann bekommt der erwartungsfrohe Gast einen kümmerlichen Abklatsch vorgesetzt. Am besten ist es in solchen kleinen Dorfrestaurants wie diesem hier. Die veranstalten keinen Rummel und bleiben der Tradition verpflichtet.»

Das Schwein des armen Mannes liefert auch den nächsten Gang: ein Confit d'Oie, das sind im eigenen Schmalz eingemachte und geschmurgelte Gänseteile. Dazu gibt's einen Cahors, einen exquisiten Rotwein aus dem Lot-Tal. So ein Confit ist eine recht schwere Angelegenheit. Gut, daß wir so viel reden zwischendurch, dadurch verteilt sich unser Diner auf mehrere Stunden. Es ist auch noch längst nicht zu Ende, denn im weiteren folgen eine opulente Käseplatte, Nußkuchen nach Art des Hauses, schwarzer Kaffee und als I-Tüpfelchen ein alter Armagnac. Aber trotz alledem: Die Rechnung hält sich in Grenzen, in Paris wär man dafür ein Vermögen losgeworden. Jedenfalls ein kulinarisches Urerlebnis, so was muß schon mal sein. Merklich angeschlagen, halb bewußtlos, aber rundum zufrieden wanken wir nach diesem abendfüllenden Gelage ins Freie. «Na, ist doch was anderes als Fastfood, wie?» fragt Jacques triumphierend. Wahr gesprochen. Draußen flimmert der Sternenhimmel, es riecht nach Wald. Wie schrieb Henry Miller über das Périgord? «Nennen wir es großzügig das Paradies der Franzosen ...»

Zwischen Spanien und Frankreich – **Das Roussillon**

Die place Arago in Perpignan: Palmen, Rhododendron, grünmetallene Parkbänke und Herr Arago höchstselbst auf seinem Sockel, großer Sohn der Stadt, Wissenschaftler und Politiker, auf seinem Kopf wacht immer eine Taube, deshalb muß er oft gewaschen werden. Neben vielen Einheimischen halten sich auf dem Platz spanische, portugiesische, arabische Fremdarbeiter auf, man sitzt hier billiger als drüben im Café, nämlich umsonst. Auch einige Freaks und Penner lagern mit ihren Hunden und Flaschen unter

den Palmen, dazu die Sippschaft der Dauertramper, und – es ist September – all jene, die auf den Beginn der vendange, der Weinlese, warten und sich verdingen wollen. Hier unten gibt es viele Gelegenheitsjobber, die ziehen von Ernte zu Ernte durch den Süden, ausgestiegene Studenten, Arbeiter, Handwerker. Ich treffe einen ehemaligen Konditor aus der Normandie, der schon seit Jahren auf diese Weise sein Leben fristet, mit sporadischen kleinen Jobs und dann der langen Weinlese im Herbst. Um diese Zeit kommen auch die Landarbeiter aus Spanien rüber, im Bahnhof von Perpignan, den Herr Dalí mal aus unerfindlichen Gründen den Mittelpunkt der Welt genannt hat, ist für sie ein spezielles Vermittlungsbüro eingerichtet, das sie auf die Weingüter verteilt. Außer den Erntearbeitern kommen aus Spanien auch regelmäßig Händler, die hier auf den Märkten ihre Stände haben. Früher, zur Franco-Zeit, da rückten noch pulkweise Männerscharen aus Barcelona an, um sich im französisch-unsittlichen Perpignan Pornofilme anzusehen. Aber solche Umstände sind ja inzwischen nicht mehr nötig.

Perpignan ist nicht sehr groß, dafür aber ziemlich unübersichtlich. Die place Arago liegt am Rande der Innen- und Altstadt, von dort aus folgt man am besten dem Menschenstrom und läßt sich ins Innere hineinziehen. Man landet dann sicher erst mal an der place de la Loge, dem mit Caféhausstühlen übersäten Prachtplätzchen an der alten Börse des Königs von Aragon. Von dort nur ein paar Schritte weiter, und man gerät in die «volkstümlichen» Gefilde, etwa in das eigentümliche Quartier Saint-Jacques, dessen Bevölkerung im wesentlichen aus 5000 Zigeunern besteht; kaum anderswo sind sie in so hoher Zahl seßhaft geworden. Saint-Jacques ist ein Viertel, das sich prima zum ziellosen Rumtreiben eignet, zum freiwilligen Verlaufen im Labyrinth einer unerwarteten Welt. Massen von Kindern spielen in den Gassen, sie haben frappierend kohlrabenschwarze Augen, ihre dicken Mamas sitzen breit auf kleinen Stühlen, die sie vor die Türschwelle gestellt haben, tratschen oder putzen Gemüse. Die Zigeuner stehlen Kinder, hieß ein altes Ammenmärchen. Als ob sie an ihren eigenen nicht genug hätten! Von den Männern hocken viele in düsteren Café-Höhlen, sehen entfernt aus wie Inder und spielen Karten oder Domino. Aus den Fenstern schauen Gesichter, davor hängt die Wäsche, als hätten die Familien festlich geflaggt. In die schlaffen Hosen und Höschen fährt der Wind und bläht sie zu Gesäßgröße auf. Alle Fensterbretter sind dicht mit Blumentöpfen vollgestellt, oft sind es auch bloß alte Konservendosen, aus denen es grün und bunt herauswuchert. Katalanisch, französisch, spanisch, arabisch, kabylisch wird in den Kneipen der ärmlichen Viertel von Saint-Jacques und Saint-Mathieu durcheinandergeredet. Aus der Jukebox gibt David Bowie auf englisch seinen Senf dazu. Eine metallene Eidechse speit auf dem Platz der Französischen Revolution Wasser aus. Am Brunnenrand sitzen schweigend und mit finsterem Gesichtsausdruck zwei Araber. Durch die rue du Paradis wandert ein alter Mann und schreit laut irgendwas Undeutliches, so als sei er in höchster Not, bis die ersten Fenster aufgehen, woraufhin er mit großer Geste mickrige Schlüsselanhänger anbietet.

Im alten Perpignan gibt es einige «caves», wo sich die Leute ihren Landwein lose vom Faß holen, Weinhandlungen, die oft auch angenehme Kneipen sind. Besonders beliebt ist die Cave-Bar L'Estaminet in der rue Grande de la Monnaie: eine niedrige Höhle voller Flaschen und Fässer, in der einen Ecke sitzt ein Grüppchen von Studenten und Studentinnen der kleinen Universität, in der anderen picheln die Rentner. Ein sehr alter Herr schlurft herein, schlägt mit seinem Stock auf den Tisch und verlangt lautstark nach Wein. Die Wirtin, freundlich und seelenruhig, schwebt über den Dingen. Es herrscht ein animiertes Stimmengewirr, kein Problem, hier jemanden kennenzulernen. Schade, daß diese Cave schon um 20 Uhr dichtmacht.

Catalunya Norte

Geographisch wirkt das Roussillon wie ein Anhängsel des Languedoc, mit dem es administrativ zu einer «Region» vereint ist, aber es ist ein abgetrennter Zipfel von Katalonien und gehört daher zu einem anderen Sprachgebiet. Ortsnamen wie Err, Ur, Eus und Llo klingen wahrlich wenig französisch. Erst 1659 wurde das Roussillon durch den Pyrenäenvertrag dem Königreich Aragon abgeschnitten und dem Königreich Frankreich zugeschlagen. Bis dahin verlief die Grenze zwischen den beiden Reichen am Südrand der Corbières, was noch heute erkennbar ist an Grenzfestungen wie Salses und einer Reihe von Burgen auf den Höhen nördlich des Flusses Agly. Mit diesem Zugewinn verschaffte sich Frankreich eine «natürliche» Grenze: die Pyrenäen. Daß dabei ein Volk zerschnitten wurde, fiel nicht weiter ins Gewicht. Den Katalanen blühte nach der Annektion das Übliche: Sie wurden durch Priester, Beamte und Lehrer französisiert. Alle Dokumente mußten nun in der neuen Sprache verfaßt werden, wer was werden wollte, mußte sie beherrschen. Das setzte sich dann kontinuierlich fort bis in unsere Zeit. Noch vor ein paar Jahrzehnten wurden Schulkinder bestraft, wenn sie beim Katalanischsprechen erwischt wurden. Dennoch ist die Sprache, im Unterschied zum Okzitanischen, nicht auszurotten, in Kleinstädten und Dörfern wird sie nach wie vor

«Gitanes» im Quartier St. Jacques

ganz selbstverständlich gesprochen, fast die Hälfte der Roussillon-Einwohner beherrscht sie.

In der rue St. Mathieu in der Altstadt von Perpignan, katalanisch «Perpinya», liegt das Centre Cultural Català (im gleichen Haus übrigens wie die Amicale des anciens déportés de Mauthausen), das sich für die Präsenz des Katalanischen auf allen Erziehungsstufen, von der Vorschule bis zur Universität, einsetzt. Neben solchen Regionalisten, die sich im wesentlichen auf die Pflege beziehungsweise Rekonstruktion der kulturellen Identität beschränken, gibt es die Fraktion der Autonomisten, die einen politischen Sonderstatus für das Roussillon anstreben, ungefähr so, wie er den Korsen inzwischen zugestanden wurde; daneben existiert noch eine sehr minoritäre Gruppe von Separatisten, die für eine «Wiedervereinigung» von Catalunya Norte mit der anderen Seite streiten. Von den spanischen Katalanen werden sie indessen nicht recht ernst genommen. Publikationen über die Geschichte Kataloniens und Zeitschriften der regionalistischen Gruppen findet man reichlich in der «anderen» Buchhandlung von Perpignan, Futur antérieur, in der rue du Théâtre.

Tatsächlich hat es letzthin im Bewußtsein der Bevölkerung eine gewisse kulturelle Wiederbesinnung gegeben, was sich einerseits erklärt durch das allgemein verstärkte Hervortreten der Regionen in Frankreich, außerdem aber wohl auch mit dem neuen Autonomiestatus der spanischen Provinz Katalonien und dem damit verbundenen Aufschwung der katalanischen Sprache und Kultur. Zu den Brüdern und Schwestern jenseits der Berge bestehen deutliche gefühlsmäßige Bin-

Letzte Reste vom Alternativstrand

dungen. Gerne fährt man am Wochenende nach Barcelona runter, zwei Stunden Autobahn sind nicht viel, spaziert auf den Ramblas auf und ab und geht vielleicht ins Licéo, in die Oper der katalanischen Hauptstadt. In den Kiosken von Perpignan ist selbstverständlich die Zeitung «Avui» aus dem Süden zu haben, und wenn der Starsänger Lluis Llach ins Roussillon kommt, sind die Säle jedesmal total ausverkauft. Man fühlt sich also neuerlich wieder sehr bewußt und sehr betont katalanisch, aber die Liebe zur südlichen Verwandtschaft hat dennoch ihr Limit, dort nämlich, wo's ans Eingemachte geht. Die Perspektive einer offenen Grenze, wie sie sich durch den bevorstehenden EG-Beitritt Spaniens ergibt, ist vielen Nord-Katalanen ein Graus. Denn damit entstünde ihnen ein bedrohlicher Konkurrent auf dem Agrarsektor. Die Haare stehen ihnen zu Berge bei der Aussicht, mit den Produkten der spanischen Landwirtschaft überschwemmt zu werden, und schon jetzt werden hier nachts spanische LKWs geentert und angezündet.

Bulldozer in Bourdigou

Die Küste des Roussillon ist ähnlich wie die des Languedoc mit Urlaubsorten aus der Retorte bestückt: Port Barcarès, Canet-Plage, Argelès-Plage – breite Strände, Klotzgebäude, Einheitsferien. Und dann gibt es einen Strandabschnitt namens Bourdigou, fünfzehn Kilometer nordöstlich von Perpignan, beim Dorf Sainte-Marie. Bis vor einigen Jahren war Bourdigou eine bemerkenswerte Ausnahme, von der heute nur noch einige Reste zu besichtigen sind. Lange vor der touristischen Erschließung der Küste stand hier bereits ein Feriendorf mit bis zu 400 Häusern oder Hütten, aus Schilf, Brettern oder sonstigen Materialien, ohne Architekten und ohne Geld selbst gebaut und organisiert von den Arbeiterfamilien der umliegenden Städte. Ursprünglich war Bourdigou eine wilde Ansiedlung von Fischern, wie es sie die ganze Küste entlang gab, als Refugien für eine Spezies von Menschen, die es vorzogen, weltabgeschieden und außerhalb der ordentlichen Gesellschaft zu leben: nicht angepaßte Elemente, Mittelmeer-Nomaden, darunter viele Zigeuner. Dann kam die Volksfrontregierung von 1936 und bescherte den Franzosen die «congés payés», die gesetzlich garantierten Ferien. Nun entdeckten die Arbeiterfamilien das Meer und bauten sich hier mit dem, was sie vorfanden oder mitbrachten, improvisierte Behausungen. Keiner fragte dabei irgendwen um Erlaubnis, keiner erhob Einspruch. So entstand eine phantasievolle Siedlung aus «Arbeitervillen» – unordentlich, illegal und kostenlos, ein Dorf ohne Kanalisation, Bürgermeister und Polizei.

Die Autoritäten kümmerten sich damals nicht weiter drum. Bis endlich während der sechziger Jahre in Paris der große Erschließungsplan «Languedoc-Roussillon» ausgeheckt wurde. Da erschienen auch hier eines Tages smarte Herren in korrekten Anzügen, begleitet von ein paar Landvermessern, mit dem Ziel, nunmehr das standardisierte, saubere Urlauberglück zu organisieren. Aber hier, in Bourdigou, waren viele Leute nicht so leicht durch die in Aussicht gestellte neue «Lebensqualität» zu ködern, an der sie ohnehin keinen Anteil haben würden, und begannen, sich gegen den geplanten Abriß ihres autonomen Ferien-Gemeinwesens erst mal zur Wehr zu setzen. Ein Verteidigungskomitee bildete sich, man organisierte Unterstützungsfeste, drehte einen Film, lancierte Artikel im «Indépendant», der lokalen Zeitung, und forderte alle auf, sich mit dafür einzusetzen, daß die letzte Insel freier, selbstverwalteter, kostenloser Ferien erhalten bliebe. Zwar waren die Feste sehr erfolgreich und zogen eine Menge Besucher an, aber die Bulldozer kamen schließlich trotzdem. Nun machten sich die militanten Studenten und die damals in den siebziger Jahren noch breite politisierte Szene auf den Weg nach Bourdigou, um mitzumischen, und brachten in ihrem Gefolge alles mit, was die Region an Freaks und Hippies aufzubieten hatte. Das bedrohte Feriendorf änderte sein Erscheinungsbild in Richtung bunt und nackt, der harte Kern lieferte sich Schlachten mit den herbeigekarrten Gendarmen. Aber die Masse der «normalen» Bourdigou-Bewohner machte dabei nicht mit. Ohnedies hatten die Propagandisten der neufranzösischen Modernität bewirkt, daß viele begannen, sich für ihr zusammengestoppeltes Paradies zu schämen, all dies nun als nicht mehr zeitgemäß betrachteten und sich die neuen Konsumnormen zu eigen machten. So blieb nur eine Handvoll hartnäckiger Außenseiter übrig, die aber die gewaltsame Einebnung all der Phantasie-Behausungen nicht verhindern konnten.

Dennoch haben sich nach den Räumungs- und Abrißaktionen jedesmal wieder einige Unentwegte gefunden, die damit begannen, erneut Lattenhäuser und Schilfhütten zu errichten. Immer noch gibt's ein paar davon, und der Strand von

Bourdigou ist weiterhin Treffpunkt für bunte Vögel, Nonkonformisten und Nacktbader, aber lange wird das nicht mehr währen, denn immer näher rückt die von der zuständigen Gemeinde in Gang gesetzte Ferienhäuschen- und Campingplatz-Urbanisierung. So wird bald die Küstenregion von sämtlichen Überbleibseln der unzivilisierten Vergangenheit gesäubert sein. Nur in einigen unzugänglichen, unwegsamen Reservaten halten sich noch letzte Reste von Sonderlingen und marginalen Gestalten, wie am Étang de Salses, wo unweit des Kaffs Garrieux einige abgeschiedene «cabanes» wilder Fischer im Schilf versteckt liegen.

Zwischen Tech und Têt

Verläßt man nach Westen hin die fruchtbare Ebene mit Perpignan in der Mitte, schließt sich ein weitgehend menschenleeres Bergland an. Vor Hunderten von Jahren waren diese Berge noch dicht besiedelt, hier konnten sich die Leute besser gegen die Einfälle der Barbaren aus dem Norden und der Sarazenen aus dem Süden schützen. Und in dieser Region hatte es um die Jahrtausendwende eine erste große kulturelle Blüte des europäischen Mittelalters gegeben, hier hatte sich vollzogen, was der große Historiker Georges Duby den «Frühling Europas» nannte. 380 romanische Kirchen gibt es zwischen Collioure und Prats-de-Mollo, zwischen Perpignan und Puigcerda. Und die Klöster des Roussillon gehörten zu den mächtigsten ihrer Zeit. Das wohlhabendste und einflußreichste war Saint-Michel-de-Cuxa, ein wahrhaftes regionales Machtzentrum um 1000 nach Christus. Von diesem Kloster ist heute nicht mehr viel übrig, um genauer zu sein: Es ist jetzt anderswo. Wer die schönsten Teile von Saint-Michel-de-Cuxa sehen will, muß sich in die USA begeben, an den Hudson River, nördlich von New York City. Dort hat man nämlich ein Gebilde namens «The Cloisters» errichtet, aus Klöstern, die in Europa zusammengekauft wurden. Wer kein Mittelalter hat, muß sich eben eins basteln. Weitgehend intakt dagegen ist die spektakuläre Abtei Saint-Martin-du-Canigou, die hoch oben wie ein Raubvogelnest im Massiv des Mont Canigou klebt, dem allesbeherrschenden, wuchtigen Berg zwischen Têt und Tech, den beiden Flüssen, deren Täler heute die Hauptsiedlungsachsen des Roussillon bilden.

Oberhalb des Tech liegt die kleine Stadt Céret, mit prachtvollen, von Riesenplatanen überdachten Promenaden und ihren Cafés, gern und häufig aufgesucht von Pablo Picasso und vielen seiner Malerkollegen, wie Braque, Marc Chagall oder Chaim Soutine. Sie hatten eine Vorliebe für diesen katalanischen Ort am Rande der französischen und in Reichweite der spanischen Welt und haben seinem Museum eine Menge Werke vermacht. Ganz besonders gilt für Céret der Satz von Kurt Tocholsky: «In fast allen Pyrenäenstädten herrscht eine weiche, geruhsame Luft, besonders in den hübschesten unter ihnen, die am Anfang der Ebene liegen – freundlich geht es da zu. ‹T'en fais pas!› ist ein schöner Grundsatz. Bring dich nicht um! Nun, hier bringt sich keiner um.» Stellenweise ist es hier so penetrant idyllisch, daß es fast zuviel wird, wie an dem kleinen Springbrunn-Platz «des quatre fontaines», wo im billigen Restaurant Aux Artistes jeden

Ceret: Kleinstadt am Fuß des Canigou

Abend die Witwer und Junggesellen eintrudeln und an einem langen Tisch in der Mitte beköstigt werden, indessen draußen im Mondlicht sanft der Brunnen plätschert. Voller Pfirsich-, Kirsch- und Apfelbäume steht das Tech-Tal, und am Samstag, wenn Markt ist in den Straßen von Céret, fügen Obst- und Gemüseauslagen sowie die roten Chorizo-Würste ihre Farben zum Bilderbuchdekor hinzu.

Groß ist der Kontrast, wenn man über Les Aspres, das gebirgige Land zwischen den Flüssen Tech und Têt, fährt. Plötzlich ist da nur noch eine von Gestrüpp überwucherte Wildnis, in der gelegentlich einige Bäume auffallen, denen im unteren Teil die Rinde fehlt. Sie sehen aus, als habe man sie unterhalb der Gürtellinie ausgezogen: Es sind Korkeichen, aus deren Rinde unter anderem Korken gemacht werden.

Sippenweise rotten sich an gewissen Feiertagen auf diesen einsamen Höhen die Leute aus den Städten und Dörfern zur Cargolade zusammen. Wer Glück hat, der schafft es vielleicht, zu diesem traditionellen katalanischen Freß-Ritual eingeladen zu werden. Auf großen Rosten werden nacheinander Weinbergschnecken, Hammelkoteletts und Würste gegrillt, dazu ißt man geröstete Brotstücke mit Aïoli, eine Art Mayonnaise aus Olivenöl und Knoblauch. Reichlich wird dazu der lokale Rotwein Côtes-du-Roussillon getrunken, und zum Abschluß so einer Mahlzeit unter freiem Himmel, die möglichst lange hingezogen wird und zu einem großen Vergnügen ausarten kann, gibt's dann noch Anis-Schnaps, der meist drüben in Spanien gekauft wird, weil er da billiger ist.

Weniger waldreich als Les Aspres,

aber ebenso menschenleer sind die Berge nördlich des Têt. Vom dichtbesiedelten, verkehrsreichen Tal geht es nur ein paar Serpentinen nach oben, schon herrscht tiefste Stille. Die Natur ist schroff und steinig, die verlassenen Dörfer wittern in den Felsen zurück. Eins von ihnen, Marcevol, unweit Vinca, ist von einer Gruppe junger Leute mühsam und hartnäckig wiederaufgebaut und belebt worden. Jetzt betreiben sie dort eine Ziegenkäseproduktion sowie einen Verlag, der auf regionale Themen spezialisiert ist. Da sie nach mehreren Jahren immer noch da sind und das Dorf vor dem endgültigen Verfall bewahrt haben, zollen ihnen inzwischen die Bewohner der umliegenden Weiler eine gewisse Anerkennung, obwohl ein Teil von ihnen aus Paris kommt.

Stundenlang kann man durch dieses einsame Gebiet laufen oder fahren, vorbei an teilweise verwilderten Weinstöcken, durch ausgetrocknete Bachläufe, über felsige Hexentanzplätze, ohne einem Menschen zu begegnen; alles was man hier antrifft, sind Grillen, Eidechsen und vielleicht mal eine Schlange. Über allem ragt in der Ferne die gezackte Kette der Pyrenäen.

Le petit train jaune

Nach längeren Ausflügen in eine derartige Landschaft ist es nicht schlecht, wieder in eine belebte Stadt zu kommen, etwa nach Prades, dem Hauptort des Têt-Tals. Prades hat keine besonderen Sehenswürdigkeiten zu bieten, ist eine angenehm normale Stadt und vom Tourismus weitgehend unbehelligt, bis auf die Zeit des Musik-Festivals Ende Juli / Anfang August. Gründer dieses Festivals war der Cellist Pablo Casals, der sich auf der Flucht vor Franco hier niedergelassen hatte, wobei er den Staat wechselte, ohne Katalonien zu verlassen. Wie nah den Bürgern von Prades das Land jenseits der Pyrenäen ist, manifestieren sie in ihrer Partnerschaft mit der spanisch-katalanischen Stadt Ripoll, mit der es einen regen Kulturaustausch gibt.

Von Prades ein paar Kilometer flußaufwärts liegt Villefranche-de-Conflent, eine eng ins Tal gequetschte, mauerumgebene Festungsstadt mit Rüdesheim-Appeal, ein «must» für Gruppenreisen, wie am Autobusparkplatz und an der Dichte von Souvenir-Shops zu erkennen ist. Außerhalb der Stadt aber liegt der kleine Bahnhof, wo man von der aus Perpignan kommenden Normalspurbahn in einen elektrischen Schmalspurzug, den «petit train jaune» umsteigen kann, der dann über Fontprédrouse, Odeillo, Saillagouse nach Bourg-Madame zuckelt. Der kleine gelbe Zug wurde schon von Kurt Tucholsky sehr geschätzt, er sprach ganz zurecht von einer «Aussichtsbahn erster Ordnung». Ihre Strecke ist sicher eine der schönsten in Frankreich, eine Fahrt ist also sehr zu empfehlen. Allerdings sollte mindestens ein ganzer Tag dafür veranschlagt werden, denn das Bähnchen ist kein D-Zug. Es rumpelt und schaukelt seine faszinierten Passagiere über Schluchten und an Felswänden vorbei in die Gegend mit der intensivsten Sonnenstrahlung des Hexagons.

Dort, um Font-Romeu herum, wird deshalb seit längerem schon mit Sonnenenergie experimentiert: Ein kleinerer Sonnenofen arbeitet im hochgelegenen Städtchen Mont-Louis, ein großes Glitzerding wird in

Sonnenenergie aus den Pyrenäen

Odeillo betrieben, beide zu Forschungszwecken, und seit 1983 ist in Targassonne das erste reell genutzte Sonnenkraftwerk, Thémis, in Betrieb, das nicht nur 3000 Anwohner mit Strom versorgt, sondern in Scharen die Touristen anzieht, worin die Einheimischen seine Hauptfunktion sehen. Die Anlage sieht wirklich sehr speziell aus: 201 Spiegel reflektieren das Sonnenlicht auf einen 100 Meter hohen «Leuchtturm», von diesem Focus aus wird eine Salzlösung auf 450 Grad erhitzt, die gibt ihre Wärme an ein Wasserreservoir weiter, und der Dampf treibt dann eine Turbine. Die so gewonnene Energie ist freilich noch extrem teuer, die Anlage ist anfällig und letztlich unwirtschaftlich, aber diese Technologie steckt ja noch in den Kinderschuhen, verglichen mit der von Atomkraftwerken, und wer weiß, vielleicht werden in diesen hinterwäldlerischen Pyrenäentälern die Weichen für eine ungefährliche Energiegewinnung der Zukunft gestellt.

Toulouse – Eigenwillige Kapitale des Südens

«Le Capitole», so heißt der Expreßzug, der Paris mit Toulouse verbindet, und genauso heißt das Rathaus von Toulouse, dessen imposante Hauptfront auf die place du Capitole blickt, den großen, rechteckigen, von Arkaden umgebenen Prachtplatz von Toulouse. Ein pluralistischer Platz: vor dem Café des Arcades unter den Bögen hängen die Punks rum, die Flipper und die Drogen-Freaks. Bessere Herrschaften sitzen schräg gegenüber in der Belle-Époque-Brasserie Le Bibent oder im Richelieu mit den lila Plüschpolstern und den Kronleuchtern. Der Platz liegt im Herzen der weitläufigen Altstadt, dort, wo sich das Haupteinkaufsviertel um die rue Saint-Rome mit der Uni-, Buchladen- und Antiquariatsgegend (rue du Taur) berührt. Der Himmel ist blau, die Sonne scheint warm, aber irgendwas wirkt verwunderlich auf den frisch eingetroffenen Fremdling und paßt nicht recht zum üblichen Bild einer südfranzösischen Stadt – die Farbe. Fast die ganze Stadt ist nämlich aus rosa bis rötlichen Ziegelsteinen gebaut, «la Ville rose» für die Touristikwerbung. Toulouse ist rosa, wie Clermont-Ferrand schwarz ist. Besonders gestört hat das Herrn Stendhal, der nannte Toulouse glatt «die häßlichste Stadt Frankreichs». Kaum jemand würde dem heute zustimmen. Das Rosarot wirkt sogar ziemlich reizvoll, wenn man sich dran gewöhnt hat. Je nach Tageszeit und Beleuchtung kann der Eindruck stark wechseln: Manchmal erscheint alles strahlend-südlich, dann wieder fühlt man sich an belgische oder nordenglische Industriestädte aus Klinkerstein erinnert. Jedenfalls gibt schon das allein dieser Stadt etwas sehr Eigensinniges – eine Provinzgroßstadt, die in mancherlei Hinsicht weit weg von Paris liegt.

Tatsächlich spielte Toulouse mal eine gänzlich eigenständige Rolle, war Hauptstadt der autonomen Grafschaft Languedoc, Hochburg mittelalterlicher Zivilisation in Südeuropa. 400 Jahre lang herrschte hier die Dynastie der Raymonds, bis dann in der Folge des Anti-Ketzer-Kreuzzugs gegen die Katharer 1270 Tolosa der französischen Krone unterworfen wurde. Die im Süden sehr verbreitete Sekte der Katharer beziehungsweise Albigenser (nach der Stadt Albi, einem ihrer Zentren) stand unter dem Schutz des Grafen und lieferte dem König von Frankreich den Vorwand, sich das Gebiet der Grafschaft einzuverleiben. Diese Annektion wird heute als die okzitanische Ur-Tragödie angesehen. Toulouse blieb aber auch danach ein wichtiges Zentrum: als Hauptstadt des nunmehr zur französischen Provinz gewordenen Languedoc. Nach der Vernichtung der Katharer wurde alles daran gesetzt, der infizierten Bevölkerung wieder den rechten Glauben einzutrichtern. Eine orthodox-katholische Infrastruktur wurde errichtet.

ABOUCHE FRERES
PAPETERIE

Noch heute fallen in der Altstadt die vielen Kirchen und Klöster auf. Sie hat im wesentlichen das mittelalterliche Straßennetz beibehalten, eng, gewunden und rosa, mit Ausnahme von zwei rabiaten Durchstichen aus der Zeit des Second Empire: die rue de Metz und die rue d'Alsace-Lorraine. Am nördlichen Rand dieser Altstadt, die von einem Boulevardring umgeben ist, liegt die Riesenkirche Saint-Sernin. Die romanische Basilika wurde so geräumig konstruiert, um die Pilgermassen aufzunehmen, die sich hier das ganze Mittelalter hindurch sammelten, um weiterzuziehen Richtung Santiago de Compostella. Die Krypta von Saint-Sernin ist vollgestopft mit Reliquien, und diese Fetische machten sie als Pilger-Zwischenstopp besonders attraktiv. Es gehört zur Basilika auch ein Kloster. Einstmals wurde es von Prostituierten gegründet, die von den Bußpredigten eines wackeren Minoritenbruders so bewegt waren, daß sie reumütig eine klösterliche Gemeinschaft unter dem Namen «Chanoinesses de Saint-Sernin» bildeten.

Mit Mach zwei in die Pleite

Mit der Renaissance begann eine Phase, in der das Handelsbürgertum der Stadt seinen Stempel aufdrückte. Gehandelt wurde vor allem mit Pastel, das war damals ein vielverwendeter Farbstoff. Aus dieser Zeit stammen die vielen prächtigen Patrizierhäuser, die sich die Herren des Pastel-Handels hatten bauen lassen: zum Beispiel das Hôtel d'Assezat in der rue des Paradoux oder das Hôtel de Boysson in der rue Malcousinat. Aber mit dem Ende des 16. Jahrhunderts versiegte dann diese Geldquelle, die Pastel-Ära ging zu Ende, ein neuer Farbstoff namens Indigo setzte sich durch. Obendrein trugen auch die Religionskriege einiges dazu bei, daß es mit dem Bürgertum wirtschaftlich den Bach runter ging. Lange Zeit blieb nun die Stadt beherrscht von Klerus, Aristokratie und Advokaten, in diesem Klima konnte bürgerlicher Geschäftssinn kaum aufkommen. Toulouse war nun nicht viel mehr als das administrative Zentrum einer ländlichen Region, der Getreidehandel war ein wichtiger Wirtschaftszweig, bis weit ins letzte Jahrhundert hinein hielt man noch Schafe, Ziegen und Schweine in der Stadt. Der Anschluß an die Industrialisierung wurde glatt verpaßt.

Bis zum Ersten Weltkrieg war der größte Betrieb die staatliche Tabakmanufaktur am Ufer der Garonne, daneben gab's noch eine Schießpulverfabrik, das war's dann aber auch schon. Der Krieg war es dann, der dazu führte, daß ein Unternehmer aus dem nordfranzösischen Lille hier unten, weit ab von der Front, 1917 eine Flugzeugfabrik aufmachte. Damit war die erste nennenswerte Industrieansiedlung nach Toulouse gekommen. Sie spielte fortan eine entscheidende Rolle für die Stadt: Von Toulouse aus starteten die ersten Transatlantikflüge, hier wurde in den fünfziger Jahren das Erfolgsflugzeug Caravelle gebaut, in den Siebzigern der Pleitegeier Concorde, und zur Zeit werden hier der Airbus und die Europarakete Ariane zusammenmontiert.

Ja, die Concorde! Man findet sie noch manchmal an den Ansichtskartenständern und hier und da auf vergilbten Postern in einigen Cafés. Was war man stolz auf dieses Ding in Toulouse! Aber schon lange wird keiner mehr gebaut von den schlan-

Provinzbuchladen in der High-Tech-Metropole

ken Prestige-Vögeln, nur noch Ersatzteile für die paar verbliebenen werden hergestellt. Als einzige Air-France-Überschallstrecke ist Paris-New York übriggeblieben – Mexiko, Rio, Caracas: fini. Die Verluste erreichten absurde Größenordnungen. Concorde – das war am Anfang ein politisches Projekt, im Endeffekt eine technische Hochleistung und eine wirtschaftliche Katastrophe. Die Idee zu einem Überschallverkehrsflugzeug geht auf die fünfziger Jahre zurück. Franzosen und Briten, die gerade gemeinsam in der Suezkrise eine herbe Schlappe eingesteckt hatten und deren beider Kolonialreiche unwiederbringlich zerfallen waren, heckten auf der Suche nach neuer nationaler Größe zusammen dieses grandiose Flugzeugprojekt aus. Ans Energiesparen dachte man damals noch nicht; worum es ging, war die doppelte Schallgeschwindigkeit, und die erreichte der Prototyp im Jahre 1970. Phantastisch! Von allen Seiten strömten Bestellungen ein, alles lief bestens. Bloß brach dann leider 1973 die Ölkrise aus, und fast alle Optionen wurden wieder annulliert. Plötzlich wollte keiner mehr den Spritschlucker haben. Für Toulouse war das ein gewaltiger Schock. Politiker, Unternehmer, Gewerkschaften, alle hatten sie sich von diesem Vogel immensen Aufschwung versprochen, und nun dies.

KPF und CGT indessen warfen sich ins Zeug, bestanden darauf, das Wundergerät trotz allem weiterzubauen. Tausende von Arbeitsplätzen und die Zukunft der französischen Technologie stünden auf dem Spiel, das Ganze sei ein Komplott der US-Imperialisten gegen die französische Nation (weil die Amis Überflug- und Landerechte für diese umweltverpestende Lärmmaschine verweigerten). Wieder mal wurde die KP von einem heftigen Anfall von Nationalgefühl erfaßt. Die Ehre Frankreichs stand auf dem Spiel. Aber trotz all dieser Donnerworte der Nationalkommunisten wurden letztlich insgesamt bloß zwanzig Concordes gebaut, Prototypen und Vorführmodell inklusive. Die letzten drei bekam Air France zum Vorzugspreis von einem Franc pro Stück. Nach langen Jahren defizitären Zuschußbetriebs kam dann 1986 die frohe Botschaft: Es sei erreicht, so tönte es, die Concorde fliege rentabel! Das stimmt freilich nur, wenn man die gewaltigen Vorkosten (geschätzt: 35 Milliarden Francs) außer acht läßt. Tatsächlich aber scheint es inzwischen genügend eilige oder prestigesüchtige Menschen zu geben, die für den Linienflug Paris–New York 28000 Francs hinzublättern bereit sind. Bei den Flugzeugbauern der Aerospatiale läßt man natürlich auf den Luxus-Vogel nichts kommen. Das mit den Kosten dürfe man nicht so eng sehen, heißt es. Schließlich sei die große technologische Anstrengung bahnbrechend gewesen und komme nun den neuen Airbus-Typen zugute. Und wahrhaftig: In den Planungsbüros wird außer der europäischen Raumfähre Hermes auch schon ein Nachfolgemodell des Supersonic-Verkehrsflugzeugs anvisiert.

Computer und Anarchisten

Lange Zeit war der zivile und militärische Flugzeugbau der rund um den Toulouser Flughafen Blagnac angesiedelten Firmen der einzige größere Unternehmenszweig dieser Stadt. Das hat sich inzwischen merklich geändert. Toulouse mausert sich seit einigen Jahren zum Zentrum der französischen Zukunftstechnologie, etwas übertrieben gesagt zu einer Art französischem Silicon Valley. Denn zwar hat die Stadt die klassische Industrialisierung verschlafen, dafür hat sie aber als zukunftsträchtigen Rohstoff eine Menge an grauen Zellen, an wissenschaftlich-technischem Potential konzentriert: Mit über 60000 Studenten ist Toulouse nach Paris die zweite Universitätsstadt Frankreichs. Und um die Hochschulen haben sich weitere Bildungs- und Forschungsstätten sowie eine Vielzahl von einschlägigen Betrieben angesiedelt, mit fließenden Übergängen zwischen Forschungslaboratorien und «neuer» Industrie. Neben Luft- und Raumfahrt spielen jetzt Roboterentwicklung, Informatik, Mikroelektronik und Biotechnologie eine zentrale Rolle. Immer mehr Unternehmen aus diesen Branchen werden angezogen; «Lebensqualität» und schöne Umgebung der Stadt sind dabei sicherlich auch wichtige Faktoren. So wird heute, dem allgemeinen französischen Modernitätskult entsprechend, Toulouse als neue Hauptstadt der Mikrochip-Ära bejubelt.

Doch da gibt es geheimnisvolle Störenfriede, die trüben die Freude an der schönen neuen Welt immer wieder! Eine Untergrundgruppe, die sich CLODO nennt (das steht für Comité Liquidant ou Détournant les Ordinateurs, Clodo heißt aber auch soviel wie Clochard), hat sich zur Aufgabe gemacht, Computer in die Luft zu jagen. Gesprengt haben sie zum Beispiel den Datenspeicher der Toulouser Polizei, aber auch bei IBM, Honeywell Bull und Philips Informatik sind sie schon vorstellig geworden. Den Computer als solchen zu verteufeln, weisen sie von sich; sie bekämpfen ihn vielmehr nach eigenem Bekunden in seiner Funktion als Herrschaftsinstrument, als Mittel zur Erfassung, Verdatung und Verblödung. CLODO gehört zu einer ganzen Reihe von Anarchogruppen, die sich in und um Toulouse bemerkbar machen: zum Beispiel wären da noch LASER (Les Autorités Sont Encore Ridiculisées) oder auch Farem tôt petar (okzitanisch für «wir lassen alles in die Luft fliegen»). Man munkelt, daß sich die Zündler je nach dem Ziel ihrer Attacken immer anderer Namen bedienen. Wie dem auch sei, sie haben es jedenfalls in den letzten sechs Jahren auf rund dreihundert Bombenanschläge gebracht. Im gleichen Zeitraum wurde die Polizeistärke vervierfacht – bisher aber ohne Erfolg.

Noch nie ist freilich bei diesen Aktionen bisher ein Mensch zu Schaden gekommen, sicher mit ein Grund, daß sich diese Gesetzesbrecher einer gewissen Sympathie in den weniger staatsfrommen Kreisen erfreuen. Man muß dazu sagen, daß es in Toulouse seit langem eine recht lebendige Anarcho-Szene gibt. Das hängt damit zusammen, daß nach dem Sieg des Franco-Regimes große Mengen von Spaniern über die Pyrenäengrenze kamen, darunter etliche Anarchisten aus dem nahen Katalonien, und viele von ihnen ließen sich endgültig in Toulouse nieder. Bis 1963 war «la ville rose» offizieller Sitz verschiedener libertärer Spanierorganisationen, als dann aber Frankreich mit dem Franco-Regime Wirtschaftsverträge abschloß, begann man die Emigranten scharf zu kontrollieren, die libertäre Presse wurde verboten, und der ehemalige Spanienkämpfer und nun gaullistische Kulturminister André Malraux entblödete sich nicht, die Aufführung eines Franco-kritischen Theaterstücks von Armand Gatti zu untersagen. Die spanischen Anarchisten von damals sind natürlich inzwischen alte Leute, sitzen nur noch auf den Café-Terrassen des vertraut gewordenen Exils und tauschen nostalgische Erinnerungen aus, aber ihre Kinder und Kindeskinder sind oft wieder bei libertären Aktivitäten mit dabei. Von denen, die zur diffusen Anarchisten-Szene gezählt werden können, sind sicherlich die wenigsten Anhänger der Sprengstoff-Propaganda, bei vielen liegt das Aktionsfeld eher auf publizistischem Gebiet. So existieren hier zum Beispiel mehrere Anarcho-Druckereien, die größte hat 25 Mitarbeiter, und diverse Zeitschriften wie «Basta» oder «Agora» werden hier herausgebracht.

Bei einigen Leuten aus dem Anarcho-Milieu paart sich allerdings die Sitte des Explosivstoff-Gebrauchs mit einem geradezu folkloristischen Antiklerikalismus, der gerade in diesem Teil Frankreichs eine lange Tradition hat, während sich andererseits ganz in der Nähe das Mekka des trübsten katholischen Obskurantismus, nämlich die Wunderstätte Lourdes, befindet. Das provoziert manchmal seltsame Aktivitäten. So begab es sich zum Beispiel, daß sich einmal auch Papst Woityla nach Lourdes aufmachen wollte. Als Kommentar zum großen Papst-Spektakel ließ einen Tag vor seiner Ankunft eine Gruppe mit Namen «arrêt curés» (Pfaffenstopp) eine Pontius-Pilatus-Statue hochgehen, die sich am Pilgerweg befand. Wahllose Verhaftungen folgten. Als Ausdruck des Protests beschlossen daraufhin zwei Toulouser «anars» die heimische Kathedrale Saint-Étienne anzuzünden. Sie hatten aber aus Begeisterung über diese Idee erst mal ein kräftiges anarchisches Essen veranstaltet und dabei ausgiebig gezecht. So schliefen sie denn in der dunklen Kirche ein, ohne ihr Satanswerk verrichtet zu haben. Als auch sie verhaftet waren, erschien zur Sonntagsmesse in der Kathedrale ein Trupp mit Soutanen bekleideter Priester, von denen einer auf die Kanzel stieg und der verdatternden Gemeinde eine flammende Predigt gegen die Einkerkerung Unschuldiger hielt, die mit dem Ausruf endete: «Nieder mit der Religion! Nieder mit dem Staat!» Rasch warf die gottlose Schar noch einen Haufen Flugblätter unter die frommen Mitbürger und war auch schon verschwunden. Eine Kette von Vorfällen, die das Fortleben alter Traditionen im Raum Toulouse ganz gut illustriert.

Originalton Oc

Kultur und Cassoulet

Toulouse ist aber nicht nur eine Anarcho-Hochburg, sondern als alte Hauptstadt des Languedoc auch eines der wichtigsten Zentren okzitanischer Aktivitäten. Der Oc-Militarismus der siebziger Jahre hat zwar stark nachgelassen, aber dafür gibt es eine Unzahl von Organisationen und Grüppchen, die sich mit der okzitanischen Geschichte, Sprache und Kultur beschäftigen – so das Conservatoire Occitan des Arts et Traditions Populaires, das Sprach-, Musik- und Tanzkurse anbietet und ein okzitanisches Orchester zur Animation von Festen und Bällen gebildet hat. Daneben existiert die Theatergruppe «La Comèdia Occitania Tolzana», die auch französische Klassiker auf okzitanisch spielt. Im Centre Régional d'Études Occitans sind Schallplatten, Bücher und sonstiges Dokumentationsmaterial vorrätig, und in den Archives de Haute-Garonne findet man alles über Geschichte und Zivilisation der okzitanischen Gebiete. Neben einer Menge von weiteren Vereinen gibt es den okzitanischen Kindergarten La Calendreta und viele kleine Periodika, zum Beispiel «Volem Viure al Pais», letzte Säule des linksradikalen Okzitanismus. Selbstverständlich wird Toulouse von einem Radio libre in der Sprache der Altvorderen beschallt: «Radio Occitania». Auch sendet das Regionalfernsehen regelmäßig eine – wenn auch winzige – Partie seines Programms auf Oc.

Aber auch vom Okzitanischen mal abgesehen ist das Kulturangebot für eine französische Provinzstadt vergleichsweise reichhaltig. Sehr viel tut sich auf musikalischem Gebiet. Was die gehobenen Kultursphären betrifft, so wird gern auf die alte Operntradition verwiesen; Toulouse, so heißt es, ist eine Hochburg des bel canto, herausragendes Musikzentrum des Südens und so weiter. Tatsächlich drängelt sich im prächtigen Saal des Théâtre du Capitole immer noch wie im letzten Jahrhundert ein kulturbeflissenes Provinzbürgertum, um sich an italienischen Arien hochzuziehen. Experimente werden da keine gemacht, für Avantgardistisches und Zeitgenössisches hat man wenig übrig. Zünftige Opernproduktionen wie früher will man haben und kriegt sie auch. Und die besonders publikumsträchtigen Spektakel kommen in der großen Halle aux grains zur Aufführung, die ein paar tausend Leute faßt. Früher gab's da auch mal Rockkonzerte drin, aber weil die Jugend dieser Stadt von allerlei unbotmäßigen Elementen durchsetzt ist, kam es gelegentlich zu Ausschreitungen; es wurden sogar Feuerwerkskracher geworfen, und seither ist die Halle aux grains für Rock-Ereignisse gesperrt.

Musikalische Kulturdarbietungen der «niederen Art» (Rock, Chansons, Flamenco, Südamerikanisches oder Jazz) – und davon gibt's massig viel – finden verstreut in Kneipen, Kellern und Kulturzentren statt. Jedes Jahr im Mai gibt es im Centre Culturel St. Cyprien ein Jazz-Festival, an dem internationale Kräfte der ersten Garnitur teilnehmen. Die Kinosituation ist auch nicht gerade schlecht: Das Publikum nimmt zu, Pornoschuppen verwandeln sich in Kunstfilmkinos zurück. Unter den weitgehend von Studenten frequentierten Programmkinos sticht besonders das ABC hervor, das in seinen drei Sälen anspruchsvolle, manchmal experimentelle Filme zeigt und außerdem eine gut bestückte Filmbibliothek beherbergt. Sehr beliebt bei den örtlichen Filmfreunden ist übrigens auch das Goethe-Institut, das die Toulouser mit den hochgeschätzten westdeutschen Filmen versorgt.

Noch ein «kultureller» Sektor ist hervorzuheben: die Fotografie. Am Westufer der Garonne, drüben in der Vorstadt Saint-Cyprien, einem Viertel von kleinen Leuten und Ausländern, wurde in einem alten Wasserturm aus rosa Ziegelsteinen im Jahre 1974 die erste städtische Fotogalerie Frankreichs eröffnet, auf hartnäckiges Betreiben des Toulouser Fotografen Jean Dieuzaide. Inzwischen ist «le Château d'Eau» (der Wasserturm) nicht nur eine der berühmtesten, sondern von der Qualität der Ausstellungen und von der Einrichtung her eine der besten Fotogalerien Europas. Für Foto-Fans ein absolutes Muß.

Soweit die Kultur, wie aber steht's mit dem Konsum? Das Haupteinkaufszentrum der Innenstadt befindet sich wie üblich um die Fußgängerzone herum, das heißt hier um die rue Saint-Rome und die rue des Filatiers, aber auch in der rue d'Alsace-Lorraine und an der ziemlich scheußlichen neuen place Occitane. Monströse architektonische Verirrungen sind außer diesem Platz auch die beiden modernen, mit Parkhäusern kombinierten Markthallen (place Victor Hugo und place des Carmes). Märkte gibt es aber noch ein paar andere: Jeden Vormittag außer montags drängelt sich das Volk zwischen den unzähligen Ständen auf dem boulevard de Strasbourg. Recht ländlich geht es sonntags morgens auf der place Saint-Aubin zu: Da kommen die kleinen

Bauern aus der Umgegend hin, mit lebenden Hühnern, Enten und alldem, was der Gemüsegarten hergibt. Ebenfalls am Sonntagvormittag findet der marché Saint-Sernin statt, rings um die enorme Basilika herum – ein sehr empfehlenswerter Flohmarkt, wo die Kenner schon um sieben Uhr früh herumstreifen. Auch wer sich durch Gerümpel und Krempel nicht so sehr anmachen läßt, kann sich beim Herumschwimmen in der Menge gut amüsieren. Sonntags kann man von einem Markt zum andern spazieren, denn da ist auch noch der Hunde- und Katzenmarkt auf dem boulevard Lascrosses, entlang der Kasernenmauer. Zu erwähnen sind außerdem noch verschiedene Jahrmärkte: La Foire à l'ail, die Knoblauchmesse, am 24. August und 15. Oktober auf der place du Salin, dann am Gründonnerstag und am Freitag nach dem 1. Mai der Charcuterie-Markt auf der place Saint-Sernin, wo die Schinken und Würste an den Gittern rings um die Kirche baumeln.

Noch einige Konsumhinweise: Für kurze oder längere Café-Zwischenstopps bieten sich die zahlreichen Plätze an. Außer der stolzen place du Capitole mit ihren Klassikern (Le Bibent, Le Richelieu) ist da etwa die intime kleine place Saint-Georges. Wenn man an warmen Nachmittagen das entspannt-plaudernde Jungvolk dort herumsitzen sieht, kann man sich nur schwerlich vorstellen, daß dies mal der Ort von Pranger und Schafott war, daß sich hier zumal während der Religionskriege gruselige Hinrichtungsexzesse abspielten. Nein, diese Vergangenheit scheint heute wie weggeweht. Der Platz ist ein guter Platz geworden. Das beste und vollste Lokal heißt Le Petit Bacchus; manche halten dort, zwischen den Wänden voller alter Bilder und aufgestapelter Flaschen, bei Wein und Tapas bis zwei Uhr früh durch, während der große Ventilator vergeblich gegen die Hitze ankämpft. Nicht weit davon, in der schmalen rue des Tourneurs, liegt eine weitere gastronomische Attraktion und eine wirkliche Toulouser Sehenswürdigkeit: La Cave du Père Louis, die schrulligste Bar der Stadt. Dieser Vater Louis war der Erfinder eines besonderen Apéritifs, den man dort neben allerlei anderen Spezialitäten bekommt. Der Getränkeverzehr wird stehend an großen Fässern erledigt, in der dichtgedrängten Gemeinschaft heftig debattierender Gäste.

Recht belebt ist es auch abends noch in Toulouse. Restaurants, Bars und Insider-Kneipen sind gut besucht, im geräumigen Szene-Treff Metropole in der rue de l'Industrie ist es krachend voll, es gibt dort auch manchmal Konzerte und Kunstausstellungen. Rockmusiker nehmen ihren Apéritif im Bateau Lavoir, stilisierte Edelpunks und Anhänger von Neon-Modernität sitzen im coolen Roxy, Schwule treibt es ins Broadway oder Manhattan, und das, was einer Alternativszene am nächsten kommt, trifft sich im Pharaon, einem selbstverwalteten Restaurant mit wechselnden Musikdarbietungen. Noch eine Bemerkung zum Thema Essen: Vegetarier seien zunächst hingewiesen auf Le Pissenlit (Löwenzahn) in der rue Peyrolières, Nicht-Vegetarier hingegen sollten auf keinen Fall versäumen, sich ein Cassoulet zu genehmigen, die örtliche Spezialität aus weißen Bohnen, Würsten und eingemachten Gänseteilen (es gibt da die verschiedensten Variationen): fett und viel und meistens sehr gut.

Languedoc – Die Mitte Okzitaniens

In einem Pariser Ministerium Anfang der sechziger Jahre: Eine Gruppe dynamischer Staatsmanager beugt sich über die Landkarte der Languedoc-Küste. Es war just die Zeit, als der große Tourismus-Boom einsetzte, und da gab es einen Hunderte von Kilometern langen, ungenutzten Strand zwischen Rhônemündung und spanischer Grenze, während gleichzeitig Massen von Devisenträgern aus nördlichen Ländern sowie Unmengen französischer Landsleute durch die Küstenebene rauschten, um jenseits der Pyrenäen ihr schönes Geld an der Costa Brava auszugeben. Hier galt es einzuschreiten, umzuleiten, abzuschöpfen. Nach der Devise «nicht klekkern, sondern klotzen» sollte hier eine europäische Ferienlandschaft modernsten Zuschnitts geschaffen werden – das war so recht etwas nach dem Geschmack jener global und zentralistisch denkenden Planer der de Gaulle-Ära.

Da lag also die Küste friedlich-dornröschenhaft und wartete geradezu darauf, vom Kuß des Kapitals erweckt zu werden. Lagunen, unendliche Sandstrände – alles leer, bis auf einige bescheidene Badeorte in der Nähe der größeren Städte, sonst gab es bloß hier und da ein paar Fischerhütten und improvisierte Siedlungen aus selbstgebastelten Häuschen, wo Arbeiter aus der Umgegend ihre Ferien verbrachten. Diese Leute stellten natürlich nur ein geringfügiges Problem dar, denn das war wilde Landnahme und somit illegal, und die Handvoll Öko-Spinner fielen damals noch nicht ins Gewicht. Nur einen Haken hatte die Sache: Die Küste war total von Mükken verseucht. Bevor irgendwas gabaut werden konnte, mußte hier Abhilfe geschaffen werden. Das geschah, wie das gesamte Unternehmen, ganz im Stil eines imperialen Gewaltakts: Erst schwärmten Biologen und Chemiker aus und studierten die hier ansässigen Insektensorten, um zu deren Vernichtung die entsprechenden Gifte zu entwikkeln. Sodann wurde gegen die Insekten ein moderner Krieg begonnen. Hubschrauberstaffeln kamen zum Einsatz, die reichlich Kampfstoffe versprühten. Nach mehrjährigem Feldzug war die letzte Mücke ausgemerzt, und das eigentliche Unternehmen konnte beginnen. Eine Kette von sechs Großzentren galt es nach dem Beschluß der Pariser Strategen zu errichten, jedes davon mit einem eigenen, unverwechselbaren Image und mit allem eingerichtet, was zu echten Qualitätsferien gehört. Dazwischen aber sollte die Küste freibleiben, die unberührte wilde Natur ihr Recht behalten, da würden dann die Gäste aus den Betonburgen Auslauf finden.

Inzwischen ist das Paradies fast komplett fertiggestellt. Die größte seiner sechs Anlagen heißt «La Grande Motte» (die große Scholle) und liegt unweit der einstigen Hafenstadt Aigues Mortes am Rande der Camargue. La Grande Motte ist dem Hirn des Stararchitekten Balladur entsprungen. Balladur hat es mit Pyramiden. Die sich allesamt nach oben verjüngenden Gebäude haben denn auch entsprechende Namen: «Inka», «Chéops», «Babylone», «Temple du Soleil» . . . eine ganze Stadt voller Beton-Manierismen, die einem die Sprache verschlagen. Diese Traumstadt gleicht frappierend jenen am Reißbrett geplanten Satellitenstädten, wie sie um Paris herum entstanden sind: den Villes-Nouvelles. Sie ist ein völlig synthetischer Komplex, in dem für alles ge-

Zeitgemäßes Ferienglück: La Grande Motte

sorgt ist, wo nichts beunruhigt, wo es genauso ist wie zu Hause – nur ohne Métro und Büro. Auf nichts braucht man hier zu verzichten: Supermärkte, Prêt-à-porter-Boutiquen, Bowling, Disko, Softeis, Pornofilme, Fast-food – das ganze Glück wird garantiert. Und im Gegensatz zu irgendwelchen plötzlich vom Tourismus überrollten Fischerdörfern ist hier alles von vornherein autogerecht: hinter jedem Wohnklotz das Riesen-Parking, breite Zubringer, großzügige Wendehämmer – die verkehrstechnischen Probleme sind prima gelöst. Nichts steht einem zeitgemäßen Mittelklasse-Ferienalltag am Mittelmeer im Wege. Auf der breiten Strandpromenade wird der Sommer-Fummel vorgeführt, in der Riesen-Marina klickern – Hafenromantik! – die Takelagen von 9000 Booten im Wind, in kleinen Pseudo-Eisenbahnen können die Kinder durch das Science-fiction-Dekor fahren, und abends trällern im Casino die Schlagerstars aus Paris.

Die anderen fünf Zentren bieten ein ähnliches Bild, abgesehen von den vorprogrammierten stilistischen Unterscheidungsmerkmalen. Am meisten fällt noch Cap d'Agde aus dem Rahmen: Hier steht die größte europäische Freikörperkultur-Anlage, eine gewaltige Betonfestung, in deren Innerem sich die nackten Massen windgeschützt grillen lassen.

Was das Geschäftliche betrifft, ist die Rechnung der Planer voll aufgegangen. Die Pyramidenwelt von La Grande Motte etwa, in der sich winters eine Handvoll Menschlein verliert, hat in den Sommermonaten im Schnitt 80000 Einwohner, jedes Jahr werden rund 250000 Urlauber durchgeschleust. Viele Deutsche, Belgier und Holländer haben Appartements erworben, genießen dieses völlig neue französische Feriengefühl und führen wunschgemäß ihre Devisen ab. Dieser Teil des Projekts hat also bestens geklappt. Aber das mit den «naturbelassenen» Pufferzonen erweist sich inzwischen als Illusion: Die ganze Küste entlang zwischen den Zentren ist eine alptraumhafte Welt aus Desperado-Cities entstanden, ein Durcheinander aus unendlichen Campingplätzen, halbfertigen Betongebäuden, Karussels, Schnellimbissen und Bretterbuden-Diskos – eine Mischung aus Goldgräberstadt und Straflager.

Lagunen und Tramontane

Hinter dieser zusammenwachsenden Mittelmeer-Randstadt, liegt eine Kette von Lagunen, eine verwirrende und reizvolle Landschaft. Sehr befremdlich ist der Eindruck, wenn man da mit dem Zug auf schmalen Dämmen durchfährt. Die Unterscheidung zwischen Land und Wasser verliert ihre Eindeutigkeit. Für Liebhaber klarer Verhältnisse ist diese Landschaft nichts, man muß schon eine Ader für den Reiz des Ambivalenten haben. Bis vor nicht allzu langer Zeit war dies eine äußerst ungesunde Gegend. Über den Lagunen schwebte der Verwesungsgestank vermodernder Wasserpflanzen und toter Fische, die Atmosphäre war sumpfig-fiebrig – eine Strafe, hier zu leben. Aber lange lebten die Leute hier ohnehin nicht. In den Lagunendörfern wütete die Malaria, die Landschaft schien fluchbeladen. Dies lag daran, daß mit der Zeit die Graus, die Verbindungen zum offenen Meer versandet waren, und erst nachdem man sie freigeschaufelt hatte, sorgten die ständig wechselnden Winde wieder für einen permanenten Austausch des Wassers.

Besonders aufmerksam wird heute das ökologische Gleichgewicht des Bassin de Thau kontrolliert, denn diese Lagune ist für die Ufergemeinden ein Wirtschaftsfaktor ersten Ranges. Die Austern- und Muschelzucht ist neben Fischfang, Weinbau und Tourismus die Haupteinnahmequelle der Orte Bouzigues, Mèze und Marseillan. Dort kann man die köstlichen Schalentiere in den Restaurants um die kleinen Häfen herum verzehren. Die schönste der Lagunen ist, finde ich, der Étang de Sigean. Dort rücken die Bergausläufer bis ans Wasser heran, und der Wein steht mit den Füßen fast im Wasser. Am besten man kommt im September hierher, dann sind die Touristen weg und die Leute wieder unter sich. Die ganze Landschaft scheint nach dem Ferientrubel aufzuatmen. Die Saison ist um, aber der Sommer noch längst nicht vorbei. Die Lagune glitzert, das intensive Licht gibt den Weinblättern ein leuchtend helles Grün, die heftig pustende Tramontane produziert Schaumkronen, Flamingos staksen gelassen herum, die Möwen lassen sich souverän auf den Wellen schaukeln. In Peyrac-de-mer trudeln nach und nach die Fischer im Café ein. Bei diesem Wind fahren sie nicht raus, sie trösten sich lieber mit ein paar Runden Pastis.

Chez Georges Brassens

Nur eine Stadt ist in dieser unklaren Landschaft aus Lagunen, Teichen und Landzungen entstanden: die Hafenstadt Sète. Zwischen Étang de Thau und Meer liegt sie am Fuß des Mont St. Clair, dessen Besteigen eine prächtige Übersicht gestattet – auf allen Seiten Wasser und in der Ferne Garrigues und Cevennen.

Lagune bei Peyriac-de-Mer

Sète, im 17. Jahrhundert gegründet, verdankt seine Existenz einer künstlichen Wasserstraße: dem Canal du Midi, der auf Betreiben des Finanzministers Colbert als Verbindung zwischen Atlantik und Mittelmeer gebaut wurde. 1681 wurde er eröffnet – mit seinen 64 Schleusen zwischen Toulouse und Sète eine verkehrstechnische Großtat des Absolutismus. Er ist noch immer da, auch die Schleusen funktionieren noch, nur ist er inzwischen zu klein für die modernen Lastkähne geworden. So hat sich dieses frühkapitalistische Monument in ein von Bäumen gesäumtes und von Fröschen bevölkertes Idyll verwandelt; nur der Wasser-Tourismus macht es wieder zu einem Wirtschaftsfaktor.

Das Schicksal von Sète aber hat sich vom Canal du Midi gelöst. Der Ort wurde zu einem Frachthafen für den Koloninalhandel und zu einem Fischereizentrum. Außerdem gibt es Fährverbindungen mit Nordafrika, zum Beispiel mit Tanger, weshalb hier auch die Herrschaften von der Drogenfahndung mit ihren feinnasigen Hunden aktiv sind. Recht klein ist der Hafen von Sète und von provinzieller Kümmerlichkeit der zum Hafen gehörige Sündenpfuhl. Unweit der Kais liegen ein paar «zwielichtige» Gassen mit dürftigen Leuchtreklamen, wo bescheidene Sexual-Unterhaltung für notleidende Seeleute stattfindet. Mehr ist am Fischereihafen los. Da liegen parallel zu den Booten die Fischrestaurants aufgereiht. Im Sommer sind sie zum Platzen voll – bunte Lämpchen, auf dem Trottoir vor den Tischen ambulante Stimmungsmusikanten, «Santa Lucia», wie überall, wo dem amüsierwilligen Feriengast das Geld lockersitzt. Aber das Essen dort kann ziemlich gut sein, es gibt einige verlockende einheimische Fischgerichte, so eine Bouillabaisse Sétoise, und als (billige) Spezialität sind die «Treilles» zu empfehlen, kleine warme, mit Krabben gefüllte Kuchen, die man auch an Imbiß-Ständen bekommt.

Zwei berühmte Kulturmenschen stammen aus Sète und sind auch hier beerdigt: der Dichter Paul Valéry, der oben auf dem schönen Cimetière marin liegt, und der Chansonsänger Georges Brassens auf dem normalen Gemeindefriedhof. Brassens, der sich in einem seiner Lieder ausdrücklich gewünscht hatte, in seiner Heimatstadt beerdigt zu werden, hatte als Schornsteinfeger angefangen, wurde dann Renault-Arbeiter in Paris und war während des Krieges zeitweilig Zwangsarbeiter in Deutschland. Als Mitglied der Fédération Anarchiste schrieb er Artikel für deren Zeitung «Le Monde Libertaire» – ein sanfter Anarchist aus dem Midi, der auf ruhig-verschmitzte Weise die antiautoritäre Tradition dieses Landstrichs verkörperte. Seine Lieder sind in Frankreich Klassiker, jedes Kind kennt sie, einige sind in den Schulbüchern abgedruckt, allerdings nicht jenes, in dem davon erzählt wird, wie ein braver Amtsrichter von einem Gorilla bestiegen wird.

Abendland-Boulevard

Ein paar Kilometer landeinwärts vom Küsten- und Lagunenstreifen beginnt die dichtbesiedelte, fruchtbare Languedoc-Ebene mit ihren wie auf einer Kette aufgereihten Städten. Die Eisen- und Autobahnen, die sich hier durchziehen, folgen uralten Verkehrswegen. Alle kamen sie hier entlang, Hannibal mit seinen Elefanten, griechische Händler, römische Eroberer, die hier ihre Städte, Straßen und Wasserleitungen bauten, die Westgoten, die ein ephemeres Königreich errichteten, und die Vandalen, die ihrem Namen alle Ehre machten. Hier sammelten sich die Kreuzfahrerarmeen zur Abreise nach Palästina und zum Feldzug gegen die Häretiker des Midi, auch die Pilgerströme nach Santiago de Compostela zogen durchs Languedoc und brachten auf dem Rückweg aus dem mohammedanischen Spanien wissenschaftliche und architektonische Neuheiten mit. In jüngerer Zeit kamen die republikanischen Flüchtlinge über die Pyrenäen; dann fluteten nach der Unabhängigkeit Algeriens die Pieds-noirs, die Algerienfranzosen herein. Außerdem rollt jedes Jahr regelmäßig im Juli und August die Touristenwalze an, und im September treffen aus allen Himmelsrichtungen die Wanderarbeiter ein, die sich zur Weinlese verdingen. Immer hat hier ein stetiges Kommen und Gehen von Völkern, Kulturen und Religionen stattgefunden.

Ein wahrhafter Zivilisationskorridor ist dieser nur dreißig Kilometer breite Streifen am Mittelmeer, von dessen Städten und Landschaften eine eigenartige Faszination ausgeht, der sich kaum jemand entziehen kann. Wer aus dem Norden herunterkommt, überschreitet irgendwo eine unsichtbare Grenze – plötzlich ist es zu spüren: Man ist im Midi. Schwer zu sagen, woran das liegt; es ist wohl ein Ensemble von sinnlichen Eindrücken – was man sieht, hört, schmeckt, riecht, es ist auf einmal anders. Eng sind die Altstädte gebaut, nicht nur wegen der Hitze, auch wegen der gewaltigen Winde, dem Mistral und der Tramontane, die sich abwechseln, die

Beaucaire: einstiger Messeplatz an der Rhône

Wolken vertreiben und für strahlendes Licht sorgen. Auf öffentlichen Plätzen stehen Palmen herum, in den Vorgärten Agaven, Kakteen, Jasmin. Aus den Küchenfenstern kommen Düfte von Olivenöl und Knoblauch. Es scheint alles irgendwie gelassener zuzugehen. Bis spät in die Nacht sind die Menschen auf den Straßen, die Luft ist mild, und tatsächlich zirpen auch die Grillen. In den Cafés läuft unbeachtet in einer Ecke der Fernseher, die Leute reden intensiv und laut aufeinander ein, Pastis fließt in Strömen, ein ganz unpariserisches Französisch dringt ins Ohr. Noch lange sind die Kinder auf den Beinen oder Rädern und machen ihren Kinderkrach, und bis Mitternacht werden für die Pétanque-Spieler die Sandplätze hell erleuchtet. So ist's recht. Noch einen Ricard, und dann in den Caféterrassen-Korbsessel zurücksinken lassen, und siehe, der Sternenhimmel zeigt, was er kann, mit Milchstraße, Sternschnuppen und allen Schikanen. Die Luft riecht südlich, trotz der Abgase. Ein angenehmer Allgemeinzustand umfängt den Fremdling ...

Der vergessene Basar des Südens

Im Osten, wo das Languedoc von der Rhône begrenzt wird, liegt Beaucaire, verschlafen, halb vergessen und ein bißchen geheimnisvoll – eine überraschende Stadt, die mit ihren schönen Bogengängen und alten

Häusern aus dem 15. und 16. Jahrhundert bessere Zeiten gekannt zu haben scheint. In der Tat: Dieses schläfrige Beaucaire war mal der bedeutendste Markt- und Messeplatz im gesamten Südfrankreich, und das über 700 Jahre lang. Jedes Jahr am Tag der heiligen Magdalena begann die «Fiéro de Beau-Caire», seit dem Ort im Mittelalter das Messe-Privileg verliehen wurde. Das bedeutete eine absolute Sonderstellung unter den Städten des Midi. Vom Norden durchs Rhônetal, vom Osten aus Italien, vom Westen aus Spanien zogen griechische, syrische, jüdische, italienische und Schweizer Kaufleute hierher und sorgten einige Tage lang für ein kosmopolitisches Gebrodel; es war wie ein großes Rendezvous des Mittelmeerraums. Die Messe dauerte kaum länger als eine Woche, aber die Leute von Beaucaire waren monatelang mit den Vorbereitungen beschäftigt. Es galt, die Massen, die da auf einen Schlag hereinbrachen, zu verpflegen, unterzubringen und zu schröpfen. Pünktlich am 22. Juli verwandelte sich die Stadt in einen gigantischen Basar; noch den miesesten Verschlag konnte man den anreisenden Händlern zu exorbitanten Preisen vermieten, auf dem Fluß schaukelte ein schwimmendes Dorf aus Hausbooten, außerhalb der Mauern entstanden ausgedehnte Buden- und Zeltstädte. Es gab hier alles, was der europäische Süden an Waren anzubieten hatte, und natürlich war das Ganze ein riesiges buntes Volksfest mit Gauklern, Dieben, Huren und allen sonstigen nur denkbaren Verlustigungen.

Von diesem internationalen Jahrmarkt lebten die Bürger von Beaucaire, und von sonst nichts. 1831 kam Alexandre Dumas der Ältere hier durch und notierte: «So wie die Riesenschlagen in Südamerika, die sich einen Tag lang vollfressen und dann über sechs Monate verdauen, so lebt Beaucaire das ganze Jahr lang von seiner Messe.» Stinkfaul seien sie, so hieß es, die Einwohner von Beaucaire. Was sie während der acht Tage an Beherbergungskosten einnahmen, reichte ihnen. «Sie hüteten sich daher, sich auf irgendeine berufliche Tätigkeit einzulassen, sie haben einen Horror vor jeder Art von Arbeit», bemerkte Stendhal. Das war im Jahr 1837. Da drohte den Beaucairois bereits ein Verhängnis, von dem sie noch nichts ahnten: Die französische Eisenbahn begann sich auszubreiten und streckte ihre Tentakeln in den Süden vor. Sie war es, die der Messe den Todesstoß versetzte; sie machte sie überflüssig. Da es nun aber in Beaucaire keine nennenswerte Industrie gab, war es urplötzlich mit der Pracht vorbei. Die bis dahin so stolze und wohl auch arrogante Stadt von Welt sank zurück in den Dämmerschlaf eines unbedeutenden Provinznestes.

Noch immer liegt außerhalb der Stadtmauern das weitläufige, parkähnliche Terrain, auf dem der Hauptteil der Messe stattfand: Le champs de foire. Viel Platz ist da nun, ein paar Araber sitzen auf den Bänken unter den prächtigen Bäumen, einsame Langstreckenläufer trotten herum, Mütter schieben Kinderwagen. Sonst gibt's da noch das große alte Café der Sportsfreunde und ein volkstümliches Freiluftrestaurant. Und die Arena. Denn hier wird Stierkampf mit ebenso großem Enthusiasmus betrieben wie anderswo Fußball. Beaucaire ist eine Hochburg dieses sonderbaren Sports, aber auch die kleinen Käffer in der Umgebung haben alle ihre Arena und ihren Stierkämpferclub.

Tierfreunde können indessen einigermaßen beruhigt sein: Bei der hiesigen Form des Kampfes geht es nicht darum, den Stier zu töten, sondern ihm mit einer kleinen Eisenkralle die zwischen den Hörnern angebrachten Kokarden und Embleme zu entwenden. Das Risiko liegt dabei ganz auf seiten der weißgekleideten jungen Männer, den raseteurs; wenn sie nicht rechtzeitig hinter die schützenden Bretterwände springen, müssen sie mit häßlichen Verletzungen rechnen. Die taureaux werden geradezu kultisch verehrt. Auf den Ankündigungsplakaten werden nicht die Namen der Kämpfer angegeben, sondern die der Stiere und ihrer Züchter. Bedeutende Stierpersönlichkeiten werden noch lange in Erinnerung behalten, Jahrzehnte hindurch schwärmt man von ihnen, sogar Stars aus den zwanziger Jahren sind hier noch Gesprächsthemen. Einem Vorkriegsstier namens Clairon hat man gar in Beaucaire ein wuchtiges Denkmal gesetzt.

Stiere und Krokodile

Es gibt allerdings im Midi auch blutige Corridas. Sie sind im letzten Jahrhundert auf Betreiben der Gemahlin Napoleons III., der exzentrischen Kaiserin Eugénie, aus Andalusien eingeführt worden. Zu diesen Ereignissen kommen dann komplette spanische Belegschaften samt Stieren über die Grenze. Eine Hochburg dieser importierten Shows ist Nîmes mit seiner großen Arena, die in einem guterhaltenen römischen Amphitheater untergebracht ist. Vor allem zu Pfingsten geht es dort hoch her: Dann findet die viertägige Feria statt, während der diese sonst so behagliche mediterrane Stadt von einer verwirrenden, karnevalähnlichen Hysterie erfaßt wird.

Eigentlich sind die blutigen Stierkämpfe in Frankreich illegal, werden aber als «regionale Besonderheit» toleriert. Der Bischof von Nîmes, Monsignore Cadilhac, hat dem barbarischen Spektakel gar vor kurzem kirchlicherseits die Absolution erteilt. Vom christlichen Standpunkt aus hat er dagegen nichts einzuwenden. Im Gegenteil, Hochwürden ist selbst begeisterter Stierkampfanhänger. Bischöflicher Originalton: «Was ich sehr schön an der Corrida finde, ist, daß hier der Mensch versucht, das Tier zu beherrschen. Dies war von jeher die Bestimmung des Menschen, wie Gott sie gewollt hat ...» Um Gottes willen, Monsignore, vielleicht etwas zuviel am Meßwein genascht? Jedenfalls sind die Afficionados so zahlreich, daß sich kein Politiker mit ihnen anlegen möchte. Auch im Pariser Kulturministerium redet man lieber um den heißen Brei herum, äußert vorsichtig eine gewisse persönliche Abneigung gegen dergleichen Veranstaltungen, aber dies seien halt ... äh ... regionale kulturelle Traditionen ... Bei solchem Kulturverständnis wird das öffentliche Blutritual wohl noch ein Weilchen beibehalten werden.

Dies soll aber niemanden davon abhalten, Nîmes zu besuchen, die Stadt, die sich gerne das «französische Rom» nennen läßt, weil hier soviel Römisches herumsteht. Nîmes wurde nämlich von den Römern besonders großzügig ausgestattet. Der Grund dafür verbirgt sich im kuriosen Stadtwappen. Man sieht darauf ein Krokodil, das an eine Palme angekettet ist. Auch im Treppenhaus der Mairie baumeln vier ausgestopfte Krokodile von der Decke – diese Tiere haben freilich im

La Tour Magne, der Römerturm von Nîmes

Languedoc nie gelebt. Des Rätsels Lösung: Nach dem Ägyptenfeldzug von Kaiser Augustus, bei dem er Antonius und Cleopatra (in der Hollywood-Version: Richard Burton und Elizabeth Taylor) besiegte, durften sich seine wackeren Krieger hier ansiedeln und machten Nîmes zu einem blühenden römischen Gemeinwesen. Das Krokodil symbolisiert also das besiegte Ägypten.

Entstanden war die Stadt allerdings schon vor der Römerzeit. Hier hatten sich Gallier nahe einer Quelle angesiedelt, wo sie einen Gott namens Nemausus verehrten (von daher der Name Nîmes). In dieser an keinem Fluß gelegenen, unter der Sonne des Midi brütenden Stadt stand das Wasser begreiflicherweise stets im Mittelpunkt des Interesses. Um das größer werdende Nîmes zu versorgen, zapften geniale römische Ingenieure eine fünfzig Kilometer entfernte Quelle in der Nähe von Uzès an und bauten quer durch Felsen und über Täler, mit Kurven und Serpentinen eine Wasserleitung, deren bekanntester Punkt der Pont du Gard ist, ein gewaltiger Aquädukt, der den Fluß Gardon überquert und zu dem die Masse der Touristen hingekarrt wird. Es ist aber von dieser Leitung noch viel mehr übrig. In der Nähe des Dorfes Sernhac kann man zum Beispiel in einen durchbohrten Felsen reingehen und die Raffinesse der römischen Techniker bewundern. Eines der Schmuckstücke von Nîmes ist der Jardin de la Fontaine, eine elegante Parkanlage mit Statuen, Treppen, Balustraden, Wasserbecken und Zierkanälen, sehr beliebtes Sonntagsspaziergangs-Reservat der Bevölkerung. Immer noch sprudelt dort die Quelle des Nemausus, der die Stadt ihre Existenz verdankt, am Fuß des Mont Chevalier. Auf dem steht ein alter römischer Wachturm, La Tour Magne; wer sich die Mühe macht, Hügel und Turm zu besteigen, der hat einen weiten Blick auf die Garrigues, jene trocken-kalkigen, mit dornigen Pflanzen, struppiger Heide und Kräutern bewachsenen Berge, und weit über die Ebene, bei klarem Wetter bis zu den Mauern von Aigues Mortes, dem versandeten Hafen am Rand der Camargue, von dem aus die Kreuzritter nach Palästina aufgebrochen sind. Gleich zu Füßen aber hat man das ganze Nîmes mit seiner von Boulevards umgebenen Altstadt, in der sich die Häuser wegen Wind und Sonne eng zusammenducken und deren angenehmster Ort vielleicht die kleine place aux Herbes vor der Kathedrale ist. In der Nähe davon findet sich ein weiteres römisches Juwelche Maison Carrée, ein klassisch-strenges Gebäude, das in seiner langen Geschichte mal als Wohnhaus, mal als Kirche, dann als Pferdestall und schließlich als Museum benutzt wurde. Zur Zeit des Absolutismus wollte man es gar in den Park von Versaille schaffen. Bis vor kurzem stand dem Tempel gegenüber die Säulenfassade des Stadttheaters. Als in den fünfziger Jahren hier einem Schauspieler einmal eine ersehnte Rolle verweigert wurde, zündete seine Mama das Theater kurzerhand an. Nun ist gegen den Protest der Bevölkerung die Ruine abgetragen worden, um einem ehrgeizigen Kultur- und Medienzentrum Platz zu machen, einem «Centre Pompidou des Südens». Weil aber die alten Theatersäulen von so hohem sentimentalen Wert sind, soll das Monument der Mutterliebe an anderer Stelle wieder aufgebaut werden.

Beherrschender Mittelpunkt der Stadt ist indessen seit über 2000 Jahren die bereits erwähnte Arena; ja, im Mittelalter war Nîmes sogar zeitweilig auf die Größe des Amphitheaters zusammengeschrumpft. Noch lange war es das Stadtviertel der armen Leute, mit eigener Kirche und 2000 Einwohnern. Heute ist der ehrwürdige Steinhaufen zu neuem Leben erwacht: Der geschäftstüchtige Bürgermeister hat erkannt, wie gut sich das alte Collosseum für Animation und Show-Business jeder Art eignet. Seither beherbergt die Arena außer spanischen Corridas auch pompöse Opernspektakel (Aida!), Rock-Konzerte (Tina Turner!), Tennis-Turniere (Boris Becker!) und ein beachtliches Jazz-Festival.

Bei den Scholaren von Montpellier

Auf dem Weg nach Montpellier, der nächsten größeren Stadt, kommt man durch das kleine Lunel. Nichts deutet mehr darauf hin, daß dieses Nest mal ein glanzvolles Wirtschafts- und Geisteszentrum war.

Die große Zeit dieser Stadt begann, als sich Ende des 11. Jahrhunderts die rechtliche Situation der Juden des Languedoc besserte. Bis dahin hatte man sie noch zu Ostern rituell verprügeln und an bestimmten christlichen Feiertagen mit Steinen beschmeißen dürfen. In der Folge ihrer größeren gesellschaftlichen Entfaltungsmöglichkeiten verhalfen sie einer Reihe von Städten zu nie gekannter Prosperität. Innerhalb der großen jüdischen Gemeinde von Lunel entstanden berühmte Schulen, aus denen hochgebildete Rabbis und Ärzte hervorgingen. Sie übersetzten die Werke der hebräischen, griechischen und arabischen Denker. Durch sie erhielt die Region nach trüben Jahrhunderten einen kräftigen zivilisatorischen Anstoß.

Aber dann wurde das Languedoc vom französischen König annektiert, und gegen die jüdischen Gemeinden wurden repressive Maßnahmen erlassen. Zwar war die einheimische Bevölkerung für dergleichen kaum zu gewinnen und versuchte nach Kräften, die neuen Anordnungen zu unterlaufen, denn sie wußte schon, wem sie ihren Reichtum zu verdanken hatte. Aber es half nichts, 1306 wurden die Juden per Dekret von Philipp dem Schönen ausgewiesen. Mit dem strahlenden Kulturzentrum Lunel war es vorbei, mit seiner ökonomischen und intellektuellen Lebenskraft ging es rapide bergab, es war von da ab nicht mehr als ein bescheidener Marktflecken, eine Gemüsehandel betreibende Kleinstadt, und die ist es bis heute geblieben.

Nun geht's nach Montpellier hinein: Verkehrschaos, ein unergründliches Einbahnstraßen-Umgehungsnetz zur Verwirrung des Ortsfremden, zerfaserte Vorstädte, Abgasgestank. Es ist die am schnellsten gewachsene Stadt Frankreichs. Noch in den fünfziger Jahren war Montpellier ein beschauliches Universitätsstädtchen, dann bekam es einen großen Schubs durch die plötzliche Zuwanderung der Pieds-noirs, der ausgebürgerten Algerienfranzosen, und die änderten sogleich auch die Atmosphäre: Sie brachten quirlige Betriebsamkeit, Couscous und Merguez mit herein. Als offizielle Hauptstadt der Region Languedoc-Roussillon wurde die Stadt dann ein Magnet für die ganze Gegend. Man sieht's an den pilzartig hochgeschossenen Trabantensiedlungen.

Aber die unschönen Außenviertel geben einen sehr falschen Eindruck von Montpellier. Irgendwie kämpft man sich ins Zentrum vor, findet mit Gottes Hilfe sogar noch einen Parkplatz und darf sich dann der reizvollen inneren Stadt zuwenden. Erst mal ist da der urbane Vorzeigeplatz. Er heißt place de la Comédie und verbreitet ein gewisses Großstadtflair mit seinen pariserischen Fassaden aus dem 19. Jahrhundert. Hier reihen sich die größten Cafés aneinander, hier sitzt man rum, zeigt sich, trifft sich, geht ins Kino. Und hier befindet sich auch in einem Seiteneingang des Theaters das örtliche Fremdenverkehrsbüro, wo man den zweckmäßigen Gratis-Stadtplan abstauben sollte. Damit wird die Orientierung gleich wesentlich einfacher. Wir erkennen: Die place de la Comédie liegt am Rand der Altstadt, die von Boulevards umgeben ist und von der rue Foch praktisch in zwei Teile geschnitten wird. Der südliche Teil hat sich in eins dieser notorischen Fußgänger- beziehungsweise Einkaufsparadiese verwandelt und nähert sich dem allgemeineuropäischen Einheitsmuster an. Der nördliche aber hat weitgehend seinen speziellen Charakter bewahrt.

Eine seiner wichtigsten Straßen ist die rue de l'Université. Dies ist tatsächlich das Viertel der Universität und zwar schon seit Hunderten von Jahren. Im Mittelalter war Montpellier eine der intellektuellen Hauptstädte Europas, geprägt vornehmlich von jüdischen Gelehrten, die aus dem mohammedanischen Spanien herübergekommen waren. In der noch hinterwäldlerisch-dumpfen Welt des sogenannten Abendlandes wurden einige wenige Zentren zu Vermittlern der damals hochüberlegenen arabischen Kultur und damit zu Keimzellen einer europäischen Zivilisation. Montpellier war vor allem eine Hochburg der Medizin. Hier studierten so erlauchte Gestalten wie Rabelais, der später durch seine derb-saftigen Bücher (Gargantua und Pantagruel) bekannt wurde, oder auch Nostradamus, dessen unerschöpflicher Weissagungsschatz noch heute bei Astrologie-Anhängern, Kaffeesatz-Lesern und sonstigen Okkultismus-Freaks hoch im Kurs steht, weil er je nach Bedarf zurechtgebastelt werden kann. Die Studien, die Nostradamus in Montpellier trieb, dürften indessen eher von nüchtern-wissenschaftlicher Art gewesen sein: Sehr früh wurden hier bereits praktische anatomische Übungen gemacht, und dafür bekam die Universität einmal im Jahr die

Im Innern mediterran: Montpelier

Leiche eines Hingerichteten zum Sezieren vermacht. Eine einzige Leiche, das reichte natürlich nicht hin, und so begannen die Medizinstudenten, sich ihr Übungsmaterial selbst des Nachts von den Friedhöfen zu klauen. Gelegentlich stellten sich ihnen erboste Mönche in den Weg und schossen, letztlich aber siegte die Aufklärung über die Pietät. Die medizinische Fakultät ist noch heute an ihrem angestammten Platz in einem ehemaligen Kloster gleich neben der Kathedrale St. Pierre mit dem ungewöhnlichen steinernen Riesenbaldachin über dem Eingang.

Das ganze Viertel ist mit seinen Buchläden, Cafés und kleinen Restaurants von der studentischen Subkultur geprägt. Es wirkt dabei stellenweise leicht heruntergekommen, da wird nicht gleich jeder Dreck weggeräumt, es fehlt die geleckte Sterilität der Fußgängerzonen-Altstädte. Neben Studenten wohnen hier eine Menge Araber, wohl auch einige lumpenproletarische Elemente sowie das unvermeidliche Volk der Katzen. Gewiß sind die sanitären Verhältnisse teilweise beklagenswert, dafür aber geht es hier lebendig zu. Das anderswo schon zur Allerweltsgroßstadt gewordene Montpellier entfaltet hier einen durch und durch mediterranen Charakter, wozu auch die zweisprachigen Straßenschilder (französisch / okzitanisch) ein wenig beitragen. Da ist zum Beispiel der «Plan de la Capela», wo man im Lou Graillou billig im Freien essen kann. Betont okzitanisch ist die Speisekarte bei La Marmite in der Carriera de las escolas laices (rue des écoles laïques):

Zum Einstieg gibt's Césada, Capénada oder Pan e Oli, dann könnt ihr eventuell Mescladis, Rulha oder Bolas en sauça probieren ... Auch wer sich über die politischen Umtriebe informieren will, findet im alten Universitätsviertel die richtigen Adressen, so etwa das Haus der Initiativgruppen Vivre au Présent in der rue Candolle oder die Buchhandlung La Brèche in der rue de l'Université.

Ein besonderer Markt findet jeden Samstag auf der place und dem boulevard des Arceaux statt. Unter den Bögen eines Aquädukts kann sich jeder ohne besondere Genehmigung niederlassen und verkaufen, was er will. Hierher kommen Winzer und Bauern aus der Umgebung und bieten ohne Zwischenhandel ihre Produkte an, vor allem aber ist dies ein ausgedehnter, quirliger Flohmarkt, der einzige in der Region: Hier liegt euch der gesamte Ramsch des Languedoc zu Füßen ...

Wein, Wut und Gewalt

Um die wie an einer Schnur aufgereihten Städte dehnt sich eine leicht gewellte, von ein paar Hügelketten durchzogene Landschaft aus, die nach Norden hin in den schroffen Karst der Garrigues übergeht. Obst und Tomaten wachsen hier, vor allem aber Wein, unendlich viel Wein. Der liefert die vielen variierenden Grüntöne und kontrastiert mit den fast schwarzen Zypressen und Pinien. In den Dörfern sind die Kirchtürme häufig mit den charakteristischen schmiedeeisernen Hauben verziert. Zwischen Olivenbäumen und Weinbergen stößt man überall auf Reste einer reichen romanischen Architektur, auf geheimnisvolle, halb von der Sonne aufgefressene Kirchenruinen wie jene von Saint-Félix-de-Montceau bei Gigean, wie Notre-Dame-des-Ouviels oder auch die bekanntere Abtei von Valmagne, einst ein Luxus-Kloster für hochgeborene Mönche, die sich hier in jeder Hinsicht bedienen ließen, eine Lustherberge des Ançien Régime, die im Zuge der Revolution begreiflicherweise verwüstet wurde.

Allem Anschein nach jedenfalls eine begnadete Gegend, dieses Bas Languedoc. In diesen aus groben Steinen gebauten Winzerdörfern sollte sich's gut leben lassen ... Aber das schöne Bild hat eine häßliche Kehrseite: Umgekippte, brennende LKWs, auf der Nationalstraße sind Melonen, Erdbeeren und Zwiebeln aus Spanien verstreut, aus aufgeknackten Tankwagen rinnt italienischer Wein in den Straßengraben, Bauern werfen von Brücken Autowracks auf Eisenbahnstrecken ... Die scheinbar so idyllische Gegend ist Schauplatz rabiater Unmutsäußerungen. Haust hier anstelle des ruhig-besonnenen, gottesfürchtigen Landmannes eine wilde Spezies wegelagernder Rabauken? Was haben diese Leute, geht es ihnen vielleicht gar nicht so gut auf ihrem von der Sonne verwöhnten Fleckchen Erde? Nein, in der Tat, es geht ihnen nicht besonders,und das nicht erst seit gestern. Seit Beginn dieses Jahrhunderts lebt diese Weinregion in einer Dauerkrise, die sich periodisch zu bürgerkriegsähnlichen Unruhen steigert.

Angefangen hatte alles damit, daß ein heimtückisches kleines Insekt auf das Languedoc vorrückte: die Phylloxéra, zu deutsch Reblaus. Sie war über Frankreich gekommen wie die Heuschreckenplage über Ägypten. Um das Jahr 1884 war praktisch die gesamte Weinkultur zerstört.

Marcellin Albert, Anführer der großen Weinrevolte von 1907

Wegen des Phylloxéra-Kahlschlags war nun der Boden disponibel und billig, die an zukunftsträchtigen Investitionen interessierte Bourgeoisie griff zu und betrieb die Wiederbelebung des Weinbaus nach kapitalistischen Normen. Früher waren hier auf begrenzten Anbauflächen Qualitätsweine entstanden, jetzt ging es nur noch um Quantität. Auch den kleinen Winzern blieb nun nichts mehr übrig als sich den neuen Maßstäben anzupassen und billigen, mediokren Tischwein für den Massenkonsum herzustellen. Bis heute wird hier unten fast die Hälfte des gesamten französischen Weins produziert, ein Zehntel der Weltproduktion. Die damalige Strukturveränderung des Languedoc-Weinbaus fiel zusammen mit der großen Industrialisierungsphase Frankreichs. Auch die chemische Industrie erlebte ihre ersten Blüte und sorgte im Zusammenspiel mit den Rübenzuckerbaronen des französischen Nordens dafür, daß sich der Midi-Wein mit Hilfe von allerlei Aroma- und Farbstoffen wundersam vermehrte. Etliche der großen Weinhändler verkauften ein Getränk, das mit Wein im ursprünglichen Sinn wenig mehr zu tun hatte. Da wurde etwas unters Volk gebracht, was den in deutschen Supermärkten angebotenen Moseltröpfchen und Winzerperlen schon recht ähnlich war.

Die erste Überproduktionskrise ließ nicht lange auf sich warten: Die Preise fielen ins Bodenlose, selbst für ein Spottgeld konnten die kleinen Winzer ihren Wein nicht mehr verkaufen und mußten ihn fortschütten. Der ganze vom Wein abhängige Landstrich verarmte und versank in Agonie. Erste Protestversammlungen wurden abgehalten, der Zorn der Bauern richtete sich auf die panschenden Großhändler und die Zuckerlobby. Aber im fernen Paris kümmerte man sich kaum um die urigen Hinterwäldler aus dem Süden. Das heizte die Wut im Midi an. Die Demonstrationen wurden zahlreicher und größer, in Béziers kam es zum ersten Knall. Die Stadtväter weigerten sich, einen vorgesehenen Stierkampf zugunsten der Winzerdemonstration abzusagen. Daraufhin fand die Corrida im Rathaus statt, es wurde zertrümmert, und die Akten flogen zum Fenster raus. 1907 steigerte sich der Unmut zur Revolte.

Im 70000-Seelen-Städtchen Montpellier strömten 600000 wütende Demonstranten zusammen. Regierungsbeamte wurden gekidnappt, die Präfektur von Perpignan in Brand gesteckt, Telefonleitungen und Eisenbahnstrecken unterbrochen. Deutlich manifestierte sich nun der Haß auf Paris, auf die arrogante Staatsmacht, die den Zuckerbaronen zu Diensten war. Die Regierung verhängte den Ausnahmezustand, schickte Gendarmen, alarmierte Armee-Einheiten. In den Dörfern läuteten die Sturmglocken, in den Städten fanden heftige Straßenkämpfe statt. In Narbonne kam es zu Schießereien, zu Toten. Die Soldaten des 17. Regiments, die aus der Gegend stammten, plünderten das Munitionslager von Agde und drehten die Gewehre mit dem Lauf nach unten. Die Meuterer wurden von der Bevölkerung überschwenglich gefeiert. Dennoch schaffte es Mininsterpräsident Clémenceau schließlich mit Hilfe der Armee, die Revolte zu ersticken. Die aufsässigen Soldaten kamen in ein nordafrikanisches Strafbataillon. Im Midi aber wurde die Erinnerung an das tapfere 17. Regiment zur Legende. Bisweilen werden noch heute in Anarcho-Kreisen Lieder darüber gesungen.

1976 wird wieder im Midi geschossen, und wieder gibt es Tote. Wieder sind die Bauern aus den scheinbar so friedlichen und idyllischen Dörfern aus der Haut gefahren, und ihre Revolte ist immer noch die gleiche. Die Ereignisse von 1907 sind nicht vergessen, gern werden bei den Demonstrationen die alten Transparente hervorgeholt. Nach wie vor lebt die Region im Rhythmus der Weinpreise. Die Massenproduktion ist den Schwankungen des Marktes ausgesetzt; die Situation wird zunehmend heikler durch billige Importe und die Veränderung der Trinkgewohnheiten: In Frankreich wird immer mehr Bier und immer weniger vin de table konsumiert. Viele Winzer des Languedoc krebsen tatsächlich am Existenzminimum und ersticken unter ihrer Schuldenlast, kein Wunder, daß es immer wieder kracht. Seit den sechziger Jahren ist die Weinkrise eine Dauererscheinung, die Aktionen der Winzer-Komitees steigern sich gelegentlich zu einer Art Guerillakrieg, man «besucht» die Kellereien der panschenden Großimporteure und sprengt sie in die Luft. Bei Massenschlägereien mit der CRS-Polizei sind bereits mit Sprengstoff gefüllte Pétanque-Kugeln zum Einsatz gekommen.

Besonders spektakulär war die Aktion «Languedoc morte» im Sommer 1976: Straßenschilder verschwanden oder wurden überpinselt, auf den Autobahnen brannten Berge von Autoreifen, die Touristen wurden ins Hinterland umgeleitet, sie fuhren hilflos im Kreis herum, das Languedoc wurde ihnen zum Labyrinth. Kommentar des militanten Winzers Jean Vialade: «Wir werden auf dem Altar des industrialisierten Europas geopfert, Frankreich läßt uns im Stich, dafür überschwemmen jeden Sommer die Leute aus diesem Industrie-Europa unser Land: Nun werden wir ihnen mal klarmachen, daß dies hier kein Postkartendekor ist, sondern eine von Menschen bewohnte Region, von Menschen, denen es schlechtgeht, die sich aber zur Wehr setzen!»

Schließlich mußte die Regierung reagieren und ein paar Hilfsmaßnahmen beschließen: Prämien für das Ausreißen von Rebstöcken, Abnahmegarantien größerer Weinmengen zur Destillation (dadurch sammelt

Eine benachteiligte Region macht sich bemerkbar

der Staat Unmengen von Fusel an und wird zum größten Alkohol-Dealer) und Ermutigung zur Qualitätssteigerung. Das ist allerdings gar nicht so einfach, die Umstellung auf Qualität erfordert erst mal einen hohen finanziellen Aufwand, und auch dann ist das Mißtrauen gegen den Languedoc-Wein nur sehr allmählich auszuräumen. Ein Ende des ständig schwelenden Konflikts ist nicht abzusehen, zumal nun auch noch der Horror des spanischen EG-Beitritts bevorsteht.

Volem viure al pais!

In den sechziger Jahren, auf dem Höhepunkt der Weinrevolte, gesellten sich zu den unmittelbar sozialen Motiven neuartige kulturelle und politische Akzente. Da wurde auf einmal nicht mehr vom Midi gesprochen, sondern von Okzitanien beziehungsweise von «occitanie». Oc-Aufkleber mit roten gezackten Kreuzen breiteten sich aus, eine Flut von militanten Graffiti begann, die Mauern und Häuserwände des Südens zu verzieren.

Aber was ist das, «Okzitanien»? Mir hat das anfangs ein wenig geklungen wie «Utopia» oder «Arkadien», wie ein geheimnisvolles Wunschland. Tatsächlich hat es dieses Okzitanien als politische Einheit nie gegeben. Dennoch ist auf Landkarten, die in einschlägigen Buchläden vertrieben werden, mit diesem Namen ein riesiger Bereich bezeichnet, der ungefähr das südliche Dritte des französischen Staatsgebiets, von Bordeaux bis Nizza bedeckt. Zunächst ist dies eine sprachgeographische Bestimmung; hier wird beziehungsweise wurde eine romanische Sprache gesprochen, die sich vom Französischen deutlich unterscheidet: die «langue d'Oc», im Unterschied zur «langue d'Oil» des Nordens. Um die beiden Sprachräume abzugrenzen, benutzte man die jeweiligen Ausdrücke für «ja». Aus dem altertümlichen «oil» wurde dann später «oui». Die Provinz Languedoc ist dabei nur ein kleiner Teil des Geltungsbereichs der langue d'oc. Über die rein sprachliche Definition hinaus ist dieses Okzitanien aber auch das Gebiet einer eigenständigen kulturellen Tradition. Dazu Friedrich Engels: «Die südfranzösische Nationalität war im Mittelalter mit der nordfranzösischen nicht verwandter, als die polnische es jetzt mit der russischen ist. Die südfranzösische, vulgo provenzalische Nation hatte im Mittelalter nicht nur eine ‹wertvolle Entwicklung›, sie stand sogar an der Spitze der europäischen Entwicklung. Sie hatte zuerst vor allen anderen Nationen eine gebildete Sprache. Ihre Dichtkunst diente sämtlichen romanischen Völkern, ja den Deutschen und Engländern zum unerreichten Vorbild.»

Nach der militärischen Unterwerfung dieser Regionen unter die französische Krone im 13. Jahrhundert wurde ihre wirtschaftliche und kulturelle Autonomie schrittweise zerstört. Das Französische wurde als Amtssprache aufgezwungen. Mit der Einführung der allgemeinen Schulpflicht während der Dritten Republik wurde dann den Kindern gar der Gebrauch ihrer Muttersprache verboten, sie wurde offiziell zur «Mundart» umgelogen und als unkultiviert verächtlich gemacht. Schon um die Jahrhundertwende bildete sich um den provenzalischen Dichter Frédéric Mistral eine erste Bewegung zur Rettung von Sprache und Kultur. Sie war einigermaßen wirr-romantisch und ließ sich teilweise vor den Karren der antirepublikanisch-rechtsradikalen Action Française spannen. Als während des Zweiten Weltkriegs der unbesetzte Teil Frankreichs praktisch nur aus Okzitanien bestand, war es Pétains faschistischer «État français», der die kulturellen Traditionsvereine förderte. Man hielt es mit Verwurzelung und Blut und Boden, ließ okzitanische Lehrbücher erscheinen, und es gab sogar Oc-Sendungen im Radio. Für lange Zeit waren die Regionalisten in die rechte Ecke gedrängt, schienen vielen ein antirepublikanisches Überbleibsel zu sein.

Neuen Auftrieb bekam der okzitanische Regionalismus erst nach den Ereignissen des Mai '68. Jetzt aber hatten sich die Vorzeichen geändert. Es waren nun nicht mehr primär rückwärtsgewandte Nostalgiker und biedersinnige Folkloristen, dic den Ton angaben. Die Ablehnung der zentralistischen Bevormundung und kulturellen Unterdrückung verband sich mit radikalen Ideen eines autonomen regionalen Sozialismus. Von innerer Kolonialisierung und kulturellem Völkermord war nun die Rede. Deutlich antiimperialistische Untertöne waren auf einmal zu hören, man begann, gewisse Parallelen zwischen der Ausbeutung der Dritten Welt und der Niederhaltung der Regionen zu erkennen. Die Abhängigkeit von weitweg gefällten Entscheidungen, der Zerfall der Wirtschaftsstrukturen, die Entvölkerung des Landes und seine Transformation zum Ferienpark oder zum militärischen Übungsgelände verstärkte das Bewußtsein, in einem besiegten Land zu leben, das den Gesetzen der Rentabilität geopfert wurde. Man erinnerte sich aber nun auch wieder an die kämpferischen Tugenden dieses Landes, an die weit zurückreichende Tradition antietatistischer Rebellionen und Unbotmäßigkeiten. Ausdruck des neuen Selbstbewußtseins wurde der Slogan «Volem viure al pais». Er ist eine offensive Entgegnung auf die bis dahin vorherrschende Verachtung der «tiefen Provinz». Vor allem bei den Jüngeren breitet sich der trotzige Stolz aus, einer alten, wenn auch niedergemachten mediterranen Kultur anzugehören.

Gelegentlich gab und gibt es allerdings immer noch reichlich dubiose Begleiterscheinungen. Bei manchen setzte eine peinliche Okzitanismus-Schwärmerei ein, ein linksgetünchtes Bauerngetümel machte sich bemerkbar, das meist nicht viel mehr war als die Idealisierung der dumpfen, repressiven Formen einer überkommenen agrarischen Gesellschaft. Meist waren es Städter, die da etwas von «Verwurzelung» raunten. Nur läßt sich halt gegen den Vormarsch der Disko-Musik nicht mit der Drehleier ankämpfen, und der demonstrativ getragene Bauernrock hat gegen die Bluejeans letztlich keine Chance.

Inzwischen ist die okzitanische Aufbruchsstimmung verflogen, und die Selbstüberschätzung mancher Okzitanisten, die sich für so was wie die «Avantgarde einer regionalen Kulturrevolution» (Lothar Baier) gehalten oder sich gar separatistischen Träumereien hingegeben hatten, ist offensichtlich geworden. Dennoch ist einiges in Gang gekommen; zu den Folgen der Oc-Bewegung gehört neben der einigermaßen folkloristisch wirkenden Einführung okzitanischer Straßenschilder in den Altstädten des Languedoc vor allem die stärkere Berücksichtigung von kulturellen Ansprüchen. Okzitanisch hat sich als Schul- und Studienfach durchgesetzt, die ersten Calendretas, okzitanische Vorschulen, sind eröffnet worden. Okzitanische Zeitschriften und freie Radios erfreuen sich eines anwachsenden Publikums.

Ein Gebirge stirbt aus

Einiges über den Niedergang des Südens kann nachvollziehen, wer in die Cevennen fährt, die ausgedehnte Gebirgslandschaft, die sich im Norden ziemlich abrupt an das leicht gewellte Bas-Languedoc anschließt. Plötzlich ist man raus aus der besiedelten Ebene. Was man sieht, ist erst mal faszinierend: Lila, gelb und rötlich schimmern die Berge von Heidekraut, Ginster und verbrannten Gräsern, Bäche und Flüsse haben teilweise atemberaubende Schluchten gegraben, von den Straßen, die den Grat entlangführen, geht der Blick über ein unendliches Meer aus Gipfeln. Vom höchsten Punkt, dem Mont Aigoual, soll man bei klarem Wetter von den Pyrenäen bis zu den Alpen sehen können. Noch immer läßt sich gut vorstellen, wie der Schotte Robert Louis Stevenson Angst vor Wölfen hatte, als er im vorigen Jahrhundert die Cevennen mit einem Esel überquerte. Aber trotz all dieser Pracht liegt über der Landschaft eine seltsame Müdigkeit, die wenigen und kleinen Dörfer scheinen in eine ewige Siesta versunken. Man hört da nur eine unglaubliche Stille – und allmählich ein leises Tikken im Kopf. Oft dauert es lange, bis sich irgendwo ein Mensch zeigt.

Zu großen Teilen ist das Gebirge verlassen, versteppt, wird vom Gestrüpp zurückerobert. Bei genauerem Hinsehen sind überall Spuren aufgegebener Kulturen zu entdekken, Reste von Gemüsegärten, verkrüppelte Olivenbäume auf halbüberwucherten Terrassen, die einmal mit großer Mühe an den Hängen angelegt worden sind – eine Landschaft in Agonie. In den letzten hundert Jahren sind hier dreiviertel der Leute weggegangen, peu à peu gehen die Dörfer ein. Erst macht das Milchgeschäft zu, dann macht der Bäcker dicht, dann der Kramladen, dann die Schule. Schließlich kommt nur noch einmal pro Tag ein Allround-Lieferwagen. Die Kinder und Arbeiter werden mit Bussen in den verstreuten Nestern eingesammelt und in die Schulen und Betriebe der paar Kleinstädte geschafft, nach Florac, Le Vigan oder Ganges. Aber es gibt immer weniger Arbeit, die Bergwerke von Alès werden nun auch geschlossen. Besonders fallen die stillgelegten Eisenbahnstrecken mit ihren kühnen Brücken- und Tunnelkonstruktionen auf – wie kostspielig und arbeitsaufwendig muß es gewesen sein, sie zu bauen! Vor den Haustüren der Weiler sitzen hie und da ein paar alte Leute, als warteten sie auf ihr endgültiges Verschwinden, damit dann auch ihr «mas» von Bäumen und Gestrüpp geschluckt wird. Die Häuser entleeren sich hier in dem Maße, in dem anderswo die HLM-Vorstädte anwachsen.

Kaum verläßt man die Hauptstraßen, kommt man in ein unübersichtliches Dickicht aus drahtharten, dornigen Sträuchern, dazwischen aufgegebene Olivenhaine und verlassene, verfallene Ansiedlungen. «In wievielen dieser Häuser mag wohl der letzte Bewohner ein alter Mann gewesen sein, allein über Jahre hinweg – allein mit seinem Hund, seinem Wein und seinen ins Leere geredeten Worten, an der Grenze zum Wahnsinn ... und das ist hier keineswegs was Besonderes, sondern eine verbreitete soziale Realität in den okzitanischen Bergen.» (Dominique Patay, *La mort, ici, a pris tout son espace* In: Autrement: Occitanie)

Ganze Hänge sind von sonderbaren Bäumen mit gezackten Blättern und dicken, stacheligen Kugeln bedeckt: Eßkastanien, Brotbäume, von denen die Menschen in den Cevennen früher lebten. Aus den Maronen machten sie Mehl, Suppen und eine Vielzahl von Gerichten. Jetzt aber werden die Bäume nicht mehr gepflegt; sie sind verwildert und breiten sich aus wie Dschungelpflanzen. Nur im Nordosten der Cevennen, im Département Ardèche, spielen die Maronen noch eine nennenswerte wirtschaftliche Rolle: Dort wird die in Frankreich sehr begehrte süße Maronencreme hergestellt.

Der einstige Hauptreichtum der Cevennen indessen kam aus der Seidenraupenzucht. Sie war während des Ancien Régime hier eingeführt worden und entwickelte sich zu einem äußerst prosperierenden Wirtschaftszweig, fast alle Bewohner hatten ihre Maulbeerbäume, von deren Blättern sich die Seidenraupe ernährt. Der größte Teil der französischen Seidenraupenproduktion stammte aus den Cevennen. Aber dann kamen die billigen Importe aus Fernost, schließlich die Kunstfasern, und 1965 machte die letzte Seidenspinnerei dicht. Ein paar Enthusiasten haben vor kurzem versucht, diesen traditionellen Erwerbszweig wiederzubeleben, es scheint auch im kleinen Maßstab zu klappen, aber das wird wohl eher eine nostalgisch gefärbte Kuriosität bleiben ... Auch von den Schäfern, die mit ihren Herden die lange Sommerwanderschaft machen – früher eine weitverbreitete Praxis –, sind nur noch wenige übrig. Sie kommen im Juni aus den Tälern und ziehen dann mit meist riesigen Herden von

Rauh und entvölkert: die Cevennen

bis zu 2000 Schafen auf einem langen Treck in die hochgelegenen Gebiete, dorthin, wo es den Sommer über kühl bleibt und mehr Gras gibt, zum Beispiel ins Lozère-Massiv. In der Einsamkeit verlassener Hochland-Dörfer leben sie bis in den September hinein bei ihren Herden.

Da das Land so entvölkert ist und so viele Weiler leerstehen, gibt es viel Platz für Experimente. So tauchen immer wieder Leute auf, die sich in den Kopf gesetzt haben, «zurück aufs Land» zu gehen: die sogenannten «néo– ruraux» oder «nouveaux paysans». Der Traum vom autarken, naturverbundenen Leben weit weg von der Hektik der großen Städte entpuppt sich allerdings nur allzuoft als Alptraum. Die aufgelassenen Felder vom Gestrüpp zu befreien, Gärten anzulegen, Ziegen aufzuziehen, zu melken (manche versuchen's auch mit Bienen ...) und dann ihre Produkte an den Kunden zu bringen – das alles ist eine wüste Schinderei, von der Einsamkeit gar nicht zu reden. Rasch verlieren sich die in den stinkigen Städten gehegten schönen Ideen vom gesunden, schollenverwurzelten Leben, zumal ihnen oft von den Alteingesessenen wenig Sympathie entgegengebracht wird. Für die Einheimischen sind sie erst mal «Hippies», Fremdlinge, die nackt im Bach baden, seltsame Haartracht und Kleidung haben und obendrein unverheiratet zusammen leben. Es dauert meist sehr lange, bis sich das Mißtrauen legt und die neuen Nachbarn akzeptiert sind. Die meisten Neo-Landmenschen werfen vorher das Handtuch und ziehen wieder ab. Um so bewundernswerter sind jene, die sich festkrallen und es allen Widrigkeiten zum Trotz schaffen. Man trifft sie auf den Märkten der kleinen

Städte am Rande des Gebirges, wo sie Ziegenkäse, Honig und Bio-Gemüse anbieten. Aber letztlich sind sie nur eine Handvoll und stellen kaum ein Gegengewicht dar zu Abwanderung und Aussterben.

Wenn nun eine solche Region mit den von EG-Effizienz diktierten Anforderungen nicht mehr Schritt hält, kann man sie immerhin anderen Funktionen zuführen. Wenn sich die Täler entvölkern, na, dann setzt man sie halt unter Wasser; Talsperren liefern wenigstens Strom. Und im übrigen eignet sich die Gegend wegen ihrer landschaftlichen Reize natürlich hervorragend als Ferien-Ressort für die Leute aus den Industrieregionen. Die paar übriggebliebenen Einheimischen können dabei als spezielle Attraktionen einbezogen werden, als pittoreske Exemplare einer aussterbenden Spezies. In Brüssel hält man das jedenfalls für eine tolle Idee. EG-Komissar Sicco Mansholt war es, der begeistert ausrief: «Ihre Region muß der Erholungspark Europas werden!» Stellenweise ist Siccos Vision bereits auf beängstigende Weise verwirklicht, so etwa im schönen Ardèche-Tal, im Nordosten der Cevennen. Da tritt sich im Sommer halb Nordeuropa auf die Füße beziehungsweise paddelt in Massen durch die Stromschnellen, verschreckt die Eingeborenen durch ungewohnte Sitten und garniert die Landschaft mit Picknick-Müll.

In einem Dorf nahe dem einstigen Seidenraupenzentrum Le Vigan macht mich Monsieur Lacaze auf die große Apfelplantage neben seinem eigenen Grundstück aufmerksam. Die Bäume hängen voller Früchte. «Alles kaputt!» schimpft er. «Aufgegeben! Die Besitzer sind zwei alte Leute, die können da nicht mehr arbeiten, und die Kinder sind seit langem weggezogen.» Jetzt verwildert alles, die Bäume sind inzwischen krank. «Ça fait mal au cœur» sagt Monsieur Lacaze. Er selbst hat sein bißchen Vieh verkauft und aus der Weide einen Campingplatz gemacht. «Man könnte sich schon was anderes vorstellen als den Tourismus», brummelt er, «aber was bleibt uns denn übrig ...» und trottet zum Empfangshäuschen, wo gerade ein Mobile-Home mit belgischer Nummer angerollt ist.

Widerstand in der Wüste

Lasalle ist ein Kaff im Tal der Salindrenque. Zur Mittagszeit knallt die Sonne auf den Dorfplatz mit den knorrigen Platanen; auf dessen einer Seite steht das Rathaus, auf der anderen ein enormes pantheonartiges Gebäude, weiß, rund, bis auf einen klassizistischen Säuleneingang ohne Verzierungen. Warm säuselt der Wind durch die Blätter, keine Menschenseele weit und breit, Siesta-Stimmung. Aber das Café de la Place ist geöffnet. Es ist groß, leer und vergilbt. Ein paar Fliegen schwirren rum, über dem Tresen sind die Kegel- und Pétanque-Pokale ausgestellt, nur ein alter Mann sitzt, über der Zeitung «Midi libre» eingeschlafen, in der Ecke. Die Wirtin kommt aus der Küche angeschlurft. Auf meine Frage, was denn das wuchtige Gebäude da draußen ist, reckt sie sich stolz empor: «C'est le Temple!» Der Tempel? «Ici on est protestant, Monsieur!» Protestantisch, erklärt sie, sei fast das ganze Dorf, es gebe nur ein winziges katholisches Kirchlein. Das gleiche gelte für alle umliegenden Ortschaften. Ihr Stolz kommt nicht von ungefähr. Lasalle liegt in jenem Teil der Cevennen, deren Bevölkerung in

Heimlicher Protestantengottesdienst in den Bergen

einem hundert Jahre dauernden Untergrundkampf dem absolutistischen Staat getrotzt hat, um ihren Glauben und die damit verknüpfte Lebensweise zu bewahren. «Camisards» hießen diese Guerillakämpfer, weil sie die Hemden über dem Gürtel trugen. Von den Schrecken jener Zeit können die Menschen in den Dörfern noch immer erzählen; sie kennen die Geschichten der Camisarden-Anführer Jean Cavalier, dem Bäckergesellen aus Anduze, und Rolland, in dessen Geburtshaus, dem Mas Soubeyran bei Mialet, ein Museum des protestantischen Widerstands eingerichtet ist. Losgegangen war es mit dieser Revolte, als Ludwig XIV. nach dem Motto «un roi, une loi, une foi» (ein König, ein Gesetz, ein Glaube) das Religionsfreiheit gewährende Edikt von Nantes widerrief und daran ging, unter massivem Einsatz von Priestern und Dragonern den Protestantismus in Frankreich zu beseitigen. Dies gelang auch fast überall, nur in den Cevennen gab es ernste Probleme, trotz Zwangsbekehrung, Niederbrennen der Tempel und Aushungern der Bevölkerung. In diesen unzugänglichen Bergen lebten dickköpfige und glaubensstarke Leute. Immer mehr Soldaten schickte der König, ließ die Ungehorsamen für vogelfrei erklären, aber selbst mit einer 60000 Mann starken Armee und einem regelrechten Zerstörungsprogramm waren diese Abweichler nicht kleinzukriegen. Sie kannten ja ihre Berge und Schluchten aufs genaueste, richteten in unzugänglichen Höhlen Waffenverstecke ein und legten den königlichen Dragonern Hinterhalte. Voltaire bemerkte dazu: «Es ist leichter,

100 000 Männer in eine Schlacht zu schicken, als den Geist eines einzigen Überzeugten zu brechen», und er nannte den Cevennen-Aufstand den «natürlichen Kampf des republikanischen Geistes gegen eine Autorität, die keinen Widerspruch gelten läßt.»

Gegen die Entschlossenheit der Camisards war kein Sieg möglich, sie lieferten das grandiose Beispiel einer hundertjährigen Résistance. So lange lebte nämlich der Protestantismus in der Wüste, im «désert», wie die Gläubigen diese Untergrundzeit nannten. Man traf sich zu heimlichen Gottesdiensten draußen auf Bergen, in Wäldern und Grotten unter großen Risiken: Wurde eine dieser Zusammenkünfte von den Dragonern aufgespürt, kamen die Männer auf die Galeeren, und die Frauen schaffte man in den Gefängnisturm von Aigues Mortes; die Prediger wurden hingerichtet. Im Musée du désert bei Mialet, der Pilgerstätte des französischen Protestantismus, sind die Zeugnisse dieser Widerstandszeit zu sehen. Bewundernswert der Erfindungsreichtum der Verfolgten: All das Gottesdienstgerät mußte transportabel sein und durch ein paar Handgriffe unkenntlich gemacht werden können. Zusammenklappbare Altäre, demontierbare Kanzeln und leicht versteckbare Miniaturbibeln sind in diesem sehr eigenartigen Museum ausgestellt, und was besonders betroffen macht: Alle noch auffindbaren Namen der Opfer, der Gefolterten und Hingerichteten, der Galeerensträflinge, der Frauen, die in der Tour de Constance in Aigues Mortes verrotteten, sind hier gesammelt und aufbewahrt, niemand sollte vergessen werden. Auch später, nachdem die Verfolgung eingestellt wurde, ist der Staatsautorität von hier aus stetiges Mißtrauen entgegengebracht worden. Die erlittenen Grausamkeiten haben sich tief ins Gedächtnis eingegraben. Napoleon zum Beispiel hatte wenig Glück beim Versuch, hier Soldaten für seine Grande Armée ausheben zu lassen. Man machte den Rekrutier-Agenten dermaßen die Hölle heiß, daß sie es bald vorzogen, diese Gegend zu meiden. Im Ersten Weltkrieg entzogen sich hier besonders viele dem Militärdienst. Sie wurden in den Dörfern gut versteckt und verpflegt. Dafür leisteten die Cevenols während der deutschen Besatzung verbissenen Widerstand, versteckten viele der von den Nazis Verfolgten und gingen nach dem Vorbild ihrer Guerilla-Vorfahren in den «maquis».

Schafe statt Soldaten

Im Westen grenzt an die Cevennen das Gebiet der Causses, Hochplateaus aus Kalkgestein, die voneinander durch tiefeingeschnittene Schluchten, wahrhafte Canyons, getrennt sind. Unten fließen Tarn, Jonte, Dourbie und Vis, ihr Wasser ist klar und voller Forellen. Die engen Täler sind fruchtbar, auf schmalen Terrassen wachsen Pfirsiche, Oliven und Mandeln. Um so krasser ist der Kontrast, wenn man über eine der steilen Serpentinenstraßen auf die Causses rauffährt: Plötzlich ist man auf einer kargen, monotonen, nur leicht gewellten Fläche voller Geröll; spärliches Gras, fast keine Bäume, der Kalkboden läßt das Wasser durchsickern – für die Schafe, die diese Plateaus bevölkern, gibt es deshalb mit Ton ausgekleidete Tränken. Auch im Sommer muß man hier mit großen Klimaschwankungen rechnen: So brütend heiß es tagsüber sein kann, so schneidend kalt ist es nachts.

Das einsamste und spektakulärste der Hochplateaus ist der Causse Méjean: eine erstarrte Urlandschaft, ein Reich der Steine, über das der Wind fegt. Unendlich scheint diese Fläche zu sein, nur einige wenige, sehr kleine, sehr archaische Siedlungen – Drigas, Hures, Nivoliers – liegen da verstreut, wie von der Zeit vergessen. Am Himmel kreisen ein paar Raubvögel, vielleicht Geier. Ist das hier Frankreich? Eher wirkt es wie ein fremder Planet. Sehr empfehlenswert, hier Fußexpeditionen zu unternehmen. Zwei bezeichnete Fernwanderwege führen über den Causse Méjean: GR 60 quer drüber und GR 6 am Rand des Canyons entlang.

Eine andere dieser Hochflächen ist seit dem Beginn der siebziger Jahre zu einem Begriff und zu einer Pilgerstätte geworden: der Causse du Larzac. Fährt man über das Larzac-Plateau, dann fallen noch immer die allerdings inzwischen verblaßten Parolen auf: «Armée dehors!», «Gardarem lo Larzac!», «Les paysans ne sont pas à vendre» ... Worum ging es hier? 1970 hatte das Verteidigungsministerium angekündigt, das hier befindliche militärische Übungsgelände um das Fünffache zu vergrößern, es war für die Erprobung modernster Waffen vorgesehen.
Dadurch waren etwa hundert Landwirtschaftsbetriebe unmittelbar bedroht, dazu kamen die sonstigen Umweltveränderungen: Betonpisten, Militärflugplatz und Massen zusätzlicher Soldaten mit den unerfreulichen Begleiterscheinungen großer Militärsiedlungen. Dagegen wurde zunächst in gesitteter Form demonstriert, in Millau, dem nahen Sitz der Unterpräfektur, wodurch sich die Regierung in Paris nicht im geringsten beeindrucken ließ. Man reagierte mit der üblichen Arroganz, nämlich überhaupt nicht. Nun aber weitete sich die Protestbasis aus. Umweltschützer, Antimilitaristen, Bauernverbände, die Gewerkschaft CFDT und diverse linke Organisationen schlossen sich an (freilich fehlte die KPF, aber das wunderte niemanden).

Die Protestaktionen nahmen jetzt mannigfache Formen an: Bei einem Offiziersball im Casino des Camps wurde zum Beispiel ein Bienenschwarm infiltriert, sechzig Larzac-Schafe reisten heimlich nach Paris, wo man sie unter dem Eiffelturm grasen ließ – ein spektakuläres Unternehmen, das dafür sorgte, daß nun auch die in der Hauptstadt konzentrierte Presse das Larzac-Problem zur Kenntnis nahm. Ein Jahr später rückten die Bauern mit ihren Traktoren auf Paris vor. Man begann, Steuerzahlungen zu verweigern, einige Larzac-Bewohner schickten ihre Militärpapiere ans Verteidigungsministerium zurück. Das von der Armee bereits erworbene Land im «Erweiterungsgebiet» wurde zum Teil illegal unter den Pflug genommen, auch ließen sich etliche Neusiedler mit militanter Entschlossenheit auf «verbotenem» Land nieder. Die Perspektive eines riesigen Manövergeländes hatte viele Leute wachgerüttelt, einige Höfe und Dörfer, die bereits verlassen waren, wurden wiederbelebt. Der allgemeine Mobilisierungseffekt war bemerkenswert: In La Blaquière errichteten – ebenfalls illegal – Hunderte von Helfern ein großes Stallgebäude, das zum Symbol der Larzac-Solidarität wurde. Landkaufgesellschaften wurden gegründet, die Land im Erweite-

Die Armee beißt sich die Zähne aus

rungsgebiet aufkauften, um es kooperativ bewirtschaften zu lassen. Das Geld aus der Steuerverweigerung wurde für Straßenbau und sonstige Infrastrukturverbesserungen eingesetzt.

Derweilen nahmen die Zusammenstöße zwischen Larzac-Verteidigern und der Armee zu. Die Landbevölkerung machte Bekanntschaft mit dem Tränengas der Gendarmerie, die versuchte, besetzte Höfe zu «säubern». Dafür wurden Armee-Einrichtungen demoliert, Militärkonvois blockiert und Manöver verhindert. Geld- und Gefängnisstrafen vermochten den Widerstand nicht zu brechen. In ganz Frankreich entstanden Larzac-Komitees, auf dem Plateau kam es zu sommerlichen Massentreffen. Der Larzac wurde ein Lieblingsziel des europäischen Alternativ-Tourismus; viele ausländische Sympathisanten kamen aber auch, um handfeste Hilfe zu leisten, Straßen instand zu setzen und Häuser zu reparieren. Die Cartoucherie de Vincennes, ein berühmtes Pariser Experimentiertheater, führte ein Stück über den Larzac-Kampf auf, Arbeiter der besetzten Uhrenfabrik Lip in Besançon kamen zu einem Solidaritätsbesuch, ebenso Delegationen aus dem bretonischen Plogoff, dessen Bevölkerung gegen ein AKW kämpfte, sowie aus dem norddeutschen Gorleben – Besuche, die von Larzac-Abordnungen erwidert wurden.

Larzac – Land ohne Zäune

Die Mentalität der bis dahin eher konservativen Schafzüchter und Bauern des Larzac hat sich während der langen Zeit der Auseinandersetzungen merklich gewandelt. Die erfolgreichen gemeinsamen Aktionen ließen sie die Zweckmäßigkeit von Kooperativen erkennen. Außerdem begannen sie, sich für Probleme wie die Ausbeutung der Dritten Welt oder den französischen Militarismus zu interessieren. 1981, nach zehn langen Jahren, war es dann geschafft: Die neue Regierung verzichtete auf die Camp-Erweiterung. Ein paar Schäfer und Kleinbauern in einer weltabgeschiedenen Mondlandschaft haben es zustande gebracht, den Blick auf diese Region zu lenken und eine Massenbewegung zu initiieren. Der Erfolg bedeutet nicht, daß nun alles wieder beim alten ist. Viele Larzac-Bewohner sind politisch aufgewacht, und man versucht, die während des zehnjährigen Konflikts aufgekommenen Themen weiter zu verfolgen. Zur Fortführung dieses «Erbes» ist die Fondation Larzac entstanden; sie organisiert internationale Begegnungen, unterstützt Theater- und Filmprojekte zu Fragen der Überbewaffnung und der Nord-Süd-Problematik und sorgt für Informationsaustausch zwischen Orten mit ähnlichen Problemen. Außerdem hat sie Partnerschaften zwischen dem Larzac und zwei Dörfern in El Salvador ins Leben gerufen. In der Nähe des Dorfes Saint-Martin liegt die Tagungsstätte Cun de Larzac, wo jedes Jahr eine Serie von Treffen zu Themen aus dem Umkreis Dritte Welt, Waffenhandel und Pazifismus stattfindet. Schließlich gibt es an der Route Nationale Nr. 9 zwischen La Cavalerie und Millau in einem renovierten Stallgebäude das Maison du Larzac; dort finden Ausstellungen statt, und man bekommt Bücher, Zeitschriften und Informationen über die laufenden Projekte und Veranstaltungen.

Der Larzac eignet sich übrigens recht gut für einen längeren Aufenthalt. Man findet dort eine Anzahl sehr beeindruckender Dörfer, zum Beispiel La Couvertoirade oder Sainte-Eulalie, die von den Tempelrittern im 12. Jahrhundert zu Festungen ausgebaut worden sind. Auf der ganzen Hochfläche gibt es, bis auf das Militärcamp, keine Zäune, man kann überall hin, wild zelten ist kein Problem. Bei manchen Bauern bekommt man billig und gut zu essen. Baden kann man auch: im sauberen Wasser der Dourbie. Und falls es jemandem auf die Dauer zu ländlich-einsam wird: In der Nähe liegt die sehr lebendige Kleinstadt Millau, mit Markt, Cafés und sonstigen städtischen Vergnügen.

Wer waren die Katharer?

Im Westen des Languedoc, besonders um Carcassonne und Limoux herum, begegnen einem immer wieder rätselhafte Bezeichnungen wie «Pays Cathare», «Vin Cathare», «Maison Cathare», «Liqueur des Cathares» oder gar «Moto Club Cathare». Was soll das? Es soll Geld reinbringen. Hier wird ein Mythos des Languedoc gewerbsmäßig ausgeschlachtet: die Geschichte der Katharer-Sekte und ihrer Vernichtung. Diese Tragödie ereignete sich im 13. Jahrhundert, und damit verbunden war eine entscheidende Weichenstellung für den Midi. Das mag zum Teil erklären, warum diese schon so lange zurückliegende Geschichte immer noch überall präsent ist, und das nicht nur als Markenname. In den Buchläden finden sich Regale voller mehr oder weniger seriöser Werke über diese Häretikersekte und ihren Untergang, der den Niedergang des gesamten Languedoc einleitete.

Woher die urchristlich anmutende Lehre der Katharer, der «Reinen» (auch Albigenser genannt, nach der Stadt Albi, einem ihrer Zentren) kam, liegt im Dunkel – die tollsten Spekulationen werden darüber angestellt. Ihr simples, dualistisches Weltbild teilte das Universum in hell und dunkel, gut und böse ein. Schlicht war ihre jenseitsgewandte Lehre von der Erde als Jammertal, und schlicht war auch die von ihnen propagierte und praktizierte Lebensweise: anspruchslose Ernährung und einfachste Kleidung gehörten ebenso zu ihren Prinzipien wie Gewaltlosigkeit. Es gab bei ihnen keine komplizierte Kirchenhierarchie, sondern nur die Unterscheidung zwischen den normalen Gläubigen und den sogenannten «Vollkommenen», den Predigern, die ein besonders asketisches Leben mit strikt vegetarischer Kost und

Keuschheitsexzessen führten, da das Fleisch ja bekanntlich sündig ist. Damit standen sie in totalem Gegensatz zum damaligen katholischen Klerus mit seinen machtgeilen Äbten und verlotterten Mönchen. Deren Schwelgerei und Korruption verschafften den Katharern große Glaubwürdigkeit und enormen Zulauf, vor allem beim niederen Volk. Die Häretiker-Kultur prägte die ganze Region. Sie fand auch im Adel des Midi viele Anhänger und Beschützer, denn der hatte ein Interesse daran, den Einfluß des reichen und mächtigen Klerus zurückzudrängen. Die Kirche sah ihre Felle davonschwimmen. Papst Innozenz (der Unschuldige) III. leierte daher einen internen Kreuzzug an, an dem sich die Streitkräfte des französischen Königs und Adels beteiligten. Der jahrzehntelang andauernde, blutige Feldzug gegen die Ketzer des Südens wurde zu einem Eroberungskrieg, in dessen Verlauf die Burgen und Städte eingenommen und die einheimischen Adligen entmachtet wurden. Schließlich wurde das Languedoc dem Königreich Frankreich angegliedert.

Diese Geschichte ereignete sich vor fast 700 Jahren, aber viele Details und Gestalten sind auf eigentümliche Weise lebendig geblieben. Der Anführer des Kreuzzugs, Simon de Montfort, ist im Midi zum Inbegriff des barbarischen Finsterlings geworden, die Grausamkeiten der Inquisition, die in der Nachhut der Kreuzzügler tätig wurde, sind ebenso unvergessen geblieben wie der verzweifelte und verbissene Widerstand des Südens, auch wenn dies heute gern in mystisch verbrämter Form präsentiert wird. Verwitterte Zeugnisse jener Schreckenszeit sind reichlich vorhanden; begibt man sich auf ihre Fährte, so erscheint die Gegend in einem anderen Licht. Und überdies leitet uns die historische Spur auch durch eine sehr schöne Landschaft.

Die Synagoge des Satans

Béziers liegt auf einem Hügel oberhalb des Flusses Orb – im Zentrum der Stadt die prachtvolle Allee Paul-Riquet, benannt nach dem Ingenieur des Canal du Midi, der in der Nähe vorbeiführt. Die Allee ist eine überraschend großstädtisch wirkende Flaniermeile mit vier Reihen hoher Platanen, die oben zusammenzuwachsen scheinen, mit Kandelabern, Kiosken, Cafés und Massen von Tauben, verwandt mit den Ramblas in Barcelona. Béziers ist das regionale Zentrum des Weinhandels, es gibt viele Fachgeschäfte für Winzerzubehör, und auch eine «Gesellschaft für Wein-Propaganda» hat hier ihren Sitz. Béziers war die erste Stadt, die vom Kreuzfahrerheer belagert und eingenommen wurde – am 22. Juli 1209. An jenem Tag wurde die gesamte Bevölkerung, 20000 Menschen, abgeschlachtet. Tausende wurden allein in der Église de la Madeleine, in die sie sich geflüchtet hatten, verbrannt. Die Soldaten machten dabei keinen Unterschied zwischen Katharern und Normalchristen. «Bringt sie alle um. Der Herr wird die Seinen schon erkennen», hatte ihr Chef lakonisch angeordnet. – In der Altstadt hat der offenbar sehr okzitanisch gesonnene Stadtrat von Béziers Schilder aufgehängt, die an diese Ereignisse erinnern und die Plätze bezeichnen, an denen die Massaker stattfanden.

Fährt man von hier weiter in Richtung Westen, so kommt man in das

Unter den Platanen von Beziers

hügelige Minervois, einen besonders reizvollen Landstrich mit kleinen, etwas vergessen wirkenden Winzerdörfern, zwischen den sanft gewellten Weinbauflächen mit hervorscheinenden Kalkfelsen und Zypressen – durch und durch das, was man so «pittoresk» nennt. Mittendrin liegt der winzige Ort Minerve auf einem Felsen, von Schluchten umgeben, quasi uneinnehmbar. Sechs Wochen dauerte die Belagerung, dann war es auch hier soweit, die Scheiterhaufen konnten angezündet werden. Religiöse Lieder singend, verbrannten zu Hunderten die Häretiker. «Als Catars», den Katharern zum Gedenken, steht es okzitanisch auf einer kleinen Tafel neben der Kirche. Und weiter zog das Christenheer nach Westen. Jetzt war als nächstes Carcassonne dran, dessen wuchtige Befestigungsanlagen teilweise bis auf die Westgoten zurückgehen. Heute ist die hochgelegene Cité von Carcassonne, so beeindrukkend sie von außen ist, im Inneren ein Touristen-Eldorado von der Güteklasse Rüdesheim oder Rothenburg ob der Tauber. Die paar hundert Leute, die noch in der Altstadt wohnen, leben recht gut von den Besuchermassen und drehen ihnen allen Nippes der Welt an.

Der Fall von Béziers und Carcassonne verbreitete Angst und Schrekken in der ganzen Region; nun fiel rasch eine Stadt nach der anderen in die Hände des furchtbaren Simon und wurde jeweils darauf durch die Inquisition bedient. Besonders viel hält sich das Städtchen Limoux auf seine Ketzervergangenheit zugute. Davon kündet schon das kitschige Großmosaik am Ortseingang, und jeder, der hier was zu verkaufen hat, verziert es mit dem Attribut «Cathare». Die Jugendlichen, die ich in dem schönen großen Grand Café auf der Piazza von Limoux nach den Katharern fragte, meinten denn auch, das sei wohl irgend so ein eingetragenes Warenzeichen. Einer war allerdings besser im Bilde, murmelte etwas von «sehr alte Geschichte» und ließ die Stichworte «Occitanie» und «Montségur» fallen.

Montségur: Hier vollzog sich der letzte Akt der Katharer-Tragödie, der Tragödie Okzitaniens. Nach dem Fall der Städte des Languedoc zogen sich die Gläubigen in Bergfestungen zurück, die wie einsame Raubvogelnester auf hohen Felsen im Vorfeld der Pyrenäen klebten – auf Burgen wie Peyrepertuse (beim Dörfchen Duilhac in den Corbières), Quéribus (zwischen Maury und Cucugnan) und eben nach Montségur, unweit der Kleinstadt Lavelanet im Département Ariège. Dieser ungewöhnliche, auffällige Bergkegel, auf dessen Spitze jene letzte Hochburg des Widerstands thront, ist inzwischen so etwas wie ein okzitanisches Heiligtum, eine mythenumwobene Kultstätte geworden. Gegen das Gemäuer, in dem sich ein harter Kern von Gläubigen verschanzt hatte, rückte damals eine Armee von 10000 Soldaten an. Aber noch acht Monate lang widerstand die «Synagoge des Satans», wie die Inquisition diese Bastion nannte. Als sie dann eingenommen wurde, ließ man, wie schon in den vorigen Fällen, den Ketzern die Wahl zwischen Bekehrung oder Scheiterhaufen, obwohl es über die Entscheidung keinen Zweifel gab. 210 Katharer wurden am 16. März 1244 am Fuß des Gipfels auf einer riesigen Feuerstelle verbrannt. Die französische Krone konnte sich nun endgültig das Languedoc einverleiben.

Daß der 1207 Meter hohe Berg einen großen Symbolwert für Okzitanisten hat, ist begreiflich. Auch heute tut sich dort noch so allerlei: Wenn man das kleine Dorf Montségur am Fuß des Kegels aufsucht, hat man gleich die Wahl zwischen mehreren Geschäften, in denen alles über Druiden, Gnosis, Wunderheiler und Astrologie zu bekommen ist, wo okkulte Weisheiten und esoterisches Gewaber jeglicher Provenienz feilgeboten werden. Der Berg ist nämlich, über seine Attraktivität für den Normalbesucher hinaus, eine Pilgerstätte für jede Art von Yogis, Gurus, Spiritisten und Mythomanen. Sehr stark belebt wurde dieser spezifische Tourismus durch die Werke eines deutschen Schriftstellers namens Otto Rahn. Der hatte in den zwanziger Jahren Parallelen zwischen dem Midi-Kreuzzug und der Parsifal-Sage zu finden gemeint und aus seinen Erkenntnissen gefolgert, daß der Montségur nichts anderes ist als das Versteck des heiligen Grals, logo, und daß es die besondere Mission der Katharer gewesen sei, die Reinheit des Ariertums zu bewahren und zu verteidigen ... Dieser Quark wurde dann von etlichen Nazis gierig eingesogen, was dazu führte, daß sich während der Besatzungszeit eine ganze Reihe von ihnen hierher aufmachte. Auch heute noch kreuzen rechtsradikale deutsche Jugendbündler und Mythensucher am Montségur auf, um hier ihren völkischen Hokuspokus zu treiben. Trotz alledem hat man von der Burgruine herunter einen prachtvollen Blick auf das Umland und die nahen Pyrenäen.

Marseille –

Explosiver Schmelztiegel am Mittelmeer

Die Arme der Fischersfrau sind ziemlich muskulös. Ratsch hat sie mit ihrem Messer den Meeresaal aufgeschlitzt, nach einem souveränen Schlenker landen die Eingeweide – platsch – im Hafenwasser. Während dieser Tätigkeit fährt sie pausenlos mit ihrem lauten Anpreisungssermon fort. Wir sind am Vieux Port, an dessen Stirnseite jeden Morgen die Boote der Kleinfischer festmachen und wo dann gleich der Tagesfang vor Ort verkauft wird. Sehr viele verschiedene Fischarten liegen durcheinander auf den Tischen. Es ist drückend heiß. Sonnenschirme schützen das Meeresgetier vor dem vorzeitigen Verderb. Dazwischen drängeln sich Käufer und Touristen; eine deutsche Familie, Vater, Mutter, drei Gören, zieht quer durch. «Kinder, schön zusammenbleiben!» Marseille ist ein gefährliches Pflaster, das weiß man schließlich. «Extra! Super! Formidable!» grunzt ein Fischer und wühlt im glibbrigen Pulpo-Haufen. «Igitt, sowas könnt ich nich essen!» Die Kinder möchten jetzt Soft-Eis, Vater knipst seine Lieben, treibt zur Eile an, will unbedingt noch zu dieser Kirche oben auf dem Felsen rauf, Mutter, bereits krebsrot, will in den Schatten, ein lästiger Clochard macht sich ran, möchte Kleingeld. Neben den Fischbänken gibt's Kioske mit Strohhüten und Plastikfotoapparaten, Rucksackreisende lagern auf Bänken, dazwischen ein paar Alt-Freaks auf dem Weg zum Endgültig-Penner. Viel Betrieb ist hier vormittags. Über allem das Werbegeschrei und die obszönen Frotzeleien der Fischmänner und -frauen und ein salzig-fauliger Geruch, der vom Wasser herkommt. An den Längsseiten des Hafenbekkens aufgereiht liegen Nepp-Restaurants und Cafés, mit Blick auf einen Wald von Segelbootsmasten. Obendrüber, zur Abrundung der Postkartenperspektive, Notre-Dame-de-la-Garde sowie kreisende Möwen, die auf Fischreste spekulieren. An den Cafés ziehen ambulante Händler, Musikanten und andere Vortragskünstler vorbei, ein Junge mit einem Akkordeon, das fast so groß ist wie er selbst, spielt «La Paloma», was sonst. Als nächstes will ein resignierter Alter Scherzartikel loswerden, und dann kommt ein billig herausgeputztes kleines Mädchen, rasselt mit Castagnetten und quäkt eine Art danebengeratenen Flamenco. Die Touristen sind gerührt und greifen zur Geldbörse. Das Mädchen ist begabter, als sie glauben.

Von den Phokäern zu den Pieds-noirs

Schwer in den Griff zu kriegen ist dieses Marseille – eine flimmernde, nervöse Stadt mit einer elektrisch aufgeladenen Atmosphäre, chaotisch, verbaut, unübersichtlich, Lieferantin von blutigen Schauergeschichten, kreuzhäßlich und zugleich voller lauschig-mediterraner Flecken. Wenig «historisch Wertvolles» oder «Sehenswürdiges» wird hier geboten, die Faszination kommt woanders her und erschließt sich nicht jedem. Viele sind von dieser Stadt enttäuscht, finden sie stinkig und schmutzig. Stimmt ja auch. Vor allem, wenn man vom Norden hereinkommt, durch das no-mans-land, wo Arbeiter beziehungsweise Arbeitslose in Sozialbau-Quadern hausen, in achtlos in die felsige Landschaft geklotzte große Wohnscheiben, zwischen Lehmstraßen und kümmerlicher Grasnarbe. Die unendlich vielen Mini-Balkons der

Fischmarkt am Vieux Port

Einheitsfassaden sind mit bunter Wäsche vollgehängt, auf den staubigen Terrains brennen Feuerchen – diese endlos ins Umland sich ausdehnenden Vorstädte wie Saint-Bartélémy, Saint-André oder L'Estaque wirken unter der strahlenden Mittelmeersonne besonders schäbig.

Marseille ist alles andere als homogen. Gegensätze prallen hier hart aufeinander; soziale wie ethnische Unterschiede liegen offen zutage. Kaum kann man Marseille noch als eine wirklich «französische» Stadt bezeichnen, das Völkergemisch ist beispiellos. Hier leben Korsen, für die, wenn sie Arbeit auf dem Festland suchen, Marseille erste Anlaufstelle ist, Armenier, die nach dem türkischen Völkermord von 1915 ihre Heimat verließen und jetzt hier eine 80000 Mitglieder starke Gruppe bilden, Italiener, die vor Mussolini flohen oder vor dem Elend im Mezzogiorno, republikanische Spanier, die sich vor Franco in Sicherheit brachten, Massen von Pieds-noirs, die nach der Unabhängigkeit Algeriens rüberkamen, inzwischen auch viele sephardische Juden aus den nordafrikanischen Staaten sowie eine Unzahl von legal oder illegal Arbeitsuchenden aus den Maghreb-Ländern. Die Einwohner urfranzösischer Herkunft sind hier tatsächlich in der Minderheit.

Aus der Fremde waren schon die Gründer von Marseille beziehungsweise Massalia gekommen, griechische Seeleute aus dem kleinasiatischen Phokäa, die sich um 600 vor Christus an dieser geschützten länglichen Bucht niederließen, die heute Vieux Port heißt. Seither hat sich dieser Hafen zu einem Zentralpunkt am großen Mittelmeerteich entwikkelt, und irgendwie scheinen hier Genua, Neapel, Beirut oder Algier näher zu liegen als etwa Paris. Einen offenen Horizont hat diese Stadt, kehrt ihr Gesicht dem Süden zu, dem Meer, das immer im Blickfeld ist. Man sieht die Schiffe auslaufen, immer kleiner werden, die Ferne ist sinnlich präsent. Das laufende Kommen und Verschwinden von Menschen und Waren, das Aufbrechen in die Weite, das Eintreffen aus der Fremde prägen die Atmosphäre eines solchen Ortes.

Über Jahrhunderte war Marseille eine blühende Handelsstadt, zumal seit der «Sonnenkönig» hier die königlichen Galeeren stationieren ließ. Sie hatte praktisch das Monopol für den Levante-Handel, war Dreh- und Angelpunkt für den Warenverkehr mit den arabischen und afrikanischen Ländern, besaß, wie es hieß, die Schlüssel zum Orient. Und als sich im 19. Jahrhundert das französische Kolonialreich ausbreitete, wurde Marseille sein wichtigster Hafen. Anderswo mochte die Industrialisierung stattfinden, in Marseille indessen trieb man emsig wie eh und je Handel. An eigener Industrie entstanden im wesentlichen bloß Ölmühlen und Seifensiedereien (das französische Wort für Kernseife ist «savon de Marseille»), später kamen noch die Pastis-Fabriken dazu; aber viel war das nicht, Marseille blieb primär der große Hafen des Kolonialhandels und wurde keine Industriestadt.

Aus der Glanzzeit des 19. Jahrhunderts stammt zum großen Teil das ansehnliche Mobiliar der Stadt, protzige öffentliche Gebäude wie die Präfektur, die gestreifte Riesenkathedrale am Hafen, die 12000 Menschen Platz bietet, dann oben auf dem Berg die Aussichts-Basilika Notre-Dame-de-la-Garde mit der goldenen Madonna auf der Turmspitze und natürlich die Canebière, die Marseiller Vorzeigestraße mit ihren üppigen Kandelabern. Der Name kommt, kaum zu fassen, von Cannabis, weil hier, wie Stendhal zu berichten weiß, einstmals Hanffelder wogten ... Von «Prachtstraße» kann inzwischen allerdings kaum mehr die Rede sein, der frühere Glanz ist stumpf geworden, die grünen Laternen und alten Fassaden blicken auf ein wenig mondänes Menschengewühl herunter, das stark durchsetzt ist von Elementen des Mittelmeerproletariats. Ein anderes Beispiel für verblichenen Kolonialpomp findet sich am Hauptbahnhof Saint-Charles: Zu dem führt eine generöse, breite Freitreppe hinauf, deren Fußende flankiert wird durch zwei Marmorstatuen ergeben hingestreckter, von Kindern und Früchten umrahmter Frauen. Auf dem Sockel der rechten ist eingemeißelt «Colonies d'Afrique», auf dem der rechten «Colonies d'Asie».

Der schamlose Stolz des Kolonialhafens ist freilich längst verflogen, allerspätestens seit 1962, als mit Algerien die letzte größere Kolonie verlorenging. Da sah sich Marseille auf einmal von seinen afrikanischen Ressourcen amputiert, Stadt und Hafen gerieten in eine schwere Krise. Ganz rapide mußte umgedacht werden, die «Königin des Mit-

Spuren aus der Kolonialzeit

telmeers» konnte von Kernseife und Pastis allein nicht leben. Die neue Orientierung hieß nun «Europa». Marseille sollte zu einem südlichen Gegenstück von Rotterdam werden, kein Kolonial-, sondern nunmehr ein Industriehafen. So wurde nordwestlich der Stadt im Rhônedelta um das idyllische Dorf Fos herum eine brandneue Industrielandschaft aus dem Boden gestampft, mit Hafenbecken, die tief genug für große Erzfrachter und Tankschiffe sind, gleich neben neuen Super-Hochöfen und Ölraffinerien – eine dem gaullistischen Größenwahn entsprungene Gruselwelt, die sich bereits im halbfertigen Zustand als Fehlkalkulation erwies: Seit den siebziger Jahren befindet sich die Metallindustrie in einer Dauerkrise, und so sind die Kapazitäten von Marseille-Fos nur zu einem Bruchteil ausgelastet. Der größte Hochofen mußte schon wieder abgeschaltet werden, unbeschäftigt ragen die Riesenladekräne in den blauen Himmel ...

Ein ganz besonderes Milieu

Die wirklich schönen Stellen von Marseille sind ziemlich verborgen. Eine Perle ist jedenfalls der Jardin du Pharo, ein kleiner Park auf der etwas höher gelegenen Landzunge am südlichen Rand des Alten Hafens. Von dort hat man einen unglaublich schönen Blick auf die Stadt und die Schiffe, die unter einem einlaufen oder hinausziehen. Das versöhnt mit Staub, Lärm, Hektik und städtebaulichem Chaos – eine Pracht, dieses Panorama mit der langgestreckten Bucht, an der diese Griechen damals eine Filiale ihrer Heimatstadt Phokäa gründeten (heute heißt das «Fotcha» und liegt in der Türkei bei Izmir). Gleich neben diesem Garten fällt mein Blick in eine unscheinbare Sackgasse. Wo führt sie hin? An der Mauer ein kleines Schild: «Morgue Municipale» – Städtisches Leichenschauhaus. Zack! Schon ist wieder Schluß mit dem Idyll. Statt besinnlich-dösigen Hinausschauens aufs unschuldige-blaue Meer ziehen jetzt allerlei Namen und Vorfälle am inneren Auge vorbei. Hier also sind sie alle aufgebahrt worden, mit einem Etikett am großen Zeh, die Opfer aus der Bar du Téléphone, wo vor einigen Jahren aus heiterem Himmel sämtliche Gäste abgeschlachtet wurden, dann auch die vom Auriol-Massaker sowie der Richter Michel, der von Motorrad-Killern erledigt wurde...

Aufgemotzte Skandalgeschichten? Gewiß, dergleichen wurde und wird gern und reichlich für Filme und Kriminalromane ausgebeutet, aber Märchen sind es trotzdem keine. Tatsächlich ist Marseille eine Gangstermetropole ersten Ranges. Laufend passiert was Neues, Bandenkriege um die «French Connection», Morde der gaullistischen Geheimpolizei SAC, Betrügernetze im öffentlichen Dienst, Aushebung von Heroinküchen oder Geldfälscherwerkstätten. Angeblich ist ein Drittel der in Frankreich in Umlauf befindlichen 200-Franc-Scheine gefälscht. Die Blüten kommen aus Marseiller Druckereien. 500er Scheine werden von den meisten Kleinhändlern eh nicht mehr angenommen. Die Unterwelt (französisch «le milieu») ist hier eigentlich gar nicht sehr weit «unten», sie ist vielmehr sehr präsent und pflegt beste Beziehungen zu manchen Politikern und Journalisten. Für Außenstehende sind die verschiedenen Querverbindungen reichlich verwirrend, aber Marseille hat halt seine sehr eigenen Gesetze.

Natürlich gab es in dieser großen Hafenstadt immer schon eine Menge krimineller Sumpfblüten, aber die engen Bindungen zum politischen Bereich sind schon was Spezielles. Angefangen hatte es damit richtig in den zwanziger Jahren. Nach einer traditionellen Phase quasi folkloristisch-handwerklicher Kriminalität wurde damals eine neue, moderne Ära eröffnet. Zu einer Zeit, in der es «draußen» im legalen Gewerbe zu forcierten Trust- und Kartellbildungen kam, ging es auch hier um eine vernünftige und effiziente Kontrolle über Prostitution, Schmuggel und Rackets. Paul Carbone, genannt «der Tätowierte», und François Spirito, die beiden führenden Persönlichkeiten des korsischen «Milieus», kapierten rasch, wie günstig hierfür solide politische Kontakte waren. So boten sie erstmals ihre harten Jungs interessierten Parteien als Ordnungsdienste an und landeten zunächst bei der faschistischen PPF, wodurch sie während der Vichy-Zeit ganz gut dastanden. Als die Deutschen auch Marseille besetzten und Kräfte für eine Hilfs-Gestapo rekrutierten, da mischten Spiritos Korsen sofort eifrig mit. Carbone hatte dann schlimmes Pech: Es erwischte ihn bei einem Résistance-Attentat auf den Zug nach Paris. Seiner feierlichen Beisetzung wohnte der NS-Botschafter Otto Abetz bei, ebenso wie die berühmte Mistinguett und 3000 weitere Trauergäste. Als der korsische Gesangsstar Tino Rossi das Ave Maria anstimmte, blieb kein Auge trocken. Carbones Kollegen Spirito gelang es 1944, mit Mafia-Unterstützung in die USA abzuhauen.

Das ließ aber in Marseille keineswegs ein Vakuum entstehen, denn da gab es noch eine Unterweltfraktion, der der Weltgeist etwas freundlicher gesonnen war. Die hatte es nämlich vorgezogen, sich mit der Résistance einzulassen. Nicht etwa aus politischen Gründen, bewahre, sondern eher so, wie man auf ein anderes Pferd setzt – im übrigen vertrugen sie sich weiterhin prächtig mit ihren Kumpels von der «anderen Seite». Es handelte sich dabei vornehmlich um die Gang der Guerini-Brüder, die dann nach dem Krieg die Pfründe der Kollaborations-Mafia übernahm. Einige alte Gefährten von Carbone, allen voran Joe Renucci, schafften rechtzeitig die Wende und machten sich bei den Gaullisten beliebt. Renuccis Adjutant, ein junger Pistolero namens Nick Venturi, eroberte in jenen bewegten Tagen dem Résistance-Politiker Gaston Defferre die Redaktion des «Provençal», der größten Marseiller Zeitung, die er bis zu seinem Lebensende 1986 behielt. Überhaupt gab es viel zu tun in den Jahren nach der Befreiung. So half die Guerini-Truppe im Auftrag des französischen Geheimdienstes und der Amis aktiv dabei mit, die kommunistischen Streikposten fertigzumachen, die sich im Hafen den Marshallplan-Lieferungen widersetzten. Als heilgebliebener Hafen hatte Marseille sehr bald eine wichtige Funktion für den Kalten Krieg.

All diese Handreichungen zahlten sich natürlich für das Milieu aus. Nicht nur wurden einige seiner Mitglieder mit vaterländischen Orden behängt, man hatte sich vor allem durch solche Dienstleistungen politisch prima abgesichert und wurde fürderhin nur dann behelligt, wenn's gar nicht mehr zu vermeiden war. Renucci zog über seine Niederlassung in Tanger erst mal einen schwunghaften Handel mit geschmuggelten Ami-Zigaretten auf. Sein US-Partner war der berühmte Mafioso Lucky Luciano. So richtig fruchtbar wurde die franko-amerikanische Kooperation dann in den fünfziger Jahren, als es mit dem Drogengeschäft aufwärtsging. Wieder war Luciano mit von der Partie, außerdem auch gewisse amerikanische Gewerkschaften, die ihm und den Seinen nahestanden. In Marseille ging nun der Stern des begnadeten «Chemikers» Jo Cesari auf, eines eigenbrötlerischen Analphabeten, der in der Lage war, 95prozentig reines Heroin herzustellen. Marseille wurde *die* internationale Drehscheibe für harte Drogen, bis Anfang der siebziger Jahre eine US-Untersuchungskommission auf den Plan trat und Krach schlug. Sie nannte die Namen von vier Oberbossen aus dem Rauschgift-Business, darunter auch den von Widerstandsheld Venturi. Und sie behauptete, diese Gangsterchefs würden in Marseille irgendwie gedeckt. Nichts als Verleumdungen.

Aber die vereinten Machenschaften des FBI und französischer Polizeikräfte von auswärts brachten Unruhe ins Geschäft, es gelang, die Marseiller Gruppierungen gegeneinander auszuspielen, so daß es zu einer Welle von Denunziationen und zu einem häßlichen Bruderkrieg im Milieu kam. So mancher wurde dabei diskret mitsamt Auto von einer berüchtigten Klippe bei Cassis ins Meer gestürzt. Nach dem Abgang von 27 Führungskräften war die «French Connection» erledigt. «Chemiker» Cesari erhängte sich voller Verzweiflung in seiner Gefängniszelle. Eine Pionier-Ära des organisierten Verbrechens ging zu Ende. Die durch den von außen gesäten Unfrieden entfesselten Nachfolgerkriege hielten noch lange an und machten sich für die Öffentlichkeit durch blutige Abrechnungen bemerkbar. Da war 1978 das grausige Ereignis in der Bar du Téléphone – zehn friedliche Kartenspieler von drei Killern durchsiebt. Bei der anschließenden Fahndung ist erwartungsgemäß nichts rausgekommen. Ein paar Jahre später dann das Massaker von Auriol, wo die sechsköpfige Familie eines Polizeiinspektors namens Jacques Massie ausgelöscht wurde. Massie war Mitglied der unter de Gaulle gegründeten Geheimpolizei SAC, die mehr und mehr ins Kriminelle abrutschte. Das Killerkommando bestand seinerseits aus SAC-Leuten. Bei einer auf Betreiben der Pariser Regierung durchgeführten Nachforschung wurde deutlich, daß die ganze Polizei von Marseille mit SAC-Mitgliedern durchsetzt war. Man hat daraufhin die SAC offiziell abgeschafft ...

Bei Untersuchungen in Marseille kommt eigentlich nie sehr viel ans Licht, aber das ist nicht weiter verwunderlich. Der Ehrgeiz der Nachforschenden hält sich meist in Grenzen. Eine Ausnahme machte der Untersuchungsrichter Pierre Michel, der mit ungewöhnlichem Eifer und fanatischen Rechtsvorstellungen ans Werk ging, um einem neuen Drogenring, der sich inzwischen gebildet hatte, nämlich der «Sicilian Connection» das Handwerk zu legen. Im Oktober 1981 wurde Michel mitten im Verkehrsgewühl von zwei Motorradfahrern mit Integralhelmen erschossen – ein deutliches Lehrbeispiel dafür, wie ungesund übertriebene Hartnäckigkeit in dieser Stadt sein kann.

Jüngst ist trotzdem mal was rausgekommen: Da wurde ein Superskandal in der Stadtverwaltung ruchbar. Ein weitverzweigtes Betrügernetz sahnte mit Hilfe von Phantomfirmen und getürkten Rechnungen Riesensummen bei der Stadt Marseille ab. Viele unauffällig-graue Rathausbeamte waren da mit hineinverwickelt, hatten fett profitiert von der Großzügigkeit einer öffentlichen Hand, deren Ausschüttungen sie selbst dirigierten – und plötzlich saßen in Les Baumettes, dem legendären Knast, ganze Flure voller seriöser Verwaltungsherren. Eine ärgerliche Panne brachte diese Sache ins Rollen: Der Regional-Direktor der staatlichen Krankenversicherung hatte Selbstmord begangen. Prompt fingen die Fahnder an, in den Akten rumzuschnüffeln. Und tatsächlich erwischte es diesmal auch den inzwischen würdig-graumelierten «Firmeninhaber» Nick Venturi, dem man allerhöchste Protektion nachsagt und der aus sämtlichen Affären bislang ungeschoren davon gekommen war. Mit beleidigt-amüsierter Miene rasselte der alte Freund des Bürgermeisters für die Pressefotografen mit seinen Handschellen. So was ihm!

«Marseille ist nicht Chicago!» sagte Gaston Defferre. Da hatte er recht. Marseille hat seinen ganz eigenen, unnachahmlichen Stil. Zwar wird dem, der hier als naiv-dummdreister Schnüffel-Journalist oder übereifriger Untersuchungsrichter auftritt, deutlich klargemacht, wo die Grenzen des guten Marseiller Geschmacks liegen, aber ansonsten kommen die verschiedenen Kreise recht gut miteinander aus. Um die Oper herum liegt das Quartier der Nachtclubs, der «fatchou-maccou» (so heißen die hiesigen Zuhälter) und gewisser Bars, in denen sich Unterwelt, Polizei und Journalisten gemüt-

Im Quartier du Panier

lich treffen, Informationen austauschen und friedlich miteinander anstoßen – etwa im Péano, im Son des Guitares oder in der Auberge de la Commanderie. Ganoven, Rechtsanwälte, Polypen und Zeitungsschreiber wissen halt, daß sie irgendwie alle voneinander leben, also greifen sie sich ein bißchen unter die Arme und halten sich an die Spielregeln. Ist doch nur normal. In Marseille.

Hafenviertel und Casbah

Die rechte, geographisch nach Norden gelegene Seite des Alten Hafens überrascht durch eine gleichförmige Bebauung mit Betonhäusern aus den fünfziger Jahren. Einzig das kleine Rathaus aus dem 18. Jahrhundert ist von früher übriggeblieben. Wo jetzt die mittlerweile schon dunkelbraun-fleckigen Alt-Neubauten stehen, da dehnte sich einmal am Ufer entlang das verrufene Hafenviertel von Marseille aus – ein enges, verwinkeltes Labyrinth, in dem sich das menschliche Treibgut aus sämtlichen Mittelmeerländern angesammelt hatte. Diese Hafenecke war im Zweiten Weltkrieg den deutschen Besatzern ein Dorn im Auge. In den düsteren, unübersichtlichen Gassen konnte sich wer weiß was abspielen, da versteckten sich Résistance-Leute und deutsche Deserteure zwischen alldem übrigen undeutschen Gelichter. Also wurde nach kurzer Zwangsevakuierung dieser Sumpf in die Luft gejagt, was den Marseiller Bürgern aus den «besseren» Quartiers trotz ihrer Krokodilstränen gar nicht so unrecht war.

Dennoch, hinter den neuen Blocks verborgen findet sich heute immer noch ein beachtlicher Rest des alten, ehemals wilden Marseille: das Viertel Panier, zu dem man über einige Treppen hinaufsteigen muß. Rue du Refuge, rue Saint-Antoine, rue Baussenque: ein archaisches Gewirr von Gassen, wo die Wäsche auf südländische Manier zum Trocknen vorm Fenster hängt, zwischen lose baumelnden Strom- und Telefondrähten, auf der Gasse Taubendreck, Kinderscharen, streunende Katzen, an den Mauern Fetzen der letzten Wahlplakate von Gaston Defferre. Fremde, kehlige Sprachen dringen aus den Häusergrüften, ein paar Rasta-Neger schlendern lässig vorbei. Über die Dächer ragen manchmal die Aufbauten eines Frachters, in der heißen Sonne fermentiert der Abfall. Wie eine Zitadelle liegt dieser uralte Stadtteil auf seinem Hügel, ein trotziges Dorf aus einer anderen Zeit.

Im Osten wird dieses Quartier begrenzt durch die breite rue de la République mit ihren geschwärzten Fassaden, die auch schon bessere Tage gesehen haben. Wenn man diese Straße überquert, dringt man in eine Sonderwelt ein, die «Casbah», das Araberviertel von Marseille: fortschreitender Verfall, Menschen- beziehungsweise Männergewühl, Tücher, Koffer, Kleider, Töpfe, jeder erdenkliche Ramsch quillt auf die Gasse, einer kommt mit einem Teppich, murmelt ohne Überzeugung «pas cher, mon ami!», ein anderer bietet drei Schachteln original algerische Zigaretten an. Auf dem Pflaster vor der Kirche Saint-Théodore liegen ein paar uralte Jacken und Hosen undefinierbar gewordener Farbe, aus vierter, fünfter oder sechster Hand, und warten tatsächlich noch auf Käufer, im Straßendreck ausgebreitet auch Koranschriften, neben denen ein Alter mit einem Turban kauert. Ein wahrhafter Basar findet permanent auf dem cours Belsunce statt. Da kriegst du alles: Wecker, Sonnenbrillen, Erdnüsse, heilige Bücher, Gaskocher, Muezzin-Kassetten, Flamenco-Puppen, Kaffeemühlen – dazwischen hocken Schuhputzer und Bettler. Eine immens dicke Negermami sitzt inmitten von vergoldetem Krempel, wie auf dem Marktplatz in Ouagadougou oder Abidjian. Als ich ein Foto machen will, springt sie schreiend auf. Die Nachbarhändlerin bricht wie eine Furie hervor: «He! *Mich* fotografierst du nicht, verstehst du? *Mich* nicht!» Ich verlasse lieber ihren Aktionsradius.

Bei vielen der Männer, die auf den Türschwellen herumhocken, fällt der finster-verschlossene Blick auf. Man fühlt sich als gaffender Eindringling. Die Gesichter sind zerfurcht, mißtrauisch, manchmal feindselig. Häufig genug sind diese Leute verletzt worden, das hat sich eingegraben, alle sehen sie älter aus, als sie sind, Opfer alltäglicher Gewalt, andauernder Beleidigung. Schon die Wohnverhältnisse, unter denen sie zu leiden haben, sind ein Gewaltakt gegen die Menschenwürde: stinkige, düstere Flure, Pfützen im Treppenhaus, tropfende Wasserhähne, nackte Glühbirne an der Decke, Kochen auf dem Camping-Kocher, ein Provisorium als Dauerzustand, ein Leben ohne Frauen zudem. Viele behelfen sich untereinander, ohne Leidenschaft, aus Not. Dann gibt's natürlich auch die Prostituierten, die von der untersten Kategorie. In der rue Thubaneau stehen sie oder sitzen auf Treppenstufen, als wären sie einem Fellini-Film entsprungen, zeigen lockend ihre aufgeschwemmte Anatomie vor, während am Tresen der Kneipen nervös-wippend in etwas zu schnieken Klamotten die arabischen Zuhälter die Situation im Blick behalten. Selbst diese Schreckensdamen können sich die wenigsten leisten, außerdem ist es Sünde. So leben sie mit verfinstertem Blick unter Verdammten im Getto, spielen Domino und sehen sich in der Video-Musikbox aufreizende Bauchtänze an, ein Jammerleben voller verdrängter Sehnsüchte. Kein Wunder, daß viele unter psychischen Problemen leiden. Nicht zuletzt auch, weil laufend ihre Herkunft, Religion und Lebensweise verächtlich gemacht wird, weil sie an allen Ecken mit rassistischen Graffiti («Araber raus!» «Mohammed, pack deinen Koffer!») konfrontiert sind. Es kommt in Marseille regelmäßig zu Ausbrüchen von Rassenhaß. Besonders schlimm wird es, wenn sich aus irgendeinem Anlaß die Taxifahrer

Billig-Pizza im Straßengewühl

zusammenrotten, oftmals fanatische Araberfresser, und dann eines der einschlägigen Quartiers einkreisen, um mit Eisenstangen und Knüppeln durchzuziehen und «aufzuräumen». Auch die Polizei ist bei ihren Razzien an der Porte d'Aix kein bißchen zimperlich und spart nicht mit diskriminierenden Bezeichnungen wie «bicot» oder «bougnoule». Hin und wieder explodieren auch Bomben in von Arabern bewohnten Mietshäusern oder algerischen Institutionen . . .

Am boulevard des Dames, unweit der Porte d'Aix, befindet sich im obersten Stock eines Fabrik- und Lagerhauses das Studio von «Radio Gazelle», einem freien Sender, der von jungen Nordafrikanern betrieben wird. Sie wollen sich nicht in die Ecke der Ausgegrenzten und Kriminalisierten abdrängen lassen, sondern versuchen, eine eigene politische und kulturelle Offensive zu starten. Einer von ihnen, Ali, beschreibt die Situation, so nüchtern er kann: «Der Haß, auf den wir hier oft stoßen, ist unerträglich. Wir sind die ‹frisées›, die Krausköpfe, überall werden wir abgewiesen, in Cafés nicht bedient . . . Es gibt viele Pieds-noirs in Marseille, das erklärt teilweise die extremen Verhältnisse. Die sind aus Algerien rausgeschmissen worden, und nun richtet sich ihr Haß auf die Araber, denen sie hier begegnen. Wir wollen das alles so nicht mehr hinnehmen. Trotz all der Zurückweisungen und Aggressionen müssen wir einen Dialog suchen, wir müssen dafür sorgen, daß ein kultureller Austausch stattfindet. Solange ein solcher Austausch in diesem ‹kosmopolitischen› Marseille nicht vorangetrieben wird, wird es immer schlimmere Auseinandersetzungen geben . . .»

Südlich der Canebière

Die Canebière zerteilt Marseille grob in zwei Hälften: Zur Linken, vom Vieux Port aus gesehen, beginnt der nordafrikanisch-proletarische Sektor, der sich fortsetzt in der Unendlichkeit schäbiger Arbeitervorstädte, die sich am Hafen entlang und in die Berge hinein nach Norden erstrecken. Dagegen liegen rechts von der Canebière die animierten Geschäftsviertel, wie es sie in allen Großstädten gibt, mit einem zusätzlichen Schuß spezieller Marseiller Aufgeregtheit – sehr intensiv zu erfahren in der schmalen Marktstraße rue Longue des Capucins, im lauten Gedränge zwischen Fischen, Melonen und Pizzen. Einige Straßen, wie die rue d'Aubagne, führen bergauf, und je weiter es nach oben geht, desto mehr wandelt sich die Atmosphäre. Wenn man dann links über eine Treppe steigt, kommt man auf einen großen, länglichen Platz mit Springbrunnen, den cours Julien, an dem es überraschend friedlich-gutbürgerlich zugeht. In den abzweigenden Sträßchen, wie der rue Pastoret oder der rue des Trois Rois, haben sich sogar Elemente einer studentischen oder sonstigen «scene» angelagert, mit dem Buchladen L'Odeur du temps, der Galerie Graffite oder etwas ausgeflippten Insiderkneipen wie Le Café-Légumes in der rue de Bussy-l'Indien. Kleinstädtisch wirkt das Monstrum Marseille hier auf einmal, ein erholsamer Kontrast zur Hektik Betrieb weiter unten.

Ganz anders geht es wieder zu an der Corniche, jener Straße, die sich Richtung Süden die Küste entlangwindet und an der sich die nobleren Wohnlagen befinden. Diese Strecke sollte man sich nicht entgehen lassen. Wer sie nicht zu Fuß gehen will und kein Fahrzeug dabei hat, kann den Bus Nr. 82 nehmen. Zur Rechten breitet sich satt das Meer aus, mit dem berüchtigten Château d'If, den vielen Segelbooten und den Fährschiffen nach Korsika. Entlang der ganzen Corniche führen Stiegen runter zu den winzigen Badebuchten. Auf der Höhe des Seefahrermonuments führt links eine Straße zum versteckten Vallon des Auffes, einem kleinen Fischerhafen im Schatten eines Viadukts, vielleicht dem schönsten Flecken von Marseille. Dort gibt es einige Restaurants, zum Beispiel Chez Fonfon oder L'Épuisette, wo die wirkliche, echte Bouillabaisse zu haben ist.

Vor ein paar Jahren gab es fast nur noch verflachte Pseudo-Versionen dieses Gerichts in den Nepp-Lokalen um den alten Hafen, bis dann einige patriotische Köche die «Charta der Bouillabaisse» begründeten, deren Unterzeichner sich verpflichten mußten, die alte Qualitätstradition wieder zu beleben. Der Ursprung dieser ziemlich teuren, von den Einheimischen als Festessen betrachteten Suppe ist alles andere als edel: Die Fischer hatten nämlich früher die Gewohnheit, alle ihre unverkauften Fische, egal welche, in einen großen Topf zusammenzukippen und zu kochen. Erst allmählich entstand aus dieser Resteverwertung ein Rezept beziehungsweise ein ganzer Komplex von Rezepten, denn über die Zusammensetzung der authentischen Bouillabaisse ist bisher keine Einigung erzielt worden. Allerdings gilt als unerläßliches Kriterium, daß mindestens sieben Fischsorten drin sein müssen, und dabei unbedingt die rascasse (der Drachenkopffisch), der Saint-Pierre (Petersfisch) und der congre (Meeraal) – aber womöglich gibt's selbst darüber noch Uneinigkeiten zwischen den verschiedenen Bouillabaisse-Schulen. Auf jeden Fall paßt dieses Gericht sehr gut zu Marseille – es sind so viele Bestandteile drin, und es ist kaum eindeutig zu definieren. Vielleicht kann man überhaupt Marseille mit einem Bouillabaisse-Topf vergleichen, der dauernd überzukochen droht.

Zypressen, Lavendel und Beton –

Widersprüchliche Provence

Für viele verbinden sich mit der Provence Vorstellungen von einer besseren Art zu leben. Der Name der alten römischen «Provincia» steht für gelassene, mediterrane Stimmung, für Zypressen,Pinien und Lavendelfelder, Platanen-beschattete Plätzchen und joviale, Pétanque spielende Einheimische. Ja, das kann man auch alles finden, aber es ist noch nicht mal die halbe Wahrheit: Die Provence ist außerordentlich kontrastreich und widersprüchlich. Das Remmidemmi an der Küste zum Beispiel hat nichts gemein mit der brütenden Stille mancher Bergdörfer des Hinterlandes; trockene, steinige Hochplateaus kontrastieren mit den strotzenden Obstplantagen in den Tälern, entsprechend verschiedenartig sind die Mentalitäten der jeweiligen Bewohner.

Extrem sind die Gegensätze auch beim Klima – es ist abwechselnd freundlich und gewalttätig. Aus lauschigen Sommernächten können Urzeitgewitter hervorbrechen, aus sonniger Siesta-Stimmung verheerende Waldbrände auflodern. Plötzliche Wechsel sind typisch für die Provence. Besonders überraschend für den arglosen Nordländer ist die Konfrontation mit dem Mistral, dem trockenen, kalten Wind, der das Rhônetal hinunter bläst. All jene, die auf die an sich sehr schöne Idee gekommen sind, die Provence mit dem Fahrrad zu bereisen, können ein Lied davon singen: Gegen den Mistral anzustrampeln ist ein aussichtsloses Unterfangen. Sein Name bedeutet «Meister», er ist der Herr der Winde. Wie er genau entsteht, das ist den Meteorologen noch immer nicht ganz klar. Den Provenzalen gilt er als Plage. Er fetzt die Wäsche von der Leine, deckt die Dächer ab, bringt das Meer in Aufruhr, wirkt wie ein Blasebalg in den brennenden Wäldern. Bis zu hundert Stundenkilometer schnell kann er werden, maximal eine Woche hält das große Pusten an. Dann verzieht sich der Meister wieder für ein paar Tage, um neue Kräfte zu sammeln für die nächste Attacke.

Würdige Dekadenz

Der Mistral ist aber nicht nur eine Plage; er heißt auf Provenzalisch auch «lou manjo fango»: der Dreckfresser. Er fegt den Himmel sauber, jagt die Wolken weg, sorgt für jenes strahlend intensive Licht, das so viele Maler veranlaßt hat, in die Provence zu ziehen. Einer der ersten war Vincent van Gogh: Als er nach Arles kam, setzte er sich wie ein Besessener den vibrierenden, leuchtenden Farben der neuen Umgebung aus. Noch in der größten Mittagshitze trieb er sich mit seiner Staffelei draußen in den Feldern vor der Stadt herum, auf der Suche nach immer neuen Farbintensitäten. Für den einsamen Mann aus dem grauen Norden kam die Begegnung mit dem Licht der Provence einer mystischen Erfahrung gleich, die ihn völlig absorbierte, bis er schließlich verrückt wurde in dieser flammenden Hitze des Südens. Eins seiner berühmtesten Motive, die hölzerne Ziehbrücke, ist heute von Industrieschrott umgeben. Wer sie trotzdem aufsuchen will: Sie liegt an der Départemental-Straße 35 in Richtung Port-St. Louis.

Aber viel schöner ist es in der Altstadt von Arles. Die ruht gelassen und würdig zerbröckelnd auf zweitausendjährigen Fundamenten, entfaltet einen dekadenten Charme mit ihren leprösen Mauern, geschlossenen Fensterläden und rostigen Bal-

Place du Forum in Arles

kongittern, scheint es nicht nötig zu haben, sich besonders rauszuputzen. Arles ist ein Beispiel für architektonisches Recycling – zusammengeschustert aus immer wieder neu verwendeten Trümmern: Die Steine des antiken Arles sind im mittelalterlichen verbaut. Besonders beliebt als Steinbruch war das römische Amphitheater, das heute als Stierkampfarena und Touristenattraktion dient. Zu Zeiten der Römer war Arles eine blühende Großstadt; Kaiser Konstantin hielt sich hier sogar gelegentlich zum Regieren auf.

Schon zu Beginn des Christentums wurde Arles zudem zum beliebtesten Begräbnisplatz weit und breit. Das Gräberfeld der «Alyscamps» weitete sich im Lauf der Jahrhunderte aus zu einer riesigen Totenstadt. Es gehörte zum guten Ton, dort begraben zu werden. Wie es heißt, haben die Rhône-Anrainer die Särge ihrer Angehörigen einfach den Strom runtertreiben lassen, Bestattungskosten waren beigefügt. In Arles sollen sie dann rausgefischt worden sein ... Von den Alyscamps, wo es früher mal siebzehn Kirchen und Kapellen gab, ist nur noch eine von Sarkophagen gesäumte Allee übrig, im Südosten der Stadt, unweit der Eisenbahnstrecke. Wenn man da frühmorgens hingeht, bevor die ersten Besucher kommen, geben die aufgereihten Steinsärge im Schatten der Bäume ein sehr merkwürdiges, geheimnisvolles Bild ab. Als in der Renaissance die Verehrung dieser heiligen Stätte zurückging, andererseits das Interesse an antiken Kunstwerken erwachte, wurden die schönsten Sarkophage der Alysamps ausgebuddelt und als Zierstücke in Kirchen und Schlösser geschafft, bis nach Italien hin. Einige blieben auch in Arles und wanderten in die Kirche Ste. Anne am Rathausplatz, heute Museum für heidnische Kunst, beziehungsweise in die ehemalige Jesuitenkapelle der rue Balze, die das Museum für christliche Kunst beherbergt.

In derselben Straße ist auch das Muséon Arlaten, gestiftet und eingerichtet von dem Schriftsteller Frédéric Mistral, der dafür das Geld seines Literatur-Nobelpreises spendierte. Sein Muséon ist ein wahrer Reliquienschrein der Provence – drei weitläufige Etagen, vollgestopft mit unzähligen Gegenständen des traditionellen provenzalischen Lebens – Hausrat, Volkskunst, Pflanzen und Kräuter, Riten und Legenden, Objekten des Glaubens wie des Aberglaubens, alles liebevoll beschriftet, zum Teil von Mistral selbst. Es wirkt etwas altmodisch und angestaubt, ist aber eine Fundgrube für alle, die sich für den verschwundenen Alltag dieser Region interessieren. Frédéric Mistral war der prominente Kopf einer Dichter- und Denkervereinigung namens «Félibrige», die hatte sich Ende des letzten Jahrhunderts gebildet zwecks Aufwertung der provenzalischen Sprache und Kultur angesichts ihrer bedrohlichen Verdrängung durch das Französische. Das Provenzalische gehört zum okzitanischen Sprachbereich, genau wie die Dialekte der Gascogne, des Limousin, der Auvergne oder des Languedoc. In gewisser Weise waren Mistral und die Seinen frühe Vorläufer der «okzitanischen» Regionalisten. Sie schufen eine vereinheitlichte Schreibweise, förderten die Entstehung von sprachpflegerischen Zirkeln und hofften, damit eine Renaissance des Provenzalischen in Gang zu bringen. Allerdings beschränkte sich ihr Interesse allzusehr auf Dichtung und Brauchtum, auf die ökonomischen und sozialen Probleme der Provinz ließen sie sich nicht ein. Was dabei herauskam, war letztlich die rückwärtsgewandte Ideologie konservativer Folklore-Freunde. Bezeichnenderweise landete Mistral denn auch in den Reihen der antirepublikanischen, rechtsextremen Action Française. Ein Besuch in seinem Muséon lohnt sich aber trotzdem!

Noch auf ein weiteres Museum – pardon! – möchten wir hinweisen: das Musée Réattu, direkt an der Rhône, dort wo der Wind am heftigsten tobt. Es birgt die Werke einer Reihe moderner Künstler, unter anderem 57 Picasso-Zeichnungen. Bemerkenswert ist dieses Museum aber noch aus einem anderen Grund: Als eines der ersten räumte es der Fotografie einen großen Platz ein und reihte sie damit unter die respektablen Künste. Inzwischen ist Arles zu einem Mekka der Fotografie geworden: Wo sich einst van Gogh erstmals dem sengenden, klaren Licht der Provence aussetzte, da treffen sich jetzt die «Lichtbildner» zu den jährlichen «Rencontres d'Arles». Sie dauern eine Woche im Juli; die ganze Stadt steht dann unter dem Zeichen der Fotografie. Die Berühmtheiten des Gewerbes veranstalten Workshops, in denen sich Profis und Amateure drängeln, Fotoausstellungen sind über die ganze Stadt verteilt. Im Rahmen der kulturellen Dezentralisierung ist Arles

Kreuzfahrerstadt Aigues Mortes

zum Sitz der École nationale de la Photographie auserkoren worden, womit die Stadt nun ganzjährig die Rolle der französischen Foto-Metropole spielt; ehrgeizige Knipser durchstreifen die altersmüden Mauern oder sitzen debattierend in den Cafés der place du Forum, zu Füßen von Mistrals Statue. Ein Stück weiter hocken halb dösend ein paar Alte und wundern sich, so wie sie sich damals schon über den verrückten Holländer mit seiner Staffelei gewundert haben.

Delta-Tourismus

Hinter den letzten Häusern der Stadt stehen unten am Strom einige Zigeuner-Wohnwagen. Frauen waschen Wäsche, schwarzhaarige Kinder springen barfuß herum. Hier beginnt das geheimnisvolle Niemandsland der Camargue, jene Wildnis im Schwemmland des Rhônedeltas, wo Land und Wasser noch ungeschieden sind, wie zu Beginn der biblischen Schöpfungsgeschichte, bevölkert von weißen Pferden, schwarzen Stieren und rosa Flamingos ...

Zunächst freilich wird man enttäuscht: Große Teile der Camargue sind entsalztes, entwässertes Nutzland. Wein wird angebaut, und vor allem gibt es ausgedehnte Reisfelder. Mit dem Reis hat der Pastis-Fabrikant Ricard angefangen, als unter der Vichy-Regierung seine Schnaps-Produktion verboten war. Jetzt wird ein Viertel des EG-Bedarfs von hier aus gedeckt. Außerdem wird in der Camargue Salz gewonnen: Bei Grau-de-Roi und Salin-de-Giraud ist es zu großen weißen Halden aufgetürmt und glitzert in der Sonne. Was einem aber am meisten die Idee von der Urwildnis austreibt, das sind die Touristenkarawanen. Was man früher als unwirtliche, mückenverseuchte Ödnis links liegen ließ, ist seit den sechziger Jahren zu einem Lieblingsreiseziel geworden. Ein Hauptmagnet ist Aigues Mortes, dessen rechtwinklige Befestigungsanlage unwirklich aus dem terrain vague aufragt. Im Mittelalter war es als Hafen für die Kreuzzüge gegründet worden, heute liegt die kleine Stadt mehrere Kilometer landeinwärts, der Hafen ist versandet.

Fast noch stärker von den Urlauberscharen überschwemmt wird das Dorf Les Saintes-Maries-de-la-Mer. Die beiden heiligen Marien, denen der Ort seinen Namen verdankt, sind die Tante von Jesus und die Mutter der Apostel Jakobus und Johannes. Sie waren, so heißt es, aus dem Heiligen Lande hierher gereist, um die Camargue zu christianisieren. In Reliquienkästchen sind Reste von ihnen aufbewahrt. Die beiden sollen auch eine schwarze Dienerin namens Sara dabei gehabt haben. Sie genießt die besondere Verehrung der Zigeuner, die jedes Jahr am 24. Mai zur berühmten Zigeunerwallfahrt aus ganz Europa anreisen. Längst sind die Zigeuner dabei in der Minderheit, das Fest hat sich zu einem unerträglichen Riesenrummel ausgewachsen. Links und rechts der Straße nach Saintes-Maries hat sich allerlei Tourismus-Klimbim breitgemacht – Snackbars, Souvenir-Shops und Pseudo-Ranches, die den Camargue-Abenteurern Ausritte im Gänsemarsch anbieten.

Stellenweise ist die Naturlandschaft schon arg durch Blechbüchsen, Sonnenöltuben und Picknick-Abfälle verunziert, die Wohnmobil-Cowboys aus den Großstädten haben die alteingesessene Tierwelt aufgescheucht und verdrängt. Zum Schutz der einzigartigen Fauna und Flora ist deshalb eine ausgedehnte Réserve zoologique et botanique de la Camargue geschaffen worden, rings um den Étang de Vaccarès, einem großen Binnensee. Dort können sie unbehelligt brüten, all die Purpurreiher, Beutelmeisen, Stelzenläufer, Bienenfresser und Brachschwalben. Denn das Schutzgebiet dürfen nur Forscher mit Sondergenehmigung betreten. Die Normalsterblichen müssen auf einer holprigen Ringstraße um den Étang herumfahren, um von außen einen Blick ins Paradies zu werfen. Aber es gibt andere Möglichkeiten, in die unziviliserte Camargue vorzudringen. Reizvoll kann es sein, per Kajak die Petite Rhône hinunterzufahren, die von Schilf und urwaldartigem Buschwerk gesäumt ist und wo sich seltene Vogelarten beobachten lassen. Auch läßt sich einiges von der befremdlichen Schönheit dieser Landschaft erfahren, wenn man die ausgelatschten Wege verläßt und sich auf ungewisse Pisten wagt, sei es in der Petite Camargue südlich von Aigues Mortes oder im Lagunengebiet westlich von Salin-de-Giraud, einem Salinendorf mit einer riesigen Kneipe, in der sich Camargue-Explorer ein letztes Mal erfrischen, bevor sie in die Urwelt aufbrechen.

Bis zur Salinenarbeitersiedlung Faraman geht die richtige Straße, danach werden die Wege fragwürdig, führen über wackelige Stege, sind von großen Pfützen unterbrochen. Es beginnt ein Reich aus Salztümpeln, knochenweiß gebleichten Baumstrünken, verkrusteten, aufgebrochenen Böden und grünlichgrauer Vegetation. Das Land verliert zusehends seine Konturen, man braucht schon eine sehr genaue Karte, um sich auf den Dammwegen durch die Lagunen nicht zu verirren. In der Nähe des Leuchtturms von Beauduc gibt es, umgeben von Schilf, höchst seltsame Ansiedlungen von «wilden» Fischern: ein Durcheinander aus zusammengestoppelten Bretterbuden und den Wracks alter Autobusse; die Zivilisationsflüchtlinge hausen im Schrott der Zivilisation. In einem improvisierten «Restaurant» kann sich der zahlende Gast den frischen Fang braten lassen. Es kommen immer ein paar Leute vorbei, denn gleich dahinter beginnen die endlosen Sandstrände, an denen man sich von den Mückenstichen der Vogelparadiese erholen kann.

Wie Gott in Frankreich

Beim Ortsschild «Avignon» ist der Eindruck von der Stadt der Päpste erst mal wenig berauschend: Durch einen Gürtel von Industrieanlagen und tristen Einheitssiedlungen muß man durch, um zum ringförmig ummauerten Kern vorzustoßen. Wenn man mit dem Zug anreist und vom Bahnhof aus gleich durch das Haupttor, die porte de la République, die Innenstadt betritt, möchte man gleich wieder raus. Der ganze Sektor cours Jean-Jaurès/rue de la République ist ein einziger großer Basar, mit Touristenfallen, Fastfood und Andenkengewerbe. Am muntersten ist das Treiben auf der place de l'Horloge, dem zentralen Platz vor dem Rathaus. Hier werden die Massen teuer abgespeist, nachdem sie auf dem Pont Saint-Bénézet («sur le pont d'Avignon ...») einmal hin und her spaziert sind und sich durch den monumentalen Papstpalast haben schleusen lassen.

«Eine Stätte des Kummers, eine Schande der Menschheit, ein Pfuhl des Lasters», so nannte der italienische Dichter Petrarca die Stadt, in der er es dennoch vierzig Jahre aushielt. Das war im 14. Jahrhundert, Avignon erlebte damals seine glanzvollste Zeit: Sieben Päpste lang war es die Metropole der Christenwelt. Die politisch ungemütlichen Verhältnisse in Rom hatten Clemens V. veranlaßt, an die Rhône umzuziehen; einem Nachfolger gelang es dann, die ganze Stadt der Gräfin Johanna für ein Spottgeld abzuluchsen, dafür wurde ihr Absolution für den Mord an ihrem Ehemann erteilt. Avignon erblühte zu einer Weltstadt: Klöster und Kirchen entstanden en masse, der einstige Bischofspalast wucherte zur grandiosen päpstlichen Festung, der Hofstaat schmückte sich mit Kulturschaffenden der ersten Wahl. Avignon mit seiner zahlungskräftigen Schickeria aus Kardinälen, Prälaten und pontifikalen Hofschranzen wurde auch zum Eldorado für die geschäftstüchtigsten Huren des christlichen Abendlandes, die von überall herbeiströmten. Päpste und Anhang taten sich keinen Zwang an, es ging ungeniert und fröhlich zu bei den Stellvertretern Gottes auf Erden – die Heilige Stadt war zugleich ein Sündenbabel ersten Ranges. Auf diese munteren Verhältnisse bezog sich ursprünglich die Redensart «Leben wie Gott in Frankreich».

Nun sind die Päpste lange wieder in Rom, aber dafür hat Avignon was anderes bekommen, das für Trubel und Kommerz sorgt: das Festival. Jedes Jahr im Juli befindet sich die ohnehin stark besuchte Stadt im Ausnahmezustand. Klöster, Kirchen, Plätze, Straßen – alle werden zu Theaterspielorten, bevölkert von

Könnern und Scharlatanen, Kulturkonsumenten und Durchschnittsurlaubern, Schnorrern und Abstaubern. Gegründet wurde das Festival 1947 vom Theatermann Jean Vilar, der Stadtrat war damals kommunistisch, «Theater fürs Volk» lautete die linke Devise. Zugleich bot so ein Theatertreffen die Möglichkeit, die Stadt aus dem Dämmerschlaf einer Provinz-Präfektur zu wecken. Avignon wurde zur französischen Gemeinde mit dem größten Kulturbudget. Das ist so geblieben, aber sonst hat sich fast alles geändert seit Vilars Zeiten. Das Festival, das zunächst nur im Ehrenhof des Papstpalastes stattfand, hat inzwischen die gesamte Innenstadt erobert und neben Theater auch andere Bereiche wie Ballett, Jazz und Film mit einbezogen. Es ist zu einem Ritual des französischen Sommers geworden, einem Großzirkus mit Massenandrang, zu einem Außenposten der Pariser Szene, just in dem Monat, wo in Paris nichts läuft. Von aufklärerisch-revolutionärer «Volkskultur» ist nicht mehr viel zu merken. Es hat sich gewandelt zu einem Konsumereignis für Kulturbürger, die in ihren Ferien nicht bloß am Strand rumhängen wollen. Avignon ist damit das Modell für all die unzähligen Festivals, die während der Sommerferien den Süden überziehen. Kulturelle Animation ist zu einem integralen Bestandteil des französischen Ferienbetriebs geworden.

Gestörtes Idyll

So überlaufen und laut die Festivalstadt sein mag, so ruhig und bedächtig geht es vielerorts im Département Vaucluse zu, dessen Präfektur in Avignon ihren Sitz hat. Größtenteils besteht es aus dem ehemaligen Comtat Venaissin, einem Gebiet, das zusammen mit Avignon die «Päpstlichen Staaten» bildete und erst im Laufe der Revolution zu Frankreich kam. Das Comtat ist im wesentlichen ein großer, fruchtbarer Obst- und Gemüsegarten, im Norden begrenzt vom mächtigen Mont Ventoux, dem «Dach der Provence», eine intensiv genutzte Landschaft, die rhythmisch gegliedert ist durch dekorative Zypressenreihen – Barrieren gegen den Mistral.

Die Kleinstadt Carpentras war die Hauptstadt des Kirchenstaats. Verschiedene Bauwerke erinnern noch an ihre große Zeit, so der Palazzo, den sich der aus Siena stammende, prunksüchtige Kardinal Bichi errichten ließ. Einen außergewöhnlichen Platz nimmt die Stadt in der Geschichte der französischen Juden ein: Während sie aus dem Königreich Frankreich vertrieben waren, wurden sie im Comtat, wenn auch diskriminiert, so doch geduldet. In Carpentras befindet sich daher die älteste noch funktionierende Synagoge. Sie geht auf das Jahr 1367 zurück, wurde im Verlauf der Geschichte mehrfach umgebaut und präsentiert sich heute wie ein kostbar ausgestatteter Salon des 18. Jahrhunderts.

Schöne Ausflüge lassen sich von hier aus ins Bergland der Vaucluse machen. Es gibt ein paar touristische Kulminationspunkte; den Gipfel des Mont Ventoux mit seinem Großparkplatz, das «malerische Künstlerdorf» Gordes oder die Fontaine de Vaucluse, eine von Massen umlagerte Quellhöhle, an der einstmals Petrarca saß und Sonette dichtete – aber die kann man ja meiden. Dafür finden sich an den Hängen des Plateau de Vaucluse und des Ventoux-Massivs viele aufregende Dörfer,

Leben wie Gott in Frankreich: die Päpste in Avignon

weitab vom Bus-Tourismus und Souvenir-Kitsch. Oft sind Fenster und Portale vernagelt, die Häuser dem Verfall preisgegeben. Einige Dörfer verdanken ihre Instandsetzung und Wiederbelebung dem Zuzug von Neubürgern, die sich dort Zweitwohnsitze eingerichtet haben, wie etwa das winzige Venasque, das einstmals, man glaubt es kaum, ein bedeutender Bischofssitz war.

Auferstanden aus Ruinen ist auch das benachbarte La Roque-sur-Pernes, und zwar auf sehr ungewöhnliche Weise. Auf einem Felsen gelegen, von dem der Blick weit über die hügelige Gegend fällt, scheint es mit seinen Häusern aus Naturstein und der kleinen Kirche aus dem 11. Jahrhundert ein provenzalisches Dorf par excellence zu sein. Untypisch indessen sind die Bewohner: Sie heißen zum Beispiel Weißmann, Ullrich oder Schramm, und manche von ihnen sprechen ein urtümlich anmutendes, manchmal mit ungarischen oder rumänischen Brocken vermischtes Deutsch. Ihre Geschichte ist einigermaßen bizarr. Weit entfernte Vorfahren von ihnen waren Lothringer, die vor rund 250 Jahren von einem österreichischen General angeworben wurden, um das frisch eroberte Banat zu kolonialisieren, ein Gebiet, das sich heute Rumänien und Jugoslawien teilen. Als im Zweiten Weltkrieg Hitlers Truppen dort einmarschierten, wurden die Männer als «Volksdeutsche» in die Waffen-SS gezwungen, und nach dem Krieg kamen die Leute dann in Internierungslager. Der französische Ministerpräsident Robert Schuman, selbst Lothringer, setzte sich schließlich für die Banater ein und holte sie «zurück» nach Frankreich. Zehntausende machten sich auf, die meisten ins lothringi-

Uralte Behausung im Lubéron

sche Industrierevier. Einige wollten aber lieber weiter als Bauern leben, und so lag es nahe, dorthin zu gehen, wo es viele aussterbende Dörfer gab: in den Midi. In La Roque-sur-Pernes hausten damals bloß noch siebzehn vergreiste Junggesellen, der jüngste war siebzig. Die meisten Häuser waren verfallen, die Olivenplantagen verwildert. Die Neuankömmlinge erweckten Dorf und Landwirtschaft zu neuem Leben, schufen mit deutscher Gründlichkeit eine blühende, blitzsaubere Ansiedlung mit Obstgärten, Gemüsefeldern und ein paar komfortablen Ferienwohnungen. Die Älteren sprechen heute noch untereinander ihr seltsames Deutsch, die Enkel freilich sind schon französisiert, und in ein paar Jahrzehnten werden nur noch die Grabsteine an die Herkunft der Dörfler erinnern.

Noch weiter nach Osten hin, jenseits der Nesque-Schlucht, erstrecken sich an den Hängen ausgedehnte Lavendelfelder, stark duftend und sehr blau. Mittendrin liegt das freundliche Dorf Sault, dessen Bauern köstlichen Lavendelhonig verkaufen. Tiefste Provence-Idylle, könnte man denken. Aber ein paar Kilometer weiter dann ein herber Schock: Stacheldraht, Bunker und Wachpatrouillen versperren nichtsahnenden Wanderern den Weg. Hier nämlich, auf den einsamen Höhen des Plateau d'Albion lauern in ihren Abschußlöchern die Atomraketen der Force de frappe. Achtzehn Flugkörper der Sorte S 3, mit einer Zerstörungskraft, die 1200mal größer ist als die der Hiroshima-Bombe, werden in tiefen Betonsilos rund um die Basis von St. Cristol einsatzbereit gehalten, ein Schreckensarsenal, durch das diese friedliche, abgeschiedene Gegend zu einem vorrangigen Ziel gegnerischer Atomschläge geworden ist. Gemütlich, nicht? Etwas entfernt vom potentiellen Einschlagzentrum, bei den Dörfern Rustrel und Reilhanette, sitzen rund um die Uhr zwei Offiziere 400 Meter tief unter der Erde in halbwegs komfortablen Kommandokapseln, die Startschlüssel um den Hals gehängt, und warten auf den Abschußbefehl des Staatspräsidenten. Bis dahin verbringen sie ihre Zeit mit Fernstudien. Hoffentlich nützen die ihnen noch was.

Die Phantome des Lubéron

Entfernen wir uns von diesem Horror in Richtung Süden. Dort liegt Apt, im fruchtbaren Tal des Calavon, die Welthauptstadt der kandierten Früchte. Ursprünglich war diese Gegend mal mit Olivenhainen bedeckt, aber im strengen Winter von 1956 sind fast alle Bäume erfroren, und danach hat man sie nicht wieder neu angepflanzt. Der Olivenbaum gehörte zu einer Welt mit anderem Zeitgefühl, er brauchte lange, bis er Früchte trug; so einen Baum pflanzte man für seine Nachkommen, was wiederum traditionell-stabile Familien- und Wirtschaftsverhältnisse voraussetzte. Seit der großen Frostkatastrophe beschränkt sich der rentable Olivenanbau in der Provence auf einige Schwerpunkte.

Um Apt herum hat man sich lieber auf Obstplantagen, auf Äpfel, Birnen, Pfirsiche, Aprikosen und Kirschen konzentriert. Sie werden hier zu «fruits confits» verarbeitet und unter anderem nach England exportiert, wo sie bei der Herstellung von Cakes Verwendung finden. Dank dieser Industrie sowie der nahebei tätigen Force de frappe hat sich Apt zu einem prosperierenden Städtchen entwickelt, mit großen Wohnblocks in den Außenvierteln. Dafür ist das Zentrum sehr hübsch und bietet günstige Einkaufsmöglichkeiten für alle, die sich zu einer Tour ins Lubéron-Gebirge aufmachen wollen. Wie eine Barriere erhebt sich dieses langgestreckte Massiv südlich von Apt, auf seinen rauhen Höhen mit Eichen, Kastanien und Heidekraut bewachsen sowie, als Besonderheit, mit einem dichten Zedernwald. Den hatte im letzten Jahrhundert ein experimentierfreudiger Förster angelegt, ganz oben, auf dem Bergkamm, um diese prächtigen Bäume in der Provence heimisch zu machen.

Am Nordhang des Lubéron liegt eine Kette von Dörfern, mit denen sich eine finstere Geschichte verbindet: Im 16. Jahrhundert wurden sie Opfer eines grausigen Vernichtungskreuzzuges. Sie waren Hochburgen der Waldensersekte, benannt nach dem Lyoner Kaufmann Pierre Valdo, der im 12. Jahrhundert die Rückkehr zu einem reinen, asketischen Christentum propagiert hatte. Die «Vaudois» hatten also Ähnlichkeit mit den Katharern im Languedoc. Ihre Verbreitung im Lubéron wurde allmählich beunruhigend für den Papst, der die Ketzerei in seine provenzalischen Besitztümer reinschwappen sah. Mit Unterstützung der Kirche und auf Beschluß des Parlaments von Aix, des höchsten Gerichts der Provence, nahm dann ein fanatischer Adliger die Ausmerzung der Häretiker in die Hand, der Baron von Oppède, der bei dieser Gelegenheit auch gleich seine Besitztümer ausdehnen konnte. Die Ketzergemeinden – Merindol, Bonnieux, Lacoste, Ménerbes, Oppède – wurden auf grausamste Weise vernichtet, die Häuser zerstört, die wehrlosen Bewohner erstochen oder verbrannt. Einige Dörfer verschwanden völlig von der Landkarte, manche weisen bis heute Spuren des vergangenen Unheils auf. Ein Ruinenfeld unter Efeu und Dornenbüschen ist das Phantomdorf Oppède-le-Vieux. Erst vor einigen Jahren hat eine Gruppe von Malern und Schriftstellern mit einer Teilrestaurierung begonnen.

In vielen der prachtvoll gelegenen Lubéron-Dörfer haust inzwischen neben den alteingesessenen Bauern eine bunte Fauna von «nouveaux artisans», Neo-Handwerkern, die Großstadt und früheren Beruf verlassen haben, um hier ein neues, reineres Leben zu beginnen, unbeschadet der dreißig Kilometer entfernten Atomsprengköpfe. Töpferei, Ziegenkäse, hübsch arrangierte Kräutermischungen in Kristallgefäßen – dafür gibt's jeden Sommer einen Markt, und aus vielen dieser Aussteiger sind wieder erfolgreiche Geschäftsleute geworden. An den schönsten Stellen haben sich Großstadt-Intellektuelle ihre Zweitwohnungen eingerichtet. «Intello-Lubérons» wurden sie ironisch von einer Pariser Zeitung genannt. Künstler und Literaten zuhauf gibt es in Lourmarin, einem lauschigen Ort an der Südseite des Massivs, wo Albert Camus begraben liegt. Im dortigen Renaissanceschloß hat ein mäzenatischer Haarwasser-Fabrikant ein internationales Künstler-Begegnungszentrum eingerichtet. Bis dahin hatte das verfallende Schloß den durchziehenden Zigeunern als Lagerplatz gedient. Als man sie dann vertrieb, um das Gebäude zu renovieren, haben sie das Schloß feierlich mit einem Fluch belegt.

Belcanto unter Platanen

Vogelgezwitscher und Brunnengeplätscher, ein Durcheinander von Stimmen und Lachen, irgendwo zirpt eine Gitarre, flötet eine Flöte – ein Platz voller junger Menschen, umgeben von den ockerfarbenen Mauern alter Patrizierhäuser. Unbeschwert, lässig, entspannt wirkt das alles, so als habe hier niemand Eile oder Sorgen. Die Altstadt von Aix kommt einem vor wie das Freigehege einer privilegierten, sonnigen Jeunesse dorée; all diese Leute scheinen sehr einverstanden damit, hier zu leben. Der Anteil von Studenten ist groß, Aix ist ein begehrter Studienort. Besonders beliebt ist er bei Ausländern. Die Amerikaner unterhalten sogar gleich ein eigenes College. Für viele ist Aix die lokkere, unhektische Alternative zu Paris. Ob da überhaupt irgendwer richtig «studiert»? Man könnte fast meinen, die Leute seien hier dauernd in den Ferien. Manche, die für ein paar Trimester gekommen sind, bleiben für lange Zeit hängen, schlagen sich lieber mit kleinen Jobs durch, anstatt Aix zu verlassen.

Die Plätze, auf denen sich abends die Café-Stühle ausbreiten, sind tagsüber kaum wiederzuerkennen. Dreimal in der Woche finden dort ausgedehnte Märkte statt. Fast die ganze Innenstadt verwandelt sich dann in einen einzigen Markt. Unter den großen Sonnenschirmen der place de Richelieu spielt sich eine bunte Orgie aus Melonen, Paprika, Courgettes und Tomaten ab; der Blumenmarkt siedelt auf der place aux Herbes, während es jeden Dienstag, Donnerstag und Samstag auf der place de Verdun einen verrückten Flohmarkt gibt (es handelt sich allerdings um Luxusflöhe): alte Fernrohre, Fotoapparate, Schnurrbärte, ausgestopfte Krokodile – der reiche Ramsch einer reichen Stadt. Auf der place des Prêcheurs dann wieder eine Augenweide aus Obst, Gemüse und Kräutern – alles, was die fruchtbaren Täler der Provence hergeben. Wer kann sich noch vorstellen, daß auf diesem Platz einmal die Scheiterhaufen für schöne Hexen und Jungfrauenverführer brannten? Auch der Marquis de Sade wurde hier einmal zum Tode verurteilt, als er in Marseille schlimme Dinge getrieben hatte. Da man seiner aber nicht habhaft werden konnte, wurde auf der place des Prêcheurs die Hinrichtung stellvertretend an einer Puppe vollzogen.

Gelb und vierschrötig erhebt sich, umlagert von Ständen mit Hausrat und Kleidern, das Gefängnis, wie ein seltsamer Fremdkörper im wuselnden Marktbetrieb. Sehen die da drinnen was von dem bunten Trubel um sie herum? Das Marktpublikum jedenfalls scheint die Eingeschlossenen völlig zu ignorieren. Der Knast ist angeschlossen an den Justizpalast, der an der Stelle des früheren Parlaments steht. Es hatte in Aix den Provence-Adel konzentriert; bis heute sind Stadtbild und Atmosphäre von der aristokratischen Vergangenheit geprägt. Aix war die Hauptstadt der unabhängigen Provence, blühte im 15. Jahrhundert unter dem «Bon Roi René» wirtschaftlich und kulturell auf und blieb auch nach der Angliederung an Frankreich lange noch das politische Zentrum der Provinz – ein luxuriöser Tummelplatz des Adels, die vielen Stadtschlösser zeugen davon.

Der Stil der Aristokratie wurde dann nach der Revolution von der Bourgeoisie kopiert. Die zeichnete sich nicht gerade durch unternehmerische Dynamik aus, sondern bildete eher eine Beamten- und Notablengesellschaft. Sie gab sich alle Mühe, die Industrialisierung von ihrer Stadt fernzuhalten und verhinderte zum Beispiel, daß hier eine Haupteisenbahnlinie durchgelegt wurde. So liegt das stolze Aix heute an einer Bummelzug-Nebenstrecke und besitzt nur einen kümmerlichen Provinzbahnhof. Dafür ist die Stadt freilich auch heil geblieben, was ihr äußeres Erscheinungsbild betrifft. Zumindest im Zentrum hat sie nicht viel mit einer modernen Großstadt gemein: keine Kaufhäuser, kaum Supermärkte, statt dessen eine Menge teurer kleiner Boutiquen. Darunter gibt es etliche Confiserien, wo die süße Spezialität von Aix zu haben ist: die Calissons, kleine rautenförmige Gebilde aus Mandelpaste und Zuckerschaum; in altmodischen Schachteln verpackt sind sie das Mitbringsel Nummer eins.

Außer auf die Calissons ist man in Aix auch sehr stolz aufs kulturelle Renommee. Ein vielgerühmtes Musikfestival, der Oper und dem Belcanto gewidmet, findet jeden Juli statt: ein Haupt- und Staatsereignis, bei dem die Spitzenkräfte der Branche zum Einsatz kommen. Kostbare Abendkleider wallen dann über Plätze und Promenaden. Gegen gesalzene Eintrittspreise lauschen die Zahlungswilligen und -fähigen im Innenhof des erzbischöflichen Palais der göttlichen Teresa Berganza. Das gemeine Volk, das dort nichts zu suchen hat, wird entschädigt durch musikalische Animation auf öffentlichen Plätzen. Auch beim Festival zeigt sich der konservative Geist der Stadt; man beschränkt sich weitgehend auf Prestige-Kultur, auf das, was risikolos vorgezeigt werden kann – keine Experimente.

Solche bourgeoise Voreingenommenheit bekam seinerzeit auch ein großer Sohn der Stadt zu spüren: Paul Cézanne, einer der Väter der modernen Malerei. Die tonangebenden Kreise seiner Heimatstadt brachten ihm und seiner Kunst nichts als Unverständnis und höhnische Ablehnung entgegen; er wurde gesellschaftlich geschnitten, man hielt ihn für einen schrulligen Sonderling. Auch als anderswo seine Bedeutung längst anerkannt war, rühmte sich das Museum von Aix, kein Bild des wirren Klecksers zu besitzen. Trotz der Mißgunst seiner Mitbürger war Cézanne aber mit Aix verwachsen. In Paris hielt er es nie lange aus, er brauchte die Mentalität des Midi, das Klima, die intensiven Farben der Provence. Wie besessen hat er immer wieder die Sainte-Victoire gemalt, das Bergmassiv, das die Landschaft um Aix dominiert. In den großen Museen der Welt, von Washington bis Leningrad, sind Cézannes Bilder zu sehen – in Aix indessen bis 1984 kein einziges. Peinlich, denn nun gehört ja Cézanne längst zur «anerkannten» Kultur, sogar seine Aquarelle werden schon mit zwei Millionen Mark gehandelt. Jetzt hat man sich doch noch, sehr spät, zum Ankauf einiger Gemälde des Meisters durchgerungen. Unglaubliche Summen mußten dafür lockergemacht werden – früher hätte man's billiger haben können.

Die Innenstadt von Aix wird durchschnitten vom Cours Mirabeau, einer Flaniermeile mit vier Reihen hoher Platanen, die ein schattenspendendes Dach bilden. In der Straßenmitte sprudeln drei der vielen Brunnen dieser wasserreichen Stadt (Aix kommt von Aqua); aus einem davon, der moosüberwachsenen Fontaine Chaude, gluckert eine Thermalquelle, von der sich die Einheimischen gern was abfüllen. Der Cours, seit dreihundert Jahren die bevorzugte Promenadenstrecke der Aixois, wurde im 17. Jahrhundert angelegt, als es beim Adel Mode wurde, sich nach dem Diner zu einem Kutschen-Corso zu treffen. Ihren heutigen Namen verdankt die schöne Allee dem schwarzen Schaf der lokalen Aristokratie, dem Grafen Gabriel Riquetti de Mirabeau, einem Libertin, Autor von Edelpornos («Der gelüftete Vorhang oder Lauras Erziehung») und vor allem Klassenverräter: 1789 zog er als Abgeordneter des Dritten Standes nach Paris und wurde zu einer der schillerndsten Figuren der Revolution.

Autoschlangen haben inzwischen den Platz der Karossen von damals eingenommen. Die Fußgänger schlendern an der Nordseite des Cours entlang, dort wo sich auf den Terrassen der großen Straßencafés – Deux Garçons, Grillon, Belle Époque – elegant-luftig gekleidete, braungebrannte Menschen auf Korbstühlen räkeln. Allerdings sind nicht alle Gäste gleich gern gesehen. Mehrfach haben Wirte Araber verprügelt und rausgeschmissen, die es gewagt hatten, ihr Etablissement zu betreten. Einige Café-Inhaber sind Pieds-noirs, Algerienfranzosen; bei vielen von denen hat sich nach dem Rausschmiß aus der Kolonie ein tiefer Haß auf die Algerier verfestigt, der sich immer wieder in rassistischen Gewaltakten äußert ebenso wie im großen Zulauf, den die rechtsextreme Front national hier unten hat. Kein Wunder, daß die Nordafrikaner den Cours Mirabeau lieber meiden; sie treffen sich am Feierabend eher auf dem Forum des Cardons, sitzen dort still herum oder unterhalten sich mit gedämpften Stimmen. In dieser verwöhnten, schönen Stadt meint man besonders zu spüren, wie sehr sie abgedrängt und gettoisiert werden.

Verbaute Küste

Zwischen Marseille und Cassis liegt das Naturschutzgebiet der Calanques: tief eingeschnittene fjordartige Buchten mit glasklarem, blaugrünem Wasser und schroffen weißen Felswänden. Die Calanque d'En-Vau ist die bekannteste; auf Postkarten sieht sie aus wie ein unberührtes Stück Natur, ist aber ein bevorzugtes Ziel von Ausflugsbooten, die hier ihre Passagiere zum Baden ausladen. Zu Fuß lassen sich, über einen anstrengenden, aber schönen Wanderweg, auch einige weniger besuchte Buchten erreichen. Ab Cassis beginnt dann jene verschandelte Traumküste, deren östlicher Teil als «Côte d'Azur» gehandelt wird: ein Wechselbad aus eingeschrumpften landschaftlichen

Filmfestival-Folklore in Cannes

Schönheiten und vordringender Häßlichkeit. Die meisten Orte werden von durchbrummenden Autokarawanen zerschnitten, sind mit teuren Nepplokalen und Hotelanlagen durchsetzt und von Ferienhaus-Wucherungen umgeben, die weit ins Umland ausgreifen. Die oftmals knappen Sandstreifen sind belegt mit einer dicken Schicht aus sonnenölglänzendem Menschenfleisch, numerierten Badematten und Surfbrettern. Unter den Leibern liegt der Strand.

Die Küste, die heute fast zu einem einzigen langen Kommerz-Boulevard zusammengewachsen ist, hatte ihre touristische Karriere einst begonnen als exklusives Rückzugsgebiet für die Reichsten der Reichen, was allerdings nur einige wenige Orte betraf. Wegbereiter dieser Entwicklung waren die Engländer. So verdankt zum Beispiel Cannes seine Entdeckung einem gewissen Lord Brougham. Der wollte 1838 nach Italien, konnte aber wegen der dort ausgebrochenen Cholera nicht über die Grenze. Der unbekannte Ort, in dem er zufällig hängengeblieben war, gefiel ihm schließlich so gut, daß er sich dort eine Villa bauen ließ, jedes Jahr wiederkam und viele seiner Klassengenossen veranlaßte, es ihm gleichzutun. Bald wurde die «Côte» zum Winterexil britischer und russischer Aristokraten, die das garstige Klima ihrer Heimatländer flohen, die klirrende Kälte von St. Petersburg, die unwirtlichen Nebel von London eintauschten gegen eine Umgebung aus Pinien, Bougainvillea und Mimosen.

In den dreißiger Jahren unseres Jahrhunderts wurde die Provenceküste zu einem weniger freiwilligen und weniger vergoldeten Exil: Nach Hitlers Machtergreifung sammelten sich dort viele deutsche Schriftsteller; ihre Hochburg war das kleine Sanary bei Toulon. Ludwig Marcuse nannte dieses (damals noch) bescheidene Fischerdorf gar die «Hauptstadt der deutschen Literatur», was nicht ganz falsch war: Rund 200 Literaten hielten sich dort zeitweilig auf, darunter Leute wie Thomas Mann, Arnold Zweig, Lion Feuchtwanger, Ernst Toller, Bert Brecht, Alfred Kerr, Erwin Piscator, Hermann Kesten, Franz Werfel, Ernst Bloch, Arthur Koestler ... Auf Sanary waren sie gekommen, weil sich dort schon früher immer ihr elsässischer Kollege René Schickele zur Kur aufgehalten hatte und sich dadurch bereits ein erster Literatenkern gebildet hatte. Gewiß war das ein attraktives Fleckchen: «das Klima ist höchst liebenswürdig ... die Abende sind erquickend», wie sich Thomas Mann etwas geziert ausdrückte, der sich hier auch eine «allerliebst» eingerichtete Villa leisten konnte. Den meisten anderen ging's allerdings weniger formidabel. Sie hielten sich nicht zuletzt deshalb im Süden auf, weil das Leben dort billiger war als in Paris. Viele Bücher der deutschen Exil-Literatur entstanden, zumindest in Teilen, an den Caféhaus-Tischen dieses kleinen Küstenorts. Nichts erinnert heute in Sanary an diese immerhin recht illustren Gäste. Jene Phase ist der typisch französischen Verdrängung anheimgefallen, zumal das, was danach kam, wenig ruhmreich war: die Zusammenpferchung der politischen Emigranten in jämmerlichen Internierungslagern. Kein Thema für französische Geschichtsbücher.

Nach dem Krieg war es ein anderes Fischerdorf, das die Côte d'Azur-Mode begründete: Das kleine Saint Tropez wurde zum Avantgardeposten für die nachfolgenden Urlaubermassen und Bauspekulanten. Zunächst war es ein Geheimtip für die Pariser Cliquen von St. Germain-des-Prés: Existentialisten, Künstlertypen und Snobs. Unter ihnen waren die Schreiberin Francoise Sagan und der Filmemacher Roger Vadim mit seiner achtzehnjährigen Verlobten, dem Starlet Brigitte Bardot. Vadims Film «Et Dieu créa la femme» (Und immer lockt das Weib) machte 1956 BB zum neuen Sexsymbol und St. Tropez zu einem «must». Nun rückten sie alle an: flotte Burschen wie Gunther Sachs und Curd Jürgens, Stars und Sternchen, Heerscharen von Papparazzi. Früher als in allen anderen Strandorten wurden hier die Oberteile abgelegt, in den sechziger Jahren war dies das Markenzeichen von «St. Trop». Der Ort hat bis heute seine bauliche Struktur intakt gehalten, zeigt weiter seine alte Fischerdorf-Fassade, es gibt auch noch ein paar Alibi-Fischer. Sonst aber ist es ein Rüdesheim für Reiche geworden. BB residiert weiter als Großfürstin nebenan in La Madrague inmitten ihres Tierparks, das Dorf ist voller Diskos, Nachtclubs und Kokshändler.

Der St. Tropez-Rummel hat geholfen, die ohnehin attraktive Küste noch begehrter zu machen, einen beispiellosen Bauboom zu entfesseln. Allenthalben gingen Bulldozer zu Werk, es entstand, was Kritiker den «bronze-cul d'Europe», den Arschgrill Europas nennen. Über neunzig Prozent der Küste des Départements Alpes-Maritimes und gut die Hälfte des Départements Var sind völlig zugebaut. Als besonders gelungen gelten schlüsselfertige «Fischerdörfer» wie Port-Grimaud, ein Beton-Venedig aus gelben und rosa Häuschen, vor denen die Bötchen der glücklichen Besitzer dümpeln – ein Paradies, das man betritt, nachdem man sein Auto auf einem immensen Parkplatz abgestellt hat. Auch Les Marines de Cogolin, gleich daneben, ist ein solches modernes Dorf-Imitat – hier sind es nußbraun gefärbte Häuser, die sich um ein entzückendes Bassin gruppieren. Um in diesen Ruhe-Hafen aus der Retorte reinzukommen, muß man durch eine Sperre, wo weißbehandschuhte Gorillas Wache schieben. Zutritt nur mit Spezialgenehmigung.

All die Orte mit den klingenden Namen – Bormes-les-Mimosas, Le Lavandou, St. Aygulf, St. Raphaël, Juan-les-Pins – leben fast ausschließlich vom Ferien-Business, sind Kommerz-Zentren des Mittelklasse-Tourismus geworden. Die ganz Reichen gibt es auch noch. Abgeschirmt von den Blicken des Pöbels leben sie auf reservierten Landzungen in ihren Traumvillen, umgeben von üppiger Vegetation, in der man auf Schilder stößt wie «Entrée interdite», «Sentier privé», «Chiens méchants en liberté». Nur von weitem zwinkert uns, hinter Rhododendron und Kakteen, das Meer zu. In Sichtweite hingegen lassen sich die Millionäre in den Häfen bewundern, wenn sie auf den Sonnendecks ihrer nebeneinander aufgereihten Jachten sitzen, daß man ihnen wie den Zootieren ein paar Erdnüsse zuwerfen möchte ...

Vorsicht Waldbrand!

Gleich hinter dem lauten, wimmelnden Küstenstreifen erhebt sich das Massif des Maures, das so einsam ist, wie die Côte übervölkert. Dieses waldreiche, mit Pinien und Korkeichen bewachsene Gebirge hat seinen Namen von den Mauren beziehungsweise Sarazenen, die sich im 10. Jahrhundert dort niedergelassen hatten, um für hundert Jahre zu bleiben; eine etwas in Vergessenheit geratene ethnische Komponente der provenzalischen Bevölkerung, die heute ihren arabischen Mitbürgern oft extrem ablehnend gegenübersteht. Das Massif des Maures ist nun fast menschenleer, bis auf ein paar kleine Nester wie das Korken- und Weinbauerndorf Collobrières, ein ideales Gebiet, um sich von dem hektischen Trubel zurückzuziehen. Eindringlich ist allerdings zu warnen vor den regelmäßig ausbrechenden Waldbränden. Im Sommer sind Gras und Sträucher ausgedörrt und knochentrocken, der kleinste Funke genügt dann schon. Die Feuerwände, die der Wind übers Land treibt, verwüsten jedes Jahr Tausende von Hektar, mehrere Geschwader von Löschflugzeugen sind permanent im Einsatz. In vielen Fällen handelt es sich um kriminelle Brandstiftung, verbunden mit Grundstücksspekulation. Der Wald ist vor Bebauung geschützt, aber wenn er weg ist, kann der Boden als Bauland genutzt werden. Manch einer neuen Ferienhaus-Siedlung ging eine Feuersbrunst voraus, aber zu beweisen sind solche Zusammenhänge so gut wie nie.

Einer der schönsten französischen Fernwanderwege, der GR 9, verbindet die provenzalischen Bergmassive (Maures, Sainte-Baume, Sainte-Victoire) miteinander. Praktischerweise gibt es entlang dieser Strecke in sinnvollen Abständen Unterkunftsmöglichkeiten, sei es in Jugendherbergen, sei es beim Bauern. Genaue Routenbeschreibungen mit Karten kann man sich zuschikken lassen (siehe Praktische Tips).

Besonders reizvoll ist auch der nördliche Teil des Départements Var, die Gegend rings um Draguignan. Diese Unterpräfektur, deren Kneipen voll sind mit Soldaten eines benachbarten Militärcamps, ist an sich nicht weiter aufregend, eignet sich aber gut als Ausgangspunkt für verschiedene empfehlenswerte Touren. Eine ganze Serie toller kleiner Dörfer sind in nordöstlicher Richtung auf kurvenreichen Sträßchen zu erreichen – Callas, Bargemon, Seillans, wo Max Ernst seine letzten Lebensjahre verbrachte, oder Mons, wo man sich in tiefster ländlicher Abgeschiedenheit wähnt, wenn nicht gerade Geschützdonner herüberschallt vom Camp de Canjuers, einem riesenweiten Ödland, das sich die Armee als Schießgelände unter den Nagel gerissen hat. Etwas «lieblicher» ist die Landschaft westlich von Draguignan: Hier bieten sich Entdeckungsreisen durch die vielleicht schönsten Weinberge der Côte de Provence an, mit vielen Dörfern, die als Anlaufpunkte dienen können – Aups, Salernes, Cotignac, Carcès, Entrecasteaux, unmöglich, sie alle aufzuzählen. Auf den Dorfplätzen flimmert die Sonne durch die Platanen, und meistens plätschert auch noch ein Brunnen dazu. Da liegt es nahe, sich zu einem kühlen Glas Rosé verführen zu lassen oder gar zu einem stilvollen Mittagessen im Freien und sich um irgendwelche Pläne für den weiteren Tagesverlauf einfach nicht mehr zu scheren.

Salade niçoise

Gelangweilte Luxus-Rentner auf der kilometerlangen Promenade des Anglais, die verblichene Pracht pompöser Hotelkästen und Kasinos, Erinnerungen an das mondäne Treiben der Belle Époque – solche Aspekte prägen das Bild, das sich viele Leute von Nizza machen. Tatsächlich, da sitzen sie unter den Palmen, zwischen Kieselstrand und Autoschlangen, die wohlhabenden, meist aus der Pariser Region stammenden Pensionäre, die hier unter südlichem Himmel ihren sogenannten Lebensabend verbringen. Es mögen auch noch einige Engländer dabei sein. Die hatten einst der Palmenpromenade an der Baie des Anges ihren Namen gegeben, überhaupt waren sie es, die vor über hundert Jahren den Nizza-Boom begründeten. Den ersten Lords und Ladies folgte bald die gesamte europäische Aristokratie; jeden Herbst fielen sie ein wie die Zugvögel: Zaren, Königinnen, Prinzen, Fürsten, Komtessen, Millionäre, um sich vier Monate lang teuerste Extravaganzen zu leisten. Die hochherrschaftlichen Vergnügungs- und Repräsentationsbedürfnisse machten Nizza zu einem Eldorado für Geschäftemacher. Unmengen von Geld wurden in Hotel- und Kasinobauten investiert. Auf den Hügeln, die die Stadt umgeben, wuchsen Phantasieschlösser in sämtlichen Stilrichtungen empor. Zar Nikolaus II. stiftete eine orthodoxe Prachtkirche.

Absteige für Superreiche: das Negresco in Nizza

Die größten Hotelkästen entstanden entlang der Uferstraße. Als einziges ist von ihnen noch das Négresco in Betrieb, die andern wurden inzwischen abgerissen oder in Appartementhäuser verwandelt. Henri Négresco war ein Rumäne, der sich im gastronomischen Gewerbe von ganz unten hochgearbeitet hatte. Sein Erfolgsrezept und Wahlspruch lautete «Prunk, Luxus, Überfluß». Es lag nahe, daß er sein ehrgeizigstes Projekt dort realisierte, wo der Drang zur Verschwendung am größten war: in Nizza. Leider kam ihm der Erste Weltkrieg dazwischen – kurz nach der Eröffnung seines Traumpalastes war er pleite. Sein Werk hat ihn jedoch überdauert. Stolz prangt sein Name an der Kuppel des Hotels. Der Eingang wird von Türhütern in Frack und Zylinder bewacht, man darf aber ruhig in die Halle hineingehen. Drinnen sitzt dann vielleicht ein Ölscheich oder eine verwelkte Prinzessin mit ihrem Mops.

Es wäre allerdings ein großer Irrtum zu glauben, Nizza lebte bloß nostalgisch von seiner glitzernden Vergangenheit. Gewiß, die Stadt ist für viele ein luxuriöses Altersheim, darüber hinaus aber ist sie immerhin die viertgrößte Stadt Frankreichs, und es gibt dort nicht nur das Négresco und die noblen Villen auf dem Hügel von Cimiez, sondern auch HLM-Vorstädte, Fabriken und Leute, die morgens muffig zur Arbeit fahren. Hart prallen in Nizza die Gegensätze aufeinander, es ist eine Stadt ohne Zwischentöne, mit rauhen Sitten in Geschäft und Politik, berühmt für Korruptionsfälle und Skandale; sie bildet zusammen mit Marseille und Lyon das «Bermuda-Dreieck» der französischen Unterwelt. Als «Revier einiger der kriminellsten Organisationen Frankreichs» wird Nizza vom englischen Schriftsteller Graham Greene beschimpft. «Sie handeln mit Drogen. Sie haben mit stillschweigender Duldung hoher Behörden versucht, die Kasinos in dem berühmten ‹Krieg› zu übernehmen ... Sie sind in der Bauindustrie tätig, was ihnen hilft, ihre illegalen Gewinne reinzuwaschen. Sie haben enge Kontakte zur italienischen Mafia».

Mit den hohen Behörden ist das Rathaus gemeint, genauer: Bürgermeister Jacques Médecin, gegen den Graham Greene von seinem Alterssitz Antibes aus einen Privatfeldzug führt. Auch die ortsansässige Linke beklagt die undurchsichtigen Mauscheleien, die das administrative Leben charakterisieren, und sagt dem Stadtoberhaupt trübe Kontakte nach. Aber da ist nichts zu machen. Nizza wird seit über sechzig Jahren von der Médecin-Dynastie beherrscht, der jetzige Bürgermeister hat das Rathaus von seinem Vater «geerbt» und sitzt fest im Sattel. Die wichtigsten Posten der Stadt sind in den Händen seines Clans. Politische Orientierung: stramm rechts. Zur Zeit der sozialistischen Regierung verkündete Jacques Médecin, Nizza sei eine Oase der Freiheit im französischen Gulag. Der Mann ist skandalumwittert, aber populär: ein geschäftstüchtiger, dabei mediterran-lebenslustiger Potentat, der es geschafft hat, internationales Kapital nach Nizza zu locken und der die Stadt zu einer modernen Metropole nach kalifornischer Manier ausbauen möchte. Die Attacken des zornigen alten Mannes aus Antibes schaden ihm ebensowenig wie die Tatsache, daß er den Rechtsextremistenführer Le Pen zu seinen persönlichen Freunden zählt.

Mit dessen Front national steht er allerdings in einem Konkurrenzkampf, denn die hat hier eine Menge Anhänger, vor allem unter den örtlichen Pieds-noirs. Die Übergänge zwischen rechtsradikalem und kriminellem Milieu sind fließend: In den siebziger Jahren machte der Ganove Albert Spaggiari von sich reden durch einen sehr eleganten, später verfilmten Bankraub, der als Einbruch des Jahrhunderts gefeiert wurde. Ein großer Teil der Beute landete in den Kassen rechtsextremer Organisationen. Im Parteibüro der Front national lächelt heute Spaggiaris Konterfei von der Wand – Ehre, wem Ehre gebührt. Übrigens gilt die Stadt auch als Drehscheibe und Schlupfloch des internationalen faschistischen Untergrunds. Mehrere Spuren italienischer Attentäter führten nach Nizza.

Stockfisch in der Altstadt

Eingeklemmt zwischen Quai des États-Unis, Boulevard Jean-Jaurès und Burgberg liegt das Dreieck der Altstadt. Die wirkt sehr italienisch mit ihren Barockkirchen und den gelben und rosa Fassaden; kein Zufall, denn erst 1860 war die Stadt an Frankreich gekommen. Bis dahin gehörte die Grafschaft Nizza zum Kleinstaat Piemont-Sardinien. Es war ein verpenntes, provinzielles Städtchen, bevor die große Welt des Geburts- und Geldadels sich hier ihren exklusiven Spielplatz schuf. Die ließ sich freilich ihre eigenen Viertel bauen, die winklige kleine Altstadt blieb der Handwerker- und Arbeiterbevölkerung vorbehalten. Die aus dem Piemont oder anderen italienischen Regionen zuströmten, um als Maurer oder auf den Blumenfeldern zu arbeiten, quetschten sich in die engen, verdreckten Gassen des Vieux Nice, in das sich kaum eine Prinzessin oder ein Großfürst jemals verirrt haben dürfte.

Noch heute kann man beim Betreten der Altstadt das Gefühl haben, in ein anderes Nizza einzutauchen, in ein quirliges Mittelmeeruniversum voller Farben, Gerüche und Lärm. Viele der schmalen Straßen sind mit Marktauslagen vollgestellt, Kalbsköpfe, Makrelen, Artischokken drängen aufs Pflaster, bei den Marktleuten sind die rauhen Töne des «nissart» zu hören, des Nizzeser Dialekts, einer eigenartigen Mischung aus Französisch und Italienisch. In der Kirche der Heiligen Rita wird inbrünstig gebetet vor Hunderten von Kerzen, nebenan würfeln ein paar Araber in einer dunklen Kneipenhöhle. Mitten im Marktgedränge wird von großen runden Blechen Socca verkauft, eine billige Nizzeser Spezialität aus Kichererbsenmehl. Massen von Blumen gibt es unter den bunten Zeltbahnen auf dem cours Saleya. Am Abend verschwinden sie und machen Platz für lange Reihen strahlend weiß gedeckter Tische, an denen sich gepflegte Damen und Herren teure Fischgerichte zuführen, neben sich im Eiskübel den passenden Weißwein.

Die echte Nizzeser Küche findet man dort allerdings nicht. Die gibt es vor allem in den alteingesessenen Familien. Sie ist eher bäuerlich-urwüchsig und zeigt deutlich italienische Einflüsse. Zu den einfacheren Genüssen gehört die Pissaladiera, eine Zwiebeltorte mit Sardellen und Oliven, die auch tagsüber auf den Märkten zu haben ist. Ein klassisches Gericht der «cuisine niçoise», um das ein regelrechter Kult getrieben wird, ist die «Estocaficada»: ein Püree aus Trockenfisch, Zwiebeln, Knoblauch, Tomaten, Paprika und neuen Kartoffeln. Damit verbindet sich eine besondere Geschichte: Früher wurde das hiesige Olivenöl nach Barcelona verschifft und von dort dann weiter in alle Welt, unter anderem auch nach Norwegen. Auf dem Rückweg brachten die Schiffe bretthart getrockneten Stockfisch mit; die Nizzeser Hausfrauen standen vor dem Problem, dieses ungewohnte Zeugs irgendwie verwerten zu müssen. Sie entwickelten allmählich raffinierte Zubereitungsarten und machten aus dem nordischen Import ein appetitliches Mittelmeergericht – aus «Stokfisk» wurde «Estocaficada». Nur wenige Restaurants bieten solche einheimischen Spezialitäten an. Zu ihnen gehören Barale, ein Tempel der cuisine niçoise in der rue Beaumont, sowie, natürlich, L'Estocaficada in der rue de l'Hotel de Ville. Ein wirklicher Hochgenuß kann es aber auch sein, nach einer langen Nacht am frühen Morgen in der vergilbten Neon-Kneipe Cave Ricord nahe der place Garibaldi einen dampfenden Teller Socca vorgesetzt zu bekommen.

Ria Lussi / Günter Liehr

Lyon –
Hauptstadt der Gastronomie

Die meisten Städte haben einen zentralen Platz. In Lyon ist das die place Bellecour, sie ist verschwenderisch groß und ziemlich leer – wenigstens in der Siestazeit. In der Mitte dieses viereckigen Geländes reitet Ludwig XIV. in der prallen Mittagssonne. Zu Füßen seines Pferdes lagern in Bronze erstarrt Herr Rhône und Frau Saône; auch ein paar Liebespaare aus Fleisch und Blut haben sich um den Sockel des Metallkönigs verteilt. Manchmal bietet gerade der größte Platz die intimste Zuflucht. Die Öffentlichkeit besteht in der Mittagszeit nur aus einigen Tauben. Über den aristokratischen Fassaden, die den Rahmen dieser leeren, weiten Fläche abgeben, ragt als Blickfang die viertürmige Kathedrale von Fourvières oben auf dem Berg empor. Spötter haben sie gleich nach ihrer Fertigstellung einen auf dem Rücken liegenden Elefanten genannt. Neben diesem Prachtstück steht eine Imitation des Eiffelturms vom Ende des letzten Jahrhunderts. Kaum zu glauben, daß dieses modern wirkende Stahlkonstrukt drei Jahre älter ist als die Kathedrale mit ihrer bigotten Pastiche- und Lügenarchitektur.

Auf dem Platz ein Schild an einem Laternenpfahl. Da steht auf deutsch: «Besichtigen Sie Lyon in Freiheit!» Nanu, wie ist das gemeint? Aha: «Mieten sie einen Cassettenrecorder im Verkehrsbüro.» Wenn man will, bekommt man einen Walkman umgeschnallt und darf dann in Freiheit die vorgeschriebene Route abklappern. Das Verkehrsbüro liegt am Rande der place Bellecour, dort wo sich der Platz in einen kastanienüberdachten Park wandelt, in dessen Schatten ein paar Arbeitslose herumsitzen. Die Siesta scheint zu Ende zu gehen, denn es hat sich nun quer über die rosa Fläche eine Ameisenspur von Menschen gebildet, die das Missing Link zwischen den Fußgängerrennbahnen beiderseits des Platzes bildet. «Bellecour» ist auch eine Metro-Station. In deren Eingang lungern die wenigen Lyoner Punks rum. Brandneu ist die Metro und riecht frisch nach Plastik und Gummi. Leider ist sie auch ein bißchen teuer. Dafür hat sie aber wirklich sehr weiche Sitze. Es gibt kaum Reklameplakate, die Werbung wird an die Wände projiziert, ein echter Fortschritt. Die Gemeinde der Rocker hat sich ein paar Schritte weiter niedergelassen, in der rue de la République, im geräumigen und ehrfurchtgebietenden Portal der Tageszeitung «Progrés» – schon wieder Fortschritt. Hier sind wir nun schon ins Einkaufsparadies der von Rhône und Saône gebildeten Halbinsel, der Innenstadt, vorgedrungen. Erster Eindruck: alles sehr proper, würdige Fassaden in mildem Gelb, hellgrün und lindrosa gehalten. Hier strotzt die Stadt vor Prosperität, präsentiert sich sauber, ordentlich und geschäftig – ein Hort bürgerlich-konservativer Politik seit urdenklichen Zeiten,

Treppe im Viertel Croix-Rousse

eine vom Geist des Geschäftemachens imprägnierte Stadt.

Die Handelstradition reicht weit zurück, kein Wunder, wenn man sich die geographische Lage anschaut: Lyon war immer ein Kreuzungspunkt bedeutender Verkehrswege, Genf und Turin liegen quasi vor der Tür, zum Mittelmeer führt der Korridor des Rhônetals. Dieser so zentral gelegenen Stadt hat der König früh schon Messeprivilegien verliehen und hier die Seidenmanufaktur konzentriert. Lyon wurde daraufhin der größte europäische Handelsplatz für Seiden und Stoffe. Es liegt nahe, daß sich unter solchen Voraussetzungen eine auf Nützlichkeit hin orientierte Mentalität entwickelte, die eher technische Tüftler hervorbrachte als zum Beispiel Maler oder Musiker. Lyon hat denn auch eine beachtliche Anzahl von großen Erfindern aufzuweisen: Hier haben sich die Gebrüder Montgolfier die Montgolfière ausgedacht, Herr Ampère eröffnete die Ära der Elektromechanik, Monsieur Jacquard erfand den mechanischen Webstuhl, Thimonnier die Nähmaschine; und nicht zu vergessen die Brüder Lumière mit ihrem Cinematographen, mit dessen Hilfe ein neuer Industriezweig, nämlich die Kulturindustrie, hervorsprießen konnte.

Zum Casse-Croûte ins Bouchon

Es gibt auf dem langen Finger der Halbinsel aber nicht nur die großen Geschäftsstraßen, sondern auch kleine, seitlich abzweigende Sträßchen und Gassen, in denen sich die «Bouchons» verbergen. Ein Bouchon ist vergleichbar mit der Institution, die in Paris «Bistrot» genannt wird, hat aber starke lokale Eigenheiten. Wichtigste Funktion des Bouchon ist das Casse-Croûte, die Zwischenmahlzeit, die in Lyon mit Inbrunst gepflegt wird. So gegen 10 Uhr morgens wird dann etwa ein Schweinefußsalat verzehrt, oder man huldigt der berühmten Charcuterie von Lyon mit dem «Jésus» oder der «Rosette», zwei köstlichen Wurstsorten, gewöhnlich begleitet von Beaujolais- oder Mâcon-Weinen – beispielsweise in der Manille in der rue Turpin oder im sehr sympathischen, schon fast musealen Café des Fédérations in der rue du Major-Martin. Ein angenehmer Ort ist auch das Nesme in der rue Confort, in dessen vergilbtem Uralt-Dekor sich die Kundschaft zusammensetzt aus alten Stammgästen der Nachbarschaft und Second-hand-bekleideten New-Wave-Typen. Behäbige Hosenträger-Opas sitzen neben Mädchen mit Stachelschweinfrisur und kurzen Kunstleder-Röckchen. Das Nesme ist holzgetäfelt, kompromißlos neonbeleuchtet und gänzlich unmodisch: ein schönes, entspanntes Plätzchen.

Lyon bezeichnet sich sehr zu Recht als Hauptstadt der französischen Gastronomie, trotz vordringender Matsch-Brötchen-Börger-Theken von MacDingsbums. Mehr als anderswo ist hier die Speisekunst im Alltag verankert. Die Nahrungsaufnahme ist eine wahrhafte Leidenschaft und ein unerschöpfliches Gesprächsthema. Sicherlich liegt diese Sonderstellung im ohnehin kulinarisch bewußten Frankreich daran, daß sich Lyon geographisch auch im Mittelpunkt exquisiter Zutatenlieferanten befindet. Da ist es kein Zufall, daß ausgerechnet hier die berühmte «Physiologie des Geschmacks» von Brillat-Savarin geschrieben wurde, diese Bibel der Genußkultur. Der Raum von Lyon hat die größteDichte von Sternen im tonangebenden Michelinführer. Hier war es auch, wo der Starkoch Paul Bocuse seine bahnbrechende Trüffelsuppe erfand, was ihm eine Aufnahme in die französische Ehrenlegion einbrachte. Große Köche wie Bocuse oder Nandron haben den Rang von Lokalheroen. Sie gelten als die Säulen des Lyoner Freß- und Selbstbewußtseins.

Einer anderen, um einiges volkstümlicheren Kategorie gehören die leider im Verschwinden begriffenen legendären «Mütter» an, «les mères»,eigensinnige ältere Köchinnen, die mit ihren kleinen Restaurants quasi verwachsen sind und für ihre Küche und ihre Gäste leben, dafür im Umgang gelegentlich etwas derb und schroff sind, vor allem wenn ihnen jemand unsympathisch ist. Die Restaurants einiger dieser «Mütter» wurden zu wahrhaften Hinterzimmern der Lyoner Politik und Geschäftswelt. Da nun einmal in dieser Stadt so viel, ausgiebig und gut gegessen wird, regelt man auch so viel wie möglich ums Essen herum. Zwischen Bresse-Poularden und Quenelles de Brochet (Hechtklößchen), auch «têtons de Vénus» geheißen, werden Karrieren lanciert, während der Geflügellebertorte werden Großaufträge klargemacht oder Differenzen beigelegt; ehe man etwas an die große Glocke hängt, versucht man, sich gütlich bei Schweinsfüßen und Fleurie zu einigen. Im informellen Bereich der Restaurants, an gut gedeckten Tischen spielt sich ein gut Teil des politischen Lebens dieser bürgerlichen Stadt ab; wer hier was werden will, sollte besser keinen allzu empfindlichen Magen haben.

Kneipe auf der Halbinsel

Hinauf zur Zuckerbäckerbasilika

Westlich vom langen Finger der Presqu'île, der Halbinsel, liegt auf dem rechten Saône-Ufer zwischen Fluß und Berg schmal zusammengequetscht der sehr alte Stadtteil Vieux-Lyon: gepflegtes Katzenkopfpflaster, ausgewählt stilvolle Straßenlaternen, ein wenig zum Schmuckstück aufgemotzt. Aber es hält sich noch in erträglichen Grenzen, denn schließlich ist Lyon eigentlich kein Touristenziel. Noch ist das Quartier nicht ins Total-Künstliche umgekippt. Es hat mehr den Charakter eines behaglichen Spazier- und Ausgehviertels für Einheimische, mit Teesalons, Cafés-théâtres, Kunsthandwerk-Boutiquen und sogar einer Bio-Kooperative. Auf diesem engen Streifen des ältesten

Lyon überraschen die vielen schönen Renaissance-Hôtels in der Nähe der Kathedrale St. Jean, die florentinisch inspirierten Fassaden, die quer durch die Häuser gelegten, heimlichen Passagen. Im Norden dieses Quartiers liegt die place du Change. Längst ist vergessen, daß sich hier über Jahrhunderte hinweg das Zentrum des europäischen Geldhandels befand. «Stadt der tausend Sprachen» nannte man Lyon zur Zeit der Renaissance, und was heute die New Yorker Wall Street ist, das war damals dieses Viertel, das jetzt am Rand der Großstadt liegt und eher ruhig und erholsam wirkt.

Auf einer kleinen Brücke rumpelt eine Drahtseilbahn über die Straße. Sie gehört zum städtischen Verkehrssystem und kann mit normalen Metro-Fahrscheinen benutzt werden (ein Ticket für Hin- und Rückfahrt). Man sollte sich nicht entgehen lassen, damit nach Fourvières raufzufahren. Dort oben kann die von überall sichtbare viertürmige Kathedrale mal näher in Augenschein genommen werden: ein Kitsch-Monstrum, in dem sämtliche Bauformen beziehungsweise deren Nachahmungen vertreten sind, ein Gotteshaus wie eine Hochzeitstorte, kein Eckchen blieb unverziert. Der Stil ließe sich annähernd als romano-byzantino-pharaonisch beschreiben. Der Bau dieser Kirche geht auf ein erzbischöfliches Gelübde aus dem 70/71er Krieg zurück. Falls die Jungfrau Maria dafür sorgte, daß der Stadt Lyon die preußische Besatzung erspart bliebe, würde man ihr eine Basilika hinstellen. Und da sich die eine Seite dann auf den Vertrag einließ, wollte sich die andere auch nicht lumpen lassen.

Wer neben der Basilika rechts die Straße mit den Devotionaliengeschäften entlanggeht, kommt zu einem tollen Aussichtspunkt, der einen umfassenden Panoramablick auf Lyon gestattet. Unschön stößt dabei nur der riesige runde Verwaltungspimmel des Crédit-Lyonnais ins Auge. Sonst aber hat man einen schönen Überblick über die verschiedenen Stadtteile, die gelben und pinkfarbenen Häuserreihen der Quais und die vielen Brücken. Sie sind alle ziemlich neu, denn im Zweiten Weltkrieg hatten die Deutschen, bevor sie abzogen, alle 22 Brücken in die Luft gejagt.

Vor diesem Abzug war hier der «Schlächter von Lyon», Gestapochef Klaus Barbie, tätig. Mit seinem 120 SS-Männer starken Jagdkommando verbreitete er im Süden Frankreichs Angst und Schrecken. Er ließ ganze Dörfer vernichten, Geiseln massakrieren und Massenhinrichtungen veranstalten. In Lyon selbst tobte er sich im Fort Montluc aus sowie im Keller des Gestapo-Hauptquartiers, 14, avenue Berthelot. Lyon galt als Hauptstadt der Résistance. Hier hatten sich die drei großen Widerstandsorganisationen der südlichen Zone formiert: Combat, Libération und Franc-Tireur. Die verschiedenen Strömungen zu vereinigen und mit der externen Résistance zusammenzuführen, war die Aufgabe des de Gaulle-Vertrauten und ehemaligen Präfekten Jean Moulin, der – möglicherweise durch Verrat aus den eigenen Reihen – seinem Verfolger Barbie in die Hände fiel, womit sein Schicksal besiegelt war. Über 4000 Morde und 7500 Deportationen gehen auf das Konto des «Schlächters». Nach dem Krieg verschwand er mit Hilfe einer Nazi-Fluchtorganisation nach Lateinamerika, wo der Folterspezialist sich bei verschiedenen Diktatoren nützlich machte und nebenher mit Waffen

Drahtseilbahn nach Fourvières

und Kokain dealte. Dann entdeckte ihn die Nazi-Jägerin Beate Klarsfeld. Es dauerte noch zehn Jahre, bis in Bolivien, wo er sich zum Schluß aufhielt, eine demokratischere Regierung an die Macht kam und ihn nach Frankreich auswies. Jetzt sitzt er in Lyon ein, unschuldig, wie er meint.

1944, als die deutschen Besatzer endlich verschwunden waren, da stellten die Arbeiter der LKW-Fabrik Berliet die Buchstaben des Firmennamens über dem Eingangstor um zu «Liberté».

Berg der Arbeit

Zwei Hügel gibt es in Lyon. Auf dem einen, Fourvières, wird, wie der große Historiker Michelet sagte, «gebetet», auf dem anderen «gearbeitet». Auf diesem zweiten nämlich liegt der Stadtteil Croix-Rousse, das klassische Viertel der Weber und Textilarbeiter, die einstige «Akropolis» der Seide, eine am Steilhang gelegene Arbeiterstadt aus gewaltigen Mietskasernen des vorigen Jahrhunderts, die irgendwie an Berliner Arbeiterviertel erinnern mit ihren zehn Stockwerken und Hinterhoflabyrinthen. Da ratterten und klapperten auf allen Etagen die Webstühle, die Herr Jacquard erfunden hatte, man hat ihm dafür oben auf der place de la Croix-Rousse ein Denkmal gesetzt. Die «canuts», wie die Weber hier heißen, waren Heimarbeiter, das gesamte Familienleben war um das «métier», den Webstuhl, herum angelegt, der groß und unübersehbar wie ein mechanischer Diktator die Wohnung beherrschte. Achtzig Prozent der Seidenproduktion kam aus Lyon. Die Stadt kontrollierte den Welthandel, hatte Vertretungen bis hin nach Shanghai. Das Geschäft war von den «Fabrikanten» ohne Fabrik, den Verlegern, beherrscht, die die Arbeit an die einzelnen Canuts verteilten. Die mußten oft mit Minimallöhnen und Arbeitstagen von sechzehn Stunden in ihren Werkstattwohnungen vegetieren. Aber in diesem Milieu entwickelte sich eine eigenwillige intellektuelle Orientierung, ein Bildungsbedürfnis neuer Art, das sich in der Gründung von Arbeiter-Bildungsorganisationen äußerte. Und hier entstanden auch erstmals Selbsthilfevereine und gewerkschaftsähnliche Bünde – die Canuts waren zu ihrer Zeit die Avantgarde der französischen Arbeiterbewegung.

Als 1831 ein bereits zugesagter Minimaltarif von den Fabrikanten wieder zurückgenommen wurde, brach ein Aufstand los. Die Canuts übernahmen die Croix-Rousse, auch die anderen Vorstädte schlossen sich der Revolte an und nahmen die Halbinsel ein. Nach zwei Tagen blutiger Kämpfe wurde das anrückende Militär zurückgeschlagen. Die Arbeiter zogen in der Stadt schwarze Fahnen auf, nicht, weil sie Anarchos waren, sondern aus Trauer über das aufgezwungene Blutvergießen. Ein Ordnungsdienst wurde eingerichtet, selbst die Häuser der verhaßtesten Fabrikanten wurden beschützt. Man installierte sich im Rathaus. Die Idee einer Arbeiterregierung nahm schwammige Konturen an. Vom 23. November bis zum 3. Dezember dauerte die Herrschaft der Arbeiter über Lyon, dann erschien eine 20000 Mann starke Armee und bereitete dem «Schrecken» ein Ende.

Diese Ereignisse waren ein enormer Schock fürs Bürgertum und ein Meilenstein in der Geschichte der Arbeiterbewegung: Zum erstenmal war hier, fünfzehn Jahre vor dem «Kommunistischen Manifest», erfolgreich zur Vereinigung der Arbeiter über ihre bornierten Brancheninteressen hinweg aufgerufen worden, hatte sich im Kampf um Lyon Klassenbewußtsein manifestiert, auch wenn den Webern die Avantgarde-Rolle zufiel. In der Folge des Aufstands wurde die Stadt dann mit einem Ring von Forts umgeben, kleinen Zitadellen, die vor allem der Überwachung unsicherer Viertel dienten; und als dann der Präfekt Haussmann die Hauptstadt Paris zur besseren Arbeiterbekämpfung herrichtete, da wurde auch in Lyon eine Schneise in den Häuserwald geschlagen, die eine freie Schußlinie zur hochgelegenen Croix-Rousse bot: die heutige rue de la République.

Heute ist das Viertel Croix-Rousse ein aus dem Rahmen der übrigen Stadt fallendes Relikt aus der Phase der frühen Industrialisierung. Mit seinen düsteren, verrottenden Riesenhäusern, die sich steil am Berg hang staffeln, bietet es einen unerwarteten Totalkontrast zur geleckten, gutbürgerlichen Innenstadt unten auf der Halbinsel – vielleicht das faszinierendste Viertel von Lyon. Sein spezieller Reiz verändert sich je nach Witterungs- und Lichtverhältnissen. Am unwirklichsten ist es dann, wenn die alten Häuserfronten eingehüllt sind durch die Nebelschwaden, die von den beiden Flüssen heraufsteigen.

Sehr bequem läßt sich die Entdekkungstour gestalten, wenn man mit der Zahnradmetro bis zur Station «Croix-Rousse» hochrattert und sich dann von oben gemächlich zu Fuß runtertreiben läßt, zum Beispiel durch die rue des Pierres Plantées, die rue Pouteau und im Zickzack durch die Seitenstraßen. Hier ist noch kaum etwas renoviert, die Wohnungen sind ebenso schlecht wie billig. Aus diesem Grund und wohl auch wegen der prächtigen Lage hat sich an diesem nach Süden gelegenen Hang in der Nachbarschaft von Araberfamilien und alten Leuten eine spät-jugendliche Alternativ-Fauna eingenistet, mit kleinen Galerien, angeschmuddelten Kneipen, Alternativ-Druckereien, Jazz-Clubs und Kleintheatern. In der Parasolerie, rue Bodin, wird ein abwechslungsreiches Programm aus Jazz, Chansons und Café-Théâtre geboten, die Bar des Capucins versammelt allabendlich ein zahlreiches studentisches Publikum, das sich mit Kennerschaft dem gehobenen Biergenuß hingibt. In der rue Burdeau findet sich die libertäre Stadtteilgruppe CUL (Collectif Utilitaire Lyonnais). Außerdem gibt's noch hier und da einige marginale Astrologie- und Psycho-Zirkel. Die ganze Ecke ist reichlich dekoriert mit halbzerfetzten Plakaten. Anarcho-Graffiti, Menschenabfall sowie Hundescheiße.

Die heimliche Attraktion dieses Quartiers sind aber vor allem die «traboules», die verzweigten Durchgänge und Stiegen in den Hinterhöfen: ein unübersichtliches System von hinter der Straßenfront verborgenen Verbindungen, eine geheime Welt aus Treppen, eine listenreich versteckte Geographie aus Abkürzungs- und Fluchtwegen für Eingeweihte. Eine beeindruckende Traboule befindet sich zum Beispiel in der Nr. 9 an der place Colbert. Sehr stark ist auch der Treppenabstieg neben dem Haus Nr. 30 in der rue Burdeau. Phantastische Plätze, um Gangsterfilme zu drehen, man kann sich hier hervorragend allerlei lichtscheue Machenschaften vorstellen. Dennoch, allem Anschein zum Trotz braucht hier niemand Angst zu haben, die Croix-Rousse ist ein friedliches, zerbröckelndes Unikum, dem allmählichen Verfall preisgegeben. Vielleicht wird die besondere Erinnerung, die mit diesem Viertel verknüpft ist, offiziell nicht genügend geschätzt, um der Croix-Rousse die Würde eines historischen Monuments zu verleihen und sie entsprechend zu pflegen.

Herz aus Beton

Die heimarbeitenden Weber waren die Vorhut der Industrialisierung. Als die dann voll einsetzte, begann sich die Stadt rapide nach Osten hin auszudehnen. Um die Fabriken der Textil-, Chemie- und Metallindustrie herum entstanden planlos unzusammenhängende Wohnsiedlungen, gegen Osten transformierte sich die Stadt Lyon zunehmend in eine Anti-Stadt-Wucherung. In einer dieser gesichtslosen Vorstädte, nämlich in Villeurbanne, beschloß in den dreißiger Jahren der sozialistische Gemeinderat, ein komplett geplantes, homogenes, repräsentatives

Zentrum zu errichten. Was dabei herauskam, war für damalige Verhältnisse kolossal: eine Art Stalinallee mit zwei Hochhausreihen, die auf ein monumentales Rathaus zulaufen. Dabei war ein gewisser Provokationseffekt gegenüber dem bürgerlich regierten Lyon sicher nicht ganz unbeabsichtigt. Die Bourgeosie erschauerte denn auch gehörig angesichts dieses architektonischen Proletkults, und in der rechten Presse wurde, nicht ganz zu Unrecht, gegen das Eindringen sowjetischer Elemente in der Nachbarschaft gegeifert. «Gratte-ciel», Wolkenkratzer, wurde der Komplex sogleich genannt, und so heißt heute noch die Metrostation in Villeurbanne. Es lohnt sich, da mal auszusteigen und dieses Beispiel autoritärer Architektur an der avenue Henri Barbusse anzuschauen.

Allerdings hat es inzwischen angesichts zeitgenössischer urbanistischer Zumutungen viel von seinem Schrecken eingebüßt. Gerade Lyon hat für aktuelle architektonische Gewalttaten einige prächtige Exempel: allen voran das Verwaltungs-Kultur-Einkaufs- und Bahnhofsgebilde «La Part-Dieu», das moderne Sichtbeton-Herz auf dem linken Rhône-Ufer. Hier rollt der raketenähnliche Superzug TGV (train à grande vitesse) ein, der mit einer Reisegeschwindigkeit von 260 km/h Lyon in zwei Stunden mit Paris verbindet.

Überhaupt ist «La Part-Dieu» das größte, beste, schönste Mehrzweckzentrum Europas, und ganz aus einem Guß: Parksilos mit 11 000 Einstellplätzen, fünf Kaufhäuser, Massen von Boutiquen, Bowling, Squash und vierzehn Kinosäle, fünfzehn Restaurants, Hotels und ein großer Konzertsaal ... Also kann man hier ankommen, wohnen, kaufen, essen, sich amüsieren, Kultur mitnehmen, wieder abfahren, ohne Lyon (alte Ausführung) überhaupt nur zu betreten. Sehr praktisch.

Allerdings haben sich wegen der jahrzehntelangen Großbaustelle ebenso unerwartete wie unerfreuliche Folgen ergeben. Zu Tausenden wurden nämlich die Ratten aufgeschreckt und sind in das benachbarte Viertel um die place Gabriel Péri gezogen, dorthin, wo sich innerhalb von Lyon die «immigrés» («Gastarbeiter») konzentrieren. Um die rue Moncey, Marignan, Épée herum liegt eine «exotische» Enklave: an den Mauern Bauchtanzplakate, in den Gassen palavernde Männergruppen. Dort ist auch der orientalische Supermarkt des Armeniers Bahadourian: runde arabische Brote zu Metern getürmt, Riesensäcke mit Erdnüssen und Pistazien, eimerweise Oliven, Haufen von Feigen, große Halva-Blöcke, Trockenfisch, fette Süßigkeiten, Schubladen mit gelben, roten, braunen Gewürzpulvern, stapelweise Couscous-Kochtöpfe. Bahadourians Laden ist der große Treffpunkt, die Angestellten sprechen alle Sprachen des Mittelmeerraums und helfen auch mal beim Ausfüllen von Papieren. Die meist aus dem Libanon kommenden neueintreffenden Armenier haben hier eine Anlaufstation, finden erste Orientierung und Adressen. In letzter Zeit wird bei Bahadourian immer häufiger Rattengift verlangt. Die Ankunft der widerstandsfähigen Nager macht die ohnehin schon katastrophale Situation in diesem reichlich verkommenen Viertel noch unerträglicher. Schon lange hat hier kein Hausbesitzer mehr irgendwelche Reparaturen durchgeführt. Verstopfte Etagenklos, wacklige Trep-

Sozialistische «Wolkenkratzer» in Villeurbanne

pengeländer, Risse in der Wand sind üblich. Aufgrund saumäßig isolierter Stromleitungen bricht auch gern mal ein Feuerchen aus; in den für unbewohnbar erklärten Häusern hört man es gelegentlich hämmern und krachen: Das sind die Leichenfledderer, die sich die Wasserrohre rausbrechen, oder was sie sonst noch brauchen können.

Djamel, Rachid, Ali und die anderen

Die Tage dieses kaputten Viertels scheinen gezählt, denn Lyon ist sichtlich dabei, sich an allen Ecken und Enden rauszuputzen und nach langem Provinzschlaf in eine Metropole zu verwandeln. Gar nicht zu unterschätzen ist dabei die Aufwertung durch den im Stundentakt fahrenden Superzug TGV, der die Lyoner in die privilegierte Lage versetzt, in Null Komma nichts die Hauptstadt Paris zu erreichen und sie auch ebenso rasch wieder zu verlassen. Spürbar ist in Lyon der Wille vorhanden, die einstige Funktion einer internationalen Drehscheibe wiederzugewinnen, was sich unter anderem Ausdruck verschafft in rabiaten Modernisierungsmaßnahmen; neben dem Komplex «La Part-Dieu» gehört dazu auch die entsetzliche Überbauung des bisherigen Hauptbahnhofs Lyon-Perrache.

Auch auf andere Weise entwickelt Lyon, immerhin die zweitgrößte Stadt Frankreichs, eine neue Vitalität. Nach Jahrzehnten kultureller Verödung entfalten sich auf verschiedenen Ebenen neuartige Initiativen. Im großen Umsteig-Zentrum von Lyon-Perrache ist etwa der garagenähnliche Ausstellungskomplex ELAC (Espace Lyonnais d'Art Contemporain) entstanden, dem in Villeurbanne ansässigen Nationaltheater wurde die Kunst-Kino-Kette CNP (Cinéma National Populaire) angegliedert. Der sehr viel inoffiziellere Cinématographe in der cours Suchet, ein von einer Gruppe leidenschaftlicher Kino-Freaks geleitetes Alternativkino, veranstaltet gelegentlich durchgehende Kinonächte mit bis zu sechs Filmen. Dann wäre, neben diversen kleinen Theatern und Jazz-Clubs, Le Frigo (Der Kühlschrank) in der rue St. Michel hervorzuheben, ein von vier Typen lanciertes Mehrzweck-Zentrum in einer ehemaligen Käsefabrik, Beispiel für den Einfallsreichtum der «neuen» Lyoneser Kulturszene, wo Kunst-Happenings und Rockkonzerte stattfinden; eine Video-Galerie und ein freies Radio gehören auch dazu.

Lyon ist also dabei, sich als Regionalhauptstadt, internationaler Messeplatz, Freß-Mekka und neuer Kulturmagnet ein gepflegt-attraktives Image zu schaffen, aber seit einigen Jahren ist die Stadt an Rhône und Saône immer wieder wegen Vorfällen in den Schlagzeilen, die sich mit dem schönen Schein nicht recht vereinbaren lassen: Draußen in den schäbigen Satelliten-Vorstädten, in den häßlichen Sozialwohnungsgettos kommt es regelmäßig zu Gewaltexplosionen; dort hat die «Zweite Generation» begonnen aufzubegehren, jene meist in Frankreich geborenen Jugendlichen aus nordafrikanischen Arbeiterfamilien, die an die trostlosen Ränder der französischen Gesellschaft abgeschoben sind. Horrorbilder hämmerten im Sommer '81 erstmals auf die braven französischen Fernsehzuschauer und Illustriertenleser ein: Rauchwolken brennender Autos zwischen tristen Wohnklötzen, Karambolagerennen gegen Polizeistreifenwagen, veranstaltet von Halbwüchsigen, die allem Anschein nach Djamel, Rachid oder Ali hießen, nicht aber Pierre, François oder Jean-Jacques. Während ihre bessergestellten Altersgenossen in die Ferien fuhren, knackten diese Vierzehn- bis Fünfzehnjährigen schöne schnelle Autos auf und veranstalteten sogenannte «rodéos», bei denen sie möglichst geschickt die Fahrzeuge der Polizei rammten.

Zum Abschluß wurden dann die geklauten Sportwagen rituell angezündet. Viele unschuldige Autos gingen in Flammen auf, über 200 in einem einzigen Sommer. Allerdings waren dabei auch eine Menge Fahrzeuge, die von cleveren Versicherungsbetrügern verbrannt wurden – die Gelegenheit war günstig, seine alte Schrottkiste auf profitable Weise loszuwerden.

Von solchen Exzessen aufgeschreckt, beschloß die damals gerade frisch gewählte neue Regierung als Sofortmaßnahme, eine möglichst große Zahl von Jugendlichen aus diesen Gettos erstmals in die Ferien zu schicken. In Zusammenarbeit mit dem Club Méditerrané wurden spezielle Programme entwickelt, und für die zu Hause gebliebenen mobilisierte man rasch größere Mengen Animateure, die mit Sport- und Kulturaktivitäten für spannungsfreie Sommermonate sorgen sollten: Beschäftigungstherapie, die dazu dient, während der Ferienmonate Ausbrüche zu vermeiden und die öffentliche Ordnung aufrechtzuerhalten. Nach ein paar Wochen kommen sie dann wieder in den Horror ihrer «Cités-HLM» zurück, jene in den sechziger Jahren als Unterbringungssilos für brave Arbeitssoldaten zusammengeschusterten Klötze, die inzwischen völlig runtergekommen sind und wo obendrein ein regelrechter Belagerungszustand herrscht: Die Polizei ist massiv präsent, kontrolliert und knüppelt ausgiebig. In vielen Polizisten hat sich Haß angestaut gegen die «bicots» und «bougnoules». Auch rechtsradikale Bürgerwehren sind aufgetaucht und haben hier mit Schäferhunden patrouilliert.

Das Klima von Rassismus und Gewalt, die Stigmatisierung der jungen Araber als krimineller Abschaum, all das wurde schließlich so unerträglich, daß mehrere Jugendliche in einen Hungerstreik traten. Was angefangen hatte als ziellos-blinde Revolte, die sich an den heiligen Kühen der Konsumgesellschaft verging, bekommt allmählich neue Konturen: Viele Jugendliche beginnen, sich mit ihrer Situation auseinanderzusetzen, drängen auf Verbesserungen der Lebensverhältnisse und fordern einen Platz in der französischen Gesellschaft. Inzwischen ist eine Regierungskommission dabei zu überlegen, wie man diese Konfliktherde entschärfen, die ausgegrenzten Gettos verwandeln und wieder in die Städte integrieren kann. Dazu ist mehr erforderlich als ein neuer Fassadenanstrich oder ein paar Animateure. Im «heißen» Viertel Les Minguettes, süd-östlich von Lyon, hat man damit begonnen, einige der Betontürme aus den sechziger Jahren rigoros in die Luft zu sprengen – ein Zeichen für die späte Erkenntnis des inhumanen Charakters solcher Unterbringungsarchitektur. Vielleicht ist es aber auch schon zu spät. Die Berichte über gewaltsame Konflikte in den Lyoner Vorstädten und anderswo häufen sich; gerade auf dem Hintergrund der Wirtschaftskrise ist es eher wahrscheinlich, daß sich die ethnischen und sozialen Spannungen weiter verschärfen.

Rummel und Verödung – **Die Alpen**

Ein beachtliches Stück vom großen Alpenkuchen haben die Franzosen erwischt. Über die Provinzen Savoie, Dauphiné und Teile der Provence erstreckt sich das Hochgebirge; vom Genfer See bis Nizza, von den Gletschern des Nordens bis zu den Olivenhainen des Mittelmeerraums bieten die Alpen eine erstaunliche Vielfalt von Landschaften, Ve-

getation und Zivilisationsformen. Tatsächlich sind sie viel variantenreicher als das, was einem beim Stichwort «Alpen» in den Sinn kommen mag. Freilich ist auch stellenweise eine gewisse Uniformisierung durch die Segnungen des Tourismus festzustellen. Vor allem winters überspült ein großer Urlauberschwall die Hochgebirgswelt. In wenigen Jahren wuchsen sich entlegene Bergbauerndörfer zu internationalen Zentren aus, entstanden «Stationen» mit dörflichem Kern und großstädtischen Verkehrsstauungen, verwandelte der Après-Ski-Rummel Kuhställe in Diskotheken.

Neben solchen transformierten Orten (Val d'Isère, Megève, La Clusaz ...) sind auch völlig neue, synthetische Urlaubsmaschinen gleich in der Nähe der attraktivsten Pisten aus dem Nichts erwachsen – von Promotern hingeklotzte Hochhäuser im angedeuteten Chalet-Stil, Retortengebilde aus Beton, manchmal mit Fichtenholz verschalt, was als architektonisch abwechslungsreich verstanden sein will. Les Arcs, Alpe d'Huez, Isola 2000 – funktionale Urlaubsorte, lebendig wie Supermärkte. Alles ist perfekt programmiert, der Skilift wartet vor der Haustür, Parkplätze sind reichlich vorhanden. Besonders beliebt bei der Hauptstadt-Schickeria ist Avoriaz oberhalb von Morzine: eine Pariser Satellitenstadt mit Alpenglühen, lautlosen Außenfahrstühlen und immensem Gewühl auf den Pisten. Früher mußten viele Savoyarden nach Paris ziehen und sich als Kaminkehrer verdingen. Heute bleiben sie zu Hause und werden Skilehrer oder Makler.

Erste Hochburg des alpinen Fremdenverkehrs war Chamonix. Nachdem das bis dahin italienische Savoyen 1860 an Frankreich gefallen war, wurde der Ort am Mont Blanc von Louis Bonaparte, dem großen Förderer des Luxus-Tourismus, entdeckt und entwickelte sich rasch wie Biarritz, Deauville oder Vichy zum Treffpunkt gekrönter Häupter und zum Spielplatz eines vergnügungssüchtigen Aristokratenklüngels. Hundert Jahre später ist Chamonix ein unerfreundlicher Mischmasch aus mondänen Überbleibseln und zeitgenössischer Zersiedelung. Während viele Winterparadiese das restliche Jahr über leerstehen wie Geisterstädte, ist hier auch im Sommer einiges los. Der «Weiße Berg» lockt die Massen an. Er ist ein Hauptanziehungspunkt für Bergsteiger aus aller Herren Länder, unter ihnen auffallend viele Japaner. Die Kletterer werden immer unbekümmerter und leichtsinniger. Oft sind es wildgewordene Büromenschen, die sich für Reinhold Messner halten. Dementsprechend hoch ist die Zahl derer, die jedes Jahr vom «Dach Europas» runterfallen. Die Mehrheit der Chamonix-Besucher zieht allerdings risikolosere Vergnügen vor. In der Umgebung häufen sich die Attraktionen, die Bergwelt wird bestaunt wie ein Kuriositätenkabinett der Natur. Man gondelt nach einer Stunde Schlangestehen mit der höchsten Seilbahn der Welt auf die Aiguille du Midi und kriegt dort oben Atembeklemmung und Sonnenbrand, oder rumpelt gemütlich mit der Zahnradbahn zum Gletscher Mer de Glace und wagt drei Schritte auf dieser tief ins Tal hineinreichenden Eiszunge. Dennoch ist nicht zu leugnen: Die Gegend um Chamonix ist faszinierend; man kann sich dort dem Rummel auch durchaus entziehen.

Einigermaßen ausdauernde Wanderer seien auf die Tour de Mont-Blanc hingewiesen, eine markierte Strecke, die auf Nachbarbergen rund um das gesamte Mont-Blanc-Massiv führt. Diese Tour ist keineswegs ein Sonntagsspaziergang, man braucht dafür schon eine gute Kondition und das entsprechende Kartenmaterial, aber sie hinterläßt, wenn man mit dem Wetter Glück hat, grandiose Eindrücke, die auch ausgekochte Bergfeinde schwach machen müßten. Zieht man sie in Gänze durch, dauert sie rund eine Woche. Man kommt dann ein Stück durch Italien und die Schweiz, ein zusätzlicher Reiz. Zur Übernachtung gibt es unterwegs verschiedene «réfuges», einfache, billige Bergunterkünfte, falls man sich nicht mit seinem Zelt in die Büsche schlagen will. Natürlich kann man auch bloß eine Teilstrecke absolvieren, in einsame Seitentäler desertieren und vor der imposanten Kulisse der weißen Bergbrocken die Füße in eiskalten Gletscherbächen kühlen.

Avantgarde im Hochgebirge

Jung, aktiv, «sympa» – so ist Grenoble, zumindest nach dem offiziellen Image der Alpenmetropole. Sie hat den Ruf einer «ville-pilote», einer Avantgarde-Stadt: Das Frankreich von morgen, hier werde es vorweggenommen, heißt es. Nach dem Krieg ist Grenoble rasant gewachsen, hat sich vervierfacht, horizontal wie vertikal ausgedehnt in die Täler des Drac und der Isére, mit Wolkenkratzern zweifelhafter Ästhetik vor erhabenem Bergpanorama geschmückt. Es ist die «jüngste» Stadt des Hexagon, mit einer großen Universität, ein Mekka naturwissenschaftlicher Forschung und Spitzentechnologie. Das von überall herbeigeströmte akademische und technische Personal hat locker-unkonventionelle (das heißt unfranzösische) Umgangsformen eingeführt, auf die man sich einiges zugute hält – amerikanische Campus-Atmosphäre im Hochgebirge.

Angefangen hatte es mit dieser Sonderentwicklung im Jahre 1860. Bis dahin war Grenoble nichts weiter als eine schläfrige Kleinstadt,

Alpenmetropole vor imposanter Kulisse

allenfalls bekannt für die Fabrikation von Handschuhen. Dann aber kamen ein paar tüftelnde Ingenieure auf die folgenreiche Idee, aus den Wasserfällen der Umgebung elektrischen Strom zu gewinnen. Es begann die Ära der «Weißen Kohle» (l'houille blanche). Die neue Energiequelle gab den Anstoß zur Ansiedlung verschiedener Betriebe. Bald wurde Grenoble zum Zentrum von Fabriken für Turbinen, Hydraulik und Elektrotechnik, und in jüngster Zeit gesellten sich naturwissenschaftliche Institute dazu, elektrochemische Laboratorien, ein Kernforschungszentrum und manches andere. Grenoble wurde zur Boomtown, zum Magnet einer neuen Technologen- und Managerelite, eine moderne Industriestadt ohne stinkige Kohlefabriken und rauchende Schlote. Eine gewisse Rolle hat dabei sicherlich der hohe Freizeitwert gespielt: Die tollen Skigebiete, die schöne landschaftliche Umgebung machten es attraktiv für junge Ingenieure und Forscher hierherzuziehen. Smart und braungebrannt pendeln sie zwischen Labor und Piste hin und her, die jungdynamischen Zukunftsmenschen.

Linkes Laboratorium

Dies war der Hintergrund, vor dem Grenoble für über zwanzig Jahre zur Symbolstadt einer «neuen Linken» werden konnte. Anstelle alteingesessener gaullistischer Würdenträger eroberte 1965 ein ambitioniertes Team der links-sozialdemokratischen PSU den Stadtrat und trat mit dem Ziel an, Grenoble auch politisch zu modernisieren. Diese Linken, die sich später wieder in den Schoß der PS zurückbegaben, hielten das Rathaus bis 1983. Als erstes nutzten sie die nach Grenoble geholten Olympischen Winterspiele 1968, um die Stadt mit großzügigen Infrastrukturen auszustatten. Ein großer Teil der öffentlichen Gebäude datiert aus dieser Zeit. Außerdem wurden etliche soziale Experimente angeleiert. Hier entstand das erste Zentrum für Familienplanung in Frankreich, das sich für Empfängnisverhütung und die Legalisierung von Schwangerschaftsabbruch stark machte, als so was noch wie ein Sakrileg wirkte. Besonders in der Nach-'68er-Zeit wurde es sehr lebendig: Alternative Vereinigungen und experimentelle Schulen fanden im Rathaus erstaunliche Unterstützung, das alternative Vereinsleben stand in schönster Blüte. Mehr als einmal machte Grenoble Negativ-Schlagzeilen in den großen Tageszeitungen. Das einflußreiche Regionalblatt «Le Dauphiné libéré» zeichnete sich damals durch besonders haßgeladene Artikel aus. Ihm paßte die ganze Richtung nicht, dieses «Laboratorium der neuen Linken» war ihm ein skandalöser Fremdkörper.

Die offiziell eingeräumten Freiräume bewirkten, daß die Alpenstadt tatsächlich in den siebziger Jahren eine gewisse politische Avantgarderolle spielte. Aber seit längerem schon lassen auch hier die «gauchistes» die Flügel hängen. Militanz und Protest haben sich institutionalisiert, wurden von den PS-Technokraten zu Tode verwaltet. Das erzieherische Gebaren, die wohlmeinende Betriebsamkeit von oben riefen letztlich eine gewisse Langeweile und Gleichgültigkeit hervor, alternative Experimente erstarrten zum Modephänomen. Schließlich wurden zur allgemeinen Überraschung 1983 die Sozialisten in dieser linken Musterstadt durch einen gaullistischen Gemeinderat vertrieben. Geblieben sind aus der Zeit der sozialen Aufbruchsstimmung diverse marginale Gruppen, allerlei künstlerische Aktivitäten, kleine Theater, Galerien und ähnliches. So mancher Altlinke ist zum Kneipen- oder Restaurant-Wirt konvertiert, andere versuchen es mit Reformhäusern oder Kräuterläden.

Kleinstadtpromenade

Die ausufernden Neubauviertel umschließen ein überschaubar kleines, behagliches Zentrum, das sich bequem durch einen längeren Spaziergang erkunden läßt. Fangen wir an im Quartier St. Laurent, auf dem schmalen rechten Ufer der Isère. Wie auch das Viertel Très Cloîtres hat es zahlreiche Einwanderer beherbergt, von denen die meisten aus der kleinen italienischen Stadt Corato stammten. Sie waren hergekommen, um in der Handschuh-Fabrikation zu arbeiten, auf die sich die Stadt lange spezialisiert hatte; später suchten sie Arbeit im Baugewerbe und in den neuen Industriebetrieben. Sie bildeten zunächst die unterste soziale Kategorie, blieben zwangsweise unter sich und schufen eine Art «Petite Italie».

Der Stadtteil Très Cloîtres, südlich der place Notre-Dame gelegen, ist kürzlich fast vollständig abrasiert worden und in Gestalt kaninchenstallartiger Häuserblocks neu erbaut worden, wodurch die Atmosphäre merklich gelitten hat. Aber St. Laurent hat noch einiges von seinem volkstümlich-italienischen Charakter bewahrt, trotz der zunehmenden Tendenz, die alten Gemäuer schick-rustikal rauszuputzen. In der rue St. Laurent finden sich mehrere Vereine und Initiativen, so etwa die FRAPNA (Umweltschützer), das Maison des femmes, Bäcker- und Öko-Lebensmittel-Kooperativen, eine Assoziation nordafrikanischer Arbeiter oder die einschlägige Buchhandlung L'Encre Sympathique – die Alternativszene Grenobler Zuschnitts. Angenehm läßt sich flanieren in dieser Straße, wo sich an den Häuserwänden noch alte aufgemalte Reklameinschriften finden wie «Fabrique des Galoches» und ähnliches. Man passiert das Stadttor, kommt an der uralten Krypta Saint-Laurent vorbei, die noch aus der versunkenen Zeit der Karolinger stammt, und erreicht die Montée Chalemont, eine auf den Berg hochführende Treppenstraße, von deren oberem Ende der Blick auf die ganze Stadt runterfällt.

Es gibt übrigens im Quartier St. Laurent eine Reihe ziemlich billiger Restaurants, wo man italienisch, arabisch, asiatisch, kreolisch oder gar vegetarisch essen kann. Und natürlich auch einheimisch, wobei man auf keinen Fall die ortsübliche Leib- und Magenspeise, den Gratin dauphinois, auslassen sollte.

Auch im jenseits des Flusses gelegenen Kern der modernen Alpenkapitale geht's recht kleinstädtisch-gemütlich zu. Jeden Vormittag werden auf den Plätzen Sainte-Claire, aux Herbes und Saint-André kleine Märkte abgehalten – da treffen sich die Grenoblois, um zu tratschen und einen zu trinken. Auf der place St. André, die auch ein bißchen italienisch wirkt, trifft sich die Insider-Jugend der Stadt auf den zahlreichen Café-Terrassen im Angesicht des Justizpalastes, des einstigen Parlaments der Dauphiné aus dem 15. Jahrhundert. An seiner Fassade lassen sich bei näherem Hinsehen einige Kuriositäten entdecken: so der schlechterzogene Herr über dem linken Eingangstor, der einer Frau den Rock hochhebt – wahrscheinlich die spielerische Signatur eines Steinmetzgesellen. Weiter findet sich – als symbolträchtige Dekoration am Gerichtsgebäude – ein Relief, auf dem sich zwei Hunde um einen Knochen zanken, und es sind dort auch in Stein gehauene Schnecken zu erkennen, die die Langsamkeit der Justiz illustrieren. Drüben, auf der anderen Seite des Platzes, erhebt sich die betagte Stiftskirche St. André, die mit ihrem seltsamen Kirchturm an manchen nebligen Abenden an Schauergeschichten von Poe oder Lovecraft erinnern kann.

Experimente in Beton

Wenn ihr jetzt in Richtung des scheußlichen Stadttheaters durch die rue Hector-Berlioz schlendert, kommt ihr zum Palast des Grafen von Lesdiguières, eines Kriegsministers im Ancien Régime. Dort haben verschiedene sozio-kulturelle Einrichtungen ihren Sitz, so etwa das Centre d'Information Jeunesse, wo man praktische Auskünfte über Freizeitgeschehen, Unterkunft oder Mitfahrgelegenheiten bekommen kann. Außerdem ist da auch das Stendhal-Museum drin. Henri Beyle, der sich aus Verehrung für den aus Stendal stammenden deutschen Denker und Schreiber Winckelmann «Stendhal» nannte, wurde 1783 in Grenoble geboren; sein Geburtshaus in der rue Jean-Jacques Rousseau beherbergt jetzt das Museum der Résistance und der Déportation. Stendhal starb 1842 in Paris (wenn man in Frankreich berühmt geworden ist, stirbt man in Paris!). Vorher war er viel gereist und hatte einige Romane geschrieben, die zu den Klassikern der französischen Literatur gehören («Die Kartause von Parma», «Rot und Schwarz», «Italienische Chronik ...»), ebenso wie das «Leben des Henry Brulard», eine Autobiographie, die in Grenoble angesiedelt ist und in der er wenig schmeichelhaft über seine Heimatstadt und ihre Bewohner urteilt: «Ausnahmslos niedrig und flach, unfähig zur geringsten großzügigen Regung: das ist für mich Grenoble.» Nicht sehr nett vom großen Sohn der Stadt, aber das hat die Leute vom Stadtrat nicht gestört: Sie haben die wenigen Grenoble-freundlichen Sätze aus Stendhals Œuvre zusammengeklaubt und sie auf städtische Werbeplakate gedruckt!

Zurück zum alten Palast des Comte de Lesdiguières: Hinter dem befindet sich der sehr freundliche Stadtgarten, ein guter Ort, um sich nach längerem Pflastertreten auszuruhen. Daneben liegt der quai Stéphane Jay, von wo aus man mit einem seltsamen Gerät, der Téléphérique, zum Fort der Bastille hochfahren kann. Es ist eine Seilbahn mit Zügen aus fünf eiförmigen Kabinen, die ihre Passagiere über die wild rauschende Isère und über rote Ziegeldächer, Hinterhöfe und Gärten hinwegträgt. Oben bietet sich dann eine phantastische Aussicht auf die Stadt und die Bergmassen drumherum, besonders stark in der Abenddämmerung; die Bahn fährt bis 23 Uhr.

Wen es nun noch gelüsten sollte, die Reize des hiesigen neuen Urbanismus von nahem auf sich wirken zu lassen, nimmt am besten den Bus Nr. 15. Während der Fahrt kommt man an allerlei modernen Gebäudekomplexen vorbei: Da ist das Rathaus, der Sportpalast, das Eisstadion, dann das Maison de la Culture, das André Malraux 1968 eröffnet hat und das seltsamerweise durch eine Fußgängerbrücke mit dem festungsartigen Sitz der Bankgesellschaft Crédit Agricole verbunden ist; ferner der Kongreßpalast sowie die Ausstellungshalle Alp-Expo. Der Bus bringt einen dann ins Quartier de la Villeneuve, genauer zum Einkaufszentrum Grand Place, dessen fensterlose Betonwände mit riesigen Fresken bedeckt sind, auf denen – nette Idee – die Konsumgesellschaft kritisiert wird: ästhetische Warenkritik zum besseren Warenumsatz. La Villeneuve ist das Ergebnis eines städtebaulichen Experiments, das der seither abgewählte linke Stadtrat durchgezogen hatte und das inzwi-

Schwebende Eier über der Isère

schen weitgehend gescheitert ist – ein Gewirr von Gängen, Treppen und Passagen, durch die stets ein heftiger Wind pfeift (früher war da mal ein Flugplatz), wo Engstellen eingeplant wurden, «damit sich die Leute begegnen», wo man die Wände nackt und unverziert gelassen hat «für kritische Graffiti» und wo in jedem Gebäude auch Wohnungen für WGs sowie Zimmer für jugendliche Ausreißer vorgesehen sind. Über all das wacht eine Mannschaft von Erziehern und Psychologen. Nachdem dieses Quartier eine Weile Protestierer und Aussteiger angezogen hatte, wurde es zu einem Vorstadtviertel wie jedes andere, mit den üblichen Begleiterscheinungen wie Vandalismus und Jugendkriminalität. Dort befindet sich im übrigen auch die Bourse du Travail, das Gewerkschaftshaus, dessen Fassade der bekannte Wandbemaler Ernest Pignon Ernest mit einem Riesenfresko über die Arbeitskämpfe der Region dekoriert hat.

Ein unbequemer Held

Die regionale Geschichte der Dauphiné ist in manchem eine Vorläuferin der nationalen gewesen. Was vielleicht wenig bekannt ist: In Grenoble fiel der Startschuß zur Französischen Revolution. 1788 nämlich kam es zu Volkszusammenrottungen wegen der drückenden Steuerlasten. Die einrückenden königlichen Soldaten wurden von aufgebrachten Demonstranten mit Dachziegeln (tuiles) beschmissen, weshalb dieser Tag als «La Journée des Tuiles» in die Geschichte einging. Im Zuge des sich verschärfenden Aufruhrs forderten die hiesigen Bürger den König brieflich zur Einberufung der Genralstände auf; die Vertreter der drei Stände sollten gemeinsam einen Weg aus der Krise suchen. Er wurde gefunden: Aus der Versammlung der «États Généraux» entwickelte sich die revolutionäre Nationalversammlung. Während der Revolution wurde dann Grenoble zeitweilig umbenannt in «Grelibre» – mit dem Adel (les nobles) wollte man nichts, aber auch gar nichts zu tun haben.

Einige Jahrzehnte vor diesen Ereignissen hatte in der Dauphiné bereits die Geschichte des Louis Mandrin für staatsfeindlichen Wirbel gesorgt. Dieser Mandrin betrieb das einträgliche Schmuggelgeschäft zwischen Frankreich und dem damals unabhängigen Savoyen. Er befehligte eine Bande von mehreren hundert Mann, die er wie eine Armee organisiert hatte; sie bekamen Sold und waren außerdem am Gewinn beteiligt. Mandrin war ein beliebter Arbeitgeber, täglich schwoll seine wilde Armee an und hatte bald weite Gebiete unter ihrer Kontrolle. Wo immer sie hinkam, wurden die Gefängnisse eingenommen und geöffnet, Mandrin wurde zum Volkshelden. Als die Autoritäten der Bevölkerung den Erwerb des Schmuggelguts verboten, hatte er eine originelle Marketing-Idee: Er ging dazu über, die Notablen und Staatsdiener mit Gewaltandrohung zur Abnahme seiner Waren zu zwingen. Großangelegte «Verkaufsaktionen» wurden gestartet, die bald zu munteren Plündereien aristokratischer Anwesen ausarteten. Mandrin hatte weite Teile der Region im Griff, die Bevölkerung war auf seiner Seite, auch das zur Verstärkung hergeschickte königliche Regiment konnte seiner nicht Herr werden. Der Ruhm des Schmuggler-Hauptmanns drang bis in weit entfernte Landesteile. Voltaire sprach bewundernd von ihm als einem «Verteidiger der Armen», es entstanden Mengen von Gedichten und Liedern über Mandrin. Für die französischen Autoritäten war er der Staatsfeind Nummer eins. Was immer er tatsächlich für ein fragwürdiger Geselle gewesen sein mag, fürs Volk war er eine Art französischer Robin Hood, einer, «der den Reichen nahm, um den Armen zu geben». Schließlich wurde er in seiner Rückzugsbastion in Savoyen gekidnappt und in Valence gefangengesetzt. 6000 Zuschauer erschienen zu seiner Hinrichtung. Mandrin benahm sich dabei rotzig-kaltblütig, verbat sich den priesterlichen Beistand, ließ sich ohne einen Mucks aufs Rad binden, die Knochen brechen und erwürgen. Er war 29 Jahre alt. 34 Jahre später wurde in Paris die Bastille gestürmt.

Die Mandrin-Affäre fand in der Region großen Nachhall. In seinem Geburtsort St. Étienne-de-St. Geoirs wurde 1934, anläßlich eines Jahrmarkts, eine Gipsstatue des Helden durchs Dorf getragen, worauf die reaktionäre Lokalpresse ein wildes Gezeter erhob. Nach dem Zweiten Weltkrieg versuchte dort eine örtliche Vereinigung, ein Mandrin-Standbild zu errichten – eine heftige Pressekampagne machte das Projekt zunichte. Inzwischen hat sich allerdings die Hysterie gelegt, denn mit dem staatsfeindlichen Volksheros lassen sich prima Geschäfte machen. Man kann jetzt die place Louis Mandrin überqueren, um im Restaurant Le Mandrin zu speisen, und hinterher im Souvenirladen eine kleine Mandrinfigur mit schwarzem Hut, Gewehr und Pistole kaufen. Ein ortsansässiger Konditor hat es sich nicht nehmen lassen, eine mit Baiserschaum verzierte «Mandrin-Torte» zu kreieren. Überall in Savoyen und im Dauphiné finden sich außerdem Auberges Mandrin, in Grenoble sogar eine Pizzeria Mandrin, zudem kann man sich dort von der linken Station «Radio Mandrin» beschallen lassen.

Bei einem Ausflug auf Mandrins

Spuren lassen sich übrigens auch abgesehen von der erwähnten Torte einige interessante Aspekte der lokalen Gastronomie kennenlernen. Anfangen könnte man in Voiron, nordwestlich von Grenoble. Dort sind die Keller zu besichtigen, in denen der tückische Chartreuse-Likör lagert, und er ist dort auch gratis zu probieren. Man kann sich auch die Fabrikation dieses Elixiers ansehen, von der die Legende behauptet, der Teufel persönlich habe es erfunden. Seriösen Quellen zufolge war es aber ein Klosterbruder namens Jérôme Maubec, der es vorzog, anstatt Bibeln abzuschreiben, lieber einen hochkomplizierten Kräuterschnaps zu komponieren. 130 verschiedene Pflanzen soll er zusammengemixt haben zur «Chartreuse verte». Ein tüftelnder Nachfahr, der Bruder Bruno, erfand dann 1838 noch ein Parallel-Modell, die «Chartreuse jaune». Seither läuft der Absatz doppelt gut. Nur jeweils drei Kartäusermönche kennen das Geheimnis der lukrativen Rezepte.

Leicht angeschickert geht es nun von Voiron über das erwähnte St. Étienne-de-St. Geoirs nach St. Marcellin, wo der köstliche St. Marcellin-Käse hergestellt wird. Am besten schmeckt er mit Nüssen und einem guten «Vin de Savoie». Wenn ihr jetzt nicht schon zu angeschlagen seid, dann fahrt weiter bis Romans, einer kleinen Stadt unweit von Valence, die fast ein wenig provenzalisch wirkt, um dort in den Gassen umherzustreifen und die «Pognes» (lokale Brioche-Variante) zu probieren. Und falls eine Hauptmahlzeit ansteht, dann solltet ihr unbedingt die «Ravioles de Romans» versuchen – delikate, mit Käse und Kräutern gefüllte, in Hühnerbouillon gekochte Teigtaschen.

Zitadelle des Widerstands

Südöstlich dieser Strecke liegt wie ein Vorposten der Hochalpenkette das Vercors, ein abgeschlossener Landschaftsblock im Dreieck der Flüsse Isère, Drac und Drôme. An den Rändern ist es von felsigen Schluchten begrenzt, in der Mitte wird es von Wäldern und Wiesenteppichen bedeckt. Der Name des Vercors ist jedem Franzosen ein Begriff. Vor rund vierzig Jahren wurde diese natürliche Festung zu einem Rückzugsgebiet des Maquis, zur Zitadelle der Résistance. 1944, als die Deutschen begannen, ihre Truppen zu evakuieren, sollte die Résistance auf Geheiß der Führung in Algier möglichst viele Gebiete unter ihre Kontrolle bringen, bevor die Alliierten kamen. So entstanden mehrere lokale, von Befreiungskomitees regierte «Republiken». Planmäßig strömten im Vercors 4000 Maquisards zusammen, um das Massiv als befreite Bastion abzuriegeln. «Bevölkerung des Vercors! Mit dem 3. Juli 1944 ist die französische Republik im Vercors wiedererrichtet worden!» deklarierte feierlich der designierte Kommissar der Republik. Dies erwies sich sehr rasch als voreilig. Der Plan war unausgegoren, geradezu fahrlässig. Die Rückzugsbewegungen der Wehrmacht waren falsch eingeschätzt worden, deutsche Einheiten kreisten den Maquis ein, die erwarteten Waffenabwürfe per Fallschirm blieben aus, verzweifelte Hilferufe per Funk blieben erfolglos. Nach dreitägiger verbissener Abwehrschlacht unterlagen die hoffnungslos unterbewaffneten Widerstandskämpfer. Der Maquis des Vercors wurde brutal ausgelöscht, die SS nahm blutige Rache an der Zivilbevölkerung. Mehrere Dörfer, darunter die Gemeinde Vassieux, wurden völlig zerstört, die Bewohner massakriert. Nach dem Krieg wurde Vassieux-en-Vercors mit dem Kreuz der Compagnons de la Libération geehrt. Ein alter Maquisard hat dort ein Museum eingerichtet (Eintritt frei), und in der Nähe liegt, als nationales Monument, ein großer Résistance-Friedhof. Trotz solcher Ehrungen entstanden Kontroversen um die Vercors-Tragödie. Die Résistance-Oberen in Algier wurden beschuldigt, den Maquis im Stich gelassen, ihn sinnlos geopfert zu haben. Der letzte Funkspruch der Eingeschlossenen hatte sie als «Kriminelle und Feiglinge» beschimpft. Noch lange hielt sich hartnäckig die Vermutung, bei der mangelnden Unterstützung der mehrheitlich linken Maquisards hätten politische Gründe eine Rolle gespielt.

Im Lauf der letzten Jahrzehnte war das Vercors wie viele andere Gebirgsgegenden von starker Landflucht betroffen. Die Bevölkerung des Massivs, die durch die Repressionsmaßnahmen der Deutschen ohnehin stark dezimiert worden war, schrumpfte bedrohlich. Von der Landwirtschaft läßt es sich kaum mehr leben, die Betriebe sind zu klein, der Sprit ist zu teuer geworden. Junge Leute wandern in die Städte ab. Es gibt immer weniger Kühe, die im Sommer das Gras abfressen, dadurch kommt es im Winter leichter zu Lawinen. Nun aber haben mehrere Dörfer begonnen, sich dem drohenden Schicksal ihres Verschwindens entgegenzustemmen: Sie haben die Initiative zu einer begrenzten Tourismus-Entwicklung ergriffen, in eigener Regie Skilifte gebaut, Ferienwohnungen eingerichtet, und können dadurch auch parallel ihre Landwirtschaft weiter betreiben, die alleine nicht reichen würde. Schule, Poststation und Épicerie bleiben erhalten, der Bevölkerungsschwund wird gebremst. Mag der Tourismus anderswo die Landschaft verhunzen, hier trägt er dazu bei, daß sich eine bedrohte Gebirgsregion wirtschaftlich am Leben erhalten kann. Den «Vertacomiriens» (so heißen die Leute des Vercors) scheint ein ganz guter Kompromiß gelungen zu sein, der der Attraktivität der Landschaft keinen Abbruch tut. Gute Fußgänger seien unbedingt hingewiesen auf den sehr schönen Fernwanderweg GR 9 und seine spektakuläre Nebenstrecke GR 91 von St. Nizier-du-Moucherotte nach Châtillon-en-Diois: eine mehrtägige Expedition – aber prachtvoll! Eine günstige Unterkunft für Vercors-Wanderer ist das Maison du Parc et de la Flore in Chamaloc, oberhalb von Die.

Mit der Bahn in die Berge

Durch die Alpen führt 500 Kilometer weit, von Genf bis Nizza beziehungsweise umgekehrt, eine der schönsten hexagonalen Eisenbahnstrecken. Zwischen Genf und Digne fahren normale SNCF-Züge, das Stück zwischen Digne und Nizza aber ist der letzte Rest des Chemin de Fer de Provence (CP), einer Privateisenbahn, deren Stillegung gerade noch mal verhindert werden konnte. Als Rettung erwies sich die Einführung des Alpazur, eines Zuges, der von Mai bis September einmal pro Tag fährt. Wer sich für ungewöhnliche Eisenbahnstrecken erwärmen kann, dem bieten sich hier starke Eindrücke. Der von der CP betriebene Dieseltriebwagen schlängelt sich auf seiner Schmalspur drei-

Weiler in den südlichen Alpen

einhalb Stunden lang durch Täler und Tunnel, er tutet, um Kühe von den Gleisen zu verscheuchen, gelegentlich weist eine pädagogische Lautsprecherstimme – unnötigerweise – auf Besonderheiten rechts und links der Strecke hin.

Für die Orte an der Bahnlinie war die Aufrechterhaltung des Betriebs und die Einführung des täglichen Zuges mit Anschluß nach Genf von vitalem Interesse. Gerade in den südlichen Alpen bietet sich häufig das traurige Bild aufgegebener Höfe, ja, ganzer verlassener Dörfer. Hier hat der Niedergang der kleinen Landwirtschaft meist nicht durch den Fremdenverkehr kompensiert werden können. Schnee gibt's im Winter nur wenig, und für den sommerlichen Bergsteigertourismus sind die Berge nicht hoch genug, bloß so um 1800 Meter, auch fehlt ihnen das Erhebend-Dramatische der schneebedeckten Riesen. So zerfallen viele Anwesen, in manchen Weilern haust nur noch eine Handvoll verwitterter Junggesellen. Weite Bereiche haben in den letzten hundert Jahren bis zu achtzig Prozent ihrer Bewohner eingebüßt. Nur wenige Orte wie Digne, St. André-les-Alpes oder Castellane konnten sich zu Verkehrs- und Urlaubszentren entwikkeln, aber um Barrême oder Thorame herum, wo sich der Alpazur lärmend hinaufschraubt, wandeln sich die Berge zur menschenverlassenen Wüstenei.

Das Dorf Blieux südlich von Barrême zum Beispiel hatte im vorigen Jahrhundert noch knapp tausend Einwohner, heute sind es ganze fünfzig. Die Abwanderung begann mit dem Einsetzen der Industrialisierung. Sie zog die Alpenmenschen in die Täler, dann in die Städte. Einige verschlug es sogar nach Übersee. Im Ubaye-Tal, wo viele «colporteurs», wandernde Händler, zu Hause waren, machten sich drei Brüder bis nach Mexiko auf, um ihr Glück zu versuchen. Sie wurden dort zu erfolgreichen Unternehmern und zogen viele andere aus ihrem Tal nach. Die Alpenkolonie aus der Gegend um Barcelonnette betrieb in Mittelamerika Baumwollspinnereien und Zigarettenfabriken. Einige reich gewordene «Mexikaner» kehrten später wieder in die Alpen zurück. Von ihnen stammen die prächtigen Belle-Époque-Villen und die pompösen Grabmäler auf den Friedhöfen des Tals. Im übrigen machten sie sich auch als Wohltäter und Mäzene verdient und bestückten die alte Heimat mit Denkmälern und stattlichen öffentlichen Gebäuden. In jüngerer Zeit konnte das «mexikanische» Kapital von Barcelonnette fruchtbringend in große Skistationen und Hotels investiert werden. Freilich ist das eine eher kuriose Ausnahme.

Für große Teile der provenzalischen Alpen und Voralpen sehen die Perspektiven trübe aus. Die traditionelle Landwirtschaft – Schafzucht, Oliven, Lavendel – bringt in den höheren Lagen immer weniger ein, der Tourismus wird auch in absehbarer Zeit keine wesentliche Rolle spielen – da kann sich die Armee nach Belieben Manövergelände aussuchen. Liebhaber provenzalischer Bergeinsamkeit können von den Stationen des Alpazur aus, zum Beispiel von Annot, Méailles, Thorame, Barrême, ausgedehnte Touren unternehmen, und am nächsten oder übernächsten Tag an einem andern Bahnhof wieder einsteigen. Und wem dann nach verschärften Kontrasten der Sinn steht, kann ja mit dem CP-Triebwagen schnell hinunterrattern in den Côte d'Azur-Trubel von Nizza.

Claude Magliulo / Günter Liehr

Abseits im Zentralmassiv – **Die Auvergne**

Das Zentralmassiv, der große Buckel von Frankreich, das Wasserreservoir, von dem aus die Flüsse in alle Richtungen abgehen, ist zentral nur im geographischen Sinne; ansonsten liegt es eher an der Peripherie des modernen Frankreich. Es ist die am stärksten entvölkerte Region – das Land der halbverlassenen Dörfer, der stillgelegten Eisenbahnlinien, der verfallenen Bahnhöfe; ein über weite Strecken menschenleeres Gebirge mit kahlen Bergkuppen und windigen Hochebenen. Vergleicht man es mit durchkultivierten Gegenden wie der Bourgogne, so wird deutlich, wie sehr hier die Landschaft stets die Menschen dominiert hat und nicht umgekehrt. Im Zentralmassiv liegt das allerärmste Département Frankreichs, Lozère, aber die Départements Haute-Loire und Cantal sind auch nicht viel besser dran. Zugleich ist die Landschaft der Auvergne von oftmals großer Schönheit, Bäche und Flüsse sind meist noch sauber, bis weit den Allier hinauf kommen aus dem Meer die Lachse, um hier zu laichen. Grüne Hochflächen wechseln mit abrupten Vulkankegeln, die höchsten Berge haben fast Alpenniveau.

Verkehrsmäßig wurde die Gegend erst spät erschlossen, lange galt sie als unzugänglich. So blieben die Bewohner von der Außenwelt isoliert und entwickelten in der Abgeschiedenheit ihrer Bergregion sehr spezifische Eigenheiten. Es heißt, die Leute aus der Auvergne seien geizig, dickköpfig und aufbrausend. Ähnlich wie bei den Klischees über die Schotten handelt es sich dabei um karikierende Übertreibungen von Verhaltensweisen, die sich aus den Lebensverhältnissen eines unwirtlichen Hochlandes ergeben. Der reale Kern: Armut, Kampf ums Überleben, extreme Sparsamkeit und das hartnäckige Verteidigen der eigenen Habe. Charakteristisch ist der störrische Besitz-Individualismus der Auvergnats: Die kleinen Höfe, mögen sie noch so ärmlich sein, werden eifersüchtig eingezäunt und ummauert, die Menschen sind traditionell stark auf die eigene Familie hin orientiert, nicht so sehr auf die dörfliche Gemeinschaft.

Seit mehr als hundert Jahren ziehen die Leute fort aus der Auvergne. Der Boden ist nicht sonderlich gut, die Arbeit für jeden einzelnen übermäßig groß, und es gibt nur bescheidene Industrie in den kleinen Städten: Thiers ist spezialisiert auf Messer und Klingen, Aurillac ist die Hauptstadt des französischen Regenschirms, Ambert produziert Papier, Rosenkränze und sonstige religiöse Artikel. Die meisten, die weggingen, siedelten sich im Pariser Raum an. Mit dem unerschütterlichen Ehrgeiz, sich Eigentum zu schaffen, rackerten sie sich als Hilfsarbeiter und Kinderfrauen ab, bis sie genug zusammengekratzt hatten, um ein «bougnat», eine Holz- und Kohlenhandlung mit angefügtem Café aufzumachen. Die meisten der Pariser Kneipiers stammen aus der Auvergne. Ihrem Herkunftsland bleiben sie auch in der Ferne noch über Generationen treu, oft verrät schon der Name ihrer Bistrots die sentimentale Bindung an die Heimat. Viele Cafés in Paris heißen nach Städten, Bergen und Landschaften des Zentralmassivs. Über 500 000 Auvergnats gibt es in der Hauptstadt, sie haben eine eigene Zeitung, «L'Auvergnat de Paris», und sind nach Herkunftsdörfern in 250 Freundschaftsvereine gruppiert. Dort pflegen sie noch lange ihren

Warten aufs Kurkonzert

Lokalpatriotismus und ihre spezielle Aussprache mit dem satt gerollten RRR.

Stille Tage in Vichy

Nun versucht man, als neuen Wirtschaftszweig für die Auvergne den Tourismus anzukurbeln. Schon wurden in den höheren Regionen für den Winter ein paar Skistationen aus der Retorte hingestellt. Im Sommer kommen viele Natur-Freaks, die zu Fuß durchwandern, zum Beispiel auf den markierten Fernwanderwegen GR 4 oder GR 30. Richtig voll wird's hier eigentlich nie, die paar Kulminationspunkte lassen sich umgehen. Man kann sich an einer Überdosis Grün und frischer Luft berauschen sowie von den deftigen Spezialitäten der Auvergne probieren: nichts aristokratisch Raffiniertes, dafür eine solide Bauernküche mit exquisiten Zutaten. Der große Klassiker ist ein opulenter Eintopf mit langer Zubereitungszeit, «La potée», aber lobend zu erwähnen sind auch die Kohlsuppe, «La soupe aux choux», im Frühjahr der Löwenzahnsalat mit Speck, die knorrigen Würste und Schinken, die Lachse, Forellen und Hechte aus den Flüssen und die vielen vorzüglichen Käsesorten.

Daß die Auvergne richtig schlimm vom Tourismus überschwemmt wird, ist kaum anzunehmen, das verhindert schon das Wetter. Im Hochland ist es auch im Sommer recht kühl, und es regnet gerne. Die ersten Besucher kamen auch nicht zur Sommerfrische hierher, sondern zur Kur. Die vornehme Madame de Sévigné beschrieb das noch stöhnend als «eine abenteuerliche und abscheuliche Expedition». Das Land ist voller Thermalquellen und Heilbäder; die letzten Vulkanausbrüche liegen bloß 5000 Jahre zurück, die Erde ist sozusagen noch warm. Bei Chaudes Aigues kommt das Wasser denn auch mit einer Temperatur von 82 Grad, also fast kochend, aus dem Boden.

Königin der Bäder und Tummelplatz der sogenannten besseren Gesellschaft wurde im 19. Jahrhundert Vichy. Auf Betreiben Napoleons III. aus einem mickrigen Dorf entstanden, entwickelte es sich rasch zum größten und bedeutendsten Modebad Frankreichs. Der Herrscher selbst kam jedes Jahr hierher und gab den gehobenen Kreisen das Signal, es ihm gleichzutun. In Scharen zogen Badeärzte, Hoteliers und Juweliere herbei, der Ort war eine Goldmine, ein elegantes Schaufenster des Second Empire mit byzantinisch und ägyptisch inspirierten Thermalanlagen und Luxusgeschäften, ein Treffpunkt der europäischen Oberschicht, ein Platz für Herrschaften mit Rang, Namen und/oder Geld. Vichy heute: Im Kurpark verbreiten alte Leute Kleinbürgerflair, alle haben sie brav ihre Trinkbecherbehälter aus Bastgeflecht umgeschnallt. Keine russischen Großfürsten mehr unter den zierlichen Markisen der Wandelgänge. Und die vielen Hotels – praktisch besteht die ganze Stadt aus Hotels – sind kaum mehr voll zu kriegen. Ringsum Nippesläden für gelangweilte Kurgäste, am Kiosk neben der Trinkanlage Schmuddelpostkarten, Fotoromane und Horoskop-Zeitschriften.

Aber «Vichy», das ist ja schließlich auch ein politischer Begriff und steht für Faschismus à la française. 1940 wurde die schon etwas heruntergekommene Badestadt für einige Jahre Hauptstadt des «État Français». Hier gab der Held von Verdun, Marschall Pétain, den Ton an, der stockreaktionäre Greis mit der beruhigend-väterlichen Attitüde, und die Bevölkerung von Vichy, aber nicht nur sie, jubelte ihm zu. Hier, unter den Bäumen des Kurparks, marschierten die Milizen auf, sangen: «Maréchal, nous voilà!» Die Ministerien hatten sich in den beschlagnahmten Hotels installiert – die Verteidigung im Hotel Thermal, Justiz und Finanzen im Carlton, das Außenministerium im Hotel du Parc ... Nach Vichy, der Hauptstadt der Kollaboration, kamen diplomatische Delegationen aus aller Welt – die USA, die Sowjetunion, der Vatikan schickten Botschafter. Und es wimmelte auf einmal von zwielichtigen Gestalten, politische und wirtschaftliche Abenteurer gaben sich ein Stelldichein; immerhin war dieses Vichy ja eines der wichtigsten Zentren von Adolf Hitlers «neuem Europa» ... Hier polterte und intrigierte Laval, der französische Möchtegern-Mussolini, von hier aus sollte dem französischen Volk die Demokratie ausgetrieben und die Werte der anbrechenden neuen Zeit eingetrichtert werden.

Warum hatte man sich Vichy ausgesucht? Erstens boten Hotels und Kureinrichtungen Platz, um Ministerien und Verwaltung unterzubringen. Auch bot der bourgeoise Badeort das geeignete Milieu, die Republik zu liquidieren – aufrührerische, störende Elemente waren hier nicht zu fürchten. Außerdem war natürlich nicht daran gedacht, Vichy zur endgültigen Hauptstadt des «neuen» Frankreich zu machen; es sollte ein Provisorium sein, ungefähr wie später Bonn. Eines schönen Tages wollte das Pétain-Regime seinen

Einzug in Paris halten. Daraus wurde freilich nichts, statt dessen wurde die Crème des französischen Faschismus gegen Kriegsende von den Nazis in das deutsche Schloß Sigmaringen zwangsevakuiert.

Im Vichy der achtziger Jahre ist von alldem nichts zu merken. Nirgendwo eine Hinweistafel, in den Büchergeschäften kein Buch über Vichys «große Zeit». Fragt man Einwohner danach, kommt nur ärgerliches Gemurmel, Wischi-Waschi. Die Verdrängung der Kollaborationszeit ist immer noch eine Lebenslüge des modernen Frankreich. Marcel Ophüls' unbequemer Film «Le chagrin et la pitié», eine kritische, unverklärte Bestandsaufnahme der vierziger Jahre, wurde bezeichnenderweise jahrelang mit TV-Verbot belegt – er hatte allzusehr am offiziellen Résistance-Mythos gekratzt, ihn als eine Fiktion entlarvt.

Abends müssen die Kurgäste früh ins Bett. Gegen zehn Uhr liegt der Thermalpark in tiefer Stille. Überall auf den Kieswegen stehen die Metallstühle herum, sie leuchten weiß im Dunkeln, bilden seltsame Formationen, stehen in kleinen Grüppchen zusammen, als diskutierten sie miteinander. Über die alten Zeiten vielleicht? Den bei vielen Franzosen noch immer hochgeschätzten Marschall, der ihnen statt liberté-égalité-fraternité Familie, Arbeit und Vaterland verordnete? Im Grand Casino, dem Ort, an dem sich die Dritte Republik selbst in einem Harakiri-Akt abschaffte, ist noch Licht. Hier, wo die faschistischen Falschspieler Hof hielten, tagt ein Kongreß von Hellsehern, unter Teilnahme der berühmtesten Wahrsager, Magnetiseure und Astrologen ... Aus den Blumenkübeln des grell geschminkten Kasinos ragen Plastikpflanzen. Längst ist die Bourgeoisie vom guten Geschmack und von allen guten Geistern verlassen. Rien ne va plus.

Im Reich des Gummikönigs

«Meine Nacht bei Maud» heißt ein Film von Eric Rohmer. Er spielt in einer schwärzlichen, sehr katholischen Stadt auf einem Hügel, in der es viel regnet: Clermont-Ferrand, die größte Stadt der Auvergne. Schwarz ist sie, weil ihre Häuser aus dem Basaltstein von Volvic gebaut sind. Eigentlich sind es zwei verschiedene Städte: Clermont und Montferrand, die aber auf Geheiß des Kardinals Richelieu fusioniert wurden. Der düstere, etwas abweisende Eindruck ist nicht nur dem schwarzen Baumaterial geschuldet: Diese Stadt ist kaum nach draußen orientiert, hier pfeifen monatelang kalte Winde und Schauerböen drüber, man verkriecht sich also, wenn's gießt und stürmt, in den Häusern wie in Höhlen.

Bis zur Jahrhundertwende war Clermont-Ferrand von bescheidener Größe, eine Provinzstadt wie Riom oder Moulins. Dann aber wurde alles anders: Ein Kleinunternehmer, der bis dahin in seinem Familienbetrieb allerlei Krempel wie Gummi-Bällchen, Strumpfbänder und Schnuller herstellen ließ, erfand den auswechselbaren Fahrradschlauch. Sein Name: Édouard Michelin. Dem Fahrrad folgte das Auto. Die ersten Kraftwagen hatten Räder aus Holz und Metall. Michelin hatte eine bessere Idee: Autoreifen aus Kautschuk! Mit auswechselbaren Schläuchen wie bei den Fahrrädern! Damit wurde die Gummiverarbeitung zum Schicksal für Clermont-Ferrand. Aus einem Verwaltungs- und Bischofssitz wurde eine Industriestadt, die Stadt der Autoreifen und des Michelin-Männchens – Symbol jener Firma, die von da an über Wohl und Wehe einer ganzen Region gebot.

Der Michelin-Clan baute sich ein Imperium nach eigener Façon auf. Willige Arbeitskräfte waren reichlich vorhanden, die Reblausplage hatte gerade den Weinbau der Auvergne total vernichtet und eine Menge von Bauern und Landarbeitern verfügbar gemacht. Mit der Arbeiterbewegung war es in dieser Kleinbauernregion nicht weit her, und die Michelins taten alles dafür, daß dies so blieb. Sie errichteten ein strenges, katholisch-paternalistisches Regime, schnüffelten im Privatleben ihrer Arbeiter herum und kontrollierten zum Beispiel deren regelmäßigen Kirchenbesuch. Andererseits kultivierte der Boß das Image eines zwar strengen, aber auch treusorgenden Vaters: Wer sich konform verhielt und keine politischen oder sittlichen Unbotmäßigkeiten zeigte, bekam eine Chance, wurde in betriebseigenen Schulen weitergebildet und stieg allmählich die Leiter der Michelin-Hierarchie hinauf. Die Arbeiter wurden zudem in werkseigenen Siedlungen untergebracht, nicht kollektiv in Mietskasernen, sondern «individuell» in kleinen Reihenhäusern, jedes mit eigenem Gärtchen, alle identisch. Die Straßen dieser Cité Michelin haben charakterstärkende Namen wie «Allee des Muts» oder «Allee der Pflicht». Nach und nach erweiterte sich die Fabrik zur Welt: Kindergärten, Krankenhaus, Geschäfte, Schulen, Sportplätze, Freizeiteinrichtungen – alles von Michelin. Und die Firma prosperierte. Nach den Autos traten die Flugzeuge auf den Plan, auch sie brauchten Gummireifen. Sehr positiv wirkte sich der Erste Weltkrieg auf den Umsatz aus. Als dann später dem französischen Imperialismus der Kautschuk-Lieferant Indochina verlorenging, entwickelte die werkseigene Michelin-Forschung geschwind den synthetischen Reifen. Die Zuckerbrot-und-Peitsche-Strategie, die der Gummikönig seinen Untertanen gegenüber anwandte, funktionierte prima und schuf loyale Arbeitssoldaten. Auch jetzt noch wirkt, wenn auch mit einigen Abstrichen, die Ideologie von der großen Michelin-Familie; die Arbeiter identifizieren sich mehr als gewöhnlich mit ihrem Betrieb, was sich vor allem in der politischen Abstinenz ausdrückt. Nur vier Prozent dieses gigantischen Unternehmens sind gewerkschaftlich organisiert. Der derzeitige Monsieur Michelin ist immer noch der heimliche Herrscher von Clermont-Ferrand, trotz des sozialistischen Bürgermeisters; ohne ihn läuft hier nichts. Die meisten anderen Betriebe der Stadt sind Zulieferfirmen des Gummi-Feudalreichs, dessen Arbeiter jeden Morgen weit um die Stadt herum mit Werksbussen abgeholt werden. Dreißig Prozent von Clermont und Umgebung leben durch Michelin. Beziehungsweise umgekehrt.

Vielleicht wirkt das alles ein wenig abschreckend, dabei gefällt mir Clermont-Ferrand wirklich sehr gut. Vielleicht gerade, weil diese Stadt ein mieses Image hat, geht es hier nicht sonderlich touristisch zu. Es macht großen Spaß, in der alten Innenstadt rumzustreunen, deren Fassaden sich in sämtlichen denkbaren Grauschwarz-Tönen präsentieren. Der vergammeltere Teil der Altstadt liegt zwischen der romanischen, natürlich schwarzen Kirche Notre-

Das Gummimännchen aus Clermont-Ferrand

Dame-du-Port und der gotischen, ebenso schwarzen Kathedrale. Eine Ecke, die noch nicht aseptisch renoviert ist: in Jahrhunderten rundgelatschte steinerne Türschwellen, verschachtelte Hinterhöfe, in denen an manchen Stellen die vom Regen genährten Mooskulturen grünlich schimmern. Clermont ist nicht nur Michelin-City, sondern auch eine Universitätsstadt. Hier läuft also all das, was die Auvergne an studentischen und militanten Aktivitäten aufzubieten hat. Viele der lokalen Initiativen – von Amnesty International über Kriegsdienstgegner bis zu Grünen und Okzitanisten – sind im Centre Blaise Pascal in der rue Maréchal Joffre untergebracht. Ein guter Anlaufpunkt, um jemanden kennenzulernen, ist außerdem das Café La Bonne Treille in der rue de la Treille, in einer Gasse des intimeren Teils der Innenstadt. Am Sonntagabend ist es den Frauen vorbehalten.

Auf der Seite der Hauptfassade der Kathedrale fällt der Altstadthügel steil ab, hier wird es nach unten hin immer belebter. Vor den Schaufenstern der schmalen rue de la Boucherie hängen Geflügel, Kaninchen und Wildschweine, eng drängen sich die Passanten durch das kulinarische Aufgebot, man nähert sich dem Markt. Dort ist alles ausgestellt, was die Auvergne an Eßbarem hergibt, und das ist eine Menge – Berge gelben Cantal-Käses, eine Sinfonie von Würsten, haufenweise Waldpilze, Beeren, Kräuter und ... und ... Am üppigsten und lebendigsten ist es hier wie bei allen Märkten am Vormittag.

Die Innenstadt wird begrenzt durch die viel zu große place de Jaude, wo sich Vercingétorix und irgend so ein General auf ihren Sokkeln erheben. Vercingétorix war der Anführer der Averner (Auvergne!) und hat mit seinen Mannen bei der nahegelegenen Gallierstadt Gergovie den Römern effektvollen Widerstand geleistet. Liebhaber können das in Julius Cäsars Bestseller «De bello gallico» oder in den einschlägigen Astérix-Werken nachlesen. Im Zweiten Kaiserreich Napoleons III. wurde um den Gallierführer ein nationaler Heldenkult inszeniert, vergleichbar mit dem Germanengetümel um Hermann den Cherusker.

Das auf einem Hügel gelegene Clermont wird von einem noch wesentlich höheren Berg dominiert: dem Puy de Dôme, der überall durch die Häuserlücken hervorscheint und zu einer langen Kette imposanter Vulkane gehört. Gegen eine Gebühr kann man ganz bis oben rauffahren. Er ist zu einem Eldorado der Drachenflieger geworden, die sich bei günstigem Wetter zu Schwärmen in die Luft erheben. Dies ist der aktuellste Nutzen, der von dem 1500 Meter hohen Puy de Dôme gemacht wird. Zur Römerzeit und schon davor diente er als Kultstätte, es gibt oben Reste eines Merkurtempels. Blaise Pascal, großer Sohn von Clermont-Ferrand, Rechenmaschinenerfinder, Philosoph und Physiker, begann hier im 17. Jahrhundert damit, wissenschaftliche Untersuchungen über die Luftbeschaffenheit zu machen. Auch jetzt gibt es noch ein meteorologisches Observatorium sowie einen Fernsehsender. Ein voll ausgelasteter Berg also, überdies sehr stark von Ausflüglern besucht. Wen das stört, der findet in der langen Reihe von Vulkanen auch ruhigere Fleckchen. Wer eine Fußwanderung einlegen möchte: Der Wanderweg GR 4 führt hier mitten durch die faszinierende Kegel- und Kraterlandschaft.

Das Land der tausend Kühe

Weiter nach Süden hin, im Hochland der Auvergne (Département Cantal), sind die Menschenansiedlungen immer dünner gesät. Nur hier und da noch ein paar verstreute Höfe – bei genauerem Hinsehen stellt man oft fest, daß sie unbewohnt sind. Es wird zusehends urweltlicher, man kommt über gewaltige baumlose Bergrücken, es ist kühl, das strohige Gras wird vom Wind auf die Erde gedrückt. Im Cantal-Massiv sind erst Mitte des letzten Jahrhunderts die Wölfe verschwunden, die bis dahin die Bevölkerung terrorisiert hatten. Der Boden hier oben gibt wenig her, die meisten Berge sind riesige Weideflächen. Fern an den Hängen sind die rotbraunen Kühe wie kleine Punkte auszumachen; von nahem besehen haben sie archaisch geschwungene Hörner wie auf Höhlenzeichnungen. Die Herden werden im Frühjahr auf die Sommerweide, das heißt in die Berge, gebracht und im Oktober wieder in die Täler heruntergeholt, um in den Ställen zu überwintern.

Im Verschwinden begriffen ist die Tradition der «buronniers», das sind Teams von jeweils drei Männern, die während des Sommers oben in den

Karges Weideland im Cantal

«burons», kleinen Hütten, bei der Herde bleiben und sich die Arbeit des Hütens, Melkens und Käse-Herstellens teilen. Für diesen einsamen Job ist kaum mehr jemand zu haben, die meisten Burons sind verfallen. Heute wird der Käse meist in den großen Molkereien hergestellt. Eine Ausnahme ist die noch immer florierende Heimproduktion von Saint-Nectaire-Käse im Mont-Doré-Massiv: der wird noch immer von vielen Kleinproduzenten auf den umliegenden Wochenmärkten halbfertig an Händler verkauft, die ihn dann in besonderen Kellern zu Ende reifen lassen. Solche Märkte gibt es zum Beispiel in Besse, Picherande und Égliseneuve-d'Entraigues.

Von großer Bedeutung sind nach wie vor die Foires, die meist im Frühjahr oder Herbst stattfinden, etwa die großen Viehmärkte in Städten wie Aurillac (25. Mai, 14. November), St. Germain-Lembron (1. Juni) oder Murat (4. Juli). Die Atmosphäre ist sehr speziell: Die Tiere sind in langen Reihen aufgestellt, daneben die stolzen Züchter mit ihren Schiebermützen und die Händler in blauen Kitteln. Heftiges Debattieren, es wird gehandelt, daß die Fetzen fliegen. Die lautstarken Transaktionen bleiben dem Außenstehenden völlig unverständlich, denn sie finden meist nicht auf französisch statt, sondern in der auvergnatischen Version des Okzitanischen. Eine Anzahl von Foires sind auf bestimmte Produkte oder Tiere spezialisiert, etwa der Lämmermarkt in Olby (21. April) oder die dreitägige «foire aux melons» in Chignat bei Vertaizon (vom 7. bis 9. September). Neben Melonen gibt es da auch verschiedenes Kleinvieh, Haushaltskram und Landwirtschaftsgeräte. Auf das Schloßgelände nahe der Nationalstraße 89, wo die Foire stattfindet, kommen auch immer einige Zigeuner, weil sich in der dortigen Kapelle eine von ihnen besonders verehrte Muttergottes befindet.

Tanz auf der Wiese

Wohl das spektakulärste Bergmassiv bilden die Monts du Cantal mit dem hohen Puy Mary, dem vielbesuchten Pas de Peyrols und der winzigen Bilderbuchstadt Salers, die aussieht wie eine Filmkulisse. Unbekannter und einsamer sind die Monts de Cézallier, nordöstlich davon; sie haben den Reiz einer hochgelegenen, melancholischen Prärie. Kein Baum weit und breit in Sicht, sanft geschwungene Bergrücken, zu hören sind nur weit entfernte Kuhglocken und der Wind, dem sich hier kein Hindernis entgegenstellt. Weite Horizonte, kaum ein Haus, geschweige denn Dorf zu sehen, gleich könnte ein Mammut auftreten. Wem eine solche Einsamkeit nicht auf den Geist geht, für den ist der Cézallier ideal zum Drüberwandern oder auch zum gemächlichen Durchfahren. Wenn man Glück hat, erreicht man irgendwann ein Dorf, in dem gerade ein Fest gefeiert wird. Im Sommer ist eigentlich an jedem Wochenende irgendwo was los, man erfährt näheres auf den Plakaten entlang der Straße.

In Marcenat bin ich zum Beispiel in eine Pétanque (Boule)-Meisterschaft hineingeraten. Die Teilnahme ist total, jede sandige Ecke wird zum Werfen der silbrigen Kugeln genutzt, das ganze Dorf macht mit, nur ein junges Paar hat sich zum Knutschen in die Telefonzelle verzogen. Zwischendurch treibt es die Spieler immer wieder ins Café zu einer Runde Pastis oder Gentiane, einem süßlich-bitteren Schnaps aus gelbem Enzian, der auf den Bergwiesen wächst. In der rotgesichtigen, trinkfreudig-lärmenden Stimmung fallen die gebeugten alten Männer auf, krummgemacht von der lebenslangen schweren Arbeit, mit Strohhüten, Hosenträgern und verwitterten Gesichtern. Eine Siegermannschaft bricht, obszöne Lieder grölend, ins Dorfcafé ein, mit ihrem gewonnenen Pokal. Der soll mit Pastis vollgegossen werden. Diesem Begehren wird anstandslos Folge geleistet.

Ein anderes Mal hat es mich nach Anzat-le-Luguet verschlagen, zum Fest des dortigen Ortsheiligen. Auf einer Wiese am Ortsrand ist das Festzelt aufgebaut, gleich daneben weiden Kühe. Drinnen spielen «Les Copains» zum Tanz auf. Les Copains haben so ziemlich alles drauf; vom Akkordeon-Schmalz bis zu rockähnlichen Klängen spielen sie beliebte Erfolgsmelodien runter. Auf der von Menschen wimmelnden Dorfstraße kann mit Gummibällen auf leere Flaschen und Blechdosen geworfen werden, in einer anderen Ecke steht eine Schießbude. Mitten durchs Festgeschehen treibt ein Bauer seine Herde heim. Früher waren die Dorffeste hier noch sehr viel bescheidener: Da wurde in der Kneipe ein Stuhl auf den Tisch gestellt, auf den setzte sich ein Musette-Spieler (Musette: eine Art Dudelsack) in Holzpantinen, kriegte eine Flasche Rotwein hingestellt und dudelte los.

Die vielen Feste sind ein Zeichen dafür, daß die Dörfer alles daransetzen, um zu überleben. Es geht darum, gegen das Heirats- und Nachwuchsproblem anzugehen und die Paarbildung zu fördern, und überhaupt soll dem Leben in den Bergen größere Attraktivität verliehen werden. Viele Gemeinden versuchen daher, alle paar Wochen irgendwelche Arten von Animation zu organisieren. Aber ob solche Veranstaltungen es schaffen, die jungen Leute hier zu halten? Vielen meint

Dörflicher Musette-Spieler von einst

man ansehen zu können, daß es bei ihnen nur noch eine Frage der Zeit ist, bis sie in die Städte ziehen. Der europäische Zwergzirkus, das Blechdosenwerfen auf der Dorfstraße und die Potpourris von «Les Copains», das dürfte den meisten kaum genügen, und auch die schöne Landschaft ist keine ausreichende Motivation für ein entbehrungsreiches, hartes Leben. Die Bevölkerung wird sich wohl weiter vermindern hier im Hochland, wo man schon vor hundert Jahren den Kindern sagte: «Streng dich an und paß gut auf in der Schule, sonst kommst du nie hier weg!»

Praktisch völlig verlassen sind bereits die Berge des Forez, des Aubrac und der Margeride. In diesen Paradiesen für Rucksackwanderer wohnen bloß noch einige alte Paare oder vereinsamte alte Männer, meist ohne Hilfskräfte, die ein ärmliches, auf sich selbst zurückgezogenes Leben fristen.

Heilige Wälder und schwarze Madonnen

In den abgelegenen Höfen und Weilern haben sich mehr als anderswo überkommene Glaubens- und Aberglaubensformen gehalten. Hier ins geographische Zentrum des Hexagons, des Landes der großen bürgerlichen Revolution, scheint das Licht der französischen Aufklärung nur sehr trübe hineingeleuchtet zu haben. Dem Laizismus der Republik hat sich hier stets eine eigenwillige bäuerliche Frömmigkeit entgegengestellt. Immer noch pilgert man, wie vor 1000 Jahren, dreimal jährlich bei Cheylade (Département Cantal) zu einer heiligen Quelle in 1200 Meter Höhe, zur «Viergo de la Font-Sento», der Jungfrau der Hirten. Viele Wallfahrtsorte im Zentralmassiv sind fast nur den Einheimischen bekannt und lassen an Kelten und Druiden denken. So gibt es allerlei heilige Wälder, wie den von Saint-Symphorien-de-Couze, wo die Leute aus der Umgebung am ersten Maisonntag hinpilgern, oder den geheimnisvollen Wald des heiligen Eutrope beim Dorf Saint-Junien (Département Haute-Vienne), den vorwiegend Viehzüchter aufsuchen, dort Gebete murmelnd um bestimmte Bäume herumgehen und mirakulöse Steine berühren, denn Sankt Eutrope schützt die Tiere und sorgt für Fruchtbarkeit. Die Dorfpriester lassen von einigen dieser Aktivitäten lieber die Finger, sie verweigern ihre Teilnahme, denn es ist nur allzu klar, daß vieles davon aus vorchristlicher Zeit stammt und eher mit magischen als mit gut-katholischen Praktiken zu tun hat. Auf ganz und gar heidnische Ursprünge gehen die hierzulande noch sehr populären Saint-Jean-Feste zur Sonnenwende zurück, die am 24. Juni stattfinden. Die nächtliche Tanzerei ums große Feuer ist nichts anderes als ein uralter Fruchtbarkeitskult. Danach gibt's Kindersegen und eine gute Ernte, die mit nach Hause genommenen verkohlten Zweige schützen gegen Blitzschlag. Besonders populäre Johannisfeste finden in Allanches und Massiac (beide im Département Cantal) statt.

Eine Hochburg der offiziellen katholischen Frömmigkeit ist Le Puy, eine Stadt mit unwirklichem Panorama, dominiert von zwei phallischen Basalt-Zuckerhüten. Auf dem einen steht eine rostrote Riesenjungfrau, auf dem andern eine Kirche, zu der Demutsenthusiasten über ich weiß nicht wieviel Stufen raufkeuchen dürfen, wofür obendrein ein Eintrittsgeld zu entrichten ist. Die häßliche rote Madonna ist das Werk des 19. Jahrhunderts; die mittelalterliche Statue, die da mal stand, ist während der Französischen Revolution demoliert worden.

Le Puy, das heißt «der Gipfel» – eine Stadt, in der es immer wieder anstrengend bergan geht. Zentrum der städtischen Entwicklung ist die ungewöhnlich große Kathedrale. Sie war im 11. Jahrhundert als Station auf dem Weg nach Santiago de Compostela gebaut worden. Von den Pilgerströmen konnten Mengen von Händlern und Handwerkern leben, und so entstand um die Kirche herum allmählich eine größere Ansiedlung. Jahrhundertelang blieb das hiesige Handwerk auf den religiösen Bereich bezogen; man stellte sakrale Gerätschaften und Spitzen

für Meßgewänder her. Heute werden immer noch Spitzen geklöppelt, aber primär für Touristen. Trotz Andenkenläden, Nepp und Nippes zu ihren Füßen – die Kathedrale von Le Puy ist sehr beeindruckend. Ihre Größe läßt auf das Ausmaß der einstigen Pilgerzüge schließen. Besonders verehrt wurde und wird hier die Figur einer schwarzen Madonna. Von diesen schwarzen Jungfrauen gibt es im Mittelmeerraum eine größere Anzahl, meist sind sie aufs kostbarste geschmückt, und immer werden ihnen außergewöhnliche Kräfte zugeschrieben. Woher diese geheimnisvollen Madonnen kommen, ist nicht eindeutig geklärt; es wird behauptet, sie seien Mitbringsel der Kreuzfahrer aus Palästina und eigentlich Statuen der ägyptischen Göttin Isis. Erst in Europa habe

Von der Madonna beherrscht: Wallfahrtsort Le Puy

man sie zu Muttergottesfiguren hergerichtet. Aber nicht nur deshalb ist die Kathedrale einen Besuch wert, sondern vor allem wegen ihrer befremdlich schönen Architektur, ihrer mosaikartigen, mehrfarbigen Fassadenornamentik, die einen sehr südlichen Eindruck macht. Viele Formelemente weisen auf arabische Einflüsse hin, und tatsächlich findet man mit etwas detektivischem Spürsinn einige Inschriften in arabischer Sprache.

Le Puy ist also eine sehr religiös geprägte Stadt, voller Klöster und Hospize, schön zum Anschauen, gewiß ... Ich komme über einen kleinen Platz, in dessen Mitte sitzen ein paar Mädchen auf dem Sockel eines Kruzifixes – davon gibt's hier reichlich –, lecken an ihrem Eis, blinzeln gelangweilt in die Sonne. Politisch geht es arg konservativ zu in Le Puy, kein Wunder. Kein Paradies für Jugendliche, diese schöne Stadt; es gibt noch nicht mal ein Maison pour la jeunesse et la culture (MJC). In einem Café treffe ich einige junge Typen, die mir Auskunft über ihren Alltag geben. «Le Puy? Völlig bourgeoise Stadt! Hier mußte fromm sein, um auf deine Kosten zu kommen. Sonst: tote Hose. Was wir hier so machen? Arbeitslos, Bier, Flipper, Musikbox. Am Sonntag für den AS St. Étienne Daumen halten. Arbeit gibt's hier keine. Vielleicht in Lyon, ist ziemlich weit weg, aber ...» Achselzucken. Auf dem Rückweg über das betont knollige Kopfsteinpflaster der Altstadt kommt mir ein Priester in Soutane entgegen, hinter ihm ragt die rote Maria über die putzigen Dächer.

Burgund – Eine Kulturlandschaft nach menschlichem Maß

Saulieu, an der Nationalstraße 6, zwanzig Kilometer abseits der Autoroute du Soleil, auf der die Kohorten mit Kind und Kegel in den Süden hetzen, eine Kleinstadt in Mittelgebirgslandschaft, Wälder, Hügel, Flüsse drumherum, eine alte Kirche in der Mitte – was wollen bloß all die Engländer hier? Überall, vor den Hotels, auf dem Campingplatz auffallend viele Autos mit britischen Kennzeichen. Kommen sie, um das vielgerühmte Kirchenportal zu bewundern? Nein, deswegen sind sie nicht hier. Sie sind hergekommen, um zu essen. Kaum daß sie irgendwo Unterschlupf gefunden haben, schwärmen sie aus in die Restaurants, die entlang der Hauptverkehrsstraße aufgereiht sind. Die Anspruchsvollsten beziehungsweise Wohlhabendsten gehen ins Côte d'Or, die anderen, die es weniger teuer haben wollen oder die es nicht so sehr zur Nouvelle Cuisine, sondern eher zur deftig-burgundischen Küche zieht, suchen sich eins der anderen aus. Alle Preisstufen sind vertreten.

Auf der Briteninsel mit ihrem Porridge-Matsch, den grüngefärbten Erbsen und dem totgekochten Hammelfleisch muß sich etwas herumgesprochen haben von den Genüssen des Burgund, und Saulieu ist für viele die erste Station – von alters her eine Anlaufstelle für Esser. Schon der alte Prasser Rabelais wußte Gutes zu berichten über den Flecken, der an der alten Hauptstraße von Paris nach Lyon lag – ein Ort, an dem die Pferde gewechselt wurden, wo man Rast machte und wo sich daher Gasthäuser ansiedelten, die bald bei den Reisenden in gutem Ruf standen. Die Hauptverkehrswege haben sich verlagert, Pferdewechsel und Übernachtung sind nicht mehr nötig auf dem Weg in den Süden, in zwei Stunden verbindet der Hochgeschwindigkeitszug TGV die beiden größten Städte des Landes miteinander. Aber das Städtchen Saulieu hat seinen jahrhundertealten Ruf dennoch bewahren können.

Freilich ist fast das gesamte Burgund eine kulinarische Prachtgegend. Außer den Briten wissen das natürlich die Franzosen; besonders die aus Paris fahren gern mal für ein paar Tage hin und neigen zum Schwärmen, wenn die Rede auf diese Provinz kommt. Nur die Deutschen scheinen es noch nicht recht geschnallt zu haben, vielleicht fehlen ihnen hier die landschaftlichen Sensationen, «tant pis». Man muß sich schon ein wenig Zeit lassen, um die Reize dieser Gegend richtig zu würdigen. Eine harmonische Landschaft ist das Burgund in weiten Teilen, eine Landschaft nach menschlichem Maß, der alles Schroffe fehlt. Alles scheint üppig zu wachsen, der Wein, die Obstgärten und viele «unnütze» Blumen vor den Häusern. Die Farbabstimmung zwischen grünen Hängen, ockerfarbenen Mauern und roten Dächern hat etwas Behagliches

und Beruhigendes. Menschliche Eingriffe haben sich hier den natürlichen Formen angepaßt. Zu entdekken ist auch eine Vielzahl kleiner und mittlerer Städte, von denen manche ziemlich vergessen wirken: das winzige Noyers, wie für einen Mittelalterfilm hingestellt, mit Torbögen, Wehrtürmen und Moos zwischen den holprigen Pflastersteinen, Semur-en-Auxois, prächtig auf einer Anhöhe über dem Flüßchen Armançon gelegen, oder das würdig-verpennte, uralte Autun – Bilderbuchstädte ohne Rothenburg-Rummel. Die ganze Provinz wirkt wie das Ergebnis langer, schonender Zivilisationsarbeit.

Holz und Ammen für die Hauptstadt

Ein Teil des im allgemeinen fruchtbaren und prosperierenden Burgund fällt allerdings völlig aus dem Rahmen: das rauhe Gebirge des Morvan. Dort ist es kalt und windig, und seit jeher hat dort eine sprichwörtliche Armut geherrscht. Die Habenichtse, die armen Vettern aus den zugigen Bergen, sie galten den anderen obendrein als böser, furchterregender Menschenschlag – oftmals erscheint ja dem Wohlhabenden der Anblick des Notleidenden als häßlich und bedrohlich –, man sah sie nicht gerne, die Morvandiaux, sie störten irgendwie, wenn sie klobig, ungehobelt, halbwild zur Saisonarbeit aus ihrem schwarzen Gebirge herunterstiegen.

Das Leben unter solch harten Bedingungen begünstigte eine gewisse physische Robustheit, das galt auch für die Frauen. Ihre wichtigste und fast einzige Erwerbsmöglichkeit war es, Amme zu werden. Massenhaft gingen sie nach Paris, um die Kinder anderer Leute zu säugen, denn bei den Bürgersfrauen der Städte war das Stillen verpönt. «Die schwerfällige Haltung der Frau des Morvan, der ausladende Brustkorb mit runden Brüsten, breit in der Basis, das sind Zeichen einer guten Milchgeberin», schrieb der Hauptmann Levainville, Geograph seines Zeichens, vor hundert Jahren.

Die Männer des Morvan, wenn sie nicht zum Auswandern gezwungen waren, hatten meist etwas mit Holz zu tun: Sie waren Holzfäller, Köhler oder Flößer. Vor allem diese dritte Tätigkeit ist bis gegen Ende des letzten Jahrhunderts in besonderer Weise mit dem Morvan verbunden. Das hat mit der relativen Nähe der großen Stadt Paris zu tun. In den vorindustriellen Jahrhunderten war die Holzversorgung von zentraler Bedeutung. Einmal war das Holz unerläßlich zum Heizen, Kochen und Backen. Die stetig wachsende Hauptstadt brauchte laufend Unmengen davon, allein schon für die vielen Bäckereien, sonst drohten sofort Unruhen wegen Brotmangels. Und zum andern war Holz auch ein Baumaterial ersten Ranges. Bis ins 17. Jahrhundert waren die Städte, von Kirchen und Herrscherhäusern mal abgesehen, im wesentlichen aus Holz. Und noch die späteren Steinhäuser hatten Fachwerk und Holzverstrebungen. Dazu kam natürlich noch der Holzbedarf der Möbeltischler und Schiffsbauer.

Es war also unbedingt nötig, für den Moloch Paris eine regelmäßige Holzzufuhr zu gewährleisten, wofür sich seit dem Mittelalter ein spezielles Transportsystem herausgebildet hatte: Das Holz kam auf dem Wasserweg aus dem Morvan nach Paris, die Flüsse Seine und Yonne stellten die Verbindung her zwischen dem düsteren Hochland und der glänzenden Metropole. Zuerst wurden die Stämme über Bäche und kleine Flüsse ungeordnet die Berge runtergeschickt bis nach Clamecy. Zur Regulierung der Wassermenge und damit zur Erleichterung des Flößbetriebs wurde unter Napoleon III. ein großer Stausee, der Lac des Settons, gebaut. Unten in Clamecy, wo sich die Yonne, soweit das Auge reichte, mit einem dichten Holzteppich bedeckte, organisierten mächtige Gesellschaften den Weitertransport. Das Holz wurde dort zu großen «Zügen» zusammengefügt und in geordneten Convois auf eine zehntägige Reise Richtung Paris losgeschickt, besetzt mit je einem Flößer und einem Gehilfen. Ab Charenton stieg zum Manövrieren durch die Metropole ein Lotse mit hinzu. Auf vielen alten Illustrationen von Paris sind diese Holzzüge auf der Seine zu sehen, sie gehörten zum Alltagsbild.

Die Morvan-Flößer bildeten eine etwas marginale soziale Gruppe: Mehrere tausend waren es, die zwischen Stadt und Land hin- und herpendelten, meist ruppige, bärenstarke Gesellen mit einem starken Unabhängigkeitsgefühl. Sie neigten zur Gewalttätigkeit und galten als gefährlicher, wüster Pöbel, waren keine gottesfürchtig-geduckten Knechte, sondern selbstbewußte Arbeiter, die sich auf ihre Weise Respekt verschafften.

Diesem seit dem Mittelalter ununterbrochen fließenden Holzstrom machte erst die Industrialisierung ein Ende. Der letzte «Zug» ging 1877 von Clamecy nach Paris. In Clamecy, der «Hauptstadt des Flößereiwesens» am Rande des Morvan, gibt es ein Museum, wo man sich über all dies sehr anschaulich informieren kann.

Heute nun wirkt das rauhe Hochland, um das die Menschen einst einen Bogen machten, gerade besonders reizvoll: Die Wälder, Felsen, Bergbäche haben einen bescheidenen Tourismus begünstigt, es sind meist kleine Leute aus der Pariser Region, die hier ihr Pique-nique machen. Viel Geld allerdings ist bei denen nicht zu holen. Kinderheime und Ferienkolonien, von denen es nach wie vor überdurchschnittlich viele gibt, bringen der Region ebenfalls nur wenig ein, und auch die Tatsache, daß das Gros der französischen Weihnachtsbäume (über eine Million pro Jahr) von hier kommt, fällt wirtschaftlich nicht sehr ins Gewicht. In den dünnbesiedelten Bergen dringt die Heide vor, es gibt also gewisse Ähnlichkeiten zum Zentralmassiv. Kilometerlange Waldwege, der Geruch von frischgeschlagenem Holz, Quellen, Bäche, Teiche – wer dafür was übrig hat, kann hier stundenlang herumstreunen. Selbst in dieser Gegend freilich verfolgt uns die Vergangenheit: Im Zentrum des Morvan liegt das eigentümlich moderne Dorf Dun-les-Places. Die Deutschen hatten es im letzten Krieg als Repressalie für Résistanceakte völlig niedergebrannt.

In der Kir-Metropole

Senf und Cassislikör sind die bekanntesten Produkte, die mit Dijon, der burgundischen Hauptstadt, verbunden werden, bezeichnenderweise sind es zwei gastronomische Elemente. Schon die Stadt selbst macht einen appetitlichen Eindruck – strahlend gepflegt mit ihren prachtvollen Plätzen, reichen Stadthäusern und den charakteristischen bunten Dachziegeln. «Dijon ville propre» steht auf den Abfallkörben:

Die Innenstadt präsentiert sich wie ein Schmuckstück, ein Freilichtmuseum mit hellgeschrubbten, sandstrahlgereinigten Fassaden, vielleicht insgesamt eine Idee zu sauber ... Dennoch, Dijon ist nicht derart geglättet und «restauriert», daß nicht immer noch etwas vom Stolz und von der historischen Sonderrolle dieses einstigen Machtzentrums spürbar bleibt.

Mit dem Germanenstamm der «Burgunder» hat allerdings diese vergangene Blüte nichts zu tun, von dem ist außer dem Namen kaum eine Spur zurückgeblieben. Diese Burgunder waren hier im 5. Jahrhundert aus Skandinavien heruntergekommen, als das römische Weltreich in seine Bröckelphase eingetreten war. Sie gründeten ein Königreich und wurden von den Römern, denen nichts anderes übrigblieb, als Verbündete akzeptiert, die eine Art Pufferstaat gegen die ungemütlichen Alemannen bildeten. Dieses Burgunderreich mit den Führungskräften Gondebaud, Gontran und Gundobald hatte nicht mal hundert Jahre gewährt, da kamen schon die Franken, genauer die Merowinger, und setzten ihm ein Ende.

Seine Pracht verdankt Dijon einer wesentlich späteren Phase: jener Zeit nämlich, als das Burgund sich zu einem mächtigen, quasi-autonomen Staatsgebilde entwickelt hatte, der Zeit der großen Herzöge, die möglicherweise die mächtigsten und reichsten Fürsten des christlichen Abendlandes waren. Im 14. und 15. Jahrhundert, während des Hundertjährigen Krieges, war die Bedeutung des französischen Königshauses arg verkümmert, und die ehrgeizigen Herren der Bourgogne profitierten nach Kräften von diesem Niedergang. Eine Zeitlang war Frankreich de facto dreigeteilt: Da waren die von den Engländern besetzten Gebiete, dann das zur Bedeutungslosigkeit reduzierte königliche Schrumpfreich und schließlich das reiche, starke Burgund, das sich durch geschickte Heiratspolitik unter anderem Flandern, die Niederlande und Friesland einverleibt hatte. Während in den übrigen Teilen Frankreichs Krieg und Brigantentum die Lande verheerten, blieb man hier weitgehend verschont, bereicherte sich durch den Handel mit Wein und Salz und vor allem durch den Beitrag Flanderns und seines hochentwickelten Handwerks. Es entstand ein bestens funktionierender Staat, der auf administrativem, finanziellem, militärischem und diplomatischem Gebiet so gut wie souverän war. Hemmungslos kosteten die Herzöge ihre Größe aus. Sie legten großen Wert auf Inszenierung und Prachtentfaltung, die Stadt Dijon wurde zum Dekor ihrer aufwendigen Lebensführung. Die geschicktesten Handwerker, die größten Maler und Bildhauer aus Flandern arbeiteten hier. Feste wie nie zuvor wurden veranstaltet, selbst die Beerdigungsfeierlichkeiten für die Herzöge und ihre Frauen hatten bombastische Züge. Die kunstvollen Grabmäler hatten schon bei den Zeitgenossen großes Aufsehen erregt: in der Salle des Gardes des herzoglichen Palastes sind sie zu bestaunen. 25 Jahre lang wurde am Sarkophag von Philippe le Hardi gearbeitet, ebensolange an dem seines Nachfolgers Jean sans Peur und dessen Frau Margarete von Bayern. Sehr beeindruckend, wie luxuriös sich diese Herrschaften noch nach dem Tod haben bedienen lassen.

Selbst nachdem das patriotisch-kriegerische Hirtenmädel Johanna

Über den Dächern von Dijon

(«von Orléans») den Anstoß zur Rekonstruktion der französischen Monarchie gegeben hatte, dauerte es noch eine geraume Zeit, bis der Machtkampf mit den selbstherrlichen Fürsten entschieden war und das Burgund wieder ans Königreich gebunden werden konnte.

Die macht- und genußbesessenen Herzöge haben nicht zuletzt auch zur Ausprägung der speziellen kulinarischen Kultur des Burgund erheblich beigetragen: Sie waren enorme Schlemmer. Man bekommt eine Ahnung davon, wenn man sich die immense Küche ihres Palastes ansieht: Mit ein bißchen Phantasie kann man sich ganz gut vorstellen, wie da unzählige Köche, Küchenjungen und Diener im Dampf und Bratendunst herumwimmelten. An gewöhnlichen Tagen waren hier zwölf Gerichte pro Mahlzeit der übliche Durchschnitt, aber bei festlichen Gelegenheiten – und an denen mangelte es nicht – wurden leicht bis zu sechzig verschiedene Speisen aufgetragen, womit die Dimensionen dieser Küche verständlich werden. Es war keine zarte, ziselierte, nuancierte Kost, die sich die Herzöge da servieren ließen, sie liebten es eher kräftig-saftig. Davon haben die hiesigen Eßsitten und auch die übrigen Gepflogenheiten einiges zurückbehalten.

Als eine Verkörperung deftiger burgundischer Lebensart galt in jüngster Zeit der Kanonikus Félix Kir, seines Zeichens Domherr sowie langjähriger Bürgermeister von Dijon, ein Mitglied der hohen Geistlichkeit und alter Résistancekämpfer. Bis ins hohe Alter von 92 Jahren führte er seine Ämter mit großem Engagement und sehr eigenem Stil. Kirs Lieblingsapéritif, der immer wieder im Rathaus bei Empfängen serviert wurde, war Cassislikör mit Aligoté, einem leichten, trockenen Weißwein. Sein Name ging schließlich auf das Getränk über und ist daher noch heute in aller Munde. Ebenso lebenslustig wie stockkonservativ war der Herr Kanonikus, der bis in die sechziger Jahre sein Bürgermeisteramt im Priesterrock verwaltete. Er sperrte sich hartnäkkig gegen fällige Modernisierungen in der Stadt, legte sich quer gegen Industrieansiedlungen, wollte Dijon schön altmodisch-gepflegt halten, ohne rauchende Schlote und grimmige Fabrikarbeiter. Aber der fromme Mann tat auch was für den Weltfrieden: In eigener Regie unternahm er, als «voyageur de la paix», Reisen zu Kennedy und Chruschtschow (französisch Khrouchtchev), um eine Allianz zwischen den drei «Ks» herzustellen. Überdies war Herr Kir auch ein begnadeter Theologe. Heute noch wird gern von seinem ungewöhnlichen Gottesbeweis erzählt. Als ihm bei einem Rathausempfang ein Ungläubiger mal mit dem Einwand gegen die Existenz Gottes kam, bisher habe ihn noch niemand zu Gesicht bekommen, gab der Kleriker zurück, auch seinen Hintern habe bisher noch niemand gesehen, und er existiere dennoch. Voilà! Sprach's und hob die Soutane.

Die besten Weine der Christenheit

Südlich von Dijon liegen über eine Strecke von fünfzig Kilometern Dörfer, wie auf einer Perlenkette aufgereiht, deren Namen manche Weinfreunde wohlig frösteln lassen: Gevrey-Chambertin, Vougeot, Vosne-Romanée, Aloxe-Corton, Meursault, Puligny-Montrachet... Hier, an der Côte d'Or, ist das Universum des Weinadels. Intensivst gepflegt, gehegt, gestreichelt werden die kostbaren Kulturpflanzen, die am sanften Abhang des burgundischen Plateaus gedeihen. Manche der von Mauern eingefaßten Weingärten (Clos) stammen aus dem Mittelalter und haben sich in ihren Abmessungen seither nicht verändert. Auch für das Prestige des burgundischen Weins sind die Herzöge von Dijon mitverantwortlich: Sie mischten sich persönlich ein und erließen erstmals strenge Qualitätsvorschriften. So bestimmten sie, welche Traubensorten angebaut werden durften und welche nicht, denn bei all ihrer Machtfülle wollten sie obendrein noch als «die Herren der besten Weine der Christenheit» gelten.

Der «Burgunder» ist seit jeher ein Wein der Herrscher. Päpste ließen sich dutzendweise Flaschen aus dem Clos Vougeot in den Vatikan schikken, und schon Karl der Große (Charlemagne) hatte sich seine eigenen Reben im Gebiet um Aloxe-Corton anpflanzen lassen. Auch heute wird das Beste vom Besten für die Hochwohlgeborenen und sonstige Potentaten reserviert. Bei Staatsempfängen im Élysée-Palast werden zum Beispiel diese erhabenen Tropfen kredenzt, und Reiche in aller Welt reißen sich die wenigen und sagenhaft teuren Flaschen aus den oftmals winzigen Lagen unter den Nagel. Wo so ein Fläschchen 400 Francs kostet, leuchtet es ein, daß diese Rebenäcker begehrte Kapitalanlagen sind. Ein guter Teil der Côte de Nuits, des alleredelsten Teils der Côte d'Or, ist denn auch im Besitz großer Firmen und ausländischer

Winzer ohne Absatzprobleme

Magnaten. Wer hier ein Stück Weinberg geerbt hat, besitzt eine Goldgrube. Mit den oft ärmlichen Winzern des Midi, die ihren Landwein nicht loswerden, haben die hiesigen Kollegen kaum etwas gemein: Es sind wohlsituierte Herren, die ihren Wein schon verkauft haben, wenn er noch im Gärbottich fermentiert, also noch gar nicht trinkbar ist. Dementsprechend machen auch die Dörfer dieser Wein-Aristokraten den Eindruck vornehmer Friedlichkeit; gedämpft und still geht es da zu. Da gibt es keinen lauten, derb-dörflichen Kneipenbetrieb, das wäre solcher Bastionen der Geschmackskultur nicht würdig.

Ah, aber das verfluchte Wetter! Das ist leider in diesen Breitengraden weit weniger verläßlich und stabil als weiter unten im Süden. Ein Gewitter zur Unzeit kann großen Schaden anrichten, so geschehen 1983, als fünf Minuten Hagelschlag genügten, um siebzig Prozent der größten «crus» zu vernichten. Auch ohne solche Katastrophen kann es passieren, daß die Ernte eher mäßig ausfällt. Das macht aber nichts, denn der Wein hat einen solchen Ruf, daß er in jedem Fall sein Geld bringt. Man «chaptalisiert» dann halt ein bißchen mehr, das heißt, dem Most wird vor der Gärung Zukker zugefügt, um den Wein alkoholreicher beziehungsweise «körperreicher» zu machen. Dergleichen ist sogar bei einigen der ganz teuren Sorten gang und gäbe, und das hat dazu geführt, daß man sich unter einem Burgunder einen schweren, dunklen Wein vorstellt, obwohl aus der Traubensorte Pinot Noir, die man hier anbaut, eigentlich eher ein leichter, ziemlich heller Rotwein entstehen würde. Ein anderes burgundisches Phänomen ist die wundersame Vermehrung der Anbaufläche. Wer eine saure Wiese oder einen bewaldeten Hang in einem Gebiet besitzt, das von Amts wegen Anrecht auf eine prestige- und damit gewinnträchtige «Appellation» hat, dem fallen oft tolle Tricks ein, um sein ursprünglich ungeeignetes Land in einen florierenden Weinberg zu verwandeln, zum Beispiel mit Hilfe eines Bulldozers und einiger Wagenladungen Humusboden. Trotz des aristokratischen Gebarens ist also auch hier weniger Ehrfurcht als gesundes Mißtrauen angebracht.

Massenanziehungspunkt der Côte d'Or ist Beaune, an Nationalstraße, Eisenbahn und Autoroute gelegen. Eine Stadt, in der alles dem Wein zu dienen scheint, Sitz alter Weinhandelshäuser und traditionsreicher Großkellereien sowie des berühmten Hôtel-Dieu, des Hospizes aus dem 15. Jahrhundert, das nach wie vor unterhalten wird mit dem Versteigerungserlös der eigenen Spitzenweine und inzwischen auch durch den Verkauf von Eintrittskarten. So schön die Stadt sein mag, die durchtrottenden Pulks und die dementsprechend sich ausbreitende Beutelschneiderei machen sie einigermaßen unerträglich. Viel weniger überlaufen und weit weniger durchtränkt von der allgemeineuropäischen Nippes-Kultur sind Orte, die etwas abseits der Verkehrsschneisen liegen und wo sich diejenigen, die bloß nach Süden durchrutschen, nicht so leicht hinverirren – schöne Dörfer etwa wie Givry oder Buxy, südwestlich von Chalon, deren Weine zwar nicht zur absoluten (und überteuerten) Superspitzengruppe gehören, aber immer noch unvergleichlich gut sind. Weineinkaufsinteressenten seien hingewiesen auf die große, sehr preisgünstige Kooperative von Buxy, gleich neben dem stillgelegten Bahnhof.

Noch ruhiger wird es in den weiter westlich gelegenen Bergen: selbstgenügsam-satt wirkende Burgunderdörfer, auch hier überall noch Wein, der sich wie ein freundliches, hellgrünes Meer in sanften Wellen die Hänge raufzieht, aber daneben auch Getreidefelder und Weideflächen, auf denen die Charolaisrinder, Fleischklötze auf dicken, kurzen Beinen, weiße Tupfer bilden. In Saint-Christophe-en-Brionnais stehen sie donnerstags dichtgedrängt auf dem Rindermarkt.

Großen Spaß kann es machen, an den hiesigen Dorffesten teilzunehmen. Davon gibt es reichlich, jedes Nest hat ja einen anderen Kirchenheiligen, dessen Namenstag gefeiert wird, dann gibt es meist ein Fest zum Ende der Weinlese, «la Fête du vin nouveau», und außerdem am 22. Januar den Tag des Heiligen Vinzenz (Saint Vincent), des Schutzpatrons der Winzer. So ziemlich jedes Dorf hat eine Statue dieses freundlichen Gesellen, die dann beim großen Umzug herumgetragen wird. Bei diesen Anlässen werden zu Ehren der entsprechenden Heiligen sowie des eigenen Bauches andächtige Schlemmereien zelebriert, stundenlang geschmurgelte Gerichte mit schweren Rotweinsaucen vertilgt, und als Digestif wird ein Marc de Bourgogne hinterhergeschickt – manchmal ein Härtetest für den Magen des untrainierten Fremdlings.

Eine Stadt wird zum Industriemuseum

Auf Kreuz- und Querfahrten durch die milde burgundische Bergland-

Le Creusot: Arbeitersiedlung als Museum

schaft, nach Autun zum Beispiel, der schläfrigen Unterpräfektur und uralten Bischofsstadt, kann es passieren, daß man sich plötzlich in einem zersiedelten Industrietal mit Fabrikschloten und tristen Reihenhaussiedlungen wiederfindet: in Le Creusot, einer Agglomeration ohne erkennbaren Stadtkern, einem Ort, der wie ein unschöner Fremdkörper in einer ansonsten harmonischen Umgebung wirkt. Nichts wie weg! Aber vielleicht vorher wenigstens einen Kaffee trinken gehen – im Café de l'Époque zum Beispiel, das hat so eine schöne olle schmiedeeiserne Markise über der Terrasse. Von dort fällt der Blick auf einen öden sandigen Platz. Er ist leer bis auf einen klapprigen Citroën-Lieferwagen, aus dem es heftig herausdampft, denn dort hält eine dicke Frau Würstchen und dergleichen feil. Nach zehn Minuten kommt erste Kundschaft. Ein zerbeultes Peugeot-Fossil mit pendelndem Auspuff hält an, drei Schwarze, die mit ihrem pseudo-afrikanischen Nippes, ihren Elfenbeinringen und Holzelefanten von Markt zu Markt tingeln, holen sich was zu essen, sonst träge High-Noon-Stimmung über Creusot-City.

Der Wirt vom Café kommt auf die Terrasse geschlurft. Deutsche Touristen mit Fotoapparaten sind hier eine Rarität. Er verschränkt die Arme und sagt: «Ben oui, Le Creusot, wissen Sie, das war mal was! Damals, als sie hier noch die Lokomotiven gebaut haben! Mais maintenant c'est la crise, c'est fini, Le Creusot...» Er streckt den Arm aus: «Sehn Sie, da drüben, das ist Monsieur Eugène! War ein großer Mann, Monsieur Eugène. Vier Statuen gibt's von ihm in Le Creusot!» Aha, richtig, dort hinten steht ein Denkmal – «Eugen Schneider» steht auf dem Sockel geschrieben. Herr Eugen selbst steht obendrauf und blickt mit unternehmerisch-forscher Erobereremiene ins Weite. Zu seinen Füßen eine Arbeitermutter mit einem Kind in Holzpantinen, die mit der Hand auf den Fabrikherrn zeigt. Unsichtbare Sprechblase: «Schau, mein Sohn, dies ist der gute Herr, der uns allen Arbeit gibt und dem wir Dank und Gehorsam schulden. Möge er dir ein Vorbild sein!» – Irgendwie scheint es aber mit der Dankbarkeit der Leute hier nicht mehr so weit her zu sein, denn jemand hat vor kurzem Eugen Schneiders Standbild mit rosa Farbe übergossen. Auf die Frage, wer das wohl gewesen sein könnte, verfinstern sich die Züge des Café-Besitzers: «des anarchistes!» knurrt er.

Tatsächlich war dieses abgelegene Le Creusot einmal die Wiege der französischen Metallindustrie, einer der herausragenden Schauplätze der industriellen Revolution, eine Vergangenheit, die mit dem Namen «Schneider» eng verbunden ist. Deren erste Vertreter waren 1836 aus dem Elsaß gekommen und bauten hier in der Nähe der burgundischen Kohlenbergwerke ihre erste Stahlschmelze. Die Schneiders wurden zum Schicksal dieses noch lange Zeit recht bäuerlichen Tals; sie spielten in Frankreich eine ähnliche Rolle wie die Krupps in Deutschland und schufen ein ständig sich erweiterndes Familienimperium mit stark paternalistischen Zügen. So sehr wurden sie mit Le Creusot identifiziert, daß man beinahe die Stadt in «Schneiderville» umgetauft hätte. Das burgundische Industrietal wurde die Waffenschmiede Frankreichs. Durch Kanonen und sonstiges Kriegsgerät wurde der Firmenkomplex größer und größer, man stellte sogar Torpedoboote her, außerdem Lokomotiven, Turbinen und Stahlkonstruktionen, beispielsweise die Bahnhofshalle von Santiago de Chile. Inzwischen ist allerdings der Schneider-Konzern weit über seinen Ursprungsort hinausgewachsen und hat die Produktionsstätten anderswohin verlagert. Le Creusot befindet sich gemeinsam mit den Nachbarorten in einer tiefen Umstrukturierungskrise.

Längst hat die legendäre Industriellendynastie ihre palastähnliche Villa verlassen, ein Gebäude, das zur Zeit des Ancien Régime eine königliche Kristallmanufaktur beherbergte. Das Industriegelände ringsum sieht man nicht: Von der Terrasse der Villa aus blickt man auf Parkanlagen; nur ein ferner Kirchturm fällt noch ins Auge, sonst schützen hohe Bäume die Reinheit der Aussicht und sorgen für bürgerliche Unschuld. Das von Kanonenrohren umrahmte Schlößchen ist heute Sitz des Écomusée von Le Creusot. Diese 1974 auf Betreiben von Historikern und Ethnologen entstandene Institution unterscheidet sich in mancherlei Hinsicht von gewöhnlichen Museen. Primär geht es dem Museums-Team darum, der ortsansässigen Bevölkerung ein Bewußtsein von ihrer eigenen Geschichte und Identität zu vermitteln, die verschüttete Erinnerung an den oftmals dramatisch abgelaufenen Industrialisierungsprozeß wieder auszugraben. Mit Erfolg wurde der Versuch unternommen, die Einwohner zur Spurensuche anzuregen. Überall fingen die Leute plötzlich an, in Kellern und auf Speichern nach den bislang mißachteten Zeugnissen der Alltagshistorie eines «banalen» Industrieorts zu wühlen. Die Schneider-Villa beherbergt eine ständige Sammlung zur lokalen Vergangenheit, außerdem wird hier «Milieux», eine Zeitschrift zur Industriegeschichte, herausgegeben, und es finden diverse Kulturveranstaltungen und Workshops statt.

Aber dies ist nicht das ganze Écomusée, sondern nur die Schaltstelle, denn das Museum begreift sich als dezentral: Es ist auf das gesamte Stadtgebiet sowie auf sechzehn umliegende Gemeinden verteilt. An verschiedenen Stellen in und um Le Creusot konnten Zeugen der Industriearchitektur vor dem Abriß bewahrt werden, indem sie kurzerhand zu Außenstellen des Museumskomplexes gemacht wurden. Stählerne Fabrikhallen, Lokomotivschuppen, Behausungen, stillgelegte Bergwerksflöze – das ganze Tal verwandelt sich mehr und mehr in einen Museumspark. Das kann allerdings auch ins Absurde umschlagen: So wurde eine vollständige Arbeitersiedlung aus dem 19. Jahrhundert, La Combe des Mineurs, inklusive Einwohner zum Teil des Museums deklariert. Sonntags finden dort kommentierte Führungen durch die Wohnungen statt, mit Original-Arbeiterfamilien in der Rolle von Zootieren. «Blick in unser Scheißhaus: 100 francs», hat ein Kind an die Mauer gekritzelt.

Nabel des Abendlands

Zurück zur Natur, weiter Richtung Süden. Dort kommen wir nach Cluny, eine kleine Stadt mit Touristen-Schneise voller Postkartenständer und Antiquitätengeschäfte und einem romanischen Kirchenrest, dem sämtliche Besucher zustreben. Abseits davon gibt's eine kleine, ebenfalls romanische Kirche mit elegantem achteckigen Kirchturm, deren Portal verrammelt ist. Aber da hängt ein Zettel dran: In Notfällen könne der Schlüssel im Café des Boulistes abgeholt werden. Hinter diesem Gotteshaus wachsen Kürbisse, Tomaten und Gladiolen. Klein und verschlafen, dieses Cluny. Rentner dösen auf einer Bank an der Straßenecke, alte Leute haben sich ein Kissen zum Aufstützen ins Fenster gelegt, eine Frau sitzt in der Haustür und putzt Bohnen. Ein paar Jugendliche fahren mit frisierten Mopeds knatternd im Kreis herum, etliche Häuser scheinen leerzustehen. Dies war also viele hundert Jahre lang der intellektuelle Nabel des Christentums? Die «Mutter der abendländischen Zivilisation»? Es braucht schon verdammt viel Phantasie, um sich das vorzustellen.

Alles begann am 2. September 909. Da hatten zwölf vom Reformeifer beseelte Mönche von einem adligen Sympathisanten ein Jagdhaus im Grosne-Tal geschenkt bekommen. In jener Zeit war die Kirche in lähmende Abhängigkeit von lokalen Feudalherren und Bischöfen geraten und arg heruntergekommen. Das sollte nun anders werden. Die neuen Prinzipien: klare Bindung an den Papst in Rom, Ellenbogenfreiheit gegenüber dem Feudaladel, Aufbau eines Netzes von klösterlichen Gemeinschaften auf solider materieller wie theologischer Grundlage. Das Rezept der Leute von Cluny hatte rasch Erfolg. Der Papst selbst tat alles, um sie zu unterstützen, er stattete den Abt von Cluny mit Sondervollmachten aus und machte ihn zum Chef der Kirchen-Regeneration. Überall in Frankreich entstanden Cluny-Filialen, aber bis nach England und sogar Ungarn reichte der Einfluß der Äbte – Cluny, das bedeutete: ein zentralistisches, gegen feudale Zersplitterung gefeites Kloster-Imperium mit heißem Draht zum Papst und großem Einfluß auf die weltlichen Herrscher. Absoluter Monarch dieses «Staates», dem in seiner besten Zeit 1500 Abteien angehörten, war der Abt von Cluny. Die einzelnen Klöster, über die er gebot, waren keine auf lokalen Einfluß begrenzten Einrichtungen mehr, sie waren Elemente einer großen internationalen Ordnungs- und Zivilisationsmacht. Mit ein Grund dafür, daß gerade Cluny so eine Bedeutung erlangen konnte, war seine geographische Lage: Einerseits befand sich das neue Zentrum in der Nähe der wichtigsten Verkehrswege, andererseits doch auch etwas abseits von den großen Durchmarsch-Korridoren, so daß es geschützt war vor einfallenden Barbarenhorden. Das Burgund wurde damals tatsächlich zum Kernland des christlichen Europa, Cluny das «neue Rom». «Kein anderes Kloster kommt ihm gleich, denn es hat in Cluny keinen Abt gegeben, der nicht heiliggesprochen wurde», sagte Papst Gregor VII. Mit den Beutegeldern aus der eroberten Sarazenenstadt Toledo wurde der Bau einer grandiosen Kirche finanziert. 500 Jahre lang, bis zum Neubau des Petersdoms in Rom, war die Basilika von Cluny die größte Kirche der Christenheit. Ihr Stil wurde überall bald imitiert, zuallererst in der näheren Umgebung. Der Einfluß des großen Vorbilds findet sich zum Beispiel in Gestalt einer verkleinerten Kopie in Paray-le-Monial, aber auch bei kleinen Dorfkirchen wie in Donzy, Bissy, Uchizy, Brançion – wer für romanische Gemäuer zu begeistern ist, dem bietet sich hier eine Fundgrube.

Glanz, Reichtum und Machtfülle von Cluny hatten aber mit der Zeit das ursprüngliche klösterliche Reformideal immer mehr verdrängt, was wiederum eine neue Reformbewegung im Burgund auf den Plan rief: Armut, Keuschheit, Fasten und Gebete waren angesagt, und so was ließ sich am besten in der Abgeschiedenheit realisieren. Ein ungesundes sumpfiges Waldgebiet in den Niederungen der Saône war dafür gerade recht; dort gründeten strenge Brüder ein Kloster namens Cîteaux, Stammhaus der danach benannten Zisterzienser. Unter dem Einfluß von Cîteaux entstanden über 700 Abteien, die für das restliche Mittelalter prägend wurden und bis 1790 die Idee des Klosters schlechthin verkörperten. Von Cîteaux selbst ist nicht viel übrig, aber einen guten Eindruck vom Funktionieren eines solchen Zisterzienserklosters bekommt man in der Abtei Fontenay, bei Montbard im nördlichen Burgund: ornamentlos-nackt die Kirche, ein großer zugiger Schlafsaal, wo sich die Mönche völlig bekleidet auf traurigen Strohlagern zur Nachtruhe legen mußten, um nur nicht in Versuchung zu kommen. Ein Gefängnis gab's dort auch, hauptsächlich wohl für jene unartigen Mönche, die dem Abt Widerworte gegeben und beim Bücherabschreiben gekleckst hatten.

So sinnenfeindlich-dumpf ging's in Cluny nicht zu, hier herrschte die Kirche in all ihrem Glanz und hatte eine ganze Stadt geschaffen, mit einem Menschengewimmel aus Mönchen, Pilgern, Bettlern, Handwerkern, Pächtern der Klosterdomänen und Bauern aus der Gegend: eine vielgestaltige urbane Bevölkerung, die von der Abtei lebte. Auch heute lebt Cluny von der (allerdings verschwundenen) Abtei beziehungsweise von deren Resten. Nur ein kümmerlicher Seitenflügel blieb von der riesigen Kathedrale übrig, denn sie war während und nach der Französischen Revolution als Steinbruch benutzt worden. Der Mythos von Cluny als Hochburg des europäischen Christentums lebt aber offenbar fort und zieht nach wie vor massenweise Besucher an, darunter auffallend viele junge Rucksacktypen.

Sie kommen meist aus Taizé herüber, einem Dorf, das nur ein paar Kilometer entfernt liegt. Dort existiert eine «Brüdergemeinschaft», die seit 1974 ökumenische Jugendtreffen auf ihrem Gelände organisiert. Massenhaft trampen im Sommer Boys und Girls aus allen denkbaren Ländern dorthin, um in der großen Zeltstadt oberhalb des Dorfes Taizé eine Art christliche Woodstock-Atmosphäre zu genießen. Oft dürfte das Religiöse dabei mehr Beiwerk-Charakter haben, vielen geht es wohl primär darum, in einer freundlichen, unkomplizierten Umgebung Kontakte zu knüpfen, sich näherzukommen, Leute aus anderen Ländern kennenzulernen. Die Spießer aus der Umgebung haben sich am Anfang arg die Mäuler zerrissen über dieses ökumenische Lotterleben. Sie munkelten, dort oben auf dem Berg von Taizé würden Drogen geraucht, und es sei sogar schon zu Geschlechtlichkeiten zwischen männlichen und weiblichen Teilnehmern gekommen. Womöglich sogar noch mit Negern, o Herr!

Der Pferdefriedhof von Solutré

Zwischen Cluny und Mâcon, südlich der TGV-Strecke, schließt sich wie-

Einst Zentrale eines Imperiums: die Abtei von Cluny

der eine sehr angenehme Weinlandschaft an, durch die man auf verkehrsarmen, kleinen Straßen herumkurven kann. Pouilly-Fuissé heißt der exquisite, dabei noch recht erschwingliche Weißwein, der hier produziert wird und vor Ort in den Dörfern probiert werden kann. Von weitem schon sticht hier ein seltsam geformter Berg ins Auge, der aus dem Rahmen der grünen Berg- und Tallandschaft deutlich herausfällt:

ein gleichmäßig ansteigender Rükken, der plötzlich schroff-senkrecht abfällt – der Felsen von Solutré. Am Fuß dieser Steilwand haben Archäologen gebuddelt und die Skelette von 100000 Pferden gefunden. Steinzeitler haben demnach Wildpferde den Berghang hinaufgejagt, damit sie sich über die Klippe zu Tode stürzten – eine primitive Art der Schlachtung. Später dann war dort oben eine Kultstätte, der Felsen wurde zu einem «Heiligen Berg» der Kelten, was nicht weiter verwundert, angesichts seiner außergewöhnlichen, wahrhaft herausragenden Form.

Hier wabern also Geister der Vorzeit und druidische Mythen herum; so was verleiht Naturmonumenten eine geheimnisvolle Aura und reizt die Leute hochzuklettern. Warum auch nicht. Nur sollte man auf jeden Fall am Pfingstsonntag davon Abstand nehmen. An diesem Tag ist der Berg nämlich für einen prominenten Wandersmann reserviert: für François Mitterrand höchstselbst. Zur Erinnerung an die Zeit, während der er hier in der Gegend als Résistancekämpfer von einer Lehrerfamilie versteckt wurde (deren Tochter er alsbald heiratete), pilgert er nun schon seit etwa vierzig Jahren regelmäßig zu Pfingsten dort hinauf, in seinem Troß neben Familienangehörigen und Sicherheitskräften eine Schar enger Freunde und Gesinnungsgenossen sowie eine Meute hinterherhechelnder Journalisten, denn traditionsgemäß läßt der Obersozialist bei dieser Promenade ein paar informelle Äußerungen zur Lage ab. Für symbolische Akte und pathetische Gesten hat der Mann was übrig. Nun ja. Uns bleiben die restlichen 364 Tage, um den ominösen Pferde-Felsen zu erklimmen.

Im Land der Querdenker –
Die Franche-Comté

Mit der Franche-Comté, von den meisten der nach Süden Brausenden buchstäblich links liegen gelassen (selbst schuld), muß es eine besondere Bewandtnis haben: Sie ist offenbar ein außergewöhnlich fruchtbarer Boden für Sozialutopien und hat eine befremdliche Menge von libertären Querköpfen hervorgebracht.

Beispielsweise wäre da der aus Besançon gebürtige Herr Charles Fourier, der 1808 der Öffentlichkeit seine Idee der Phalanstère, einer sozialistischen Arbeits- und Lebensgemeinschaft vorstellte und prompt für verrückt gehalten wurde. Fourier, ein mürrischer Handelsangestellter, widmete sich abends nach getaner Brotarbeit seinen «Spinnereien»: Er entwarf soziale Modelle in Form von freien Arbeiter-Assoziationen, palastähnliche Komplexe, in denen Produktion und Konsum vernünftig und harmonisch aufeinander abgestimmt waren, eine Welt ohne Ausbeutung, deren Probleme er bis ins kleinste durchdacht und möglichst human gelöst hatte. Wer zum Beispiel sollte die unerfreuliche Arbeit der Müllabfuhr übernehmen? Das können die Kinder machen, die haben ja bekanntlich Spaß daran, im Dreck zu spielen. Gewiß, manche seiner Visionen einer paradiesischen Menschheitszukunft gingen ein wenig ins Luftig-Größenwahnsinnige, etwa der Plan, die Polkappen zu schmelzen, oder die Verwandlung des Meerwassers in Limonade, aber vielleicht sind solche Auswüchse seiner Isolation geschuldet; wahrhafte Innovationen sind außerdem kaum je ohne radikale Übertreibungen zu haben.

Als einer seiner Schüler betrachtete sich Victor Considérant, auch er Franc-Comtois aus dem Städtchen Salins. Eifrig verbreitete er des Meisters Gedankengut und entwickelte es zum Konzept eines pazifistischen Sozialismus. Als er wegen Beteiligung an einem Aufstandsversuch aus Frankreich verbannt wurde, zog er nach Texas, wo er Geld und Energien in das Experiment einer fourieristischen Landwirtschafts-Kolonie steckte. Nachdem diese Sache gescheitert war, kam er in mexikanischer Bauerntracht nach Frankreich zurück und beteiligte sich an den Kämpfen der Pariser Commune.

Dann war da natürlich auch Pierre-Joseph Proudhon, Sohn eines Faßbinders aus einer Vorstadt von Besançon, der große Ahnherr des französischen Anarchosyndikalismus, von dessen berühmter Schrift «Was ist das Eigentum?» sich auch Karl Marx hat beeinflussen lassen. Und auch der aus Ornans stammende und mit Proudhon befreundete Maler Gustave Courbet gehört in diese Galerie nonkonformistischer Einzelgänger: Auf seinen Briefköpfen bezeichnete er sich selbst als «Le Maître peintre sans idéal et sans réligion» und war ein Freund saftiger Provokationen. Viele seiner Gemälde lösten Skandale aus, so das Bild «Die Rückkehr von der Konferenz», auf dem eine Schar besoffener Kleriker übers Feld heimwärts torkelt. Courbet war es auch, der in den Tagen der Pariser Commune die Idee hatte, die kriegsverherrlichende Vendômesäule zu kippen, wofür er sich Gefängnis, Geldstrafe und Verbannung einhandelte.

Warum aber gibt es gerade hier in dieser Grenzregion eine solche Häufung antiautoritärer Selbstdenker? Purer Zufall? Es könnte vielleicht mit dem Käse zu tun haben.

Utopie und Käse

Sechs Uhr abends sitze ich im Dorf Les Pontets am einzigen Tisch des einzigen Cafés und vernehme anschwellende Glockengeräusche: Da kommen sie muhend von allen Seiten hereingeströmt, die weißbraunen Kühe, werden wie jeden Abend zum Melken heruntergetrieben und auf die Höfe verteilt, einzeln stehende wuchtige Häuser mit gewaltigen Dächern. Kurze Zeit darauf rollen von überallher Karren mit vollen Kannen zu einem kleinen Gebäude in der Mitte des Dorfes. Dort befindet sich die Kooperative, in den Bergen der Franche-Comté seit Urzeiten «fruitière» genannt, da kommt die Milch in große Bottiche, um zu enormen, runden Käselaiben verarbeitet zu werden. Die meisten Dörfer des Jura haben eine solche Fruitière – uralte Keimzelle einer Dorfdemokratie, die in Frankreich nicht ihresgleichen hat. 500 Liter Milch braucht man für einen Comté-Käse, das ganze Dorf stellt ihn gemeinsam her. Bis ins Mittelalter reicht diese Tradition zurück, und sie hat im Lauf der Jahrhunderte eine spezifische Kooperationsmentalität entstehen lassen. Neben Milch ist Holz der zweite große Wirtschaftsfaktor dieser Jura-Dörfer: Den ganzen Winter hindurch jaulen die Motorsägen durch die Wälder, die meist den Gemeinden gehören; privater Grundbesitz ist selten. Von der Nutzung profitiert das ganze Dorf: Aus den Holzerträgen werden kommunale Einrichtungen finanziert, auf die Gemeindesteuer kann daher oft verzichtet werden.

Aufgrund dieses früh entwickelten Kooperationssystems haben sich diese Dörfer trotz Armut und Kargheit der Region eine gewisse Stabilität bewahren können. Von Fourier oder Proudhon haben die Jura-Bauern keine Ahnung, sie sind gottesfürchtig und fromm. Umgekehrt aber hat wahrscheinlich die alteingewurzelte Tradition dörflicher Selbstverwaltung das Bewußtsein der gesamten Gegend unterschwellig beeinflußt. So ist in Proudhons Gesellschaftsbild («Eigentum ist Diebstahl!») latent das Ideal einer bäuerlichen Gemeinschaft gegenwärtig, und Fouriers Phalanstères sind Bilder von harmonisch-verländlichten Produktions- und Lebens-Komplexen.

«Klein-Sibirien» wird der Hohe Jura genannt. Dort herrschen im Winter die niedrigsten Temperaturen von ganz Frankreich. Um Mouthier herum, dort wo der Doubs entspringt, sind minus 30 Grad nichts Außergewöhnliches. Die Chalets sehen aus, als hätten sie sich die Dächer wie Mützen tief über die Ohren gezogen. Zur Wind- und Regenseite hin sind die Häuser mit Blech verkleidet, vor den Türen liegen große Holzstapel aufgeschichtet. Bis in die dreißiger Jahre gab es in dieser steinkalten Gegend noch das Metier des Eisbrechers: Aus den zugefrorenen Seen wurden große Brocken rausgehackt, in gleichmäßige Quader gesägt, von Pferden zur Bahnstation geschleift und nach Paris expediert. Bis dann die Kühlschränke aufkamen ...

Die gewellten Wiesenplateaus sind mit weiß-grauen Felsen übersät und von schwarzen Wäldern eingerahmt, in denen teilweise sehr edle Bäume wachsen, so die Fichten im Wald von Risoux, die für fünfzig Zentimeter Durchmesser 250 Jahre brauchen – dafür ist das Holz dann auch von überragender Qualität: Man benutzte es für die Masten der großen Kap-Horn-Segler. Dunkel und wild sind diese Wälder in weiten Teilen, nur wenige Straßen führen durch, meist sind da bloß undeutliche Pfade, so bleibt die Tierwelt hier ziemlich ungestört. Nachts rufen die Käuzchen, und es gibt sogar Gemsen und Luchse, die aus der Schweiz eingewandert sind. Wer etwas für naturbelassene Wälder übrig hat, kann sich zum Durchlaufen am Wanderweg GR 5 (etwa zwischen Malbuisson und Les Rousses) orientieren. In den Dörfern der dazwischen liegenden Wiesen- und Weidelandschaft bekommt man exquisite Forellen zu essen, dazu den wenig bekannten, aber hervorragenden Weißwein aus Arbois. Man kann auch in den Fruitières beim Käsemachen zuschauen und den erstklassigen und hier besonders preisgünstigen Comté erwerben oder eine andere interessante Sorte namens Morbier, die an dem schwarzen Aschenstreifen in der Mitte erkennbar ist.

Das Land ist touristisch wenig erschlossen, bis auf ein paar Ausnahmen wie den Lac du Saint-Point, die Doubs-Fälle oder das Wintersportgebiet am Mont d'Or. Neben tiefen Wäldern und Weidehochland gibt es da die schroff in die Felsen geschnittenen Täler der Bienne oder der Loue, Paradiese für Kanu-Fans, Courbets Heimatstädtchen Ornans, dessen Häuser über dem schnell durchrauschenden Fluß hängen, das hoch auf einem Berg thronende Dorf Château-Chalon, wo ein Sherry-ähnlicher, sündteurer Dessertwein, «vin jaune», produziert wird. Dann ist da die ehrwürdige, von Mauern und Gärten umgebene Kleinstadt Arbois, um die man auf einem sehr idyllischen Fußweg rumgehen kann. In all diesen schönen Ecken der «Freigrafschaft» ist selbst in der touristischen Hochsaison (Juli, August) überraschend wenig Betrieb.

Bei den Druiden in den tiefen Wäldern

Von speziellem Reiz ist auch das südlich von Champagnoles gelegene Seengebiet – in dumpfer Vorzeit eine Hochburg keltischer Religion. Eine besonders geheimnisvolle Kultstätte ist der mitten im Wald versteckte Lac d'Antre in der Nähe von Villards d'Heria, über dessen dunklen Wassern sehr wahrscheinlich noch die Geister der alten Druiden schweben. Außer weiteren Seen – Lac de Clairvaux, Lac de Bonlieu, Lac de Chalain – wartet die Landschaft mit gurgelnden Wildbächen und Wasserfällen auf. Die ganze Ecke ist durchsetzt mit heidnischen Relikten; es gibt dort gewisse Monolithen, an denen man nicht vorbeigehen sollte, ohne sich zu bekreuzigen – dies wird jedenfalls von manchen Einheimischen empfohlen.

In diesem Bezirk ist übrigens auch die Vouivre zu Hause: halb Vogel, halb Schlange, mit einem einzigen riesigen Auge ausgestattet. Dieses Tier pflegt nachts gelegentlich in den Waldseen zu baden, wobei es nicht gestört werden möchte, andernfalls trägt es den Frevler in die Lüfte und läßt ihn dann aus großer Höhe fallen. Ansonsten, so wird versichert, ist die Vouivre friedlich und dezent, fliegt des Nachts mit würdevoll sparsamen Flügelschlägen über Wälder und Täler und zieht dabei einen gleißenden Lichterschweif hinter sich her. Oft hat man sie schon gesehen, denn in vielen Erzählungen und Liedern wird von ihr berichtet. Außerdem treiben hier etliche verzauberte Wölfe ihr Unwesen; im übrigen sollte man unbedingt vermeiden, in der Weihnachtsnacht die Ställe aufzusuchen, weil sich dann nämlich dort die Tiere in Menschensprache unterhalten, und wer dabei zuhört, muß leider vor dem nächsten Neumond das Zeitliche segnen. Soweit die Verhaltensmaßregeln.

Wie oft in klimatisch etwas rauhen Regionen finden sich in den Tälern des Jura spezifische Formen von Kleinindustrie, die zum Teil darauf zurückgehen, daß den Leuten hier in den bitterkalten, tiefverschneiten Wintern jede Aktivität außerhalb des Hauses versagt war und es außerdem kaum nennenswerte Bodenschätze gab, die eine größere Industrie hätten entstehen lassen können. Was blieb, war die Bearbeitung örtlicher Rohstoffe, und so wurde die kalte Jahreszeit drinnen in den Häusern mit Schnitzen und Basteln verbracht; Holzspielzeug, Pfeifen und gedrechselte Möbel zählen zu den traditionellen Erzeugnissen dieser Berggegend. Von den wenigen richtigen größeren Industrieunternehmen hing und hängt dann gleich das Wohl und Wehe eines ganzen Landstrichs ab.

Am 4. August 1914 läuteten in Pontarlier die Sturmglocken. Der Erste Weltkrieg war ausgebrochen. Für das Städtchen bedeutete dieses Datum eine doppelte Katastrophe: An diesem Tag wurde in Frankreich der Verkauf von Absinth verboten, und Pontarlier war das Zentrum der Absinthherstellung. Die «grüne Fee», die so viele Maler und Dichter inspiriert hatte, trat von der Alkohol-Bühne ab. Viele hundert Menschen wurden in Pontarlier auf einen Schlag arbeitslos, als die 22 Destillerien dichtmachen mußten, die dieses wehrkraftzersetzende Gift hergestellt hatten.

In einer Käse-Kooperative

Einen besonderen Platz unter den kleinen Bergstädten nimmt das in ein enges Tal gequetschte Saint-Claude ein, als Hauptstadt der Tabakspfeife jedem Pfeifenraucher ein Begriff, wo im übrigen auch ein wesentlicher Schritt in der Entwicklung der Kooperativen gemacht wurde, die ja mit der Franche-Comté auf so besondere Weise verbunden sind. Saint-Claude ist nämlich der Ort, in dem sowohl die erste Arbeiter-Produktionskooperative als auch die erste Konsumkooperative (La Fraternelle, die Brüderliche) entstand.

Wie kam das nun aber mit den Pfeifen? Zunächst einmal gab es dort ein Kloster, das sich zu einem beliebten Wallfahrtsort entwickelte. Drumherum wurden für die vielen

Pilger allerlei Objekte aus Holz, Kruzifixe zum Beispiel, hergestellt, und so entstand hier allmählich eine Kolonie geschickter Handwerker. Nun wurde gegen Mitte des 16. Jahrhunderts durch den französischen Gesandten in Portugal, einen gewissen Jean Nicot (Nikotin!) der Tabakgebrauch nach Frankreich eingeschleppt. Anfangs war das Rauchen noch ein Privileg der Begüterten, von denen auch einige nach Saint-Claude gepilgert kamen. Sie führten damals komplizierte orientalische Wasserpfeifen mit sich – sehr sperrige Geräte, die sich nur leisten konnte, wer mit großem Gepäck reiste. Da diesen Herren das Rauchen sichtlich Spaß machte – geraucht wurde in jener Zeit übrigens ein Gemisch aus Tabak, Rosenblättern, ein bißchen Opium und geriebenen Äpfeln –, zeigte auch das niedere Volk Interesse an dem neuen Genußmittel. Und die Handwerker von Saint-Claude überlegten, wie man so eine Rauchapparatur in Kleinformat herstellen und damit jedermann zugänglich machen könnte. Nachdem sie mehrere Holzarten ausprobiert hatten, fanden sie als ideales Material die Heidekrautwurzel der Gattung Erica Arborea (Bruyère). Und so machten sich die findigen Kruzifix-Schnitzer an das Herstellen von Wurzelholz-Pfeifen, halfen dabei, das Rauchen zu demokratisieren, und machten das Nest Saint-Claude zum weltberühmten Pfeifenzentrum. Die Leute hatten eben hier mit der Giftsorte, der sie ihren Aufstieg verdankten, mehr Glück als die Absinth-Brauer von Pontarlier.

Eine unvollendete Traumstadt

Charles Fourier, von dem der utopische Entwurf der Phalanstère stammt, hatte in der Franche-Comté neben den selbstverwalteten Bauerngemeinden mit ihren Fruitières noch ein anderes Modell vor Augen: die königliche Saline von Chaux, bei Arc-et-Senans, unvollendete Idealstadt des genialischen Architekten Claude-Nicolas Ledoux. 1771 hatte dieser Visionär damit begonnen, sein ehrgeizigstes Projekt zu realisieren: ein vollständiges Gemeinwesen, geplant nach den Regeln aufklärerischer Vernunft, eine Stadt, in der sich Funktion und Ästhetik harmonisch verbinden sollten. Zuerst war Ledoux als Träumer verspottet worden, dann aber setzte sich die ihm freundschaftlich verbundene Madame Dubarry bei Ludwig XV. für ihn ein, und der ließ sich schließlich von seiner Mätresse für das Experiment erwärmen. Der Gesamtplan der geometrisch angelegten Stadt sah im Zentrum als «raison d'être» des Ganzen die Salzfabrik vor, um die herum sollten sich mehrere konzentrische Ringe legen – mit Wohnungen und allem, was an sozialen Einrichtungen zu einer vernünftig und human konzipierten Stadt gehörte: Kauf-, Erziehungs-, Kranken-, Kultur- und Freudenhäuser, Bäder und Kirchen, alles in einer klassizistisch-einheitlichen Bauweise. Ledoux begann, aus dem vollen zu schöpfen, nach fünf Jahren drehte man ihm dann allerdings den Geldhahn zu. Seine visionäre Architektur wurde der königlichen Kasse zu kostspielig, und so konnte das Projekt nur zu einem Bruchteil verwirklicht werden.

Einen verwirrenden, kulissenhaften Eindruck macht die unvollendete Traumstadt heute – im Halbkreis gruppieren sich streng symmetrisch die Salinengebäude, mit skurrilen, an die Salzgewinnung erin-

Strenge Idealstadt: Arc-et-Senans

nernden Verzierungen, in der Mitte das palastartige Haus des Fabrikdirektors mit seinen kubischen Kolonnaden. Als es mit der Salzgewinnung bergab ging, verkam und verfiel die Idealstadt. Über 100 Jahre lang wurde sie ignoriert und mißachtet. Erst vor einigen Jahren ist man wieder auf ihre Einmaligkeit aufmerksam geworden und hat mit der Restaurierung begonnen. Inzwischen ist hier ein Zentrum für Zukunftsforschung untergebracht, und seither finden Kurse und Ausstellungen über neue Medien, Energiequellen, Urbanismus und ähnliches statt. Einmal im Jahr wird dieses strenge Ensemble zum Schauplatz eines großen Zukunftsfestes. Da wimmelt es für einen Tag in dem sonst so stillen Halbkreis von Menschen; die Luft ist angefüllt mit Kindergeschrei und Luftballons, über allem schwebt der Duft gegrillter Merguez. Dazu gibt's Konzerte, Theaterstücke und Feuerwerk. Die seit 1976 stattfindenden Zukunfts-Fêten von Arc-et-Senans (am 18. Juni) stehen jedes Jahr unter einem bestimmten Thema (zum Beispiel Sonne, Wind, Himmel, Kommunikation ...), ziehen ungefähr 20000 Menschen an und sind gewöhnlich überwältigende Erfolge.

Blutige Jahre

Nur ein paar Kilometer westlich von Arc-et-Senans liegt Dôle, die einstige Hauptstadt des Freigrafentums, eine graue Stadt, die jenseits ihrer Fußgängerzone mit intakten altmodischen Pissoirs, leprösen Fassaden und einem mächtigen schwärzlichen Kirchturm aufwartet – eher melancholisch als idyllisch, ein wenig wie in Dämmerschlaf verfallen, eine historisch abservierte Stadt. Damals, in Dôles großer Zeit, als es hier eine renommierte Universität gab, da gehörte die Franche-Comté noch nicht zu Frankreich, sondern war Teil des Heiligen Römischen Reiches deutscher Nation, unbeschadet der Tatsache, daß hier Französisch gesprochen wurde. Man befand sich in bequemer Randlage, hatte mit dem «Reich» sozusagen nur auf dem Papier zu tun, im Parlament von Dôle regelten die Franc-Comtois ihre eigenen Angelegenheiten mit einer gewissen Autonomie.

Dann aber kam der Dreißigjährige Krieg, und der mächtige und expansionsfreudige Kardinal Richelieu sah eine Chance, Frankreich zu arrondieren. «Natürliche Grenzen» schwebten ihm vor, und das waren seiner Ansicht nach auch die Berge des Jura. Er verbündete sich also mit den Gegnern des «Reiches»; was folgte, waren entsetzliche Gemetzel, während derer das Land buchstäblich ausblutete. Von kaum einem vorangegangenen Krieg sind solche Greuel überliefert. Manche Städte waren für Jahre von ihrer Bevölkerung entleert, ganze Dörfer wurden samt Bewohnern verbrannt. Die Hungersnot erreichte nie gekannte Ausmaße. Richelieu hatte angeordnet, die um die Städte gelegenen Getreidefelder abzumähen. In den alten Chroniken wird von gräßlichen Kannibalismus-Szenen berichtet. Herumliegende Leichen wurden verzehrt, Mütter aßen ihre Neugeborenen. Über 500 Menschen sollen in dieser Schreckenszeit gegessen worden sein.

Unter solchen Begleitumständen kam die Franche-Comté zu Frankreich. Endgültig annektiert wurde sie 1678 unter Ludwig XIV. Da wurde die widerspenstige Provinz erst mal einem harten Regime unterworfen, was jahrelange Auswanderung zur Folge hatte – in Mailand und Neapel zum Beispiel entstanden Kolonien der Comtois. Das aufsässige Dôle verlor alle wichtigen Funktionen, neue Provinzhauptstadt wurde Besançon. Recht lange noch trieben in den Wäldern aufständische Briganten ihr Unwesen, und auch die Stadtbevölkerung übte sich zunächst in passivem Widerstand. Es dauerte ein Weilchen, bis man sie endgültig gefügig gemacht und ihnen auch den Protestantismus ausgetrieben hatte, der hier von der Schweiz aus herübergeschwappt war.

Viele Lutheraner fanden damals Zuflucht im württembergisch gebliebenen Montbéliard. Das Gebiet um diese auf deutsch «Mömpelgard» genannte Stadt wurde damit zu einem Ballungsraum protestantischer Betriebsamkeit. Schon früh entstanden hier aus Handwerksbetrieben erste Fabriken. Besonders von sich reden machte bald die Familienfirma Peugeot, die sich zuerst mit Regenschirmgestellen und Korsettstangen befaßte, dann aber rechtzeitig auf das Kfz umstieg. Die Fabrik der Peugeots wurde vor den Toren der Stadt gegründet, führte zur Zersiedelung der umliegenden Täler und gebar die Großagglomeration Sochaux, während das alte Montbéliard ein kleines Nest blieb. Sochaux ist mit Peugeot identisch: Wohnsiedlungen, Krankenhäuser, Supermärkte, Sportplätze, alles stammt von Peugeot. Das ziemlich gewerkschaftsfeindliche Werk hat die Hegemonie über die Gegend, kontrolliert neben Arbeitsdisziplin auch die Gesinnung und bestimmt das Schicksal von Tausenden. Es sorgt auch für deren Freizeitgestaltung: Ihm gehört der in der Ersten

Dôle: schläfrige Ex-Hauptstadt

Division (= Bundesliga) spielende Fußballverein FC Sochaux. Die Vereinsfarben sind natürlich Blau und Gelb, die Farben von Peugeot.

Stadt der Klöster und Kasernen

Die Innenstadt von Besançon liegt in einer Flußschleife des Doubs. Regelmäßig, gleichförmig und streng stehen die Häuser am Quai Vauban wie eine Mauer am Fluß. Vauban, der vielbeschäftigte Festungsbaumeister des Königs, drückte dem nach der Annektion der Franche-Comté zur Provinzhauptstadt ernannten Besançon den Stempel seines neuen Herrn auf, verschaffte ihm ein französisch-absolutistisches Gesicht. Er riß die alte Oberstadt mitsamt der Kathedrale ab, um Platz zu machen für eine gewaltige Zitadelle. Später haben dort die Nazis während der Besatzung gefoltert und hingerichtet, heute beherbergt die Festung ein Museum der Résistance und der Deportation.

Die ganze Stadt wurde nach den strengen Normen Vaubans zurechtgestutzt und neugebaut. So sind die Häuser von Besançon zur Straßenfront hin meist nüchtern-schnörkellos und alle ungefähr gleich hoch – architektonischer Ausdruck einer nach Vorschrift vollzogenen Anpassung. Wenn man in die Hofeingänge geht, zeigen sich allerdings oft kunstvolle Rückfronten und Treppenaufgänge: Die Phantasie und der bauliche Individualismus hat sich nach hinten verzogen, schön zu sehen zum Beispiel in der Nr. 67 der Grande Rue. Militär und Kirche wurden damals zu den beherrschenden Faktoren in Besançon. Lange Zeit stand die Stadt unter der Fuchtel dieser beiden klassischen Erziehungsinstitutionen; sie ist umgeben von Forts und Kasernen und dicht übersät mit Kirchen, Kapellen und Klöstern. In den beschaulichen Straßen um die Kathedrale Saint-Jean herum – rue du Chapitre, rue de la Vieille-Monnaie, rue du Chambrier – ist noch etwas von der dumpf-bigotten Atmosphäre vorstellbar, wie sie Julien Sorel als Seminarist in Stendhals Roman «Rot und Schwarz» erfuhr.

Das Einkaufen, Window-shopping und Sichzeigen der «Bisontins», wie die Einwohner von Besançon genannt werden, spielt sich im wesentlichen um Grande Rue, place de la Révolution und rue des Granges ab, wo sich das urbane Flair der Provinzgroßstadt entfaltet. Das größte Kino heißt Le Paris, die ferne Metropole ist das Maß aller Dinge. Zwar sitzt im altmodischen Café de Commerce in der rue des Granges das Kleinbürgerpublikum wie vor hundert Jahren, aber natürlich gibt's auch eine plattenbelegte, blumenkübelgeschmückte «zone piétonnière», wie sich das gehört. Schließlich gilt es Schritt zu halten, auch hier, am Rande des Hexagons. Ein Makler kündigt im Schaufenster einen Appartement-Neubau-Bunker unter dem Namen «Espace Courbet» an, «l'élégance en architecture» behaupten die Sprüche, die vom Foto glatt widerlegt werden. Courbet kann sich ja nicht mehr wehren.

Zum «alten» Besançon gehört noch das Viertel Battant, drüben am andern Ufer des Doubs. In deutlichem Gegensatz zum ansonsten einheitlich-seriösen Stadtbild ist dies ein verwinkeltes, leicht schäbiges Quartier der Kategorie «pittoresk-volkstümlich». Battant war mal das Viertel der Winzer, die an den benachbarten Hügeln Wein anbauten, und jahrhundertelang ein mißtrauisch beäugter Unruheherd. Der Weinbau ist inzwischen völlig verschwunden, an ihn erinnern nur noch die großen Kellertüren, durch die man von der Straße aus die Fässer reingerollt hatte. Die Winzer gingen als Arbeiter in die Uhrenindustrie, die sich in Besançon stetig ausbreitete, nachdem 1793 hier der erste Betrieb von Schweizer Protestanten gegründet worden war.

Diese Industrie war es dann auch, die spätestens ab 1973 das übrige Frankreich an die Existenz des etwas abseits gelegenen Besançon erinnerte: Der Kampf um die Uhrenfabrik Lip, der bisher erstaunlichste Versuch von Arbeiterselbstverwaltung, lenkte die Aufmerksamkeit des ganzen Landes auf die Stadt am Doubs. Einige Kommentatoren haben in diesen Ereignissen ein weiteres Beispiel für die in der Franche-Comté verwurzelte basisdemokratische Tradition gesehen und sie mit den illustren Ahnherren des utopischen Sozialismus in Verbindung gebracht.

Lip vivra!

Lip, größte und modernste Uhrenfabrik Frankreichs, war durch Mißwirtschaft und Blindheit gegenüber der japanischen Quarz-Offensive in eine schwere Flaute geraten. Fred Lip, Nachfahre des Firmenbegründers, hatte schon 1971 die Segel gestrichen und seinen Laden an einen Schweizer Trust abgetreten, der den Betrieb nun bis auf einen kümmerlichen Rest demontieren und die Mehrzahl der Arbeiter entlassen wollte. Aber da zeigten sich auf einmal diese Arbeiter ganz uneinsichtig, weigerten sich, ihre Abschiebung als Schicksal, als Naturgesetz hinzunehmen. Vielmehr forderten sie, nach langen Diskussionen im Werk, daß niemand entlassen werde, daß der Betrieb ohne Demontage weiterzuführen sei und setzten – erster Schock – eigenmächtig den Akkordrhythmus herab. Da sie aber, was die wirtschaftliche Situation des Betriebs und die Pläne der Verwaltung anbelangte, im dunkeln tappten, beschlossen sie, das Management so lange einzusperren, bis es mit den gewünschten Informationen rausrückte. Also geschah es. Die Arbeiter machten sich daran, sämtliche Büros, Schreibtische und Akten zu durchforsten, und fanden, was sie suchten: die Entlassungs- und Umstrukturierungspläne. Daraufhin beschloß eine Generalversammlung, die Kontrolle der Fabrik zu übernehmen, in eigener Regie weiter Uhren zu produzieren, zu verkaufen und sich selbst die Löhne zu zahlen. «C'est possible, on produit, on vend, on se paie!» hieß die Parole.

Das war etwas Unerhörtes: Die Arbeiter hatten ihren Betrieb übernommen, nicht bloß besetzt, sondern am Laufen gehalten, hatten alle Schritte immer wieder in Versammlungen diskutiert und gemeinsam beschlossen. Nicht in fernen Gewerkschaftszentralen wurde über ihren Arbeitskampf entschieden, sondern vor Ort, von ihnen selbst, und dabei bewiesen sie von Anfang an eine ungeahnte strategische Vernunft. Besançon stand auf einmal im Blickpunkt von ganz Frankreich. In linken Kreisen begeisterte man sich für Lip, es gehörte bei Pariser Intellektuellen zum guten Ton, Lip-Uhren zu tragen. Lip-Abgesandte reisten durchs Land und hielten Vorträge, und auch dies war etwas Neues: Arbeiter lernten, für sich selbst zu sprechen, lernten, das Wort zu ergreifen. Die Vorträge hatten zum Ziel, Sympathisanten zu mobilisieren, und das war auch sehr nötig, denn die damalige Regierung hätte diese häßlichen Lip-Embryo gern so schnell wie möglich abgetrieben. Man mußte mit Übergriffen rechnen, also versteckten die Leute von Lip ihre Lagerbestände. Natürlich wurde die Fabrik von der Polizei besetzt, aber man hatte das vorausgesehen und rasch Maschinen und Arbeitsmittel anderswohin ausgelagert. Die Fabrik war da, wo die Arbeiter waren. Und sie machten zusammen völlig neue Erfahrungen, entdeckten, daß der Betrieb sie selber waren, entdeckten ihre eigene Kraft und Phantasie, kurz, sie «politisierten» sich. Feste wurden gefeiert, euphorisch erlebten die Lip-Menschen die Ausweitung der Solidarität, auch wenn die Regierung versuchte querzuschießen, wo sie konnte. Für sie war Lip das rote Tuch, und auch große Teile der Presse geiferten gegen den Arbeiterrat von Besançon, nicht zuletzt die «Humanité», Parteiblatt der KPF. Denen paßte die ganze Richtung nicht, und die KP-gesteuerte CGT versuchte, Solidaritätsaktionen in anderen Fabriken zu unterbinden. Die Lip-Leute wußten freilich, daß in Besançon nicht die Utopie ausbrechen würde; was sie suchten, war eine im Rahmen der Verhältnisse akzeptable Lösung, die ihnen ihre Arbeitsplätze erhielt.

Nach einer längeren Verhandlungsphase sah es damit zunächst auch ganz günstig aus. Ein alerter, moderner Unternehmer setzte sich für Lip ein, mobilisierte Bankkredite und baute auf Expansion des Betriebs. Nur machte sich dann Mitte der siebziger Jahre die allgemeine Wirtschaftskrise bemerkbar, und das Wiederbelebungsexperiment scheiterte. Inzwischen hat sich Lip in Form von Arbeiter-Produktionskooperativen umorganisiert; wenn sich das auch gut anhört, so ist es doch eher eine Art von verzweifelter Selbstausbeutung. Die einstige Euphorie ist verflogen, Entlassungen mußten vorgenommen werden. Viele sind müde und ausgelaugt, der längste und hartnäckigste Kampf in der Geschichte der französischen Arbeiterbewegung hat an den Kräften gezehrt. Es ist am Ende kein strahlender Erfolg geworden, wohl aber war und ist es ein Lehrstück. Vielleicht der Prolog zu einer größeren Aufführung: «Die Leute von Lip haben eine erste Kritik von *links* an der Entwicklung der Produktivkräfte geübt und insofern die Parole von '68 eingelöst: ‹Seid vernünftig, fordert das Unmögliche.› ... Der Arbeiter ist kein dummes Vieh mehr: er verwirklicht ein eigenes Ziel in dem Gegenstand, den er bearbeitet» (Maria Antonietta Macciocchi, *Der französische Maulwurf*).

Unten am Quai Vauban, gleich neben dem Pont de Battant, stehen die Angler. Träge fließt der Doubs um die große Kurve. Er ist hier von Mauern eingefaßt wie der Tiber in Rom. Oben lehnen Männer am Geländer, schauen stoisch den Anglern zu. «Hat keinen Zweck», sagt einer, «heute beißen sie nicht.» Nach Fourier, Proudhon und Lip gefragt, meint er: «Bof, diese alten Geschichten ... alles Quatsch, wissen Sie. La révolution c'est fini ...» Von der Galerie ertönt Applaus. Einer der Angler hat einen dicken Fisch aus dem Wasser gezogen. Leise glucksend und grünlich-grau fließt der Doubs weiter.

Paris – Nabel der Welt

Wer sich dem Monstrum bei Dunkelheit nähert, sieht schon von weitem, so aus dreißig Kilometer Entfernung, einen hellen, rötlich-gelben Lichtschein am Horizont. Je näher man kommt, desto mehr scheinen die Verkehrsteilnehmer von einer seltsamen Unruhe gepackt zu werden: Es wird rücksichtslos rechts und links überholt, ein wildes Rasen hebt an, als komme es plötzlich auf jede Sekunde an. Die Annäherung an die Metropole versetzt sie offenbar in einen nervösen Zustand, die Stadt erfaßt sie wie ein Strudel, schon an der Peripherie werden sie angesteckt vom Fieber der Pariser Hektik. Paris ist in gewisser Hinsicht die Quintessenz, das Kraftzentrum von Frankreich, zugleich aber unterscheidet sich diese Stadt, besser Stadtregion, erheblich vom Rest des Landes. Die «région parisienne» bedeckt nur ein Fünfzigstel der Gesamtfläche, aber dort lebt mit zehn Millionen ein Fünftel der Bevölkerung. Sie ist das größte Industrie- und Dienstleistungszentrum des Landes, hier entsteht ein Viertel des französischen Bruttosozialprodukts.

Natürlich ist Paris obendrein der politische und künstlerische Wasserkopf Frankreichs. Schon 1740 schrieb Montesquieu: «In Frankreich gibt es nur Paris und einige weit abgelegene Provinzen, die sich einzuverleiben Paris noch keine Zeit gehabt hat.» Seit Jahrhunderten hat Paris die besten Kräfte und Talente der Provinzen aufgesogen. Der Zentralismus machte die Stadt zu jener strahlenden Metropole, die Jahr für Jahr mehr Touristen anzieht als jede andere Großstadt. Viele davon kommen per Reisebus auf ein «Weltstadtwochenende» herüber. Eine Armada von Spezialisten, ganze Berufssparten leben davon, den Paris-Mythos zu verkaufen, die mitgebrachten Klischees zu bestätigen. Diejenigen allerdings, die sich auf Paris näher einlassen, die die Stadt von innen, von ihrem Alltag her kennenlernen, entwickeln häufig ein ambivalentes Verhältnis zu ihr. Viele, die es aus ihrer gemächlichen Provinz an die Seine verschlagen hat, erleben die Lichterstadt als eine Art Fegefeuer: Sie müssen unter Mühen lernen, sich durchzuboxen, können sich nur schwer gewöhnen an Anonymität und Hektik. «War ich einmal dort, dann fror es mich schnell; entgegen den Gesetzen der Physik schien mir die rasende Bewegung in dieser Stadt keine Wärme, sondern Kälte zu erzeugen», schreibt Lothar Baier, einer der besten deutschen Frankreich-Kenner. Paris macht es Zugereisten nicht leicht. Gleichgültigkeit und Arroganz kennzeichnen das Verhalten vieler Pariser gegenüber Fremden; besonders Ausländer klagen über Unfreundlichkeit und Schroffheit, um so mehr, als sie oftmals mit positiven Vorurteilen gekommen sind. Was dabei rauskommt, ist häufig eine Art Haßliebe, ein zwiespältiges, aus Faszination und Ärger gemischtes Verhältnis zu dieser Stadt, in der man selten richtig heimisch wird, die einen aber trotzdem immer wieder fesselt. Als Man Ray, der aus Amerika stammende Fotografie-Pionier und Surrealist, kurz vor seinem Tode gefragt wurde, warum er die letzten vierzig Jahre in Paris verbracht habe, da antwortete der Alte knapp und bissig: «Moi, j'aime être un étranger!»

Hauptstadt des 19. Jahrhunderts

Das eigentliche Paris, mit Autokennzeichen und Postleitzahl 75,

Blick vom Arc de Triomphe

liegt wie ein eiförmiger Kern, vom Autobahnring «Périphérique» umschlossen, im Zentrum der verstädterten Region. Es ist in 20 Bezirke (Arrondissements) unterteilt, die bei jeder Adresse mit angegeben werden, was bis vor einiger Zeit noch recht deutliche soziale Zuordnungen gestattete. Inzwischen ist einiges in Bewegung geraten, dennoch verbindet sich weiterhin mit der jeweiligen Nummer ein bestimmtes Image. So rangiert das im Westen zwischen Seine und Bois de Boulogne gelegene 16. Arrondissement ganz oben in der Status-Hierarchie. «Le Seizième», das ist geradezu Inbegriff für einen spezifisch bourgeoisen oder aristokratischen Lebensstil, während etwa das 19. und 20. Arrondissement im Osten der Stadt mit dem Ruch des Proletarischen behaftet sind.

Die Trennung in reichen Westen und armen Osten geht zurück auf jene großangelegte urbanistische Umgestaltung, die mit dem Namen des Barons Haussmann verbunden wird. Der war zur Zeit des Zweiten Kaiserreichs Präfekt von Paris und sollte auf Geheiß von Napoleon III. die französische Hauptstadt, bitteschön, in die «Königin der Welt» verwandeln, drunter tat's der Kaiser nicht. Bis 1850 hatte Paris ein ziemlich einheitliches, mittelalterliches Stadtbild; die zentralen Viertel waren Labyrinthe aus verwinkelten Gassen, übervölkerte, bedrohliche Krankheitsherde. Eine gründliche Sanierung schien tatsächlich dringend geboten. Zudem war die Zeit der Eisenbahn angebrochen, die Hauptstadt wurde zum Knotenpunkt des neuen Eisenbahnnetzes, aber das mittelalterliche Stadtgewebe blockierte die moderne Menschen- und Warenzirkulation. Es mußten also neue, breite Arterien her, die den Verkehrsfluß beschleunigten. Solche Notwendigkeiten paarten sich mit der Absicht, die Kapitale zu verschönern, ihr ein neues Gesicht zu geben, das noch heute in weiten Teilen zu bewundern ist: Damals entstand die von Walter Benjamin so genannte «Hauptstadt des 19. Jahrhunderts», mit ihren großzügigen Boulevards, den weiten Perspektiven, den stattlichen Häuserreihen aus hellem Sandstein mit den durchlaufenden Balkongittern und den wuchtigen grauen Dächern – die mächtig und reich gewordene Bourgeoisie drückte der Stadt ihren ästhetischen Stempel auf.

Obendrein gab's bei der Großsanierung auch noch ein politisch-strategisches Motiv: Die alten, dichtbebauten, verschachtelten Quartiere waren traditionelle Brutstätten des Aufruhrs, unübersichtliche Nester des gefährlichen Pariser Pöbels, Keimzellen für Revolten und Revolutionen. Der rührige Baron Haussmann machte kein Hehl daraus, daß es ihm auch darum ging, solche Gefahrenherde zu beseitigen: «Dem alten Paris mit seinen aufrührerischen Vierteln, mit seinen Barrikaden, wurde der Bauch aufgeschlitzt», rühmte er sich in seinen Memoiren. Die breiten Boulevards waren auch als potentielle Truppen-Aufmarschbahnen gedacht, und die neuen sternförmigen Plätze sollten als zentrale Beobachtungspunkte dienen, von denen aus gleichzeitig das Treiben auf den verschiedenen Avenuen zu kontrollieren war – ein Prinzip, das sich auch in der Gefängnisarchitektur niedergeschlagen hat.

Groß war die Zahl derer, die durch Haussmanns Eingriffe ihre alte Behausung verloren. Die schmucken neuen Häuserreihen blieben den besseren Kreisen vorbehalten, die von Zwangsenteignung und Abriß Betroffenen wurden aus dem Zentrum in die östlichen und nördlichen Randzonen abgedrängt. Das Paris der Bürger war damit klar abgegrenzt von den Quartiers der «Canaille». Erst in den sechziger Jahren unseres Jahrhunderts wurden wieder ähnlich rabiate Abriß- und Neubauaktionen durchgezogen, die eine weitere Verbürgerlichung der Hauptstadt zur Folge hatten. Das Gros der kahlschlagsanierten Arbeiterbevölkerung aus den Rand-Arrondissements wurde diesmal gleich ganz aus der Stadt vertrieben, in die unwirtlichen Kaninchenstall-Blocks der Banlieue. In den wiederaufgebauten Vierteln entstanden zumeist Appartement-Komplexe für höhere Angestellte.

Mit ihrem Proletariat wurde die Hauptstadt zugleich auch von der Industrie gesäubert. Immer mehr Fabriken verschwanden aus dem Norden und Osten, dafür wurde Paris zu einer Hochburg des «tertiären Sektors» ausgebaut. Bürokomplexe in ungekannten Dimensionen wuchsen empor: der Montparnasse-Turm, die Front de Seine, das Wolkenkratzer-Quartier La Défense prägten nun die Skyline. Abriß von runtergekommenen Arme-Leute-Vierteln, Entproletarisierung: Damit wurde Haussmanns Strategie der politischen Sanierung weiterverfolgt. Allerdings zeugten die großen Umbauten des Barons noch von einem beeindruckenden ästhetischen Gespür. Nun aber machten sich, zumal unter Pompidou, brutale Scheußlichkeiten breit. Ganze Stadtteile, zum Beispiel das 13. Arrondissement, fielen der urbanistischen

Seine größte Tat: das «Centre Pompidou»

Schockbehandlung zum Opfer. Zusammenhängende Stilvorstellungen lagen der Operation nicht mehr zugrunde, statt dessen wurde geklotzt. Der Präsident hielt das aber für modern und deshalb für gut: «Es gibt in den großen Städten keine moderne Architektur ohne Türme», so sprach er; das beste sei es daher, gleich einen ganzen «Wald von Türmen» hinzustellen. Also geschah es. Ein weiterer urbanistischer Grundsatz des Präsidenten: «Man muß die Stadt dem Auto anpassen.» So sollten zum Beispiel die Seine-Quais in eine Stadtautobahn verwandelt werden, mit dem Fluß gewissermaßen als Grünstreifen in der Mitte. Das Schicksal indessen vergönnte dem Neuerer nur die Fertigstellung der einen Hälfte – eine städtebauliche Barbarei, die heute gerechterweise seinen Namen trägt: «Voie express Georges Pompidou».

Kulturbaustellen

Paris ist die Vitrine der Nation; hier häufen sich all die Monumente, mit deren Hilfe der Staat seine Show-Effekte erzielt, Symbole von Grandeur und Gloire zur Demonstration französischer Weltgeltung. Paris bietet damit auch den Rahmen für das Bedürfnis der Herrscher, sich der Nachwelt durch Prestigebauten zu empfehlen. Beispielhaft vorgemacht hat das Napoleon Bonaparte: «Die Stadt Paris hat nicht genug Monumente. Man muß ihr welche geben!» So entstanden zur Glorifizierung des Kaisers beispielsweise die aus erbeuteten Kanonen gegossene Säule auf der place Vendôme oder die klassizistische Madeleine, als Tempel für seine ruhmreiche Armee, ebenso wie der Carrousel-Bogen zwischen Louvre und Tuilerien und der Arc de Triomphe auf der place de l'Étoile.

Auch bei den gewählten Monarchen der Fünften Republik ist es üblich geworden, etwas Bleibendes zu hinterlassen. Einzig de Gaulle zeigte dafür wenig Interesse; er war sich selbst schon Monument genug. Mehr Sorgen um sein Gewicht in der Nachwelt machte sich (nicht zu Unrecht) sein Nachfolger Georges Pompidou. Er veranlaßte daher die Errichtung eines spektakulären Kulturgebäudes, das Paris wieder zu einem wichtigen Pol des internationalen Kunstbetriebs machen sollte. «Centre National d'Art et de Culture Georges Pompidou» heißt denn auch offiziell der aufregend technizistische Bau im 4. Arrondissement. Von der Bevölkerung freilich wird er hartnäckig «Beaubourg» genannt, nach dem Viertel. Pompidou ist einfach zu unpopulär. Der nächste, Giscard d'Estaing, wollte sich durch ein Museum des 19. Jahrhunderts im stillgelegten Bahnhof am Quai d'Orsay verewigen. Außerdem hatte er vor, den am Bedarf vorbeigeplanten Schlachthofneubau von La Villette in ein Technik-Museum umwandeln zu lassen. Sein Pech, daß er vor Realisierung dieser Vorhaben abgewählt wurde. So konnte François Mitterrand, der ihn ablöste, die beiden Projekte übernehmen, nicht ohne eigene Akzente zu setzen: Das Musée d'Orsay, das sich zunächst auf bildende Kunst beschränken sollte, wurde um soziale, technische und politische Aspekte des 19. Jahrhunderts erweitert. Und das La-Villette-Projekt im Nordosten, ursprünglich angeleiert, um den Bauskandal vergessen zu machen, wuchs sich unter dem linken Präsidenten zu einem Unternehmen von gewaltigen Dimensionen aus. Ganz im Sinne des französischen Modernitäts- und Technologiekults kann nichts zu teuer sein für das neue Museum für Wissenschaft, Technik und Industrie. Nach seiner Fertigstellung wird es das größte und aufwendigste seiner Art auf der Welt sein, mit vier Sektoren, die da heißen: Kosmisches Abenteuer, Entwicklung des Menschen und seiner Umwelt, Materie und Arbeit, Sprache und Kommunikation. Aber das Museum ist nur eine, wenn auch die dickste Attraktion von La Villette. Das gesamte Terrain des ehemaligen Schlachthofgeländes, der «Stadt des Blutes», wird zu einem weitläufigen Park umgestaltet, dem größten seit Haussmanns Zeiten. Er ist nicht nur als grüne Lunge gedacht, sondern als ein «Park des 21. Jahrhunderts» – voll von Kultur-, Bildungs- und Freizeiteinrichtungen, die nach und nach zugänglich gemacht werden: Da ist die «Grande Halle», eine ehemalige Rinderhalle, die wechselnde Großausstellungen beherbergt, der Rock- und Schlagertempel «Zenith» sowie vor dem wuchtigen Museumsquader die «Géode», eine silbrig glänzende Kugel, in der Rundum-Filme projiziert werden. Ein Musikzentrum mit Auditorium für 4000 Hörer ist im Werden, ebenso die «folies», kubische Gebilde, die als Reiz- und Anlaufpunkte gleichmäßig über die Parkfläche verteilt sind und Cafés, Spielmöglichkeiten oder was auch immer enthalten. Gedacht ist dieser Action-Park unter anderem auch als kulturelle Belebung des unterversorgten Stadtteils. Nicht auszuschließen, daß dadurch das Quartier aufgewertet wird und seinen «volkstümlichen» Charakter verliert.

Kahlschlagsanierung

Ähnliches ist vorhersehbar bei einem anderen von Mitterrands Großkultur-Vorhaben: der neuen Volksoper, die an der place de la Bastille entsteht. Dreimal so groß wie die alte Opéra soll sie werden und den Pariser Osten kulturell aufmöbeln. Eine Seite des Platzes ist ihr schon zum Opfer gefallen, aber neben dem optischen Eindruck wird sich auch sonst einiges ändern: Die angrenzenden Viertel werden durch das großkotzige Singspielhaus radikal veredelt. Die isolierten Proteste einiger Stadtteilgruppen blieben völlig folgenlos. Hausbesitzer und Kneipeninhaber reiben sich dafür die Hände: in ein paar Jahren wird die Bastille schick und teuer sein.

Zu den Kulturbaustellen, die der Amtszeit Mitterrands zu verdanken sind, gehören weiterhin: der vergrößerte Louvre mit der transparenten Eingangspyramide im Cours Napoléon, um die es in der Öffentlichkeit ein anhaltendes Gezeter gibt, dann das Institut der arabischen Welt am linken Seineufer neben der Uni Jussieu sowie als wahrhaft imperiale Architekturgeste der gigantische «Triumphbogen» von La Défense, in Verlängerung der Champs Elysées und in der Fluchtlinie der beiden napoleonischen Bögen gelegen: ein 110 Meter hohes Tor, mit blendend weißem Carrara-Marmor verkleidet und einem Durchlaß, der breit genug für die Champs-Elysées und hoch genug für Notre-Dame wäre. Dieser Koloß wird den Carrefour international de la communication beherbergen – eine heilige Stätte der neuen Medien-Technologien, die Paris zur europäischen Hochburg dieser zukunftsträchtigen Bereiche machen soll.

Kot und Spiele

Aber nicht nur der Staatspräsident hat seine Hand im Spiel, wenn es darum geht, Paris aufzumotzen. Seit

Jagd auf Hundescheiße

1977 gibt es einen gewählten Pariser Bürgermeister, nachdem vorher die Hauptstadt unter der Vormundschaft des Staates gestanden hatte. Dieses Amt hat seither der Gaullistenchef Jacques Chirac inne, und der läßt es sich nicht nehmen, die Metropole nach eigenem Gusto zu verschönern. Höchstpersönlich eingemischt hat er sich etwa bei der Neugestaltung des Hallenviertels. Dort, wo sich früher die legendären Großmarkthallen befanden, entstand auf sein Geheiß («Der erste Architekt von Paris bin ich!») eine Fußgängerzonenwelt, eingerahmt von aufdringlich verspiegelten, schirmartig geschwungenen Gebäuden. Besonders stolz ist Chirac ebenfalls auf den neuen Sportpalast von Bercy, einem futuristischen Mehrzweckbau mit 17000 Plätzen, in dem neben Sechstage-Rennen und Boxmeisterschaften auch kitschige Opernspektakel aufgeführt werden.

Eines der wichtigsten Anliegen des «Maire de Paris» aber ist der Kampf um mehr Sauberkeit. Sein erklärtes Vorbild ist dabei die Schweiz. Der clean und keimfrei renovierte Rathausplatz dürfte das Ideal des Bürgermeisters annähernd verkörpern. Mit aufwendigen Mitteln wird der Feldzug gegen Schmutz und Unordnung in der Hauptstadt geführt, ein beeindruckender, hochmoderner Fahrzeugpark wird dazu unterhalten und ständig auf den neuesten Stand gebracht: Da gibt es mobile Wasserdampfkanonen zur Vernichtung von Plakatresten und Graffiti, Straßenfeger werden nach und nach ersetzt durch vollautomatische Shampoo- und Bürst-Fahrzeuge, im Herbst kommen fahrende Staubsauger für welke Blätter zum Einsatz. Eines der heikelsten Pariser Probleme ist die Beseitigung der Hundescheiße. Wohl keine westliche Großstadt ist in gleichem Maße von dieser Substanz betroffen – die vierbeinigen Freunde sind die unangefochtenen Könige der Straße. Hundesteuer gibt es nicht, für den Dreck kommt die Allgemeinheit auf. Die Einführung einer solchen Steuer hätte empfindliche Stimmeinbußen bei Wahlen zur Folge – nichts zu machen. Statt dessen hat man ein Kotbeseitigungssystem ersonnen, das seinesgleichen sucht: Tagtäglich knattert eine Armada grünweißer Motorräder, «caninettes» geheißen, über die Bürgersteige der Lichterstadt und macht Jagd auf Fäkalien. Sie sind mit speziellen Absaugvorrichtungen ausgestattet und kriegen pro Tag rund zwanzig Tonnen zusammen. Zwar ist das nur ein Bruchteil des Hundescheiß-Aufkommens, das Verfahren ist maßlos teuer und trägt zur Luftverpestung bei, aber die stolzen Easy-Rider, von den Kindern «Kaka-Wasaki» gerufen, sind aus dem Straßenbild kaum mehr wegzudenken. Ersonnen wurden sie von der Firma Decaux, die sich auf urbanes Mobiliar spezialisiert hat und deren Inhaber ein guter Freund des Bürgermeisters ist. Entscheidend hat sie das Antlitz von Paris mit geprägt: Aus Monsieur Decaux' Design-Studios stammen sämtliche Bushaltestellen und öffentliche Abfalleimer, die stromlinienförmigen Reklame- und Informationstafeln und die ovalen, vollautomatischen Beton-Klos, die inzwischen in jeden Winkel der Stadt gepflanzt sind. Man kann kaum hundert Meter durch Pariser Straßen gehen, ohne auf ein Decaux-Objekt zu stoßen.

Carte Orange

Trotz all der Saubermänner ist die Stadt jedoch so schnell nicht kleinzukriegen. Auch wenn ganze Stadtteile totmodernisiert worden sind, so ist doch immer noch sehr viel übrig. Paris bleibt ein Terrain für Entdeckungen, bietet ein ganzes Ensemble verschiedener Welten, eine Vielfalt sinnlicher Attraktionen – nicht zuletzt wegen der ethnischen Subkulturen, die es an die Seine verschlagen hat. Man kann leicht süchtig werden danach, immer wieder andere Ecken zu durchforschen, in der Stadt gewissermaßen auf Weltreise zu gehen. Erleichtert wird das durch die erfreulich billigen und zuverlässigen öffentlichen Verkehrsmittel. Empfehlenswert für Leute, die länger als ein Wochenende bleiben, ist die Anschaffung einer «Carte Orange». Man bekommt sie in den größeren Métro-Stationen und braucht dafür nur ein Paßbild. Sie gilt für einen Monat oder eine Woche und gestattet unbegrenzte Benutzung aller Busse und Bahnen innerhalb der Stadt. Falls sich das nicht rentiert, ist es immer noch günstiger, anstelle von Einzel-Tickets ein «carnet» aus zehn Fahrscheinen zu kaufen.

Das Rückgrat des Verkehrssystems ist die Métro, eine Attraktion an sich, die einen auf engstem Raum zusammengedrängten Querschnitt durch die Bevölkerung präsentiert, einen Eindruck verschafft von der sozialen und ethnischen Vielfalt dieser Stadt. Außerdem begegnet man da unten all jenen, denen die Métro als Asyl dient oder die dort ihrem Gewerbe nachgehen: Clochards, fliegenden Händlern, illegalen Musikern und Taschendieben, letzteren vor allem während der rush hour und meist auf der Strecke Porte de Clignancourt – Porte d'Orléans, die an drei großen Bahnhöfen vorbeiführt. Davon abgesehen ist die Métro aber ein recht sicheres und dank ihres dichten Streckennetzes äußerst praktisches Verkehrsmittel. Übrigens darf man die Erste Klasse bis 9 Uhr morgens und ab 17 Uhr mit einem Zweiter-Klasse-Ticket benutzen. Zusätzlich zur normalen Métro ist im letzten Jahrzehnt ein weiteres unterirdisches Netz entstanden: das Schnellbahnsystem der RER (réseau express régional), das die Vororte mit dem Zentrum verbindet und innerhalb von Paris mit den gleichen Fahrscheinen benutzt werden kann.

Sehr viel mehr zu sehen gibt es natürlich, wenn man mit dem Bus fährt. Netzpläne sind an den Métro-Schaltern erhältlich, so kann sich jeder seine eigenen Stadtrundfahrten zusammenstellen. Nur sollte man es nicht allzu eilig haben und auf jeden Fall die Hauptverkehrszeiten meiden. Die meisten Busse fahren allerdings nicht an Sonntagen und auch sonst nur bis 21 Uhr. Die letzten Métros verlassen die Ausgangsstationen zwischen 0.30 und 0.45 Uhr. Wer die verpaßt hat, dem bleiben noch die neun Nachtbuslinien, die einmal pro Stunde von der place du Châtelet aus bis zur Stadtgrenze fahren, und die Taxis, die hier nicht halb so teuer sind wie in deutschen Landen. Man besteigt sie entweder am Taxistand, wenn man einen findet, oder winkt sich ein vorbeifahrendes Gefährt heran. Freie Taxis sind am weißerleuchteten Taxi-Zeichen auf dem Dach zu erkennen. Glimmt ein rotes Lämpchen, dann sind sie besetzt.

Vom Beaubourg ins Marais

Inmitten eines basarähnlichen Betriebs aus Poster-, Postkarten- und Schnellfutter-Geschäften erhebt sich wie ein bizarrer Fremdkörper das Beaubourg beziehungsweise Centre Pompidou, davor liegt die sogenannte Piazza, eine geräumige Mulde, in der sich Musikanten, Pantomimen und Feuerschlucker abarbeiten, von Menschentrauben umgeben. Der Schein von Spontaneität trügt. Dies ist ein reglementiertes Straßenkünstler-Getto, die Animationszeiten sind festgelegt, der Betrieb wird polizeilich überwacht.

Interessanter als dieser künstliche Trubel ist der Kulturkasten selbst, schon wegen seines ungewöhnlichen Aussehens: Funktionsteile wie Belüftungs- und Heizungsrohre sind nach außen verlegt und knallbunt gestrichen, die Verstrebungen des Stahlgerüsts sind sichtbar, der Rolltreppenaufstieg ist als transparente Zickzack-Röhre außen vor die Fassade gehängt. Langweilig ist diese Architektur jedenfalls nicht. Auch hat das Centre, das mit einem jährlichen Budget von 150 Millionen Francs bedacht wird und 1000 Leute beschäftigt, eine Menge zu bieten. Da ist als Paradestück das große Musée National d'Art Moderne, eine der bedeutendsten Sammlungen moderner Kunst, erreichbar über die dritte Etage; in der zweiten befindet sich der Zugang zur ausgezeichnet bestückten Bibliothek, die neben 350 000 Büchern auch 10 000 Schallplatten bereithält sowie 1000 Filme, die man sich auf Monitoren vorspielen lassen kann. Weiter im Bauch des Beaubourg: ein Zentrum für industrielles Design, Sprachlabors, das IRCAM (Entwicklungszentrum für elektronische Musik), Workshops und Bücherei für Kinder, laufende Sonderausstellungen – ein wahrer Kultursupermarkt also und ein Riesenerfolg beim Publikum. Im Schnitt kommen täglich 25 000 Besucher, doppelt so viele wie auf den Eiffelturm. Das hat Folgen: Schon nach den wenigen Jahren seiner Existenz (es wurde 1977 eröffnet) wirkt das Beaubourg arg mitgenommen und verschlissen; die Klos sind verstopft und verdreckt, Kaugummis kleben auf den Teppichböden, überall gibt es kleine Schmuddelecken – der Kulturpalast wird von vielen tagsüber als Notunterkunft benutzt.

Auch wer keine Lust hat, hier länger zu verweilen, sollte doch zweierlei nicht versäumen: einmal mit Rolltreppe oder Lift ganz hochzufahren, um von der obersten Plexiglas-Galerie auf die grauen Dächer und Kuppeln der Stadt zu schauen, zum andern den verrückt-verspielten Strawinsky-Brunnen zwischen dem Centre und der gotischen Kirche St. Merri aufzusuchen, für den sich Nikki de St. Phalle und Yves Tinguely von Werken des Komponisten inspirieren ließen.

Siesta am Strawinsky-Brunnen

Danach braucht man dann bloß die rue Beaubourg zu überqueren, um den ganzen synthetischen Karneval hinter sich zu lassen. Drüben auf der anderen Seite liegt der wohl schönste Stadtteil des alten Paris: das Marais. Nennen wir so der Einfachheit halber das Gebiet des 3. und 4. Arrondissements. Seinen Namen hat das Marais von einem ausgedehnten Sumpf, der im 12. Jahrhundert durch den Templerorden trockengelegt wurde. Im 17. Jahrhundert wurde es zum edelsten Viertel der Stadt, als Henri IV dort die place Royale (heute place des Vosges) errichten ließ – für sich und den Hofstaat vierzig gleichartige Häuser im Carré, nur das Domizil des Königs und das gegenüberliegende der Königin sind etwas größer. Rund um den Hof siedelte sich der Adel an und baute seine «Hôtels», Stadtschlösser, in deren mondänen Salons sich «le beau monde» versammelte, um anmutig zu plaudern, zu philosophieren und zu intrigieren. Dann aber verließ das Königshaus das Stadtzentrum und verzog sich an die Peripherie, schuf sich seine eigene Welt in Versailles. Beim Adel kam ein neues Viertel am linken Ufer in Mode: der Faubourg St. Germain, das heutige 7. Arrondissement. Die Marais-Schlösser wurden von nachrückenden Bürgern übernommen. Allmählich sank das Quartier sozial ab, die Paläste wandelten sich zu Werkstätten, Lagerhäusern, Fabriken. In den fünfziger Jahren unseres Jahrhunderts war das Marais schließlich zu einem baufälligen Slum verkommen. Immobilien-Fürsten, die sich einen Dreck um die Historie scherten, begannen, die verrotteten Hotels abzureißen. Erst ein Gesetz des Kulturministers Malraux gebot ihnen Einhalt und machte Mittel locker für die Rettung der baulichen Substanz. Schritt für Schritt wurden die Prachtbauten nun renoviert, in vielen der Adelshäuser entstanden luxuriöse Eigentumswohnungen. Nach langem Niedergang ist das Marais mittlerweile wieder zu einer begehrten Adresse geworden. Zumal im südlichen Teil ist die Kategorie «bon chic bon genre» eingezogen, geläufigerweise abgekürzt als «BCBG». Einige der bedeutendsten Hôtels wurden allerdings der Öffentlichkeit zugänglich gemacht, in Gestalt von Museen, Bibliotheken oder Archiven. Besonders hervorzuheben ist das Musée Carnavalet. Dieses edle Anwesen, das der Madame de Sévigné einst als Wohnstatt diente, beherbergt jetzt das Museum der Geschichte von Paris. Sehr beeindruckend die Räume, die der Revolutionszeit gewidmet sind; ein merkwürdiges Sammelsurium von Souvenirs und Gebrauchsgegenständen ist da zusammengetragen: die rote Mütze eines Sansculotten, ein Ofen in Form der Bastille, Tabaksdosen mit republikanischen Motiven, aus Knochen geschnitzte Schmuck-Guillotinchen, ein Medaillon mit Haarlocke von Robespierre ...

Nun ist aber das Marais keineswegs nur eine Art Museums-Parcours, dort hat sich auch eine rege Café- und Kneipenlandschaft entwickelt. Allerdings ist sie mehr etwas für Eingeweihte, es fehlt die schrill-kommerzielle Atmosphäre des nahen Hallenviertels. Dennoch: Groß ist das Angebot an originellen Anlaufplätzen. Da gibt es heimelige Bistrots wie Madame de in der rue Sévigné, Le Petit Gavroche und Au Rendez-vous des Amis in der rue Sainte-Croix-de-la-Bretonnerie, wo man billig und in lockerer Umgebung essen kann oder auch bloß an der Theke stehen; da ist das Weinlokal La Tartine in der rue de Rivoli, stets überfüllt, pittoresk vergilbt, mit zersprungenen Spiegeln, ruppigen Kellnerinnen und hervorragenden Sandwiches zum Bourgeuil oder Sancerre. Etwas versteckter, in der rue Beautreillis, liegt die altmodische Weinhandlung Aux Pyrénées mit einem Ausschank im hinteren Teil des Ladens, wo sich Rentner und Rentnerinnen ihren Rouge reinpfeifen, die Herren im Stehen, die Damen im Sitzen. Neben solchen alteingesessenen Lokalen breiten sich jetzt auch modisch-kühl gestylte Insider-Plätze aus – Brunch-Theken mit Salaten und Cocktails, Rockmusik und Videokunst, irgendwo zwischen Kalifornien und Kolonialstil angesiedelt. Stark vertreten ist im Marais die Schwulengemeinde; eine beträchtliche Menge von Bars macht den Stadtteil zu einer Hochburg der Pariser Homo-Szene, wobei viele dieser Kneipen Wert darauf legen, sich nicht gettomäßig abzukapseln, sondern auch Hetero-Publikum offen zu stehen – so das Piano-Zinc in der rue des Blancs-Manteaux, wo kitschig-stimmungsvolle Musike gemacht wird, oder Le Swing, eine sympathische, preisgünstige Bar im Stil der sechziger Jahre in der rue Vieille-du-Temple.

Gleich daneben zweigt, schmal wie eine Dorfstraße, die rue des Rosiers ab, die Hauptarterie des alten Pariser Judenviertels, das mitten im Marais eine überraschende Welt für sich bildet. Niedrige, vollgestopfte Kramläden, Hinterhof-Synagogen, Buchläden mit hebräischen Folianten und Thora-Rollen, koschere Metzgereien mit dem orangefarbenen Diplom des Rabbinats im Schaufenster, Bäckereien, wo es köstliche Strudel und Mohnkuchen gibt. Plakate preisen rauschende Ballnächte mit jüdischen Künstlern oder Yeshiva-Kurse in Israel an. Der strenggläubige Friseur in der rue Ferdinand-Duval behält auch bei der Arbeit den Hut auf. Überhaupt sieht man in den schmalen Gassen rund um die rue des Rosiers immer wieder orthodoxe Juden, bärtige Männer mit Hüten und Schläfenlokken. Einige gehören der chassidischen Sekte der Lubawitscher an, die einen polnischen Wunder-Rabbi verehren. Schon im Mittelalter befand sich hier das Wohnviertel der Juden, bis zu ihrer Ausweisung durch Charles IV, aber ab dem 18. Jahrhundert siedelten sie sich wieder im Marais an. Anfangs waren es Juden aus dem Elsaß und aus Lothringen, später kamen sie, auf der Flucht vor Pogromen, aus Rußland und Polen. Seit Ende der fünfziger Jahre haben sich unter die ostjüdischen Ashkenazim sephardische Juden aus Nordafrika gemischt und das Quartier um orientalische Elemente bereichert. Letzthin sind auch einige Israelis ins jüdische Dorf im 4. Arrondissement übergewechselt und haben erfolgreiche Falafel-Schnellimbisse aufgezogen. Bei aller betriebsamen Lebendigkeit des Viertels jedoch zeigen manche der Bewohner Fremden gegenüber ein gewisses Mißtrauen: Die Angst vor antisemitischen Anschlägen ist groß und keineswegs unbegründet. An der Ecke rue des Rosiers / rue Ferdinand-Duval liegt das Restaurant und Feinkostgeschäft Goldenberg. Zwei Einschußlöcher im Schaufenster erinnern an das blutige Attentat des Jahres 1982. Sieben Menschen wurden getötet und 22 verletzt, als zwei Männer mit Maschinenpistolen und Handgranaten in das Restaurant hereinbrachen.

Oberhalb dieses Quartiers, in der rue des Franc-Bourgeois, rue Payenne oder rue du Parc-Royal, finden sich einige der schönsten alten «Hôtels»; besonders stimmungsvoll ist es am Abend, wenn in diesen stillen Straßen die Gemäuer romantisch vom Laternenlicht beschienen werden, dann wirken sie fast wie Elemente eines Filmdekors. Weiter nach Norden hin, wo mehrere Straßen die Namen französischer Provinzen des Ancien Régime tragen – Béarn, Beauce, Poitou, Picardie, Saintonge –, sind die noblen Häuser nicht mehr so dicht gesät, die Gegend ist arbeitsam und geschäftig, es geht fast ausschließlich um Klamotten und Zubehör – Schneidereien und Lager in den Hinterhöfen, Geschäftsauslagen zur Straße hinaus. «Vente en gros» steht an den Türen, es sind alles Großhandelsboutiquen.

Im Carreau du Temple

Kaufen kann man hingegen, wenn man will, im Carreau du Temple, einer alten blaugestrichenen Halle, in der täglich außer montags Kleidermarkt abgehalten wird. Schon im Mittelalter fand der Markt an dieser Stelle statt; im letzten Jahrhundert wurde der Carreau du Temple dann zur Kleiderkammer der armen Leute, und auch heute ist das Angebot weniger elegant als billig. Preisschilder und Festpreise gibt es nicht, man muß handeln. Jeder, der durch die Halle geht, wird von den Händlern angemacht. Der Spießrutenlauf setzt sich draußen auf der anderen Seite, in der rue Dupetit-Thouars fort; billige Lederjacken hängen dort überm Trottoir vor den aufgereihten Läden, in die einen die Aufreißer reinzuziehen versuchen.

Von dieser Straße zweigt die Cité Dupetit-Thouars ab, eine Sackgasse wie aus einer anderen Zeit: kopfsteingepflasterte Höfe, kaputte Fensterscheiben, kaum mehr zu entziffern die Inschrift «Plomberie» an der fleckigen Fassade über einem ehemaligen Handwerkerladen; noch in Betrieb hingegen die altertümliche Billardfabrik Hénin-Ainé – ein Winkel voller urbaner Poesie, über den sicher demnächst die Renovationsdampfwalze hinweggehen wird.

Ebenfalls wenig bekannt ist die Gegend drüben, auf der anderen Seite der rue de Turbigo; dort überrascht die rue Notre-Dame-de-Nazareth durch die Glitzer-Reklame ihrer En-Gros-Textilgeschäfte. Rechts führen zur rue Meslay hinauf die Treppen der «passage du Pont-aux-Biches». Sie hat was von einer Krimi-Kulisse, riecht nur leider etwas streng nach Urin. Auf gleicher Höhe biegt links die rue Volta ab, und dort liegt gleich an der nächsten Ecke die Kneipe La Picada, eine lateinamerikanische Insel in einem Meer von Bekleidungsbetrieben, ein Treffpunkt der exilierten Chilenen, mit freundlicher Atmosphäre und hervorragenden Empanadas.

Wandert man nach einer Pause bei den linken Latinos die rue Volta weiter hinunter, so stößt man auf die rue au Maire. Vorherrschendes Gewerbe dieser engen Straße: Herstellung und Verkauf von Kleidungs-Accessoires und Modeschmuck. Vor allem Chinesen haben sich darauf spezialisiert. Sie sind stark in dieser Gasse vertreten und haben dort auch eine Épicerie; daneben gibt's aber auch ein paar höhlenartige Algerier-Cafés sowie das weithin bekannte Dancing Le Tango. Nachmittags treffen sich dort mittlere Altersstufen zu Gesellschaftstänzen und sentimentaler Annäherung. Spät abends verwandelt sich Le Tango in einen Afro-Tanzschuppen. Seltsamerweise haben sich in dieser von

Knöpfen, Gürteln, Lederartikeln und Plastik-Klimbim beherrschten Ecke gleich mehrere Lokale der modisch-coolen Szene angesiedelt: das Bleu Nuit in der rue des Vertus, das Taxi Jaune in der rue Chapon oder der Ahnherr der neonkalten Pracht, das Hélium, in der rue des Haudriettes. Wer will, kann zum Abschluß in eins dieser Etablissements einkehren und inmitten leicht exzentrischer Gestalten einen der phantasievollen bunten Cocktails oder Milchshakes schlürfen.

Möbel und Musette: im Faubourg Saint-Antoine

Die place de la Bastille ist das Vorzimmer zum proletarischen Osten. Der große, weite Platz mit der grünen Säule in der Mitte hat in der politischen Geographie einen besonderen Stellenwert. Seit der Erstürmung jener legendären Gefängnisfestung am 14. Juli 1789 ist er bevorzugter Versammlungsort bei «linken» Anlässen und klassischer Endpunkt für Demonstrationszüge. Nun hat sich die östliche Seite des Platzes in eine Großbaustelle verwandelt, was seinem Erscheinungsbild sehr abträglich ist. Dort entsteht die neue «Opéra populaire». 1989, zur Zweihundertjahrfeier der Revolution, soll sie eingeweiht werden. Das angrenzende Viertel dürfte dann kaum mehr wiederzuerkennen sein; schnell also noch hin, bevor dieses charaktervolle Stück Paris verschwindet! Gehen wir erst mal ein paar Schritte die rue de la Roquette hinauf, um dann in die auf den ersten Blick unscheinbar wirkende rue de Lappe einzubiegen: eine Gasse mit leicht dörflichem Charakter. Tatsächlich gibt es in der Geschichte dieses Sträßchens enge Beziehungen zur ländlichen Provinz, und davon finden sich noch einige Reste: Die beiden Charcuterie-Läden mit ihrer ungewöhnlichen Kombination von Würsten, Schinken und Galoschen weisen, wie die Spezialgeschäfte für Kneipenzubehör, auf die Kolonie der Auvergnats hin. Seit mehr als hundert Jahren sind sie aus dem kargen Zentralmassiv in die Metropole abgewandert, wo sie erst mal zu den Ärmsten der Armen gehörten. Aber dickköpfig und zielstrebig haben sie sich von unten hochgerackert, der eiserne Wille, Besitz zu schaffen, und ihr Zusammengehörigkeitsgefühl halfen dabei. Anfangs schufteten sie als Wasserträger, handelten mit Kaninchenfellen oder Altmetall, später machten sie Holz- und Kohlehandlungen auf. Gewitzt kombinierten sie das Kohlegeschäft mit einem Getränkeausschank. Aus solchen Mehrzweckläden entstanden schließlich die Pariser Bistrots. Die Cafés der Hauptstadt wurden zur Domäne der Auvergnats und sind es bis heute geblieben. Das Viertel an der Bastille war erste Anlaufstelle und Refugium der Provinzler, die rue de Lappe wurde zu ihrem Mekka. Hier traf man sich zu den Banketten und Bällen der Freundschaftsvereine, spielte in den Kneipen die traditionellen Bauerntänze: ein Stück Auvergne in Paris.

Getanzt wird auch heute noch in der rue de Lappe, sogar schon am frühen Nachmittag. Punkt 15 Uhr wird in der Nummer 9 das Gitter hochgezogen. Singles und Paare, die meisten so um die fünfzig, trudeln ein, lösen ihr Eintrittsticket für die Matinee im Balajo, erstes Getränk inklusive, und betreten schummriges Halbdunkel. Das Balajo ist ein verkitschtes Dancing aus den goldenen fünfziger Jahren. Über der

Tanzfläche dreht sich eine Glitzerkugel, hoch oben auf der Empore sitzt das Orchester vor einer Wolkenkratzer-Silhouette; draußen scheint die Sonne, drinnen funkeln die Sterne. Tango, Walzer, Pasodoble – die Kundschaft beherrscht das alles makellos – gelernt ist gelernt. Korrekte Garderobe versteht sich von selbst. Unpassend zum gutbürgerlich-gesitteten Betrieb wirken die indirekt beleuchteten Damen-Dessous, die als Zierat an den Wänden hängen: eine Reminiszenz an die wilden zwanziger und dreißiger Jahre, als die Straße in denkbar schlechtem Ruf stand.

Die damals noch viel zahlreicheren «Bals musettes» galten als zwielichtige Treffpunkte der Unterwelt. Die rue de Lappe war ein heißes Pflaster, hier fanden die berüchtigten Zuhälterbälle statt. Harte Jungs, die Schiebermütze schräg auf dem Kopf, Zigarette im Mundwinkel, schoben ihre Ernährerinnen übers Parkett, gelegentlich kam es zu Messerstechereien. Dabei war das halbseidene Publikum meist durchsetzt mit besseren Herrschaften aus den vornehmen Quartiers, die sich mit wohligem Frösteln unter die Canaille mischten. Zum Wandel von auvergnatischer Bauernfolklore zum Bal musette war es durch den Kontakt der Provinzler mit den italienischen Bewohnern des Viertels gekommen: Zur Musette, einem dudelsackähnlichen Instrument aus dem Zentralmassiv, gesellte sich das von den Italienern benutzte Akkordeon. Musiker aus beiden Bevölkerungsgruppen begannen, gemeinsame Orchester zu bilden. Die rue de Lappe wurde damit zum Geburtsort jener Tanzmusik, die bis heute als typisch französisch gilt.

Im Balajo lebt diese Tradition fort, wenn auch der Akkordeon-Palast für einige Abende an Disko-Veranstalter vermietet wird. Die rue de Lappe ist populär und kosmopolitisch geblieben, neue Bewohner sind nachgerückt, exotischere Klänge sind zu hören. Neben dem Balajo hat sich die Chapelle des Lombards eingenistet, Pilgerstätte der Salsa-Fans, wo Musikgruppen aus Martinique, Guadeloupe, Haiti und Kuba ein vielfarbiges Publikum bis vier Uhr früh in Bewegung halten. Aber ein paar Häuser weiter im Auvergne-Restaurant La Galoche d'Aurillac werden immer noch Tripoux, Potée und Chou farci serviert.

Biegt man nun am Ende der rue de Lappe nach rechts ab, trifft man auf die rue Faubourg-Saint-Antoine, Hauptstraße eines Stadtteils, der früher vor den Toren von Paris lag. Der Faubourg war stets ein besonders aufrührerisches Viertel, seine Bevölkerung bei mehreren Revolutionen die treibende Kraft. Hier herrschten besondere Verhältnisse. Schon zu Zeiten des Ancien Régime war die Vorstadt von der für das Handwerk geltenden strengen Zunftordnung ausgenommen, so konnten hier schon früh Manufakturen und Fabriken entstehen, die ein Heer von Lohnarbeitern beschäftigten. Die große Spezialität des Viertels war und ist die Möbelherstellung; die rue Faubourg-Saint-Antoine ist von Möbelgeschäften gesäumt, deren Schaufenster den Grusel gutbürgerlich-französischer Wohnkultur erahnen lassen. Den besonderen Reiz des Faubourg aber machen die vielen verzweigten Höfe und überraschenden Durchgänge aus, die beiderseits der Hauptstraße abzweigen – cours du Bel-Air, passage du Chantier, Cours de l'Étoile-d'Or, passage de la Bonne-Graine, passage de la

Auvergnatisches in der rue de Lappe

Main-d'Or und wie sie alle heißen, wo sich die Werkstätten von Kunsttischlern, Vergoldern, Matratzenherstellern oder Polsterern verbergen. Eine ganze Reihe von Betrieben hat allerdings in den letzten Jahren dichtgemacht, in manchen der leerstehenden Fabriketagen haben sich schicke junge Menschen und Künstler geräumige Loft-Wohnungen eingerichtet. Einige von ihnen trifft man mittags im Handwerker-Bistrot Les Cinq Points Cardinaux in der passage Saint-Bernard, wo alte Hobel als Schmuck von der Decke hängen und wo die Arbeiter und Tischler des Viertels dichtgedrängt sitzend ein spottbilliges, solides «déjeuner» einnehmen.

Hinter der Kreuzung der Hauptstraße mit der rue Ledru-Rollin liegt rechts der square Trousseau mit seinem dekorativen, aber praktisch nie benutzten Musikpavillon – eine jener kleinen Grünanlagen nach englischem Vorbild (deshalb «square»), wie sie der Baron Haussmann übers ganze Stadtgebiet verteilen ließ. Am unteren Ende, gegenüber der Polizeiwache, liegt das Café du Square Trousseau, ein Prachtstück mit einem Kanonenofen in der Mitte und Stuck an der Decke, dessen Inneneinrichtung sich seit der Jahrhundertwende kaum verändert haben dürfte. Weil es so außerordentlich «authentisch» ist, wurden dort schon mehrfach Filmszenen gedreht. Trotzdem ist es ein ganz unsnobistisches Eck-Café geblieben. Von dort geht es weiter auf die place d'Aligre, wo jeden Vormittag mit Ausnahme des Montags ein großer Markt stattfindet, sowohl in der alten Halle als auch auf dem Platz davor und in den benachbarten Straßen. Es ist der billigste Markt von Paris und obendrein einer der schönsten. Am dichtesten ist das Gedränge an Samstagen und Sonntagen, dann bekommt der Betrieb etwas von einem Volksfest, die Marktcafés sind brechend voll und laut – quetschen wir uns dazu und nehmen wir einen Apéritif!

Thé à la menthe

Barbès-Rochechouart: Menschengewühl vor den Métro-Eingängen, dazwischen unter der Hochbahnbrücke Verkaufsstände für alle Schätze dieser Erde – Schlüsselanhänger, Flamenco-Puppen, Eiffeltürme, Feuerzeuge, Mickymaus-Quarzuhren ... Am Zeitungsstand gibt es «El Moudjahid» aus Algier. Ein hochgewachsener Schwarzer verteilt Visitenkärtchen: «Professor Fofana Bouba – Großmeister der okkulten Wissenschaften, großer Marabout, afrikanisches Medium – löst alle Probleme: Beruf, Liebe, Gesundheit, Schutz gegen Feinde – Erfolgsgarantie! – empfängt täglich von 9 bis 21 Uhr.» Drüben, vor dem Billigst-Kaufhaus «Tati», drängeln sich Afrikanerinnen um die Wühltische auf dem Trottoir. Armand Barbès war ein '48er Revolutionär. Nach ihm heißt der Boulevard, der hier auf den Boulevard Rochechouart trifft, und «Barbès» wird allgemein der Stadtteil genannt, der nördlich der Hochbahn liegt: eine Enklave der Dritten Welt in der europäischen Metropole. Mehr als dreißig Nationalitäten leben hier neben- und durcheinander, der Ausländeranteil beträgt 60 bis 70 Prozent. Kaum je verirrt sich ein Normal-Pariser in dieses Gebiet, es ist exterritorial, unbekannt, gefürchtet.

Quartier de la Goutte d'Or heißt das Viertel offiziell. Das goldene Tröpfchen war ein Weißwein, der hier an den Hängen gedieh, als es noch ländlich zuging. Erst im Laufe des letzten Jahrhunderts wurde dieser Hügel neben dem Montmartre besiedelt. Als erste ließen sich Leute aus der ländlichen Provinz nieder, Ex-Bauern, die zu Fabrikarbeitern geworden waren. Es war also von Anbeginn ein Viertel von Zuwanderern. Vor allem nach dem letzten Krieg kamen dann immer mehr Araber, die auf dem Bau oder in der Autoindustrie arbeiteten. Während des Algerienkrieges war Barbès eine Hochburg politischer Auseinandersetzungen. Anhänger der konkurrierenden algerischen Unabhängigkeitsfraktionen FLN und MNA lieferten sich hier blutige Gemetzel. Auch heute stellen die Araber aus dem Maghreb die größte Bevölkerungsgruppe, daneben bestimmen Einwanderer aus Schwarzafrika und der Karibik den Charakter von Barbès mit.

Hinein also in dieses sonderbare Territorium! Eine Fülle unerwarteter Eindrücke erwartet den arglos-neugierigen Paris-Besucher: Da sind die tragisch dreinschauenden Hammelköpfe, die sich in den Grills der Boucheries Musulmanes drehen, die Patisserie-Vitrinen voll siruptriefendem, vielfarbigem Zuckerwerk, Geschäfte für Musikkassetten, aus denen die leiernden, schluchzenden Weisen Arabiens schallen, die Läden der Tuchhändler, die inmitten ihrer kunterbunten Stoffballen fast verschwinden, die Riesenkoffer, die an Stricken zusammengebunden vor den Türen hängen ... Neben der Hochbahnstrecke am boulevard de la Chapelle steht ein Gebäude der Heilsarmee. Auf der Fassade die rührende Botschaft: «Jesus liebt dich, komm zu ihm.» Wer hat hier schon was mit Jesus am Hut? Trotzdem steht eine größere Menge von Männern herum. Hier findet der «Hehlermarkt» statt, wo alles Erdenkliche verscherbelt wird, daneben werden auf alten Pappkartons illegale Glückspiele abgewickelt, bei denen in Windeseile größere Mengen von Geldscheinen die Besitzer wechseln.

Biegen wir hier nach links ins Innere des Quartiers. Ein zentraler Punkt ist das von der rue de Chartres und der rue de la Goutte d'Or gebildete Dreieck. Vor allem am späten Nachmittag und besonders an Wochenenden herrscht dort eine geradezu unwirkliche Atmosphäre: der Menschenauftrieb, die teilweise arabische oder afrikanische Kleidung der Leute – fast kommt man sich vor wie in einem orientalischen Souk, wäre da nicht das über allem thronende Zuckerbäckermonument Sacré-Cœur und würden nicht durch die Masse der dunkelhäutigen, schwarzgelockten Männer auffallend viele «Flics» schlendern. Barbès gilt als wildes, als gefährliches Viertel, das dauernder Überwachung und Kontrolle bedarf. Die berüchtigten Fünf-Minuten-Bordelle, vor denen bis weit auf die Straße hinaus lange Männerreihen auf die Schnellabfertigung warteten, hat die Obrigkeit vor einigen Jahren geschlossen. Man sah die Kundenschlangen allzu deutlich von der Métro aus, das konnte nicht toleriert werden. Die Prostitution ist natürlich seither keineswegs verschwunden, sie spielt sich jetzt nur mehr im verborgenen ab. Dazu kommen Drogenhandel und Kleinkriminalität – niemand würde bestreiten, daß es damit Probleme gibt in Barbès. Allerdings bauschen gewisse Zeitungen und interessierte Politiker dies maßlos auf, um das Quartier und seine Bevölkerung als Ganzes zu diskriminieren.

Zuallererst hat Barbès die Funktion eines nordafrikanischen Einkaufszentrums. Die Leute kommen oft von weither, um sich hier mit Lebensmitteln und einschlägigem Hausrat einzudecken, denn nirgendwo sonst sind die heimischen Produkte so billig und in so großen Mengen zu kriegen: Couscous säckeweise, lebendes Geflügel, vorschriftsmäßig geschlachtete Hammel, Gewürze und Kräuter, Brot und Gebäck, Töpfe und Tassen, Kleider und Stoffe, Radios, Taschenrechner, Kassetten – enorme Umsätze werden da gemacht. Mag das Viertel teilweise zum Slum verkommen sein, es zeichnet sich doch zugleich durch die Vitalität eines großen Basars aus. Für seine Erkundung ist es das beste, sich, ohne einer festen Route zu folgen, innerhalb jenes Vierecks rumzutreiben, das aus boulevard Barbès, rue Ordener, rue Stephenson und boulevard de la Chapelle gebildet wird. Man sollte sich viel Zeit dazu nehmen, vielleicht mal in einer Patisserie Orientale einen Thé à la menthe schlürfen oder in einem der vielen einfachen Restaurants versuchen, in die Geheimnisse der afrikanischen Küche einzudringen, etwa bei Aida in der rue Polonceau; dabei wird man sich wundern, wieviel kontaktfreudiger und freundlicher die Menschen hier sind als in der übrigen Stadt.

Freilich, dies alles wird nicht mehr lange währen. In trautem Einklang haben sich rechte wie linke Volksvertreter für eine «Normalisierung» des Quartiers ausgesprochen – es ist wohl allzu bunt, fremdländisch und undurchsichtig für die spätmoderne Bürgerlichkeit von Paris. So steht nun dem Sektor um die rue de la Goutte d'Or ein rabiater chirurgischer Eingriff bevor: Fast die Hälfte der Gebäude und ein Drittel der Bevölkerung sollen weg. Dafür entstehen dann, nach bekannter Manier, nette, komfortable und teure Appartements. Die Dritte Welt hat offenbar nichts zu suchen in der Weltstadt.

Dix-neuf terroristes ont été inculpés
par la Cour de sûreté de l'État
nice-
Grèves aux P.T.T.
TCHAD : La France
lance un appel
au cessez-le-feu
LOTO
ça suffit !!!
Mode :

SERVICE

Departements & Regionen (A–V)

A	ALSACE	**I**	FRANCHE-COMTÉ	**P**	HAUTE-NORMANDIE
B	AQUITAINE	**J**	LANGUEDOC-ROUSSILLON	**Q**	ILE-DE-FRANCE
C	AUVERGNE	**K**	LIMOUSIN	**R**	PAYS DE LA LOIRE
D	BOURGOGNE	**L**	LORRAINE	**S**	PICARDIE
E	BRETAGNE	**M**	MIDI-PYRÉNÉES	**T**	POITOU-CHARENTES
F	CENTRE	**N**	NORD	**U**	PROVENCE CÔTE-D'AZUR
G	CHAMPAGNE	**O**	BASSE-NORMANDIE	**V**	RHÔNE-ALPES

Vorbereiten

Infoquellen zu Hause 447
Reisezeit 449
Als Frau alleine 450

Rumkommen

Auto 450
Trampen 451
Eisenbahn 453
Fliegen 453
Wasserwege 454
Fahrrad 454
Zu Fuß 455

Übernachten

Hotel 455
Jugendherberge 456
Campen 456
Andere Möglichkeiten 457

Banken, Post und Telefon

Geld wechseln 457
Post 458
Telefon 458

Länger bleiben

Jobs 459
Studieren 460

Minibibliothek

Reiseführer 460
Reiseberichte 461
Landeskunde 461
Literarisches 462

VORBEREITEN

Infoquellen zu Hause

Prospekte, Broschüren und Auskünfte über die verschiedensten Orte, Reisearten und Unterkunftsmöglichkeiten gibt es bei den amtlichen *Französischen Fremdenverkehrsbüros*:

Kaiserstraße 12
6000 Frankfurt/M. 1
Tel. 069/752029

Berliner Allee 26
4000 Düsseldorf 1
Tel. 0211/80375

Jugendaustausch, deutsch-französische Sport- und Kulturbegegnungen, Ferienlager, Sprachkurse, Arbeitsaufenthalte für junge Berufstätige, Studenten- und Lehreraustausch – dies und vieles mehr wird gefördert vom Deutsch-Französischen Jugendwerk (DFJW). Die jährlich erscheinende Broschüre zum Thema «Begegnung und Austausch mit Franzosen» ist eine Fundgrube nützlicher Adressen.

Deutsch-Französisches Jugendwerk
Rhöndorfer Straße 23
5340 Bad Honnef 1
Tel. 02224/18080

Ständiges Büro in Frankreich:
Office franco-allemand pour la jeunesse (O. F. A. J.)
6, rue Casimir-Delavigne
75006 Paris
Tel. 43543404

Filme über Frankreich sind zu bekommen bei der
Médiathèque française
Adenauerallee 35
5300 Bonn 1

Nützliche Anlaufstellen sind die vielen französischen Kulturinstitute. Sie bieten kulturelle Veranstaltungen und Französischkurse an und verfügen über Bibliotheken, wo auch französische Zeitschriften und Zeitungen gelesen werden können. *Instituts français* gibt es in

Theaterplatz 11
5100 Aachen
Tel. 0241/33274

Kurfürstendamm 211
1000 Berlin 15
Tel. 030/8818702

Adenauerallee 35
5300 Bonn 1
Tel. 0228/737609

Contrescarpe 19
2800 Bremen
Tel. 0421/326722

Bilker Straße 7–9
4000 Düsseldorf 1
Tel. 0211/320654

Marktplatz 1
8520 Erlangen
Tel. 09131/21418

Zweigertstraße 8
4300 Essen 1
Tel. 0201/776389

Jordanstraße 7
6000 Frankfurt/M. 90
Tel. 069/778001

Werderring 1
7800 Freiburg
Tel. 0761/39937

Heimhuder Straße 55
2000 Hamburg 13
Tel. 040/455660

Seminarstraße 3
6900 Heidelberg
Tel. 06221/25288

Adlerstraße 45
7500 Karlsruhe
Tel. 0721/387914

Sachsenring 77
5000 Köln 1
Tel. 0221/327045

Schillerstraße 11
6500 Mainz
Tel. 06131/231726

Kaulbachstraße 13
8000 München 22
Tel. 089/285311

Universität des Saarlandes
6600 Saarbrücken
Tel. 0681/36175

Diemershaldenstraße 11
7000 Stuttgart 1
Tel. 0711/245981

Doblerstraße 25
7400 Tübingen 1
Tel. 07071/23293

Über politische und kulturelle Aktualität aus Frankreich informiert täglich in deutscher Sprache der französische Auslandsender *Radio France Internationale*.

Sendungen von 18–19 Uhr auf UKW in Berlin (92,6 MHz) und im Raum Braunschweig/Hannover (93,6 MHz), von 19–20 Uhr auf MW 1278 KHz und KW 6150 KHz und 7145 KHz

Reisezeit

Ziemlich kontrastreich ist das Wetter im Hexagon.

Die westlichen Gebiete unterliegen dem Einfluß des atlantischen Klimas – mild und wechselhaft, mit viel Regen in Herbst, Winter und Frühling, und manchmal auch im Sommer, zumal in der Bretagne und Normandie. Im ausgedehnten Zentralmassiv und dem Bereich der östlichen Mittelgebirge (Vogesen, Jura) geht's hingegen kontinentaler zu: Warm ist gewöhnlich der Sommer, steinkalt der Winter, weshalb diese Gegenden – neben Alpen und Pyrenäen – auch für den Wintersport genutzt werden. Sonnig-warm bis heiß ist es von Mai bis Oktober im Mittelmeerraum, das heißt im Midi, und auch im Winter bleibt es oft mild bis lauwarm. Aber es kann jederzeit Überraschungen geben: Wüste Gewitter mit sintflutartigen Regenfällen können hereinbrechen, und auch bei schönstem Sonnenschein pfeifen manchmal sturmähnliche Winde wie der Mistral oder die Tramontane.

Wer irgend kann, sollte für seine Frankreichreise die Hauptferienzeit – Juli und vor allem August – meiden. Zumal im Süden und Südwesten sind dann Campingplätze, Hotels und Strände überfüllt, Frankreich macht geschlossen Urlaub, viele Betriebe bleiben solange dicht, die großen Städte liegen verödet da, alles ist zu. Die angenehmsten Sommermonate dürften Juni und September sein.

Als Frau alleine

Am Strand zu liegen, durch die Stadt zu bummeln, in Parks in der Sonne zu sitzen, eine Ausstellung zu besuchen oder im Bistrot einen Kaffee zu trinken ist für eine Frau, die allein unterwegs ist, mitunter ein recht getrübtes Vergnügen. Fast überall kann es ihr passieren, daß sie einem «dragueur» ins Auge fällt, jener Sorte von Mann, die das Anmachen als regelrechten Sport betreibt. Meist sind die Annäherungsversuche plump, beginnen mit Fragen nach Feuer, Uhrzeit, Nationalität oder Zweck des Aufenthalts («vous êtes en vacances?»). Läßt sie sich darauf ein, wird es bald deutlicher, und die verbale Anmache kann auch mal zu Handgreiflichkeiten ausarten. Sich dann nicht verunsichern zu lassen, sondern den «dragueur» etwa mit einem energischen «casse-toi!» (verdrück dich!) zum Teufel zu wünschen, hilft oft, ihn abzuschütteln. Schwieriger ist es, wenn sich ein freundlich-interessiert begonnenes Gespräch schließlich bloß als raffiniertere Form von «draguer» (eigentlich: baggern, mit dem Schleppnetz fischen) entpuppt. Hat der Typ erst mal Zeit und «Charme» investiert, ist er um so weniger bereit aufzugeben.

Männliche Frankreichbesucher sollten sich nicht wundern, wenn sie beim Versuch, mit Französinnen ins Gespräch zu kommen, häufig eine schroffe Abfuhr einstecken müssen: Leicht wird im unbekannten Macker erst mal der «dragueur» gewittert.

RUMKOMMEN

Auto

Die Höchstgeschwindigkeit in den Städten beträgt 60 km/h, 90 km/h auf Landstraßen bzw. 110, wenn es zwei Richtungsfahrbahnen gibt, und 130 km/h auf der Autobahn. Es existieren auch Gurtanlegepflicht für Fahrer und Beifahrer sowie eine

Promillegrenze von 0,8. All diese Regeln werden aber von den Autofahrern weniger ernst genommen, auch rote Ampeln werden gelegentlich mißachtet; Polizeikontrollen sind vergleichsweise rar. Wird man aber bei einer Übertretung erwischt, sind saftige Bußgelder zu zahlen. Wenig Sorgen braucht man sich indessen zu machen, wenn man an seiner Windschutzscheibe einen grünen Strafzettel wegen Falschparkens vorfindet. Bei Ausländern wird dergleichen wegen bürokratischer Überlastung nicht weiter verfolgt, bisher wenigstens. In größeren Städten kann's einem aber auch passieren, daß der falschparkende Wagen von der Polizei kurzerhand abgeschleppt wird und nur gegen ein entsprechendes Lösegeld wieder freikommt.

Franzosen betrachten ihr Auto immer noch vor allem als einen Gebrauchsgegenstand; da wird nicht penibel auf jeden Kratzer geachtet und nicht jede Delle gleich ausgebeult. Nach Gehör zu parken ist üblich. Manche Kisten machen einen abenteuerlichen Eindruck, auch deshalb, weil es in Frankreich keinen TÜV gibt. Mangelnde Verkehrssicherheit ist daher eine häufige Unfallursache.

Französische Autobahnen sind gebührenpflichtig. An den Péage-(Maut)-Stationen zieht man eine Karte und zahlt bei der Ausfahrt. Gut ausgebaut ist das Netz der Nationalstraßen. Eine Besonderheit sind die dreispurigen Fahrbahnen, auf denen abwechselnd aus der einen oder anderen Richtung überholt werden darf, manchmal auch aus beiden.

Vor allem in der Hauptreisezeit im Juli und August kommt es regelmäßig zu 'zig Kilometer langen Staus, denn die Franzosen fahren alle zur gleichen Zeit in die Ferien und zurück. Um die Blechlawinen besser zu kanalisieren, hat das Verkehrsministerium die Aktion «bison futé» («schlauer Büffel») ins Leben gerufen: Clevere Auto-Indianer folgen den überall plakatierten und über die Medien verbreiteten Ratschlägen der Straßenverkehrsdirektion, meiden die riskanten Abfahrtstage und schlagen sich auf den empfohlenen, durch grüne Pfeile gekennzeichneten Nebenstrecken («itinéraire bis») zum Ziel durch. Trotz dieser großangelegten Verkehrserziehungsaktion kommt es an den «heißen» Wochenenden (Ferienbeginn Anfang Juli, «Schichtwechsel» Ende Juli / Anfang August und «rentrée» Ende August / Anfang September) regelmäßig zu schweren Unfällen. Wenn es wirklich ernsthaft krachen sollte, wendet man sich in Paris wie in der Provinz an die Polizei (Tel. 17) oder an die Feuerwehr (Tel. 18).

Nützlich sind auch die Nummern des nationalen Straßeninformationszentrums (48583333) und der Autobahninformationszentrale (47059001), beide in Paris, wo man Auskunft jeder Art bekommt. Wenn's um Pannenhilfe geht, kann man sich auch gleich an den Touring Club de France wenden, das französische Gegenstück zum ADAC Unter der Pariser Nummer 45021450 ist «Touring Secours» rund um die Uhr erreichbar.

Trampen

Für den Autostop in Frankreich gilt, was Tramper auch in anderen Ländern erleben: Man kann Glück haben und gut wegkommen, nette Leute kennenlernen, genau an sein Ziel chauffiert werden – oder auch nicht.

Wie überall ist das Trampen auf den Autobahnen verboten. Allenfalls kann man sich an Auffahrten, Tankstellen oder Raststätten postieren. Fast alle Autobahnen gehen strahlenförmig von Paris aus, aber es ist recht schwierig, per Anhalter aus der Hauptstadt rauszukommen, da es im Gewirr des Stadtautobahnsystems keine richtigen Auffahrten gibt: Die verschiedenen «autoroutes» zweigen alle von der Ringautobahn «Périphérique» ab. Oft klappt es besser über die normalen Ausfallstraßen, die «Routes nationales». Nützliche Anlaufstellen unterwegs sind die mit blau-roten Plaketten gekennzeichneten «Cafés Routiers». Dort machen LKW-Fahrer Rast, die man anquatschen kann.

Eine sicherere und immer noch recht preiswerte Möglichkeit, durchs Land zu kommen, bieten die Mitfahrerzentralen. In vielen Städten gibt es Filialen der Organisation *Allostop*. Die Adresse der Pariser Zentrale:
84, passage Brady
75010 Paris
Tel. 42460066

Einige Tage vor dem geplanten Reisetermin sollte man sich einschreiben, was persönlich oder per Brief erledigt werden kann. Gegen einen Jahresbeitrag von ca. 30 Mark kriegt man eine Mitgliedskarte für eine unbegrenzte Zahl von Vermittlungen, die in allen *Allostop*-Büros gilt. Wenn man nur eine Fahrt machen will, kostet das umgerechnet zehn Mark Vermittlungsgebühr.

Weitere angeschlossene Mitfahrerzentralen:
Aix-en-Provence
3, rue du Petit-St.Jean
Tel. 42383751

Bordeaux
5, rue Duffour-Dubergier
Tel. 56812459

Nizza
C. I. J., Esplanade des Victoires
Tel. 93809395

La Rochelle
14, rue des Gentilhommes
Tel. 46411699

Lille
im Office du Tourisme, Palais Rihour
Tel. 20479669

Lyon
8, rue de la Bombarde (5e)
Tel. 78423829

Montpellier
1, rue de l'Université
Tel. 67605758

Nantes
10, rue Lafayette
Tel. 40890485

Rennes
C. I. J. Bretagne
Tel. 99309887

Strasbourg
5, rue du Général-Zimmer
Tel. 88371313

Toulouse
1 ter, rue du Languedoc
Tel. 61 53 82 92

Eisenbahn

Der große Stolz der französischen Eisenbahn SNCF ist der Superzug TGV (Train à Grande Vitesse), der stündlich von der Pariser Gare de Lyon in Richtung Süden startet. In zwei Stunden ist er in Lyon, bis wohin die Ausbaustrecke reicht, die er mit 260 km/h durchrast. Mit normaler Schnellzuggeschwindigkeit geht es von dort weiter nach Marseille, Montpellier, Chambéry, Genf. Die nächste Strecke wird den Westen und Südwesten erschließen, auch eine Nordverbindung über Lille und Brüssel nach Köln ist vorgesehen. Der TGV hat meistens zweite Klasse, die Fahrkartenpreise liegen je nach Zielbahnhof zwischen 8 und 14 Mark höher als für normale Züge. Reservierungen sind obligatorisch, spätestens eine Stunde vor Abfahrt. Auch abgesehen von dieser Rakete auf Rädern kann sich die SNCF sehen lassen. Das Intercity-Netz zwischen den wichtigsten Städten ist gut ausgebaut, die Züge sind modern, komfortabel und erstaunlich pünktlich. Allerdings ist Paris nach wie vor die zentrale Drehscheibe: In den sechs Kopfbahnhöfen der Hauptstadt beginnen bzw. enden die meisten Schnellzugstrecken. Es gibt nur wenige Querverbindungen zwischen den regionalen Zentren.

Für das Netz der SNCF gibt es die Touristenkarte «France Vacances», die nur außerhalb Frankreichs, in Reisebüros oder Fremdenverkehrsbüros, erhältlich ist. Sie kostet: für eine Woche 270 Mark, zwei Wochen 350 Mark und für einen Monat 540 Mark. In Frankreich selbst gibt es verschiedene Ermäßigungskarten (zum Beispiel für Familien, Jugendliche, Kleingruppen ab 5 Personen), die Reduktionen zwischen 25 und 50 Prozent bieten. Dann gibt es eine generelle Ermäßigung von 25 Prozent für Bahnreisen von mindestens 1000 Kilometern (auch Hin- und Rückfahrten). Bedingung für all diese Reduktionen ist, daß die Fahrten in verkehrsarmen Zeiten (périodes bleues) angetreten werden. Die ersieht man aus dem «Calendrier voyageurs», der auf Bahnhöfen und in Reisebüros zu bekommen ist.

Die SNCF unterhält ein Informationsbüro in der BRD:

Rüsterstraße 11
6000 Frankfurt/M. 1
Tel. 069/72 84 44

Fliegen

Die innerfranzösische Fluggesellschaft Air Inter bietet Sondertarife an, die eine mehr als fünfzigprozentige Ersparnis bedeuten können. Die Flugpreise liegen damit oft nicht höher als die Preise für normale Eisenbahnfahrkarten. Profitieren können davon: Jugendliche bis zu 25 Jahren, Studenten bis zum vollendeten 27. Lebensjahr, Familien und Gruppen ab zehn Personen – eine günstige Möglichkeit, von Straßburg oder Paris im Fluge nach Nizza, Perpignan oder Toulouse zu kommen. Reservation und Auskunft in Paris: 45 39 25 25-

Städte, die Air Inter nicht anfliegt, werden von der Fluggesellschaft TAT bedient, sie bietet ähnliche Ermäßigungen wie Air Inter. Auskunft: 42 61 82 10.

Wasserwege

Nach und nach wird das Netz der Binnenwasserwege (mit 8000 Kilometern das längste in Europa) für den Tourismus wiederentdeckt und instand gesetzt. Beim langsamen Dahinschippern auf den Kanälen des Midi, der Bourgogne oder der Bretagne lassen sich Land und Leute mal aus einer völlig anderen Perspektive kennenlernen. In verschiedenen Regionen können Hausboote für 2 bis 8 Personen, oftmals ausgestattet mit Herd, Waschbecken, Kühlschrank, gemietet werden; sie sind leicht zu manövrieren, man braucht keinen Bootsführerschein. Festgemacht werden kann überall am Kanalufer ganz unbürokratisch. In regelmäßigen Abständen gibt es Gasthäuser, die Schleusenwärter halten meist das Nötigste für den täglichen Bedarf bereit. Wer sein Rad mitnimmt, kann obendrein Abstecher in die Umgebung machen. Die Bootsmieten schwanken sehr, je nach Saison; ein billiges Vergnügen scheint es auf den ersten Blick nicht zu sein: Für ein Vierpersonenboot sind zwischen 3000 und 6000 Francs pro Woche hinzulegen, aber schließlich wird ja die Summe durch vier geteilt, und man spart die Übernachtungskosten.

Das *Bureau des Voies Navigables,* 244, boulevard St. Germain, 75 007 Paris, Tel. 45 44 39 93, gibt jedes Jahr eine Broschüre über nutzbare Wasserwege mit Tips und Ratschlägen heraus. Das *Syndicat National des Loueurs de Bateaux de Plaisance,* Port La Bourdonnais, 75 007 Paris, Tel. 45 55 10 49, gibt Auskunft über die ihm angeschlossenen Bootsverleihe.

Fahrrad

Wer mit dem Drahtesel reist, «erfährt» im besten Sinne des Wortes die Besonderheiten einer Landschaft. Das Fahrrad ist auch im Land der «Tour de France» ein empfehlenswertes Fortbewegungsmittel. In vielen Zügen, die besonders gekennzeichnet sind, kann man sein Rad als «Handgepäck» mitfahren lassen (eine Stunde vor Abfahrt anmelden!)

Wer nicht mit eigenem Rad anreist, kann sich auch an einem von rund 250 Bahnhöfen eins leihen und nach der Tour an einem anderen wieder abgeben. Listen von Stationen mit Radverleih gibt es in allen SNCF-Bahnhöfen. Kostenpunkt: für einen Tag zwischen 7 und 10 Mark, je nach Typ; bei längerer Mietdauer wird's erheblich billiger.

Wer kein Radprofi ist, sollte sich vorher mit den geographischen Gegebenheiten seines Reiseziels vertraut machen. Eine Tour durch Alpen, Pyrenäen oder Zentralmassiv ist nicht unbedingt was für Anfänger auf Freizeiträdern. Und in der Provence kann es passieren, daß auch kräftigere Radler vom heftig blasenden Mistral am Vorankommen gehindert werden. Dennoch ist Frankreich ein ideales Radfahrland, abgesehen von den größeren Städten, wo Radfahrer ein seltener Anblick sind: Radwege gibt es keine, die Autofahrer nehmen meist wenig Rücksicht, wer sich dennoch ins Verkehrsgetümmel von Paris, Lyon oder Marseille wagt, sollte gute Bremsen und schnelle Reflexe haben.

Eine Broschüre mit Vorschlägen für Fahrradtouren in Frankreich kriegt man bei der *Fédération française de cyclotourisme*, 8, rue Jean-Marie-Jego, 75013 Paris, Tel. 45803021.

Die besten Karten für den Fahrradurlaub sind wohl die «Cartes touristiques», Maßstab 1:100000 vom *Institut géographique national (IGN)*, ebenfalls brauchbar sind die billigeren gelben *Michelin*-Karten im Maßstab 1:200000.

Zu Fuß

Mit 37000 Kilometern markierter Wanderwege in allen Regionen verfügt das Land über hervorragende Wandermöglichkeiten. Alle diese Strecken werden von den regionalen Gruppen der *F. F. R. P. (Fédération Française de la Randonnée Pédestre)* betreut, die sich auch um Naturschutz bemüht. Die F. F. R. P. gibt die für Wanderer äußerst nützlichen «topo-guides» heraus, durch deren Verkauf die Instandhaltung der Wege wesentlich mitfinanziert wird. Ein «topo-guide» – etwa 160 gibt es bislang davon – enthält eine detaillierte Streckenbeschreibung mit Kartenauszügen (1:50000), Angaben zu Verpflegungs-, Unterkunfts- und Transportmöglichkeiten sowie ergänzende Texte über Geschichte, Geographie, lokale Besonderheiten, Flora und Fauna. Sie kosten zwischen 15 und 20 Mark und können direkt oder per Post gegen internationale Überweisung und Rückporto bezogen werden bei *Astrolabe*, 46, rue de Provence, 75009 Paris. In Deutschland über die *Französische Buchhandlung*, 211 Kurfürstendamm, 1000 Berlin 15, Tel. 030/ 8814156 oder bei *Gerhard Voigt*, Rotteckring 16, 7800 Freiburg.

Eine sehr gute Übersicht über das gesamte Streckennetz in den einzelnen Regionen vermittelt der Prospekt «Guide Memento», der beim *Centre d'Information de la Randonnée Pédestre,* 64 rue Gergovie, 75014 Paris, zu bekommen ist.

Kartenmaterial gibt es im allgemeinen in Buchhandlungen und Zeitungsläden. Wer über Paris kommt, kann sich auch direkt beim *IGN (Institut géographique national)* eindekken. Adresse: 107, rue de La Boétie, 75008 Paris.

ÜBERNACHTEN

Hotel

Die französischen Hotels sind durch ein System von Sternen amtlich klassifiziert, die jeweilige Kategorie (von einem bis zu vier Sternen) ist draußen an der Tür auf einem blauen Schild angegeben. In einem Hotel abzusteigen ist weitaus billiger als in Deutschland, wenn man sich an die Ein-Stern-Kategorie hält; auch wenn es oft etwas improvisiert zugehen kann in der untersten Preisklasse – etwa mit nachträglich hineingebastelter Naßzelle oder butterweicher Matratze des «grand lit», des üblichen großen Doppelbetts. Die Bandbreite innenarchitektonischer Scheußlichkeiten ist schon recht groß. Aber davon sollte man sich nicht abschrecken lassen, die Hotels sind in der Regel sauber und die Preise moderat: von 25 bis 50 Mark zahlt man fürs Zimmer, der Preis ist in der Regel derselbe, ob man allein oder zu zweit übernachtet. Die Formalitäten werden meistens sehr locker gehandhabt. Beim Anmelden wird man gefragt, ob man frühstücken will bzw. – wenn das Hotel ein Restaurant hat – ob man zu Abend ißt. Auf das «petit déjeuner», das sehr bescheiden ausfällt und sein Geld nicht wert ist, kann man getrost verzichten und besser ins nächste Café gehen; ob man das Diner im Hotel einnimmt, sollte von Fall zu Fall entschieden werden – obligatorisch ist es nicht.

Für alle die Unterkunft betreffenden Fragen kann man sich in den jeweiligen Orten an das Office du Tourisme bzw. das Syndicat d'Initiative wenden.

Jugendherberge

Mehr als 200 Auberges de Jeunesse gibt es in Frankreich. Sie haben sehr unterschiedliche Standards, einige sind arg rudimentär ausgestattet, andere warten mit erstaunlichem Komfort auf. Dementsprechend variieren die Übernachtungsgebühren (ungefähr zwischen 6 und 10 Mark). Oft kann man dort auch sehr preiswert essen. Viele bieten außer einem Dach überm Kopf auch noch allerlei Ferienaktivitäten an (Segeln, Tennis, Kanu, Segelfliegen, Ski ...), eine Altersgrenze gibt es nicht. Wer keinen internationalen Jugendherbergsausweis hat, kann vor Ort einen Mitgliedsausweis erwerben, bis 26 Jahre kostet er ca. 15 Mark, für Ältere rund 20 Mark.

Einen «Guide officiel des Auberges de Jeunesse» (Verzeichnis sämtlicher Jugendherbergen) sowie Informationen über die jeweiligen Aktivitäten bekommt man bei der *F. U. A. J. (Fédération unie des Auberges de Jeunesse),* 6, rue Mesnil 75016 Paris, Tel. 45051314

Campen

Das Angebot an Campingplätzen ist groß und variantenreich: Es reicht vom häßlichen Parkplatz am grauen Stadtrand mit dürftigen Sanitäranlagen bis zum Nobelgelände unter Pinien mit allem Komfort. Die Plätze werden, wie alles in Frankreich, nach einem Kategorisierungssystem bewertet, von einem Stern bis zu vier Sternen, bei der Ein-Stern-Klasse ist mit spartanischer Ausstattung zu rechnen. In den ausgesprochenen Feriengebieten entlang der Küsten sind im Juli und August fast alle Campingplätze proppenvoll; für diese Zeit sollte man seinen Platz vorher reservieren.

Eine angenehme Variante ist «Camping à la ferme» – eine Wiese am Bauernhof mit den notwendigen Sanitäreinrichtungen, selten mehr als fünf oder sechs Zelte, manchmal auch ein bißchen Familienanschluß.

Ein ausführliches Verzeichnis von Campingplätzen und «Camping à la ferme» ist der jedes Jahr erscheinende «Guide officiel» der *Fédération française de Camping et de Caravaning*, 78, rue de Rivoli, 75004 Paris.

Obwohl es offiziell verboten ist, ist wildes Campen meist problemlos. Absolute Tabuzonen sind allerdings die ausgedehnten Wälder an der Atlantikküste und in der Provence. Jedes Jahr wiederholen sich dort verheerende Waldbrände, denen auch immer wieder Menschen zum Opfer fallen.

Andere Möglichkeiten

Überall auf dem Lande gibt es die «gîtes ruraux», Ferienwohnungen in Dörfern bzw. auf Bauernhöfen. Sie existieren in vielen Varianten, als Wohnungen oder vollausgestattete Häuschen, und unterliegen einer regelmäßigen Kontrolle. Das Wohnen beim Bauern wird auch bei Franzosen immer beliebter; in den Gîtes können die Urlauber einerseits schalten und walten wie sie wollen, andererseits ergeben sich wie von selbst die Kontakte zur lokalen Bevölkerung.

Informationen und Verzeichnisse sind zu kriegen bei der *Fédération nationale des gîtes ruraux de France*, 35, rue Godot-de-Mauroy, 75009 Paris, Tel. 47422543.

Dort gibt es auch Informationen über die «Chambres d'hôte», Fremdenzimmer in ländlicher Umgebung, vergleichbar dem englischen «bed and breakfast».

In den Alpen besteht die Möglichkeit, in den «réfuges» unterzukommen, einfach ausgestatteten Alpenhütten hoch oben in den Bergen. Auskünfte am besten beim
Maison du Tourisme
14, rue de la République
38000 Grenoble
Tel. 76543436

Eine Fundgrube für solcherlei Unterkünfte ist der Führer «Gîtes et réfuges en France» von Annick und Serge Mouraret, Éditions Créer, der 1600 Adressen enthält. Adresse des Verlags: rue Jean Amariton, 63340 Nonette.

Geldwechseln

In der Regel haben die Banken montags bis freitags von 9 bis 16 Uhr 30 geöffnet, mittags ist in vielen Fällen eine Stunde geschlossen. Nicht alle Banken wechseln Geld, sondern nur die, wo «Change» dransteht. Ob Bargeldtausch, Euro- oder Travellerscheck: Meistens muß ein Personalausweis oder Reisepaß vorgelegt werden, manchmal wird auch nach der Adresse in Frankreich gefragt. Die Umtauschgebühren fallen je nach Bank unterschiedlich hoch aus.

Abends und an Wochenenden, das heißt außerhalb der normalen Schalterstunden, kann man auf den Flughäfen und in einigen großen Bahnhöfen an Geld kommen. Im Notfall kann man auch versuchen, in großen Hotels Geld zu tauschen, dann aber wahrscheinlich mit Kursverlusten.

Post

Die Postämter der P. T. T. sind montags bis freitags von 8 bis 19 Uhr geöffnet, samstags bis 12 Uhr. Die Pariser Hauptpost in der rue du Louvre hat rund um die Uhr auf. In vielen Postämtern ist es möglich, vom deutschen Postsparbuch Geld abzuheben, sie sind erkennbar am «Postsparkasse»-Zeichen der Deutschen Bundespost.

Briefmarken bekommt man außer auf Postämtern in allen «Tabac»-Verkaufstellen. Die französischen Briefkästen sind von einem unscheinbaren Gelb und haben meistens zwei Einwurfschlitze: den einen für das jeweilige Département, den anderen für den Rest der Welt.

Telefon

Seit Oktober 1985 haben alle französischen Fernsprechteilnehmer achtstellige Rufnummern. Frankreich ist in zwei Telefon-Zonen aufgeteilt: einmal Paris / Île-de-France, zum andern die gesamte Provinz. Will man innerhalb der «Provinz» telefonieren, etwa von Straßburg nach Toulouse, wählt man einfach die Nummer des Teilnehmers, ohne vorherige Vorwahlnummer. Das gleiche Spiel gilt innerhalb der Zone Paris / Île-de-France. Um nun aber von Paris in die Provinz zu telefonieren, muß zunächst der Provinz-Indikativ 16 gewählt werden, dann die achtstellige Rufnummer. Umgekehrt, von der Provinz in die Pariser Region: erst die 16, dann die 1, dann erst die achtstellige Nummer. Alles klar?

Von Deutschland nach Paris oder Banlieue: erst die Vorwahl 0033 für Frankreich, dann die 1 für Paris, dann die achtstellige Nummer. (Wer noch irgendwo alte siebenstellige Pariser Telefonnummern notiert hat, braucht nicht zu verzweifeln! Es kommt einfach noch eine vier davor.)

Für das übrige Frankreich außer Paris: 0033 und dann direkt die Nummer des Teilnehmers.

Umgekehrt, von Frankreich nach Deutschland: erst die 19, Tonzeichen abwarten, dann die 49 (Österreich 43, Schweiz 41), dann die Vorwahl ohne Null, schließlich die Rufnummer.

LÄNGER BLEIBEN

Wer als Tourist nach Frankreich kommt, kann drei Monate im Land bleiben. Wer länger bleiben will, braucht eine Carte de Séjour, die Leute aus EG-Ländern ohne größere Probleme bekommen. Erste Anlaufstelle dazu ist das nächste Polizei-Kommissariat.

Jobs

Angesichts der hohen Arbeitslosenzahl ist es nicht eben einfach, einen Job zu finden.

Stellenanzeigen stehen in allen Regionalzeitungen und den überregionalen Pariser Blättern, die meisten im *Figaro*. Eine ganze Menge Angebote gibt es für zweisprachige Sekretärinnen. Ziemlich aussichtslos dürfte es sein, sich ans Arbeitsamt (A. N. P. E.) zu wenden, mit Ausnahme der *Agence nationale pour l'emploi, Service spécialisé C. E. E.*
26, rue Youri-Gagarine
94400 Vitry-sur-Seine
Tel. 46819005.

Hilfestellung bei der Jobsuche gibt auch das
Deutsche Sozialwerk (Entraide allemande), 42, avenue George V. 75008 Paris, Tel. 47202285
Dort werden auch Au-pair-Aufenthalte für Frauen vermittelt.

Weitere Adressen für Au-pair-Interessentinnen:
Deutscher Verband Katholischer Mädchensozialarbeit, Karlstraße 40, 7800 Freiburg, Tel. 0761/2001

Verein für internationale Jugendarbeit, Adenauerallee 37, 5300 Bonn 1, Tel. 0228/224433

Dann ist da natürlich auch wieder das *Deutsch-Französische Jugendwerk:* Es fördert langfristige Arbeitsaufenthalte für junge Berufstätige, die bis zu einem Jahr dauern können, sowie spezielle Frankreichaufenthalte für junge Handwerker und Landwirte (Adresse siehe unter *Vorbereiten: Infoquellen zu Hause*)

Relativ einfach lassen sich Jobs bei der Obst- und Gemüseernte bzw. Weinlese finden. Man kann es entweder vor Ort, bei Bauern, Winzern, Kooperativen und lokalen Arbeitsämtern versuchen oder sich vermitteln lassen vom
Centre de Documentation et d'Information rurale,
92, rue du Dessous-des-Berges,
75013 Paris, Tel. 45830492.

Nützlich für alle Job-Aspiranten ist das Buch «Arbeiten und Lernen in Frankreich», zu beziehen im Buchhandel oder bei der
Gesellschaft für internationale Jugendkontakte, Postfach 200562, 5300 Bonn 2

Noch ein Tip: Viele deutsch-französische Städtepartnerschaften ermöglichen mehrmonatige Praktika und Arbeitsaufenthalte für Azubis, Studenten und Berufstätige im Alter von 18 bis 30 Jahren. Informationen gibt es beim Partnerschaftskomitee der Heimatstadt (zu erfragen bei der Stadtverwaltung).

Studieren

An französischen Unis gibt es im Prinzip keinen Numerus clausus. Wer in Frankreich studieren will, sollte sich am besten vorher im nächsten Institut français (siehe unter *Vorbereiten: Infoquellen zu Hause*) über die bürokratischen Formalitäten beraten lassen. Obligatorisch für ausländische Studenten der ersten Studienstufe ist eine «pré-inscription» bis Dezember für das Studienjahr, das im darauffolgenden Herbst beginnt. Besorgen sollte man sich auf jeden Fall die Broschüren «Studium in Frankreich» und «Auslandsstipendien für Deutsche» beim
Deutschen Akademischen Austauschdienst (DAAD)
Kennedyallee 50
5300 Bonn 2, Tel. 0228/8820

Ebenfalls nützlich ist das Buch «Je vais en France», erhältlich beim
Centre national des Œuvres universitaires et scolaires
8, rue Jean-Calvin, 75005 Paris.

Reiseführer

Michelins Grüne Reiseführer gibt es auf deutsch für Bretagne, Côte-d'Azur, Elsaß-Vogesen-Champagne, Paris, Provence und die Schlösser an der Loire. Sie enthalten solide Informationen über landschaftliche, historische oder kulturelle «Sehenswürdigkeiten» und gutes Kartenmaterial.

Brauchbar zur Einstimmung auf einzelne Gegenden sind auch die diversen *Merian*-Hefte und die – ziemlich teuren – *DuMont-Kunstreiseführer.*

«Mit dem ‹Guide Bleu› von Hachette versuche ich's erst gar nicht. Das ist eines von jenen Reisebüchern, deren Verfasser man immer gern bei sich hätte, um sie mit der Nase an alle Mauern zu stoßen, die man einrennen würde, wenn man ihre törichten Ratschläge befolgte», schrieb einst Kurt Tucholsky. Dieses Urteil muß man heute revidieren: die *Guides bleus* sind mit das Beste, was es über Frankreich gibt –

prall informativ, mit ausführlichen Einleitungskapiteln über historische und soziale Entwicklungen. Das gilt vor allem für die Bände zu den einzelnen Regionen. Der Band über ganz Frankreich ist begreiflicherweise etwas summarischer geraten. Ihn gibt es auch auf deutsch, in der Reihe «Die blauen Führer» in der Molden-Edition.

Nützlich für Freunde des Strandlebens ist der ADAC-Reiseführer *Die Badeplätze in Frankreich* (2 Bände: Mittelmeer/Korsika und Atlantik), der recht detaillierte und kritische Beschreibungen einzelner Küstenabschnitte und Strände bietet.

Reiseberichte

Maria Antonietta Macciocchi *Der französische Maulwurf. Eine politische Reise* (Rotbuch Verlag, Berlin 1977)

Respektlose «Tour de France» (so der Originaltitel) einer linken Italienerin. Das Buch hat ein wenig an Aktualität eingebüßt, ist aber trotzdem sehr lesenswert.

Kurt Tucholsky *Ein Pyrenäenbuch* (rororo 474)

Eine Reise vom Baskenland ins Roussillon, schnoddrig-berlinerische, aber liebevolle Schilderung von Land und Leuten aus einer Zeit, als es noch keinen Massentourismus gab. Gute Lektüre für Leute, die sich in der Gegend rumtreiben wollen.

Wolfgang Koeppen *Reisen in Frankreich* (Suhrkamp Taschenbuch 530)

Reiseprotokolle aus dem Jahre 1961. Reichlich kurzatmig durchmißt Koeppen das Hexagon, liefert bruchstückhafte Impressionen auf dem Hintergrund des Algerienkrieges. Immer wieder nörgelt der deutsche Dichter über mäßiges Essen und schlechten algerischen Wein; außerdem ist in Frankreich alles voller Neger. Aus heutiger Perspektive spaßig zu lesen.

Landeskunde

Lothar Baier *Französische Zustände* (Europäische Verlagsanstalt, Köln 1982 und als Fischer Taschenbuch)

Hervorragende Sammlung von Berichten und Essays (unter anderem über politische Skandale, Neue Rechte, die Pariser Intellektuellenszene, Okzitanien, die Résistance ...) von einem der besten deutschen Frankreichkenner.

Joseph Müller-Marein/Catherine Krahmer *25mal Frankreich* (Piper Verlag, München)

Eine Sammlung landeskundlicher Aufsätze, die verschiedene Bereiche der französischen Realität berühren. Sehr informativ, wenn auch manchmal etwas betulich.

François Hasenclever/Claus Leggewie u. a. *Frankreich – von Paris aus. Ein politisches Reisebuch* (VSA-Verlag, Hamburg 1985)

Enthält Kapitel zu Sozialleben, Kultur, Geschichte und ein paar Regionen von einer Vielzahl von Autoren. Einige sind sehr lesenswert (so Claus Leggewies Einleitung «Das gelobte Land»), andere wirken wie dröge Schulaufsätze. Unergiebig, weil viel zu kurz, ist der Abschnitt über die Regionen, um so länger ist dafür der Geschichtsteil.

Allerdings ist er in großen Partien wörtlich und ohne Quellenangabe aus anderen Büchern abgeschrieben. Peinlich.

Literarisches

Jean Carrière *Der Sperber von Maheux* (rororo 5275)
Eindrucksvolle Schilderung des rauhen Lebens in den Cevennen.

Lion Feuchtwanger *Der Teufel in Frankreich* (Fischer Taschenbuch 5918)
Bedrückende Erlebnisse eines antifaschistischen Emigranten.

Victoria Thérame *Bastienne* (rororo 5494)
Eine aufregende Erzählung über das Leben Jugendlicher in einem Pariser Sanierungsviertel und über den ganz alltäglichen Rassismus Mitte der Achtziger.

Abtreibung	**463**
Alternativzeitschriften	**463**
Anti-Rassismus	**463**
Behinderte	**463**
Diplomatische Vertretungen	**464**
Festivals	**464**
Frauen	**464**
Frieden	**464**
Gesundheit	**465**
Gewerkschaften	**465**
Grüne	**465**
Heimweh	**465**
Kino	**465**
Lesben	**466**
Linke Parteien und Gruppen	**466**
Medien	**466**
Musik	**467**
Polizei und Justiz	**467**
Schwule	**467**
Sport	**467**
Sprachschulen	**468**
Theater	**468**
Umweltschutz	**468**

Abtreibung

Mouvement français pour le planning familial
Dokumentations-zentrum:
4, square Irénée
75011 Paris
Tel. 48072910

außerdem:
94, boulevard Masséna
75013 Paris
Tel. 45480023

Dazu kommen viele regionale Beratungsstellen dieser hilfreichen Organisation.

Alternativ-zeitschriften

Article 31
B. P. 423 75527
Paris Cedex 11
Schwerpunkt: Auseinandersetzung mit dem Rechtsextremismus.

Agora
B. P. 1214
31037 Toulouse Cedex
Anarchistische Monatsschrift.

Alternatives Économiques
12, avenue Sœur-Rosalie
75013 Paris

Combat Nature
B. P. 3046
24003 Périgueux Cedex
Revue der Umwelt- und Naturschutzvereinigungen.

Courant alternatif
B. P. 1213
51058 Reims Cedex
Libertäre Zeitschrift.

Le Monde libertaire
145, rue Amelot
75011 Paris
Zeitung der Fédération anarchiste.

Non-violence Actualité
20, rue du Dévidet
45200 Montargis
Zeitschrift aus der autonomen Friedensbewegung

Journal M
(Mensuel Marxisme Mouvement)
209, rue Saint-Maur
75010 Paris
Marxistische Monatszeitung

Sans Frontière
33, boulevard St. Martin
75003 Paris
Schwerpunkte: Arbeitsemigranten und Dritte Welt.

Silence
4, rue Bodin
69001 Lyon
«Écologie, Alternatives, Non-violence».

Union Pacifiste
4, rue Lazare-Hoche
92100 Boulogne
Organ der gleichnamigen Union Pacifiste.

Anti-Rassismus

M. R. A. P. (Mouvement contre le racisme et pour l'amitié entre les peuples)
86, rue Oberkampf
75011 Paris
Tel. 48068800
Steht der KPF nahe.
Gibt auch die Zeitschrift «Différences» heraus.

CIMADE
176, rue de Grenelle
75007 Paris
Tel. 45503443
Protestantische Ausländerhilfsorganisation.

SOS – Racisme
19, rue Martel
75010 Paris
Tel. 45230762
Eine von Jugendlichen ausgegangene Initiative, die sehr erfolgreiche Massendemonstrationen organisiert hat.

Behinderte

C. I. D. J. (Jugend-Informations- und Dokumentationszentrum)
101, quai Branly
75015 Paris,
Tel. 45668453
Gibt regelmäßig Merkblätter über Urlaub für Behinderte («vacances pour handicapés») heraus, außerdem gibt es dort jeden Mittwoch eine Sprechstunde «info-handicaps».

Comité national français de liaison pour la réadaptation des handicapés
38, boulevard Raspail
75007 Paris
Tel. 45489013
Adressen und Hilfen für Behinderten-Ferien.

Association des paralysés de France
17, boulevard Auguste-Blanqui
75013 Paris
Tel. 44808240
Gibt den Spezialführer «Où ferons-nous étape» (Wo werden wir haltmachen) heraus.

Über die jedes Jahr stattfindenden deutsch-französischen Begegnungen für junge Behinderte informiert das *Deutsch-Französische Jugendwerk* Rhöndorfer Straße 23
5340 Bad Honnef 1
Tel. 02224/ 18080

Diplomatische Vertretungen

Botschaft der Bundesrepublik Deutschland
13–15, avenue Franklin-D. Roosevelt
75008 Paris
Tel. 43593351

Konsularische Abteilung der BRD-Botschaft
34, avenue d'Iéna
75016 Paris
Tel. 43593351

Botschaft der Bundesrepublik Österreich
6, rue Fabert
75007 Paris
Tel. 45559566

Schweizer Botschaft
142, rue de Grenelle
75007 Paris
Tel. 45503446

Festivals

Schier unüberschaubar ist die Menge der Theater-, Film- und Musikfestivals, die das ganze Jahr über, vor allem aber während der Sommermonate im Hexagon stattfinden. Über Orte, Termine und Themen informiert man sich am besten beim *Amtlichen Französischen Verkehrsbüro*, Kaiserstraße 12, 6000 Frankfurt/M. Tel. 069/752029, oder bei der *ANIT (Agence Nationale pour l'Information Touristique)*, 8, avenue de l'Opéra, 75001 Paris, Tel. 42603738.

Frauen

Agence femmes information (AFI)
21, rue des Jeûneurs
75002 Paris
Tel. 42333747
Frauen-Presseagentur und Dokumentationszentrum.

Ligue du droit des femmes
54, avenue de Choisy
75013 Paris
Tel. 45851137
Kämpft gegen jede Art von Sexismus.

Ministère des Droits de la femme
53, avenue Iéna
75016 Paris
Tel. 45018556
Frauenministerium.

Bibliothèque Marguerite Durand
21, place du Panthéon
75005 Paris
Tel. 43268505
Bibliothek zur Geschichte der Frauenbewegung.

Frieden

Mouvement de la Paix
35, rue de Clichy
75009 Paris
Tel. 48743586
Unterorganisation der KPF.

CODENE (Comité pour le désarmement nucléaire en Europe)
23, rue Notre-Dame-de-Lorette
75009 Paris
Tel. 42814892
Dachorganisation der autonomen Friedensbewegung.

Mouvement pour une alternative non-violente (M. A. N.)
20, rue du Dévidet
45200 Montargis
Tel. 38931373
Bewegung für Gewaltfreiheit.

Union Pacifiste de France
4, rue Lazare-Hoche
92100 Boulogne
Tel. 46032762
Libertäre Pazifisten.

Le Cun du Larzac
route de Perrefiche
12100 Millau
Tel. 65606233
Tagungszentrum. Programm anfordern!

ebenfalls:
La Forge
10, rue de Paris, Long-pont-sur-Orge
933 310 Monthléry
Tel. 69 01 99 81

Gesundheit

Man ist auch in Frankreich über die heimische Krankenkasse versichert und kann einfach zu irgendeinem Arzt gehen. Wer auf einen deutsch sprechenden Arzt Wert legt, kann die Botschaft oder ein Konsulat anrufen, die haben ein paar Adressen vorrätig.

Vor längeren Auslandsaufenthalten ist es in jedem Fall ratsam, sich von der deutschen Versicherung einen internationalen Krankenschein zu holen. Der muß dann in Frankreich bei einer Sécurité Sociale-Filiale gegen einen anderen Schein eingetauscht werden, den man dann wiederum dem behandelnden Arzt vorlegt.

Sonst muß auf jeden Fall direkt nach der Behandlung erst mal das Honorar bezahlt werden, und bis man das Geld wiederkriegt, ist einiges an Papierkrieg abzuwickeln.

Centre de renseignements hospitaliers (Paris)
Tel. 42 74 50 50
Auskünfte über alles, was mit dem öffentlichen Gesundheitssektor zu tun hat.

Fédération des usagers de la santé
18, rue Victor-Massé
75 009 Paris
Tel. 45 26 51 96
Vertritt die Interessen der Patienten.

In vielen «alternativen» Buchläden gibt es die Zeitschrift «L'Impatient», die sich kritisch mit der medizinischen Versorgung auseinandersetzt und sich mit den Methoden der «sanften Medizin» befaßt.

Gewerkschaften

C. G. T. (Confédération générale du travail)
263, rue de Paris
93 516 Montreuil Cedex
Tel. 48 51 80 00
Größte Gewerkschaft; von der KPF kontrolliert.

C. F. D. T. (Confédération française démocratique du travail)
4, boulevard de la Villette
75 019 Paris
Tel. 42 03 80 00
Linke Gewerkschaft; starker Einfluß der Sozialistischen Partei.

F. O. (Force Ouvrière)
198, avenue du Maine
75 014 Paris
Tel. 45 39 22 03
«Unpolitische» Gewerkschaft mit zunehmendem Einfluß.

F. E. N. (Fédération de l'éducation nationale)
48, rue La Bruyère
75 440 Paris, Cedex 09
Tel. 42 85 71 01
Linke Lehrergewerkschaft.

Grüne

Les Verts
90, rue Vergniaud
75 013 Paris
Tel. 45 89 91 11
Hauptquartier der französischen Grünen-Partei.

Heimweh

Die Vorwahl in die BRD ist 19 (Tut-Zeichen abwarten) 49, dann bei der Ortsvorwahl die Null weglassen.

Es gibt in Frankreich (deutsch-französische Freundschaft verpflichtet!) eine Reihe von Goethe-Instituten (Bibliothek, deutsche Filme, Vorträge, Ausstellungen), die jeweils unter «Regionale Tips» angegeben sind.

Kino

In den größeren Städten findet sich ein breites Angebot von Programmkinos («Art et essai»). In vielen Fällen gibt es Ermäßigungen für Studenten (am besten einen internationalen Studentenausweis besorgen!), allerdings nicht am Wochenende (das fängt Freitag um 18 Uhr an) und an Feiertagen.

Noch ein paar praktitische Hinweise: Es gibt keinen Kartenvorverkauf, man muß sich also anstellen, manchmal schon eine halbe Stunde vor der Vorstellung. Bei nicht-französischen Filmen ist entweder angegeben: V. O. (version originale=Originalversion mit Untertiteln) oder V. F. (version française). Auf jeden Fall sollte man der Platzanweiserin ein Trinkgeld geben, sonst schlägt sie Krach. Sie erwartet inzwischen mindestens zwei Francs.

Lesben

M. I. E. L. (Mouvement d'Information et d'Expression Lesbiennes)
Maison des Femmes
8, cité Prost
75 011 Paris
Tel. 43 48 24 91

Lesbia
B. P. 526
75 821 Paris Cedex 17
Monatszeitschrift, in Frauenbuchläden erhältlich.

Linke Parteien und Gruppen

Parti socialiste (PS)
10, rue de Solférino
75 007 Paris
Tel. 45 50 34 35
Zeitschrift: «l'Unité».

Parti socialiste unifié (PSU)
9, rue Borromée
75 015 Paris
Tel. 45 66 45 37
Zeitschrift: «Tribune socialiste».

Ligue communiste révolutionnaire (LCR, Trotzkisten)
2, rue Richard-Lenoir
93 108 Montreuil
Tel. 48 59 23 00
Zeitschrift: «Rouge».

Lutte ouvrière (LO, ebenfalls Trotzkisten)
B. P. 233
75 865 Paris Cedex 18
Zeitschrift: «Lutte Ouvrière».

Parti Communiste français (PCF)
2, place du Colonel-Fabien
75 019 Paris
Tel. 42 38 65 66
Zeitschriften: «L'Humanité», «Révolution».

Mouvement des radicaux de gauche (MRG; linksliberal)
195, boulevard St. Germain
75 007 Paris
Tel. 45 48 66 39

Fédération pour une gauche alternative (FGA)
99, rue des Couronnes
75 020 Paris
Zusammenschluß diverser linker und alternativer Gruppen.

Fédération Anarchiste
145, rue Amelot
75 011 Paris
Tel. 48 05 34 08
Zeitschrift: «Le Monde libertaire».

Medien

Das tägliche Fernsehprogramm ist in den Tageszeitungen abgedruckt. Für das Radioprogramm ist man auf die Programmzeitschriften angewiesen. Die beste und vollständigste ist «Télérama». TV- und Radio-Programmhinweise für die folgende Woche bringt «Le Monde» in ihrer Freitagsausgabe (datiert vom Samstag). «Libération» informiert regelmäßig über die Programme einiger lokaler Privatsender. Diese sogenannten «freien Radios» sind in verschiedenen Vereinigungen organisiert. Die wichtigsten:

Association pour la libération des ondes (ALO)
58 bis, rue de la Chaussée-d'Antin
75 009 Paris
Tel. 45 26 07 15

Fédération nationale des radios libres
220 bis, avenue de Verdun
92 130 Issy-les-Moulineaux
Tel. 47 21 05 42

Syndicat professionnel des radios indépendantes et des nouvelles télévisions
33, avenue Montaigne
75 008 Paris
Tel. 47 20 01 86

Syndicat national des télévisions et radios locales
60, rue du Président-Wilson
92 300 Levallois-Perret
Tel. 45 26 57 90

Musik

Auskünfte über das Musikgeschehen in Paris und den Regionen kriegt man täglich in der Tageszeitung «Libération» unter der Rubrik «Jour et Nuit». Speziell für den Sektor «Chansons» ist die Zeitschrift «Paroles et Musiques» zuständig (Musiker-Porträts, Plattenbesprechungen); Rock-Fans informiert die Revue «Rock et Folk» über die entsprechenden Szenen (wobei «Folk» im Titel nur noch ein Überbleibsel aus verflossenen Zeiten ist), verschiedene Publikationen befassen sich mit der Jazz-Szene («Hot Jazz», «Jazz Magazine» ...), ausführliche Informationen über das klassische Musikgeschehen bietet «Le Monde de la musique».

Polizei und Justiz

Hilfe und juristischer Rat gegen Minimalhonorare:

Maison de la défense
13, rue de l'Arrivée
69 003 Lyon
Tel. 78 60 74 50

Groupement d'action judiciaire
Les Peupliers, Chaumière blanche
69 130 Écully
Tel. 74 33 19 53

Cabinet collectif d'Avocats
52, boulevard d'Ornano
75 018 Paris
Tel. 42 52 35 00
Dort sind auch Adressen von Anwaltskollektiven in der Provinz zu erfragen.

SOS – Avocats (Paris)
Tel. 43 29 33 00
Telefonische Rechtsberatung von 18 – 23 Uhr.

Schwule

C. U. A. R. H. (Comité d'Urgence Anti-Répression Homosexuelle)
67, rue de Dunkerque
75 009 Paris
Tel. 42 80 25 94
Dachorganisation für rund 30 Gruppen in Frankreich, bringt die Monatszeitschrift «Homophonies» heraus.

David et Jonathan
B. P. 9107
75 321 Paris Cedex 07
Christliche Organisation, ist in 15 Städten der Provinz vertreten.

Gai Pied
45, rue Sedaine
75 011 Paris
Tel. 43 57 52 05
Wochenzeitschrift. Unter derselben Anschrift auch die Reiseagentur «Gai Pied Voyages» sowie die «Association des Médecins Gais» (Vereinigung schwuler Ärzte).

Sport

Alpinismus:
Fédération française de la Montagne
20, rue de La Boétie
75 008 Paris
Tel. 47 42 39 80

Club Alpin français
9, rue de La Boétie
75 008 Paris
Tel. 47 42 38 46

Paddeln und Kanu:
Fédération française de Canoë-Kayak
17, route de Vienne
69 007 Lyon
Tel. 78 61 32 74

Radfahren:
Fédération française de Cyclotourisme
8, rue Jean-Marie-Jego
75 013 Paris
Tel. 45 80 30 21

Segeln:
Fédération française de Voile
55, avenue Kléber
75 016 Paris
Tel. 45 53 68 00

Bei diesen Organisationen bekommt man Informationsmaterial über die entsprechenden Sportarten (Clubs, Kurse usw.).

Jedes Jahr werden in Zusammenarbeit mit dem Deutsch-Französischen Jugendwerk deutsch-französische Sportprogramme (Ski und Segeln) veranstaltet (staatlich bezuschußt, daher oft sehr günstig!). Auskunft bei *Deutsch-Französisches Jugendwerk*
Rhöndorfer Straße 23
5340 Bad Honnef 1
Tel. 02224/18080

Sprachschulen

Über Sprachreisen und -aufenthalte informiert umfassend die Broschüre «Nach Frankreich der Sprache wegen», zu erhalten bei:
Aktion Bildungsinformation
Alte Poststraße 5
7000 Stuttgart 1
Tel. 0711/223682

Nützlich sind auch die Merkblätter «Organismes assurant des sessions intensives de langues vivantes» (Nr. 4582) und «Cours d'été pour étudiants étrangers en France» (Nr. 5561), erhältlich beim
Centre d'Information et de Documentation Jeunesse
101, quai Branly
75740 Paris Cedex 15
Tel. 45664020

Weitere Informationen: Der *Deutsche Akademische Austauschdienst (DAAD)*, Kennedyallee 50, 5300 Bonn 2, Tel. 0228/8820, gibt eine Broschüre über «Sommersprachkurse an französischen Hochschulen» heraus; und beim *Deutsch-Französischen Jugendwerk*, Rhöndorfer Straße 23, 5340 Bad Honnef 1, Tel. 02224/18080, das jedes Jahr eine Anzahl Sprachkursstipendien vergibt, ist das Heft «Stipendien für Intensivsprachkurse in Frankreich» zu bekommen.

Theater

Informationen über das aktuelle Theaterprogramm sind in den jeweiligen Tageszeitungen zu finden, große Festivals (Avignon, Nancy) werden ausführlich in der Pariser Presse gewürdigt. Spezielle Theaterzeitschriften sind «Acteurs», «Théâtre en Europe» und «Théâtre public».

Umweltschutz

Les Amis de la Terre
72, rue du Château-d'Eau
75010 Paris
Tel. 47700232
Assoziation von über 150 lokalen Umweltschutzgruppen.

Greenpeace
3, rue de la Bûcherie
75005 Paris
Tel. 43259137

SOS Environnement
31, rue d'Enghien
75010 Paris
Tel. 42469447

REGIONALE TIPS

Aix-en-Provence	469	**Montpellier**	477
Avignon	469	**Nancy**	478
Bayonne (Baskenland)	469	**Nantes**	479
Besançon	470	**Nizza**	480
Bordeaux	470	**Paris**	481
Clermont-Ferrand	471	**Perpignan**	485
Dijon	472	**Rennes**	485
Grenoble	472	**La Rochelle**	486
Lille	473	**Rouen**	487
Lyon	474	**Straßburg**	487
Marseille	476	**Toulouse**	488

Aix-en-Provence

Information

Office du Tourisme
Place du Général de Gaulle
Tel. 42260293

Übernachten

Jugendherberge
Avenue Marcel Pagnol
Tel. 42201599
Ziemlich weit außerhalb gelegen. Zu erreichen mit dem Bus Nr. 7.

Essen/Trinken

L'Orangerie
18, rue Boulegon
Preiswertes Restaurant mit traditioneller Küche.

Les Deux Garçons
55, cours Mirabeau
Berühmtes Café mit Saal aus dem 18. Jahrhundert, an der zentralen Flaniermeile gelegen.

Kulturelles

Außer einigen Museen und ganz guten Kinos bedeutet das in Aix vor allem: Opernfestival. Über Programm und Preise dieses sommerlichen Großspektakels informiert das
Comité des fêtes
2 bis, avenue Victor Hugo
Tel. 42262338

Buchladen

Librairie Vents du Sud
7, rue Maréchal-Foch

Frauen

La Toile d'Araignée
26, rue Félibre Gault
Tel. 42278699
Frauencafé und -buchladen.

Aire elle
1, rue de Bruys
Tel. 960717
Frauengruppe, die von Do bis Sa auch ein Restaurant betreibt.

Gruppen/Zentren

Espace libre
1, rue des Cordeliers
Treffpunkt von Ökologen und Pazifisten.

Universität

Institut d'études françaises pour étudiants étrangers
23, rue Gaston-de-Saporta
13625 Aix-en-Provence Cedex
Tel. 42232843

Avignon

Information

Office du Tourisme
41, cours Jean-Jaurès
Tel. 90826511

Übernachten

Jugendherberge
32, boulevard Limbert
Tel. 90852778

Essen/Trinken

Les Acacias
17, avenue Monclar
Regionale Küche, billig.

La Mamie Rose
25, place des Carmes
Behaglich und preiswert.

Les Pain bis
6, rue Armand Pontmartin
Vegetarisch.

Kulturelles

Während des großen Festivals im Juli herrscht Ausnahmezustand. Wer Lust hat, sich in den Trubel zu stürzen, erhält Auskunft beim
Bureau du Festival
B.P. 92
84006 Avignon Cedex
Tel. 90862443

Buchladen

Monde Méditerranéen
16, rue Bonneterie

Schwule

GLH Vaucluse
B.P. 145
84008 Avignon Cedex

Bayonne (Baskenland)

Information

Comité de coordination du Pays basque
Square d'Ixelles
64200 Biarritz
Tel. 59243180

Übernachten

Jugendherberge
19, route des Vignes

64600 Anglet
Tel. 59638649

Essen / Trinken

Euzkalduna
59, rue Pannecau
64100 Bayonne
Baskische Spezialitäten, wie der Name sagt.

Gute, preiswerte und reizvoll gelegene Restaurants gibt es in einigen Bergdörfern südlich von Bayonne, etwa «Joantorena» in Saint-Étienne-de-Baigorry, «Artzain Etchea» in Estérencuby, «Pecoitz» in Aincillé (alles in der Nähe der Kleinstadt St. Jean-Pied-de-Port).

Kulturelles

Musée Basque
1, rue Marengo
64100 Bayonne
Stark vollgestopftes Regionalmuseum, das ein Panorama vergangenen baskischen Lebens bietet.

Politische Gruppen

Herri Taldeak
6, rue des Visitandines
64100 Bayonne
Tel. 59257687
Baskische Autonomistenpartei.

Besançon

Information

Office du Tourisme
place de la 1ère Armée Française
Tel. 81809255

Übernachten

Jugendherberge in der Nachbarstadt Dôle
9, rue Jean XXIII
Tel. 84820036

Essen / Trinken

Au Pays
10, rue Mégevand
Preisgünstig. Regionalküche.

Le Little Palace
14, rue de Pontarlier
Nicht ganz so billig, aber sehr gut.

Kulturelles

Musée d'histoire de Besançon
Palais Granvelle
96, Grande-Rue
Museum der Stadtgeschichte. Ein Saal erinnert an die «socialistes comtois» (Fourier, Considérant, Proudhon).

Ein großes klassisches Musikfestival findet im September in und um Besançon statt. Auskunft beim
Festival de Musique
2, rue Isenbart
2500 Besançon
Tel. 81807326

Saline Royale
25610 Arc-et-Senans
Tel. 81864611
Beeindruckendes Fragment einer von Claude-Nicolas Ledoux konzipierten Idealstadt. Heute finden dort Ausstellungen und Workshops statt.

Schwule

Le CHOC (Collectif homosexuel de Franche-Comté)
B. P. 63
25013 Besançon Cedex

SOS Gais Franche-Comté
Telefonservice. Funktioniert freitags ab 20 Uhr: 81811284

Gruppen / Zentren

C. I. C. S.
27, rue de la République
Zentrum für verschiedene soziale und kulturelle Initiativen.

Universität

Université de Franche-Comté
47, rue Mégevand
25030 Besançon Cedex
Tel. 81822501

Bordeaux

Information

Office du Tourisme
12, cours du 30 Juillet
Tel. 56442841

Centre d'Information Jeunesse
5, rue Duffour-Dubergier
Tel. 56485550
Spezielles Auskunftszentrum für Jugendliche. Informiert über lokale Aktivitäten, Kurse, Jobs.

Übernachten

Jugendherberge
22, cours Barbey
Tel. 56915951

Essen/Trinken

Le Caneton
76, rue des Faures
Sehr billig.

El Boqueron
83, rue des Faures
Voll, laut, spanisch.

La Forge
8, rue du Chai-des-Farines
Vergleichsweise preiswert für das, was man kriegt.

Nara
10, rue de Guienne
Vegetarisch-makrobiotisch.

Pey-Berland
3, rue Duffour-Dubergier
Traditionsreiche Kneipe. Seit langem eine Institution.

Peter Pitt
18, rue des Remparts
Weinbar für Freunde des Bordeaux.

Baobab
57, rue de Bègle
Schwarzafrikanische Bar in dieser ehemaligen Sklavenhändlerstadt.

Kulturelles

Entrepôt Lainé
rue Foy
Tel. 56441635
Sehr animiertes Zentrum für zeitgenössische Kunst in einem früheren Lagerhaus.

Musée de la Marine
place de la Bourse
Tel. 56480027
Maritime Erinnerungen einer reichen Hafenstadt.

Buchläden

L'en-dehors
46, rue du Mirail
Das allgemeine und linke Bücherspektrum.

Vent debout
29, rue Bergeret
Alternativer Buchladen mit Café und Ausstellungsraum, bis 23 Uhr geöffnet.

Frauen

Maison des Femmes
34, rue Lakirat
Tel. 56925662

Les Gazelles
Lesbengruppe. Trifft sich im «Vent Debout» (siehe Buchläden).

Schwule

Vivre autrement en Aquitaine
Telefonservice von Mo bis Fr, 19 bis 21 Uhr
Tel. 56952376

Heimweh

Goethe-Institut
16 ter, rue Boudet
Tel. 56446706

Universität

Université de Bordeaux III
Département d'études françaises pour étrangers
33405 Talence
Tel. 56808483

Clermont-Ferrand

Information

Office du Tourisme
69, boulevard Gergovia
Tel. 73933020

C. I. D. J.
8, place de Regensburg
Tel. 73351010
Informationszentrum für Jugendliche.

Übernachten

Jugendherberge
«Auberge du Cheval Blanc»
55, avenue de l'Union-Soviétique
Tel. 73922639

Eine Reihe billiger Hotels gibt es in der Nähe des Bahnhofs.

Essen/Trinken

Le Machon
26, rue des Deux-Marchés
Man sollte sich nicht so sehr am Dekor stören: das Essen ist gut, reichlich und preiswert.

Le Brezou
51, rue Saint-Dominique
Solides Restaurant, nicht teuer.

Bar de la Treille
12, rue de la Treille
Alternativ angehauchte Kneipe in der Altstadt. Sonntag abends für Frauen reserviert.

La Taverne de Roubaix
4, rue Sainte-Claire
Sympathischer alter Bistrot-Saal. Billiges Essen.

Buchladen

Librairie Rome
1, rue des Gras
Viel über die Auvergne.

Gruppen/Zentren

Centre Blaise Pascal
3, rue Maréchal-Joffre
Tel. 73921637
Ziemlich alles, was sich in Clermont bewegt, hat in dieser ehemaligen Schule Unterschlupf gefunden: Ökos, Okzitanier, freie Radios usw.

Universität

Clermont-Ferrand I und II
34, avenue Carnot
63000 Clermont-Ferrand
Tel. 73929732

Dijon

Information

Office du Tourisme
place Darcy
Tel. 80434212

Centre d'Information Jeunesse Bourgogne
22, rue Audra
Tel. 80303556
Auskünfte über kulturelle Aktivitäten, Workshops, Jobs, Unterkunftsmöglichkeiten und vieles mehr.

Comité Regional du Tourisme
55, rue de la Préfecture
Tel. 80552410
Informationen über das gesamte Burgund.

Übernachten

Centre de Rencontres Internationales (Jugendherberge)
1, boulevard Champollion
Tel. 80713212
Sehr komfortabel. Vom Bahnhof mit dem Bus Nr. 5 zu erreichen.

Essen/Trinken

Le Petit Zinc
50, rue Chabot-Charny
Burgundische Spezialitäten.

Le Rallye
39, rue Chabot-Charny
Falls ihr ein bißchen mehr Geld übrig haben solltet: ein Spitzenrestaurant mit vergleichsweise milden Preisen.

Piron
18, rue Pasteur
Sehr preisgünstig, aber korrekt.

Moulin à Vent
8, place François-Rudé
Belebte Kneipe in der Nähe der Markthalle.

Kulturelles

Musée des Beaux-Arts
place de la Sainte-Chapelle
Sehr reiche Gemäldesammlung im alten Palast der burgundischen Herzöge. Zu beachten: die Palastküche.

Ausgiebige Kultur-Animation (Theater, Konzerte, Filme) findet in den Sommermonaten in der gepflegt-pittoresken Innenstadt statt. Konzerte klassischer Musik im Palast der Herzöge und in den Kirchen Saint-Bénigne, Saint-Philibert, Saint-Jean.

Gruppen/Zentren

Les alternatives du Centre-Est
17, rue Cazotte
B. P. 1343
21023 Dijon Cedex
Tel. 80305073
Geben eine Öko-Zeitschrift gleichen Namens heraus.

G. L. H. (Groupe de Libération Homosexuelle)
23, rue Charles-le-Téméraire
Tel. 80551498

Universität

Centre International d'Études Françaises
36, rue Chabot-Charny
21000 Dijon
Tel. 80662049

Grenoble

Information

Maison du Tourisme
14, rue de la République
Tel. 76543436

Dauphiné Information Jeunesse
1, passage du Palais-de-Justice

Tel. 76547038
Von 11 bis 19 Uhr geöffnet. Info-Zentrum für Jugendliche über alles, was in Grenoble passiert.

Übernachten

Jugendherberge
avenue de Grésivaudan
38130 Échirolles
Tel. 76093352
Mit dem Bus Nr. 15 erreichbar.

Essen/Trinken

Le Rabelais
55, avenue Alsace-Lorraine
Einfach, aber reichhaltig.

La Belle Hélène
4, place de Gordes
Salon de thé und Restaurant.

La Galérie Madeleine
4, rue de Lionne
Kunstgalerie und Restaurant.

La Chaumière Savoyarde
27, rue Gabriel-Péri
Regionale Alpenküche.

Le Couche Tard
1, rue du Palais
Musik-Kneipe.

Kulturelles

Maison de la Culture
4, rue Paul-Claudel
Tel. 76250545
Enormer Kulturkomplex für Ausstellungen, Theater, Konzerte.

Musée Dauphinois
30, rue Maurice-Gignoux
Sammlung zur Alltagsgeschichte der Region.

Musée de la Résistance et de la Déportation
14, rue Jean-Jacques Rousseau

Buchläden

L'Encre Sympathique
93, rue St. Laurent
Alternatives und linkes Sortiment.

La Dérive
10, place Santeclair

L'Arlequin
94, galérie d'Arlequin

L'Université
2, square des Postes

Gruppen/Zentren

Maison des associations
2 bis, rue Berthe-de-Boissieux
Beherbergt verschiedene Initiativen, unter anderem das «Mouvement pour une alternative non-violente».

Local Écologiste
22, rue St. Laurent

Maison des Femmes
4, impasse du Four (rue St. Laurent)
Tel. 76541543

Radio Mandrin, 95,7 Mhz
Tel. 76879190
Linkes, selbstverwaltetes Radio.

Universität

Université de Grenoble III
Centre universitaire d'études françaises
B. P. 25X
38040 Grenoble Cedex
Tel. 76424837

Lille

Information

Comité Départemental de Tourisme
14, square Foch
Tel. 20570061

Syndicat d'Initiative
Palais Rihour
Tel. 20308000

Übernachten

Jugendherberge
1, avenue Julien-Destre
Tel. 20527602

Essen/Trinken

Brasserie Jean
2, rue Faidherbe
Hundert Sorten Bier, einige flämische Spezialitäten. Offen bis 4 Uhr früh.

Le Hochepot
6, rue du Nouveau-Siècle
Flämische Küche, gute Biere.

L'Idéal
8, rue du Vieux-Faubourg
Billig und voll.

La Paix
25, place Rihour
Beliebter Freß-Tempel der Bourgeoisie von Lille. Für einen spendablen Abend.

Buchläden

FNAC-Furet
9, place Charles-de-Gaulle
«Größte Buchhandlung Europas».

Librairie des Femmes
19, rue du Cirque
Frauenbuchladen.

Gruppen/Zentren

Maison de la Nature et de l'Environnement
23, rue Gosselet
Tel. 20521202
Natur- und Umweltschutz-Zentrum der Vereinigung «Nord-Nature».

Mouvement pour une alternative non-violente (M. A. N.)
2, rue des Bouchers
Friedensgruppe

Du Côté des Femmes
19, rue du Cirque
Tel. 20.515488
Frauenzentrum.

C. L. A. R. H. (Comité Lillois Anti-Répression Homosexuelle)
32, rue Arago
Tel. 20544406 oder 20574266

Le Caméléon gay
10, rue de Wazemmes
Tel. 20521884
Nicht-kommerzieller Schwulen-Treff.

Heimweh

Generalkonsulat der BRD
22, place du Maréchal-Leclerc
Tel. 20938463

Goethe-Institut
98, rue des Stations
Tel. 20570244

Universität

Université de Lille III
Departement des étudiants étrangers
B. P. 149
59653 Villeneuve d'Ascq
Tel. 20911300

Lyon

Information

Office du Tourisme
place Bellecour
Tel. 78422575

Centre Régional des Informations pour Jeunes
9, quai des Célestins
Tel. 78371528
Informationen über Veranstaltungen, Kurse, Jobs, Unis, Wohnheime, speziell für Jugendliche.

Übernachten

Wenn eine Messe in Lyon stattfindet, kann es schwierig werden, ein Hotel zu finden. Besser rechtzeitig dran denken und beim *Office du Tourisme* Zimmer vorbestellen.

Jugendherberge
51, rue Salengro
69200 Vénissieux
Tel. 78763923
Mit dem Bus Nr. 53 zu erreichen.

Essen/Trinken

Café des Fédérations
8, rue du Major-Martin (1er)
Typisches kleines Lyoner Restaurant, exquisit, erschwinglich.

La Meunière
11, rue Neuve (2e)
Traditioneller «bouchon», das heißt ein preiswertes kleines Restaurant mit deftigen Spezialitäten, von Beaujolais begleitet.

ebenso:
Au Pied de Cochon
9, rue Saint-Polycarpe (1er)

La Mère Jean
5, rue des Marroniers (2e)

Le Relais
39, rue Sainte-Hélène (2e)

Les Trois Tonneaux
4, rue des Maronniers (2e)

Les Feuillants
5, rue des Feuillants (1er)
Sympathisches, von Schwulen geführtes Restaurant.

Brasserie Georges
30, cours de Verdun (2e)
Riesiger Saal einer lokalen Brauerei, ein historisches Monument.

La Manille
33, rue Turpin (2e)
Authentisches Bistrot. Gute Weine, kleine Schweinereien zu essen.

Café Nesme
8, rue Confort (2e)
Altertümliches Café mit einer Kundschaft aus Opas und Jugendlichen.

Bar des Capucins
5, place des Capucins (1er)
Biertempel mit 80 Sorten.

Les Négociants
1, place Francisque-Regaud
Altes Café mit viel Spiegel und Stuck.

Kulturelles

Über sämtliche Aktivitäten (Theater, Kino, Ausstellungen usw.) informiert der wöchentliche Veranstaltungskalender «Lyon-Poche».

Théâtre National Populaire
8, place Lazare-Goujon, Villeurbanne
Tel. 78847074
Eines der renommiertesten französischen Theater.

Café-théâtre de la Graine
11, place Saint-Paul (5e)
Tel. 78274221
Chansons oder Theater und Sketche im behaglichen Stadtteil Vieux Lyon.

Les Clochards Célestes
51, rue des Tables-Claudiennes (1er)
Jazz, Rock, Bier auf dem Hügel der Croix-Rousse.

Le Petit Bouif
53, rue Saint-Georges (5e)
Tel. 78373179
Guignol-Theater. Guignol, der hölzerne Kasper, der sich mit dem Gendarmen prügelt, ist eine Lyoner Erfindung.

ELAC
Centre d'échanges Perrache
Ausstellungszentrum für Avantgarde-Kunst in der Überbauung des Lyoner Hauptbahnhofs (Lyon-Perrache).

La Parasolerie
3, rue Bodin (1er)
Tel. 78279909
Durchmischtes Programm aus Jazz, Rock, Theater und Kunstausstellungen.

Institut Lumière
25, rue du Premier-Film (8e)
Tel. 78008668
Rühriges Filminstitut. Zeigt Filmserien, organisiert Ausstellungen.

Buchläden

La Proue
15, rue Childebert (2e)
Literatur, Kunst, Theater, Kino.

Feuilles Vives
47, rue Victor-Hugo (2e)
Literatur und Sozialwissenschaften.

La Gryphe
5, rue Sébastien-Gryphe (7e)
Alternativ beziehungsweise libertär. Breites Bücher- und Zeitschriftenangebot.

Librairie des Femmes
2, place des Célestins (2e)
Frauenbuchladen.

Gruppen / Zentren

Association «Courant Alternatif»
4, rue Bodin (1er)
Tel. 78272982
Ökologie-Gruppe, gibt die Zeitschrift «Silences» raus.

Maison des Femmes
18, rue Hippolyte-Flandrin (1er)
Tel. 78720522 oder 78420147

ARIS (Accueil Rencontre Information Service)
16, rue Saint-Polycarpe (1er)
Tel. 78271010
Schwulenzentrum.

Radio Leon, 91,5 Mhz
Tel. 78374277
Linkes «freies» Radio.

Heimweh

Generalkonsulat der BRD
33, boulevard des Belges (3e)
Tel. 78935473

Goethe-Institut
16–18, rue François-Dauphin (2e)
Tel. 78428827

Universität

Université de Lyon II
Cours pour étudiants étrangers
18, quai Claude-Bernard
69007 Lyon
Tel. 78692445

Marseille

Information

Office Municipal du Tourisme
4, avenue de la Canebière (1er)
Tel. 91549111

Centre Municipal d'Information
125, avenue de la Canebière (1er)
Tel. 91642775 oder 91919000
Vor allem für Auskünfte über das Kulturleben.

Centre d'Information et de Documentation Jeunesse (C. I. D. J.)
4, rue de la Visitation (4e)
Tel. 91491940
Informationen für Jugendliche, z. B. über Jobs, Unterkunft, Mitfahrgelegenheiten ...

Übernachten

Auberge de jeunesse Bois Luzy
76, avenue de Bois-Luzy (12e)
Tel. 91490618
Etwas außerhalb in einem ruhigen Wohnviertel.

Auberge de jeunesse Bonneveine
47, avenue Joseph-Vidal (8e)
Tel. 91732181
Nicht weit vom Strand (plage du Prado).

Essen / Trinken

Clémentine
13, rue des Trois-Rois (6e)
Eines von vielen angenehmen und preisgünstigen Restaurants in der Nähe des Cours Julien.

Le Confort Moderne
67, rue Sainte (1er)
Cool-wave, wiederbelebte goldene Fünfziger plus Video.

Le Chaudron provençal
48, rue Caisserie (2e)
Für authentische Bouillabaisse (die nie besonders billig sein kann!).

L'Épuisette
Vallon des Auffes (7e)
Eins von mehreren Fischrestaurants an diesem wahrlich idyllischen Fischerhafen.

Le Perlimpinpin
7, rue Poggioli (6e)
Frauenrestaurant.

Kulturelles

Was an Aktuellem läuft, erfährt man aus der Tageszeitung «Le Provençal».

Théâtre National de Marseille «La Criée»
30, quai de Rive-Neuve (7e)
Tel. 91547054
Staatlich finanziertes (anspruchsvolles) Theater in der ehemaligen Fischhalle am Alten Hafen.

Centre Culturel Julien
33, cours Julien (6e)
Tel. 91470964
Kulturzentrum mit abwechslungsreichem Programm.

Medi Media
42, rue Montgrand (6e)
Agentur, die kulturelle Informationen über den gesamten Mittelmeerraum sammelt und verbreitet.

Buchläden

L'Odeur du temps
6, rue Pastouret (6e)
Die «alternative» Anlaufstelle.

Le Monde en marche
26, boulevard des Dames (2e)
Linkes Sortiment.

Gruppen / Zentren

Mouvement pour une alternative non-violente (M. A. N.)
36, avenue Clair-Matin (10e)
Antimilitaristengruppe.

Maison de l'étranger
9, rue Antoine-Zattara (3e)
Ausländerzentrum, kümmert sich vor allem um die «travailleurs immigrés».

Maison des Femmes
95, rue Benoît-Malon (5e)
Tel. 91920627
Frauen-Treffpunkt mit Café und Bibliothek.

CORPS
48, rue de Bruys (5e)
Tel. 91483619
Schwulen-Zentrum. Sitz der GLH (Groupe des les-

biennes et homosexuels de Marseille). Dieselbe Adresse für das Schwulen-Lokal «La Boulangerie» (täglich von 19 bis 23 Uhr).

Radio Gazelle, 89 Mhz
Tel. 91916660
Radiostation engagierter junger Araber der «zweiten Generation».

Heimweh

Generalkonsulat der BRD
338, boulevard du Prado (8e)
Tel. 91770898

Goethe-Institut
171, rue de Rome (6e)
Tel. 91476381

Universität

58, boulevard Charles-Livon
13007 Marseille
Tel. 91529034

Montpellier

Information

Bureau de Tourisme
6, rue Maguelone
Tel. 67582604

Übernachten

Preisgünstige Hotels finden sich, wie üblich, in Bahnhofsnähe.
Jugendherberge In Montpellier selbst gibt es keine Jugendherberge. Die nächstgelegenen befinden sich:
rue de la Méditerranée
34140 Mèze
(kein Telefon, nur Juli und August geöffnet)

rue du Général-Revest
34200 Sète
Tel. 67534668

Während der Ferien kann man auch in einigen Studentenwohnheimen nächtigen. Zimmer werden vermittelt vom
CROUS
2, rue Montail
Tel. 67635393

Essen / Trinken

Le Colombier
11, boulevard de l'Observatoire
Regionale Küche, viele Fischgerichte; preiswert, ungezwungen.

Le Mélo d'Amélie
2, rue Bonnier d'Alco
Restaurant und Chansons.

La Gabelle
26, rue des Écoles-Laïques
Studentisch, billiges Menü.

Le Bouchou
7, rue de l'Université
Preiswert und gut.

L'Auberge Inn
20, rue Jacques-Cœur
Vegetarisches Restaurant.

L'Université
36, rue de l'Université
Lautes, volles Studentencafé.

Le Petit Vatel
9, rue Alfred Bruyas
Couscous und andere nordafrikanische Spezereien.

Le Puits du Temple
17, rue des Sœurs-Noires
Bis 1 Uhr geöffnete Bar, viele Biersorten.
Im Juli und August geschlossen.

Le Feeling
32, rue du Plan-de-l'Olivier
Nächtlicher Jazz.

Le Croc and Roll
19, rue Alexandre-Cabanel
Restaurant-Kneipe der örtlichen Rock-Menschen.

Kulturelles

Centre Culturel du Languedoc
20, rue Lakanal
Tel. 67796551
Mehrzweck-Zentrum (Filme, Ausstellungen, Musik, Vorträge ...)

Musée Fabre
13, rue Montpellieret
Van Gogh war begeistert von dieser Kunstsammlung; eines der schönsten französischen Provinz-Museen.

Musée d'Anatomie
rue de l'École-de-Médecine
Tel. 67607371
Während der Französischen Revolution angelegte Sammlung gruseliger Wachsmodelle zur Unterrichtung der Studenten; nach Voranmeldung.

Disko

Le Grand Odéon
20, rue de Verdun
Monumental-Disko in einer ehemaligen Kirche.

Buchläden

La Brèche
34, rue de l'Université
Von Trotzkisten geführt.

Contre-Champs
13, rue des Sœurs-Noires
Große Comics-Abteilung.

Gruppen / Zentren

Centre Occitan
4, rue de l'Abbé-Montels
Tel. 67725283
Kulturveranstaltungen und Okzitanischkurse.

Maison des Associations
2, rue Lauzit
Sitz verschiedener lokaler Initiativen.

Maison des Femmes
8, rue de la Coquille

Le Café des Femmes
10, rue de l'Amandier
Frauencafé

Écho des Garrigues
98,3 Mhz
Tel. 67400150
Freies Radio mit Programmen für verschiedene Minderheiten.

Jobs

A. N. P. E.
15, rue Bounély
Tel. 67927810
Das Arbeitsamt von Montpellier vermittelt Jobs bei der Obsternte und Weinlese im weiteren Umkreis. Von Juni bis September ist hier immer irgendwas zu ernten. Für die Weinlese kann man sich auch wenden an:
Syndicat des Vignerons coopérateurs de l'Hérault
18, rue Frédéric-Mistral
Tel. 67724720

Heimweh

La Maison de Heidelberg
4, rue des Trésoriers-de-la-Bourse
Tel. 67604811
Deutsches Studentenwohnheim mit Kulturaktivitäten.

Universität

Institut des Étudiants Étrangers
Université Paul-Valéry Montpellier III
route de Mende
B. P. 5043
34032 Montpellier Cedex
Tel. 67639110

Nancy

Information

Syndicat d'Initiative
14, place Stanislas
Tel. 83352241

Association Départemental du Tourisme
4, rue Lyautey
Tel. 83356120

Übernachten

M. J. C. Philippe Desforges
27, rue de la République
Tel. 83274053

Auberge de jeunesse du château de Rémicourt
Villers-les-Nancy
Tel. 83277367

Essen / Trinken

Brasserie Cuny
32, rue Raymond-Poincaré
Laut, voll, gutes Choucroute.

Auberge du Vingtième Corps
15, avenue du 20e Corps
Traditionell bürgerliche Küche zu kleinbürgerlichen Preisen.

Aux Sabres d'Or
14, rue de l'Armée-Patton
Kleines, familiäres Restaurant mit großen Portionen.

Les Nouveaux Abattoirs
4, boulevard d'Austrasie
Pilgerstätte für Fleischfresser.

L'Excelsior
1, rue Mazagran
Sehr beliebtes, schönes altes Café.

Le Carnot
9, rue Guerrier-de-Dumast
Brasserie mit Live-Musik (Jazz, Tango ...) im Untergeschoß.

Kulturelles

Festival mondial du théâtre
Alle zwei Jahre für zehn Tage im Mai breitet sich dieses grandiose Theaterfest über die Innenstadt aus.

«Nancy Jazz» findet jedes Jahr im Oktober statt. Auch hierbei ist die ganze Stadt einbezogen. Die Musiker gehören zur ersten Wahl. Für Jazz-Fans ein sehr lohnendes Ziel.

Musée de l'École de Nancy
36, rue du Sergent-Blandan
Örtlichen «Art nouveau»-(Jugendstil)-Künstlern gewidmet.

Buchläden

Le Hall du Livre
rue Saint-Dizier
Großes Angebot von Büchern, Zeitschriften, Platten.

La Parenthèse
rue d'Amerval
Das neueste vom B. D.-(= Comics)-Markt.

Gruppen/Zentren

Le Tant Voulu
22, rue Sellier
Tel. 83320201
Schwulen- und Lesbenzentrum mit Café und Buchladen.

Heimweh

Generalkonsulat der BRD
15, rue de Buthégnémont
Tel. 83961243

Goethe-Institut
39, rue de la Ravinelle
Tel. 83354436

Universität

Université de Nancy II, Faculté des Lettres
23, boulevard Albert-1er
54000 Nancy
Tel. 83961614

Nantes

Information

Office du Tourisme
place du Change
Tel. 40470451

Übernachten

Es gibt drei Jugendherbergen in Nantes:

Foyer «Porte Neuve»
1, rue Porte-Neuve
Tel. 40200080

Foyer «Beaulieu»
9, boulevard Vincent-Gâche
Tel. 40479164

place de la Manu
Tel. 40205725

Essen/Trinken

Le Chêne Vert
14, rue Talensac
Marktrestaurant; alles frisch und erschwinglich.

La Cigale
4, place Graslin
Alte Brasserie im Stil der Jahrhundertwende; ein Denkmal, aber nicht ganz billig.

Des Échevins
1, rue des Échevins
Rammelvolle Crêperie, sehr beliebt bei Studenten.

Le Château
12, rue du Château
Altmodisches, billiges Restaurant.

Le Palais de la Bière
1, place de la Duchesse-Anne
Viele Biere und Kunststudenten.

La Brasserie des Lilas
6, route de Vannes
Billardkneipe

Le Violon dingue
1, rue Lebrun
Bistrot mit Live-Musik, Café-théâtre, bis 2 Uhr früh.

Bar de l'Europe
9, place du Commerce
Chanson-Kneipe.

Kulturelles

Über alle Arten von Veranstaltungen informiert die wöchentlich erscheinende Broschüre «Nantes-Poche».

Festival des Trois Continents
Auskunft: Tel. 40482930
Filmfestival Anfang November, mit vielen Filmen aus der Dritten Welt.

Centre culturel breton
3, rue Harrouys

Tel. 40471786
Bretonische Kulturveranstaltungen; organisiert im Juni die «Quinzaine celtique».

Buchladen

Vent d'Ouest
5, place du Bon Pasteur

Gruppen / Zentren

Centre de documentation du mouvement ouvrier et du travail
4, rue Désiré-Colombe
Tel. 40893842
Alles über die französische Arbeiterbewegung.

Nouvelle Maison des Femmes
1 ter, rue Madame-Curie
44400 Rozé
Tel. 40051837

GLH
B. P. 358
44012 Nantes Cedex
Schwulengruppe, trifft sich Freitag abends
30, rue de la Boucherie

Universität

2, boulevard Guy-Mollet
44072 Nantes Cedex
Tel. 40290739

Nizza

Information

Comité régional du Tourisme
55, promenade des Anglais
Tel. 93821055

Centre d'Information Jeunesse
esplanade des Victoires
Tel. 93809393
Auskunft über fast alles, was Jugendliche in Nizza interessieren könnte. Hilfe bei der Suche nach Unterkunft.

Übernachten

Zwei Jugendherbergen:

Auberge de jeunesse
route Forestière du Mont-Alban
(mit dem Bus Nr. 14)
Tel. 93892364

Résidence «Les Collinettes»
3, avenue Robert-Schuman
Tel. 93892364

Relais International de la Jeunesse
26, avenue Scudéri
Tel. 93812763
Billige Unterkunftsmöglichkeit in Schlafsälen.

Essen / Trinken

Le Grand Café de Turin
5, place Garibaldi
Meeresfrüchte zu volkstümlichen Preisen.

La Trappa
2, rue Jules-Gilly
Lokale Spezialitäten.

Le Nissa Socca
5, rue Sainte-Réparate
Klassiker der Nizzeser Küche.

Panic's
2, rue du Château
Restaurant im Stil der fuffziger Jahre; modisch, aber nicht übermäßig teuer.

Le Papier Mâché
12, rue Benoît-Bunico
Buchladen mit Restaurant, animalisch und vegetarisch.

Caves Ricord
2, rue Neuve
Wein, Socca, Pissaladièra bis morgens um vier.

Kulturelles

Jedes Jahr im Juli findet im Park von Cimiez, oberhalb der Stadt, ein großes Jazz-Festival mit der Crème de la Crème statt, nachdem die internationale Musiker-Karawane im benachbarten Antibes zum dortigen Festival aufgespielt hat.

MJC Gorbella
10, boulevard Comte-de-Falicon
Ein «Maison de la Jeunesse et de la Culture» mit vielseitigem Programm.

Cinémathèque
4, rue Saint-Joseph
Tel. 93620003
Anspruchsvolle, meist ältere Filme.

Musée Jules-Cheret
33, avenue des Baumettes
Impressionisten und von Napoléon III gestiftete Kunstwerke in einer alten Villa.

Gruppen / Zentren

Le Papier-Maché
12, rue Benoît-Bunico
Alternative Buchladen-Restaurant-Kino-Galerie.

L'Utopie
3, rue Joseph-Cadéi
Frauentreffpunkt mit Restaurant und kleinem Buchladen.

Universität

Études françaises pour l'étranger
98, boulevard E.-Herriot
06036 Nice Cedex
Tel. 93 86 35 00

Paris

Information

Office du Tourisme
126, avenue des Champs-Élysées (8 e)
Metro: Étoile
Tel. 47 23 61 72

Centre d'Information et de Documentation Jeunesse (CIDJ)
101, quai Branly (15 e)
Metro: Bir-Hakeim
Tel. 45 26 40 20
Jobs, Unterkunftsmöglichkeiten, Freizeitaktivitäten.

Übernachten

Es gibt in Paris eine Menge preisgünstiger Hotels, wo die Übernachtung, egal ob allein oder zu zweit, nicht mehr als umgerechnet 30 Mark kostet. Achtet auf die Kategorie: die mit einem Stern neben der Tür sind die billigsten von den vertretbaren.
Nützlich für junge zimmersuchende Menschen ist der *AJF (Accueil des Jeunes en France)*, der neben Reisen und Ausflügen vor allem billige und trotzdem anständige Schlafplätze in Pariser Jugendhotels vermittelt.

AJF
119, rue St. Martin (4 e)
Metro: Rambuteau / Hôtel-de-Ville
Tel. 42 77 87 80
auch: 16, rue du Pont-Louis-Philippe (4 e)
Metro: Hotel-de-Ville
Tel. 42 78 04 82

Eine Jugendherberge befindet sich innerhalb von Paris:
8, boulevard Jules-Ferry (11 e)
Metro: République
Tel. 43 57 55 60

in der Banlieue:

125, avenue de Villeneuve-St. Georges
94600 Choisy-le-Roi
Tel. 48 90 92 30

4, rue des Marguerites
92500 Rueil-Malmaison
Tel. 47 49 43 97

3, voie du Loup-Pendu
92290 Chatenay-Malabry
Tel. 46 32 17 43

Verkehrsmittel

Innerhalb des U-Bahn-Netzes könnt ihr mit einem Ticket beliebig oft umsteigen. Kauft euch besser gleich statt der Einzelfahrkarte ein «carnet», das sind 10 Tickets auf einmal, wobei ihr eine Menge spart. Es gibt auch Touristenkarten für zwei, vier oder sieben Tage, aber günstiger ist die «Carte Orange», die unbegrenzte Bus- und Bahnbenutzung gestattet. Die billigste, für zwei Zonen (Paris und nahe Banlieue) kostet als Wochenticket ca. 10 Mark, als Monatsticket ca. 40 Mark. Ihr bekommt sie auf den meisten U-Bahnhöfen und in allen RER-Stationen und braucht hierfür ein Paßbild.
Ihr könnt nicht mit demselben Ticket von der Metro in den Bus umsteigen, außer ihr habt eine Carte Orange, sondern müßt dort wieder – je nach Länge der Strecke – ein oder zwei neue Fahrkarten entwerten.

Essen

Aux Artistes
63, rue Falguière (15 e)
Metro: Pasteur
Große Portionen, kontaktfördernde Enge.

Le Troupeau
11, rue Francis-de-Pressensé (14 e)
Metro: Pernéty
Freundliches Couscous-Restaurant, bis 2 Uhr geöffnet.

Chartier
7, rue du Faubourg-Montmartre
Metro: Rue Montmartre
Riesiges altes Volks-Speisehaus, sehr billig.

Brasserie Drainak
18, avenue Ledru-Rollin (12e)
Metro: Quai de la Rapée
Jugendstil-Restaurant mit guter Küche.
Bißchen teurer als sonst.

Le Petit Gavroche
15, rue Sainte-Croix-de-la-Brétonnerie
Metro: Hotel-de-Ville
Eng und immer voll. Das Menü ist mit Kreide auf einer großen Tafel angeschrieben.

Polidor
41, rue Monsieur-le-Prince
Metro: Odéon
Traditionelle, einfache französische Küche.

Sampieru Corsu
12, rue de l'Amiral-Roussin (15e)
Metro: Cambronne
Utopisches Restaurant: Jeder bezahlt, was er für richtig hält.

Le Temps des Cérises
18, rue de la Butte-aux-Cailles (13e)
Metro: Corvisart
Kooperativ betriebenes Restaurant mit lockerer Atmosphäre.

Le Grain de Folie
24, rue de la Vieuville (18e)
Metro: Abbesses
Vegetarisches Restaurant auf dem Montmartre.

Trinken

Chez Georges
11, rue des Canettes (6e)
Metro: Mabillon
Eins der wenigen nicht aufgemotzten Bistrots in diesem Viertel.

Au Bock de Bohème
104, rue du Château (14e)
Metro: Pernéty
Gute Biere bei gedämpfter Beleuchtung.

La Palette
43, rue de Seine (6e)
Metro: Mabillon / Odéon
Schön alt, schön voll.

Le Select
99, boulevard Montparnasse (6e)
Metro: Vavin
Traditionsreiches, daher etwas teureres Montparnasse-Café.

La Tartine
24, rue de Rivoli (4e)
Metro: Saint-Paul
Verräuchertes altes Bistrot. Guter Wein und prima Sandwiches.

Nachtleben

Für alles, was mit Kultur und Unterhaltung zu tun hat, sind die kleinen, wöchentlich erscheinenden Veranstaltungskalender «Pariscope» oder «Officiel du spectacle» unverzichtbare Informationsquellen. – Ziemlich alles, was man so abends in Paris unternehmen kann, ist reichlich teuer. Im folgenden einige der maßvolleren Plätze, wo es Live-Musik gibt.

La Chapelle des Lombards
19, rue de Lappe (11e)
Metro: Bastille
Der Pariser Salsa-Tempel.

Le Dunois
28, rue Dunois (13e)
Metro: Nationale
In der Wüste des 13. Arrondissements eine Oase ambitionierter Jazzmusik.

Le Merle Moqueur
18, rue de la Butte-aux-Cailles (13e)
Metro: Corvisart
Alternativ angehauchte Musikkneipe.

Le Gibus
18, rue du Faubourg-du-Temple (10e)
Metro: République
Punk- und Rockgruppen.

Cithéa
112, rue Oberkampf (11e)
Metro: Parmentier
Rock in einem früheren Kino.

Trottoirs de Buenos Aires
37, rue des Lombards (1er)
Metro: Châtelet
Original argentinischer Tango ab 20 Uhr.

Theater

Ein komplettes Verzeichnis der Pariser Theater und ihrer Programme enthalten die erwähnten Veranstaltungskalender «Pariscope» und «Officiel du Spectacle». Hier nur eine kleine Auswahl:

Bouffes du Nord
209, rue du Faubourg-St. Denis (10e)
Metro: La Chapelle
Poetisch verrottetes ehemaliges Volkstheater, wo heute unter Leitung von Peter Brook Klassiker der Moderne und Avantgarde-Stücke gespielt werden.

La Cartoucherie
Route de la Pyramide (12e)
Metro: Château-de-Vincennes, dann Bus Nr. 306
Die alte Pulverfabrik im Bois de Vincennes beherbergt drei Theater, darunter das inzwischen legendäre «Théâtre du Soleil» von Ariane Mnouchkine.

Lucernaire Forum
33, rue Notre-Dame-des Champs (6e)
Metro: Notre-Dame des-Champs
Theater, Café-théâtre, Kino, Restaurant – alles in einer ehemaligen Fabrik.

Théâtre de la Bastille
76, rue de la Roquette (11e)
Metro: Bastille
Experimentierfreudige Bühne im neuen Insider-Viertel.

Kino

Was an Filmen läuft, kann den Tageszeitungen oder den Veranstaltungskalendern entnommen werden. Hier eine kleine Auswahl von den Hunderten von Lichtspielhäusern:

Action Lafayette
9, rue Buffault (9e)
Metro: Le Pelletier
Gehört zur Kette der preisgünstigen «Action»-Programmkinos.

Cinémathèque française
a) Palais de Chaillot, Eingang: avenue Albert-de-Mun (16e)
Metro: Trocadéro
b) Salle Beaubourg, Centre Pompidou
5. Etage
Metro: Rambuteau / Hotel-de-Ville
Filmgeschichte und aktuelle Avantgarde. Täglich wechselndes Programm, sehr billig.

Escurial
11, boulevard de Port-Royal (13e)
Metro: Gobelins
Ambitioniertes Stadtteilkino.

Le Grand Rex
1, boulevard Poissonnière (2e)
Metro: Bonne-Nouvelle
Prächtiges Riesenkino mit fast 3000 Plätzen.

La Pagode
57 bis, rue de Babylone (7e)
Metro: St. François-Xavier
Gute Filme in einem pittoresken japanischen Tempel.

Le Ranelagh
5, rue des Vignes (16e)
Metro: Muette
Altes, holzgetäfeltes Theater. Niedrige Eintrittspreise, oft gute Filme.

Studio 43
43, rue du Faubourg Montmartre (9e)
Metro: Le Pelletier
Spezialisiert auf ältere französische Filmkunst.

Buchläden

Compagnie
58, rue des Ecoles (5e)
Metro: Odéon
Gepflegtes Bücherparadies an der Sorbonne.

La Brèche
9, rue de Tunis (11e)
Metro: Nation
Versteckter Buchladen der Trotzkisten.

La Terrasse de Gutenberg
9, rue Emilio-Castelar (12e)
Metro: Ledru-Rollin
Freundlicher Stadtteilbuchladen.

Autrement dit
73, boulevard Saint-Michel (6e)
Metro: Luxembourg
Quartier-Latin-Buchladen mit großem Zeitschriftenangebot.

La Hune
170, boulevard St. Germain (6e)
Metro: St. Germain-des-Prés
Großer Laden, hat bis Mitternacht geöffnet.

Les Mots à la Bouche
6, rue Sainte-Croix-de-la-Bretonnerie (4e)
Metro: Hotel-de-Ville
Schwulen-Buchladen und Galerie.

Parallèles
47, rue St. Honoré (1er)
Metro: Châtelet
Große Auswahl an politischen und ökologischen Büchern, reichhaltiges Zeitschriftensortiment.

Publico
145, rue Amelot (11e)
Metro: République
Buchladen der «Fédération Anarchiste»

Frauen / Schwule

Centre audiovisuel Simone de Beauvoir
7, rue Francis-de-Pressensé (14e)
Metro: Pernéty
Tel. 45422143
Filme, Videobänder und Tonkassetten zur Geschichte der Frauen.

Elles tournent la page
8, impasse des Trois-Sœurs (11e)
Metro: Voltaire
Tel. 48067686
Workshop und Bücherei für Frauen.

Maison des Femmes
8, cité Prost (11e)
Metro: Charonne
Tel. 43482491
Frauenzentrum, beherbergt verschiedene Organisationen.

C. U. A. R. H. (Comité d'urgence anti-répression homosexuelle)
67, rue de Dunkerque (9e)
Metro: Anvers
Tel. 42802594
Dachorganisation für Homosexuelle beiderlei Geschlechts. Gibt die Zeitschrift «Homophonies» heraus.

Le Gai Pied
45, rue Sedaine (11e)
Metro: Voltaire
Tel. 43575205
Wochenzeitschrift für Schwule. An den meisten Kiosken zu kriegen.

Gruppen / Zentren

Union Pacifiste de France
4, rue Lazare-Hoche
92100 Boulogne
Metro: Boulogne-Jean-Jaurès
Tel. 46032762

Le Ménilmuche
46, rue de Ménilmontant (20e)
Metro: Ménilmontant
Tel. 46361424
Stadtteilarbeit mit dem Schwerpunkt Arbeitsemigranten.

Les Amis de la Terre
72, rue du Château-d'Eau (10e)
Metro: Château-d'Eau
Tel. 47072523
Organisation der Umweltschützer.

Greenpeace
3, rue de la Bûcherie (5e)
Metro: Maubert-Mutualité
Tel. 43259137

Radios libres

Fréquence Gaie 97,2 Mhz
Tel. 42584176
Sender für die Pariser Schwulen-Gemeinde.

Radio Nova
89,8 Mhz
Tel. 43454262
Kreativ und verrückt.

Radio Libertaire 89,5 Mhz
Tel. 48053408
Sender der Fédération Anarchiste.

Radio Soleil 102,7 Mhz
Tel. 47970085
Radio für ausländische Arbeiter.

Heimweh

Drei deutsche Buchhandlungen gibt es in Paris:

Calligrammes
82, rue de Rennes (6e)
Metro: St. Sulpice

Marissal
42, rue Rambuteau (3e)
Metro: Rambuteau

Le Roi des Aulnes
159 bis, boulevard du Montparnasse (6e)
Metro: Vavin / Port-Royal

Goethe-Institut
17, avenue d'Iéna (16e)
Metro: Iéna

Tel. 47236121

Universitäten

Cours de civilisation française de la Sorbonne
47, rue des Écoles
75005 Paris
Tel. 43291213 poste 34–30

Université de Paris III
Études françaises pour l'étranger
46, rue Saint-Jacques
75230 Paris Cedex 05
Tel. 43291213 poste 461

Perpignan

Information

Syndicat d'Initiative
quai de Lattre-de-Tassigny
Tel. 68342949

Übernachten

Jugendherberge Parc de la Pépinière
avenue de Grande-Bretagne
Tel. 68346332

Maison européenne de la jeunesse
32, rue Maréchal-Foch
Tel. 68343996

Essen / Trinken

Le Perroquet
3, avenue Général-de-Gaulle
Sehr billig, gleich am Bahnhof.

Chez Grand' Mère
18, avenue Général-de-Gaulle
Küche schwankt zwischen elsässisch und katalanisch.

La Perdrix
6, rue Fabriques-Nabot
Altstadt-Restaurant mit Regionalküche.

Kulturelles

Centre de documentation et d'animation de la culture catalane
42, avenue Grande-Bretagne

Im nahegelegenen Prades findet jedes Jahr Ende Juli/Anfang August ein von Pablo Casals begründetes Musikfestival statt. Auskunft:
Bureau du Festival
rue Victor-Hugo
6650 Prades
Tel. 68963307

Ebenfalls in Prades im Juli: «Rencontre cinématographique internationale», ein familiäres Filmfestival, ohne mondäne Allüren, aber mit anspruchsvollem Programm.

Buchladen

Le Futur antérieur
8, rue du Théâtre
Ökologisches, Regionalismus, Comics . . .

Gruppen / Zentren

Fédération pour les Espaces Naturels et l'Environnement Catalan (FENEC)
13, place des Poilus
Umweltschützer-Vereinigung.

Universität

Service universitaire des étudiants étrangers
avenue de Villeneuve
66025 Perpignan Cedex
Tel. 68510051

Rennes

Information

Syndicat d'Initiative
Pont-de-Nemours
Tel. 99790198

Comité départemental du Tourisme
1, rue Martenot
Tel. 99029743
Für das gesamte Département Ille-et-Vilaine.

Centre d'Information Jeunesse Bretagne
6, cours des Alliés
Tel. 99792855
Auskünfte jeder Art (Unterkunft, kulturelle Aktivitäten, Mitfahrgelegenheiten usw.)

Übernachten

Jugendherberge
40, rue Montaigne
Tel. 99505267
Vom Bahnhof den Bus Nr. 1 nehmen.

Essen / Trinken

Le Puits Saint Thomas
1, rue des Carmes
Volkstümlich-voll, billig.

La Guerche
29, rue Saint-Hélier
Sehr reichhaltiges Essen, nicht teuer.

Au Four à Ban
4, rue Sainte-Mélaine
Preiswertes Restaurant in einem ehemaligen öffentlichen Backhaus.

Le Melting Pot
7, rue des Fossés
Restaurant der schicken neuen Jugendszene von Rennes.

Le Chatham
5, rue Montfort
Ist die Bar, die am längsten aufhat. Treffpunkt der späten Vögel.

Cap Ouest
107, route de St. Brieuc
Bretonische Bier- und Musikkneipe.

Les Beaux-Arts
3, rue Hoche
Post-New-Wave-Bar.

Le Ship Shop
30, rue Saint-Malo
Jugendliches Billig-Restaurant.

Le Tutti-Frutti
3, impasse Ralier-de-Baty
Alkoholfreie Schwulenbar.

Le Verseau
8, rue Saint-Melaine
Vegetarisches Restaurant.

Kulturelles

Maison de la Culture
1, rue St. Hélier
Theater, Kino, Musik – breit ist das Veranstaltungsspektrum dieses Kulturtempels.

Musée de Bretagne
20, quai Émile-Zola
Neben einer Gemäldesammlung Ausstellungsräume zur Geschichte des bretonischen Alltags; ein unkonventionelles Museum.

Buchladen

Le Monde en Marche
7, rue St. Georges
Alternative Buchhandlung, Treffpunkt verschiedener Initiativen.

Gruppen/Zentren

Maison d'information pour la non-violence
32, rue de Saint-Malo
Antimilitaristen-Initiative.

M. J. C.
9, rue de la Paillette
Tel. 99593407
Jeden Mittwoch abend ab 19 Uhr Frauentreffpunkt.

Centre rennais d'information pour le développement et la libération des peuples (C. R. I. D. E. V.)
41, avenue Janvier
Tel. 99793945
Dritte-Welt-Gruppe.

Amis de la Terre
4, rue du Général-Nicollet
Umweltschützer.

Universität

Service universitaire des étudiants étrangers
avenue Gaston-Berger
35043 Rennes
Tel. 99549955

La Rochelle

Information

Office du Tourisme
10, rue Fleuriau
Tel. 46411468

Office départemental du Tourisme en Charente-Maritime
11, rue des Augustins
Tel. 46414333

Übernachten

Centre International de Séjour (Jugendherberge)
Les Minimes
Tel. 46444311
Im Sommer rammelvoll.

Essen/Trinken

Rechts am Hafen reihen sich wie an einer Kette die Fisch- und Meeresfrüchte-Restaurants auf, generell sind sie ziemlich teuer. Hier einige Ausweichadressen:

La Cagouille
13, boulevard Joffre
Bietet Menüs in verschiedenen Preislagen an.

Restaurant des Canards
2, rue des Canards
Einfach und billig.

Le Dauphin
17, rue des Merciers
Reißt ebenfalls keine großen Löcher ins Budget.

Kulturelles

Maison de la Culture
4, rue Saint-Jean-du-Pérot
Tel. 46413779
Das neueste der französischen Kulturhäuser; Festivals, Theater, Film, Tanz – vor allem im Sommer ein volles Programm.

Musée du Nouveau Monde
10, rue Fleuriau
Reflektiert die Geschichte der Hafenstadt La Rochelle, ihre Beziehungen zu Amerika, die Phase des Sklavenhandels.

Rouen

Information

Syndicat d'Initiative
25, place de la Cathédrale
Tel. 35714177
Im selben Haus befindet sich der Jugend-Informations-Service CIDJ.

Übernachten

Jugendherberge
17, rue Diderot
Tel. 35720645

Essen / Trinken

Pascaline
5, rue de la Poterne
Große Brasserie mit angenehmer Terrasse.

Le Vieux Logis
5, rue de Joyeux
Billiges Einheitsmenü.

La Matussière
97, rue Écuyère
Großzügige Portionen, niedrige Preise.

La Grillade
121, rue Jeanne-d'Arc
Gute Fleischgerichte.

Brasserie de l'Union
13, place du Général-de-Gaulle
Das örtliche Nachtleben bis 2 Uhr morgens.

Crêperie Bretonne
16, place Armand
Hier kann man noch um Mitternacht was essen.

Kulturelles

Musée des Beaux-Arts
square Verdrel
Drei Stockwerke voller Gemälde; alte italienische Meister, normannische Maler und viele Impressionisten, die die Normandie besonders schätzten.

M. J. C. (Jugend- und Kulturhaus)
11, place du Général-de-Gaulle
Veranstaltet Kurse jeder Art, beliebter Treffpunkt auf dem rechten Ufer.

Buchladen

L'Armitière
5, rue de Basnage

Universität

Université de Rouen-Haute-Normandie
rue Thomas-Becket
26130 Mont Saint-Aignan
Tel. 35740332

Straßburg

Information

Office du Tourisme
10, place Gutenberg
Tel. 88325707

Office Départemental du Tourisme
47, rue du Maréchal-Foch
Tel. 88355626

Centre d'Information Jeunesse
7, rue des Écrivains
Tel. 88373333
Jugend-Informations-Service, geöffnet Mo–Fr 9–18 Uhr.

Übernachten

Jugendherberge
9, rue de l'Auberge-de-Jeunesse
Tel. 88302646

Essen / Trinken

Chez Yvonne
10, rue du Sanglier
Empfehlenswerte Weinstube beziehungsweise Winstub.

Le Tire-Bouchon
5, rue des Tailleurs-de-Pierre
Kleines Restaurant mit studentischer Kundschaft.

Le Strissel
5, place de la Grande-Boucherie
Besonders authentische

«Winstub», gutes, preiswertes Essen.

La Pfifferbrieder
9, place du Cochon-de-Lait
Einfache Kost, gute Weine.

La Source
11, rue des Charpentiers
Vegetarisch.

Le Pont Saint-Martin
13, rue des Moulins
Groß, laut, billig.

La Lune noire
14, rue des Couples
Frauencafé.

Kulturelles

Atelier d'expression populaire alsacienne
17, rue des Couples
Workshops zu Regionalkultur und Alltag im Elsaß.

Musée alsacien
23, quai Saint Nicolas
Ländliches und handwerkliches Leben von früher.

Théâtre National de Strasbourg
place de la République
Tel. 88 35 44 52
Eines der wenigen großen Theater der französischen Provinz.

Buchladen

Ondes et Rives
2, rue Fritz

Universität

Institut international d'études françaises

Université des sciences humaines de Strasbourg
9, place de l'Université
67000 Strasbourg
Tel. 88 35 53 22

Toulouse

Information

Syndicat d'Initiative
Donjon du Capitole
square Charles de Gaulle
Tel. 61 23 32 00

Übernachten

Jugendherberge
125, avenue Jean-Rieux
Tel. 61 80 49 93
Mit dem Bus Nr. 22.

Es gibt viele Studentenwohnheime in Toulouse, wo man in den Ferien wohnen kann.
Auskunft bei:

Accueil des jeunes et des étudiants
43, rue Alsace-Lorraine
Tel. 61 22 60 45

Essen/Trinken

Le Bibent
5, place du Capitole
Pracht-Café am zentralen Platz der Stadt.

La Tantina de Burgos
27, rue de la Garonnette
Stark bevölkerte Taverne. Weine und Tapas.

Le Pissenlit
30, rue Peyrolières
Vegetarisch.

Titus
7, rue Larrey
Äußerst eng und lebendig, eine Toulouser Institution.

La Table Ronde
59, rue Pargaminières
Studentisch, billig.

Le Cassoulet
40, rue Peyrolières
Den großen Spezialitäten des Südwestens gewidmet, in erster Linie dem Cassoulet.

La Gamberge
6, quai Lucien-Lombard
Am Garonneufer; lockeres Restaurant, Rockmusik.

Le Père Louis
45, rue des Tourneurs
Originelle Stehkneipe.

L'Eclusane
39, rue Réclusane
Jazz und Chansons live

Le Père Bacchus
20, place Saint-Georges
Große alte Trinkstätte mit Terrasse auf dem Platz.

Le Métropole
rue de l'Industrie
Geräumiges Rock-Lokal.

Kulturelles

La Grange aux Belles
10, rue St. Charles
Chansons und kleine Theaterstücke.

La Cinémathèque de Toulouse
3, rue Roquelaine
Zeigt meistens Klassiker

aus dem eigenen, umfangreichen Archiv.

Galérie municipal du Château d'Eau
place Laganne
Kommunale Fotogalerie mit bemerkenswerten Ausstellungen.

Buchläden

Privat
14, rue des Arts
Große Buchhandlung mit umfassendem Sortiment.

Ombres blanches
48, rue Gambetta
Literatur und Kunst.

La Lune Vague
8, rue de l'Étoile
Auf Kino spezialisiert.

Gruppen/Zentren

Les Amis de la Terre
30, avenue St. Exupéry
Umweltschützer.

La Maison de l'Écologie
9, allée de Brienne
Ökologie-Zentrum.

La Gavine
22, rue Arnaud-Bernard
Frauencafé.

Institut d'Études Occitanes
31, rue des Amidonniers
Beschäftigt sich mit der Rettung und Verbreitung der okzitanischen Kultur.

Mouvement pour une Alternative Non-Violente (M. A. N.)
39, rue Peyrollières
Antimilitaristische Vereinigung.

Maison des Femmes
27, rue Rievet

Heimweh

Goethe-Institut
6 bis, rue Clémence-Isaure
Tel. 61230834

Universität

Université de Toulouse le Mirail
109 bis, rue Vauquelin
31058 Toulouse Cedex
Tel. 61411105

BILDNACHWEIS

Bildarchiv Bucher, München 115 (Florian Werner), 444/5 (Gerhard P. Müller); *Compagnie des Reporters, Paris* 81 (Pascal Nieto); *CRT Poiteau-Charentes, Poitiers* 247; *Beatrix von Conta* 106/7; *Documentation Francaise Photothèque, Paris* 15 Mitte rechts (Sodel E.O.F. Brigaud), 24 (A. Wolf), 89 (S.C. Pinheira), 93 (Beatrix von Conta), 108/9 (Gérard Ifert/Rudolf Meyer), 129 (Les films du carosse), 138/9 (Marc Loiseau), 215 (Luc Girard), 231 (J.P. Verney); *Französisches Fremdenverkehrsbüro, Frankfurt* 15 oben links und Mitte links, 117, 181, 183, 185, 211, 221, 225, 239, 243, 254, 263, 285, 303, 306, 347, 348, 375, 383, 403, 412/3; *Keystone Pressedienst, Hamburg* 61, 217; *Thomas Kleine* 2/3, 309; *Günter Liehr* 4/5, 6, 15, 17, 18/9, 21, 23, 31, 35, 58, 73, 135, 141, 147, 161, 165, 169, 172/3, 191, 193, 195, 201, 205, 207, 208/9, 223, 229, 235, 249, 253, 257, 259, 267, 269, 273, 277, 278/9, 281, 282, 287, 289, 291, 297, 299, 301, 313, 317, 325, 327, 329, 331, 335, 337, 343, 353, 357, 361, 363, 365, 369, 372/3, 379, 384/5, 387, 391, 393, 396/7, 399, 405, 407, 411, 419, 421, 427, 431, 438, 441; *Ria Lussi* 339, 341; *Ettore Malanca* 8/9; *Musée des Deux guerres mondiales, Paris* 53; *Gabriel Nemeth* 174/5, 446, 448, 450, 455, 457, 459, 460, 462; *Rapho, Paris* 100/1 (Luc Girard); *Thomas Reschke* 189; *Angela Schwarz* 10/1, 85, 111, 424/5, 429, 432, 435; *Jan-Philipp Sendker* 219

REGISTER

Kursiv gesetzte Ziffern verweisen auf den Adressenteil

Aigues Mortes 298, 306, 320, 343, 344
Aix-en Provence 23, 99, 350–353, *469*
Albert 192
Albi 288, 323
Ambert 386
Angoulême 114, 158, 160
Anzin 196
Apt 348, 349
Arbois 416
Arc-et-Senans 418, 419
Arcachon 165, 261
Argélès 282
Arles 340–343
Arras 202
Arromanches 217
Audierne 237, 238
Aups 356
Aurillac 386
Autun 400, 407
Avignon 116, 345–347, *400*
Avoriaz 373

Barcelonette 384
Barfleur 220
Bargémon 356
Barrême 383
Bayeux 210, 211
Bayonne 262, *469, 470*
Beaucaire 303–305
Beaujolais 170
Beaune 406
Benodet 230
Besançon 86, 322, 414, 420–424, *470*
Béthune 16
Beziers 324, 325
Biarritz 260, 262, 263, *469, 470*
Biron 272
Bordeaux 41, 55, 104, 171, 256–260, 313, *470, 471*
Boulogne sur Mer 205
Bourdigou 282
Bourges 114, 116
Bressuire 246
Brest 224
Brignonan 231
Brouage 252, 253
Bruay-sur-Escaut 196
Buxy 406

Cabourg 215
Cadouin 272
Caën 216, 218
Calais 204
Callas 356
Calvados 216
Camaret 225
Cannes 352, 353
Cantal 392, 393, 395, 396
Cap d'Agde 299
Cap de la Hague 219–221
Cap Sizun 236, 237
Carcassonne 323, 325
Carhaix 241
Carnac 230
Carpentras 346
Cassel 203
Cassis 353
Castellane 383
Ceret 284, 285
Cevennen 87, 130, 315–320
Cézallier 394
Chambord 112
Chamonix 373, 374
Château-Chalon 416
Cherbourg 218, 220, 221
Chinon 92
Citeaux 410
Clamécy 401
Clermont-Ferrand 130, 278, 389–392, *471, 472*
Cluny 409, 410, 411
Collobrières 355
Collioure 284
Côte d'Or 404
Cotentin 218–221
Cotignac 356
Coulon 248, 249
Creuse 53

Deauville 214
Denain 196
Dieppe 209, 210
Digne 382, 383
Dijon 401–404, *472*
Dinard 230
Dôle 419, 420, 421, 470
Domme 274
Douarnenez 236, 239

Draguignan 356
Dreux 72
Dunkerque 146, 203, 204

Entrecasteaux 356
Erquy 230
Étaples 206
Étretat 211
Évian 22

Fécamp 212
Fessenheim 121, 182
Finistère 222, 231, 239
Font-Romeu 286
Fontainebleau 112
Fos 331

Gentioux 53
Gironde 41
Givry 406
Grenoble 25, 99, 109, 132, 374–380, *472, 473*
Guilvinec 229, 238, 240
Guingamp 238
Guise 198, 199

Hazebrouck 204
Hénin-Beaumont 193
Honfleur 213, 214
Hunawihr 186

Île de Bréhat 231
Île d'Oléron 253
Île de Sein 238
Île d'Yeu 248
Illhaeusern 187
Isigny 219

La Baule 230
La Courneuve 25, 77
La Grande Motte 298, 299
La Roche-sur-Yon 245
La Rochelle 247, 249–252, *486, 487*
La Roque-sur-Pernes 347, 348
La Tremblade 254
Lampaul-Ploudalmézean 231
Landes 260–262
Laon 190
Larzac 12, 87, 92, 121, 130, 237, 321, 322, 323
Lasalle 318, 319
Lascaux 270, 271
Le Conquet 234, 235
Le Creusot 406–409
Le Croisic 230
Le Havre 14, 209–211, 213, 214, 218
Le Hourdel 207
Le Mans 165
Le Puy 396, 397
Le Touquet 205, 206
Le Verdon 254
Le Vigan 318
Lens 16
Les Eyzies 268
Les Saintes-Maries-de-la-Mer 344
Lesconil 240
Libourne 256, 271
Lille 75, 196, 199, 200, 201, 290, *473, 474*
Limoges 60
Limoux 323, 325, 326
Longwy 16
Lourdes 293
Lozère 317
Lubéron 349, 350
Lunel 307
Lyon 21, 27, 46, 48, 99, 104, 130, 146, 151, 360, 362–371, *474, 475*

Malville 86, 121
Marais de Poitevin 248
Marckolsheim 182
Marennes 254
Marseille 14, 21, 23, 27, 48, 99, 103, 104, 120, 130, 146, 165, 328–338, 353, *476, 477*
Médoc 254–257
Méjean 321
Menton 25
Mialet 320
Millau 321, 323
Minerve 326
Molène 235
Mont-Louis 286
Mont St.Michel 221
Montauban 271
Montbéliard 420
Montignac 270
Montpazier 271
Montpellier 16, 23, 307–309, 312, *477, 478*
Montségur 326
Morbihan 226, 230
Morlaix 228, 241
Morvan 400, 401
Mouthier 415
Munster 188, 189

Nancy 116, 124, *478, 479*
Nanterre 66

Nantes 226, 233, 244, *479, 480*
Néant 241
Nîmes 304–307
Niort 244, 247, 248
Nizza 16, 23, 48, 313, 356–359, 372, 382, 384, *480, 481*
Noirmoutier 247
Nyons 166

Oppède-le-Vieux 349
Oradour-sur-Glane 58, 60
Ornans 416
Ostricourt 194, 196
Ouessant 235, 236

Paris 21, 27, 29, 31, 38–44, 46–48, 54, 55, 58, 60, 63, 68, 76, 77, 86, 96, 99, 103–105, 108, 112, 113, 116, 118–120, 122, 128, 137, 138, 144, 146, 148, 150, 151, 154, 224, 228, 386, 400, 424–443, *481–485*
Pays Bigouden 238, 239
Pays de Léon 227, 228
Penmarc'h 238, 240
Perpignan 278–282, 312, *485*
Perros-Guirec 230, 232
Peyriac-de-Mer 300, 301
Plogoff 12, 86, 121, 130, 236, 237
Plonéour-Lanvern 238
Pointe-du-Raz 236, 237
Pointe-de-Van 235, 237
Pontarlier 417
Port Grimaud 355
Portsall 231–234
Pouzauges 245
Prades 276, *485*
Prats-de-Mollo 284

Quibéron 230
Quimper 234

Reims 99, 112
Rennes 123, 234, 241, 242, *485, 486*
Riquewihr 186
Rochefort 252
Romans 381
Roscoff 227
Roubaix 196, 198, 200–202
Rouen 99, 209–212, 218, *487*
Rouffignac 270
Royan 254
Ry 212

St. Brieuc 226
St. Cast 230
St. Claude 417, 418
St. Étienne-de-Baigorry 265
St. Étienne-de-St. Geoirs 380, 381
St. Guénolé 238
St. Jean-de-Luz 263
St. Jean-Pied-de-Port 267
St. Malo 230
St. Michel-de-Cuxa 284
Saint-Nazaire 233
St. Omer 203
St. Pol-de-Léon 227, 228
St. Tropez 354
St. Valéry 207
Salernes 356
Salin-de-Giraud 343, 344
Sanary 354
Sarlat 274
Saulieu 398
Sault 348
Savoyen 48, 380
Sedan 48
Seillans 356
Semur-en-Auxois 400
Sète 119, 300
Sochaux 420, 421
Solutré 412
Strasbourg 178, 182–185, *487, 488*

Taizé 411
Thiers 386
Toulouse 16, 48, 99, 104, 165, 288–296, *488*
Tourcoing 196, 198
Tours 54
Trouville 214
Tulle 59
Turckheim 179

Uzès 306

Vannes 224, 241
Vaucluse 346
Vendée 35, 51, 243–246
Vercors 381, 382
Versailles 40, 48, 112, 232
Vichy 55, 56, 59, 60, 62, 388, 389
Villefranche-de-Conflent 286
Villeurbanne 367–369
Voiron 381

Wissant 204